Walter Benjamin

A Critical Life

本雅明传【上】

[美] 霍华德·艾兰　迈克尔·詹宁斯 著
王璞 译

上海文艺出版社
Shanghai Literature & Art Publishing House

献给伊丽莎白、多罗西娅、马修和鲁道夫

也献给萨拉和安德鲁

目 录

导 言

德国犹太批评家、哲学家瓦尔特·本雅明（1892—1940），现 1
在被普遍认为是欧洲现代性最重要的见证之一。尽管他的写作生涯相对短暂——他的生命在逃离纳粹途中，于西班牙边境过早地终结——但他身后留下了在深度和丰富程度上都令人震惊的作品。在他所谓的“德语文学的学徒期”，他做出了关于浪漫主义批评、歌德和巴洛克悲悼剧（Trauerspiel）[1]的不朽研究，随后的20世纪20年代，他成为苏联激进文化和支配巴黎文坛的极端现代主义的独具慧眼的倡导者。在20年代后半期，他处在现今以“魏玛文化”为人所知的诸多发展的中心。和贝托尔特·布莱希特（Bertolt Brecht）、拉斯洛·莫霍伊-纳吉（László Moholy-Nagy）这些友人一道，他参与构建了一种新的观看方式——一种先锋现实主义——当时这种新方式正在挣脱塑造了威廉帝国时期德国文

1　Trauerspiel 是巴洛克时代的一种戏剧类型，这一德语名称即便在英语中也素称难译，本书两位作者直接使用了德语原文。在我国学界，李双志、苏伟将之译为“悲苦剧”。考虑到作者在后面的讨论中强调 Trauerspiel 作为“悲悼戏演”（play of mourning）的一面，本书译文以“悲悼剧”对应 Trauerspiel。详见后面的章节。——译注

艺的那种文绉绉的现代主义。这一时期，随着写作赢得认可，本雅明产生了一个并非不切实际的希望，他想成为“德语文学的首要批评家”。同时，他和朋友西格弗里德·克拉考尔（Siegfried Kracauer）将大众文化变成严肃研究的对象：本雅明所作的论文涉及儿童文学、玩具、赌博、笔迹学、色情物品、旅游、民间艺术、被排斥群体（比如精神病人）的艺术、饮食，并讨论到各种不同的媒体，诸如电影、广播、摄影和插图出版业。他一生中的最后十年基本上是在流亡中度过，其间相当一部分的写作为《拱廊街计划》（*The Arcade Project*）的衍生品，这一“计划”是他对 19 世纪中叶法国都市商品资本主义的兴起所做的文化史研究。虽然
2 “拱廊街计划”只留下一座巨大的未完成的“躯干雕塑”，但贯穿其中的探索和思考激发了一系列开创性的研究，比如写于 1936 年的著名论战文章《可技术复制时代的艺术作品》（“The Work of Art in the Age of Its Technological Reproducibility”）[1] 和那几篇将波德莱尔定位为现代性代表作家的论文。但本雅明并不仅仅是一位卓越的批评家和具有革命性的理论家，他还留下了数量可观的介乎虚构、纪实报道、文化分析和回忆录之间的作品。他 1928 年的“蒙太奇之书”《单行道》（*One-Way Street*），尤其还有生前未发表的《1900 年前后的柏林童年》（*Berlin Childhood around 1900*），都可谓现代杰作。最后，本雅明的大量作品拒绝文体分类。在或长或短的散文作品中，有专著，论文，评论，哲学、历史编纂学和自传片段的

1　这一重要作品德文原题为“Das Kunstwerk im Zeitalter seiner technischen Reproduzierbarkeit”，其中 Reproduzierbarkeit 意为“可复制性”，英译早先为“The Work of Art in the Age of Mechanical Reproduction”，现都改为“The Work of Art in the Age of Its Technological Reproducibility”。目前中译本有“机械复制时代的艺术作品”、“技术复制时代的艺术作品”等不同译名。近年来国内外学界都更强调本雅明的“可复制性”（Reproduzierbarkeit）理论，所以本书采用“可技术复制时代的艺术作品”这一新译法。——译注

结集，广播稿，书信和其他文学-历史材料的编辑、短篇小说、日记。他的作品还有诗歌、法语散文和诗歌的翻译、各类篇幅和重要性不一的随想片段。

在这些作品中被召唤出的种种浓缩的“意象世界”，显影了20世纪里最为动荡的一些年代。生长在1900年前后柏林一个归化的富裕犹太家庭，本雅明是德意志帝国之子：他的回忆录充满了对皇帝热衷的那些纪念性建筑的追想。但他同时也是爆炸式发展的城市资本主义现代性之子；到1900年，柏林已是欧洲最现代的城市，新兴技术四处迅猛发展。作为一个年轻人，他曾反对德国卷入第一次世界大战，并因此在瑞士度过了大部分战时岁月——但战争的“灭绝之夜”的图景弥漫于他的作品之中。在魏玛共和国存在的那十四年间，本雅明首先经历了激进左翼和极端右翼的血的冲突，然后又经历了这个年轻的民主国家早期毁灭性的恶性通货膨胀，最后经历了20年代后期令国家陷入瘫痪的政治纷争，正是这种局面导致了希特勒和纳粹党在1933年夺权。和当时几乎所有重要的德国知识分子一样，本雅明在1933年春逃离了这个国家，再没有回来。他人生中的最后七年在巴黎流亡，这段岁月他孤立、贫穷，出版渠道相对缺乏。他永远不能忘记，“在有些地方 3
我可以挣到最低收入，在有些地方我可以靠最低收入过活，但世界上没有一个地方这两个条件都满足”。他事业的最后阶段见证了即将来临的战争阴影蔓延整个欧洲。

为什么本雅明的作品在其去世七十年后仍对学者和一般读者都富有感召力呢？首先是观点的力量：关于许多重要作家、关于写作本身的可能性、关于技术媒介的潜能和隐患、关于作为一种历史现象的欧洲现代性境况，他的作品都重塑了我们的理解。但是如果人们忽略了他那独特地蚀刻出来的语言媒介——也即诡异（uncanny）的本雅明风格——那么就无法全面领会他的影响力。仅仅作为句子的工匠，本雅明就足以和他那个时代最灵活和最深刻的作家比肩，而且他还是一个先锋的形式创新者：他最有特色的作品是以他称作“思想图像”（Denkbild）的东西为基础的。这个名称来自诗人斯特凡·格奥尔格（Stefan George），指一种格言式的散文形式，它将哲学分析融于具体意象，产生出标志性的批判性摹仿（critical mimesis）。即便是他看起来完全论说性的文章，也时常由这些一针见血的“思想图像”按照先锋派蒙太奇原则隐秘地编排而成。本雅明的天才就在于，他能发现某种形式，在其中，一种可与同时代的海德格尔和维特根斯坦媲美的深刻性和复杂性，通过直接动人心魄且让人过目难忘的文采，发出回响。因此，阅读他既是一种智识体验，也是一种感官体验。就像是对浸了茶的玛德琳蛋糕的第一口品尝：朦胧间忆起的世界在想象中盛大绽放。当语句徘徊，聚集成星丛，又开始变换排列，它们就微妙地和一种正在生成的重新组合的逻辑构成同调，慢慢释放出它们的破坏潜能。

然而，相对于本雅明作品强烈的直接性，本雅明其人始终难以把握。正如其作品的多面性一样，他的个人信念也组成了他所谓的“矛盾而流动的整体”。这一贴切的说法，含有对耐心读者的
4 召唤，也体现了其心智的富于变化且多中心的构型。但本雅明的不可捉摸，还显示出一种自觉的努力，试图在其周围保持一些封闭的用于试验的空间。特奥多尔·W. 阿多诺（Theodor W. Adorno）曾评价，他这位朋友是“很少亮出底牌”的人，而这种深深的保留，借由面具和其他周旋策略所组成的武器库，用于守护内在生活的深井。于是就有了所有人都提到的他的极度礼貌——这归根结底是一种保持距离的复杂机制。于是就有了他的思想生活中每

个阶段都表现出的成熟持重，这种沉重感让他在闲谈中也会说出神谕似的话来。于是就有了他声明过的“政策”：要竭力避免和友人过多的接触，最好把每个个人和群体都保持为他的思想的参谋。在这一不断漂移的操作空间中，本雅明从早年起就这样为人处世，以便实现“内在于［他自己］的多种存在模式”。如果说尼采把自我看作由许多意志构成的一个社会结构，那么本雅明就把自我视为“从这分钟到下一分钟的一系列纯粹的即兴表演”。正是与一种险峭的内在辩证法相一致，个人教条主义的完全缺乏才会和一种绝对的，有时甚至无情的判断共同存在。因为瓦尔特·本雅明作为现象的多重性并不排除一种内在系统性或本质一致性的可能，正如阿多诺说他朋友的意识世界是非凡的“离心”统一体，这一意识世界通过分散为多样而构成其自身。

而调和这一麻烦的性格复杂性的，是心智绝对而炫目的卓越。朋友和故旧留下的关于本雅明其人的记录不可避免地都开始并结束于对这种力量的证明。他们也强调了他无所不在的超拔智性和他在他人面前奇特的非肉身的存在。皮埃尔·米萨克（Pierre Missac）很晚才认识他，说本雅明甚至不能忍受诸如朋友把手搭在他肩膀上的举动。还有他的拉脱维亚恋人，阿西娅·拉西斯（Asja Lacis），曾说他给人以刚刚从另一颗行星赶来的印象。本雅明不断把自己称为僧侣；在每个他单独生活过的房间里——他爱说那是他的“修室”——他都挂上圣徒的画像。这表明了沉思在他毕生事业中的中心地位。同时，在这种无肉身的灵气之下，却又充溢着一种活跃的有时甚至暴烈的感官能量，这一点见诸本雅明在性 5
爱上的冒险主义，见诸他对迷幻类药物的兴趣，也见诸他对赌博的激情。

虽然在 1913 年的一篇关于道德教育的文章中，本雅明曾提出"所有道德和宗教虔诚都来源于与神独处"，但如果像英语世界里的某些有影响力的研究那样把他塑造成一个性格完全阴郁且复杂的人，则会误导我们。这并不是说本雅明不曾陷入过抑郁症的漫长发作，什么也做不了（亲属注意到家族中还有人也是这样），也不是说要忘记他在日记里以及和最亲近的朋友的对话里，反复回到自杀的念头。但把瓦尔特·本雅明当作一个绝望的忧郁者就等于把这个人简化乃至漫画化了。首先，他具备一种有分寸的，即便偶尔是尖刻的幽默感，很能感到那种严肃睿智的愉快。尽管他和一些思想交流上的伙伴——尤其是格肖姆·肖勒姆（Gershom Scholem）、恩斯特·布洛赫（Ernst Bloch）、克拉考尔和阿多诺——的关系经常紧张甚至恼人，但他也反复表明自己对那些知他最久的人是忠诚和慷慨的。包括阿尔弗雷德·科恩（Alfred Cohn）和他的妹妹尤拉（Jula）、弗里茨·拉德（Fritz Radt）和他的妹妹格雷特（Grete）、恩斯特·舍恩（Ernst Schoen）以及埃贡·维辛（Egon Wissing）在内的，一个从他学生时代形成的内部小圈子，从未远离他的脑海，他也在这些人身处困境时及时而有力地施以援手，尤其是他们都身陷流亡的匮乏时。虽然这些美德主要表现在上述友谊中，但本雅明的坚毅、他宽以待人的耐心和面对逆境时钢铁般的决心，对那些认识他的人都是显而易见的。在这方面，他也还是一个矛盾体。他既向往孤独又抱怨寂寞；他经常寻求共同体，有时甚至自己去创造共同体，但也同样经常地厌恶加入任何团体。在第一次世界大战前的那几年中，他曾担任德国青年运动（German Youth Movement）的积极组织者，之后他基本上退出了直接的公共参与。这种在实践层面上的退避，唯一的例外——他力图通过作品发挥重要作用的努力不算——便是他在三个相隔甚久的时机尝试创办刊物；虽然这些计划中的刊物都没能面世，而每次搁浅的缘由又全然不同，但渴望会聚（symposium）——让志趣相投的思想家和作家聚在一起——是他的哲学感性中无法消除的倾向。 6

有一点值得特别强调。虽然本雅明身体素质平平，是一个时常显得笨拙的角色，但见过他的人首先回忆起来的，却并不是这些特征；相反他们记住的是他的勇敢。是的，按我们今天的说法，他赌博成瘾。但那也是意志的集中表达，表明他敢于用生命冒险，敢于违抗常规，敢于站在那些张力和悖论已经到达绝境的智识立场之上。瓦尔特·本雅明追求文人生涯之日，正是这种生活类型从欧洲舞台消逝之时。他弃绝了舒适、安全和荣誉，以便保持智识上的自由，保持阅读、思考及写作的时间和空间。和克拉考尔一样，他分析过威胁到他本人所代表的文化类型存在的那些情况。所以，不仅他的方法论，而且他的全部存在似乎都遵循一种控制着一场永恒赌局的辩证节律。他的外貌和生理特征，包括他富有表现力的手势，乌龟般断断续续腾挪的步态，悠扬的嗓音，以及说话时的字正腔圆；他在书写的体力劳动中、在等待的过程中或在强迫性的收藏和游荡中所获得的快感；他的自我仪式化的怪异趣味；还有他文雅到有些乖僻的迷人气质——这一切都证实着一种旧世界式的、爱好古物的性格倾向，仿佛他是从19世纪移植过来的。（在瓦尔特·本雅明的照片中，很少有他不是穿着大衣、系着领带，以资产阶级知识分子的形象出现的。）而与此同时，他对像电影和广播这样的新兴技术媒体以及包括达达主义、构成主义和超现实主义在内的先锋派运动都抱有强烈兴趣。这种激进的心智构造使得他和那些决意从一张白板（tabula rasa）重新开始的先锋派形成了对话关系。同样，由于他尖锐的深刻、难以捉摸的思想方式与智识生活所储备的无尽幽暗，他的举止就必然否决晚期

19世纪高等布尔乔亚的舒适惬意，而青睐于创新。他写下的关于波德莱尔的文字也是一种自我写照：“夏尔·波德莱尔是一名潜伏特务——是他的阶级对自身统治的隐秘不满的代理人。”

在命运多舛的三十年间，从学生时代的具有活力的唯心主
7 义到他成熟期和流亡期同样具有活力的唯物主义，本雅明的思想艺术在形式、焦点、声调甚或基本主旨方面引人注目地发展着，最终得到了一种罕见的结晶。在每一个点上，他的思想都融合了——而绝非简单混合了——文学、哲学、政治和神学话语的要素。本雅明独一无二的综合在如今已浩如烟海的研究文献中得到了回响，这些研究成果的显著特点是：它们在任何一点上都没有一致意见。过去对这位作家的研究，不论是传记性的还是评论性的，都倾向于有选择地处理问题，给本雅明的作品强加某种主题性的秩序，这往往会消解掉其作品的整体面貌。结果常常是给出一个局部的，更糟的时候甚至是神话化了的扭曲肖像。本传记追求一种更全面的处理方式：严格按编年顺序展开，聚焦于本雅明的写作诞生于其中的日常现实，并提供关于他主要作品的思想史语境。这一取向使我们可以关注到他生命中每个阶段的历史性，并由此关注到他各种作品的历史性——它们植根在具体的历史时刻和本雅明自己的思想关切之中——同时我们也要为这样一条显著可感的思想发展轨迹赋予充分的可信度。这一不断更新的智识轨迹，维系于关注点的根本连续性：对资产阶级生活各种机制的潜在危机的深切的、有神学特质的感知，以及对思考过程本身的含混性越来越鲜明的自觉。于是也就有了遍布他事业的每个阶段的某些微妙的风格特点，比如对直截了当叙事的惯常回避，对作为观念工具的隐喻（metaphor）和寓言故事（parable）的偏爱，以及通过意象来思考的倾向。这产生了一种和现代主义的试验律令

完全同调的哲学演绎，也就是说，承认真理并不具有超越时间的普遍性，承认哲学永远都处在临界点上并濒于险境。本雅明的思维方式每时每刻都充满了风险，虽严格缜密，但在深层意义上又是“试笔式的”（essayistic）。

抛开主题和对象不谈，有三个关切始终存在于本雅明的作品中——而每一个都在传统哲学的问题中有其根基。从最初到最后，他都关注经验、历史记忆，还有这两者的显要媒介——艺术。根据它们在感知理论中的起源，这三个主题指向康德的批判唯心主义，而在对它们的富有流动感的阐释中，它们又带着尼采 *8*
的酒神式生命哲学的印迹；作为学生的本雅明曾沉浸于这两套体系之中。正是尼采对实体的古典原则的批判——对统一性、连续性和因果律的批判——以及他激进的历史事件主义（eventism）——其中强调了“现在”在所有历史阐释中的特殊地位——为在“一战”前艺术大爆发那几年间刚刚成年的一代人提供了理论上的根基（可以说是无根基的根基）。本雅明后来从未回避这样一种挑战：同时在传统形而上学的二律背反之中和之外进行思考。他也从未放弃过这样阐释现实：将之看作各种力量汇聚的时空海洋，深邃而充满转变的潮涌。不过，在寻求对现代都市的面相学理解中，他最终转移到了不论对唯心主义还是对浪漫派的经验观来说都同样陌生的领域，大海的意象与迷宫建筑或拼图谜题的意象轮番出现，谜题即使不能解开也要被商讨——无论哪种情况，它都是需要解读的文本，是多面向的语言。

本雅明作为阅读者和思想者的独特性在于，他非常隐晦地将这一多层次的哲学视角应用到米利亚姆·布拉图·韩森（Miriam Bratu Hansen）称之为“日常现代性”（everyday modernity）的领域。表面上，本雅明的作品，尤其是 1924 年以后的作品中，只有相当少一部分和我们通常所谓的哲学相类似。阿多诺早在 1955 年就对这种印象做出了醒人耳目的纠正：他指出，本雅明的文化批评的每篇作品都同时也是“关于其对象的哲学”。从 1924 年开始，本雅明分析了范围广泛的一系列文化对象，不计较它们品质上的高低，而且其实一般都选取历史“废弃物”作为他的研究课题，所谓“废弃物”，也就是消失了的场所和已遭遗忘的事件所留下的被忽略且不显著的痕迹。他集中精力于边缘事物、轶闻和秘密历史。而另一方面，他从未废除关于伟大的标准。他最早在欧洲文坛留下的印迹，是他关于歌德的文章，他常常讨论到诸如普鲁斯特、卡夫卡、布莱希特和瓦莱里等重要的同代人，他还将自己多层面的 19 世纪研究聚焦于波德莱尔的划时代成就。这些具有代表性的艺术家是他微观文化分析的北斗星。因为，他的思考取决于
9 一种整体感，而这种整体感只有通过专注于一个含义丰富的细节的力场（force-field）才得以形成，只有通过既富于寓意又个体化的感受力才得以浮现。

若不是那些热烈的沉浸，这就绝然是一种与政治合拍的工作，虽然它的运作方式与政党政治相去甚远。本雅明早先将政治行动定义为两害相权取其轻的艺术，后来他又对政治目标的概念本身产生了怀疑。但不论怎样，政治的问题在他人生的最后二十年变得更加紧迫，而当时，在那个和自身毁灭玩火的世界中，幸福的理念和救赎的理念似乎已经密不可分。他在给某些友人的信中谈论过“共产主义”（由他更早的“无政府主义”演变而来），并公开宣扬无产阶级的权利，但同时他又崇尚由一个从歌德到戈特弗里德·凯勒（Gottfried Keller）的漫长资产阶级文化人传统所代表的“真正的人性”和有益的道德怀疑主义。他对苏维埃俄国的巨型社会试验的热情，在托洛茨基被放逐之后实际上就消失了，

虽然他继续提到革命之于自己工作的重要性，在各方面与布莱希特如出一辙地列举作家的政治-教育责任。这些责任，他试图不仅通过出版作品，而且通过创办刊物——包括一份和布莱希特共同编辑的刊物——来实现。作为他战前学生运动的理论延伸，带着他不严谨的个人主义社会主义信条，本雅明的马克思主义基于他对 19 世纪和 20 世纪社会理论的广泛阅读，包括前马克思主义的思想家和鼓动者诸如傅立叶（Fourier）、圣西门（Saint-Simon）、蒲鲁东（Proudhon）和布朗基（Blanqui）。不论早期还是晚期，他与其说是一位强硬的意识形态理论家，不如说是一个富于幻想的起义者。也许我们可以说，对本雅明本人而言，作为一名不守规矩的"左翼局外人"，政治的问题可归结为一组体现在个人和社会层面的矛盾。政治和神学之间、虚无主义和弥赛亚主义之间的各种相互冲突的主张，都无法在自身中得到调和。同时也无法绕开这些相互冲突的主张。他的存在——总是在十字路口，如他曾说过的——始终横跨这些不可通约的事物，不断押下赌注。

不过，如果本雅明最深的**信念**（convictions）[1] 依旧无法探明，那么很难质疑的是，在 1924 年以后，本雅明成功地将自己的哲学
使命（commitments）和对马克思主义的再思考统一了起来，因为 10
后者关系到商品文化在西方的地位问题。在写作关于悲悼剧研究的专著时，他就展开了和匈牙利理论家格奥尔格·卢卡奇（Georg Lukács）的内部辩论，他在 1924 年阅读了卢卡奇的《历史与阶级意识》一书。马克思的更局部的商品拜物教理论在卢卡奇的表述中变成一种把社会看作"第二自然"的全景化视角——它揭示出通过商品交流过程构建起来的社会机器，人们在其中活动**就好像**

1　原书以斜体表示强调，中译本用加粗来对应。全书如此，后文不再一一注明。——译注

它是确定的和自然的。因此，甚至在采用马克思式修辞之前，本雅明已经可以说他的著作是辩证的，虽然未必是唯物主义的。理论发展的最后一步则是这样完成的，本雅明——还有同他一道的阿多诺——把第二自然的观念加以延伸，将之定义为“幻景”（phantasmagoria），这个词来自18世纪的一种光学装置。依据这一视角，社会整体是一部机器，投影出具有内在意义和连贯性的自身形象。赋予本雅明早期写作以生命的种种哲学关切在这一思考形式中得到实现。因为，在现代商品资本主义的语境中，“幻景”的观念要求承认一种内置的含混性和无法决断性，于此，我们所谓的“人”被一步步去自然化。本雅明认为，如果一种真正的经验和历史记忆在这样的条件下仍是可能的，那么艺术作品将扮演关键性的角色。用他自己的激进说法，一种新的“身体空间”（body space）的浮现，是和一种新的“意象空间”（image space）的准备相关联的。只有通过时空经验的转化，一种新的人类集体形态才可能出现。

* * *

本雅明去世时，他庞杂的写作产出星散四处，隐匿无踪，以至于其中很大一部分看起来将无法找回。虽然他的作品许多曾经发表过，但至少同样多的作品从未在其生前发表，并以草稿、清样和片段的形态保留在他的一些友人手中，而这些友人又遍布德国、法国、巴勒斯坦和美国。在第二次世界大战之后的几十年中，他的许多作品被重新找到，有些甚至迟至20世纪80年代才被发现，有些藏身于看似最不可能的地方：莫斯科的苏联档案和巴黎的法国国家图书馆的隐秘角落。随着本雅明作品集和书信的完整
11 版本的出版，他的大多数文字现在都已印行。我们对其个性和人生故事的描述，主要依靠这一问世的记录。

此外，对本雅明生平和思想的各种回溯性叙述已由他的友人和同伴们发表，其中，最早监督其作品集的整理工作的人士提供得最翔实，比如格肖姆·肖勒姆和特奥多尔·W.阿多诺，同样值得注意的还有汉娜·阿伦特（Hannah Arendt）、恩斯特·布洛赫、皮埃尔·米萨克和让·塞尔兹（Jean Selz）以及其他一些人士，他们大多写于本雅明的身后声名在1955年开始上升之后，而本雅明的名字从1933年起一度几乎被遗忘。我们的工作站在过去六十年间曾经研究过本雅明的生平和思想，并从中汲取灵感的几千位人士的肩膀之上。

第一章

柏林童年

1892—1912

12 柏林，本雅明的出生之城，从未离开过他的脑海，即便在漫长的流亡期间——从 1933 年 3 月希特勒夺权开始，直到 1940 年 9 月他在逃离德军途中死去——也是如此。瓦尔特·贝内迪克斯·舍恩弗利斯·本雅明（Walter Benedix Schoenflies Benjamin）1892 年 7 月 15 日出生在这座直到 1871 年才成为统一德国的首都的城市；他出生前的那二十年，柏林经历了人口和工业的爆炸性增长，支撑这些增长的现代基础设施也一同得到极大的发展。1871 年时柏林的人口是八十万；刚进入 20 世纪，这座当时欧洲最现代的城市的居民就超过了两百万。暴发式的现代化事实上抹去了这座备受尊崇的老普鲁士首都的历史质感——在本雅明的童年岁月中，德意志帝国的象征物拔地而起：帝国议会大厦（Reichstag）于 1894 年 12 月 5 日开放，威廉大帝的柏林大教堂则落成于 1905 年 2 月 27 日。城市生长和自我更新的速率意味着，完工于 1832 年的柏林城市铁路的露天铁轨沿线是各种建筑风格的名副其实的拼贴——受新帝国统治者钟爱的新哥特和新罗曼式大型营造紧挨着体现 1800 年前后具有普鲁士特征的优雅的新古典和新文艺复兴式建筑。而且，柏林的变化并不局限于视觉和触觉：仿佛一夜间，马车穿行的街道上更为缓慢安静的生活就让位给了有轨电车的嘈杂，然后很快又让位给了挤满汽车的城市喧嚣。由于德国的现代化是迟来的，本雅明刚好在现代城市的商业化初期长大；柏林的中心为百货商店、大型广告和工业制品更全 13
面的供应所统治，比巴黎晚了整整五十年。柏林的第一家大型百货商场是威尔泰姆（Wertheim），1896 年在莱比锡广场开张；它拥有八十三部自动扶梯，以一座多层的玻璃顶的天井为中庭。瓦尔特·本雅明的出生和德国都市现代性的出现多少可以说是同步的；他后来创造出 20 世纪最有影响力的现代性理论，从某些方面来看并不令人意外。

本雅明生活在一个属于柏林高级资产阶级的完全归化的犹太家庭。他是三个孩子中的老大。在他小时候，这个家井井有条，雇佣了一大帮家政人员，包括一名法国女管家。[1]《柏林纪事》和《1900 年前后的柏林童年》是他从 1932 年开始写作的详尽的自传作品，描绘了他少年生活的生动画面。围绕在他周围的是一个变化多端的“物的世界”（Dingwelt），激发着他旺盛的想象力和他兼收并蓄的摹仿能力：精致的瓷器、水晶、餐具出现在节庆上，而古董家具——巨大的华丽盔甲和桌腿雕刻精美的餐桌——则服务于化装舞会的游戏。我们读到，幼年本雅明醉心于许多寻常物件，比如他母亲的上层闪光、底部暗色的针线包；又比如在他的卧室盥洗台上的瓷盆瓷碗，在夜晚的月光中改变着形状；又比如在他房间另一角的带小烤箱的煤炉，侍女在冬日早晨给他烤一只苹果；

1　本雅明的弟弟格奥尔格（Georg，1895—1942），成长为一名医生，1922 年加入共产党，后在纳粹集中营死去。他的妹妹朵拉（Dora，1901—1946），是一名社工，30 年代生重病，1940 年和本雅明一起逃离巴黎，后定居瑞士。

又比如窗边的可调节写字台，它成了他的洞穴和保护壳。在 30 年代回想自己的早期岁月时，本雅明把曾经的那个小孩——对于成年的他，这个小孩存在于消失之物的形象中——呈现为安居的天才，他进入了家居空间的隐蔽角落和日常事物的秘密生活之中。与此同时，他还描写了那个孩子对旅行的热爱，他那骄傲到有些冒失地突破既有界限的倾向，也就是试验的倾向。私密的汲取和广泛的探索之间的辩证关系对他的成人生活和作品也依旧是根本性的。

本雅明对旅行的终身热爱养成于全家人的频繁出游，常去
14 的地方有北海和波罗的海地区，黑森林和瑞士，以及波茨坦和新巴贝尔斯贝格（Neubabelsberg）附近的夏季别墅。事实上，他的童年生活在他的阶级中是典型的：其中有捕蝴蝶和滑冰，外加游泳课、舞蹈课和自行车课。他们定期前往剧院、帝国全景幻灯[1]以及位于国王广场的胜利纪念柱，尤其还有动物园，女仆每天都带孩子们去动物园。本雅明的父亲埃米尔·本雅明（Emil Benjamin），持有柏林动物园股份公司的股份，全家人可以免票入园。此外，孩子们经常去外祖母家，她游历过世界，在她洞穴般的公寓，庆祝圣诞节时是人挤人的盛况；常去的还有姨妈的寓所，每次小本雅明一来，她就在他面前放好一个大玻璃缸，里面装着布满工人和劳动工具的采矿场微缩模型。还有自家府邸的晚会，母亲戴上礼仪绶带和最华美的珠宝，把“上流社会”迎入家庭空间之中。当然还有城市本身，虽然它的大部分还蒙着面纱，但已经在刺激着这个孩子的感官，并从各个方向向他招手。

1　帝国全景幻灯（Kaiserpanorama）位于柏林的一条拱廊街中。它是一个拱形装置，座位形成一圈，观者可以看到立体影像。本雅明在《单行道》和关于柏林的回忆文字中都提到过帝国全景幻灯。《拱廊街计划》对这类装置亦有讨论。——译注

1. 埃米尔·本雅明与宝琳·本雅明和他们的孩子瓦尔特、格奥尔格，约 1896 年。
摄影师：J. C. Scharwächter，柏林（*Collection of Dr. Günther Anders, Vienna*）

本雅明的父亲埃米尔（1856—1926），出生在科隆莱茵区一个殷实的商贾之家，自己也是成功的生意人，19 世纪 80 年代搬到柏林，在那之前曾在巴黎生活过几年；在孩子们的记忆中，他是一个不信仰宗教的有文化修养的人，对艺术有广泛兴趣。[1] 而在本雅明童年时期的照片中，父亲则显示为一位威严、自信的尊贵人物，着意强调自己的财富和地位。埃米尔属于这样一代人，他们亲历了 19 世纪末柏林上层中产阶级迅猛的西迁。在 1891 年迎娶了比自己年轻十三岁的宝琳·舍恩弗利斯（Pauline Schoenflies）之后，他首先在这座城市尊贵的西区安了家，夫妻双方的父母也都住在那一区。本雅明生在马格德堡广场（Magdeburger Platz）一处住宅中的一间宽敞公寓中，位置就在柏林动物园南边。正如本雅明所说，这一曾经高雅的街区是“资产阶级柏林最后的真正精英”的家园。在那里，伴随着威廉帝制社会中不断滋长的欲求和紧张气氛，“那个把他[2] 也算在内的阶级以一种混合了自我满足和怨恨情绪的状态生活着，把这街区弄得像一个出租的聚居区。不管怎样，
16 他当时被限制在这个富裕的一隅而不知道其他任何地方。穷人？对他那代富家孩子，穷人活在与世隔绝之地”[3]。（SW, 2: 605, 600）

仿佛就是为了逃离城市底层苦难不断逼进的幽灵，埃米尔·本雅明在几年间多次搬家，每次都更往西。在这方面，这家人是当时富裕资产阶级中的典型：随着 19 世纪走向终点，城市中心迅速向西扩张。以前以居住为主的街道，诸如克莱斯特街（Kleiststraße）和陶恩沁恩街（Tauentzienstraße），都迅速商业化，把成群的消费者和城市漫步者引到了新开发的“林荫大道”选帝侯大街（Kurfürs-

1 Hilde Benjamin, *Georg Benjamin*, 13–14.

2 指瓦尔特·本雅明。——译注

3 参见潘小松译《莫斯科日记·柏林纪事》，第 207 页。——译注

tendamm）。本雅明的父亲先是搬到城市边界外的夏洛腾堡（Charlottenburg），那里属于新西区，由于税负大为减轻，他得以攒钱准备最后一次搬迁。本雅明的学校岁月因此是在萨维涅广场（Savignyplatz）外不远的卡尔美尔街（Carmerstraße）上的一座宅邸中度过的，那里也是柏林西区最有活力也最优雅的街区之一；他的学校，腓特烈皇帝学校（the Kaiser Friedrich School）的威武砖楼，就坐落在广场对面。1912 年，本雅明二十岁时，埃米尔·本雅明又在新发展起来的格鲁内瓦尔德（Grunewald）区的代尔布吕克街（Delbrückstraße）买下了一栋神气凛凛的豪宅，从那里可以乘坐一条公共汽车特线去市中心。虽然这幢豪宅毁于第二次世界大战，但建筑图纸告诉我们，房子是四层的巨型结构，风格上不拘一格而追求历史感。全家人住在宽敞的一层，配有日光浴室，其他各层用于出租。虽然和父母有一系列深刻的分歧，但本雅明以及他自己的小家庭直到 20 年代还时常住在代尔布吕克街的公馆中。

埃米尔·本雅明是专业拍卖商，早先在代理艺术品和古董的莱普克（Lepke）拍卖行做合伙人。在他套现这份日见兴旺的生意中的股份之后，他把自己的资本投到了其他许多不同的企业，诸如一家医疗用品公司，一家酒类分销商，以及 1910 年左右开始投资的一家财团，由此该财团得以兴建一家名为冰宫（Ice Palace）的溜冰场，后来规模扩大一倍成为夜总会。这后一个项目在本雅明的回忆中一度浮现：一个值得纪念的夜晚，他的父亲决定带他去位于路德街（Lutherstraße）的夜总会，并把他安排在圆形观众席的一个包厢里，从那一有利位置他长久地盯着吧台上一个穿紧身白水手服的妓女——他说，这一形象决定了他其后数年的性爱 17
幻想。像对待家里的其他需要一样，他父亲甚至把家庭娱乐规划进自己的生意活动，本雅明视这种行为为“鲁莽”。但这种鲁莽，无论怎样和“企业家天性”紧密相关，在他父亲身上并不常见。除了父亲的权势和矜贵，本雅明还提到他的体面、礼数和公德心。对我们来说更生动的事实无疑是他父亲的鉴赏力：他懂葡萄酒，而且正如他儿子所回忆的，只要鞋底足够薄，他一脚掌踩下去就能区分出一块地毯的绒头的质地。当时，电话已经在这个家庭中获得举足轻重的地位，打电话时他父亲有时会流露出一种和他平时的和蔼气质有着戏剧性反差的凶狠态度。本雅明自己后来将领受到他父亲的汹汹怒火，那是在他们反复激烈争吵的时候，这对本雅明那一代知识分子来说也是很典型的情形；他们将来的争吵涉及本雅明的事业方向，也起因于儿子始终不愿意养活自己和自己的小家，导致他一而再地从父母的保险箱中索要数额越来越巨大的款项。[1]

他父亲的暗示和对供应商的指示让小本雅明幻想出一个未知但有些邪恶的柏林，这或许也透露出了他和母亲一道外出购物所形成的关于传统的“官方”商业秩序的想象。宝琳·舍恩弗利斯·本雅明（Pauline Schoenflies Benjamin，1869—1930）来自勃兰登堡邦一座小城的一户富有而开化的家庭，小城当时以瓦特河畔的兰茨贝格（Landsberg an der Warthe）为名（现属波兰，易名为大波兰区戈茹夫 [Gorzów Wielkopolski]）；在长子的眼中，母亲笼罩着权力和威严的光晕。这一点浓缩在“Näh-Frau”（针线太太）这一称呼中，很长时间里这小孩都以为这就是女仆们口中所含糊发出的“Gnädige Frau”（尊贵的太太）[2]。这似乎也恰当，因为他母亲在缝纫机前的座位，像所有权威之席一样，有一种魔法氛围，

1　汉娜·阿伦特评论道，当时的文学中充斥着对父子冲突的表现。见阿伦特为《启迪》（*Illuminations*）所作的导言，第 26 页。

2　这是德语中对女士的老派敬语。——译注

虽然有时会具有压迫性，比如当她让这个小男孩站着不动，好修
补他身上外套的某个细部时。在那样的时刻，他会感觉叛逆的精
神正在心里滋生，正如当他被强迫陪母亲到城里办事时，他一般
都会跟在她身后，慢半步走，仿佛“决意不和任何人，甚至母亲， 18
组成联合阵线”（SW, 3:404），这令母亲颇感气愤。另一些时候，
她的雍容又让他充满了自豪，比如她在晚宴聚会之前围着黑色蕾
丝披肩给他晚安之吻的时候。当她弹钢琴唱歌时，当她的钥匙筐
在屋中发出叮当声时，他都听得入迷。他小时候总生病，习惯了
温度计和药勺那一套仪轨，药勺是带着“关爱的细心”递过来
的，为了苦药可以“无情”地灌入他的喉咙；在这种时候，他会
求着听故事，他后来说，那些故事就像在他母亲爱抚他的手中起
起伏伏。

宝琳·本雅明是这样管理家务的，要求秩序时她有铁一般的意志，寻求实际的解决办法时她有透彻的眼光。本雅明觉得，他母亲有办法检验他的实际生活能力，让他意识到自己的笨手笨脚。他甚至把自己到了四十岁还不会煮咖啡也怪在母亲身上。当他小时候打碎了什么东西或摔倒时，他总会听到他母亲像许多其他德国母亲一样说一句“笨先生向你问好”。将他的笨拙人格化，在这个孩子的万物有灵的宇宙中简直是理所当然；与此相一致的是他自己观看和阅读世界的原始寓意式（protoallegorical）的方式，借由这种方式，一只卷起来的袜子，早晨拍打毛毯的声音，云、雨和雪，市政阅览室的楼梯井，地府般的卖场，所有这些平常事物都各自不同地向这位年少观察者传达着隐秘的消息，带来他尚不自觉的关于自身未来的知识。这种观看方式奇特地适应于多面向和多层次的城市生活，这种城市生活带着多种临界体验，有着将旧形式作为遗迹内化到新框架之内的倾向。部分因为受波德莱

尔和弗里德里希·施莱格尔（Friedrich Schlegel）这样一些作家的影响，寓意[1]的理论和实践——在其中，一个事物或文本的表面意义被认为表明另一个也许相当不同的意义——在本雅明这里确立下来，而我们在成年本雅明的“寓意式感知力”（allegorical perception）中可以看到童年本雅明和物的世界之间的神圣关系的进一步发展，在这种关系中，发现和同化是以摹仿式沉浸（mimetic immersion）为基础的。在《1900 年前后的柏林童年》的结尾，当
19 他以哀悼之情回望那个童年事物的世界，本雅明召唤出了“驼背小人”这一首席人物，笨先生不过是其分身。驼背小人来自德国民间文学，因此为许多德国少男少女们所熟悉，他们觉得他是一个捉弄人的恶作剧专家：“我走进我家小屋，/ 想吃麦片糊糊，/ 发现驼背小人在那儿，/ 已经吃掉了一半的糊糊。”[2]（转引自 SW, 3:385）本雅明对这首歌谣的引用，最终关系到遗忘的消耗性力量，离散的力量，因为不论谁被小人看见了，都要在一堆碎片面前呆立惶惑：“我走进我家厨房，/ 想去做一碗汤，/ 那儿站着一个驼背小人，/ 竟把我的小锅打碎。”[3] 在本雅明具有寓意化能量的回忆中，不论这小孩去哪儿，驼背小人总是先到一步，成了一个看不见的估税人，从孩子所注意的每样东西中都抽走“遗忘的一半”，其结果是，在后来的回顾中，当这些场景被有选择地取回、提纯并在文本中活转过来的时候，忧郁之阴影投向所有过去的嬉戏场景。

但这些关于他在接触实际生活时能力不足的声明也许并不完

1 如何翻译 allegory 这一重要的修辞学和诗学概念，在中文世界并非没有争议。国内学术界讨论本雅明时，多译为“寓言”，李双志则提出“寄喻”的译法。本译文主要将此概念译为“寓意”，有时也会根据语境，用“寓象”“寓言”等译法，对 allegorical 这一形容词形式的翻译，也如此处理。——译注

2 参见王涌译《柏林童年》，第 86 页。——译注

3 同上。——译注

全可信。这可是一个规矩严格的普鲁士家庭，它的习俗在本雅明及其弟弟妹妹身上都留下了持久的烙印。虽然我们没有记录可以证明本雅明是一个有条理的孩子（除了他自传中对童年时期各种收藏的描写），但是我们知道，他的弟弟格奥尔格是一个痴迷的目录保存者：他为自己的玩具和暑假旅行地制作目录，后来又给和他的自然保护兴趣相关的剪报做了清单。这种记录和存档的需求同样也可以在作家本雅明身上看到，比如说，他不仅为自己的发表作品制作目录，也记录自己读过的——或者说完整读过的——每一本书。无疑，这种倾向内在地关联着他毕生收藏有美感或有特色的物件并制作档案的冲动。

本雅明的回忆录读起来很像是一个独生子的记忆想象。事实上，三个子女间的年龄差别——格奥尔格比他小三岁，朵拉（Dora）比他小九岁——使得每个本雅明家的孩子都像是“独生子女”一样度过了自己的童年。瓦尔特后来和格奥尔格变得亲近，已经到了他们都是大学生的时候，至于 1924 年以后他和弟弟建立了更亲密的关系，则是因为对左翼共同的同情而走到一起。朵拉 20
成年后和瓦尔特的关系，在他们的母亲去世、本雅明和妻子分居之后，变得尤其紧张，充满冲突，直到流亡期间他们都住在巴黎时才缓和；他们在 1940 年 6 月一起逃离了法国首都。

希尔德·本雅明（Hilde Benjamin），本雅明弟弟格奥尔格的妻子（她后来任德意志民主共和国的司法部长），把这个家庭描述为典型的自由派布尔乔亚，政治取向中间偏右。[1] 同样典型的

1　希尔德·本雅明（1902—1989），本姓朗格（Lange），在 1949 年至 1967 年期间东德司法体制的斯大林主义重组中扮演重要角色。作为一名法官，她赢得了“血腥希尔德”的绰号，因为她经常做出死刑判决。她在 1963 年至 1967 年间任德意志民主共和国司法部长。她为亡夫所作的传记首版发行于 1977 年。

2. 瓦尔特·本雅明与格奥尔格·本雅明在施莱博尔豪（Schreiberhau），约 1902 年（*Österreichische Nationalbibliothek, Vienna, ÖLA 237/04*）

还有大家族的母系纽带：本雅明的祖母、外祖母提供了叔舅姑姨和堂表亲们之间的联络空间，本雅明的一些亲戚在现代德国的学术和文化生活中是显要角色：一位舅公，古斯塔夫·希施费尔德（Gustav Hirschfeld）曾是柯尼斯堡大学的古典考古学教授，另一位叔公，阿图尔·舍恩弗利斯（Arthur Schoenflies），是法兰克福大学的数学教授和校区长。本雅明的表姐妹中有人嫁给了汉堡著名的心理学教授威廉·施特恩（William Stern）。一位表亲，格特鲁德·科尔马（Gertrud Kolmar）是一名受推崇的诗人，而另一位，希尔德·施特恩（Hilde Stern），曾活跃于反法西斯的抵抗运动。[1]

本雅明备受呵护的童年受学业干扰是相对较晚的事。他直 21
到快九岁时还受教于私人教师，最初是和一小群富人家的孩子一起。他的第一个老师，海伦娜·普法勒（Helene Pufahl），出现在《1900 年前后的柏林童年》中《两幅谜一般的景象》[2] 的开头，本雅明怀着亲切之情回忆她。后来本雅明一直保存着一张明信片照片，上面有“优美而清晰的签名：海伦娜·普法勒……名字开头那个字母 p 是义务（Pflicht）、准时（Puenklichkeit）和成绩优秀（Primus）的 p，f 是听话（folgsam）、刻苦（fleissig）和完美无缺（fehlerfrei）的意思；至于最后那个字母 l 则意味着宛如羔羊般温顺（lammfromm）、值得颂扬（lobenswert）以及勤奋好学（lernbegierig）”[3]（SW, 3:359）。他关于他的下一位家庭教师克诺赫先生（Herr Knoche）的记忆则迥然不同：Herr Knoche——骨头先生[4]——是作为一个虐待狂军官的原型形象出现的，他用“频繁的鞭打插曲”（SW, 2:624）来配合他的教诲。

1901 年春，本雅明已近十岁，他的父母把他送到了夏洛腾堡的腓特烈皇帝学校，这是柏林一所相对较好的中学，恰巧有超过三分之一的学生是犹太人。学校是一座很有气势的砖楼，挤在柏林市政铁路的拱桥后面，给人留下“胸窄肩高的印象”；在本雅明看来，它散发出“悲哀的老处女般的拘谨”（SW, 2:626）。[5] 关于

---

1 参见 Hilde Benjamin, *Georg Benjamin*, 14–15，及 Brodersen, *Walter Benjamin*, 17–19。

2 本书《1900 年前后的柏林童年》的节标题译名据王诵译本。——译注

3 见王涌译《柏林童年》，第 116 页。——译注

4 德语中骨头一词是 Knochen，与 Knoche 相近；而且中高地德语中的 Knoche 就表示骨头。——译注

5 参见潘小松译《莫斯科日记·柏林纪事》，第 242 页。——译注

这个机构，本雅明自称没有任何一点愉快的记忆。在校内，占统治地位的是一套令人厌倦而又执行严格的清规戒律，和其外表正好相配。小本雅明在低年级受过鞭打和课后留校之类的管教，他从未完全克服那种在教室和走廊里困扰他的恐惧和羞辱感，他觉得自己就像囚犯，无时无刻不被那无情的学校大钟监视着。尤其让他厌恶的是向老师脱帽致敬的义务，他“不停地”重复这动作；十年后，当他狂热地投入学校改革运动中时，无等级的师生关系是他拥护的中心信条——不过他的平等主义总是和一种贵族精神并存。

本雅明本能的精英主义，他的过分考究和高超心智——这些后来给他对政治左翼和流行文化的分析赋予了冷峻的色彩，确
22 实早在校园里就已经体现出来：他发现吵嚷的、身上有味的学生人流，尤其在拥挤的楼梯上，并不比老师们“白痴般的长篇大论”更让人好受。毫不令人意外的是，这个多病的、戴近视眼镜的孩子完全拒斥体育活动和班级出游，因为它们喧闹而带着明显军事化的味道。不过应该指出，关于这所学校的另一种相当不同的说法出现在本雅明的朋友格肖姆·肖勒姆的评论中，他后来接触过本雅明的一些老同学。腓特烈皇帝学校是一所“绝对进步的学校”，由一个教育改革家领导；一年级就教授法语，从四年级或五年级开始教拉丁文，六年级或七年级开始教古希腊文——古希腊文的教学不是以语法为基础，而是基于《伊利亚特》的文本。

即便是本雅明，也承认这所学校并非一无是处——尤其是它有一座收藏丰富的图书馆。在上学之前，本雅明的阅读受到父母的鼓励，他也很快成为一个什么都涉猎的读者。有些是属于他那个年纪的男孩的典型读物：比如詹姆斯·费尼莫·库柏和他的

德国追随者卡尔·梅伊的作品。[1]他还如饥似渴地阅读鬼故事，这和他成年后的兴趣沾一点边：他一遍遍地回到《剧院魅影》（*The Phantom of the Opera*）和 E. T. A. 霍夫曼的小说这类作品。

他在腓特烈皇帝学校度过的几年确有一个历久不变的影响：他和两个同学阿尔弗雷德·科恩和恩斯特·舍恩结下了一生都没有失去的友谊。当然本雅明后来和其他朋友——肖勒姆、弗朗茨·黑塞尔（Franz Hessel）、佛罗伦斯·克里斯蒂安·朗（Florens Christian Rang）、古斯塔夫·格吕克（Gustav Glück）以及阿多诺和布莱希特——也变得关系密切。但后来的这些友谊都缺乏他与科恩、舍恩的成年关系所特有的那种信任和亲密。

本雅明小时候身体不好——他很容易反复发烧，每次发烧时间还较长——有时连着好几天不能去学校，对这类缺课，他并非不情愿。考虑到他不断生病，刚过了 1904 年的复活节他的父母就让他从腓特烈皇帝学校退学，那时，他已休假在家好几个月了。他们把他送到了豪宾达乡村学校（Landerziehungsheim Haubinda），一所位于中德意志图灵根邦的为初中年龄学生开设的昂贵的乡村寄宿学校。他父母希望，那里的实践课程（主要是农场劳动和手 23
工）以及在周围乡村的徒步旅行会对他有益。事实证明，本雅明在豪宾达度过的两年是他成长过程中最为重要的两年：这段时光对他有着解放的效力，只不过这效力和他父母想的不是同一回事。

> 在和缓的山坡上有一座房子；从四周看来，是春天的模 24
> 样。夜里刚下过雨，地上一片泥泞；天空反映在积水上，是

1 詹姆斯·费尼莫·库柏（James Fenimore Cooper，1789—1851），美国作家，以描写边疆拓荒精神而著名；卡尔·梅伊（Karl May，1842—1912），德国流行作家，著有多种旅行探险小说。——译注

3. 学童时期的本雅明（*Akademie der Künste, Berlin. Walter Benjamin Archiv*）

> 白色的。这房子就是豪宾达，学生们的住处。据说它是半木结构的建筑；它的高度并不起眼，视野所及不足以越过平原的森林，却像宝座一般。门前小径向下延伸到花园，然后左转就会看到黑色的村路。花床沿着小径两侧展开，棕色的大地裸露着。[1]

豪宾达并没有强健他的体魄，孕育出他和自然世界更积极的关系，而是决定性地促进了瓦尔特·本雅明心智和性格的成形。

豪宾达是 1901 年按照英国模式创办的，虽则在其整体规划中也并非没有一种强烈的沙文主义倾向。这所学校强调观点的交流，尤其是在晚间固定的音乐和文学讨论中，而且，和当时的普鲁士国家学校的气氛相对立，这里的教员都鼓励学生某种程度的独立思考。[2] 以教学改革的观念为基础的新学校在 20 世纪的第一个十年已经在德国各地大量涌现；1900 年瑞士教育理论家和妇女选举权运动家爱伦·凯（Ellen Key）已经宣布新的时代是“儿童的世纪”。正是在豪宾达，本雅明第一次遇见了教育改革家古斯塔夫·维内肯（Gustav Wyneken，1875—1964），这个人的激进教学法在第一次世界大战爆发以前一直激励着本雅明自己的学生运动；他关于唤醒青年的观点更是在本雅明的思想中发挥了关键作用。维内肯从 1903 年到 1906 年任教于豪宾达，最终因和学校创办者赫尔曼·利茨（Hermann Lietz）的争执而被开除。随后他很快和自己的同事保罗·格希布（Paul Geheeb）一道成立了自由

---

1 Benjamin,“Die Landschaft von Haubinda” (ca. 1913–1914), in GS, 6:195.

2 参见匿名纪念册文章《德国乡村寄宿学校》(“Deutsche Landerziehungsheime”)，转引自 GS, 2:827–828。如布罗德森（Broderson）所指出的，学校的沙文主义倾向很快就加上了“几乎不加掩饰的反犹主义”（*Walter Benjamin*, 25）。关于“教堂”夜晚的简短描写，见于 SW, 2:322。

学校共同体（Freie Schulgemeinde），选址图灵根森林中的维克村（Wickersdorf），在那里大约四年的时间里，他得以更全面地实践他的理论。[1] 本雅明在 1905 年至 1906 年间在豪宾达跟随维内肯学习德语文学。他后来评说过这些德文课如何为他的兴趣指引了方向："到那时为止，我对文学不过是沉浸于随性的阅读，教学在我心中发展起来的那些批评和审美标准加深了我对文学的偏爱，并为我指出了明确的方向；同时，这种教学也唤醒了我对哲学的兴
25 趣。"（EW, 49［1911］）在维内肯全面的文学和哲学影响下，本雅明对上学的厌恶转化为一种对学生生活的理想化，教室变成了真正共同体的一个可能模型。多年以后，当他在巴黎流亡时，他简要地提到了"教育理论作为乌托邦的根基"（AP, 915），我们从其具体的历史建构中可以辨听出早期影响的遥远回声。

从维内肯这一时期最重要的写作的结集《学校与青年文化》（*Schule und Jugendkultur*, 1913）——这既是一本教学手册也同时是一部文化理论——可以看出，维内肯的作用像是一个哲学普及者，把黑格尔的"客观精神"概念和更幽暗的尼采式生命哲学结合在一起。[2] 他的教诲的主旨，是关于作为新人类先声的"新青年"理念，"新青年"这一理念在接下来的动荡岁月中也屡屡得到召唤。青年是人类的希望——它本身就是创造潜能，而非仅仅是转向成人的"实用现实"的过渡——但这还只是一个理想；维内

1　参见本雅明 1911 年在《太初》（*Der Anfang*）杂志上发表的文章，《自由学校共同体》（"The Free School Community"），EW, 39–45。

2　见 Wyneken, *Schule und Jugendkultur*, 5–12。本雅明曾在 1914 年 5 月 23 日的一封信中评论过这本书的初版："他的理论继续落后于他的愿景。"（C, 68）C 中的书信英译在本传记中多有修订，以便更接近德文原文。C 的译文是以第一版本雅明《书信集》（*Briefe*, 1966）为底本的，这一底本就有很多错误和遗漏，已经被《书信全集》（*Gesammelte Briefe*）所取代。

肯评论说，当前，不论是年轻人还是成年人，他们身上都还没有
这种青年的迹象。学校（代替家庭）的职能，就是去唤醒这种青
年理想，而且是通过传播文化来实现这一点。这里重要的不是对
信息的汇集和组织，尽管这也是必要的，而是对心智和感受力的
培养，对传统的**更新**；一个人学习外国文化，是为了让这些文化
成为他自己的。真正的精神和身体的觉醒存在（Wachsein），必须
具备历史的——最终也是社会层面的——和“宇宙的”两种意
识，其顶点（正如在柏拉图的教育理论中那样）是对美的欣赏。
活的文化以艺术和哲学为根基。因此，维内肯的教育计划致力于
把各学科综合到一个统一的世界图景（Weltbild）中，这图景既是
科学的也是诗学的。和尼采一样，维内肯批评“旧有的人文学秩
序”，认为它不再可行，同时还号召从“相对主义的历史主义”中
解放出来。文化的成型取决于一种新的“非历史的”历史意识的
出现（这一表述来自尼采 1873 年的论文《历史对于人生的利弊》，
这一表述后来对本雅明也非常重要），这一意识的核心在于对“现
在（the present）的伟大文化内涵”的确认，其紧迫的任务是去执
行一个“持续自我更新的过去”（转引自 EW, 40）的诸种要求。取 *26*
代傲慢的资产阶级的“空洞理性主义”的，则是一个由老师和学
生组成的智性-爱欲共同体（intellectual-erotic community）——
人们互相把不论男女的对方看作“同志”——这个共同体必须学
会一种“更具悖论性的”思考方式，向生命的黑暗之流敞开，并
能够接受观点灵机突现（Aufblitzen）的情况，但不返回到超自然
的解释。这种不受束缚的反思，其任务的特征正是自由，指出了
一种批判的且历史的新宗教虔诚的可能，它将超越教会那些招人
厌恶的教条。也只有这样的精神巨变可以反过来使一个文化国家
（Kulturstaat）成为可能，这样的国家代表了一种致力于文化繁荣

的政治体，超越民族国家的自恋和党派之间的争斗。任何新的政治联合体所面对的重大问题都是物质（技术）发展和理念（道德和司法）发展之间的当下分歧。

内在于这一综合信条的是一种显明的精英主义：天才崇拜、领袖的概念、“更高贵的人”和“群氓”的区别——所有阐述都带有我们在尼采那里看到的哲学悲怆，但却不包含任何尼采式的哲学反讽。更高贵的人的辨识标志是对本质的感知和对艺术及哲学的沉浸，这种品质，在维内肯看来，将培养出对各类导致平庸的民主化动向的质疑；真正有文化的一生并不追求幸福，而是追求以自我克服也即对自然的胜利为形式的英雄主义。虽然他自己的思考受制于 19 世纪的生机论（vitalism），而后者在接下来的岁月中滋养了德国许多的反动意识形态，但维内肯却也警告起源于政治右翼的“外部危险”和政治左翼的“内部危险”。在他的构想中，个人通过服从客观精神而实现自我，客观精神的逐渐发展的真理高于个人，但也不是与人无关的。不过，尽管这种论争中偶尔有辩证法的反转，但维内肯还是明确地反对个人主义的精神，而这种反对也为他最终拥护德国民族主义做了铺垫。确切地说，那并不是偏离原轨——虽然对他的追随者来说那像是背叛了
27 他自己的教导——他在 1914 年 11 月肯定了青年有献身于德国战争大业的责任。维内肯的教导对瓦尔特·本雅明的性格和观念的影响是不可估量的，尤其是在随后的七年中本雅明成为德国青年运动的一个主导声音的时候，而这影响最终也贯穿了他整个一生。

1907 年春，本雅明回到柏林，在腓特烈皇帝学校完成剩下五年的中学教育。他新获得的方向感贯穿于他如今的阅读：他谈到，离开豪宾达之后形成的“特定美学兴趣”，是他的哲学和文学兴趣的“自然综合”，他提到了他专注于“戏剧理论——首先是对莎

士比亚、黑贝尔（Hebbel）和易卜生的伟大戏剧的思索，附带对《哈姆雷特》和[歌德的]《托尔夸托·塔索》（*Torquato Tasso*）的深入研究，以及对荷尔德林的集中阅读……此外，当代对社会问题的思考自然也对我产生了影响，这一点上，心理学方面的爱好是部分因素”（EW, 50 [1911]）。为了进一步培养自己对文学问题的判断力，他还和他的朋友赫伯特·贝尔摩尔（Herbert Belmore，本姓布鲁门塔尔 [Blumenthal]）以及其他同学聚会组成了每周活动的阅读和讨论小组，他们关注一系列不能在学校研读的德国现代戏剧家（包括格哈特·豪普特曼和弗兰克·韦德金德[1]），还阅读古希腊悲剧、莎士比亚、莫里哀和其他经典作品的德语译本。[2] 成员们还在去剧场看戏后写评论。这些文学夜晚，据一位成员说，从 1908 年一直持续到战争爆发，显然呼应了豪宾达的那些音乐和文学的“教堂”聚会，同时也预示了本雅明将会在大学时代参与各种学生组织的讨论活动。这个阅读小组应该与后来本雅明所说的他在腓特烈皇帝学校的“朋友圈”有重合，那时他已经从图灵根回来一两年，想要传播关于维内肯的信息，而维内肯关于维克村自由学校共同体的使命的文章也继续是本雅明的灵感源泉（GB, 1:70）。

在经历了和同事以及国家当局的新冲突后，维内肯 1910 年 4 月被迫离开维克村。他继续从事学校改革，随后开始了繁忙的巡

1　格哈特·豪普特曼（Gerhart Hauptmann，1862—1946），德国剧作家和诗人，曾获诺贝尔文学奖；弗兰克·韦德金德（Frank Wedekind，1864—1918），德国剧作家，他在表现主义文艺中的地位，后面的章节还将谈及。——译注

2　“本雅明的校友包括恩斯特·舍恩、阿尔弗雷德·科恩、赫伯特[·贝尔摩尔]、弗朗茨·萨克斯（Franz Sachs）、弗里茨·施特劳斯（Fritz Strauss）、阿尔弗雷德·施泰因费尔德（Alfred Steinfeld）、维利·沃尔夫拉德（Will Wolfradt）等。……这些学生组成一个定期阅读和讨论文学作品的圈子。弗里茨·施特劳斯告诉我，这个圈子视本雅明为领袖，他在智识上的优越对所有人都是显而易见的。”（SF, 4）

28 回演讲，同时继续发表文章并督办各种刊物。正是在这一时期，他和本雅明的联系加深了；维内肯 1912 年至 1913 年的日记中，有许多地方都提到他这位出众的门徒，他会私下向本雅明朗读自己的作品。当时专门宣传维内肯观念的显要刊物是《太初》，从 1908 年到 1914 年在柏林刊行，分三个系列。最初的副标题是《新兴艺术和文学杂志》（*Zeitschrift für kommende Kunst und Literatur*），在高中生中发行，每期用胶版誊写印 150 份；《太初》由一个与本雅明年龄相仿的柏林学生编辑，他自称乔治·巴尔比宗（Georges Barbizon，本名格奥尔格·格雷托尔 [Georg Gretor]），是一个坚定的维内肯派，他的父亲也是一名艺术品交易商。本雅明从 1910 年起开始在此刊发表诗歌和散文作品，他当时还在念高中，利用多重含义的拉丁假名“Ardor”逃避来自学校和社会正统的怒火，而这种怒火也的确如期而至。他发表的第一个作品，是一首题为《诗人》（“The Poet”）的诗，流露出当时流行的新浪漫主义的典型音调：诗人遗世独立的形象受到来自奥林波斯山顶的暗中注视，而他将永恒的诗行镌刻在深渊的边缘，他的目光时而转向内在，时而投向上面的诸神，时而投向“大众”。1911 年，刊物开始以印刷形式发布，并换了新的副标题《青年联合杂志》（*Vereinigte Zeitschriften der Jugend*），1913 年到 1914 年间又简化为《青年杂志》（*Zeitschrift der Jugend*）。从 1911 年改版时起，本雅明发表的作品就显示出一种坚决的政治色彩乃至战斗色彩，他直接探讨了学校改革和青年文化问题。他这一系列纲领性的宣言的第一篇，题为《睡美人》（“Sleeping Beauty”），开篇是一则关于青年觉醒的寓言，而青年觉醒正是维内肯所设定的目标。在接下来的三年里，需要新青年引领革命性的文化转变，是本雅明作为学生的全部发表作品的主旨，甚至也是他所有写作的主旨。

本雅明参与《太初》的那几年也见证了他和先锋派同人社团“新俱乐部”（Neue Club）的联系。这是一个初具表现主义特征的作家团体，活跃于1909年和1914年之间的柏林。在这个俱乐部所组织的所谓“新激情歌舞表演”（Neopathetisches Cabaret）晚会上，有作品朗诵。“新俱乐部”由库尔特·希勒尔[1]创立，其成员有两位后来成 29
为德国表现主义的主要贡献者，他们是诗人格奥尔格·海姆（Georg Heym）和雅各布·范·霍迪思（Jakob van Hoddis，又名汉斯·达维德松［Hans Davidsohn］）。本雅明与其中一些活跃成员相熟识：西蒙·古特曼（Simon Guttmann，后成为驻柏林和伦敦的摄影记者）也活跃在供稿《太初》的作者群中，此外本雅明还认识罗伯特·延奇（Robert Jentzsch）和大卫·鲍姆加特（David Baumgardt），他们是这一社团中的重要存在。我们不知道本雅明是否和这一团体中最有才华的诗人海姆相熟，虽然海姆是古特曼的朋友；不过肖勒姆告诉我们，本雅明曾为他背诵过海姆1911年的诗集《永恒之日》（*Eternal Day*）中的诗作——“这对他来说是很不寻常的行为”（SF, 65–66）。[2]希勒尔随后在1912年出版了表现主义诗歌的第一部合集，《秃鹰》（*Der Kondor*）。

1911年年底，本雅明申请参加会考（Abitur），这一告别高中的考试将使他获得大学录取资格；对此，父亲心有抵触，他想让儿子像这个年纪的其他男青年一样选择一个有用的职业。（埃米尔·本雅明改变主意，是接受了他的知识分子姐姐弗里德里克·约希菲［Friederike Joseephi］的劝说，她是本雅明最喜欢的姑

1　库尔特·希勒尔（Kurt Hiller，1885—1972），德国犹太裔表现主义文学家、反战记者、公开的共产主义同性恋者。——译注

2　另参见 Voigts, *Oskar Goldberg*, 127–128。本雅明和希勒尔的关系，可以追溯至1910年前后，参见 SF, 15–16。

母，教过侄子笔迹学。她于1916年自杀。[1]）在转年的2月和3月，本雅明先后经历了一系列笔试和口试。除了一科之外，各科都考得不错：他的古希腊语笔试没有及格（考的是翻译柏拉图选段），虽然他在口试中有所弥补。[2]他的数学分数“令人满意”，拉丁成绩“不错”，德语作文“很好”，作文的命题关于歌德和奥地利剧作家弗朗茨·格里尔帕策（Franz Grillparzer），他的导师夸奖这篇作文理解深入，行文优美。即便是这个小作文也表露出维内肯的影响：它以“天才问题”为关注点，援引莎士比亚的“伟大沉思者”哈姆雷特为例证。文章认为，天才“触生活而搁浅”（GS, 7:532–536）。不久前，他还以同样的笔触谈论过品达（Pindar），文章题为《对高贵的思索》（“Reflections on Nobility”），他在《柏林纪事》中称之为自己的第一篇哲学论文。

3月从腓特烈皇帝学校毕业后，本雅明看起来很快又得到了父亲的恩宠，因为他得以在五旬节假期（5月24日到6月15日）
30 进行一次全面的意大利之旅——包括了科莫、米兰、维罗纳、威尼斯和帕多瓦。在这之前，他总是和家人一起旅行。我们可以从他给赫伯特·贝尔摩尔的最早通信中读到1910年和1911年夏天他们前往瑞士旅行。这些书信有着高涨的情绪，充满文学戏仿和他的阅读报告及判断，从弗里茨·毛特纳（Fritz Mauthner）的语言理论到托尔斯泰的《安娜·卡列尼娜》，无所不有。现在，他已经十九岁，获允和两名校园同伴一道出国旅游。这是他第一次

1　肖勒姆记录了本雅明在姑母自杀前三天所做的一个梦：“‘我躺在一张床上；我姑姑和另一个人也躺在那儿，但我们没有混在一起。从外面走过的人透过一扇窗户向内看。’他说他后来才意识到，这个梦宣告了姑姑的死亡。”（SF, 61–62）如果再从本雅明自己的自杀角度来看，这个梦又展现出另一个维度。

2　本雅明的离校证书上提到了他“按时出勤”，“行为可嘉”，但书写“不令人满意”（Brodersen, *Walter Benjamin*, 30, 32）。

体会到摆脱家庭和老师的自由。他以旅行日记的形式记录了 1912 年的这次“意大利之行”，就像他对 1902 年以后的其他几次旅行所做的那样，不过这次的日记是到那时为止最长的一部。这一次引人注意的是，他把日记看作旅行的真正实现：“旅行应首先从我正要书写的日记中成为其自身。在这部日记中我想看到……沉静的、自明的综合得以发展，教育旅行要求这种综合，并以此为本质。”（GS, 6:252）这是典型的本雅明式逻辑：写作的任务是让已经发生过的一切第一次成为其实在（actuality）。写作旅行日记事实上才是真正的旅行，起到教育作用的综合。已然隐含其中的，是对时间维度和文学作品的形式及内容的交互关系的复杂理解，这一理解——不仅预示了后来唯物主义的“生命处境的文学化”的构想——将在那些野心勃勃的早期论文《青年形而上学》（“Metaphysics of Youth”）和《弗里德里希·荷尔德林的两首诗》（“Two Poems by Friedrich Hölderlin”）——如果不算旅行日记本身的话——中结出果实。同时，《我的意大利之旅，1912 年五旬节》（“My Journey to Italy, Pentecost 1912”）则充分证实了他对旅行和旅行写作的激情。随着时间推移，这激情会越来越强烈。

会考之后不久，本雅明为他的中学时光发表了简短的《尾声》（“Epilogue”）。这篇小品匿名出现在他和同校同学编的一份幽默杂志（*Bierzeitung*[1]）上，他在其中提出“学校给了我们什么”这样的问题。[2]

---

1 字面义即“啤酒报刊”。——译注

2 1913 年 9 月 6 日给青年运动中的同志西格弗里德·贝恩菲尔德（Siegfried Bernfeld）的一封信中，本雅明提到了这份高中时期的“幽默杂志”，他毕业时在上面发表了《尾声》，“作为我这一代人的幽默杂志，尤其值得一提的是，它也是教师们能看到的。我和两个朋友一起背着全班人搞出了这一期，在告别宴会上给了学生和教职员们一个意外”（GB, 1:172）。那两个朋友可能是弗里茨·施特劳斯和弗朗茨·萨克斯，虽然恩斯特·舍恩似乎也牵涉其中。

在玩笑话之外，他这样回答：它给了我们许多知识，但却没有提供指引方向的理想，也培养不了有约束力的责任感。他说，始终伴随
31 课业的是一种任性和无目的感带来的令人痛苦的感觉："我们不能严肃地对待自己，也同样不能严肃地对待功课。"（EW, 54）又一次，他呼吁师生之间的开放交流、开放对话，这是严肃对待"青春"本身的必要第一步。对教育制度的审判，是如此高调地肇始于本雅明的高中时代，很快也将以更多的公开方式宣扬出来。

第二章

青年形而上学

柏林和弗莱堡，1912—1914

虽然大多数关于1912年至1914年的历史记述都表明，即将来临的第一次世界大战给整个欧洲笼上了一层阴影，但瓦尔特·本雅明在弗莱堡初入大学的时光却体现出他的关切另有所在。在那几年中，本雅明把自己的研究聚焦于我们或许可以称为“文化哲学”的方面。不过，远比具体研究更重要的是，本雅明在他的大学岁月中发展出了对学院生活的广泛而尖锐的批判。起初，这种批判形成了一系列精彩但非常晦涩的论文，大多没有发表。不过，本雅明也在许多学生团体中日益成长为领导者或演说家，与这些团体相关联的运动，后人称为“德国青年运动”。对学生生活这种富有激情的参与，激发了他志在影响广泛公众的最初写作。而就在他考虑扮演一个可能的公共角色之时，本雅明第一次被迫审视自己的犹太人身份。 32

本雅明于1912年4月在阿尔伯特-路德维希-弗莱堡大学（Albert-Ludwigs-Universität Freiburg）开始了自己的大学学习，这是德国最古老、最有名望的大学之一。弗莱堡本身是一座安静的小城，更为著名的是其黑森林南坡的美景，而非它的文化生活。很

4. 学生时期的本雅明，约 1912 年（*Museum der Dinge, Werkbund-archiv, Berlin*）

难想到还有什么能与柏林的喧嚣形成更强烈的对比了，尽管弗莱堡很快就会成为哲学上的现象学运动的中心。这场运动围绕着埃德蒙德·胡塞尔及其革命性的学生马丁·海德格尔的学说而发展起来，海德格尔长本雅明三岁。本雅明注册在了语文学系，以便继续他的文学研究，夏季学期他听了很多不同的讲座课程，比此后的
33 任何一个学期都多。这些课程包括“古典晚期的宗教生活”、“中世纪德意志文学”、“16 世纪通史”（由著名历史学家弗里德里希·迈内克 [Friedrich Meinecke] 讲授）、“康德的世界观”、“当代文化哲学”、“图像艺术的风格与技术”、“认识论和形而上学导论”等。

“认识论和形而上学导论”由知名的新康德主义哲学家海因里希·李凯尔特（Heinrich Rickert）向一百多名学生讲授，他的讲解以对实证主义（根据孔德式观念，来自感官经验的资料是知识的唯一可靠来源）和生命主义（即哲学上对“生命本身”的重视，

5. 赫伯特·贝尔摩尔，约 1923 年
（*Collection of M. P. Belmore, Erlangen*）

起源于叔本华和尼采所倡导的对理性主义的批评）的批判为出发点。李凯尔特自己的贡献来自他对历史和文化的理论挪用。尽管有着逻辑科学式的论证风格，李凯尔特历史取向的分析——反映出转向“问题史”（Problemgeschichte）的立场，这也是新康德主义的西南学派的标志——还有他试图克服精神与自然、形式与内容、主体与客体等一系列二律背反并由此超越康德的种种努力，对本雅明后来的影响不容小觑。事实上，我们可以看到，本雅明自己接下来十年的哲学和美学探究，在其重要关节处，时而并入李凯尔特以及马堡的哲学教授赫尔曼·科恩（Hermann Cohen）的新康德主义轨道，时而与之偏离。在生命的最后一年，他甚至还写信对特奥多尔·阿多诺承认——尽管他在阿多诺面前总是要证明浪漫派对自己的思想影响并不大——自己是“李凯尔特的学生（正如您是科尔内利乌斯 [Hans Cornelius] 的学生）”（BA, 333）。

1912 年，同样在上李凯尔特的现象学和形而上学课程的还有青
年海德格尔，他将在李凯尔特的指导下写作他的博士学位论文，直
到李凯尔特 1916 年移席海德堡（而在弗莱堡接替他的正是胡塞尔）。
海德格尔和本雅明后来也都上了李凯尔特的逻辑学（实际上是一种
新的"生命哲学"）讲座课，以及接下来的夏季与此课相配套的关
于亨利·柏格森（Henri Bergson）哲学的研讨课，因此人们不禁会联
想，在柏格森研讨课上他们或许某种程度上注意到了彼此的存在。
这两人的写作将展现出如此多的关联，而他们的人生道路又如此不
34 同，但就我们所知，两人从未有任何私人交往，尽管四年后本雅明
的确了解到海德格尔的早期作品——当然，他当时就印象不佳。[1]

对学问之道的远大期许让本雅明难堪重负，如他告诉他大学
头两年的主要通信伙伴赫伯特·贝尔摩尔的那样，他在大学第一
个学期的体验是一场"大洪水"和"大混乱"。有时，他会"在明
亮的早晨去大学周围走走"，让自己沉浸在"轻柔的城市漫步"之
中，好逃离"'过多功课'的幽灵"（GB, 1:46）；比起本雅明所习
35 惯的家乡柏林，南德意志能提供更多的美丽风景和晴好天气。但
更多的时候，他发现自己不得不遵从他所谓的"弗莱堡时间"，这
种时间的特性在于只有过去和未来而绝没有现在。"这是实情，"
他在 5 月中旬向贝尔摩尔提到，"在弗莱堡我能对学术问题进行独
立思考的时间，差不多只有在柏林的十分之一。"（C, 14–15）

1　见第三章。本雅明在《拱廊街计划》提到过几次海德格尔；详见 AP, N3,1 和 S1,6。另参见 C, 168, 359–360, 365, 571–572；GB, 4:332–333, 341；GB, 5:135, 156。海德格尔和汉娜·阿伦特的通信中稍微提及本雅明，那是 1967 年阿伦特在弗莱堡发表本雅明讲座的时候，海德格尔出席了讲座。（她为《启迪》写的导言就是基于这次讲座。）见 Arendt and Heidegger, *Briefe*, 155, 321–322。另参见 Fuld, *Walter Benjamin*, 290–292。两人的差别，源于两人不同的背景，这在学生时代就已经明显：海德格尔对青年运动毫无兴趣，而它对于本雅明却极端重要。

他决定去外省的弗莱堡求学，大约也并非出于像李凯尔特
和迈内克这样的教授的盛名，而更多是因为当时弗莱堡已经成
为激进学生运动的一个中心。它属于第一批允许学生实践古斯
塔夫·维内肯的战略性方案的大学，这个方案便是在自由学生
会（Freie Studentenschaften）之内设立学校改革小组（Abteilungen
für Schulreform）。这种学生会于世纪之交已经在许多德国大学组 36
织起来，与秘密社团和击剑队等既有学生组织相抗衡，以便推
广19世纪的某些博雅教育理想，比如学术各学科的内在统一和
个体的人格在学术共同体中的演进等。自由学生会是全国青年运
动（Jugendbewegung）在大学中的主要分支，这场运动始于一些组
织严密的小型少年团体，他们喜欢穿行于柏林周边的乡野。[1] 这些
“候鸟”（Wandervögel）团体是1901年在柏林-施特格里茨（Berlin-
Steglitz）正式成立的，其实，到那时为止，这些团体已经有多年
非正式的聚会，投身于自然世界，注重经由户外活动养成简单习
惯。随着大致以“候鸟”为模型的青年组织遍布德国，早期团
体——“那些留着长发、不修边幅的酒神祭司……穿过原野，拨
响吉他”——温和的反智主义和非政治倾向让位于范围广泛的特
殊志趣。原本是少年俱乐部的大联合，现在变为一场学生运动。[2]
到1912年，自由德意志青年（Freideutsche Jugend），作为这场运动
的总部，已是成分驳杂，从本雅明所属意的反战的理想主义者到
恶意的民族主义反犹分子，应有尽有。

维内肯派绝非这些团体中最大的一支——1914年他们的人数估计是三千。不过，由于他们在维克村的学校社群中所建立的反权威

---

1 瓦尔特·拉克尔（Walter Laqueur）的《青年德国》（*Young Germany*）仍是英语世界中关于青年运动最全面、最中肯的讨论。

2 R. H. S. Crossman, introduction to Laqueur, *Young Germany*, xxii.

模式，同时作为自觉的先锋派，他们绝对是公众曝光率最高的团体。他们认定自己是学院和文化改革的倡导者，关注整体上的意识改革尤其是“资产阶级”的意识改革。在希尔德·本雅明——本雅明的弟弟格奥尔格的妻子和传记作者——的共产主义视角看来，这些团结在维内肯周围的青年男女以“知识精英”的面目出现。她引用了一份集体起草的关于德国工人阶级青年中的青年运动史的报告：

37 这场反对派性质的资产阶级青年运动的开端可以追溯到世纪之交。一批高中学生，主要是来自小资产阶级和资产阶级的青年，与中学里普遍的专制作风发生了冲突，那些中学主要由僵化的迂腐分子把持，要求学生无条件地服从。打击任何独立学习的积极性，教学大纲与随时准备作战的意识形态及君主制崇拜结盟，这些都和教育所呼唤的人文主义理想相矛盾。与此相关的还有家长的资产阶级道德、唯利是图和虚伪、奴性，以及由此而来的残忍无情，对许多人来说也是难以忍受的。这些年轻人有不少毕业后升学进入大学，他们在那里继续坚持“候鸟”的精神。他们拒绝学生反动组织的活动，反感这些社团对决斗和饮酒的痴迷、沙文主义态度及傲慢和对人民的蔑视。……基本上，并不是现存的社会秩序，而是代际间冲突推动了这些年轻人的离经叛道。……他们拒绝积极介入任何当时的政治斗争。他们的目标是教育人民，让他们“按照自己的原则，承担自己的责任，依靠内在的真诚”塑造自己的生活。[1]

---

1 Autorenkollektiv, “Geschichte der deutschen Arbeiterjugend-Bewegung, 1904–1945” (1973), 转引自 Benjamin, *Georg Benjamin*, 22–23。最后引号内的片段是 1913 年 10 月迈什纳青年大会（本章有讨论）上提出的；参见后文第 77 页注 1。

本雅明在“一战”前作为学运分子而写的作品中详尽控诉了没有灵魂的课堂练习以及学校与家庭合力制造的使人麻木的市侩作风，任何人检视这样的“伦理纲领”，都会发现与上面描述的那种智识和精神上的“离经叛道”有许多共通之处。

事实证明，维内肯派在更趋保守的独立学生群体中也属于少数派。通过学校改革小组，维内肯一度对大学的学生生活产生了影响，设置这种小组的初衷是对官方课程提供补充，从而在专门化的专业和职业训练的狭小范围之外拓宽教育的视野。弗莱堡的学校改革小组赞助了大学的系列讲座和晚间讨论组，这给本雅明提供了又一个场地，去实施他“恢复人们的青春”（C, 24）的使 38
命。那年夏天，他的文章《学校改革：一场文化运动》（“School Reform, a Cultural Movement”）出现在了弗莱堡学校改革小组的小册子上，这本小册子印了一万份，在全国的大学中免费发放。本雅明启用了一个新笔名，“Eckhart，phil.”，他用这个笔名争论说学校改革不仅限于价值的传播，而且意味着那些价值本身的彻 39
底修正。在体制本身的框架之外，教育改革关注的是一整套思维方式；它要求的与其说是狭义的教育重组，不如说是一套广泛的伦理纲领。而教育不仅仅关乎“在永恒的层面”（sub specie aeternitatis，借用斯宾诺莎的著名说法）思考；它关系到“在永恒的层面”**生活**和**工作**。教育，只有作为个人和社会视野的此种拓展，才能服务于“人性的自然进展”（EW, 58）意义上的文化养成。大约三年后，在他青年哲学的顶峰表述《学生的生命》（“The Life of Students”）中，他更清晰地从按照时间直线发展的人类“进步”的模糊构想中区分出了相关的“历史使命”。

本雅明唤醒青年的想法直接建立在维内肯的教诲之上，但在终极意义上又植根于从施莱格尔和诺瓦利斯到尼采的 19 世纪德国

6. 古斯塔夫·维内肯在豪宾达，1906 年（*Archiv der Deutschen Jugendbewegung, Burg Ludwigstein*）

思想。这不仅在他的书信中留下了记录，而且还保存于 1911 年到 1915 年期间一组可圈可点的文章之中，这些文章有些当时发表了，有些从未刊行。这番爆发远远超出一般的青春期写作，充满原创性，本雅明以后的几乎所有作品都具有这种原创性。青年文化的工程对他而言从来不是仅限于学校改革的计划，而是要寻求一场思想和感受力的革命。有意义的体制变革只有在文化转型之后才能发生。青年被设想为争取一种“新的人性”和“激进的新视角”（EW, 29, 120）的斗争中的先锋队。它代表的不仅是一场文化-政治运动，而且是一种生命哲学，一种活的哲学——更确切地说，一种历史时间的哲学和一种宗教哲学。对青年本雅明来说，这些思想维度是和另一个维度紧密联系在一起的，那就是非常有德意志特色的“精神”概念：Geist。青春被定义为“不断和纯粹精神的抽象性共振（vibrierende）的体验”（C, 55）——这一提法来自 1913 年至 1914 年他寄给他的朋友和战友卡拉·塞里格森（Carla Seligson）——她是柏林的医科生，后来成为赫伯特·贝尔摩尔的妻子——的信中最富狂想的一封。他的说法中，几乎每一个词都携带着秘教的能量，用来炸毁父辈们的逻辑。卡拉·塞里格森曾问道：“这如何可能？”他深受感动，径直用神秘主义口吻回复 40
道：目的就是在青春自身中体验青春，而这并不是每个人都能做到的——“其存在的伟大欢乐”。换言之，目的不是“改善”而是完成（Vollendung，李凯尔特的关键用语），它内在于每个成为青年的人。他继续说道：

> 今天，我感受到基督的话语所包含的令人敬畏的真理：看吧，神的国不在这里或那里，而在我们之中。我想和你一起读柏拉图关于爱的对话，在那里这层意思得到了比在其他任何地

方都更美妙的表达和更深邃的思考。（C, 54 [1913 年 9 月 15 日]）[1]

他说，年轻意味着**等待**精神降临，而非为精神服务。（在此我们或许会想起哈姆雷特关于准备的观念，准备指向“游戏 / 表演”[play]。[2]）这种准神学用语指向精神的“抽象性”问题的要害：这一共振中的“永远在实现自身的”青年灵魂不会让自己固定在特定位置上，而是让自己的目光保持自由。如本雅明所写道的，“这是最重要的事：我们绝不能固着于任何一个特定观念，[哪怕] 是青年文化的观念。”（C, 54；关于自由，见 52）也就是说，没有教条，也没有毫不含糊的、封闭的体系，更不用说什么党派意气，而只有启迪（Erleuchtung）——照亮“最遥迢的精神”。尽管这些观点近乎本雅明多年后会整体否定的“幼稚”浪漫主义（见 SW, 3:51），但它们标志着我们在他的最具代表性的作品中所遇到的那种内在的多义性已经处于上升阶段——这种多义性表现出他对真理有着动态的和辩证的构想，而真理是这样一种启示，它保持着对隐藏世界的信仰。这不是**关于**某个事物的真理，而是**内在于**事物的真理。[3]

卡拉·塞里格森的问题——“这如何可能？”——是针对政治行动的根本性逼问；本雅明 1913 年的回答把对行动的号召又转移到理念的领域——而且是非常崇高的那些理念。除了极少数例

1　这里提到的是《新约·路加福音》17：21，以及柏拉图的《会饮篇》。

2　本雅明在 1928 年的一篇评论中引用了相关诗句（SW, 2:105）。他在 1911 年的《睡美人》一文中讨论过“现代人的悲剧”《哈姆雷特》（EW, 26–32）。

3　正如本雅明将在 1924 年写到的，“真理不是摧毁秘密的揭示，而是恰当处理秘密的启示”（OGT, 31）。（本传记对《德意志悲悼剧的起源》的翻译与更自由的英译本有重要差异。）另见 1923 年的《关于哲学与各学科这一话题》（“On the Topic of Individual Disciplines and Philosophy”）断片：“没有关于某个对象（über eine Sache）的真理，真理只是**内在于其中**。”（SW, 1:404）

外，政治不是本雅明在大学时期的写作中所直接讨论的议题。在他作于 1912 年秋的《关于“现在”的宗教性的对话》(“Dialogue on the Religiosity of the Present”）中，他一带而过地提及“诚实的社会主义”远景，与当时常见的社会主义相对立（EW, 71）。在书信的某处，他还不经意地向他的犹太复国主义友人路德维希·施 41
特劳斯（Ludwig Strauß）提到，他尚未在社会民主主义和左翼自由派的取向之间做出选择。他补充说，无论如何，考虑到政治是政党而非理念的载体，政治行动最终也只能是这样一件事：两害相权取其轻的艺术（GB, 1:82–83[1913 年 1 月 7 日]）。尽管如此，在他余下的大学时光中，对“教育”的信仰——这种信念认为政治开始于教育而在文化中结出果实——将带动他在青年运动自己那一派中的政治生活组织上发挥越来越显著的作用。这也将持续驱动他对学校和家庭的抗议，为他严肃而具有审美色彩的伦理纲领提供范式。

在他的思考中，尤其具有伦理意味的是关于友谊的观念。与当时的改革主义话语中的其他部分相类似，这一观念也有着分量颇重的古典先例——在这里是柏拉图的 philia 概念（平等者之间的友爱），它是达成真正共同体所需要的争辩媒介。尼采的政治体理想，“一百个深深的孤独”的集合，和康德的“非社交的社会性”的想法一样，也在此发挥了作用。本雅明的表述——eine Freundschaft der fremden Freunde，保持着陌生感的朋友之间的友谊（C, 57）——援引了孤独与共同体之间的辩证关系，他在这一时期的书信中反复谈及。这一表述将体现在他接下来的人生中对人际关系的处理上。必须把孤独培育为真正社交的前提条件，这样的社群必然是一个由个体心智和个体良知所组成的社群。出于这一信念，故意保持距离的策略将给本雅明人生中几乎所有社会关系留下印记；

这类策略包括：他严格规则化的处事方式、他在友人之间维持的不可逾越的高墙、他在交谈和通信中对私人事务的尽量避免，等等。

同时，有意义并富有成果的孤独本身，又是以一个生机勃勃的社群为前提的：

> 那些孤独的人都到哪里去了？只有一个理念（idea）和一个理念中的社群（community in the idea）能引导他们走向孤独。我相信这是真的：只有一个人把理念变成其自己的
> 42 （不管是什么理念），他才能孤独。我相信这样的人必须是孤独的。……最深的孤独就是一个理想的人，生存于和理念的关系之中，而这一理念将他人性的部分摧毁。这种孤独，更深的一种孤独，我们却只能从最完美的社群中期待。……在人群中保持孤独（Einsamkeit unter Menschen）的条件，今天已没有多少人了解，它们还有待创造。（C, 50）

另一封同时期（1913年夏）的信中，他隐约谈到他心目中的这些“条件”究竟是指什么，它们使得社群中的深度孤独成为可能，使得对“太过人性”的一切进行理念的动摇成为可能。他在信中表达了自己的感受，“我们的全部人性都是对精神的献祭”，因此不能容忍任何私人利益，“任何私人感情、私人意愿和智慧”（C, 35）。这些规定，在抽象的青春激情之外还流露出一种高调的道德严苛，出自这样一个人的口中也许听起来很奇怪。因为在不到十年之后，他就为了个人的快乐而充满激情地收藏善本书和艺术作品原本，并小心翼翼地在最亲密的朋友面前也保护自己的隐私——不过也要提到，他对典型的资产阶级的私有产权观念大加抨击。但这样的矛盾是他多面性格的典型表现，和他后来所谓

他的信念构成的“矛盾而流动的整体”是一致的（BS, 108–109）。因为在本雅明的视角中，哲学和政治从不是相互排斥的，他总是不断地寻求加入各种团体，而对这些团体而言，他在性情甚至意识形态上都并不合适。在1913年6月23日的一封信中，他会这样写道：“对不可救赎之物的救赎……是我们所宣称的普遍意义。”（C, 34）[1] 本雅明在这里的态度既是贵族式的，又同时是平等主义的，这与他后来在流亡和贫穷的深渊中所发出的更优雅的声明并没有什么不同。

如果说，在第一次世界大战之前的几年间，**哲学与政治**的经典对立并不比任何时候更容易找到现成的解决方案，那么，它至少还能为澄清和发展理论前提提供一个机缘。在这方面，本雅明青年时期的写作充当了他以后哲学的研习预演；在“时间”这一命题上展现得尤其明显，而这一问题也锤炼了他那一代人中一批伟大的头脑。对于青春体验自身的当下存在，也即青春作为“不 43
停息的精神革命”的场所，至为关键的是拓宽关于“现在”、关于只能等待（erwarten）的那一当下存在（Gegenwart）[2] 的观念本身。当然，本雅明对历史的理解从一开始就是形而上的。这就是说，它通过在每个节点都顾及时间的总体性（EW, 78；本雅明所用的词是 Gesamtheit）而超越了编年意义上的时间观。历史是未

1　本雅明引用的显然是赫伯特·贝尔摩尔（这封信的收件人）信中的话，但这封信未被保存下来：“‘渴望救赎不可救赎之物，这真的会是达那俄斯的女儿们（the Danaids）所受的折磨。’”（C, 34）这一说法的最初源头不详。（“达那俄斯的女儿们”为古希腊神话中达那俄斯王和妻子及情人所生的五十个女儿，其中有四十九个杀死了她们的新郎，在冥界受到折磨，被要求灌满永远也不可能灌满的无底之桶。——译注）

2　Gegenwart 也译为“当前”、“当前现身”或“现身性”，该词中 wart 部分，是德语中“等待”的词根。海德格尔等哲人会把 Gegenwart 拆为 Gegen-wart，强调“当下存在”是针对未来、面对未来、抵住未来的等待。——译注

来和过去的斗争（EW, 123），这一斗争的动态处所就是现在。尼采在《历史对于人生的利弊》一文中已经提出了“现在”在认识论上的优先性，本雅明 1913 年发在《太初》上的文章《授业与估价》（“Teaching and Valuation”）也引用了尼采这篇文章。尼采在文章的第六节，规定了历史阐释的法则：“只有从最高的现在之能量（Kraft der Gegenwart）中你才能阐释过去”，因为“过去总是像神谕一样说话”。[1] 这和诺瓦利斯的一句格言也相差不远，在 1797 年至 1800 年的一则论歌德的片段中，诺瓦利斯说：“如果一个人相信真有‘古人’，他就犯了大错。只是在现在，古典（antiquity）才开始诞生。古典诞生自艺术家的眼中和灵魂之中。”[2] 在《学生的生命》一文的开篇，本雅明重申了尼采对 19 世纪历史主义的批判——那种批判针对的是兰克式的教条，以为历史学家能获得关于过去“如其所是”的客观知识。本雅明不把历史看作无限时间尺度的背景下，事件作为因果链条的同质性绵延，他在文中认为历史聚合并集中于现在这一时刻，如同一个“焦点”（Brennpunkt）。批判史学的任务，如前所述，既不是追求进步，也不是重构过去，而是对现在的挖掘，对现在所隐藏的能量的解放。因为，深深嵌在每个现在时刻的，正是“内在的完善状态”，它以最“濒危”、最“受排斥”的构想形式存在着，而正是这种深层次的扭曲变形逃过了正统史学家的眼光。

把现在看作过去和将来的生动的辩证，这一理念同样也充溢于《青年形而上学》，此文作于 1913 年至 1914 年间，也许是本雅

1　Nietzsche, *On the Advantage and Disadvantage of History for Life*, 37–38. 该文构成了尼采《不合时宜的沉思》（*Unzeitgemässe Betrachtungen*）的第二部分。

2　Novalis, *Werke in Einem Band*, 351（本雅明 1919 年的博士论文引用了头两句，见 SW, 1:182）。参见 Schlegel, *Lucinde and Fragments*, Athenaeum fragment no. 147，论及如何在自身之内实现古典（本书第 95 页引用）。

明早期未刊作品中最重要的一篇。文中，本雅明将现在作为永恒地存在过（die ewig gewesene Gegenwart）的事物来谈论。他说，我们所 44
做和所思都充斥着我们祖先的存在——这种存在已经过去，又成为将来。每一天，像睡梦中的人一样，我们使用着自我更新的过去的“未经测量的能量”。有时，醒来的我们回想起梦境，并把它幽灵般的能量带入“白日的光明之中”。这样，清醒就通过梦来巩固自身，“洞见的稀罕光束”就照亮现在的多层深度。[1] 在唤醒其自身的历史共鸣的过程中，现在汇聚为一个抉择的时刻，通过这一植根于过去的时刻，现在为未来奠基（见《新青年的宗教立场》[“The Religious Position of the New Youth”]，EW, 168–170）。于此，“唤醒青年”的动机明显预示了他后期思想的核心关切，那就是作为历史张力的瞬间星丛的辩证意象（the dialectical image），在那正在涌现的力场中，辨认的此刻（the now of recognition）[2] 从“我们命名为过去的梦境”之中醒来，又朝这一梦境走去。[3] 这种历史辩证法的要害是“将

1 关于本雅明的“唤醒”理论的早期表达，参见他的诗作《看见晨光》（“On Seeing the Morning Light”），附在 1917 年 9 月 10 日给恩斯特·舍恩的信中：“在清醒和睡眠还没有分开的地方 / 光照开始了……[人] 苏醒在旧梦的光中。”（EW, 281–282）关于维内肯的唤醒青年的理念，见本书第 31 页。本雅明也熟悉路德维希·克拉格斯（Ludwig Klages）1914 年的论述《梦意识》（“Vom Traumbewusstsein”），现收入 Klages, *Sämtliche Werke*, 3: 155–328；尤其见第 158—189 页。

2 参见后面章节中多次提到的 Jetzt der Erkennbarkeit（可辨认的此刻），这是本雅明的一个重要观念，和“辩证意象”观紧密相连。——译注

3 关于本雅明的“辩证意象”接近早期基督教的理念 kairos（critical moment，时机），详见 Agamben, *The Time That Remains*, 138–145，在涉及“犹太教弥赛亚时间”的语境中，则参看 Agamben, *Infancy and History*, 105, 111–115。本雅明关于早期基督教精神的观念既受到托尔斯泰（见下文第 79 页注 1）的影响，也受到马丁·布伯（Martin Buber）的影响。布伯的《犹太教三讲》（*Three Addresses on Judaism*，1911），本雅明在这一时期的信件中曾提到过，书中包含大量关于“早期基督教”的评论，认为那是一个犹太人有真正的宗教虔诚的独特时期。见 Buber, *On Judaism*, 45–47 及书中各处。

现在作为一个觉醒的世界（Die Gegenwart als Wachwelt）来体验的艺术”，他后来称之为“此刻时间”（Jetztzeit）。[1]

这第一波独立写作伴随瓦尔特·本雅明成长为一位年轻人。从这些作品中可以感觉到一种抽象的道德优越感，它在某种程度上继承自维内肯，但其中所发展出来的种种态度又是本雅明独有的，他接下来数年的写作会有同样的色彩。1932年，当他在即将流亡之际回望自己的学生时代，本雅明毫无犹疑地承认，青年运动注定要以失败告终，而这正是因为它植根于心灵生活：“那是英雄主义的最后努力，去改变人们的态度而不去改变他们的环境。我们不知道它注定失败，但就算我们知道，那也不可能改变我们之中几乎所有人的决心。”（SW, 2:605）在许多地方，这些早期文本刻意的劝诫口吻背后，已透出他将来作品的光彩，我们从中可以窥见作者性格的一个关键方面。从早年开始，本雅明就意识到了自己的特殊禀赋，也有充分的证据表明，他超凡的智力再三得到认可。早在大学期间，他就试图应用他的禀赋去获得思想领袖的地位。由于这些都是心智和语言的禀赋，他希望——当时并终
45 其一生——光是他的写作的质量就能为他赢得在世界上的影响力。他常常将这样的希望直接表达给他的友人，比如格肖姆·肖勒姆和胡戈·冯·霍夫曼斯塔尔（Hugo von Hofmannsthal）。但是，密集地参与过德国青年运动的各种组织和出版机构之后，那种成为**某个团体**的思想领袖的欲望将仅仅在三次相隔甚久的创办刊物的努力中浮出水面——而这些努力没有一次成功。

当然，青年运动中的领导工作在当时并不总是那么充满英雄气概。本雅明在弗莱堡的第一个学期几乎对方方面面都有抱怨。不仅课

1 关于“觉醒的世界”，见 AP, Convolute K1,3，关于“此刻时间”，见 SW, 4:395–397。

程无聊，同学们没有修养，而且让他吃惊的是，自由学生会里是“一群无法管束的卖弄口号的人和无能之辈”，不过他的确参加了学校改革小组，它和更中立的独立学生组织不同，一直坚守着维内肯派的激进主义（GB, 1:52）。在弗莱堡学习，他能看到的唯一优点就是大学毗邻意大利，五旬节的假期旅行中，他去那里欣赏文艺复兴时期的艺术。6 月中旬，他的希望又多少复苏了，因为他认识了“一位年轻艺术家”，大约是菲利普·凯勒（Philipp Keller），一位弗莱堡医学生，其小说《混杂的情感》（*Mixed Feelings*）将在一年后出版。本雅明将和凯勒以及凯勒所在的表现主义文学圈子维持暧昧的关系。[1] 不过，在夏季学期结束时，他已经决心离开弗莱堡去柏林，他将住在代尔布吕克街的家里，同时选修大学课程并在更广泛的战线上参与青年运动。

在新学期开始之前，他和腓特烈皇帝学校的朋友弗朗茨·萨克斯一起在波罗的海滨的斯托尔普蒙德（Stolpmünde，现为波兰境内的乌斯特卡）度假。8 月，他向贝尔摩尔提到，他的“A.N.G”（Allgemeine normale Geistigkeit），即“正常运转的心智”，又从过去四个月的洪水中浮现出来。在斯托尔普蒙德，萨克斯把他介绍给一位高三学生、犹太复国主义青年团体“蓝-白”的创始人，库尔特·图赫勒（Kurt Tuchler），本雅明和他进行了长谈，后来还通过信（现已佚）。这些对谈燃起了本雅明对自己的犹太人身份的兴趣——并让他第一次正面遭遇了“作为一种可能性并由此作为一种责任的犹太复国主义和复国主义活动”（C, 17）。其实，这些 46
关于“责任”的谈话为时过早。在他见到图赫勒之前，本雅明关于犹太事物的经验少到极点。他的母亲，从家庭传统出发（正如他在《柏林纪事》中解释的那样），效忠于柏林的犹太改革团体，

1 具体到菲利普·凯勒对本雅明“早期的强烈影响”，见 MD, 47。

而他父亲的教养则更倾向于犹太正教仪礼，但是，正如我们已经看到的，本雅明一家同时也高调地庆祝圣诞节，复活节时还给孩子们安排寻找彩蛋的游戏。在这样一个完全归化的自由派犹太资产阶级家庭中长大的本雅明，整体上对犹太传统没有特殊感情，而犹太教的礼拜让他烦闷甚至反感。从一开始就活跃于他的写作中的深刻的神学旨趣，随着他年龄渐长而越来越深地向下扎根，却又和任何一种有组织的宗教相对立。怎么可能不是如此呢？实际上，本雅明的“犹太性”体现在他的择友：除了极少数（虽然非常重要的）例外，每个成为他的密友的人，不论男女，都来自和本雅明一样的那种已经归化的上层阶级犹太家庭。

因此，和犹太复国主义的早期接触是由他新近对犹太性产生的兴趣决定的，他发现犹太性是一个至关重要而又历史复杂的问题。三年后，他将在给马丁·布伯的一封信中写道：“犹太精神的问题是我思想中最重要和最持久的课题之一。”（GB, 1:283）早先他和一位弗莱堡的同学路德维希·施特劳斯一起对这个问题进行了探讨，他们是通过菲利普·凯勒认识的。施特劳斯当时已是一位有成就的诗人，在娶了布伯的女儿之后，成为任教耶路撒冷希伯来大学的文学史家。他当时是围绕在诗人和戏剧家瓦尔特·哈森克莱佛（Walter Hasenclever）周围的表现主义圈子的一员。本雅明向他透露，自己是在成为维内肯派后开始正视犹太身份问题的，而维内肯派中一大部分都是犹太裔。在那之前，他作为犹太人的感觉不过是他生命中异域情调的“芳香”而已（GB, 1:61–62）。本雅明苏醒的自我意识，也映照出那个时期许多青年犹太知识分子苏醒的自我意识。1912 年 3 月，此前不为人知的莫里茨·戈尔德施泰因（Moritz Goldstein）在显赫的艺术刊物《艺术守护者》（*Der Kunstwart*）上发表了一篇文章，题为《德意志犹太人的帕尔纳索斯山》（“Deutsch-Jüdischer Parnaß”），文章立刻在这份刊物和其他期刊上引发了一系列回应，成为全德意志范围内热烈辩论的话题。47 戈尔德施泰因的文章对德意志犹太人身份的问题做了无情的揭示，提出犹太知识分子本质上的无家感这一主张。“我们犹太人，”他写道，“统摄着一个民族的知识财产，但这个民族又不给我们权利这样做。……即使我们觉得自己已经全然是德国人了，别人也会感觉我们全然不是德国人。”而如果犹太知识分子试图去掉自己的妆容中的“德意志”色彩，结果也基本上是一样的：“如果伴随着终于觉醒的人的尊严，我们能无视那些不喜欢我们的德国人，难道我们就能不再首先作为德国人而存在吗？”[1]

同其他犹太学生的这些争论之后，本雅明开始感觉到他的犹太性“位于他的存在的核心”（GB, 1:69）。不过，他小心翼翼地把犹太性的问题与政治性的犹太复国主义区别开。他向施特劳斯形容，德国的犹太复国主义分子完全缺乏任何成熟的犹太意识：作为 Halbmenschen（两边不靠的人），“他们为巴勒斯坦做宣传，然后又像德国人一样喝得大醉”（GB, 1:72）。他在考虑一种“文化犹太复国主义”的可能性，但是，鉴于犹太垦殖定居运动的不加掩饰的民族主义倾向，他没有别的选择，只能保持他和“实际的复国主义”之间的距离。[2] 而且，虽然他表现出已经准备好和施特劳

1 Goldstein, “Deutsch-Jüdischer Parnaß,” 286ff. 这篇文章节录于 Puttnies and Smith, *Benjaminiana*, 41–44。

2 “文化犹太复国主义”的概念最早由俄国出生的犹太散文家阿哈德·哈阿姆（Ahad Ha’am，又名 Asher Ginsberg，1856—1927）提出，他是一位自由主义领袖，复国主义运动内部的批评者，号召复兴希伯来和犹太教文化，作为“民族觉醒”的前奏。（见 Puttnies and Smith, *Benjaminiana*, 60–61）。在 1916 年 8 月 23 日的日记中，肖勒姆提到一次和本雅明关于阿哈德·哈阿姆的谈话，指出（虽然他的这位友人明显对民族主义有批判）“本雅明和阿哈德·哈阿姆的立场如此接近”，关于此，他尤其提到他们对“‘正义’在犹太教中的地位”的共同认可。Scholem, *Tagebücher*, 386.

斯合办一份关于犹太事务的刊物，但他说得很明白，“对犹太圈子的严肃介入是一件和我不相干的事”（GB, 1:77）。

正如他和路德维希·施特劳斯从1912年9月到1913年1月的交流所透露出来的，对本雅明来说，犹太身份问题的终极难点是文化这一理念本身，是“保存并从时代的纷乱中解救文化之理念”的必要性（GB, 1:78）。文化本质上永远是**人的**文化。虽然在我们看来，他在这个问题上似乎是重申尼采强调的普世主义，即由一个对民族特性异常敏感的人来坚守“优秀的欧洲人”的价值，但其实本雅明引用尼采，是把他当作文化的理念所面对的**重重危险**的一个代表。从他的导师维内肯的精神出发，本雅明承认，在激发一种活跃而有根基的文化的过程中，和亲密“敌人”的某种斗争是必要的；但也正是在这里，人们必须觉察到理想遭到庸俗化乃至背弃。“尼采风格的社会生物学家们正在浑水摸鱼，”他这样写道（GB, 1:78）。
48 然后他大胆地批驳了尼采在“智识上的市侩”，这不仅体现在其信条（权力意志）的生物主义中，还表露为将友谊的概念压缩到狭隘的个人层面。（本雅明所指的是《查拉图斯特拉如是说》第一部分中“论朋友”一节，尤其是关于朋友的睡态的片段，演说者在另一个人那里看到自己映照出的面容。）与此相对，同时也可以说是隐晦地针对“犹太圈子”，本雅明宣扬维内肯的哲学友谊的理想，即“思想中的伦理联盟”。他的论点让我们想起《关于“现在”的宗教性的对话》的内容，文章完成于1912年10月中旬，他曾向施特劳斯提过。在这篇两个朋友的午夜会谈中，尼采（和托尔斯泰、斯特林堡一道）被点名为新的宗教体验的预言者，问题的关键则是如何恢复“我们的社会活动”业已丧失的“形而上学的严肃性”（EW, 65）。本雅明又一次展望了孤独与社交、局部与集体的辩证法：不是“虔诚的无用能量”，而是“个体的”肉身和精神的“丰富和分量”——也就是“个人直接性的新意识”——构成共同生活的真正宗教基础的前提（EW, 75, 78, 67）。对一种深沉的社会意识和伦理意识（也包括“无产阶级意识”[EW, 64；另见 GB, 1:64]）的强调，对如何使日常生活的习俗高贵化的关切，让本雅明式的宗教感和尼采式的区分开来。这并不等于否定尼采哲学在本雅明的思考和表达方式中的持续重要性，本雅明的悖论式和辩证特征正反映出尼采对统治着传统形而上学的二元对立体系及其不矛盾逻辑（logic of noncontradiction）的摧毁。现代文化已经被交付给存在的无根基境地，那是狄奥尼索斯的汪洋大海，在其中所有形式的身份认同都被打乱，遭到质疑，这一切就开始于个人的“我”（见 EW, 169：“我们自己的‘我’是［不确定的］”）。面对存在的无根之感和淹没感，典型的本雅明思路是去确认一种清醒（sobriety）的原则。

本雅明以形而上学为导向的社交态度，一定程度上由那年秋冬在大学的学习所滋养。他在弗里德里希·威廉大学（Friedrich
Wilhelm University）注册了哲学系，从 1912 年 10 月开始他在柏林 49
的五个（非连续）学期的第一个学期。在那里，他聆听了哲学社会学家格奥尔格·西美尔（Georg Simmel）的讲课。西美尔作为一名“不寻常”的教师在授课；因为他是犹太人，没有永久的（“常规的”）教职身份。但西美尔可以说是当时柏林最受欢迎和最有影响力的教师，他的学生中就有恩斯特·布洛赫、格奥尔格·卢卡奇和路德维希·马尔库塞（Ludwig Marcuse）等重要政治和社会理论家。不论从哪一方面讲，他都是极具魅力的讲师，上课时不用讲稿，从不同角度切入同一个问题时追随“思想的律动”：西美尔在自己的哲学工作中结合了认识论、艺术史和社会学的成分。[1] 他

1 Emil Ludwig, “Erinnerungen an Simmel,” in Gassen and Landmann, eds., *Buch des Dankes an Georg Simmel*, 152.

对细节的关注和他对历史及文化的边缘事物的兴趣显然吸引并培养了本雅明刚开始形成的癖性。西美尔 1903 年的开创性论文《大都会和精神生活》（“The Metropolis and Mental Life”）在很多方面都启发了本雅明后来的“社会学转向”以及 20 年代与西格弗里德·克拉考尔一同进行的对现代都市的新分析。虽然对其哲学基础有所保留，本雅明从 30 年代开始的写作中将引用西美尔关于城市生活现象学的段落，并利用西美尔对大城市经验的理解来表述他自己后期的经验理论。他在柏林的其他老师——他上过哲学（值得一提的是新康德主义者恩斯特·卡西尔 [Ernst Cassirer] 的哲学课）、德语文学和艺术史课程——我们了解甚少。只有文化史家库尔特·布赖西希（Kurt Breysig），作为“普遍史”的实践者，似乎因其独立态度而显得较其他人更为突出。

回到柏林意味着和《太初》恢复联系，这份刊物在 1913 年春推出了第三个也是最后一个系列，而本雅明参与了筹备工作。5 月和 10 月之间，本雅明一边在其他刊物上发表作品，一边为新的《太初》写出五篇关于青年的文章，均未署名。其中最后一篇是《经验》（“Experience”），这篇小文以一种预示了本雅明一生对该主题的关注的方式，攻击了市侩的“布尔乔亚”的经验概念，这种概念以一种更高级更直接的经验之名超越青春，即洞察了“不可经
50 验之物”的经验（EW, 117）。从马丁·贡佩尔特（Martin Gumpert）在《天堂中的地狱：一名外科医生的自传》（*Hölle im Paradies: Selbstdarstellung eines Arztes*）中的记录，我们可以得到关于这一刊物重组（最后一期发行于 1914 年 7 月）的整个氛围的认识，这本出版于 1939 年的回忆录值得在此大段引用：

有一天我被邀请去参加一个会议，讨论创立一份新刊物。

我发现我周围都是我没见过的年轻人。/他们披头散发，衬衫敞着，……他们说着——不，他们是在布道——肃穆而华美的词语，要离开资产者的世界，谈论着青年有权利获得与之相称的文化。……领导者和追随者的概念扮演着重要角色。我们阅读斯特凡·格奥尔格，以及瑞士诗人卡尔·施皮特勒（Carl Spitteler）的严整史诗。……在那样的日子里，人们生活在一个充满各种可能的概念的世界中（in "Begriffen"）。我那时想分析和界定存在的一切元素，想发现它的二元性，它的多样性，它的神秘。没有什么是不重要的；每片叶子，每个物体——在其物质表象的背后——都有形而上的意义，并因这种意义而成为宇宙的象征。……青年运动是全然中产阶级的。……意识到这一局限后，我执笔了一篇笨拙的宣言，声称工人阶级的青年属于我们的同道，而我们必须去了解他们，赢得他们的支持。维内肯（他在1913年和1914年指导刊物的运作）把文章打了回来，上面写满了负面评语：这还远不是时候，我们还不得不集中于我们自身。因此，……唯知识主义的危险在我们的圈子中滋生着。……政治被认为缺少思想，没有价值。（转引自 GS, 2:867–870）

不消说，青年本雅明——贡佩尔特认为他是这个团体中"最有才华的"——在始终反对任何青年同既有政党政治联合这一点上，是追随维内肯的，而且他还努力让《太初》"和政治保持距离"。不过我们也仍有相当的把握说，他不会认为自己为青年运动而写的作品是非政治的。

此时，本雅明对政治的理解既是狭义的也是广义的；教育改革属于后者。因为，如果哲学从学校教育伊始就被放在教学课程

51 的核心位置，那么人性就将得到改变——至少他 1913 年至 1914 年的演讲和文章（其内容在《学生的生命》一文中得到了很好的总结）是这样认为的。弗里德里希·威廉大学的第一学期，他在一些不同的阵地宣扬他的理念，介入的程度和所占有的显要地位，都比他在弗莱堡的活动更进一步。他参与组织了柏林学校改革小组，他被选入更大的自由学生会的主席团或执委会。在大学之外，他在自由学校团体联盟（the League for Free School Communities）的柏林分部也很活跃，他时常和维内肯见面，维内肯曾有一次到本雅明在代尔布吕克街的家中做客。

1913 年和 1914 年还见证了本雅明第一次——在很多方面也是唯一一次——在公共生活中的直接政治参与。本雅明先是在柏林和弗莱堡的地方团体中，继而是在全国的舞台上，寻求获得青年运动的领导人地位，试图进一步推行改革纲领。但是，正如他作品的理想主义口吻所透露出来的，这次对政治世界的切身参与是和他最深层的性情相背离的。他是一位审慎的、极为讲究隐私的年轻男性，在群体中很不自在，只有在思想生活的独处中或和一个单独的对话者交谈时他才最快活。即便是和一个对话伙伴看上去很直接的交流也经常是通过轶事、类比和影射等形式来完成。克尔凯郭尔墓碑上的铭文——“那个个体”（That Individual）——道破了本雅明终其一生对团体，甚至是（可能尤其是）对他的友人团体的反感的本质。因此，早期大学生活的热烈的政治活动构成了本雅明社会行为模式中一次绝对的例外。也许并不令人惊讶的是，这种直接活动总是对抗性的，并常常是极端的。但关于他的个人魅力也有充分的证明。恩斯特·约埃尔（Ernst Joël）谈到过本雅明能对别人施以“不可思议的力量”，而赫伯特·贝尔摩尔则称，早在高中时代本雅明“早熟的聪颖和极强的严肃性”就在他的朋友们中间留下了深刻印象，而这些朋友“几乎成了他的信徒”。[1]

当又一个同样非常忙碌的学期接近尾声，本雅明决定在 1913 年夏天回到弗莱堡。他没能成功连任柏林自由学生会的执委会席位，而维内肯希望他去管理弗莱堡的学校改革小组。此外，还有 52
他和菲利普·凯勒的友谊，他认为这是他决定回去的主要原因。他在弗莱堡天主教堂旁边找到了一间很棒的房间，“墙上挂着令人尊敬的圣徒像”。终其一生，而且不管环境怎样，住所挂满图像对本雅明来说是很重要的，而在越来越复杂的家庭图像布置中，基督教圣徒像是一个贯穿始终的元素。4 月底，他从弗莱堡给贝尔摩尔写信：“在我的窗外，教堂广场上有棵白杨树（金黄的太阳居于它的绿叶中），树前是一座古老的喷泉，楼房的墙壁上洒满阳光——我盯着这一切可以一次看上十五分钟之久。然后……我在沙发上躺一会儿，随手拿起一卷歌德。我一碰到像‘Breite der Gottheit’［神性之宽广］这样的词语，就又坐不住了。”（C, 18）他发现和前一年夏天比，弗莱堡已经变化了。自由学生会基本上瘫痪了：“在公告栏上看不到任何通知，”他这样告诉卡拉·塞里格森，“没有小组活动，没有讲座。”（C, 21）一年前他曾参加过的弗莱堡学校改革小组现在变成一个文学小圈子，有七到九名学生，他们周四晚间聚会，一起阅读和讨论。小组由菲利普·凯勒领导，他“像一个暴君一样统治着，不停地大声朗读”（C, 19）。对凯勒的表现主义作品，本雅明仍然评价很高（1929 年他还会在《文学世界》[*Die literarische Welt*] 的书评中提及凯勒“不幸被遗忘”的著作），但在工作上，他开始反对凯勒，两人的关系冷却了：“从凯勒那里解放出自己以后，我……又把大家从［凯勒］那里解放了

1　约埃尔，转引自 Puttnies and Smith, *Benjaminiana*, 27；Belmore, “Some Reflections about Walter Benjamin,” 120。

出来，……这样他们就能有一个机会，非情绪化地、清醒地形成他们自己。”（C, 23–24）没有什么比这更好地表达了那时引导本雅明的政治活动的原则。库尔特·图赫勒记得在斯托尔普蒙德的争议的中心点：“他那方面试图把我拉进他的思想范围，而且最重要的是说服我不去参与任何一种兄弟会，而我当时正想要那样做。他强烈建议我要保持‘独立’，并且只与他本人联系。”[1] 拒绝团体意味着独立——但这种独立又是以经过本雅明协调的形式而存在
53 的。接下来发生的事情并不让人惊讶：凯勒在6月初退出了晚间讨论会，本雅明随即主持局面，讲解瑞士诗人卡尔·施皮特勒的作品（他在《太初》上发表的文章《睡美人》也讨论了这位诗人）并向这一团体朗读维内肯的论文，还吸收其中一些成员成为《太初》的作者。

到此为止，这一时期对本雅明个人最重要的方面是他那个夏天意外收获的一份深入的思想友谊。这位友人就来自阅读小组，他是一位郁郁寡欢的年轻诗人，名叫克里斯托夫·弗里德里希·海因勒（Christoph Friedrich Heinle，1894—1914），将和本雅明一道在冬季学期回到柏林。海因勒是亚琛人，先在哥廷根上学，1913年夏季学期在弗莱堡注册语文学专业，并参与了独立学生中的艺术和文学小组。那个夏天，本雅明和弗里茨·海因勒一同工作，建立了一个新的教育团体，“为了某些人，同时至少也为了我们自己”（C, 67）。本雅明和海因勒的关系——将持续一年多一点——是本雅明谜一般的一生中最成谜的经历之一。和海因勒的相遇，既是前所未有的，同时又难以参透，将在本雅明接下来数年的知识和情感方面留下深刻的印记。

1　库尔特·图赫勒1963年2月26日致肖勒姆的信，转引自 Puttnies and Smith, *Benjaminiana*, 40–41。

4月，在和康德的《道德形而上学奠基》一书（本雅明曾在强烈地反律法主义的文章《道德教育》[“Moral Education”]里引用，文章于7月发表）搏斗的间歇，他阅读了克尔凯郭尔的《非此即彼》，当时此书正迎来它在全欧洲的第一次大流行，也比“其他任何书”都更让本雅明兴奋。[1]“你也许知道，”他对卡拉·塞里格森写道，“他要求我们在基督教伦理（或犹太伦理，如果你愿意的话）的基础上具备一种英雄主义，这种要求就像尼采在其他基础上提出的一样无情，而他所进行的心理分析和尼采的一样具有毁灭性。”（C, 20）正当他准备浸泡在“雨水和哲学”中度过圣灵降临节假期时，他告诉贝尔摩尔，“命运”做出了干预，让他决定第一次前往巴黎旅行。他和十个月前认识的犹太复国主义者库尔特·图赫勒以及图赫勒的朋友西格弗里德·莱曼（Siegfried Lehmann）一同前往。回来时他带着一种“高强度地生活了十四天的清醒感，而这只有小孩儿做得到”，还带着一种感觉，那就是“在卢浮宫和大林荫道上我比在腓特烈皇帝博物馆和柏林的街道上几乎更有家的感觉。……等我离开巴黎的时候，我已熟悉那些商 54
店、那些灯光广告，以及大林荫道上的人们”（C, 27）。图赫勒称，他们在巴黎期间，本雅明始终处于一种可以说是狂喜的状态。两周的旅行比本雅明所能料想的还要更具“宿命性”，因为巴黎后来不仅将成为他的包罗万有的研究对象，而且是他流亡中的家。

也许就是在巴黎期间，这位二十岁的写作者有了第一次性经

---

1 《道德教育》（EW, 107–115）是本雅明第一篇用本名发表的文章。他在文中主张“一种作为统合整体的道德教育的可能性，虽然在各个特殊领域不能有系统性的闭合”。因为，即便“道德教育没有体系”，它可以用来“对抗所有在我们的学术中边缘而无人信仰的东西，也就是我们教育中的知识孤立”。它做到这一点是靠着引入“一种关于历史的新教育”，在其中历史学家自己的现在此刻获得了相关性。

7. 克里斯托夫·弗里德里希·海因勒（*Sammlung Wohlfarth, Frankfurt*）

验，对象是巴黎街头的妓女。[1]不过另一方面，本雅明的性尝试
真的到他二十岁时才发生吗？正如恩斯特·路德维希·基希纳
（Ernst Ludwig Kirchner）同时代的绘画和格奥尔格·海姆的诗歌
所显示的，柏林的街道和咖啡馆中充满了机会，可以让这样一个
55 年轻男子按照他的阶级的习俗去寻求同妓女或舞女发生性关系。

1 见弗朗茨·萨克斯和库尔特·图赫勒的信，节录于 Puttnies and Smith, *Benjaminiana*, 153。巴黎经历或许反映于本雅明作于约 1913 年的短篇小说《飞行者》（"The Aviator," EW, 126–127）。

《柏林童年》中有一节题为《乞丐与妓女》(未收入 1938 年版),讲到“那种无以比拟的兴奋感,驱使我走近街上的一名妓女”,这一经历应该发生在他的青春期。“可能要花上几小时我才能有所行动。在这行动中我所感觉到的恐惧,和面对只需要一个询问就能让它动起来的自动机械人(automaton)时我所感受到的那种恐惧,别无二致。就这样我开口了。那一刻血液上涌造成耳鸣,而从涂着厚厚口红的唇间吐露出来的词语,我一个也听不见。我逃离了现场。”(SW, 3:404-405)当然完全有可能,本雅明出于性格中的谨慎和小心,在经过许多次这样的走近之后,最终的高潮发生在异国的首都,远离朋友和家人的审视。

在阿尔伯特·路德维希大学的第二个学期,他继续他的哲学学习,选修了一门关于康德的《判断力批判》和席勒美学的研讨课——“经过化学提纯的理念”,他告诉贝尔摩尔——还有一门关于自然哲学的课程。这回他又上了李凯尔特的两门课。一门是关于柏格森的形而上学,在那门课上他“只是坐在那里,展开自己的遐思”。[1](柏格森的理论在战前的学术圈多有讨论,也在本雅明的《青年形而上学》中获得巨大的回响。)另一门是“所有弗莱堡文学圈中人”都上的讲座课程:“作为他的逻辑学引论,[李凯尔特]交代出他的体系的概要,为一门全新的哲学学科奠定基础:完善了的生命(女性是其代表)的哲学。既非常有意思又问题重重。”(C, 31)在 6 月中旬给维内肯的信中,他对这门课及其价值哲学(Wertphilosophie)采取了一种更具批判性的立场:“于我,

1 李凯尔特的课程名为“与亨利·柏格森著作相关联的形而上学研究”。在最终意义上,李凯尔特对柏格森的非历史的生命哲学有所批评;这一批评反映于本雅明的《论波德莱尔的几个母题》(SW, 4:314, 336)。另见 AP, Convolute H1a,5。1918 年本雅明在伯尔尼大学的一个研讨班上发表过关于柏格森的讲话。

他的说法是不可接受的，因为他认为女性在原则上不能完成最高级的道德发展。”（GB, 1:117）在这里他所采取的态度与维内肯关于男女同校和女性从“日益遭到质疑的家庭理想”（转引自 EW, 42 [1911]）中解放出来的观点相一致。在一封 1913 年 6 月 23 日写给赫伯特·贝尔摩尔的令人难忘的信中，他进一步探讨了“女
56 性”问题：“你应该明白，我认为‘男性’和‘女性’类型这种观念是文明的人类思想中某种原始的东西。……欧洲是由个体组成的（个体既有男性特征也有女性特征），而不是由男人和女人组成的。……关于女人我们究竟知道多少？就像我们对青年的理解一样少。我们从未经历过任何女性文化，同样也从未听说过任何青年文化。”（C, 34）[1] 至于妓女的意义，他则批评了贝尔摩尔的“空洞的审美主义”：“对你，妓女是某种美丽的物体。你尊重她就像尊重蒙娜丽莎。……但这样做，你没想到的是剥夺了成千的女性灵魂，把她们归为画廊中的存在。就好像我们是和她们艺术化地发生关系！当我们称卖淫是‘诗意’的时候，我们是诚实的吗？我以诗歌的名义抗议。”（C, 35）在这一阶段，对本雅明来说，妓女的意义（这一形象将作为一个显要的 19 世纪类型而在《拱廊街计划》中重新出现）在于这一事实，“她把自然从其最后的圣殿驱赶了出来，那个圣殿就是性爱”。妓女因此表征了“精神的性爱化。……她代表了爱欲中的文化：爱欲之神厄洛斯（Eros），最强大的个人主义者，也最仇视文化——即便他也可能遭到扭曲；即便他也可以服务于文化”（C, 36）。

这些对卖淫的文化意义的反思和本雅明的玄奥文章《青年形

1 本雅明并不是没有自己的反女性倾向，这可以从他 1928 年的一篇评论看出来，在其中他称埃娃·菲泽尔（Eva Fiesel）关于德国浪漫派语言哲学的著作是“典型的女性作品”（GS, 3:96）；详见本书第六章。另见 C, 133（1918 年 7 月 31 日）。

而上学》的开头部分紧密联系在一起。本雅明很可能是从 1913 年夏天开始写作这篇文章的两个沉思性部分，“对话”和“日记”，而较短的第三部分“舞会”则是下一年 1 月补上的。[1] 作为青年形而上学（一种独特的后尼采形而上学，超越了古典的实体观念而展开），该文和《弗里德里希·荷尔德林的两首诗》《学生的生命》属于同一类，而这后两篇散文又可以看作分别构成青春的美学和政治学。（《学生的生命》与要求学校改革的运动直接关联，也是为这一话题而发表，而另两篇文章在写作中并没有预设特定的受众，以手稿的形式在一些朋友中流传，作者生前从未刊行。）本雅明的形而上学思考主要关注时空的感知问题，同时熔铸成一种格言式的、狂想式的风格，而这种风格和表现主义的灵视（visionary）模式有亲缘关系。[2] 具体地说，人们可能会联想到 57
格奥尔格·特拉克尔（Georg Trakl）大致作于同一时期的发出阴郁光芒的散文诗，虽然本雅明的作品既非病态的，也不是启示录式的。这篇文章是精心构思的杰作，妙笔不绝，精彩到让人难以承受，筹划了一种通过密集的意象形式来进行哲学活动的方式。文章所用的词汇充斥着“张力”、“互相渗透”和“辐射”——各式各样的动态和“情爱”的关系，包裹着不断震荡的现实。这种动态甚至延伸到本雅明语言的肌理之中，他为了努力表达各层面之

1　据肖勒姆说（SF, 59），文章是未完成的。另见 C, 71，在那里，本雅明说他的“系列”和“组作”（Zyklus——这是他给这部作品的称呼）还有待完成（1914 年 7 月 6—7 日）。抒情性的第三部分“舞会”，引入了化装舞会、轮舞、时间定格的无窗舞厅等母题，但除此以外并没有在多大程度上进行主题拓展，在此不予讨论。

2　1913—1914 年间，本雅明在弗朗茨·费姆菲尔特（Franz Pfemfert）的《行动》上发表了两篇文章（《青年是沉默的》和《爱欲教育》），这一刊物以一种政治调性的表现主义而著名。费姆菲尔特的行动出版社发行了《太初》的第三系列。关于本雅明和文学表现主义的关系，见 SF, 65-66。

间的缠绕关系，运用哲学的文字游戏（paronomasia），有时近乎造作：“Die ewig gewesene Gegenwart wird wieder werden”（永恒地存在过的现在将再次生成 [EW, 147]）。这种语言带有自觉的古风，就像第二次世界大战之后海德格尔的语言那样。在这方面，本雅明和海德格尔都折返到荷尔德林的诗歌实践（他关于青春是一道唤醒人的光芒的优美诗行以题记的形式出现在“对话”部分的开端，而这一小标题也同样呼应荷尔德林的一个母题）。

因此，对“青春”的形而上学理解需要一种特定的语言和一种特定的时间观——这种语言又和性别问题紧密相关。在“对话”部分，开头几段关于过去的梦境能量，之后本雅明区分了两种语言观，一种由“沉默”主宰，一种由“词语”主宰。（在 1916 年的文章《论语言本身和人的语言》（“On Language as Such and on the Language of Man”），他用同样的方式区分了自然和人性。）沉默的语言和女性联系在一起，而词语的语言属于男性，但在这里我们应该记起本雅明 6 月 23 日给贝尔摩尔的信，那封信坚持认为“男性”和“女性”的意义都是功能性的，而非实质性的（如其不然，那么像这样的句子——“女人的语言仍是原初的”——就将显得和李凯尔特的说法一样“不可接受”，即便涉及的是萨福，因为本雅明的“女人”概念在文章的第一部分也是刻意尚古的）。在“对话”部分，男人是说话者，寄身于亵渎之词而浸透了绝望，女人是倾听者，寄身于沉默之境而充盈着希望。[1] 说话者进入倾听者，而倾听者成为说话者的承托。事实上，沉默的倾听者
58 是对话中“未经内化的意义源泉”，而且，她还“守护着意义，让它不受制于理解”。在所有这些作用中，倾听者象征说话者的“女

1　比较文章第二部分“日记”的第一句：“我们希望注意到流淌于每个灵魂的无可命名的绝望的种种源泉。”

性过去”，那是一个被理解为能量的贮藏地的过去，是夜的深度，说话者固执于现在，穿越这样的夜。在生成于谈话的沉默（想想佩内洛普和奥德修斯）之中，梦的能量得到了更新，夜由此放射光芒。正如本雅明几年后对这一问题的表述：“放射光芒者只有在黑夜中折射出光来才是真正的放射光芒者。”（SW, 1:53–53[《苏格拉底》]）又一次，我们遇到了这样一种真理理念，它用秘密来平衡启示。对话的命运和沉默的命运不可分离。

与这两种语言模式的区分相平行的，是“日记”部分（文章的第二部分，也是完全形而上学的部分）对两种时间模式的区分：“不朽的时间”，根据其内在本质就是青春洋溢的；“发展的时间”，即日历、时钟和股票交易所的时间。这种区分相当程度来自柏格森，他类似地区别了生命的绵延的观念——其中过去延长到现在，以及抽象、线性的科学及常识的机械时间，他称之为坚硬的逻辑。（比较 1916 年的《悲悼剧与悲剧》[“Trauerspiel and Tragedy”]，其中有“机械时间”和“历史时间”的对立 [SW, 1:55–56]。）在本雅明看来，“纯粹”的时间在日常的时序中不息地流动：“各种事件发生在自我之上，自我又遇到不同的人，在这样的自我中……不朽的时间进行着。”但在内部流动的过程中，它又超越了包容着它的一切，正如内在的沉默超越了词语；而发展的时间，带着“经验的长链”，在青春洋溢的时间的光芒放射中被扬弃（aufgehoben），这种时间就是“日记”（Tagebuch）的时间。正如我们已经看到的，记日记对本雅明来说可以是很严肃的文学–哲学工作，并不令人惊讶的是，这样一种带有典型青春特征的表达媒介可以塑造一种观看和体验的完整方式。在《青年形而上学》中，日记是自我同时瓦解与完成的处所——一种自我的逊位，“把我称为‘我’，并用它的私密来折磨我”，同时又是一种解放，针对的是“那个似乎压迫我但其实就是我自己的他者：时间之光束”。日志的这种被转化的时间同时也是被转化的空间：在“日记本的魔法之下”，我们在它的中止处所遭遇的事物
59 不再如同古典形而上学所定义的那样孤立于时间之流或感知的主体，它们自身就是那时间之流和意识的一部分。它们受自我吸引（leb...dahin），而自我反过来又降临（widerfährt）于一切事物。在这一大幅度的摆荡中，事物深化了时间的空间，又通过提出“问题”——这一构想是柏格森式的——而进入人类感知，对于这样的吸引，有记忆的自我做出回应：“在这种震荡的交互中，自我生活着（lebt das Ich）。”[1] “事物看见我们”，本雅明这样写道，惊人地预示了他晚期对灵氛（aura）[2] 的思考（见 SW, 4:338–339）；“它们的凝视催迫（schwingt）我们走向未来”。因此，在我们经过事件的风景（在日记中，一切发生在我们周围的事情都是风景）的路上，我们“降临到我们自身”——“我们，就是事物的时间”。放射光芒并受到吸引，时间的韵律道出了主体和客体的互动，这种互动同时是一种发自“时间的子宫”的扩张，又是向这一“子宫”的返回。在这一空间时间的辩证法的主导下，日记让过去变得具有未来性，并让我们遇见自己，在“死亡的时间”中，那是作为我们最亲密的敌人的自己，也是作为良心的自己。正是死亡的至高实在，既无限遥远，又近在眼前，它在一瞬间（Augenblick）将不朽赐予生者。作为瞬间性救赎的入口，日记以“自我的复活”

1　见 Bergson, *Matter and Memory*, 45–46，及 *Creative Evolution*, 262。在柏格森的流变哲学（process philosophy）中，意识和物质是互补的运动。

2　作为美学概念的 aura 早已为中文学界和读者所熟悉，常译为“灵晕”“灵韵”等。本书作者强调 aura 在古希腊词源中“呼吸”、“气息”、“运动中的空气”等义，所以我将 aura 统一译为“灵氛”。详见后面章节。——译注

的形式铭刻下命运。大约五年后，关于作品的后世生命（afterlife）的观点会成为本雅明批评概念的要素，而对哲学和神学（这是一种非教条的非末世论的神学）的呼应在本雅明思想发展的每一个阶段都留有印记，从 1910 年的寓言故事《三个寻找宗教的人》（“The Three Who Sought Religion”）一直到1940年的《论历史概念》（“On the Concept of History”）。

经历了他后来所形容的“很糟糕的几周”（C, 53）时间之后，本雅明在弗莱堡的第二个学期于 1913 年 8 月 1 日结束。不过，让这段时光充满活力的是他和海因勒——“永远的梦想家和地道的德意志人”（C, 18）——的友谊。一封 7 月中旬致贝尔摩尔——他当时在柏林学习室内设计——的信提到了“几首海因勒的诗，可能会赢得你的心”，本雅明还说，“我们也许在这里变得更具攻击性，更富激情，更粗野，更少反思（大实话！）……他就是那样，对此，我有共鸣，有同情，而且我自己也经常一样”（C, 60
45）。本雅明和海因勒一起，在弗莱堡周边的黑森林中长时间散步，谈论维内肯、青年运动以及其他重大的伦理问题。（海因勒在 7 月的《太初》上发表了一篇激烈抨击课堂教学的文章。）在这个月月底，他们和另一位青年诗人安东·缪勒（Anton Müller）聚在一起，他是宣传教义的天主教报纸《弗莱堡信使》（*Freiburger Boten*）主编的儿子：“昨天［我们三个人］在山林爬山……讨论着原罪……和畏惧。我的观点是，对自然的畏惧可以检验对自然的本真感受。”（C, 48）认识海因勒不久，本雅明就曾尝试让《太初》发表他的新朋友的诗作，但没能成功。这是接下来几年中本雅明一系列传播和推广海因勒作品的努力中的第一次。本雅明当时的朋友中，有几位曾点评过这段友谊的奇特性质。大家一致认为海因勒是一位美男子，美得不同寻常——本雅明十年之后还会提及海因勒和他的兄弟沃尔夫是“我所认识的最英俊的青年”(致 F. C. 朗的信，1923 年 2 月 4 日)。但本雅明似乎未曾将这种外表的美和海因勒其人其诗可谓阴郁的美区分开来。海因勒诗作的一些读者认为这就是不成熟的青春期写作，而另一些则为之心动。[1]

在弗莱堡的时光并非没有分心和消遣。本雅明去了一次附近的巴塞尔参观德意志文艺复兴展览，在那里见到一些名画的原作——比如丢勒的《忧郁》(*Melancholia*)，那些绘画将对他里程碑式的德意志悲悼剧研究产生重要影响。除了课程内的阅读(康德、胡塞尔、李凯尔特)，他还有大量自学以及自得其乐的阅读：克尔凯郭尔、波纳文图拉(Saint Bonaventure)、劳伦斯·斯特恩、司汤达、莫泊桑、黑塞、亨利希·曼(Heinrich Mann)等。他甚至还花时间写了两篇短篇小说，其中包括刻画细腻的《父亲之死》(“Death of the Father,” EW, 128–131)。他自己的父亲仍然不赞同他的兴趣，父亲 7 月份来访时本雅明做到了“友好和客观”。等学期结束，他感到很不愿意离开弗莱堡，这大约是由于他对海因勒的感情之深：“终于，那里的生命也突然变得明丽，随着期末晴天
61 的到来而充满夏天的感觉。最后的四晚，我们(海因勒和我)一

1　维尔纳·克拉夫特(Werner Kraft)在其自传《青春之返照》(*Spiegelung der Jugend*)中，谈到本雅明 1915 年有一次向他狂喜地朗读了海因勒的一首诗，也谈到了本雅明以一种“崇拜仪式的神秘感”包裹起和他的亡友相关的一切。他还提到后来胡戈·冯·霍夫曼斯塔尔第一次读到海因勒诗作时的失望。海因勒短诗《肖像》(“Portrait”)的翻译见于 C, 30，海因勒散文的选段(《太初》上的篇章《我的班级》["Meine Klasse"] 和另一篇 1913 年 11 月的《青春》["Die Jugend"]，让人想起本雅明为《太初》作的最后一篇文章《经验》)以及与本雅明合作的玩笑诗《原始森林之魅》(“Urwaldgeister”)，见于 GS, 2:859–865。另外参见维尔纳·克拉夫特关于海因勒的两篇文章：《谈一位逝去的诗人》(“Über einen verschollenen Dichter”)和《弗里德里希·C. 海因勒》。克拉夫特引用了一些海因勒遗作，认为它们很感人，把它们看作“一个可能会很伟大的诗人”的残篇。

直在外面，过了午夜也没有回去，大多数时间在森林中。”（C, 49）到9月初，同家人在南蒂罗尔旅行数周之后，他回到柏林，准备在弗里德里希·威廉大学继续他的哲学学习以及他在青年运动中的工作，这些工作夏天一度停滞，现在则进入了最密集的阶段。

1913年9月，所谓的“讨论大厅”（Sprechsaal）活动正在柏林进行。建立这个组织是为了代表高中和大学学生的利益，尤其是那一部分《太初》要吸收为读者的学生。会议的主题和形式都是我们所熟悉的：晚间聚会，举办讲座，进行讨论——议题包括青年文化、活力与伦理、现代抒情诗、世界语运动等——目标是促进思想的交流。在1913年至1914年的冬季学期，本雅明花了大量精力在这一新的文化论坛上，也是租用聚会地点的联署人。那是蒂尔加滕区的一套小公寓，而该街区是他的老地盘了，“讨论大厅”和柏林自由学生会的社会工作部都在那里聚会。肖勒姆对本雅明的最初记忆就是1913年秋在“讨论大厅”的一次聚会上：“他丝毫不注视听众地发表他言辞精准的讲话，声音洪亮到直达天花板的最上角，他也始终盯着那里。”（SF, 3–4）进行这类工作的同时，本雅明和《太初》的关系却在逐渐疏远，这份刊物在10月发表了署名为“Ardor”的最后一篇稿件。几个月内，他将发现自己置身于一场大争吵之中，其细节已难复原，大约是缘于维内肯决定不再担任刊物的总监。以海因勒和西蒙·古特曼为首的一个团体，希望杂志转向文学方向，试图从乔治·巴尔比宗和西格弗里德·贝恩菲尔德两位编辑手中接管杂志，而这两位则赞同一种政治的（社会主义的）取向。这一事态在“讨论大厅”的聚会中以激烈的争辩展开，最终的平息是由于刊物的出版商，同时也是政治上激进的表现主义的重要刊物《行动》（*Die Aktion*）的主编，弗朗茨·费姆菲尔特介入其中，他站在巴尔比宗和贝恩

62 菲尔德一边。本雅明自己试图调和双方的努力失败了，他考虑写一篇告别辞，否定《太初》现在的倾向（1913 年 12 月那一期提到在维也纳成立了一个“雅利安人”的讨论大厅组织），但他还没来得及动笔，这本杂志就停刊了。

10 月，本雅明第一次在大型公共集会上亮相，在两次参与人数众多的学校改革和青年运动大会上扮演重要角色。在由布雷斯劳大学（University of Breslau）的一个团体所组织的第一次学生教学法大会上，本雅明发表了题为《德国大学生教学团体的目的和手段》（“Ends and Means of Student Pedagogic Groups at German Universities”）的演讲，他在其中捍卫了“弗莱堡的方向”，也就是一种明确的维内肯派的方向，以此反对更保守的布雷斯劳派。他号召一种“新的哲学教学法”和“学生中的新观念”，借此肯定了“以**内在**为基础的、同时又具有高度社会性的”学生运动，这种运动不必有党派效忠。这两个大学派别只能达成一点共识，那就是他们会彼此告知对方自己的情况。本雅明又从布雷斯劳前往德国中部的卡塞尔，参加第一次自由德意志青年大会（Erste Freideutsche Jugendtag），这次大会由来自德国和奥地利的不同青年派别和学生团体召集。今天回顾，这可以说是德意志青年运动的高潮事件，大会在迈什纳山（Mount Meißner，大会因此重新得名为“巍峨的迈什纳”，而这个新名字保留了下来）以及旁边的汉施泰因山（Hanstein）举行，会期是周末，10 月 10 日至 12 日。各路名人，比如作家格哈特·豪普特曼以及哲学家路德维希·克拉格斯和保罗·纳托尔普（Paul Natorp），都寄来了贺词和建议。这三天活动的主要标志既有群体的节庆欢乐，又有深层次的争执。一位来自波恩的作家阿尔弗雷德·库雷拉（Alfred Kurella）后来这样形容，组成这些团体的人大约“分为势均力敌的三部分，法西斯主义者、反法西斯主义者和漠不关心的市侩”[1]。大会的开幕式在一个周五的雨夜，汉施泰因山顶的一座残破城堡内举行，其间发生了尖锐的观点碰撞，一面是主张军事备战和“种族纯洁”的煽动分子，一面是维克村的自由学校共同体的领袖们，包括古斯塔夫·维内肯和马丁·卢泽尔克（Martin Luserke）。维克村派的立场是，面对所有“政治和半政治的特殊利益集团”都强调“青年的自主性”。重要的不是耀武扬威，而是良心的召唤。在维内肯看来，为培养 63
“青春的共同感受”而进行的斗争，说到底是为保存真正的德意志灵魂而进行的斗争。他的影响力起了决定性作用，那天晚上大会采用了某些代表所起草的声明，声明的第一句后来被称为“迈什纳信条”。我们已经引用过这句话：“自由德意志青年试图按照自己的原则，承担自己的责任，依靠内在的真诚塑造其生活。”不过，意识形态上的冲突在接下来的两天内继续着，而会场移到了迈什纳，天也晴了。在出席的年轻人群中，音乐、民族舞蹈、体育竞技和典礼服装展示等活动，与关于种族关系、禁欲（指戒除酒精和尼古丁）、农村改革等的讨论一同发生。本雅明自己对会议的态度比较悲观，这表现在一周后他在《行动》上发表的简短批判《青年是沉默的》（“Youth Was Silent”；这题目是对早先刊物编辑费姆菲尔特发表的赞扬文章《青年说话了！》的回应），但他并非对集会中出现的新事物不敏感：“不论怎样，我们都不能满足于自由德意志青年大会这一**事实**。当然，我们经历了新的现实：两千名先进的青年走到一起，在巍峨的迈什纳山上，围观者看到

1　转引自 Benjamin, *Georg Benjamin*, 23–24。迈什纳大会的会议日程在 11 月号的《太初》上有所描述，出自刊物编辑乔治·巴尔比宗（又名格奥尔格·格雷托尔）的一篇文章；这篇报道完整复印于 GS, 2:909–913。拉克尔在其《青年德国》中有专章（“在迈什纳山上”）讨论这一事件。

了新的肉身的青春，看到了脸庞上的新张力。对我们而言，这只是对青年精神的一次承诺。远足、仪式服装、民间舞蹈，这些都不是新东西，而且在 1913 年，它们也远非精神性的事物。”（EW, 135）。反复出现的欢乐气氛（bonhomie）尤其让他失望，因为它夺取了青年身上“神圣的严肃性，通过这种严肃性他们才走到一起”。意识形态和高傲自大正表明，只有极少数人理解了“青年”一词的含义及其恰当使命，即“反抗家庭和学校”。

1914 年 2 月本雅明在运动中的领导者地位得到加强，他被选为柏林自由学生会接下来的夏季学期的主席。没多久，他就为夏季的系列讲座安排好了一些知名的演讲人：这份名单包括马丁·布伯，他将讨论他最近出版的《但以理》（*Daniel*）一书，以及生命主义哲学家和笔迹学家路德维希·克拉格斯，他将谈
64 精神和智识的二元性。通过一封 5 月 23 日给他以前的同学（以及未来的广播合作者）、作曲家、作家和翻译家恩斯特·舍恩的信，我们可以了解本雅明打算为独立学生做的主要事情：“基本上，我能做的是……创造一种有文化的聚会。”（C, 67）在这一看似谦逊的目标中，真正的问题还是如何激发出一个教育共同体（Erziehungsgemeinschaft），“它完全依靠进入这一轨道的创造性个人”。这种个人主义的社群理想，早已充溢于给卡拉·塞里格森的信中，成为他 5 月份就任讲话的主题，其中很长一段（也是我们今天唯一能看到的一段）引用在《学生的生命》中。这段话是这样开始的：“有一个非常简单而可靠的标准，可以测验一个社群的精神价值。那就是去问：创造性的个人的总体在其中获得了表达吗？个人是否整个地寄托于这一社群并且整个人对它来说都是不可或缺的？抑或，这个社群对每个个人而言都是多余的，正如每个个人对它也是多余的？”（EW, 200）接下来本雅明援引“托尔斯

泰精神”，这和“为穷人服务”的概念联系在一起，提供了一种基于“真正严肃的共同体”的“真正严肃的社会工作精神”的范例。[1]与此相对照，当今的学术共同体还是陷在机械的——也就是说市侩的——责任和自利的观念之中，而学生们对“工人”或“人民”的感情完全是抽象的。这一讲话很成功。最富活力的成员之一，朵拉·索菲·波拉克（Dora Sophie Pollak）——本雅明未来的妻子——完全被镇住了：“本雅明的讲话……就像是某种形式的拯救。几乎让人无法呼吸。”[2]结束时，朵拉给讲话者献上了一束玫瑰。“真的，”本雅明后来评论说，“没有任何花朵曾像这些玫瑰一样令我快乐。”（C, 60）

6月，他参加了在魏玛举行的第十四届自由学生代表大会，
这次大会的标志性特征是关于自由学生群体的政治责任的激辩。
会上，维内肯派惨败，他们的大多数动议都被“粗暴地投票否决
了，一天又一天”（C, 69）。例如，一项由柏林和慕尼黑代表团联
合提案的决议，倡导保护高中生的个人信仰权利，以五对十七的
悬殊票数遭到否决（GS, 2:877）。作为柏林代表团的主席，本雅明
在这次全国大会上发挥了重大作用。大会首日他发表了题为《新
大学》的讲话，其内容显然和他一个月前的就任讲话接近。有证 65
据表明，他在魏玛是脱稿发言。他当时的一些书信表明，他以尼

1　俄罗斯小说家列夫·托尔斯泰（1828—1910）在其晚年发展出了一种基督教无政府主义，他否定教会的权威，反对有组织的政府，谴责私有产权，同时又肯定个人的道德修养是社会进步的基础。托尔斯泰主义成为一个有组织的教派，并在1884年前后开始吸引信众。托尔斯泰的激进教义反映在《忏悔录》（1882）、《天国就在你们心里》（1894）、《爱的法则和暴力的法则》（*The Law of Love and the Law of Violence*,1908）等作品中。

2　朵拉·索菲·波拉克1914年3月14日致赫伯特·布鲁门塔尔（贝尔摩尔）信；收入肖勒姆档案（Scholem archive），转引自Puttnies and Smith, *Benjaminiana*, 136。

采和约翰·戈特利布·费希特的教育讲座作为自己发言的基础。[1]费希特 1807 年的《对德意志民族的演讲》曾呼吁建立一个旨在宣扬理性生活的大学体系，而理性生活就是建立一个德意志国家的最重要条件；尼采 1872 年的《论我们教育机构的未来》则反对国家运营的教育机器专注于职业化教育，而牺牲掉在伟大老师的影响下、在同艺术和哲学的接触中所实现的真正的自我塑造。对独立学生来说，这一切都归结为"道德决断的必要性"[2]。在这次会议的一份记录中，一位来自保守多数派的代表却认为，本雅明的发言居高临下，自命不凡："这是很有意思的一件事，看他——在他导师的精神指引下找到了自己的风格——把他所有的思想都引向同一个磁极：那就是关于最高的教育塑造的理念。车轱辘话来回说，这位年轻的维克村君子，以典型的傲慢，把一切都质疑了一遍——大学、科学与学术、过去的文化，等等。"（转引自 GB, 1:239n）本雅明自己则提到了"这次会议中一贯的敌意"，在其中，维内肯派以"特定的体面、特定的精神面貌"为名采取行动，终于无损尊严，挽救了他们自己面对外在世界时"高尚而孤绝的立场"，也赢得了"别人的敬畏"（C, 69）。在一段时间内，他们仍将继续努力去营造"一个年轻人的共同体，它有着内在而广泛的基础，不再只以政治立场来确立"（C, 68），虽然和以前一样，这种对政党政治和政治目标的否弃并不拒绝社会变革、严肃的"社会工作"以及由此而来的政治责任的愿景。

1　1914 年 1 月 29 日，维内肯曾在柏林"讨论大厅"发表题为《教育家费希特》的演讲（GB, 1:193n）。费希特将在本雅明 1919 年关于德国浪漫派的博士论文中扮演重要角色（见本书第三章）。

2　出自西格弗里德·贝恩菲尔德在《太初》上对本雅明"引起骚动"的讲话的描述（节录于 GS, 2:877）。

1914年夏天，《学生的生命》一文直接在就任讲话和魏玛发言的基础上形成。这篇文章一开篇就把自身和行动号召或宣言区分了开来。我们已经讨论过意蕴丰富的开头段落，其中宣告了一种历史任务，它将集中于揭示“现在”的弥赛亚能量；回收历史对象为现在所用，这也符合从诺瓦利斯和弗里德里希·施莱格尔（Friedrich Schlegel）到波德莱尔再到尼采的浪漫派思想传统。这是一种反思的任务，反思那隐藏在日益严密安全的生活组织中不断发展的“危机”。更具体地说，这篇文章试图从一个既形而上学又历史的视角来描述学生生活和大学的意义，而通过这样一个批评（Kritik）的行动，它力图“把未来从它现在的变形中解放出来”（EW, 198）。和维内肯一样，本雅明指斥教育的工具化，认为“创造性的精神被扭曲为职业的精神”。他控诉大学里运转的整个职业“机器”，也批判学生们对现状的默许，缺少反思、缺乏勇气，这一切熄灭了人们对学习与授业的任何志业心。作为对这种外在的职业培训以及文凭主义倾向的纠正，本雅明提出了“内在统一”的理念（这一理念在同一年晚些时候开始动笔的论荷尔德林的散文中将得到它的美学对应物）。本雅明认为，本质上，职业和专业培训的机制阻隔了各学科与它们在“知识理念”（Idee des Wissens）——换言之，就是哲学意义上的“学问共同体”——中的共同起源的联系。针对目前“对学术生活的混乱构想”，解决办法是恢复各学科在哲学感觉和实践中的起源，让所有的研习在根本的层面上具有哲学性。 66

当然，本雅明自己并不关心这样一种学院生活的转变怎样才能发生，而只是指出，这并不意味着要让律师们去对付文学问题，让医生们去处理法律问题，而是要让知识的专门领域服从于整体观念，而这个整体观需要由大学本身来代表——显然不是要所有专业都服从哲学系。大学的集体性，作为可行的理想形态，才应

是权威的真正所在。这里有一个逻辑的发展过程：从肯定知识的内在统一到呼吁各学科联合，然后又到要求大学乃至整个社群中
67 师生、男女之间无等级关系。学生的作用——在他们对“不停息的精神革命”和“极端怀疑”的献身中——就是要构成一个智识先锋队：让质疑、讨论和“对话文化”的空间保持开放，以免学问退化为信息的积累，同时为社会中日常行为的根本变革做好准备。[1]

现在回顾，魏玛大会上的失败是一个明确的征兆，宣告了战前学生运动的瓦解，而这场运动在超过四年之久的时间中曾是本雅明活动的中心内容。当然，他在 7 月还是连任了柏林自由学生会的主席，任期延长六个月，但随着战争在 8 月爆发，他不再关心学校改革（甚或教育理念）的问题，而且还真的和他青年运动中的大多数同志断了联系。他那年夏天的信件表明，至少在他自己的日常生活中，孤独与社群的对立并没有得到克服。他表达了他对“严酷生活”的需求，宣布他想在假期寻找“森林中的偏僻小屋，以便获得宁静和工作”；实际上，他从来没有时间“专注地沉浸在任何事物之中”（C, 73, 70）。但当他 7 月真的开始了假期，目的地却不是什么边远孤地，而是和他的朋友格雷特·拉德及其兄弟弗里茨一起前往巴伐利亚的阿尔卑斯山区，他和格雷特从 1913 年起就很亲密了，而在他们返回柏林时，他和格雷特有些仓促地宣布

1 《学生的生命》在本雅明生前发表了两个版本：第一稿发在 1915 年 9 月的《新水星》（*Der Neue Merkur*）月刊上，第二个是扩充版（文末有出自斯特凡·格奥尔格的诗行），收入合集《目的》（*Das Ziel*）中，1916 年由作家兼文学表现主义宣传者库尔特·希勒尔（1885—1972）出版，希勒尔在 1914 年发明了“文学行动主义”（literary activism）一语，用来指称服务于政治介入的文学。早在 1916 年 7 月，本雅明就后悔第二版的发表，后来，在 1932 年的评论《行动主义的错误》（“The Error of Activism”）中，他征引了托尔斯泰和布莱希特，但却和希勒尔的理性主义立场拉开了距离。

了他们的订婚。[1] 同时，他和朵拉·波拉克及其第一任丈夫、哲学学生马克斯·波拉克（Max Pollak）的见面也越来越频繁；他们一起进行长时间的交谈，而且还会围坐在钢琴前，研习维内肯圈子里的音乐权威奥古斯特·哈尔姆（August Halm）的一本书。朵拉并不总像本雅明所希望的那样冷静，但“她总是会再次体会到什么才是根本上正确和简单的，因此我知道我们心有灵犀”（C, 63）。

本雅明的朋友中有几位对朵拉·波拉克留下了不敢恭维的印象。在弗朗茨·萨克斯看来，她就是“阿尔玛·马勒[2]的微型版。她总是想拥有我们朋友圈子中那个在她当时看来将成为领袖或在思想上最有前途的男人，她和不同的人玩过这一套，大多不 68
成功，直到她搞定了 WB，并让他成为自己的丈夫。我不认为这桩婚姻曾经幸福过”[3]。而在贝尔摩尔看来，她是“一只野心勃勃的鹅，总想到最新的思想水域浮游”[4]。这类出自他两位老友的言辞的口吻，无疑可以部分地归因于嫉妒：本雅明当时已经是那个群

1 “1914 年 7 月，[格雷特·拉德]和[本雅明]在巴伐利亚阿尔卑斯山区度过了一段时光。那个月快结束时，他父亲给他发了一封电报，上面是简短的警句‘Sapenti sat’[智者无须多言]，大约是劝他离开国家，去中立领土，比如瑞士。但本雅明误解了这一信息，回信正式宣布自己和格雷特·拉德订婚。”（SF, 12）当然我们无法确知这是本雅明的一次误读。关于格雷特·拉德对柏林“讨论大厅”的陈述，见 GS, 2:873–874，该文发表于 1914 年 3 月的《太初》。她对诉诸标语而非“与语言搏斗寻找新的表达”的态度表示批评，她和本雅明这一时期的意见（见 EW, 170）大体相同，认为“青年所能表达的唯一事情就是斗争（Kampf）”。格雷特·拉德后来嫁给了本雅明的另一位密友，阿尔弗雷德·科恩，并且和本雅明一直保持联系到他生命的尽头。

2 阿尔玛·马勒（Alma Mahler，1879—1964），作曲家、编辑和社交界名人，曾三次结婚，第一任丈夫是音乐家古斯塔夫·马勒（Gustav Mahler），第二段短暂婚姻的对象是包豪斯创始人瓦尔特·格罗皮乌斯（Walter Gropius），最后嫁给了文学家弗朗茨·魏菲尔（Franz Werfel），并在婚内婚外有几段轰轰烈烈的情史。——译注

3 弗朗茨·萨克斯 1963 年 3 月 10 日致肖勒姆信；收入肖勒姆档案，转引自 Puttnies and Smith, *Benjaminiana*, 135。

4 Belmore, “Some Recollections of Walter Benjamin,” 122–123.

8. 朵拉・克尔纳（*Collection Ah Kew Benjamin, London*）

体的思想领袖，很受追捧。而朵拉是"一位极为美丽、优雅的女性……她参加我们的绝大多数交谈，富有热情和同理心"，肖勒姆这样写道，也见证了她和本雅明至少在 1916 年就感到的"对彼此的爱慕"（SF, 27）。朵拉在很多方面都是完美的补充：如果说接下来几年本雅明生活在思想世界，只偶尔试探性且笨拙地涉猎现实事务，那么，朵拉不仅有着文学和音乐才华（她是一位维也纳英文教授兼莎士比亚研究权威的女儿），而且是干练的经理人，有活力，考虑周到，目标明确，也正是这一特质保障了本雅明的思想和写作。

首都时光见证了本雅明渐渐成长为一名大都会知识分子。柏林的咖啡馆生活的魅力在其中起了不小的作用。在老西线咖啡馆（West End Café）——它是这座城市的波西米亚人的大本营，"自大狂咖啡馆"（Café Größenwahn）这一绰号最为有名——他认识了许多特出人士，比如表现主义诗人埃尔泽・拉斯克-许勒尔（Else Lasker-Schüler）和罗伯特・延奇以及出版人维兰德・赫尔兹菲尔德（Wieland

Herzfelde），虽然也许是由于意识到和这一大学之外的精英圈子相比自己很“年轻”，他大体上和这些“志得意满的波西米亚人”保持距离（SW, 2:607）。咖啡馆的一个诱惑是那里有高级妓女（cocottes），她们构成了本雅明情色生活的阴暗角落；显然，正是这种“深不可测”的情色生活引出了下面这段话，他在刚过完二十二岁生日时对贝尔摩尔说：“你也许不能再认为我是单独一人了（nicht mehr einzeln denken），这就仿佛我刚刚降生到一个神圣的时代，刚刚变成自己。……我知道我什么也不是，但我存在于上帝的世界中。”（C, 73）十多年以后，当嫖娼成为《拱廊街计划》的题材之一，本雅明将从这些年中的一手经验得到灵感。同时，他的学术研究比任何时 69
候都显得不重要；正如他在 7 月初的一封信中所说：“大学压根就不是学习的地方。”（C, 72）

正是在西线咖啡馆，“8 月最初的那几天中”，德国向俄国和法国宣战，本雅明和他的几个朋友决定应征入伍——就像他在《柏林纪事》中解释的，这并不是出于从军热情，而是为了“在不可避免的强制征兵中先占一个位置”，以免自己的朋友上战场（SW, 2:607）。不出意外，由于他的近视和体质羸弱，他被征兵部门——暂时地——拒绝了。然后，8 月 8 日“发生了一件事，把城市生活 70
和战争都长久地从我的头脑中驱逐了出去”：弗里茨·海因勒和丽卡·塞里格森（Rika Seligson，卡拉的姐妹）在“讨论大厅”开煤气自杀了。[1] 本雅明第二天早上被这样的加急信件唤醒：“你将看见我们躺在会议楼里。”（SW, 2:605）虽然报纸将这一事件描绘为悲伤的殉情，但这对情侣的朋友们认为这是最沉痛的反战抗议。本雅明接过了海因勒的遗稿，想整理出版；经过数年不成功的努力，这些遗

1　第三个塞里格森姐妹，格特鲁德（Gertrud，昵称特劳德 [Traute]），则将于 1915 年 11 月同威廉·卡洛（Wilhelm Caro）一道自杀（见 GB, 1:231n）。

稿被搁在一旁，后来在他 1933 年流亡时彻底遗失了。为了纪念自己死去的同志，他写了一组十四行诗，共计五十首，在数年间又有所增补，他会从这些精心打磨而感情痛切的诗作中选取几首向自己的密友朗读（见 GS, 7:27–64）。海因勒的死是这样一种体验，本雅明一直没能从中完全恢复。虽然不论是以海因勒的作品，还是以本雅明就此的种种说法为依据，都已经几乎不可能重构这两个年轻男子之间关系的意义，但还是有充分证据表明海因勒的自杀对本雅明打击重大。在他的发表作品中，散落着对海因勒的隐晦指涉，而海因勒，或者说他的遗体，在本雅明最著名的两部文学作品《单行道》和《柏林童年》的开头都扮演了戏剧性的角色。但是，自杀对本雅明来说不仅是一个文学喻体；他的亡友的形象将主宰他自己的自杀冲动，从 20 年代中期起，这冲动变得越来越顽固。

两人的自杀在本雅明身上有一个直接后果，他自己很长一段时间处于无力行动的状态。据肖勒姆说，在 9 月或 10 月，本雅明不得不向他的征兵委员会报到：“本雅明（经过事先排练）把自己表现为麻痹症患者。他因此获得了一年的兵役推迟。”（SF, 12）到 10 月底，他写了一封措辞激烈的信给恩斯特·舍恩，认为需要一种大不相同的激进主义：“当然，我们都发展出了对这一事实的自觉，那就是我们的激进主义只不过是一种姿态，一种更强硬、更纯粹、更隐形的激进主义应该成为我们的公理。”（C, 74）“大学今天的那种泥淖状态”无法支撑这样的革新，但尽管处在粗野、自
71 大和庸俗的氛围之中，他还是继续出勤上课。“我对我自己的羞怯、恐惧、野心以及更重要的冷漠、冷酷和缺少教养进行了坦白的清点，结果真把我吓坏了。没有任何一位［学者］以容忍他人组成的团体而脱颖而出。没有人能应对这一局面。”（C, 74–75）这封信中如此明显的幻灭感，在他的个人生活中甚至可能表现得

更为显著。失去两位同志导致了一次突然的退避；他断绝了和青年运动中所有好友的关系，对于受到影响的人来说，这种方式无法理解。科恩和舍恩从未卷入运动中，所以逃过了这场绝交。但贝尔摩尔，本雅明在大学的最初几年和他的关系最为密切，现在却完全被回避了，而且，虽然在1917年彻底断交之前他们曾短暂地恢复联系，他们的友谊和从前再也不同了。

在1914年至1915年的冬天，本雅明从他对弗里茨·海因勒的哀悼出发，写作了他的第一篇伟大的文学–哲学论文，《弗里德里希·荷尔德林的两首诗》，这篇文章正如他多年后所顺带提及的那样，是献给海因勒的（见GS, 2:291）。这也是他从高中时代起第一次全面介入文学批评领域。凭借其本身所内含的批评理论以及对荷尔德林具有高度原创性的解读，这篇论文显得卓然不群，虽然它是在当时风行于德国象征主义诗人斯特凡·格奥尔格圈子中的美学观点的主导下成形的。本雅明之所以能对这位地位崇高而难以索解的浪漫派诗人进行解读，是因为格奥尔格的弟子诺贝特·冯·黑林拉特（Norbert von Hellingrath）编订了第一部荷尔德林作品的历史考订版文集，而这位编者自己死于战争前线。[1] 事实

1 肖勒姆讲述道，1915年10月，本雅明"说起了荷尔德林，并给了我一份打字稿，就是《弗里德里希·荷尔德林的两首诗》……直到后来，我才意识到这份礼物是他对我的巨大信任的象征……本雅明[提到]，诺贝特·冯·黑林拉特的荷尔德林版本以及黑林拉特对荷尔德林的品达翻译的研究给他留下伟大的印象"（SF, 17）。黑林拉特曾编订发行过一版荷尔德林的品达颂诗翻译，附有他自己1910年关于这些翻译的博士论文。1917年2月，本雅明写信给恩斯特·舍恩，谈及他可能在1915年5月的慕尼黑见过黑林拉特一面："你有没有得知，诺贝特·冯·黑林拉特死于战争？我曾想在他归来时把我的荷尔德林研究送给他，请他阅览。黑林拉特在他关于品达翻译的研究中框定题材的方式，是我的研究的外部动因"（C, 85）——而内部动因估计是纪念海因勒。此外，这篇文章是否可以追溯到本雅明高中时所发表的"一次荷尔德林演讲"（C, 146），就不得而知了，因为那次讲话没有任何记录存世。

上，于 1913 年开始发行的黑林拉特的版本引起轰动，重新激发了人们对这位诗人的兴趣，而在威廉帝国的最初岁月，荷尔德林几乎已经被遗忘。战前的一个时期，格奥尔格诗派中唯美主义和民族主义的结合导致人们对荷尔德林的普遍误读，将他误解为民族主义的歌者：许多德国战士在走向战壕时都带着一本荷尔德林诗作的特别“行军包版”。

那时，对一位现代作者的个别作品进行详尽的评注还不多见。像与他同时代的年长者贝内德托·克罗齐（Benedetto Croce）——他的《美学》（1902）为具体艺术作品的分析打开了道路，认为
72 每一个艺术作品都是具体的、不可化简的“审美事实”，是一个特定“艺术问题”多少能有成果的解决方案——一样，本雅明在这里也拒绝比较文献学和传统美学的范畴与分类。论文在其他方面也很有抱负。在精准的，有时是盘旋式的分析过程中，此文发展出了一种关于诗歌之真理的理论，这一理论通过推进“任务”这一概念而超越了常见的形式—内容二分法。[1] 本雅明的关键词在这里是“被诗化的”或“诗化之物”（das Gedichtete，来自动词 dichten，即“诗性书写”的过去分词）。诗化地构成的一切打开了一个空间，在其中一首特定诗作（Gedicht）的真理发挥着作用。这一真理从不是凝定的，它居于每一首诗作为艺术**作品**可能构成的思想-感知任务的实现之中。本雅明一开始就指出，这不是一个追踪诗歌写作过程的问题，因为“这一任务来自诗作本身”（EW, 171）。同时，作为“诗所见证的那一世界的思想-感知

---

1 形式—内容的区分在 1919 年一则光彩四射的短札中得到了更新：“内容走向我们。形式回退（verharrt），允许我们前驱［，］…… 使得感知得到积累。”内容展现“艺术作品中现时有效的弥赛亚元素”，而形式展现“延迟（retarding）元素”（SW, 1:213）。关于“延迟”元素，参见 SW, 1:172，那里征引了弗里德里希·施莱格尔和诺瓦利斯。

结构”，这一任务又先于这首诗而存在。诗化之物的构成——连同它对“时间的延展和空间的发生”的揭示——在本质上的悖论性，不逊色于《青年形而上学》中的“日记”部分，也不亚于《学生的生命》中具有弥赛亚气质的历史任务。在这三篇他的青年哲学的结晶之作中，本雅明勾勒了一个感知的特异氛围，在其中古典的时空观让位于一种“空间时间秩序”（spatiotemporal order），包含了过去在现在的回响，中心在外部的回声——这种独特的现代形而上学或场域理论的内核也奠基了他后来作品中的起源（Ursprung）概念和辩证意象概念。

“在诗化之物中，生命通过诗来决定其自身，任务［或问题］通过解决方案来决定其自身。”很明显，这不可能是艺术简单摹仿自然的问题。一种生命语境在诗歌中的界定，表达出了“转化之力”，类似于神秘力量，而正是那些最微弱的造物以“极度靠近生命”为特征。虽然生命在终极意义上“存在于诗化之物的基础之上”，艺术作品却以“感知的饱和及精神世界的构建”为前提。正如本雅明同一时期的一篇关于美学和色彩的对话《彩虹》（“The Rainbow”）所言，艺术家要在自然的根基中把握自然，只能通过 73
制造和建构自然来实现（EW, 215）。诗化之物因此而随着不同的诗歌作为不同的构想生命和艺术作品之间关系的方式浮现：也就是，作为诗之任务的概念。它在诗作的解读中浮现。因为“这一氛围既是研究的成果（Erzeugnis）也是研究的对象”。一首诗的思想和感知元素的逐渐成形，表达了这首诗的“内在形式”（这一术语来自歌德，但也见于威廉·冯·洪堡[1]的作品，那年冬天在柏林，本雅明和语文学家恩斯特·莱维［Ernst Lewy］一起学习了他

1　威廉·冯·洪堡（1767—1835），普鲁士哲学家、语言学家、教育家，洪堡兄弟中年长的一位，相关讨论详后。——译注

关于语言的著作）的具体逻辑和活力。这也就是说，“纯粹的诗化之物”本质上是方法论的，是一个理想目标——“作为在一种精神化身（Inbegriff）之中所有构型的空间时间的互相渗透，诗化之物与生命同一”。诗作在阅读中向着绝对的相互勾连聚拢，诗化之物的概念反映了这一相互勾连，使得依据诗作相对的“完整程度和伟大程度”评价一首诗成为可能（这些标准必然在贯穿本雅明后期著作的断片美学中得到修正，在那里，不再是“有机组织”的问题——像在克罗齐和柏格森那里一样——而只有“单子”的问题，在那里真理也更明确地区别于“完整性”）。

本雅明应用他的批评方法，聚焦于荷尔德林的两首诗，《诗人之勇气》（“Dichtermut”）和稍晚的《羞涩》（“Blödigkeit”），它们体现了一种修改的过程。他认为，荷尔德林的修改全部朝向思想和感知元素的互相决定，这在更大胆的第二“版本”中带来了形象和理念更完美的结合，带来了感受的深化。在修改版中更充分地体现了诗歌命运——“歌中的生命”——作为诗人和人民（或者用青年运动的语言来说，孤独和社群）之间的献祭纽带的基础的想法。无疑，本雅明在这里采用了诗人崇拜的观点，这一观点不仅见于荷尔德林，而且有一条很长的继承线索，从尼采的查拉图斯特拉经过新艺术运动（Jugendstil）[1] 中骑士般的人物，到斯特凡·格奥尔格。但是，不愿意满足于对崇高之物的赞赏，他采取了荷尔德林的 heilignüchtern（神圣的清醒）的公式，并强调“伟大的文学作品，作为生命的本真表达，将遭遇的不是神话而是神

1 Jugendstil 直译为“青年风格”，指 19 世纪末兴起的美学运动，在法国名为 art nouveau（新艺术），统称新艺术运动，一般认为 Jugendstil 是其德国变种，具体讨论详后。——译注

话元素互相拉扯的力量所产生的统一体”。[1]对神话的克服——本雅明早期与晚期作品的纲领性特征——要求对英雄的观念进行改造。在荷尔德林《诗人之勇气》的修改中，勇气的质量成为一种独一无二的“羞涩”，本雅明理解为“静止的存在，完全的被动性，这就是有勇气的人的本质”[2]。诗人从生命内部书写，其本真姿态是“将自身全然委身于关系（Beziehung）。它从诗人中散发出来，又回到诗人”。因此诗人是关系的发散中心，是一个无动于衷的点。散发与回归的这种新—旧辩证法——我们已经在《青年形而上学》和别处见到——或许也反映在荷尔德林论文的结尾，本雅明引用了晚期荷尔德林谈及神话不可避免的回归：“那些告别了大地的传说……返回到人类（Menschheit）。”[3]因此在终极意义上，诗歌任务的要害是人性概念本身，是“人民”和“极少数者”的概念本身，以及与此相关的“死亡的新意义”，本雅明在他所分析的第二首诗中发现了这一点——这很可能缘于海因勒的自杀。第二首诗消融了第一首诗中很常见的人与死之间的“僵硬”对立；它见证了在一个“充满危险”的世界中生与死的互相渗透。也正是在这里，本雅明找到了歌之起源，因为“死亡…… 74

1　与此同步的是对迷醉（Rausch）的召唤，迷醉伴随着“最高的思想明晰度，……创造的吞没一切的迷醉，根据我们所实现的真理，恰是在正典之中创造的意识”。见《彩虹》（EW, 216–217）。

2　在《悲悼剧与悲剧》（1916）中，本雅明讨论了“被动性的伟大时刻”，在其中，悲剧命运的意义得以浮现（EW, 242–243）。比较弗里德里希·施莱格尔的小说《卢琴德》中“真正被动性”的理念，见 *Lucinde and the Fragments*, 65–66 (“An Idyll of Idleness”)。华兹华斯的短语“明智的被动”，出自其诗作《忠告和回答》（“Expostulation and Reply”），或许也值得一提。在荷尔德林一文中，本雅明的“静止的存在”（reglose Dasein）的理念指向辩证意象的“停顿”（standstill）。

3　参见王炳钧、杨劲译《经验与贫乏》，第 23 页。——译注

是诗人的世界”[1]。

大约十五年后，刚刚离婚、年近四十的本雅明决意寻找新的起点而又敏感地意识到一切事物的临时性，他将回望自己在第一次世界大战爆发前那几年间的活动，骄傲中掺杂着遗憾：“因为我终究不能在二十二岁奠定的光辉基础上建筑我的整个人生。”（C, 365）那狂放岁月的精神和政治热情，最终转化为一种更隐蔽的激进主义，给他的人生性质打下了烙印，而且，虽然他思想中的浪漫主义倾向将消退，转而赞许一种唯物主义和人类学的态度，但在根本的意义上，他将一直是一个漫游中的学生，不断寻找新的开始。

1　特奥多尔・W. 阿多诺评论本雅明说，他“从死者的视角注视着世界”。见“Zu Benjamins Gedächtnis”(1940), in Adorno, *Über Walter Benjamin,* 72。“死亡……是我们这一代人的恒常伙伴”（Gumpert, *Hölle im Paradies* [1939]，转引自 GS, 2:881）。

第三章

批评的概念

柏林、慕尼黑、伯尔尼，1915—1919

对本雅明来说，战争的到来引发了一次最终的决裂，不仅是同青年运动（他1917年的陀思妥耶夫斯基论文还会提到青年之**精神**），而且是同古斯塔夫·维内肯本人。1914年11月，维内肯在慕尼黑发表题为《青年与战争》的讲话，号召年轻人参战，保卫祖国。至少从前一年春天开始，本雅明就已经和他以前的导师渐行渐远，那时他就对《学校与青年文化》中的“客观精神”理论表达了强烈的批评（C, 68）。[1] 他对维内肯关于战争的演讲的反应是毫不含糊的。在给哲学学生汉斯·莱亨巴赫（Hans Reichenbach）的信中，他说几乎没法读完这篇讲话，称之为“无与伦比的耻辱和暴行”（GB, 1:262）。说到底，他认为这是自我背叛的行为。3月他给维内肯写信，作为“忠诚的最后证明”，正式和他“断绝关系”，不再认他为“第一个把我引向精神之生命的人”。这封信在悲伤中开头，后面引用了维内肯关于男女同校和 75

1　本雅明的德文版编辑们还提示了一封1913年9月13日致卡拉·塞里格森的信，本雅明在其中说，“我们绝不要献身于某一个特定的理念”（C, 54），认为早在那时，他就已经开始和维内肯拉开距离（GS, 2:865）。

“高贵”人性的话，而以冷峻的决断作结：

> 您心中的眼光（Theōria）已经变盲了。您犯下了可厌的、可怖的背叛之罪，背弃了您的门徒们所热爱的女性。最终，您已经将青年人作为祭品献给了国家，而国家从您身上带走了一切。但青年人只属于那些爱他们、尤其是爱他们所体现的**理念**的有理想的人。理念从您犯错误的手中滑走了，并将继续承受无以言表的苦痛。我从您身上夺走的遗产就是与理念一同生活。（C, 76）[1]

76 和维内肯的决裂对青年瓦尔特·本雅明的影响，是怎样估计都不为过的。自他们在豪宾达相遇以来的九年间，维内肯对本雅明的思想和行为产生了压倒性的影响。维内肯世界观的成分终其一生都保留在他身上。首先是那种富有活力的尼采主义，它塑造了本雅明关于“好欧洲人”的理念。但在大多数方面，这次决裂是彻底的，本雅明再也没有回头。值得注意的是，这封给维内肯的信成了我们现在拥有的本雅明针对战争的零星发言之一——格肖姆·肖勒姆只记得关于这一话题的一次单独谈话，本雅明“全心全意”地站在“[激进左派分子和反战人士卡尔·]李卜克内西[2]一边”。[3]但在同一时期，他又拒绝为曾短期存在的反战主义刊物《启程》（*Der Aufbruch*）供稿，这份刊物的编辑是另一位维内肯讲话的

---

1 威廉·范·莱仁（Willem van Reijen）和赫尔曼·范·杜尔恩（Herman van Doorn）认为，这一段落中玄而又玄的第二句可能是指维内肯的同性恋行为。见二人著作，*Aufenthalte und Passagen*, 235n。

2 卡尔·李卜克内西（Karl Liebnecht，1891—1919），德国马克思主义政治家，第二国际成员，德国共产党创始人之一，第一次世界大战后为反革命分子杀害。——译注

3 Scholem, *Tagebücher*, 133; LY, 62 (July 23, 1915). 这一情形在后来的回忆录中也有述及（SF, 7）。

公开批评者，医学生恩斯特·约埃尔，他曾是本雅明在青年运动中的同志兼对手，后来在自杀之前又是本雅明尝试大麻时的监管医生。[1]

战争的到来，友人的自杀，再加上和导师的决裂，这些给本雅明带来了各不相同的心如刀绞的体验。但面对这些灾祸，本雅明却仍能专注于他的文学工作，这一特点伴随其一生。那个冬天，在研究荷尔德林的同时，他在研读一位很不一样的作家，夏尔·波德莱尔，并开始翻译这位诗人的诗作。[2] 这两位伟大诗人的区别也反映出内在于本雅明自己的感受力之中的张力。荷尔德林有着狂想曲般的韵律，而波德莱尔则是反讽的——这是赤诚与文雅的对照；荷尔德林粗粝的抒情诗篇预示了表现主义的某些倾向，而波德莱尔铿锵的反抒情诗则成为超现实主义的养料。就本雅明未来作为作家的事业而论，他早期转向波德莱尔绝对是命运般的事件，因为在他的写作形式和主题的发展中，波德莱尔式的现代性（modernité）将证明是决定性的，波德莱尔也将在很多方面成为他晚期作品的焦点。本雅明对《恶之花》中《巴黎风光》的选译最终出版于 1923 年，以双语形式发表并附有一篇重要的理论性导言，《译者的任务》（“The Task of the Translator”）。这一翻译工作因此是其一生的切己研究的基石。早在 1915 年，本雅明就在阅读 77
波德莱尔的艺术批评，这和他自己对色彩的研究有关联。[3]

---

1 见 SW, 2:602–603。

2 1924 年 1 月 13 日致胡戈·冯·霍夫曼斯塔尔信中，本雅明提到，“从我第一次尝试翻译《恶之花》到译作 [1923 年 10 月] 出版，九年过去了”（C, 229）。本传记对已出版的本雅明书信英译有多处改动，力求更准确。

3 见 C, 75。本雅明关于色彩美学的早期著述，涉及一种关于感知和意义的理论，消解掉“固体”的逻辑，见《儿童的色彩观》（“A Child’s View of Color”，1914—1915）和《彩虹：关于想象力的对话》（“The Rainbow: A Conversation about Imagination”，约 1915），均收入 EW。

9. 1917 年的格哈德·（格肖姆·）肖勒姆（*Akademie der Künste, Berlin. Walter Benjamin Archiv*）

在柏林的最后一个学期，1915 年夏天，本雅明认识了格肖姆·肖勒姆，而他将成为本雅明最亲近的朋友和最频密的通信人之一，后来还出力编辑本雅明的书信和其他著作。肖勒姆比本雅明小六岁，是一位反战主义者、社会主义者，并积极投身于犹太复国运动，他们认识时，肖勒姆是大学一年级学生，主攻数学和哲学。[1] 他们最早注意到对方是在 7 月初的一次讨论会上，讨论的题目是反战主义者库尔特·希勒尔的一次讲话。[2] 几天后本雅明在大学图书馆看到了肖勒姆，他走向前去，"深鞠一躬……，然后问我是否是那位在希勒尔讨论会上发言的先生。我说是我。而他

1　关于肖勒姆早期的数学研究，尤其是和时间哲学相联系的部分，见 Fenves, *The Messianic Reduction*, 106–107。

2　维尔纳·克拉夫特既是本雅明的朋友，也是肖勒姆的朋友，这场讨论会他也在场，举行地点是柏林自由学生会的讨论大厅。见克拉夫特自传，*Spiegelung der Jugend*, 59–60。

正好想和我谈谈我的发言内容”。肖勒姆被请到了代尔布吕克街上的本雅明府邸，瓦尔特宽敞的、摆满书籍的书房装饰有马蒂亚斯·格吕内瓦尔德（Matthias Grünewald）的《伊森海姆祭坛画》（*Isenhaim Altarpiece*）的复制品，他们俩在那里开始讨论历史进程的本质（SF, 5–6）。

后来，肖勒姆成了研究卡巴拉教派[1]的先锋，并在耶路撒冷大学（Univeristy of Jerusalem）讲授犹太神秘主义史，还在那所大学保存了本雅明作品的一份档案。在他关于这份友谊的回忆录——首次出版于 1975 年——中，他勾勒出了二十三岁的本雅明的肖像，其中有一些生动的细节。在大庭广众之下讲话时，本雅明的“样子近乎一名巫师”，他在这种场合“直直的盯视”和“他平时活泼的仪态”形成对比。“本雅明的声音非常美，有旋律感，而且让人过耳不忘”，而且他很喜欢朗读波德莱尔、荷尔德林和品达等诗人的作品。他“刻意穿得不那么突出，身体总是有点向前躬。我想我不曾见过他挺身昂头走路”。肖勒姆详细描述本雅明的步态，正如本雅明将同样详细描述波德莱尔的步态：“他的步子中有某种一丝不苟的、摸索着前进的感觉。……他不喜欢快步走，当我们一同走路时，要适应他这种仪态，对我可不容易，我比他高得多，腿长，步子迈得又大又快。他经常会停下来说话。因为他的独特步态，也很容易从背后认出他，而这种仪态随着岁月流逝越来越显著。”与这些特征相配合的是他“明显客套的礼节”，制 78
造出“一种自然的距离感”。在对话中，本雅明“字斟句酌，但他讲话并不造作，也不夸耀；他时不时会带上柏林口音，[但]那更多是一种戏仿”（SF, 8–9）。

1　卡巴拉（Kabbalah）是犹太神秘主义的秘法和教派之一，相关讨论详后。——译注

1915 年 10 月本雅明又获得了一年的兵役推迟许可：在征兵考核中，他成功地表现不合格，考核前，他一整夜都和肖勒姆在一起，一点没睡，并喝了大量黑咖啡，这种手法当时在希望逃避兵役的年轻人中并不少见。月底，他离开柏林，去慕尼黑的路德维希·马克西米利安大学（Ludwig Maximilian University）继续求
79 学，而格雷特·拉德已经在那里注册。（另一位女性朋友，雕塑家尤拉·科恩 [Jula Cohn] 此时也住在巴伐利亚的首府。）他在皇后大街（Königinstraße）上租了一间小屋，就在大学主楼后面，离英国花园也不远。“虽然对战争在一年内就结束不抱希望，”他写信给肖勒姆说，“我计划在慕尼黑平静地工作，至少在未来几个月里。”（C, 77）远离故乡那座“被诅咒者的城市”（GB, 1:318），他事实上的确过着一种“近乎修道院式的生活”。这并不意味着没有偶尔的城市夜生活，比如某个晚上他和格雷特去画廊听亨利希·曼朗诵其关于左拉的新文章，然后在一家高档酒吧喝香槟。除了这次活动外，他不论是对慕尼黑的文化生活还是对大学生活都说不上来什么；当时的德国年轻人，和如今一样，很容易在柏林放浪而狂野的生活与巴伐利亚首府更安静、更富裕也更保守的气氛之间感受到生动的对照。

这里没有任何推进大学改革的合适组织，本雅明可以转而毫不分心地专注于学业。结果则是好坏参半。最大的失望来自著名的瑞士艺术史家海因里希·沃尔夫林（Heinrich Wölfflin），本雅明曾在 1912 年读过他的《古典艺术》（*Classical Art*）并觉得非常有用。而见到沃尔夫林本人让本雅明惊异，他是个迂腐学究，完全缺少对他所讨论的那些作品应有的感受力；他的课程“简直就是对听众的侮辱”（GB, 1:289）。另一门关于德意志文学史的课程同样“一无是处”。还算有意思的是由胡塞尔派莫里茨·盖格尔

（Moritz Geiger）开设的关于康德和笛卡尔的研讨课，本雅明拿他
新近发表的研究美学快感问题的论文和胡塞尔的《纯粹现象学通
论》一起研读。本雅明以他自己的方式转向了现象学家们所说的
“事情本身”。[1] 在那些真正“有收获”——但可能不为人知——
的课程中还有一门关于“旧教会赎罪史”的课，只有他和四个修
士上这门课，另外还有一门关于哥伦布之前的墨西哥文化与语言
的课程，在装饰优雅的私宅中，他和另外九位听课人围坐在一张
大桌周围，其中还包括诗人莱纳·玛利亚·里尔克，他“懒洋洋 80
地、丝毫没有架子地斜视着某个空白处，他的小胡子忧伤地耷拉
着”（GB, 1:291）。肖勒姆注意到“他对里尔克的礼貌……充满了敬
仰——而他自己繁复的礼节也达到了我能想象的极致”（SF, 33）。

那门课是由民族志学者瓦尔特·莱曼（Walter Lehmann）讲授的，他当时的职称是“私人讲师”，习惯在家里上课。肖勒姆记得，本雅明在一年后的一封信中推荐了这位老师，他这样写道：“他不知道自己都知道些什么，这是这个人的好运气。否则的话他老早就得疯掉了。他的不知道（Unwissen）让他成为一名学者。”[2] 另一位听课者是个高大的、金发的、戴单眼镜片的青年，本雅明喜欢叫他“宇宙天才”。他就是菲利克斯·诺艾格拉特（Felix Noeggerath），哲学和印欧语系语文学的学生，本雅明经常和他在莱曼课后一起到咖啡馆里交谈数个小时之久，纠缠于比较神话学的问题和“历史存在的概念，……这个概念占据了我的头脑，构成了所有对我来说重要的问题的核心”（GB, 1:300–301）。诺艾格拉特不仅是里尔克的朋友，也认识斯特凡·格奥尔

1　柏林的瓦尔特·本雅明档案中的未刊书单证明了本雅明对现象学学派的广泛兴趣（信息来源为彼得·芬维斯 [Peter Fenves] 和茱莉娅·吴 [Julia Ng]）。

2　Scholem, “Walter Benjamin und Felix Noeggerath,” 135–136.

格和路德维希·克拉格斯，通过他，本雅明进入了“施瓦宾格波西米亚”（Schwabinger Bohème）的残余圈子，那是现代主义的主要宝藏之一。20 世纪初，在施瓦宾格居住的作家和画家组成了一长串耀眼的名单：“蓝骑士”（Blauer Reiter）的成员瓦西里·康定斯基、加布里埃莱·明特尔（Gabriele Münter）、弗朗茨·马克（Franz Marc）；以弗兰克·韦德金德为核心的政治娱乐表演者“十一个刽子手”；围绕斯特凡·格奥尔格的“宇宙派”（Cosmic Circle），包括哲学家路德维希·克拉格斯、图像设计者梅尔希奥·莱希特（Melchior Lechter）、右翼神话鼓吹者阿尔弗雷德·舒勒（Alfred Schuler）以及“施瓦宾格的女伯爵”芬妮·祖·雷文特洛（Fanny zu Reventlow）；还有托马斯·曼、里尔克本人以及阿尔弗雷德·库宾（Alfred Kubin）。诺艾格拉特把本雅明介绍给了哲学家和诗人卡尔·沃尔夫斯科尔（Karl Wolfskehl），他（虽是犹太人）是格奥尔格圈子中的关键人物。沃尔夫斯科尔和格奥尔格一道，从 1892 年开始一直编辑《艺术杂志》（*Blätter für die Kunst*），直到该刊在 1919 年寿终正寝，他同时也是《德意志诗歌》（*Deutsche Dichtung*，1901—1903）的编辑之一，格奥尔格意欲通过这一诗歌系列选集重振德国文学。虽然宇宙派圈子因为反犹问题
81 而在 1904 年发生了尖锐的分裂，格奥尔格在其中捍卫沃尔夫斯科尔而反对舒勒和克拉格斯，但是，毫无疑问，通过诺艾格拉特和沃尔夫斯科尔，本雅明不仅同德国唯美主义的著名代表人物们熟识起来，而且了解了瑞士历史学家和母系社会理论家雅各布·巴霍芬（Jakob Bachofen）的作品，这位学者的著作是舒勒试图复兴异教习俗的神话煽动的主要灵感来源。和沃尔夫斯科尔的交往将在 20 年代末通过对话和通信得以恢复；1929 年，本雅明在《法兰克福报》（*Frankfurter Zeitung*）上发表了一篇文章《卡尔·沃尔夫

斯科尔六十大寿纪念》(“Karl Wolfskehl: On His Sixtieth Birthday”)。他对克拉格斯和巴霍芬作品的涉猎将一直延续到他生命的终结：1934—1935 年间他有一篇论巴霍芬的文章（SW, 3:11–24），30 年代末还计划要写有关克拉格斯和卡尔·荣格作品中原型概念的地位的论文。诺艾格拉特同样在后来又意义重大地重新出现在本雅明的生活之中，两人在 1930 年恢复联系，两年后，他带本雅明去了伊维萨岛。

在慕尼黑，本雅明还建立起了另一段将持续几十年的关系：他认识了埃里希·古特金德（Erich Gutkind），这位作家的神秘主义乌托邦作品《恒星的诞生》(*Siderische Geburt*, 1910）在慕尼黑的表现主义圈子中流传甚广。本雅明此后一直和古特金德及其妻子露西（Lucie）保持联系，古特金德夫妇 20 年代住在柏林，1935 年移民美国度过余生。本雅明还见到了瑞士作家马克斯·普尔弗（Max Pulver），他们俩都对笔迹学充满兴趣。他阅读了普尔弗的玄奥诗歌以及发表在《帝国》(*Das Reich*）上的文章，这份刊物是由人智学者（anthroposophist）鲁道夫·施泰纳（Rudolf Steiner）的追随者发行的；到了 1931 年，普尔弗将出版《笔迹的象征学》(*The Symbolics of Handwriting*)，此书连印数版。普尔弗还让本雅明注意到了哲学家弗朗茨·冯·巴德尔（Franz von Baader），他是早期浪漫派的同代人，沉浸在基督教和犹太教的神秘主义传统之中，他的“心智的古怪倾向”（GS, 3:307）强烈地吸引了本雅明。没多久，本雅明就去购买了十六卷版的巴德尔全集——这是本雅明当时藏书中除柏拉图作品外的唯一一套哲学全集——但 1934 年迫于经济原因，他不得不割爱卖掉这套书。他对巴德尔的阅读不仅为他对早期德国浪漫派的研究——集大成于他 1919 年的博士论文——而且为他写于 1916 年夏秋的一系列关于历史和语言的文 82

章开辟了道路，这些文章将标志着本雅明完全作为一位文学理论家的崛起。

1916 年 4 月，在慕尼黑的夏季学期开始之前，本雅明回到柏林待了几周，其间见了肖勒姆两三次。他们的关系在加深，尤其是对肖勒姆来说，那是一种重大体验：“我一生中最伟大的体验。”（LY, 186）当得知本雅明即将在 1916 年 3 月来访时，他这样写道：“和一个如此具有创造力、如此令人敬仰的人建立起共同生活，这是令人激动的想法。……他具有一种声音。”肖勒姆很早就感觉到，“他以一种新的奇妙的方式看待历史”。但“比任何他的特定观点更重要的是”，他在 8 月份他们重聚时写道，“他的精神存在对我有不可估量的影响。估计他也从我这里得到了什么”。事实上，对两个人来说都居于中心地位的关切，除了历史问题以外，就是语言哲学的问题了，而特别在这方面，肖勒姆关于希伯来传统的知识将对本雅明的思考大有启发，本雅明的思考又反过来对更年轻的肖勒姆起到了解放作用。对肖勒姆来说，在这一早期的节点上，本雅明“具有绝对而恢弘的伟大性”（LY, 186），他本人和他的作品都具有先知般的气质：“瓦尔特有一次说过，弥赛亚的领域永远都存在于当下，这一洞见具有**令人沉醉的**重要性——不过是在我认为自先知们以来就没有人达到过的层面。”（LY, 192）[1]

他们不断思考的主题之一是正义与法律的关系。在 1916 年

1　这种对弥赛亚领域的理解深刻影响了肖勒姆自己的思考，见于他充满青春气息的《论犹太教和时间》（“Remarks on Judaism and Time”），此文对本雅明立场的阐发也耐人寻味：“弥赛亚领域是历史之现在（die Gegenwart der Geschichte）。预言者只能通过使用未来的意象来假设性地言说这一理念。‘在那样的时日里’究竟是什么意思？如果一路思考到底，‘那些日子’所指的就是‘这些日子’。上帝之国就是**现在**。……时间在宗教中总是一个决定，即，现在。……未来是一个**命令**，……比如：……把圣灵散播到现在时刻中的命令。”（LY, 245–246［1918 年 6 月 17 日］）

10 月 8 日至 9 日的日记里，肖勒姆从本雅明的笔记本中抄写出部分“关于正义范畴的一部作品的笔记”；这一文本包含一些明确的表述，预示了 1921 年的《暴力批判》(“Critique of Violence”)：

> 对每一件好东西，因其在时间和空间的秩序中得到界定，就会附带占有的特性，作为其短暂性的一种表达。但是，占有，当其被包含在同样的有限性中，就总是不正义的。于是没有任何一种建立在占有或财产基础上的体制……可以推导
> 出正义。/ 相反，正义存在于一件好东西的不构成占有的存 83
> 在条件之中。仅凭这一件好东西，其他好东西都可能脱离所有权。……把法律和正义分开的巨大鸿沟……是某种也在其他语言中表现出来的东西。[1]

肖勒姆把本雅明的正义观和另一位对他特别重要的自由派犹太复国主义作家的观点进行了比较，这位作家就是阿哈德·哈阿姆(Ahad Ha'am)，整体上说，肖勒姆试图把朋友的思考整合到他自己偶像破坏(iconoclastic)的宗教框架之中。1917 年冬在耶拿的学习中，他在自己的案头摆放了本雅明和朵拉的照片，和他们进行着想象中的对话。到 1918 年 3 月，他会在日记中写：“他，也唯独他，矗立在我生命的中心。”(LY, 261)

这样的虔敬之情却并不妨碍他至少从 1917 年就痛苦地认识到“我们之间的巨大分歧”，这一分歧因为肖勒姆对本雅明品性的幻灭而不断加深。这部分来源于肖勒姆对本雅明缺少犹太教使命的失望——这一差别将持续把这两位好友分开：“必须悲伤地坦白，

1　Scholem, *Tagebücher*, 401–402; LY, 142.

瓦尔特不是一个正直的人。……形而上学让他成了一个疯子。他的感知方式不再是属人的：那是被交到上帝手中的狂人的感知方式。”（LY, 244）因此他的反对意见植根于本雅明身上的所谓**道德**过失：“我被迫亲眼见证，在我身边，形而上学地生活着的**唯一生命**——而这一生命在任何一个意义上都配得上伟大一词——是如何携带着一种堕落的元素，而且这种元素所占的比例令人惊骇。”（LY, 261）肖勒姆并不是唯一一位指出本雅明品性中显著矛盾的人：其他早年的友人，虽然都承认他才华横溢，但也都认为他的行为有时不检点。肖勒姆谈及谎言、暴君作风和低俗；在不止一次的场合中，瓦尔特和朵拉都把他“当作是一个管家”来对待。尽管如此，肖勒姆的失望和异议并没有减轻他对自己朋友的独特天才的欣赏，这体现在1918年6月25日的日记中，肖勒姆写下这则引人注目的日记，是在本雅明出于“无边的信任”（大概也出于对自己利益的
84 考量）把论文交给他保管的大约三个月后：

> 从外面看，他是一个狂热地封闭自己的人。……基本上，他是一个**全然**不可见的人，虽然他对我比对其他任何认识他的人都更敞开心扉一些。……他不把自己拿出来和人交流；他要求每个人都**看到**他，虽然他在隐藏自己。他的方法是完全独特的，因为——我无法用别的话来形容——那真的是启示的方法，在他那里，这种方法不是以局部轮廓出现的，而是**完全**统治着其存在的整个氛围。可以肯定，从老子（Lao-tzu）以来就没有人这样生活过。……在瓦尔特身上，有某种东西是无边的，超越一切秩序的，这种东西通过扩展其力量，试图控制其作品。事实上，这样一种全然匿名的品质（das völlig Namenlose），使瓦尔特的作品正当化。（LY, 255–256）。

肖勒姆对他朋友既不可见又不可磨灭的存在——也即本雅明既私人又匿名的特质，使人无法概括或定性——有着敏锐的领会把握，这使肖勒姆很早就尊重他们二人的“共同体”中距离感的必要性。但他那些年的日记也记录了他持续不断的渴望，想让本雅明也分享犹太复国主义的信念，而他从一开始就大体上知道，这是不可能发生的事情。让这一渴望变得复杂，并且无疑决定了两人未来裂痕的，则正是肖勒姆对这位难处的朋友的深切而自觉的爱。他有时会觉得自己在扮演被晾在一边的恋人的角色，而后来，对于本雅明的妻子，他则成了竞争对手，受到提防。

正是在1916年春天，本雅明和美丽而聪慧的朵拉·波拉克的关系发生了质的变化。随着战争的爆发，朵拉和他富有的第一任丈夫，记者马克斯·波拉克（Max Pollak）搬到了巴伐利亚的塞斯豪普特小镇，他们住在一座庄园，在慕尼黑以南，距离施塔恩贝格湖（Lake Starnberg）很近。1915年4月，她和本雅明一起从那里前往日内瓦，去见赫伯特·贝尔摩尔。之后没多久，朵拉便激烈地提出要与本雅明分手——据她给卡拉·塞里格森的信中说，这是为了“挽救我的生命。……如果你爱他，那么就不得不了解到他的话语伟大而神圣，他的思想和著作意义重大，但他的感情渺小而狭隘，而他的行为和这一切都是一致的”。并不是只有朵拉·波拉克才注意到本雅明对他人缺少共情能力。贝尔摩尔，本雅明那些年里最亲密的知心朋友，后来在本雅明终止了两人关系之后也曾苦涩地写到过他的为人，在回顾中发觉本雅明道 85
德上的“狭隘”，拥有一颗“贫瘠的心”。朵拉和贝尔摩尔以各自不同的方式说明，对身边的人相对缺乏同感，是本雅明全部存在的底色。贝尔摩尔称，他记得一件大约发生在那时的小事：“有一次，在学生会议上，一个我认识的年轻女孩对我说起了‘那位愚蠢的本雅明先生’。我感到奇怪和震惊：‘愚蠢？他可是我认识的最有才华的人！’——‘当然他有才华，’她安静地回答说，‘但你没注意到他有多蠢吗？’她的意思是，瓦尔特·本雅明，虽然并非被剥夺了本能和感情，但却选择只通过智性来看待生活和行动。”[1]

本雅明搬到慕尼黑后的几个月间，分手的朵拉和本雅明又和好了，他又成为波拉克庄园的常客，而这次分合也预示了两人未来关系的周期性变化。1916 年期间，他和格雷特·拉德的婚约解除了（拉德后来和他的老朋友阿尔弗雷德·科恩结婚了），而朵拉也和丈夫分开了。当肖勒姆在 8 月中旬访问塞斯豪普特的时候，他发现本雅明和朵拉“公开地表现对彼此的爱慕，并把我当作一个知情的同谋，却对他们生活中出现的新情况不置一词”（SF, 27）。这是肖勒姆第一次见到朵拉，正如他在日记里提到的，她给他留下了“非常正面”的印象。后来他才知道，邀请他过来同住，是朵拉首先提出的。

在肖勒姆拜访塞斯豪普特的三天间，范围广泛的讨论穿插着缓慢进行的国际象棋游戏（本雅明“漫不经心地走棋”，“每一步都要好久好久”）。两个人一起阅读了柏拉图的《会饮篇》中苏格拉底的发言，本雅明还在朵拉在场时朗读了他那个夏天写作的挑衅文章《苏格拉底》中的选段，将苏格拉底点评为“柏拉图对神

1　朵拉·波拉克 1915 年 6 月 29 日致赫伯特·布鲁门塔尔（即贝尔摩尔）和卡拉·塞里格森的信，收入“肖勒姆档案”，转引自 Puttnies and Smith, *Benjaminiana*, 139–140; Belmore, “Some Recollections of Walter Benjamin,” 119, 122。

话的反驳和抵御”。[1] 他还用荷尔德林的翻译和古希腊原文朗读了品达的一首颂诗。有两三次对话以唯心主义哲学为主题，尤其是康德、黑格尔和谢林。有一次本雅明提到，他觉得自己的未来是成为一名哲学讲师，而另一次他又大谈鬼在他自己的梦境中所扮演的角色（他梦见群鬼在一座大而空的宅子周围飘荡并舞蹈，尤其在窗口，而他把窗当作灵魂的象征）。犹太教和犹太复国主义的问题反复出现。本雅明批评了肖勒姆所宣扬的“农业犹太复国主义”，他也说了马丁·布伯不少坏话（一个“永远处于半昏迷状态”的人），而他刚给布伯写了一封令人难忘的信，回绝了为布伯的《犹太人》（*Der Jude*）供稿，他大不同意这一关于犹太事务的刊物第一期中关于欧战的几篇文章。 86

他曾把这封 1916 年 7 月 17 日致布伯的信朗读给肖勒姆听，而这封信从未得到回复，在信中，本雅明坦承，他“没有能力对犹太教问题表达清晰的看法”，虽然他并不认为自己的态度是“非犹太的”（C, 81）。[2] 事实上，本雅明通过聚焦于“有政治关怀的写作”这一问题，规避了文化政治的议论。他在几乎不加掩饰的对布伯及其同人的指责中声明，介入政治的写作不是把写作构想为行动的工具。在他看来，写作只有在它对“自身的（词语的、语言的）秘密”保持忠诚的情况下才是有效的，在那种情形下，写

1　他在文章中的表述要更为复杂，留意到神话元素在苏格拉底形象中挥之不去的遗存：“苏格拉底：在这一形象中，柏拉图消灭了旧神话又获得了它。”（EW, 233, 236n1）《苏格拉底》一文的写作大约与以下短文的写作同时：《古人的幸福》（“The Happiness of Ancient Man”）、《论中世纪》（“On the Middle Ages”）、《悲悼剧与悲剧》和《悲悼剧与悲剧中语言的作用》（“The Role of Language in *Trauerspiel* and Tragedy”）。显然，这一系列结束于 11 月《论语言本身和人的语言》的完成。见 C, 84。

2　肖勒姆回忆说，“布伯曾对［（他所保存的）本雅明的信］有过愤怒的评语，那是在我们最初见面的 1916 年。后来，布伯尽其所能支持本雅明。……但这两个人性情完全不同”（SF, 27）。关于布伯在 1926—1927 年对本雅明的帮助，见本书第六章。

作让知识和行动在“语言的魔法”内部彼此亲密：

> 我对客观的同时又高度政治性的风格和写作的构想是这样的：去靠近那被词语所拒绝的一切。只有当这无词之境遇（Sphäre des Wortlosen）在不可言说的纯粹［黑夜］[1]中呈现了自己，魔法才能在词语和有驱动力的行为之间跳跃，这两个同样真实的实体的统一就存在于那里。只有词语充分对准最深的沉默的核心，才是真正有效的。（C, 80）

我们能感觉到青年运动的那种语汇——纯粹、沉默、不可把握的源泉、放射光芒的黑夜等母题——在这里经历着转型；尽管看起来，本雅明关于一种既客观同时又具政治性的写作风格的概念说到底和他关于大学改革的作品的纲领性概念并没有什么不同，而那些大学改革论述所代表的与其说是对行动的召唤，不如说是重新导航和解放读者的世界观的努力。但是，如果说给布伯的信还留有青年形而上学的回声，那么，它也提前指向了本雅明当时基于他对德国浪漫派的解读和同肖勒姆的谈话，正在发展出的语言理论。

87 回顾他们在塞斯豪普特的对谈，肖勒姆写了一封长信，他针对语言和数学，又提出了许多问题。本雅明的回信，从 11 月开始动笔，写到十八页才搁笔，然后又花了一周时间，将信件改为论文形式——“以便我表述得更准确”。他 11 月 11 日给肖勒姆回信，宣布了这篇关于语言的本质（Wesen der Sprache）的“短文”，

1　此处的词是“Nacht”，而非早先版本的《书信集》中所认读的“Macht”（权力）。可以对照《苏格拉底》道出的格言：“放射光芒者只有在黑夜中折射出光来才是真正的放射光芒者。”（EW, 234）

题为《论语言本身和人的语言》，他称之为未完成之作。[1] 他告诉肖勒姆，他没法处理数学的问题，但他提到了文章标题所体现的“系统性意图”，这恰好凸显了他对“其论点的碎片性质”（C, 82; 参见 85）的自觉。和他的许多其他作品一样，这一篇永远也没有完成。但从此以后，语言理论就一直是本雅明的关切，出现于一系列关键性的文本中，比如《译者的任务》、《德意志悲悼剧的起源》的《认识论批判导言》、《相似性学说》（“Doctrine of the Similar”）、《论摹仿能力》（“On the Mimetic Faculty”）。今天，这篇 1955 年首次发表的 1916 年语言论文已经具有经典的地位：作为对传统主题的原创性综合，它提供了关于统御 20 世纪思想的语言难题的根本性视角。

这篇文章在立场上反对“资产阶级的语言观”，也就是那种把语言仅仅当作信息交流工具的庸俗观点，这和本雅明以前批判对时间、学术和历史记忆的工具化也保持了一致。对语言的本真态度——这同时是哲学、神学和政治的关切——超越了主体和客体之间、符号和所指之间的区隔。不是作为手段，而是作为母体（matrix）意义上的媒介（medium），语言的本质才得以呈现，在这方面本雅明引用了康德的友人和批评者哈曼[2]：“**语言**，理性和**启示之母**，起源与归宿。”（EW, 258）因为，我们只能在语言**内部**处理语言。本雅明实际上回到了把语言看作不断演化的宇宙精神——即“语言精神”（Sprachgeist）——的早期哲学对语言的观点，与之相对的是后来更实际的新语法主义观点，索绪尔语言学

1　当他 12 月把稿子给肖勒姆时，他说还要增补两部分。关于他续写的种种想法，见 SW, 1:87－91。

2　哈曼（J. G. Hamann，1730—1788），德意志哲学家，赫尔德之师，对德意志思想文化有广泛影响。——译注

从中发展而来。也就是说，和在他之后的海德格尔一样，本雅明
88 认为，首要的语言信息既非个人的语言行为，也非表意的整体结构，而是语言的存在（Dasein），即词本身作为一个不可通约的质的总体。所有的言说和表意都预设了可理解性（intelligibility）的“有魔力的”直接性（immediacy）：事物必须在某种意义上向我们开口说话，必须总是已经向我们说过话，在那可理解的直接性之中，这样我们才能开口说出它们。[1] 本雅明这样表达：“如果灯火、山岳和狐狸不能将其自身说出给人，人又如何能命名它们？……只有通过物的语言本质（das sprachliche Wesen der Dinge），人才能从自身中生出关于它们的知识。”从这些认识论的考量引申而出，正如在《青年形而上学》中已经勾勒出来的那样，感知（perception）就是语言的一种模态（modality），是一种解读；经验本身是被表述出来的（见 SW, 1:96, 92）。稍微换一种说法，语言就是感知的典范（GS, 6:66）。还是那句话，我们认识事物是在语言**内部**，而不是首先以它为手段。于是就有它的不可通约性：我们寄居于语言，我们不可能测量它，而只能认识到“语言的存在……绝对与一切事物同等延展（coextensive）”。对我们来说，没有语言的外部。[2]

不过，在语言普遍性的语境中，本雅明暂时区分了语言的实体和非语言的实体，没有排除它们终极意义上的内在同一性。一盏灯向我们交流的不是“灯本身”，而是灯的精神和智性内容，即“语言-灯”。物所传达的仅仅是其存在中可传达的

1　关于词之于概念的优先性，见 SW, 2:444。关于“语言的魔法方面”和“词的魔法领域”，见 SW, 1:424 和 2:212，亦参看前引致布伯书信。

2　多年后，关于梦之家这一主题，本雅明写道：“拱廊街是没有外部的房屋或通道——就像梦境。”（AP, 406 [L1a,1]） （communicable）部分，而其余的部分则没有得到表达，因为“在一切语言构成中都进行着已表达及可表达的东西和不可表达及未表达的东西之间的冲突”。不论在这里还是在给布伯的信中，本雅明都没有试图解释这一关于“不可表达”和“不可交流”的假设，这一假设在某种意义上让人回想起康德的noumenon，即不可知的“物自体”，它隐藏在表象之下。这也让人想起柏格森的观点，感知和物质的关系就像局部和整体的关系——虽然从本雅明的视角来看康德和柏格森都不足以充分解答语言的问题。不管怎么说，某种传达（Mitteilung——这和Kommunikation的信息交换的意思不同）[1]的理念显然在本雅明的理论中居于中心位置，根据这一理论任何事物和事件在本质上（es ist jedem wesentilich）都要表达其自身，要传递其精神内容，要参与到“处于传达之中的物质的实在共同体”。[2]这一不停息的“传达之流”充溢于整个自然之中，从高到低可以理解为许多层次的翻译，“转化的延续体”。 89

“物的无名语言”穿行于既是接受又是构思的翻译，进入“人的名称-语言”，后者是知识的基础。作为人类的特有传承，命名包括了语言的内质和外延的倾向，也就是可传达的（the communicable）和正在传达的（the communicating），因而构成了

---

1 由于这里的communicate、communication和communicable对应的是德文中的mitteilen、Mitteilung、mitteilbar，而作者也强调了这一点，所以我酌情译为“传达”和“可传达性”，也间用“交流”等义。——译注

2 在《莫斯科日记》中，本雅明对“传达 / 交流”（communication）问题阐释得有所不同。他谈到了“每个语言实体都存在的极端：表达和信息交流（Mitteilung）同时并存。……语言的交流方面的发展而至于排除其他一切方面，不可避免导致语言的解体。另一方面，如果表达的特点被升到绝对，那又会走向神秘的沉默。……一种或另一种形式的妥协总是必要的”（MD, 47[1926]）。（参见潘小松译《莫斯科日记·柏林纪事》，第59—60页。——译注）

“语言的语言”。[1] 为了阐明命名的功能及其与感知的内在关系，本雅明转向了圣经《创世记》的开篇，他并不是把开篇的内容看作经由启示的权威，而是当作“基本的语言事实”的索引，他在圣经的意义上把语言认作“一种终极的真实，只能在其发展之中得以靠近，不可解释并始终神秘”。他对创世故事高度直觉式的解读——有些方面可以和卡夫卡关于圣经主题的格言相比较——开辟出了词语和名字的区分。“一切人类语言都是词在名字中的反射。”他的用词是 Reflex：一个正在发展的创世之词，在一个既是完成又是限定的过程之中，以认知之名背离自身——即反射。名字收到并内化“来自物质的语言”，也就是自然的“正在传达着的寂静”，上帝之词通过这种寂静发光。如果无名的语言和命名的语言同上帝无关，如果它们不是都来自相同的创世之词，那么命名的任务就变成不可能的了。我们关于物的知识——在名字中生成，正是通过名字我们让它们的语言穿过我们——本质上是脱离了其自身神圣实在的创造力；知识者（knower）是按照神的样子造出来的。“人是知识者，在同一种语言中，上帝是造物者（creator）。”[2]

但是，名字以及对物的接受力有一个“枯萎”的过程。人类远离了物而进入抽象领域，本雅明认为，这种抽象植根于“不再欢欣地寄身于自己”的“判定之词”。因为，名字是语言的具体元素的基础。“关于善和恶的知识抛弃了名字。”也就是说，名字在
90 这种知识中走出了自身，看到“善与恶，不可命名之物和无名者都矗立在名之语言的外面”。这种抽象的状态，以前（在维内肯

1 本雅明对语言的“内质总体性”（intensive Totalität）和“外延总体性”（extensive Totalität）的区分（GS, 2:145）让人想到李凯尔特对内质无限性和外延无限性的区分。

2 比较本雅明关于词和艺术、真理及正义的关系的评论（C, 83[约 1916 年底]；108[1917 年 2 月 18 日]）。

的影响下）和一种驱动青春的“纯粹精神”的疏离力相联系，现在却和“一切表达的中介性（mediateness）”相联系。而且，中介（mediation）的深渊——在其中词语被简化为手段，退到了**仅仅**作为符号的地位，而符号是习俗的产物——必然导致闲言碎语（Geschwätz）的深渊。[1] 换言之，语言精神的贫乏化，Sprachgeist（语言精神）向历史的堕落，也就等于“资产阶级”的工具理性，虽然只是到了后来（在《拱廊街计划》中）本雅明才会引用这一观点的马克思版本：资产阶级的显著特征是抽象的人。在本雅明对堕落故事的阐释中，只要知识之树还长在天堂，抽象，作为语言精神的一种能力，就已然潜在于人性之中。关于善恶的知识，是自我意识的原罪，彰显出悬在人类头顶的审判，正如悲悼（Trauer）在自然的喑哑中蔓延。但正是“为了自然的救赎”，人的——不像人们想的那样的，仅仅是诗人的——生命和语言就在自然之中。

只有到了悲悼剧一书[2] 的导论中的起源理论和《拱廊街计划》中的辩证意象理论那里，本雅明才更全面地将语言的原则和历史的原则整合起来。1916 年的语言论文只从神话的视角审视历史。但需要指出的是，就在写作《论语言本身和人的语言》一文之前的一个时期，也就是 1916 年 7 月到 11 月间，本雅明创作了他研究 17 世纪德意志“悲悼剧”的最初的玄奥草稿——《悲悼剧与悲剧》和《悲悼剧与悲剧中语言的作用》——这些短章直接预示了语言论文结尾关于自然的“哀悼”的种种论述。在这些短文中，

1 本雅明认为，虽然“人把语言变为手段，从而，无论如何，都至少局部地把语言变为**仅仅**是一个符号”（EW, 264），但“语言从不**仅仅**提供符号”（260），之后，他在文末评述道，“语言和符号之间的关系……是起源性和基础性的”（266）。

2 指《德意志悲悼剧的起源》，作者在后文也常如此简称此书。——译注

本雅明区分了悲剧的封闭形式和悲悼剧的未封闭形式（不存在纯粹的悲悼剧），并把历史时间引入与悲悼剧的“幽灵时间”和“无尽共鸣”的关联之中，而悲悼剧的语言要素便是转化中的词语。在悲悼的戏演 (play of mourning) 中，一切最终都归为对哀悼的倾
91 听，“死者成为鬼魂”，而时间因此是“寓意性的图解”（allegorical schemata）。对语言的分析在这里和时间的难题分不开。

在 1916 年 11 月 11 日给肖勒姆的信中，本雅明宣告了这篇语言论文，还点评了一篇新近发表的文章，其作者是一位年轻的弗莱堡哲学家，名字本雅明没有提到，但这位哲学家和他一样，关心“历史时间”和“机械时间”之间的区别。本雅明说，那篇文章恰恰表明了“怎样处理这一议题是**不行的**。一篇可厌的作品……[：] 作者关于历史时间所说的一切……都毫无道理，[而且] 我怀疑，他关于机械时间的表述也大成问题”（C, 82）。那篇文章便是马丁·海德格尔的首个讲座《历史时间问题》（“The Problem of Historical Time”）的首次发表。本雅明在后来的作品中还有另一处贬斥了海德格尔的历史性理念，觉得它太过抽象。同时，他错过了和一位作家相遇的机会，而这位作家很快就会在本雅明的智识宇宙运行：弗朗茨·卡夫卡旅行至慕尼黑，在 11 月 10 日举行了他的短篇小说《在流放地》的朗诵会（见 SF, 33–34）。虽然有迹象表明本雅明早在 1915 年就读到了卡夫卡，但他对这位作家的主动关注要迟至 1925 年。

12 月底，本雅明被柏林征兵委员会列为“适合较轻的战场作业”，他很快收到了前去报到的命令，但他没有服从。他在 1 月 12 日给肖勒姆的一封礼貌至极的短信中说，他当时坐骨神经痛发作，谁也不能见。在这次通信前不久，朵拉从塞斯豪普特赶来了，并密告肖勒姆，她正在使用催眠术，“本雅明对此很容易”产生类似

坐骨神经痛的症状（SF, 35–36）。这样的症状真实到足以让一个军医委员会来代尔布吕克街登门访问，而本雅明又得到了一次兵役延期。朵拉继续和本雅明住了一段时间，在和他父母“每天的争吵”中，她和瓦尔特为结婚做了计划。1917 年 4 月 17 日，婚礼在柏林举行。作为唯一一位非亲属出席者，肖勒姆送给他的朋友的礼物是一本保罗・希尔巴特（Paul Scheerbart）的乌托邦“小行星小说”，《列萨本迪欧》（*Lesabéndio*, 1913），这部作品给本雅明留下了深刻印象。他很快写成了一篇小文章，《保罗・希尔巴特的〈列萨本迪欧〉》（“Paul Scheerbart: *Lesabéndio*,” GS, 2:618–620），并在后 92
来的岁月中于不同的语境中回到这本书，1939 年至 1940 年完成了另一篇关于希尔巴特的文章（SW, 4:386–388）。婚后一个月，这对夫妻住进了慕尼黑北边达豪的一家疗养院，在那里本雅明的“坐骨神经痛”可以得到专家的治疗。靠着朵拉的协助，本雅明成功获得医生证明，凭此他可以前往中立国瑞士——他“一战”期间的避难所。

1917 年 7 月初，瓦尔特・本雅明到达苏黎世的时候，是一位二十五岁的已婚青年，怀抱追求大学职业的模糊计划。和许多家境良好的子女的情况一样，他的父母仍在资助儿子和他的新婚妻子，暂时没有太多过问他的未来计划。不过，本雅明在瑞士度过的两年却很艰难。夫妻俩的生活基本上完全与世隔绝：战争基本上让他们在德国的朋友和家人不可能来访，而他们在那边又没有结识什么新交。一旦他们不得不全靠自己，婚姻关系中的冲突的最初征候就开始出现，朵拉越来越多地出去找自己的朋友，沉浸在自己的娱乐之中。也许是由于这一不断加深的孤绝，瑞士岁月对本雅明来说也同样是一段高产的时期，因为他可以不受打扰地探求自己的智识兴趣。很典型的是，这些兴趣把他同时引向不同的方向，而他偶尔才试图把自己极为丰富多样的阅读交织到一起。

在苏黎世，本雅明和朵拉见到了本雅明的朋友赫伯特·贝尔摩尔和他的妻子卡拉·塞里格森。在1916年底，本雅明和贝尔摩尔曾有一次友好的交流；本雅明的信论及语言、批评和幽默，提到塞万提斯、斯特恩和利希滕贝格[1]，有着他和这位老同学以前通信的那种光彩（C, 83–84）。[2]但在苏黎世，这段友谊走到了尽头，原因至今不详。在本雅明7月10日写给贝尔摩尔的未署名便条上，他提到了朋友对他妻子的“不尊重”和种种“背叛”（GB, 1:368）。[3]有证据表明，朵拉和卡拉关系紧张。肖勒姆的解释是，“本雅明要求绝对的智识领导地位，［贝尔摩尔］以后必须服从。［贝尔摩尔］拒绝了，而这意味着长久友谊的终结”（SF,
93 41–42），这似乎有些简单化，但我们可以相信他关于在这一情形中本雅明性格中“暴君特征”的评语。考虑到后来贝尔摩尔谈到朵拉时对她完全不敢恭维——他称她为“野心勃勃的鹅”，完全有可能是因为贝尔摩尔对本雅明的新伴侣不以为然，两人的友谊才触了礁。[4]和贝尔摩尔的相遇——“最后一段让我不知不觉陷入往事的人际关系”——扰乱人心，本雅明夫妇于是离开了苏黎世；他们临时住到了圣莫里茨。这座阿尔卑斯山区的富裕小镇恢复了本雅明内心的宁静，他宣称在经历了“多年的斗争”后终于

1 格奥尔格·克里斯托夫·利希滕贝格（Georg Christoph Lichtenberg，1742—1799），德意志物理学家和讽刺作家。——译注

2 召唤着“带着光的夜”、“作为精神的流血身体的夜”，这封致贝尔摩尔书信显示出和前文讨论过的1916年7月17日致布伯书信的紧密关联。

3 这便条和卡拉·塞里格森给本雅明的便笺一起保存下来：“亲爱的瓦尔特，我请求你来看我。卡拉”显然这代表了在他们7月9日最后一回见面后拯救这份友谊的一次努力（GB, 1:368）。

4 Belmore, “Some Recollections of Walter Benjamin,” 123.

找到了栖身之地。他为自己的“得救”感而高兴，觉得自己“消化了战前的两年，就像你消化了一粒种子”，“逃出了无论我们向哪个方向走都四处蔓延的魔鬼般的影响，逃出了原始的无政府状态、苦难的失序状态。……过了这么多年，工作又一次成为可能”（C, 91）。

当然，疾病以及从德国逃离并没有妨碍本雅明阅读小说，比如福楼拜的《布瓦尔和佩库歇》（*Bouvard et Pécuchet*）和陀思妥耶夫斯基的《白痴》。关于后一部小说，他认为“至为伟大”。他在夏天写了一篇短文，把小说中耶稣般的主人公梅什金公爵的垮掉理解为青年运动的失败（Scheitern der Bewegung der Jugend）的标志。“[青年的、运动的]生命始终不朽，但在自身的光明中失去了自己。”所以，这在终极意义上是一次卓有成果的挫折，一次有来世的失利，无法忘怀的失败，正如在小说叙事的“力场”中，所有的事物和人物在终极意义上都被吸引向一个完全不可靠近的中心，那就是公爵的生命：“他的生命放射出一种秩序，在其中心，我们发现了一份孤独，那孤独已经成熟到了要消失的地步。”因此，这一生命的不朽并不关乎寿命，而是指无限的振动——“生命无限地振动着它的不朽。……不过，对于不朽的生命，最纯粹的词却是‘青年’”。[1] 和这一论文同时，本雅明还在从事波德莱尔翻译，并在反思当代绘画运动（他偏好克利、康定斯基、夏加尔，而觉得毕加索有所不足）。

这期间，他还“幸福地沉浸”于对德国浪漫派的研究之中，阅读那些深奥的作家，比如巴德尔，又比如弗朗茨·约瑟夫·莫 94
里托尔（Franz Joseph Molitor），他著有一部关于卡巴拉神秘主义的

1　关于这篇文章，肖勒姆和本雅明在 1917 年晚些时候有过情绪激动的通信。肖勒姆认为文中对梅什金公爵的阐释暗中指涉本雅明的亡友弗里茨·海因勒。见 SF, 49 和 C, 102。

著作；同时本雅明还在阅读“大量弗里德里希·施莱格尔和诺瓦利斯的作品”。在一封给肖勒姆的信中，他提出了这样一个观点，让人回想起他富于青春活力的精神概念：

> 早期浪漫派的核心是宗教和历史。相较于后来**所有**的浪漫主义，它的无限的深邃和美来自这一背景：早期浪漫主义者并不通过诉诸宗教和历史事实来建立两个领域的亲密关系，相反却常是在它们自己的**思想**和生命中生产一个更高的领域，在其中这两个领域必然重合。……浪漫主义……瞄准了一种迷狂的揭示——一种厄琉息斯秘仪[1]意义上（Eleusinian）的“迷狂”（orgiastic），揭示出传统的一切秘密源泉，而传统将不受妨害地充溢于全部人性。……浪漫主义试图为宗教完成康德为理论题材所完成的事情：那就是去揭示其形式。但宗教有形式吗？？不论怎么说，在早期浪漫派所想象的历史中有类似于此的东西。（C, 88–89）[2]

他把施莱格尔和诺瓦利斯的片段按照它们基本的系统性意义来进行整理——“这是我考虑了很长时间的一个计划。当然这完全是阐释性的。……但是，浪漫主义**必须**（带着审慎）被阐释”（C, 88）。事实上，这些断片的星丛构成了他关于早期浪漫派批评概念的博士论文的直接基础工作，但是这一计划直到第二年春天才确

---

1 厄琉息斯秘仪指古希腊雅典城附近的厄琉息斯的年度秘教入会仪式，该秘教涉及农业传承、女神崇拜、寻亲和团圆、极乐飞升、死后生命、神圣夜晚等因素。——译注

2 我们纠正了 C 对这一片段的翻译中的两个错误，而这两个错误源于《书信集》（1966）的编辑对本雅明手稿的误读：“eleusinisch”，意为“厄琉息斯秘仪的”，被错误辨读为“unsinnig”（不理智的）；“unentweiht”，意为“不受妨害的”，被错误辨读为“unentwegt”（无偏移的）。见 GB, 1:363，编印有《书信集》和 C 中遗漏的材料。

切成形，这其中多少令人沮丧的弯路是对康德论历史的晚期作品的研习。这时，他正严肃地权衡在学院体系中追求事业的可能性，考虑在瑞士的哪里完成哲学博士学位。

1917 年 9 月初，他从圣·莫里茨给肖勒姆写了一封不寻常的信，阐述“教导”（Lehre）[1] 的概念，它在这一时期对本雅明的思考很关键。在同时的一个题为《论感知》（“On Perception”）的片段中，他提到了“作为整体的哲学”，所有的理论和信条都是“教导”（SW, 1:96）。他给肖勒姆的信不仅调用了成为他的青年哲学之支架的教育理论，也用到他对浪漫派的研究。教育始终是在与一个人的生命所采取的形式的关系中被理解的。这不是一个像肖勒姆当时一篇文章所论证的教师“树立榜样”的问题。更切中要害 95
的是一种生活的艺术，正如弗里德里希·施莱格尔所要求的：“要以古典的方式生活，就要意识到古典时代实实在在地存在于我们自身之中。”[2] 在本雅明的综合化构想中，教育是创造性的更新，是对传统的再发现。他在这里把传统理解为一种动态的媒介，正如他前一年对语言的理解、他后来在博士论文中对艺术的理解一样，在这种媒介中，学习者不断地转化为教师（lernen[学习] 和 lehren[教导] 两词都来自同一词根，意为“跟随轨迹”）。[3] 只有作为孤独的学习者，一位教师才能以**自己的方式**来包含传统并从而更新传统——也就是把传承下来的东西变成可传承之物，可传达（mitteilbar）之物。对传统的挪用是以沉浸在教导之海中为前提

1 Lehre 亦有理论、信条、教义等义，见下文。——译注

2 Schlegel, *Lucinde and the Fragments*, 180 (Athenaeum fragment 147).

3 简言之，1917 年底受荷尔德林启发而作的《半人马》（“The Centaur”）一文，讨论到了希腊神话中的“水之精神”，本雅明提到水元素是生命媒介（Medium der Belegung），“因为它是媒介，所以…… 是对立之上（über）的统一”（E, 283）。比较三个月后开始写作的博士论文中的“反思之媒介”（Medium der Reflexion）。

的。因为 Lehre（教导）

> 就像是涨潮的海，但唯一对海浪（这可理解为是代表人类的意象）这一意象重要的是让自己服从于大海的运动：以这种方式，海浪升起为高峰，又滚翻为泡沫（zur Kamm wächst und überstürzt mit Schäumen）。滚翻的海浪的大自由（Freiheit des Überstürzes）是教育的本真含义：……传统从生活的丰富性中陡然崛起，如同海浪。（C, 94）[1]

以生存层面的沉浸为基础，本真的教育从教导的潮起潮落中得到新的生活，从而拓展了教导，也即语言。“教育仅仅是（在精神中）丰富理论（die Lehre bereichern）。”传统展现出过去与未来、旧一代与新一代不断进行的对峙。因为代际的互动也是一种海浪运动：“我们的后人来自圣灵（人类）；像海浪一样，他们从精神的运动中升起。教育是老一代和新一代进行自由联合的唯一位置。”（C, 94）对海这一经典的文学-哲学喻体进行原创性的使用，从而具象化了他所说的再发现，本雅明实际上把教导的浪潮和精神的浪潮统一起来，而教育的秩序要确保与“传统的宗教秩序”相重合。

教导的神学概念在《未来哲学大纲》（“On the Program of the Coming Philosophy,” SW, 1:100–110）中也起一定的作用，这篇文章
96 的主要部分是从不缺少胆识的二十五岁的本雅明在 11 月草拟的，
那时他正在转向康德关于历史的作品。和他所浸染于其中的新康德主义西南学派的倾向保持一致，本雅明觉得有必要保存“康德

1 1915 年 12 月 4 日致弗里茨·拉德的信中，本雅明形容理论（Theorie）为“我们的生产正在涌出的丰硕”（GB, 1:298–299），可对照。

思想中那些**本质性**的东西”，尤其是康德体系的分类思想，只有柏拉图足以与其媲美：“我以为，只有以康德和柏拉图的精神，并以对康德的修正和继续发展为手段，哲学才能成为一种教义（Lehre），或者至少可以内化于其中。”（C, 97）这封 10 月 22 日给肖勒姆的信非常典型地从康德的文章作为“文学散文的边防线”说到犹太教对启示的态度大可质疑，又说到立体主义和色彩的关系等问题，是他的未来哲学“大纲”[1]的直接出发点。

在本雅明看来，对康德的修正必须试图改正“康德的认识论中那些决定性错误”。他说，这些错误可以追溯至“启蒙主义相对空洞的经验概念”，其背后则是关于知识的片面的、数学式机械的概念，其原型是牛顿物理学。本雅明概括性地提到了“启蒙运动在宗教和历史问题上的盲点”，它在现代一直存在。不满于亚里士多德-康德式的对 mathein（智性知识）和 pathein（感官体验）的区分，他呼吁一种有待从知识的结构中发展出的、“更高级”的经验概念。于是，最直接的任务是对“知识”的含义进行恰当的理解。本雅明专门指出康德的知识概念中两个紧密相关的问题：（1）它带着一个实质上未经审思的关于“经验意识”的假设，即假设“一个个体自我，通过感官接收感觉，并在感觉基础上形成其观念”，这一观点尽管长期具有权威性，但本雅明却讥讽为“认识论神话”的标本；（2）这样的知识概念依赖于主体和客体的模式，康德直到最终也没能克服，虽然他对知识的结构有深刻分析。

当然，“意识的心理学概念”问题，就其与“纯知识领域”的
关系，是无法解决的。至于康德体系的主观主义和二元论，本雅 97
明提出了几种修正，在论调上和早期浪漫派对康德的修正不无关

1 首次发表于 1963 年。

联。知识概念必须对“真正具有时间和永恒意识的哲学”敞开，而且必须浸染于一种“知识的语言性质”之自觉。那些由知识理念的转型而产生的深化和扩展，本质上是宗教性和历史性的，它们表露出一种转化了的逻辑：真理必须被理解为不仅仅是正确的东西（这是和海德格尔的又一合流），而正题反题之综合的作用必须由“两个概念在对方中的某种非综合”得到补充。一旦知识的领域“在主体-客体那一套术语之外”得以自足自主地构建（因为“一切意义——真、善、美——都是以自身为基础的”[EW, 117]），经验就可以理解为“知识的系统性具体化”，认知的类型为经验的类型奠定基础。[1]（在 10 月 22 日的信中，他谈到了“我们在知识中的自我”。）本雅明在对现象学的赞许中进而表示，使得新的自由理念得以可能的、更高级的经验概念，是以“一种纯粹超验的意识”——在类型上不同于任何经验主义的意识——为前提的，而这假定了“意识”这一术语在脱去了全部主观内容（alles Subjekthaften）之时还是可以继续应用于哲学。在一则完成于 1918 年 3 月的附录中，他对经验中的主体性问题表述得更为激进，他举例说经验的统一体不应理解为经验的总和，而应理解为“经验的实在总体——即**存在**（Dasein）”。实在的总体是宗教教诲的“对象和内容”；本雅明说，经验的实在总体就是宗教。因此，得到形而上学深化的经验概念——存在的哲学通过这一概念沟通宗教的教义——让我们看到了“哲学和宗教的基本统一”。和 20 年代末海德格尔对康德的阐释（这种阐释通过把时空的概念

1　本雅明的说法是 systematische Spezifikation der Erkenntnis。在 1888 年 3 月至 6 月的一则笔记中，尼采针对自己的“力量中心”（Kraftzentrum）的概念写道：“视角主义（Perspetivism）只是具体性（Spezifität）的一种复杂形式。……每一个具体都努力成为一切空间的主人并扩展其力量。”（*The Will to Power*, 340 [no. 636]）

和想象及“自爱”的概念交织在一起，而同样关注康德的第一批判中“没有言说”的部分）一样，这种在主观主义固定的原子自我之外刻画出主体性或意识场的尝试，产生出的结果确实显得和康德思想实际的、理性主义的倾向相去甚远。这一“延伸”康德 98
哲学的计划，在本雅明这里，最终证明是大有问题的，尽管批判（critique）的康德模型在他的整个工作中将始终处于视野之中，和沉浸（immersion）的尼采模型并存。[1]

《大纲》一文是在伯尔尼写成的，这座小城是瑞士事实上的首都，本雅明夫妇10月份搬过来，这样瓦尔特就可以在大学[2]注册了；他于10月23日登记，开始了在这里的四个学期。必须提到的是，在伯尔尼的学习并没有给本雅明的知识面貌留下多少痕迹。1917年至1918年他选修的课程包括安娜·图马金（Anna Tumarkin）主讲的“哲学概论”（她也很快出版了一本关于浪漫主义世界观的著作），德意志研究学者哈里·梅因克（Harry Maync）的德国浪漫主义史的讨论课，保罗·黑贝尔林（Paul Häberlin）关于弗洛伊德的讨论课（他在这门课上写了一篇文章批判力比多理论），以及一门由极端保守主义的瑞士历史学家弗雷德里克·贡查各·德·雷诺（Frédéric Gonzague de Reynold）开设的讲座课程“诗人和批评家夏尔·波德莱尔”，本雅明将在《拱廊街计划》中回到这位学者对波德莱尔的阐释。看起来这些课程中没有哪一门能像他自己所进行的阅读那样吸引他——当时，除了德国浪漫派的著作外，他还在读阿纳托尔·法朗士、阿达尔贝尔特·施

1 后来在《拱廊街计划》的一个重要节点，康德又一次被征引，那时本雅明暗指《纯粹理性批判》第二版前言，提到了“历史感知的哥白尼革命”（Convolute K1,2）。见本书第六章第352页注1。

2 指伯尔尼大学（Universität Bern）。——译注

蒂弗特（Adalbert Stifter）、雅各布·布克哈特，以及尼采和弗朗茨·奥弗贝克[1]的通信、著名自由派新教神学家阿道夫·冯·哈纳克（Adolf von Harnack）的三卷本《教义史》——也没有他刚开始沉浸其中的书籍收藏爱好吸引他，尤其是在古旧稀有童书方面。

不过，最紧要的任务是选择博士论文题目。在 10 月 22 日致肖勒姆的信中，本雅明已经提到，他有意从冬天开始研究“康德和历史”的问题，因为“一种哲学和真正教义的具体关系”——也就是说哲学的正典属性——会在和历史的对峙中最鲜明地表现出来（C, 98）。但过去了不到两个月，在读完《世界公民观点之下的普遍历史观念》和《论永久和平》之后，他发现他的期待落空了：“康德与其说是关心历史，不如说是关心伦理旨趣的某些历史集合。……我发觉康德思想完全不适合作为一篇独立论文的出发
99 点或实际课题。”（C, 105）本雅明却也并没有在这一次论文的错误起点之后失去头绪。事实上，他灵感洋溢。他和朵拉在瑞士南部的疗养小镇洛迦诺度了几星期假。1918 年 2 月 23 日，他从那里给肖勒姆写信，谈到他的生活中充满了“丰富而解脱的旋律，它来自一个伟大时期的尾声，那个时期已经永远留在我身后。我中学毕业至今已经六年了，这六年组成了一个独立的时期，具有单调的节奏，[这一时期]对我而言包含着无限的过去（unendlich viel Vergangenheit）——也即永恒”（C, 117）。几天后，在给恩斯特·舍恩的信中，他写道，那个冬天，“具有最深远意义的关联”正在他面前呈现出来，“我现在可以说，我第一次努力向着我的思

1　奥弗贝克（Franz Overbeck，1837—1905），德国新教神学家，尼采的重要友人。——译注

想的整合而前进”（C, 108）。[1]到3月底，他就能宣布他的博士论文的关注点了：

> 我在等我的教授给我建议一个题目；同时，我已经自己找到了一个题目。以下观点自浪漫主义以来才变得常见：一件艺术**作品**是自在和自足的，与道德和理论无涉，可以仅仅通过审视而被理解，那个审视的人也可以对作品做出公正评价。艺术**作品**相对于艺术的自足性，或更明确地说，作品对艺术的**完全**超验性的依赖，已经成为浪漫派艺术批评的前提条件。（C, 119）

换言之，他相信，一篇关于浪漫派艺术批评的博士论文将给他以机会去实现他所追求的“思想整合”。这样的整合，把唯心主义哲学、被认为是认知媒介的文学和视觉艺术研究、神学、历史哲学都融为一体，将会确立他后面几十年主要作品的特征。

这里提到的教授是理查德·赫贝兹（Richard Herbertz），本雅明在伯尔尼的几个学期中上过他关于逻辑学、认识论和哲学史的课程。赫贝兹已经同意指导本雅明讨论浪漫派批评的哲学基础的博士论文，5月份正式批准了这一主题。肖勒姆不久就会加入本雅明夫妇，共度瑞士的流亡时光，据他后来说，赫贝兹兼具市侩作风和高尚精神，后一点体现在他“对本雅明天才的推崇，没有丝毫妒忌心”。在他关于亚里士多德《形而上学》的讨论课上，本 100
雅明是“毫无争议的宠儿。……赫贝兹原本以哲学吆喝客人的口

1　致舍恩，写于洛迦诺，所署日期为1918年2月28日（GB, 1:435）；C中此信日期有误。也正是在1918年初这一时期，本雅明最初表现出了他手写字迹极小的倾向。见SF, 45；以及GS, 7:573–574的编辑按语。

吻说话……，对本雅明却有极大的尊重，把他当作一位年轻的同事”（SF, 57–58）。本雅明以为，在伯尔尼拿到博士学位将为他从事“真正的研究”扫清道路。“我把全部希望都放在了我自己的作品上。”（C, 108, 115）而且，从1914年至1915年的荷尔德林研究以来，本雅明自己的作品第一次给他以一幅巨大的画布，他可以在那上面把认识论和美学的兴趣整合到一起。

他和朵拉当时住在大学附近的一条安静街道上的小公寓中。他们缺少社交，生活在“完全的孤立”之中，偶尔看艺术展览和听音乐会。看似有悖常理的是，他们的孤立感反而因为朵拉有身孕进一步恶化了。在通信中，朵拉恳求肖勒姆来瑞士加入他们。在本雅明上课并为博士论文研究用功的同时，朵拉开始利用她自己的才华，找到了获得些许收入的办法：她写作侦探小说，并在1919年的两个月中去一家办公室当英语翻译。（她的父亲，维也纳大学的一位出名的英国研究专家，是好几本莎士比亚专著的作者。）后来在20年代，她给很有影响的文学周刊《文学世界》写稿，并编辑了一份妇女刊物《实用柏林女报》（*Die Praktische Berlinerin*）。在他们婚姻的最初几年，她和本雅明经常一起夜读；1918年春夏，他们一起读卡图卢斯（Catullus）的诗歌（“要逃离现代美学概念的……谬误的话，没有什么比阅读古代诗人更有益的了”[C, 129–130]）和歌德的《植物变形学》（*Metamorphosis of Plants*）。但比起其他共同活动来，她在扩充他们的插图童书收藏方面获得了更多的快乐。

1918年4月11日，他们唯一的孩子斯特凡·拉斐尔（Stefan Rafael）出生了。本雅明很快注意到“一个父亲会立刻把这个小人当作个人，以至于父亲自己在所有关乎生存的事务中的优越感相较而言显得微不足道”（C, 123）。本雅明从来没有被认为是一位用心的父亲；他太过专注于自己的工作。但是，在接下来的几年中，他在观察小斯特凡的行为和成长中得到了巨大的快乐，尤其是儿子语言方面的发展。儿子出生没多久，他就开始拿出一册 101
笔记本，专门记录“儿子的‘意见和思想’（opinions et pensées）”（C, 288），在其中他不仅记下了一些奇特而有趣的语言构造和变形——比如把 photograph（照片）读作 gratophoph，把 Africa（非洲）读作 Affica（Affe 在德语中是猴子）——而且还描写了儿童的游戏、仪式和姿态，以及来自家庭生活的小场景。[1] 他所保存的这份小档案——内容停止于 1932 年——以微观细节见证了他对童年时的感知世界和儿童的摹仿天才的长期兴趣。[2] 但它却基本没有提供关于后来父子之间产生隔膜的信息，这些隔膜起因于孩子成长过程中本雅明长期不在家，而 1930 年离婚后他又和孩子接触较少。

5 月初，他们的朋友肖勒姆，因为同样被宣布不适合兵役，得以和他们在伯尔尼会合；他在瑞士一直住到 1919 年秋。[3] 肖勒姆一到达新居所就有机会品鉴伯尔尼的社交圈：他陪着瓦尔特和朵拉去参加费鲁奇奥·布索尼[4] 的独奏音乐会，在一间小礼堂中，这位著名的钢琴家和教育家演奏了德彪西的作品。过了不久，他又和本雅明夫妇一起搬到了附近的穆里（Muri）村，在直到 8 月

---

1 本雅明这本专注于儿子的“意见和思想”的小册子，原本要打出一份给肖勒姆档案保存，其留存下来的部分的译文收入 *Walter Benjamin's Archive*, 109–149。

2 这一兴趣的早期例子有：《儿童的色彩观》（1914—1915），以及《彩虹：关于想象力的对话》（约 1915 年）对儿童图画书及颜色游戏的讨论，均收入 EW。

3 肖勒姆于 1917 年春受到征召，加入德国陆军，但是在告诉军医他的“幻觉”之后，他被诊断为患有某种形式的精神分裂症，被关进精神病房，在那里他写了关于妥拉（Torah）、历史和弥赛亚的书信。1919 年 8 月他已回到柏林，从军队退役（LY, 162–163）。

4 费鲁奇奥·布索尼（Ferruccio Busoni，1866—1924），意大利作曲家、钢琴演奏家和指挥家。——译注

初的三个月时间里，他们比邻而居，有时肖勒姆还陪本雅明去上课。肖勒姆讲到，节日般的气氛笼罩着他们最初的谈话和外出，他也记录了后来产生的矛盾。先开始，当战争在其他地方肆虐，他们却精神高扬，这表现为他们幻想出一所“穆里大学”——“我们自己的学园”，本雅明这样称呼它，这所大学拥有一份讽刺性的课程列表（比如说，在医学部下，列有一门题为“清算研究”的讨论课），还有大学章程，以及关于图书馆近期购书的评论。[1]本雅明充当校长，关心魔鬼学系的缺勤问题或学术纪念文集《穆里留念》（“Memento Muri”）的征稿等问题，隔三差五地向肖勒姆发表书面和口头报告，而肖勒姆则在通信中署名为宗教哲学学院的教导主任。这一持续的玩笑，来源于他们对真实学术界复杂的暧昧态度，在接下来的几年中时不时地被他们记起。[2]还有其他私人
102 性的消遣。在伯尔尼的课堂上，这两个人“经常”玩一种游戏，其中涉及人名的罗列：“今天早上在黑贝尔林的课上，”肖勒姆在5月10日的日记中写道，“我们光顾着自己玩游戏，罗列M开头的名人名字。瓦尔特搞出了64个，胜过我的51个。要不然的话，我们真得闷死。”那天晚上，他们三个人晚饭后玩了“头脑猜谜游戏‘具体还是抽象’（瓦尔特必须得猜出‘祭司’这个词）”（LY, 237）。

他们在穆里的交谈内容仍旧广泛。他们谈到了杰出的资深新康德主义者赫尔曼·科恩，他们在柏林时曾偶尔去听他的讲座，7月有段时间他们还在每天的读书讨论中细致解析了他影响重大的

1　肖勒姆在日记中提到1918年5月5日的一次对话，那是他到达瑞士的第一天，他和本雅明谈到“一所为我们而存在的学园”（LY, 235）。

2　见 SF, 58; C, 134, 222; GS, 4:441–448（《穆里大事记》[“Acta Muriensa,” 1918–1923]）；以及 GB, 3:304n。

早年作品《康德的经验理论》(*Kant's Theory of Experience*),本雅明不久前刚写完《未来哲学大纲》,其中就企图克服这种经验理论。“我们对这位人物充满尊重乃至崇敬;因此,我们在着手阅读时抱有很大的期待。……但是科恩的推论和阐释在我们看来大可质疑。……本雅明对科恩表述中的‘超验性混淆’不满……并称这本书是‘一座哲学的黄蜂蜂房’”(SF, 58–60)。虽然科恩强硬的理性主义、僵化的二元论和维多利亚式的乐观情绪在这两个年轻人眼中都是严重的缺憾,但他的反心理主义和问题史导向对这两位都有感召,本雅明很快发现了起源理论和神话批判的多重用处,而这些都贯穿在科恩最终的宏大成就之中,那就是他在《出自犹太教源泉的理性宗教》(*Religion of Reason out of the Sources of Judaism,* 1919)中对圣经弥赛亚主义的哲学解读。[1]

本雅明在他最近对尼采和弗朗茨·奥弗贝克的通信的阅读中深受触动,接下来又读了波尔努里(C. A. Bernoulli)关于这一主题的新书,于是他开始大谈尼采,尤其晚期尼采,认为他是“唯一一个看到了19世纪的历史经验的人”(SF, 60)。[2] 他也大量谈及歌德,考

---

1 关于《理性宗教》一书,见 GB, 2:107(1920)。大体上,本雅明在发表的文章中对科恩的引用都充满了敬意。例如 SW, 1:205, 247, 304, 348 以及 2:797。在 1924 年 11 月 22 日的一封书信中,本雅明向肖勒姆提到他们正在进行的“对科恩体系的批判”(GB, 2:512)。同一时期,作为悲悼剧专著的先导,他批评了科恩《纯粹知识的逻辑》(*Logic of Pure Knowledge*)中的“起源–逻辑”(origin-logic),认为不够历史化,这一缺陷他将在自己对特定起源的构想中加以弥补(*The Origin of German Tragic Drama*, 46)。其他对科恩的相关批评,见 SW, 4:140 和 GB, 2:215n。本雅明对科恩宗教哲学的创造性化用将在第四章讨论。

2 本雅明把神学家奥弗贝克给尼采的一封信收入 1936 年的《德意志人》书信选中;见 SW, 3:217–219。波尔努里的《弗朗茨·奥弗贝克和弗里德里希·尼采》(*Franz Overbeck und Friedrich Nietzsche*)出版于 1918 年。本雅明后来称这本书为“学术的流动贩卖”(scholarly colportage)(C, 288)。参看本雅明的《评波尔努里的〈巴霍芬〉》(“Review of Bernoulli's *Bachofen*,” SW, 1:426–427)。

虑到他自己在这方面的实践，并不让人意外的是，他关注“隐藏”在歌德的“自传生活”中的中心角色；还谈及斯特凡·格奥尔格及其圈子，这位诗人曾是青年运动的一个灵感来源，在接下来的许多
103 年中也将继续让本雅明着迷，尽管其小圈子在文化政治上是反动的。本雅明还朗读许多作家——也包括他自己——的书信和诗作。他和肖勒姆都对奥地利讽刺作家卡尔·克劳斯（Karl Kraus）感兴趣，他们在瑞士定期取阅克劳斯的刊物《火炬》（*Die Fackel*），并开始熟悉他的其他散文作品。十多年以后，克劳斯将成为本雅明最伟大的论文之一的题材。初夏，他们又回到了《未来哲学大纲》和关于尚未成为认知的经验的构想。当肖勒姆提到“占卜规制”（mantic disciplines）作为这种经验的例证时，本雅明回复说：“如果一种哲学不包括通过**咖啡渣**占卜的可能性……那它就不能是一种真正的哲学。”（SF, 59）对“前认知”的强调便显出本雅明思想中越来越关键的“人类学”要旨，这也同样在他早期对梦、苏醒及神话的关注中有所显示。在穆里，他发展出了一种历史进化理论，从幽灵鬼怪的前神话时代一直到启示的时代（比较 SW, 1:203, 206）。关于本雅明后来对摹仿能力的反思，肖勒姆这样评点道，“即便在当时，他也关注感知作为一种阅读的问题，这种阅读存在于表象的轮廓上，也就是史前人类感知周围世界的方式，尤其是对天空的感知。……他声称，作为天空表面的各种轮廓，星座的起源便是阅读和书写的开始”（SF, 61）。这些思考针对联想的前概念领域，与之相关的则正是本雅明“对儿童世界的深刻兴趣和沉浸”。

肖勒姆保存了来自“斯特凡”的信，它们是那年夏天写给“格哈德叔叔”的；笔迹是朵拉的，这些书信至少部分出自她和丈夫的合作。所谓来自小宝宝斯特凡的信，在一般内容之外，还透露出本雅明夫妇的婚姻关系越来越不太平。而困扰家庭的紧张关

系一部分就是肖勒姆的来访造成的。在日记中，肖勒姆写道，他刚到瑞士之后，朵拉如何“以最充满爱意的方式强烈要求他放松下来。她知道我多么爱她”（LY, 237）。肖勒姆显然被他对这夫妻二人的感情所撕扯着。一方面，他和本雅明的思想纽带帮他抵御他所体验到的热情友好和冰冷对待之间的不可理解的交替，同时 104
另一方面，他对朵拉的爱也难以承受他所觉察到的朵拉的厌世、歇斯底里和“布尔乔亚性格”。她可以冷若冰霜，有时会拒绝和他握手或说话，有一次在讨论中间突然冒出来，说他“粗野”，还说不想和他有任何关联（LY, 283）。[1] 肖勒姆在回忆录中写道：“在我们三个人彼此给对方形成的印象中，隐藏着很深的苦涩和失意。偶尔，这样的感情会在我和小家伙斯特凡通信的掩盖之下表达出来。”于是，肖勒姆到达六周后，“斯特凡”写道，如果由他说了算，他“一定不会待在这儿，这里太不让人愉快了，而您在制造一种很坏的气氛”。他接着写道：

1　到 1918 年 6 月初，肖勒姆在日记中表露了他对瓦尔特和朵拉的疑虑：“有这样一些时候——愿上帝和他们两个人宽恕我——我觉得他们俩完全可鄙，尤其是他们的行为。”两周后，他抱怨说，“他们出于审美愉悦而撒谎。……逐渐地，我终于发觉他们的生活是多么虚假——他们的关系对我来说也是这样。他的诚实是在他的诗歌和哲学里。”6 月 23 日，他问道：“至于瓦尔特呢？……我认为只有从远处才能和他保有一种绝对的关系。……和他在一起，我不得不对几乎一切让我感到充实满足的事物保持沉默。……我只能说，我不知道瓦尔特在哪儿，反正他不在我所在的地方（这我总看得明白）；他只是看起来像是在那里。”这一状况延续到秋天。他在 10 月 7 日写道：“最糟的是，有种潜伏的危险，那就是，我将要彻底失去我对瓦尔特在日常生活中的真诚的任何信念了。他经常显得缺乏人们所说的诚实。……最紧要的，朵拉隔在我们之间。……她说我不喜欢她。但在此我必须说，我曾无休止地、无边际地喜爱她。但现在这感情已日薄西山。为什么？因为我不曾想到和他们在一起的日常生活会是这样的。……他们不知道，但我知道，在过去三年间，我总是做和他们的建议完全相反的事情。”一个月后：“我又一次开始有一种对朵拉无可形容的爱。……我们现在像是一家人：我对此全无怀疑。”（LY, 240, 245, 252, 268, 273–274）

> 我认为您对我爸爸的了解真的非常少。没几个人对他能略知一二。有一次，当我还在天堂的时候，您给他写了封信，让我们所有人都觉得您真的懂他。（见 C, 102 [1917 年 12 月 3 日]，涉及肖勒姆对本雅明的陀思妥耶夫斯基论文的解读。）但也许您终究还是不懂他。我认为像他那样的人很久才会生在世上一回，因此您必须对他友好，而他会自己做其他的一切。您，亲爱的格哈德叔叔，仍认为一个人得做许多许多事情。……但我不想故作聪明讨人厌，因为您比我懂得多。全部的麻烦正在于此。（SF, 68–69）

这封所谓“来自斯特凡”的信既说明了本雅明夫妇对肖勒姆的态度，又同样揭示了朵拉和本雅明之间的紧密关系。在他们婚姻的紧张关系之中，在这段婚姻从 20 年代直到 30 年代的漫长的解体过程中，当朵拉一次又一次为她贫穷的流亡丈夫提供收留场所和支持的时候，他们始终相信瓦尔特·本雅明的天才需要不计代价地得到保护，这一共同信念最终证明是他们二人关系的花岗岩一般的基础。

夫妻间的紧张关系在肖勒姆看来越来越明显。有一次，他被请来吃晚饭，肖勒姆在那里坐着等了两个钟头，只听到两人在楼上大声争吵。他们没有应答女仆反复的敲门，肖勒姆没吃饭就走
105 了，感到大为失望。几天后，他们又和好如初。肖勒姆提到两个人所经常流露出的爱意，他们所使用的幽默的私密语言，以及他们性格中看似互补的部分。朵拉有时会弹钢琴，唱艺术歌曲给两位男士听，她“充满激情”，而这弥补了本雅明“根本性的忧郁”，这种忧郁有时似乎可以因为某些“无稽嬉戏”而减轻。

本雅明夫妇在 1918 年 8 月中旬离开穆里，去了阿尔卑斯美

景中的布里恩茨湖（Lake Brienz）。10 月中旬冬季学期开始，他们回到伯尔尼，搬进了一套四室的公寓，聘请了一名居家保姆。他们和肖勒姆的聚会不如以前频繁了。11 月初，本雅明和朵拉都感染了轻微的西班牙流感，当时疫病正肆虐欧洲。那个月晚些时候，他们接待了作家维尔纳·克拉夫特的来访，他在柏林学习现代语言，和本雅明在 1915 年见过面。诗人沃尔夫·海因勒（Wolf Heinle），也就是本雅明亡友的弟弟，曾在 3 月份和本雅明夫妻住过一个月，他被深深激怒，离开时充满怨气（但这并没有阻止本雅明继续尽其所能地帮助海因勒，直到他 1923 年早逝），除此之外，克拉夫特就是唯一一位在本雅明家过夜的德国客人了。整体上，他们在那个秋天享受着相对与世隔绝的生活，而本雅明在准备起草博士论文，召唤起他"内在的隐匿"以便工作（C, 125）。不论是德意志帝国和奥匈帝国的崩溃还是俄国的革命，似乎在生活的这一节点上都没有触及他们；本雅明信中提到国际形势，主要是关系到在德国图书拍卖中出价竞拍的可能性。[1]

1919 年初，本雅明结交了胡戈·巴尔（Hugo Ball）及其伴侣（也是后来的妻子）埃米·亨宁斯（Emmy Hennings），他们住在附近的一栋楼里。巴尔是苏黎世达达主义的最初团体的中心人物，而亨宁斯的诗歌构成了 1910 年后第二波表现主义的一部分。虽然在后来的岁月中本雅明很少再见到巴尔，但这一和先锋派活生生的代表人物的又一次接触给本雅明终生对先锋派美学和政治的倡导以新的动力。巴尔曾在柏林和慕尼黑做过剧场和新闻记者工作，

1 "布尔什维克革命和德国、奥地利的崩溃，以及随之而来的准革命，把当时的政治事件再次引入谈话之中，从我们达成对战争态度的共识以来，这还是第一回。……但我并没有深涉其中。"（SF, 78）肖勒姆又继续说，他们所同情的，大体上是俄国的社会革命党，该党后来被布尔什维克派所清洗。

106 直到1915年移民瑞士，靠给一家旅行公司弹钢琴、唱歌剧赚一点小钱。1916年2月，他戏剧性地跃上了欧洲舞台，和汉斯·阿尔普（Hans Arp）、索菲·托伊伯（Sophie Täuber）、特里斯坦·查拉（Tristan Tzara）、马塞尔·扬科（Marcel Janko）、理查德·胡埃尔森贝克（Richard Huelsenbeck）和亨宁斯[1]在苏黎世创办了伏尔泰歌舞厅（Cabaret Voltaire）。在舞台上，巴尔表演自己的声音诗歌“Karawane”——他穿着由纸板做成的立体造型服装，看上去介乎牧师的僧袍和穿盔甲的鸟之间——当时没有几个人看，但现在已经成为20世纪先锋派艺术的标志性瞬间。组成苏黎世的达达主义的最初团体的人员散布到全欧洲之后，巴尔还留在瑞士，为《自由报》（*Freie Zeitung*）撰稿，后来成为其编辑，这份报纸自称是“民主政治的独立喉舌”。该刊代表了德国反战主义者的观点，并有无政府主义色彩；当时巴尔深受巴枯宁思想的影响。[2]

春天时，巴尔把本雅明介绍给了他的“乌托邦主义朋友”、哲学家恩斯特·布洛赫（1885—1977），当时布洛赫正住在布里恩茨湖畔的因特拉肯。[3]两个人立刻擦出了火花：他们在思想构成方面有太多共同语言。布洛赫出生在南德意志的普拉尔茨地区的一个归化的犹太家庭。1908年，他在慕尼黑完成博士论文，题目正是关于本雅明的老师海因里希·李凯尔特的认识论。那之后他搬到柏林，师从格奥尔格·西美尔，并成为后者的亲密朋友。在西美尔为同事和高年级学生举办的私人聚谈中，布洛赫见到了匈牙利青年哲学家格奥尔格·卢卡奇，并和他结下了终身的友谊。后

1 这几位都是欧洲先锋派文艺人士，一般归为达达主义。——译注

2 关于本雅明、巴尔和恩斯特·布洛赫之间的辩论，见 Kambas, “Ball, Bloch und Benjamin”。

3 Ball, *Die Flucht aus der Zeit*, 201–202.

来，布洛赫和卢卡奇将同安东尼奥·葛兰西（Antonio Gramsci）及卡尔·柯尔施（Karl Korsch）一道对马克思主义哲学的更新做出决定性贡献。布洛赫和卢卡奇在1913年都已经与马克斯·韦伯在海德堡形成的圈子关系很近；布洛赫很快成为这一本来朴素严肃的学究群体中最华丽耀眼的一员。他和他的第一任妻子雕塑家埃尔泽·冯·斯特里茨基（Else von Stritzky）于1917年搬到瑞士，受命为韦伯的一份刊物工作，此刊名为《社会科学和社会政治集刊》（*Archiv für Sozialwissenschaft und Sozialpolitik*）。在那里，布洛赫将从事对流亡中的德国反战主义群体的社会学评估。遇见本雅明时，他已经出版了他的第一本重要著作《乌托邦精神》（*Geist der Utopie,* 107
1918），此书是马克思主义和犹太–基督教弥赛亚主义的奇异焊接。经过几次漫长的讨论过程，一种强烈的、对彼此都有益的关系在两人之间发展了出来。布洛赫形容当年的本雅明"其实有点古灵精怪，但这古怪也是有益的。他还没有写出多少来，但我们花了很多夜晚，通宵长谈"[1]。对本雅明来说尤其有用的是，布洛赫如何持续挑战"我对**每一种**当代政治倾向的拒绝"（C, 148）。1919年底，本雅明将开始为布洛赫的《乌托邦精神》写作一篇长书评（已佚）。[2] 直到本雅明生命的最后，他和布洛赫都是朋友及思想上的战友。不过，他们的智识兴趣以及他们的作品中的那些基础性的假设如此接近，以至于他们俩的关系从一开始到最后都带有竞争色彩。

1　见1974年的一次访谈，转引自 Brodersen, *Walter Benjamin,* 100。

2　在1919年9月写给肖勒姆和恩斯特·舍恩的信中，本雅明提到了他给《乌托邦精神》写书评的想法，并且说，布洛赫本人已经"超越了"这本书并且比它"好上十倍"，而这本书"展现出巨大的缺陷……[但是]无论如何，它作为同代人当下的一次发声，仍是唯一一本我可以以自己的标准来衡量的书"（C, 146–148）。

本雅明在1919年4月初完成了博士论文的草稿，《德国浪漫派的艺术批评概念》。虽然正像他六个月前向他客居瑞士期间的忠实笔友恩斯特·舍恩所说的那样，要是没有“外部诱因”，他不会着手研究这一课题，但这一任务却“不是浪费时间。我从中所学到的，是对真理和历史的关系的洞见，这将……很难在论文中有所呈现，但我希望它会被细心的读者分辨出来”（C, 135–136）。当然，本雅明对德国浪漫派的态度是早已有之。在1912年《关于“现在”的宗教性的对话》，他笔下的对话者点评道，“我们都仍旧深深地生活于浪漫主义的发现之中”，而在其后一年发表在《太初》的一篇题为《浪漫主义》的文章中，他又把“新青年”和一种他强调是清醒的“真理的浪漫主义”（romanticism of truth）联系在一起（EW, 70, 105）。对舍恩，他同样强调浪漫主义的切关性：“批评的现代概念是从浪漫主义的概念中发展出来的。”浪漫主义者演化出“一种关于艺术的新概念，在很多方面，那就是**我们的**艺术概念”（C, 136）。4月宣告初稿完成时，他说，他的论文“成为它本应成为的东西：一个指针，指向浪漫主义的真正性质，已有研究对此是一无所知的”（C, 139）。尽管如此，他还是感到他在
108 此所采取的“繁复的、常规的”学术态度使他无法直抵“浪漫主义的核心”，也就是它的弥赛亚主义（只在论文开头的一个注释中有所触及）。但这一对学院礼数的妥协绝不意味着他的论述缺少穿透力：“这一作品［从认识论移步艺术理论］的结构对读者提出极高的要求，正如它部分对行文提出要求一样。”（C, 141）这里的学术呈现很难说是“常规的”；相反，本雅明精巧地将历史、哲学和文学视角交织在一起，预示了当今学术界的“跨学科”倾向。

对于德国浪漫派的艺术批评的现代理解，本雅明的博士论文有着意义重大的贡献；它也代表了他自己的批评概念的发展中决

定性的一步。在论文中他提出了三个对他后来的著作具有核心意义的命题：第一，创造性毁灭的观念，或用施莱格尔的话说，文化客体的湮灭，是一切批判的先决条件；第二，所有有意义的批评都意在赎回作品的“真理内容”；第三，批评工作是自主的创造，和艺术作品的“原”作等量齐观。本雅明的论文并没有一上来就考量浪漫派的批评；相反，它说明了，批评以何种方式在与后来的哲学家——尤其是约翰·戈特利布·费希特——对康德唯心主义的反思的关联之中发展起来。

从哲学上说，这篇博士论文正开始于《未来哲学大纲》止步的地方——也就是关于超越主客体对立的知识理论。如果说，本雅明对康德的修正曾集中于经验的概念（这在他后来的作品中也十分重要），那么，博士论文中的主轴观念则是“反思”（reflection），在这里它被理解为艺术的生成性原则。知识的问题，即自我意识的结构问题，相应地放置在一种后康德思想的语境之中，尤其是费希特的反思概念的语境之中，因为它被施莱格尔、诺瓦利斯及他们的圈子在18世纪结束之际所采用并加以转化。当然，思想同自身具有内在的反思性关系，这是早已得到承认的。从现代哲学破晓之际笛卡尔的“我思”设定以来，也就是从思想主体被构建为一切知识的基础以来，自我意识的难题被康德对感 109
知范畴的演绎所决定性地重新导向，这种演绎决定了感知主体和其客体之间必然存在关联。德国浪漫主义建立在此种关联之上，其方式却是，主体和客体之间的区别实际上消失了。

本雅明非常小心地把这一问题史的语境和文学史的语境区分开来。[1] 在解释浪漫派的批评概念（Kunstkritik，直译为艺术批

1　在《存在与时间》（1927）的第10段中，海德格尔也把文学史（Literaturgeschichte）从问题史（Problemgeschichte）中区分了出来，认为前者转变为后者。见 *Being and Time*, 30。

评）时，他进行了一次“哲学批评”，正如悲悼剧一书中所命名的术语。又一次，问题的关键是对“批评的任务”的界定。和在荷尔德林论文中一样，“任务”的概念内含着艺术作品和艺术批评之间的历史辩证法（虽然当时还不这么称呼）；他的博士论文指出，浪漫派意义上的批评既是作为古典艺术作品的一个步骤又是作为其产物而发挥作用。在他 1917 年的短文《陀思妥耶夫斯基的〈白痴〉》中，本雅明曾更直截了当地谈到这一问题：“每件艺术作品……都建立在理念之上；如诺瓦利斯所言，它‘具有先验理想，具有自身存在的必要性’，而且正是这一必要性，而非其他任何东西，才是批评所必须去说明的。”（EW, 276）[1] 博士论文（其中也引用了诺瓦利斯的同一段话）重申了这一命题，将批评的功能构思为“在艺术之为反思媒介的存在之中获得认识”[2]（SW, 1:151）。换言之，批评的任务是去实现艺术作品在当下的拟真自我反思（virtual self-reflection）。本雅明用诺瓦利斯的话说，读者是“延伸了的作者”。这一接受理论的核心是作品的“后世生命”的理念——艺术的可能性的展开，在其中批评工作必然起着作用。

本雅明是从被接受之物的角度来理解接受问题的。因为，根据早期浪漫派带着自觉的神秘成分的哲学，对一个事物的观察就是通过一种“试验”激起它的自我认知，诺瓦利斯称之为“一个既主观又客观的过程”。所有关于一个对象物的知识都是和那个对

1　参见一则题为《批评的理论》（“The Theory of Criticism”）的 1919—1920 年的断片中的表述：“艺术作品是哲学问题的理想形态在其中得以呈现的方式。……每件伟大的［艺术］作品都在……哲学领域有其兄弟姐妹。”（SW, 1:218–219）更进一步：“可以进入艺术结构的仅有的哲学理念是那些涉及存在的意义的理念。”（SW, 1:377［1923］）

2　参见王炳钧等译《德国浪漫派的艺术批评概念》，第 77 页。——译注

象物的“成为存在”同时的。[1] 本雅明的论证如下。反思——费希特将其定义为回到自身的一种“活动”，限制在自身的这一转向过程中——是思想的形式。并没有一个自我，在某一点上开始反思； 110
相反，自我只存在于反思活动之中。这就是“意识的悖论”——直接、不可溯因、不可解释（就像语言的存在一样）。对费希特而言，思考的自我必然表明一个“我”对应着一个“非我”，而从本质上讲，对浪漫派而言，“一切都是自我……，一切真实的都在思想”。这意味着，就如施莱格尔所言，“一切都在我们之中，而我们只是我们自己的一部分”。早期浪漫派意义上的反思因此是一种本体论意义上的原理，而不仅仅是心理学原理，这一特征极为关键。本雅明提到了诺瓦利斯的一则断片，在其中世间存在的整体被阐释为“精神在其自身中的反思”，而在这一境界中人的存在“部分地是‘对这种原始反思的突破’和驱散”。因此反思有多个层次——从物的原始反思到更高级些的人的反思——以至于无限多的层次。在反思的振动宇宙中，任何特殊的存在都是作为一个 Zentrum der Reflexion，也就是“反思的中心”而发挥作用的。反思能力（reflective power）是一种生成和转化的能力，根据其程度，任何特殊的存在都可以内化其他存在，其他反思中心（Reflexionszentren），将它们包含进自己的自我认识之中。这不仅对人有效，而且对“所谓自然物”也有效，所有的人，通过反思的强化，都可以把自身的自我认识“照射”（radiate）到其他存在之

1　在 1923 年的一则题为《关于哲学与各学科这一话题》的断片中，本雅明这样说：“我们的凝视以这样的方式击中对象物：唤醒其中某种东西，使之涌出与意图相遇。……专注的观察者发现那种东西从对象物中向他自己这边跃出，进入他，占有他。……这种无意图的真理（也就是物本身的真理）的语言，占有着权威。……它跃入存在，作为由外在凝视所激发的对象物在其自身之中的沉浸的结果。”（SW, 1:404–405）

上。新的反思中心不断形成，就像天气系统一样。

因此，浪漫派的反思概念正如施莱格尔在他著名的第 116 则雅典娜神殿断片中所定义的那样，是“发展着的”和“普遍的”。这里有两层含义。第一，反思是一个持续进行的过程，似乎把一切都纳入自身之中。第二，它倾向于不断构成更新、更复杂的反思中心。相应地，浪漫主义者把这种反思的无限性解释为相互关联的完全无限性，而非一种无尽头的空洞的退行，也绝非一种线性的东西。这就是他们构想“绝对”（the absolute）的方式：绝对作为真实的多层相关性，存在于正在展开的不同程度的反思中，存在于其“媒介性的”（而非实质性）的属性之中。“反思构成绝对，它作为媒介构成绝对。…… 在反思的媒介中，…… 物与认知
111 体融入彼此之中…… 每个认识的瞬间都是绝对之中的一个内在关联（Zusammenhang）。”[1]

在本雅明对施莱格尔和诺瓦利斯的激进的哲学阅读和转化中，艺术本身变成了反思的最重要媒介：“无‘我’的反思是艺术之绝对（absolute of art）中的反思。”本雅明观察到，对浪漫主义者来说，艺术是对反思媒介的一种尤其“富有成果”的界定；反思构成了“艺术中起源性的和建构性的元素（das Ursprüngliche und aufbauende），就像在所有精神性的存在中一样”。美学形式是反思的印迹，也是进一步反思结晶而成的宝石，这种进一步的反思就是批评——在早期浪漫主义中，批评活动是创造的桂冠。

1　比较《未来哲学大纲》中对“经验”的定义：“知识的系统性具体化”（前已论及）。本雅明指出，施莱格尔自己并没有用“媒介”（medium）一词。本雅明则在他这一时期的两篇作品中用了这一术语：在 1916 年的语言论文中，“媒介”指称语言独特的“无限性”，语言不受任何外在于自身的东西限制，而**在自身之中**交流自身；在 1917 年的《半人马》中，“媒介”则和对立的功能性统一联系在一起（参见上文第 119 页注 3）。

在此，批评是艺术作品的最高成果，甚至是它的“绝对化”。在本雅明的呈现中，这有着多重意义，它们都带有典型的浪漫主义的“化学”价。一方面，批评行动进行“毁灭”。它攻击作品的表现形式，在这种形式中，反思只能是隐藏的，然后，通过孤立其各要素，使之“解体”。（荷尔德林论文谈到了如何“解开”诗作的功能性的完整统一。）另一方面，批评通过拆解来建造（durch Abbruch zu bauen）。批评展开隐在的反思，说出作品的“秘密倾向”，把握特殊之物中的“普遍性时刻”。使捆绑在艺术形式之中的反思绝对化，也就意味着“批判性地释放这些形式的浓缩的潜能和多面性……，[揭示]它们内在于媒介中作为关联性的环节。艺术作为一种媒介的观点，首次创造了一种非教条的，或者说，自由的形式主义的可能性”[1]（SW, 1:158）。

在这样一种形式的反思中，具体的表现形式开启了一种绝对的“艺术形式的连续体”的远景，在其中，所有的表现形式互相渗透，以至于，比如说，所有的古典诗对浪漫主义者来说都可以成为同一首诗。根据本雅明所引用的施莱格尔第116则雅典娜神殿断片，浪漫诗寻求文类的统合：“它拥抱一切……从那些本身又包含更多其他系统的最伟大的艺术系统，到一声叹息，到嬉戏的孩童在一首无华的歌中所呼出的吻。”这样的具体作品在“艺术的理念”的启示中消解，而这理念又悖论性地证明“作品的坚不可摧”。在其批判–反思的重要性中，美学形式树立起一种“自我限定和自我扩张的辩证法”，这辩证法反过来又建立起“理念的统一与无限之间的辩证法”。 112

换句话说，作品的“可批评性”（这一用语让人想起“可表

1 参见王炳钧等译《德国浪漫派的艺术批评概念》，第94页。——译注

达性”，也预示了“可译性”一词）程度有多深，它通过自身中萌芽的批评来传播自己就有多远。[1] 就像在荷尔德林论文中一样，本雅明在这里认为批评将引出具体作品和整体之间的关系，不管这一整体被理解为教育、宗教、历史还是艺术——它们都是浪漫主义的大海般的绝对的名字。在本雅明的阐释中，艺术作品融化于施莱格尔所说的“不可测量的整体”，从而进入它的后世生命（Überleben）。作品“生命”的更新和转化由一组读者（诗人、翻译家、批评家）来承载，他们“互相取代”，一起具身体现了作品持续反思的阶段，也就是它在历史中的接受和评估——因为评价是内在于艺术作品的知识之中的。作品的后世生命这一观点——即便不完全是那种美学绝对（aesthetic absolute）的理念——在本雅明此后的写作中具有决定性的重要性，从《译者的任务》到悲悼剧专著的《认识论批判导言》再到《拱廊街计划》及其各衍生文本。[2] 同时，将解读理解为激发具体作品肌理中的隐秘“化学反应”的观点也特别预示了《歌德的亲合力》(1921—1922）所勾勒出的批评的“炼金术”的理论，在那篇论文中，这是一个关乎“真理内容”在“物质内容”中的哲学经验的问题。在本雅明的文学实践中，就和早期浪漫派的实践一样，批评在被批评的作品面前从不是“第二位”的。

本雅明为博士论文加上了一篇“玄奥后记”，在其中，他将浪漫派的形式观和艺术作品的可批评性的观念对比于歌德的“内

---

1 见 Weber, *Benjamin's -abilities*。

2 关于本雅明所谓的艺术作品的“后世生命”或“存活”（survival）或“继续生命”（continuing life），见 SW, 1:164。更进一步，参见 SW, 1:177–178, 254–256; 2:408, 410, 415, 464; OGT, 47; and AP, 460 (N2,3)。本雅明在 1919 年 9 月 19 日给恩斯特·舍恩的一封信中讨论过书信的“后世生命”（Fortleben），见 C, 149。

容的理想”的观点及其关于作品的不可批评性的立场。这一对比的刻画实际上为艺术作品中的“真理内容”的观念奠定了基础。浪漫派的艺术观拥抱的是互相关联的**形式**的连续体，而歌德式的理想是特异**内容**的不连贯的在场：它只能在“它所解体于其中的 113
纯内容的有限多样性中”被把握。这一“纯内容的有限的、和音般的不连续存在”呈现为“真正自然”的贮藏所，不能直接被体认为是“表现出来的、可见的自然世界”。它是“真正的、可直觉的、原现象（ur-phenomenal）的自然”，它**只在**艺术中是可见的，更准确地说，是“以相似性的形式”或以意象形式可见（abbildhaftsichtbar），而在世界的自然中它却仍是隐藏的。这一分析预兆了本雅明式批评的全面瓦解性效力，这种批评意在加速一种消解，使艺术作品消解为“残留躯干”，成为真理直观的采石场，这种真理只在艺术作品内部才能触及，而这样的作品被认为是具有殊胜地位的认知媒介。这篇后记是写给“那些我将把我的博士论文作为**我的**作品来分享的人们”（C, 141）的，它并没提交给伯尔尼的教授们，不过在后来出版的博士论文版本中包括了这篇后记。博士论文于 1920 年出版面世，没引起多少注意；其库存毁于 1923 年 10 月发生在伯尔尼的出版社的火灾。

提交博士论文之后，本雅明用余下的春天准备哲学、心理学和现代德语文学等科目的博士考试。肖勒姆在 1919 年 6 月 20 日的日记中记道：“本雅明对考试简直难以忍受：他活在颓废且不体面的苦闷之中。”6 月 27 日，他记下了考试结果：“今天下午，瓦尔特得到了最优等奖。……晚上我们在一起。朵拉放下戒备心，像孩子一样高兴。……本雅明三样全通过了——博士论文、笔试和口试——而且成绩亮眼。他说所有老师都表现得很友善，甚至热情洋溢。没人知道接下来会发生什么。瓦尔特和朵拉没有和我谈过他们冬天的计划……：他们在两个选择间犹疑不定，要么不计一切代价挣钱养家，要么成为私人学者。”（LY, 304, 306）在夏天的几周中，本雅明竭力避免让他的父母知道他已经毕业的消息。这样“故作神秘”显然是为了继续获得他父母提供的经济支持；他甚至让肖勒姆不要把这个消息告诉肖勒姆自己的母亲。但尽管有这些努力，他的父母还是知道了他已经完成学位，他们不打招呼就南下看望这对年轻夫妻，这引发了本雅明父子之间的争吵。秋天时，父子关系曾短暂改
114 善，因为在瑞士获得任教资格的前景似乎向本雅明打开了，但最终他和父母关系的危机还是没有得到缓和。问题不仅在于他和父母以及他所成长于其中的那个阶级在意识形态上的差异，而且还在于他鲁莽地决定去追求自己的志业。决心的背后，明显是他认定：只要有必要，他的父母就有义务支援他和他的家庭。

1919 年 7 月 1 日，本雅明带着朵拉和斯特凡——他们两人都在生病——去布里恩茨湖畔的伊瑟尔特瓦尔德度假两个月，在那里他可以继续翻译波德莱尔，并进行法国现代文学的阅读。这期间，他读了纪德的《窄门》（秋天他就此写了书评，未发表[1]）；读了波德莱尔关于鸦片和大麻的趣味横生的书《人造天堂》（关于这本书他评论道，必须自己独立重复这一实验 [C, 148]，这也预示了他自己几年后的药物经验）；读了夏尔·佩吉（Charles Péguy）的作品（“一个亲近得不可思议的灵魂”，本雅明在其中发现了“广博的忧郁，得到了大师般的掌控”[C, 147]）。据肖勒姆说，他当时还读了乔治·索雷尔（Georges Sorel）的《论暴力》（*Reflections on Violence*）[2] 和马拉美的《骰子一掷》（*Un coup de dés*）。在 7 月 24 日给恩斯特·舍恩的信中，他告知他是如何沉浸于当代法国思想

1 现收录于 GS, 2:615–617。

2 另有迹象显示，他到 1921 年早些时候才开始读索雷尔的书，参见 GB, 2:101, 127。

运动之中，同时又不忘记自己是一个局外的旁观者：“在我阅读的这些东西中，对我来说有一个连接点，联系着‘现在’的一些线索，而在一切德国的东西面前，我就没法获得这些线索。”（C, 144）两三年后，本雅明才会继续这第一次尝试朝向法兰西的罗盘校准。1925 年开始，他的文学批评中数量可观的一部分是献给法国文学的；今天，他作为批评家的声誉很大程度建立在他对普鲁斯特、超现实主义和波德莱尔的先锋性研究上。

不论是对妻子、孩子的健康的担忧，还是和父母的紧张关系，还是自己未来的不确定性，都没有阻止本雅明写作。在伊瑟尔特瓦尔德，他完成了一篇短文，题为《相似性和关系》（“Analogy 115
and Relationship”），8 月底他给肖勒姆看了，几周之后，在卢加诺，他写了一篇论文的初稿以备发表，题为《命运与性格》（“Fate and Character”），他认为这篇文章是目前为止他最精彩的尝试之一。此论文（发表于 1921 年）试图从传统宗教和伦理学中拯救出命运和性格的概念，并把它们向人的存在中的“无名”力量敞开。命运和性格只能在表征中，而不能在其自身中被把握；两者各是一种境遇（Zusammenhang）。命运在此并不是像通常那样通过性格界定的，而是被定义为“生存者的罪感语境”，这并不关乎作为主体的人，而是关于“主体中的生命”（SW, 1:204）。这一命运观对希腊悲剧和算命先生的手法都同样有效。与此类似，性格并不通过“道德本性”界定，而是定义为“人的无色（无名）天空”中的个人化光彩。本雅明举了喜剧的例子——尤其是莫里哀，认为喜剧是这样一个领地，在其中性格得以呈现，不是为了道德评价的目的，而是为了成为“个性的太阳”（sun of individuality），一个单一特征的光芒让其他周围的东西都不再可见。他还提到了中世纪的气质（temperaments）学说，用一小组不涉及道德的类型，来作为把握人类性格本质的线索。因为，在命运和性格中，真正的要害是和一种“自然气氛”的关系。

本雅明在1919年11月初离开了伯尔尼，先旅行到维也纳去看望他妻子的亲人，然后又去了附近的布赖滕施泰因（Breitenstein），在朵拉的姑母所拥有的一座疗养院住了三个半月。在离开伯尔尼之前，他去拜访了博士论文导师，理查德·赫贝兹，让他惊讶的是，老师提供了一个让他在伯尔尼攻读哲学博士后学位的机会，那之后可能还会让他当代课讲师（GB, 2:51）。本雅明立刻把这一消息告诉了他的父母，他们都很高兴；他父亲写信给他，提了许多建议，却没有承诺提供经济援助。本雅明自己那年冬天的书信则记录了他进一步攻读学位的决心，这样的学位将让他有资格在瑞士或德国的大学任教，虽然他也提到了追随其他没钱的奥地利犹太人移民巴勒斯坦的可能（见 C, 150）。朵拉已经和她成
116 长其中的犹太复国主义环境决裂[1]，我们不清楚她对这一动向有怎样反应。在布赖滕施泰因，他们有一间暖房，斯特凡有一个奶妈照顾，本雅明得以完成《命运与性格》，并开始写作他对布洛赫的《乌托邦精神》的评论，同时也在为教授资格论文做些笔记，可能会涉及词与概念的关系（C, 156）。在此之外，他在阅读保尔·克洛岱尔（Paul Claudel）的新剧本和约翰·高尔斯华绥“极为美丽”的小说《有产业的人》。他们在奥地利的休假持续到2月中旬，那时形势已明朗，由于当时的通货膨胀，朵拉已经不可能找到一份合适的工作让他们重返瑞士。德国，饱经战火蹂躏，深陷政治动荡，却仍是他们唯一可能的去处。

1　她的父亲，莱昂·克尔纳（Leon Kellner）曾和犹太复国主义的创始人特奥多尔·赫茨尔（Theodor Herzl）过从甚密，她的兄弟维克托（Viktor）后来在巴勒斯坦协助创建了一个村庄。

第四章

亲合力

柏林和海德堡，1920—1922

从瑞士回来后的数年中，本雅明里里外外做了许多努力，想 117
找到办法确保一份稳定的收入，能支持自己的小家庭，赢得自由来继续自己的写作；而他愈发把这种写作定义为批评的一种形式，并以早期德国浪漫派的批评实践为模范。他的思想受制于他的处境：他已年满二十八岁，在职业发展上既没有切近的目标也没有可行的长远之策。他以柏林为基地，在接下来的四年时间里，虽时有停顿，但坚定地努力建立和（先是海德堡的，后是法兰克福的）教授们的联系，以期获得教职资格和一个任教职位。这一时期充斥着职场上的失意和个人挫折——婚姻逐步瓦解，和哪怕最亲近的朋友都不断出现紧张关系——但也正是在这几年间，本雅明完成了20世纪文学批评中两部历久弥新之作，一部是他论歌德小说《亲合力》（*Elective Affinities*）的论文，另一部是他关于德国巴洛克悲悼剧的专著《德意志悲悼剧的起源》。

他在伯尔尼的最后那段时间里，博士论文导师理查德·赫贝兹曾提及，他在大学里或有机会获得教职资格并担任临时教员。本雅明很满意，但在他看来，这一可能性不过是通向在德国的学术事业的一块垫脚石，而赫贝兹的提议也开启了一段长达四年的时期。这期间，本雅明在德国大学体系中找寻自己的位置，时而迫切，时而又带着他特有的三心二意。获得大学永久职位的前提条件是完成教授资格论文（Habilitationsschrift），也就是所有德国教授都必须完成的“第二博士论文”。追求事业的第一阶段——
118 本雅明称之为“瑞士事务”——是 1920 年至 1921 年。1920 年 1 月他对肖勒姆写道：“[我的教授资格论文] 现在只有一个意向，我想研究一个特定话题——也就是说，这个研究项目会在一个更大问题的范围之内，这个问题就是词语与概念（语言与逻各斯）的关系。”（C, 156）一组来自这一时期的未发表的断片记录了关于语言哲学问题的概念架构，勾勒出了某种很可能足以为他赢得哲学教席的研究题目。在这一年间，他对语言问题的探求聚焦到了经院哲学之上，尤其关注 13 世纪苏格兰哲学家约翰·邓斯·司各脱（John Duns Scotus）。[1] 为此，本雅明阅读了他的同代人马丁·海德格尔的教授资格论文《邓·司各脱的范畴学说与意谓理论》，该论文是 1915 年提交给弗莱堡哲学系的。本雅明的最初反应非常尖刻：“没法相信竟然有人靠着这样一份研究就得到了大学教职。其写作所需要的**仅仅**是小心谨慎以及对经院拉丁文的掌握，而且，尽管有着华丽的哲学外衣，这基本上只是一篇还不错的翻译作品。作者跪倒在李凯尔特和胡塞尔膝下，这令人鄙视，而并没有让阅读更为愉悦。”（C, 168）但是，这与其说是对海德格尔作品的真心评价，不如说是一个挑战者所遭到的下马威。这一年晚些时候，至少部分地缘于海德格尔的提前打击（见 C, 72），本雅明将放弃对中世纪哲学的关注。

1　参见残篇《根据邓斯·司各脱的理论》（“According to the Theory of Duns Scotus”），SW, 1:228。

从一开始，教授资格论文的工作就由本雅明思想习惯所特有的诸多紧张关系驱动着，它们构成了他后来所说的他的思想的“矛盾而流动的整体”。他对语言哲学的关注也带出了对认识论、神学、历史和美学的思考。在这方面，本雅明前一阶段的工作也没有两样，即 1916 年至 1919 年间以伯尔尼博士论文为顶点的研究工作：有关浪漫派批评的博士论文，尤其是记录了这篇论文的诞生的那些断片和未发表文章，都曾把关于语言、神学和认识论的观点统合到关于美学形式的整体论述之中。在 1920 年至 1924 年之间，他的工作也会以同样的模式进行，最终这些兴趣点都决定性地融汇到《德意志悲悼剧的起源》一书中，而此书也是 119 他 1925 年在法兰克福提交的教授资格论文。早在 1920 年 2 月，当他全力研究语言学的时刻，本雅明就给恩斯特·舍恩写信，指出有必要超越传统的学科藩篱，并激进地拓宽文学文类的原则：“我对文学批评——艺术和狭义哲学之间的整个领域，狭义哲学我是指至少近乎系统性的思考——的伟大作品的基础原则很感兴趣。真的，彼特拉克关于蔑视世界的谈话、尼采的格言，以及佩吉的作品，包含这些伟大作品的文学体裁必然有一种绝对本源性的（ursprünglich）原则……我对我自己作品中批评的根本正当性及价值也变得越来越自觉了。艺术批评（Kunstkritik），其根基正是我现在所留心的，它只是这一广阔分野中的一小部分。”（C, 157-158）这一哲学取向的艺术批评，又或者说生成于文学作品解读之中的哲学，其构想建立在一种在对艺术作品的独特理解之上，根据这一理解，艺术是本质真理的贮藏所。一篇大约作于 1921 年初，题为《真理和诸种真理 / 知识和知识的元素》（“Truth and Truths/Knowledge and Elements of Knowledge”）的残篇就涉及这样的观点，艺术是认知的媒介并因此是哲学研究的优先领域：“但是，真理既不能被系统地也不能被概念地表达——更不用说通过判断中的知识行动来表达了——而只能表露于艺术之中。艺术作品是诸种真理的恰当场所。……这些终极的真理（truths）不是元素，而是真理（truth）的真正的局部、条块和碎片。……知识和真理从不是同一的；没有真理的知识，也没有被认知的真理。不过，知识的某些片段对于真理的呈现（Darstellung）是必不可少的。"（SW, 1:278–279）如果说本雅明的博士论文认可了弗里德里希·施莱格尔建立的以哲学为根基的批评实践，那么他在20年代初期的思考则显示出他正走向他自己在这一领域的理论，这些理论在《歌德的亲合力》（"Goethe's Elective Affinities," 1921–1922）[1]和1923—1925年的《德意志悲悼剧的起源》中获得其确切的表达。正如接下来的几年所证明的那样，在德国没有哪个哲学教职已经
120 准备认可这类研究为对本学科的贡献。但本雅明很清楚，仅凭教授资格论文的完成和通过是不足以让他在德国大学的封闭世界中获得一席之地的。要想在这个以师承关系为基础的体制中拿到一个长期职位，他需要和已经确立地位的学院中人建立持久的关系。

本雅明一家又一次在维也纳的朵拉父母家小住，为五个月的奥地利逗留画上句号，1920年3月底，他们回到柏林。离开已近三年，他们回到了这样一座城市，在它的每个街角，经济和政治不稳定的迹象都颇为明显。仅仅一年前的1919年，独立社会主义者和斯巴达克斯派（Spartacists）的左翼同盟控制了城市的大片地区，迫使政府转移到萨克森的魏玛；随后在3月又有武

1　本雅明评歌德名著《亲合力》（*Wahlverwandtschaften*）的论文，原题（"Goethes Wahlverwandtschaften"）没有把"亲合力"注为书名，形成了一语双关的效果，本传记也体现了这一点，因此我将此论文题目译为"歌德的亲合力"，而王炳钧译本为"评歌德的《亲合力》"。参见后面的讨论。——译注

装起义，由新成立的德国共产党所领导。这些起义以及春天在慕尼黑、德累斯顿、莱比锡和不伦瑞克的起义都遭到了血腥镇压，其中毒手就是四处跋扈的右翼雇佣军，他们统称为“自由军团”（Freikorps）。6 月 28 日签署的凡尔赛和约，以及 8 月 11 日颁布的建立魏玛共和国的新宪法，提供了一个法律框架，不过并没有带来实质的稳定。和约把毁灭性的赔偿强加给德国；赔款通常被认为是笼罩共和国前五年的经济危机的主要原因。1920 年 3 月和 4 月，德国各地又爆发了武装动乱：3 月 13 日，极右翼试图推翻柏林的政府。“卡普政变”（Kapp Putsch）由于来自政府内部以及意料之外的军队内部的抵触而以和平的方式遭到瓦解。但 3 月 14 日，共产党工人控制了德国工业心脏鲁尔区的大部；三周内，鲁尔起义就被自由军团野蛮地镇压了下去，造成超过三千人的死亡。

本雅明的父母虽然直到战争后期仍享受着上层资产阶级（Großbürgertum）的经济保障，但在魏玛共和国乱象丛生的最初日子里，却发现自家的财富在极速缩水。结果，本雅明的父亲表态，**只有**本雅明一家同意住在父母宅邸的一间寓所中，他才愿意支持儿子的学术追求。和父母一起的时间争执不断；本雅明后来形容为“一段漫长而令人厌恶的抑郁时光”（GB, 2:108）。他的父母力促他选择有收入潜力的事业，任何可以让本雅明如愿继续研究写作并独自居住的补贴，他们都坚定拒绝。本雅明也同样固执，不屈从父母之命，他们的小家庭很快就被迫另择出路。肖勒姆被问到在巴伐利亚生活的开销情况；朵拉则考虑独自去瑞士工作，攒一笔瑞士法郎，以便对冲德国马克当时的贬值；甚至本雅明自己也在几大出版社寻找编辑职位。 121

1920 年 3 月，本雅明和他的父母“彻底闹翻”。他被“赶出”了父母的房子，在 3 月 26 日给肖勒姆的信中他是这样说的：“也就是说，我在被撵出去之前离开了。”结果是，“在我的人生中，几乎从来没有这么悲惨过”。他告诉肖勒姆，他再也不能忍受朵拉所遭到的“令人惊骇的对待”，也不能忍受他们以“充满恶意的不屑”置儿子未来前景的问题于不顾，不过他在经过和父母“几年相对和平的”共处、熬过彼此间关系中“最严重的考验”之后，对这突然的关系解体并没有准备。在他离家时，他从自己的遗产中提前得到了一次性支付的 30000 马克，此外还拿到了 10000 马克的安家费（40000 马克相当于战前的 10000 马克；随着德国货币的迅速贬值，这笔钱在 1920 年 5 月相当于不到 700 美元）（GB, 2:87; C, 163）。[1] 靠这点钱无法生存，本雅明和朵拉接受了朋友埃里希·古特金德的提议，搬到对方在柏林城郊的格吕瑙区（Berlin-Grünau）的住所。这对夫妇住进这所现代派建筑师布鲁诺·陶特（Bruno Taut）设计的多彩小房子，踉踉跄跄地开始了他们第一次自食其力的尝试。此时以及随后几年，朵拉承担了家庭收入的主要责任，把自己的贡献当作是她深信不疑的丈夫的思想事业的现
122 实基础。就这样她在一所电报局开始了英文翻译的工作，同时本雅明靠偶尔写些笔迹分析挣点小钱。

在埃里希·古特金德（1877—1965）身上，他们不仅找到了一位朋友，而且发现了一颗相近的灵魂。本雅明和古特金德都是在富裕的柏林犹太家庭中长大的；都在很小的时候就开始学习唯心主义哲学；都曾追求独立文人的生活；都为了自己的奋斗而失去父母的支持；而且都在深入地从事玄奥风格的写作。肖勒姆形容古特金德“是一个完全带有神秘气质的灵魂，他潜入几乎所有

1　本书的货币换算均依据加利福尼亚大学圣芭芭拉分校教授哈罗德·马尔库塞（Harold Marcuse）的数据库，见 http://www.history.ucsb.edu/faculty/marcuse/projects/cur rency.htm。

的领域，为了找到它们的隐秘核心”[1]。古特金德的第一本书《恒星的诞生：从世界死亡到事功洗礼的天使旅程》（*Siderische Geburt: Seraphische Wanderung vom Tode der Welt zur Taufe der Tat*）在 1910 年以限量版形式出版；古特金德寄了几十本给德国的知识分子。这本小书在其受尼采启发的狂喜式行文中结合了乌托邦和神秘主义元素，对早期表现主义画家和诗人的情趣甚或观念产生过影响，其中包括瓦西里·康定斯基、加布里埃莱·明特尔、雅各布·范·霍迪思、特奥多尔·多伊布勒（Theodor Daübler）等。[2]进入德国早期表现主义的世界为古特金德打开了通向“一战”期间显要知识分子圈子的大门。1914 年夏天，他和友人荷兰心理学家弗里德里克·范·伊登（Frederik van Eeden）创立了一个当时更为重要的思想组织，“要塞圈子”（Forte-Kreis）。“要塞”之名来自意大利的托斯卡纳海边小镇马尔米要塞（Forte dei Marmi），小组将来的会议也在那里举行，它最初的构想是志趣相投的“婆罗门”们进行纯粹的思想交流的场合；很快小组就表现出空想社会主义和某种秘传特征。肖勒姆从古特金德和马丁·布伯那里了解到这一小圈子，形容其背后的理念“几乎让人难以置信……：一小群人建立起一个社群，在特定的时间内献身于思想和精神活动，以便毫无保留地进行理念的创造性交流；这样他们就能让世界脱序（为了表达清楚而使用秘传修辞）”[3]。这一团体的核心成员有古特金德、范·伊登、布伯、无政府主义者和社会主义者古斯塔夫·兰道尔（Gustav Landauer）、基督教保守分子佛罗伦斯·克里斯蒂

1 Scholem, *From Berlin to Jerusalem*, 80.

2 该书的节选英译，见 Gutkind, *The Body of God*。古特金德在 1933 年移民美国后把自己的名字英语化了。

3 Scholem, *From Berlin to Jerusalem*, 81.

123 安·朗。“要塞圈子”积极地从事出版，他们的理念很快就吸引到了各色知识分子，如康定斯基、厄普顿·辛克莱尔[1]、瓦尔特·拉特瑙[2]、里尔克、罗曼·罗兰，所有这些人都在思想上与要塞活动亲近。[3]古特金德之外，本雅明和这个圈子的部分成员成了朋友：比如汉学家亨利·包雷（Henri Borel），当然还有布伯本人。

几年不在柏林，本雅明一家回来后慢慢地和其他老朋友恢复联系，并建立起新的关系。虽然他在战时同柏林、弗莱堡和慕尼黑的学校和大学圈子的大多数友人断了交情，但他还继续和恩斯特·舍恩、维尔纳·克拉夫特见面。他在尝试出版自己的伯尔尼博士论文的过程中又接触到了肖勒姆的兄弟赖因霍尔德（Reinhold），以及他的父亲，一位印刷从业者。他还试着重新建立和柏林大学界的联系，拜访了语言学家和编外教授恩斯特·莱维，他很喜欢这位学者于1914—1915年的讲授。晚春时他见到了古特金德在“要塞圈子”中的朋友，保守派知识分子佛罗伦斯·克里斯蒂安·朗，朗的家在黑森州的布劳恩费尔斯，本雅明后来奔波于柏林和法兰克福之间，成了那里的常客。大约同时，他在列奥·施特劳斯（Leo Strauß）家中认识了作家什穆埃尔·优素福·阿格农（Shmuel Yosef Agnon）。阿格农后来获得1966年的诺贝尔文学奖，他1912年从巴勒斯坦搬到柏林；阿格农的作品会时不时地萦绕在本雅明的脑海中，接下来的几年将反复出现在他和肖勒姆的讨论之中。

---

1 辛克莱尔（Upton Sinclair，1897—1968），美国作家和政治活动家。——译注

2 拉特瑙（Walther Rathenau，1867—1922），德国实业家、作家和政治家。原文拼写有误，已订正。——译注

3 关于“要塞圈子”及其出版物，可靠的记述见 Faber and Holste, eds., *Potsdamer Forte-Kreis*。

本雅明在春季的阅读以小说为主。他读到的侦探小说组成了
一份令旁人望而却步的书单，此外他还读了司汤达的《帕尔马修
道院》、戈特弗里德·凯勒的《马丁·萨兰德》（*Martin Salander*）、
斯特恩的《感伤旅行》（*Sentimental Journey*）以及让·保罗（Jean
Paul）的《勒瓦那》（*Levana*），这最后一部引出了关于养育孩子
的一系列评论。他还努力让自己更熟悉表现主义理论，这无疑是
受到和古特金德谈话的激励，这位屋主拥有关于以康定斯基为核
心的慕尼黑“蓝骑士”群体的起源的一手知识。在本雅明对这一
领域更广泛的阅读中，只有康定斯基的《论艺术中的精神》（*Con-
cerning the Spiritual in Art*）给他留下了印象；他说这“也许是表现
主义唯一一本没有空洞黑话的书”（C, 156）。即使在 1920 年的最 *124*
初几个月本雅明缠身于家庭争执、经济烦恼和随之而来的抑郁，
他还是继续写作并制订写作计划。夏天，他一鼓作气，完成了他
的波德莱尔诗歌翻译，并开始四处寻找出版商。而随着他继续阅
读夏尔·佩吉这位柏格森的学生、坚定的德雷福斯支持者和爱国
的社会主义者，他开始设想翻译佩吉的散文并为之作导论。他
试着用这一计划去吸引像费舍尔（S. Fischer）和库尔特·沃尔夫
（Kurt Wolff）这样的著名出版家，但都没有成功。不过他自己的
博士论文倒是面世了。8 月，肖勒姆的父亲印出了大学所要求的
版本，而伯尔尼的弗兰克出版社（Verlag Francke）将之作为专著
发行。

虽然在经济上这个家庭承受着越来越大的困难，但本雅明不仅继续读书，而且还继续做着一名藏书家。有几次，致友人的书信中既包含针对经济上的绝望境况的抱怨，又在几段话后紧接着汇报新近入手的主要收藏：光在 3 月，他就购置了波德莱尔诗作和歌德书信的初版本。维尔纳·克拉夫特回忆起一次到本雅明父

母家的拜访，其间，当地毯上玩耍的小男孩被妈妈带走之后，本雅明就充满爱意地展示了一批新近的珍本收藏。[1] 在文学和哲学书的收藏之外，本雅明和朵拉都在继续扩充童书收藏，最终这类藏品达到二百册之多，大多来自 19 世纪。本雅明家的经济难题也没有阻止他们两个人开始艺术收藏。7 月本雅明过生日的时候，朵拉送给他第一幅保罗・克利（Paul Klee）的画作,《奇迹的显现》（“Die Vorführung des Wunders,” 1916），此画现藏于纽约现代艺术博物馆。

6 月，本雅明经肖勒姆来信的敦促，第一次开始试着学习希伯来语，他求教于肖勒姆的弟子古特金德。肖勒姆相信，本雅明在德国的现状使得他此时特别易于接受“在犹太教上用功”[2] 的建议。虽然这些课程从没有超越最基本的入门水平，但本雅明的确
125 把它们当成一次广泛买书的机会：福尔斯特（Fürst）的希伯来圣经的希伯来文和巴比伦闪族语（Chaldaic）辞典，若干卷米德拉什[3]，先知书的双语版，以及阿赫龙・马尔库斯（Ahron Marcus）关于哈希德犹太教[4]的研究等。本雅明最初在 1912—1913 年对路德维希・施特劳斯的信中所表达的模棱两可的态度，仍然是他和肖勒姆友谊中紧张关系的根源。

126 到了秋天，本雅明一家再次搬迁，决意不依靠父母，离开带有压迫气氛的父母家。他们先是暂住在一家小旅店，位于胡贝尔图斯林荫道（Hubertusallee）的俾斯麦旅店，和他父母在代尔布吕

1 Kraft, *Spiegelung der Jugend*, 63.

2 SF, 91.

3 米德拉什（midrash），在犹太传统中指“圣经注释”。——译注

4 哈希德犹太教（Hasidism），犹太教极端正统派的一支，受神秘主义影响，18 世纪在东欧兴起，今仍见于以色列和美国等地，其成员在社群内部使用意第绪语。——译注

克街上的公馆仅几个街区之隔，然后在10月又暂时住进一套公寓。秋天，他又一次尝试学希伯来语，这回是在大学里；也一样没几周就中断了。本雅明觉得有必要向肖勒姆说明缘由，在12月初的一封信中，他提到准备教授资格论文和认真学习希伯来语无法兼顾。肖勒姆这次没有马上回信。在落款日期为12月29日的又一封信中，本雅明说他猜到了他的朋友“漫长”的沉默的原因，然后他引用了他刚写给古特金德的话来回应他们对他决定停止希伯来语学习的“责备”。在这封给古特金德的信（已佚）中，他坚持说，他“从［他的］欧洲学徒期中得到的东西，也许至少能带给他更平稳的未来、对家庭的支持，等等，在那之前，是无法全身心地把［自己］献给犹太事物的”（C, 169–170）——这里所说的“东西”自然是指大学教职。

本雅明弟弟格奥尔格在他们这一人生阶段所做的种种决定构成了和本雅明的鲜明对比。战争四年，他都在军队服役，之后回到大学继续他中断的学业，很快他就毫不迟疑地投入紧张严格的课程之中，以便将来能成为外科医生。1920年秋天，虽然作为学生收入有限，但他还是搬出了代尔布吕克街的公馆，住进了城市东边工人区的一间带家具的出租小屋。当瓦尔特还在依赖父母并陷于和他们的争执时，格奥尔格在经济上已经独立了，并与父母保持着和谐的关系，和他们在格鲁内瓦尔德的宅子共度周日和假日。[1] 他们的妹妹朵拉在这段时间也一边住在家里，一边在大学求学，但瓦尔特和妹妹频繁争吵，她的名字从未在这一时期的本雅明信件中出现。

12月，本雅明一家策略性地认输，搬回格鲁内瓦尔德和父

1 Benjamin, *Georg Benjamin*, 45–46.

母同住。有意思的是，回到父母家和长时间抑郁的结束点正好重
127 合。虽然本雅明曾在大学岁月提到过偶尔的、较短暂的抑郁来袭，长时间的严重抑郁在他二十几岁的后期开始困扰他，并将持续到他的生命尽头。他的表兄弟埃尔温·莱维（Erwin Levy）认为本雅明所受的折磨在其父系一脉中很典型——其中自杀的情况也并不少见。[1]

回到代尔布吕克大街的家中一定令人烦恼，但本雅明还是进入了一个不寻常的高产时期。自博士论文以来，本雅明还什么也没有发表，但12月他在校对《命运与性格》（作于1919年末）和《陀思妥耶夫斯基的〈白痴〉》（1917年动笔）的清样，这两篇文章要发表在《阿尔戈水手》（*Die Argonauten*）上，此杂志由恩斯特·布拉斯（Ernst Blass）编辑，海德堡一家理查德·维斯巴赫（Richard Weissbach）所经营的小出版社发行。同时，他正全神贯注地大胆创作一篇以哲学为基础的《政治》（“Politics”），这篇文章自从他和恩斯特·布洛赫在瑞士的交谈以来就一直在酝酿之中。本雅明反复表明，他的政治理论和当时的政治运动、甚至和当时的事件都不会有关系，他提到了他“对**每一种**当代政治倾向的拒绝”（C, 148）；但这一次从1919年持续到1921年的多章节的政治理论写作，综合了他在哲学、神学和美学上的旨趣，不可避免地染上了构成共和国早期日常生活的动乱事件的色彩。

本雅明到1924年达成对马克思主义的非正式拥护，在那之前的几年，他的政治取态究竟是怎样，很难说清。他的同代人格奥尔格·卢卡奇以及恩斯特·布洛赫后来都成为显要的左翼理论家，同他们一样，本雅明受到的德国哲学和文学传统方面

1　埃尔温·莱维致加里·史密斯（Gary Smith）的信，转引自 Puttnies and Smith, *Benjaminiana*, 23。

的训练是在卢卡奇著名地称为“浪漫式的反资本主义”（romantic anticapitalism）氛围中进行的，那是软绵绵的政治理论、坚实的哲学和高雅文学的一种令人晕眩的混合。所以，一方面本雅明可以倾心阅读巴枯宁和罗莎·卢森堡——他深深地感动于卢森堡狱中书信“不可思议的美和意旨”（C, 171）——而同时另一方面又能和弗洛伦斯·克里斯蒂安·朗这样的保守派建立深刻联系，并时不时地订阅保皇主义的、立场反动的反犹主义报纸《法兰西行动》（*Action Française*）。对于他和本雅明在这一时期（1919 年）所共 128
有的政治主张，肖勒姆用一种精到的悖论表述来形容，他称之为“神权的无政府主义”（theocratic anarchism），对本雅明而言，这大约应该以反教会的托尔斯泰主义意旨来理解，就像他在《学生的生命》中所宣称的：“我们……关于政治和社会主义说了很多，我们也表达了针对社会主义和个人在其中的位置的许多保留态度，如果它付诸实践的话。依我们的思维方式，神权的无政府主义仍是政治问题最合情理的答案。”[1]

到 1920 年底，本雅明已经为他的分三部分的理论写作形成了一个非常具体的计划。[2] 第一部分的题目是“真正的政治家”；第二部分暂名为“真正的政治”，里面又有两小节，“对暴力的拆解（Abbau）”（也许和本雅明实际完成于 1921 年的文章《暴力批判》是同一文本）和“没有目的的神学”（应已佚）；“第三部分”则将以批判保罗·希尔巴特的乌托邦小说《列萨本迪欧》（这最初是他 1919 年所进行的未发表研究的课题）的形式展开。这一计划的具

1 SF, 84.

2 GB, 2:108–109. 信中的“第三”一词具有争议性。肖勒姆识读为“第一”，由此联系到一种二分法的政治图解；本雅明书信全集的编辑们则令人信服地论证了三分法图解（见其中第 111 页注释）。

体表述和同年晚些时候《暴力批判》的迅速写成之所以是可能的，还是因为本雅明从他开始着手写布洛赫的《乌托邦精神》的书评时起，就一直在朝着这一课题思考和写作。早在布赖滕施泰因的时候，他就已经构思了一篇文章——显然最终没有完成——暂题为“知识工人不存在”（“There Are No Intellectual Workers”），这是对左翼作家库尔特·希勒尔的政治运动构想的针锋相对的回应，广义上也是针对当时普遍存在——而并无实效——的资产阶级作家尝试认同并模仿工人和士兵委员会（Arbeiter- und Soldatenräte）的努力。1918 年，工人和士兵委员会自发涌现，促成了皇帝的逊位（见 C, 160）。大约同时，他完成了对布洛赫的书评。这绝不仅仅是对一位友人的著作的简单记录，本雅明投入到书评中的“极具强度”的工作缘于一种定义他自己的政治信念的渴望。和布洛赫在瑞士的交谈已经挑战了本雅明对当时政治潮流的回避。现在，到了 1920 年，布洛赫在《乌托邦精神》中对马克思主义和弥赛亚
129 主义的特异融合引发了本雅明的混杂反应。他认为此书“并非完全没有优点”，但“流于表面，有些过头”（C, 159–160）。书评本身“只是一篇对具体思路的详尽论述，以及在可能的时候做些赞扬”，但在结尾它也以一种玄奥的语言包含了对布洛赫的“不可讨论的（undiskutierbar）基督学”和诺斯替认识论（在其定位了“生命瞬间的黑屋”和“尚未自觉”的经验层面的意义上，这种认识论在本雅明的思考中留下了印痕）的一次“抗衡”。虽然本雅明试着为这篇书评找过一些发表渠道，包括著名的哲学期刊《康德研究》（*Kant Studien*），但它始终没有得到发表，现已认定佚失。

此文对一种神学政治的精炼表述的尝试说明，本雅明最纠结难解的短文之一《神学–政治断片》（“Theological-Political

Fragment”）也作于大约同一时期。[1] 这一断片开篇的论点就说，神权统治并没有政治意义，而只有宗教意义，因为“历史性的任何存在都没法从自身而起（von sich aus）联系到弥赛亚”。换言之，“弥赛亚”不可能是历史的目的。“历史地看”，它是历史的“终结”（Ende），是某种超出了年代考量的存在强度。如此强调历史生命和真正宗教生命之间的不可跨越的鸿沟，表明本雅明思想中的神学成分和“辩证神学”的中心信条之间有呼应，在这些信条中，特别值得一提的是卡尔·巴特（Karl Barth）对上帝的绝对他者性的主张，出自他的《罗马书》（*Epistle to the Romans*）的第二部分，该书即将于 1921 年出版。在断片中，本雅明为这一和弥赛亚的悖论关系想出了一个喻体：

> 如果一支箭指向尘世动力（Dynamis des Profanen）所瞄准的目标，而另一支箭标记出弥赛亚强度的方向，那么，自由人性对幸福的追求当然是与弥赛亚的方向相背离的。但正如一种力量，由于它所运行的路径，可以增强一个相反路径上的力量，世俗的秩序——恰由于其尘世的本性（so auch die profane Ordnung des Profanen）——促进了弥赛亚王国的到来。因此，世俗，虽然自身并非这一王国的范畴，却是其最无阻碍的路线的一个决定性范畴。

既神圣（sacred）同时又尘俗（profane）的存在之“韵律” 130
中，对应于“堕落的永恒性”的是一种现世的补偿，即堕落中的

1 这篇作品的写作日期不确定，参见 SW, 3:305–306, 306n1。近来观点倾向于 1920 或 1921 年的推断。本雅明引用布洛赫的《乌托邦精神》，以支持自己对神权的政治正当性的拒绝。

幸福。“自然正因其永恒和彻底的流逝（Vergängnis）而具有弥赛亚的属性。”本雅明总结道，为永恒的流逝而奋斗，为“人身上那些属于自然的环节”的流逝而奋斗，是世界政治的任务，其方法因此必然被称为虚无主义。[1] 这里明确命名为虚无主义的潜流将间歇性地在本雅明的事业中浮现，主导着一些文本，诸如 1931 年的《毁灭性人格》（“The Destructive Character”），又为另一些文本染上特定的色彩，诸如 1923 年的《译者的任务》。

本雅明春天回到柏林，正好赶上德国初生的民主制度所面对的最糟糕的危机：卡普政变。3 月 13 日，最高阶的德国将军瓦尔特·冯·吕特维茨（Walther von Lüttwitz）在一个海军陆战旅和武装力量“自由军团”的支持下，控制了柏林的政府区，宣布解散社会民主党政府，并提名右翼公务员沃尔夫冈·卡普为新总理。社会民主党籍的总理沃尔夫冈·鲍尔（Wolfgang Bauer）和联邦总统弗里德里希·艾伯特连同大多数政府高级官员逃出城外。失去军队的主要力量的支持，政府以自己唯一能做到的方式反制政变，宣布全国总罢工。这一举措，再加上大多数官僚对卡普指令拒绝服从，使得政变崩溃；现在轮到卡普和吕特维茨在 3 月 17 日出逃。本雅明和朵拉在回到柏林时一定体会到了这一极度紧张的氛围，但书信中却没有一丝提及。但是，从这一节点开始，他的《政治》的写作加速了。1920 年 4 月他起草了一则笔记，现已遗失，题为《生命与暴力》（“Life and Violence”；见 C, 162）。秋天他又写作了《关于〈乌托邦精神〉的一个片段的狂想》（“Fantasy on a Passage in *The Spirit of Utopia*”），现也已遗失。他继续广泛地阅读，不仅涉及政治理论，而且也进入许多相关领域。他的书信中充满了对各式

1 关于“永恒的流逝”（ewige Vergängnis），见 SW, 1:281 (1920–1921); AP, 348, 917 (1935)；以及 SW, 4:407 (1940)。

各样的话题的点评，比如生物学的认识论和雄辩（eloquence）的理念等，而雄辩的话题涉及浪漫派经济学家亚当·缪勒（Adam Müller）论修辞学的论文。[1]但这次漫长的对政治的沉思，主要成果还是论文《暴力批判》，作于1920年12月到1921年1月。 131

本雅明的这篇文章探讨暴力与法律及正义的关系，尤其是暴力——即强力的使用——在自然法和成文法的传统中所扮演的角色。虽然此文的开篇只是关于一个切合时事的司法问题——即在手段与目的的关系中如何理解暴力——的中规中矩的抽象讨论，但当讨论转入暴力在法律体制和法律维护与立法机构中的功能时，行文立刻就有了本雅明式的声吻风格："所有的暴力，作为一种手段，要么是立法（lawmaking），要么是护法（law-preserving）。"（SW, 1:243）正如本雅明自己所承认的，这些评论在1920年末具有很强的话题性。"当关于潜在暴力的意识在司法机关中消失的时候，这一机关就衰弱了。我们时代的各种议会为此提供了例证。它们提供了熟悉而又极为悲惨的景象，因为它们并没有继续意识到革命力量，而它们自身的存在正是凭借这样的力量。"魏玛国民议会当然正是依靠1918年11月释放出来的革命力量才得以存在；本雅明激烈地争论道，到1920年，作为一个机构，其衰相在它使用暴力手段镇压当年春天遍及鲁尔区的左翼起义之时就已经显露无遗，议会也由此失去了与新立法的创造性潜能的联系。不过，本雅明的严厉批评并不仅仅针对现政府；他很快就转向一个更广泛的问题，那就

1　本雅明觉得亚当·缪勒的《关于雄辩术及其在德国的衰落的十二次讲话》（*Zwölf Reden über die Beredsamkeit und ihren Verfall in Deutschland*, 1816）在系统性方面相当草率，但充满洞见；他评论说，他希望使用这本书来完成他关于"真正的政治家"的文章（GB, 2:141）。这本书在1921年的残篇《资本主义作为宗教》（"Capitalism as Religion"）中也有提及（SW, 1:288–291）。

是总罢工在所有社会中的功能，他的评论不仅以对工团主义者乔治·索雷尔 1908 年的《论暴力》（*Réflexion sur la violence*）的阅读为基础，而且也来自对无政府主义和暴力的整体研究。秋天他联系了马克斯·内特劳（Max Nettlau）就最重要的理论资源征求意见，后者是欧洲无政府主义研究的权威并且认识巴枯宁。本雅明使用索雷尔对"政治总罢工"和"无产阶级总罢工"的区分，摘引了《论暴力》中的片段，用以含蓄地指责社会民主党人在卡普政变面前利用总罢工来维持权力："政治总罢工展示出国家如何可以不失去任何力量，展示出权力如何从一个特权群体转移到另一个特权群体手中。"在他自己的政治哲学的关键信条的最初也最直接的一次
132 表态中，他引用了索雷尔对无产阶级总罢工的赞扬，在这样的罢工中"革命表现为直白而简单的起义"。对本雅明来说，同这样一场"革命运动"一起展开的，是对"任何一种纲领、一种乌托邦"的拒绝。"……面对这样一种深刻的、道德的、真正革命的构想，任何一种试图……给这场总罢工贴上暴力标签的反对意见都是站不住脚的。"本雅明拒绝考虑把革命纯洁化的后果，这比他频繁引申的对无偶像论（Bilderverbot）的坚持——这种无偶像论是犹太传统对被救赎的生命形象的禁令——更说明问题；这是他的虚无主义的一种曲折表达。和 D. H. 劳伦斯一样，瓦尔特·本雅明喜欢设想惯常的世界秩序"呼的一声爆掉"——突然被悬置。

于是，文章的很大部分构成了一次干预，介入当时关于国家权力和对此权力的被允许的反抗等问题的司法辩论之中。不过，文章的后半部分又回到《命运与性格》所提及的问题，这些问题将在本雅明早期思想的主要论述《歌德的亲合力》中居中心地位，如：命运本身，由参与"更自然的生命"而产生的罪感，神话，神性干预世界的"灭亡性暴力"等。呼应着赫尔曼·科恩的《纯

粹意志的伦理学》(*Ethics of the Pure Will*, 1904)和《出自犹太教源泉的理性宗教》(1919)[1]，本雅明在此第一次区别出一种不同于一神教更高贵的精神力量的、基于多神教和“基本生命”(mere life)的神话：“上帝反对神话…… 如果神话暴力(mythic violence)是立法的，那么神性暴力(divine violence)则是毁灭法律的…… 但在灭绝过程中它也补偿…… 神话暴力是为了其自身目的而统摄基本生命的血腥权力；神性暴力是以生命者本身为名义的管辖一切生命的纯粹权力。”有论者认为，本雅明在《暴力批判》中把神性暴力的观念和无产阶级革命联系在了一起。如文章结尾所清晰表明的，本雅明还并没有彻底调和他的政治和神学观点：“但所有神话的、立法的暴力，我们或可称之为‘执行性’(executive)暴力，是有危害的。同样有危害的，还有服从于它的护法的‘管理性’(administrative)暴力。神性暴力，是神圣派遣(sacred dispatch)的标志和封印，却从不是神圣派遣的手段，或可称为‘主权性’(sovereign)的暴力。”[2] 本雅明的文章呼唤着对所有现存国家权力形 133
式——乃至国家本身——的抹除；但是，在非暴力的总罢工的概念之外，它并没有指明一种革命实践能关联到那一对“手段”的神性抹除。革命作为弥赛亚事件的主体和表达的概念，将在30年代更鲜明地浮现出来。本雅明最初将《暴力批判》投稿给知

1　见 GB, 2:107，1920 年 12 月 1 日致肖勒姆信，其中记录了本雅明对当时刚刚出版的《理性宗教》一书的简短但非常正面的第一印象。

2　这种“神性暴力”(göttliche Gewalt)的显现之一是，“一种教育性暴力(erzieherische Gewalt)，它在其完善了的形式中独立于法律之外。……[这些显现]由…… 不流血的罢工的赎罪时刻所决定…… 由一切立法行为的缺席所决定”。因为“法律中有腐败的东西”(SW, 1:250, 242)。在《论暴力》一书第四章第二节(“无产阶级罢工”)的结尾，索莱尔讨论了总罢工的“教育价值”。(参见陈永国等编《本雅明文选》，第 341 页。——译注)

名文化刊物《白页》(*Die weissen Blätter*)，其主编为勒内·席克勒(René Schickele)；编委会成员埃米尔·莱德雷尔(Emil Lederer)审读了投稿，评定《暴力批判》对该刊的读者来说“太长、太艰深”，但把它收进了社会科学刊物《社会科学和社会政治集刊》，学刊的主编职责正是由莱德雷尔在马克斯·韦伯辞世后接手的。

《暴力批判》更玄奥的思索中，有一些从阅读埃里希·恩格尔(Erich Unger)1921年1月面世的《政治与形而上学》(*Politik und Metaphysik*)获得了养料。本雅明对恩格尔及其著作的热情在这一时期可谓无边无际；他形容《政治与形而上学》是“我们时代意义最重大的关于政治的作品”(C, 172)。和本雅明一样，恩格尔(1887—1950)成长于一个归化的柏林犹太家庭。但与少年时期受到维内肯及青年运动塑造的本雅明不同，恩格尔很早就进入了新犹太正教的圈子。在他们都是腓特烈皇帝学校的学生时，恩格尔已经在奥斯卡·戈尔德贝格(Oskar Goldberg)的指导下学习塔木德[1]，而他作为宗教哲学家的著作从未远离这样的开端。恩格尔作品鲜明的宗教性和本雅明自己的处理方式形成显著对比。在本雅明最后一篇为人所知的作品《论历史概念》(1940)的著名开篇中，一个驼背小人隐藏在象棋棋盘之下操纵着局势，就像这个驼背小人一样，本雅明“一战”之后的作品中的神学层面总是处于一个深沉甚至隐蔽的位置。但他们所共有的一些意义重大的假定，为本雅明对恩格尔的正面接受奠定了基础。正如玛格丽特·科赫伦巴赫(Margarete Kohlenbach)所说，本雅明和恩格尔共享这样一个信念，“哲学思想即试图确认在哪些条件下，人可以客观地经验并由此知道，在现代宗教性中最多是被信仰或在某种程度上被

1　塔木德(Talmud)是犹太教重要文献，源于公元前2世纪至5世纪，包括口传律法、口传注释、条例等。——译注

感觉为‘真’的东西”[1]。这两个人都信服一点，即哲学思想必须超越康德模式，这种模式在他们看来建立于对人类经验和知识的不 134
充分理解的基础之上。恩格尔的《政治与形而上学》由此把政治构想为这样一种行为，其主要目的是提供一个场域，让心理物理经验（psychophysical experience）**可能**“与一种神性现实的揭示相吻合”[2]。

本雅明受到恩格尔思想的吸引，只是他在20年代初期着迷于以奥斯卡·戈尔德贝格（1887—1951）为中心的犹太知识分子群体的最明显标志。戈尔德贝格曾在早期表现主义的“新激情歌舞表演”和“新俱乐部”（Neue Club）等团体中起领导作用，到战争结束时，他开始宣扬一种犹太教的秘传“教义”，其中不乏肖勒姆所评说到的魔灵（demonic）层面。他坚信犹太人享有一种同上帝的特殊关系，这起源于巫术（magic）的实践，而这一信念导出一个结论，当代犹太教已经背弃了这种古代的巫术希伯来主义（magical Hebraism）。戈尔德贝格及其圈子的成员大多反对经验层面的犹太复国主义，对他们来说，这一符合“希伯来人的现实”的主义——肖勒姆将之形容为某种“生物学卡巴拉”——是戈尔德贝格的弟子恩格尔在一次演讲中所说的“创建一个无国家的犹太民族”[3]的唯一基础，而这场1922年的演讲本雅明出席了。经由不寻常的个人魅力，戈尔德贝格事实上对这个圈子施行着独裁，也对魏玛共和国的知识分子施加着影响，让他们在不同程度上接触到他的理念。托马斯·曼1947年的小说《浮士德博士》对那种恶劣的情景有所描写，其中戈尔德贝格是准法西斯主义的形而上学家哈依姆·布赖萨赫

1 Kohlenbach, “Religion, Experience, Politics,” 65.

2 Ibid., 78.

3 SF, 96–97.

尔的原型。本雅明和朵拉是在朵拉的朋友伊丽莎白·李希特－嘉宝（Elisabeth Richter-Gabo）的家中认识戈尔德贝格和恩格尔的，伊丽莎白是先锋派电影人汉斯·李希特（Hans Richter）的第一任妻子。本雅明对戈尔德贝格本人的印象极差。“当然，我对他没什么了解，但每次我不得不见到他，他的不纯正的气息都让我尤其生厌，已经到了我没法和他握手的程度。”（C, 173）尽管如此反感，本雅明继续谨慎地活动于这一圈子的外围，只有一个原因：和恩格尔保持联系，恩格尔的人格和著作都持续吸引着他。

135 1921 年 1 月，本雅明和他父亲之间的敌意有所缓和，这使得他在父母家的生活不再那么难以忍受。本雅明显然预见到了必定要长期居住，他订购了书架，安装了书柜——这一直是他深层满足感的一大来源。他们借来一架钢琴，朵拉又可以恢复演奏了；肖勒姆记得那些充满了莫扎特、贝多芬和舒伯特音乐的夜晚。[1] 晚春时节，这对夫妇甚至尝试了业余戏剧表演，渴望在装饰艺术学校的舞会上的小品中出演角色。本雅明提到，朵拉相信，只要下决心去做，自己能成为“一名伟大的女演员”，但首次登台的机会却由于导演的“无能”而失去了（GB, 2:146）。要了解他们的孩子斯特凡在本雅明的家庭生活中具体扮演什么角色，则比较困难。这一时期的书信中难得提及斯特凡的一处，描写了他第一次去动物园的经历；父亲因为他搞混了大羊驼和大象、瓶羊和猩猩而感到惊奇。在本雅明记录儿子的“意见和思想”的笔记本中，有些条目来自这一时期前后，涉及“保持安静”的问题，也说明了本雅明家居生活中的优先顺序以及儿子对于这种强制执行的反应：“当我进到屋子里让他保持安静时，他会在我离开后大声说：‘那儿的鸟

1 SF, 91.

（或熊）总是进屋来。那鸟不该进来。这是我的屋子。屋子会给弄坏。整个屋子都弄坏了。我也不该被打扰，我也得工作。'" [1]

本雅明夫妻利用宅邸的舒适条件招待了不少访客，也邀请亲友来同住。他们最先邀请的人中就有恩斯特·布洛赫，他的妻子埃尔泽·冯·斯特里茨基久病之后刚刚去世于慕尼黑。另一位来到格鲁内瓦尔德区的访客则不那么幸运，他是本雅明的老朋友维尔纳·克拉夫特（1896—1991）。本雅明和克拉夫特是在 1915 年认识的，当时他们都是大学生。虽然克拉夫特偏实际的个性使得他准备成为一名图书馆员（他在莱比锡和汉诺威的著名图书馆中工作过，直到他被迫离职并于 1934 年移民巴勒斯坦），但他首先认为自己是一位文学批评家。从他们最初相识开始，本雅明就在具有哲学色彩的批评这一领域把克拉夫特看作同道和竞争对手。 136
在这次拜访期间，一定发生了一些事情，因为事后本雅明很快就写信和克拉夫特断绝来往。此信的草稿——寄给克拉夫特的版本没那么粗暴——不仅显示出本雅明对友谊的态度以及他对思想交流的信念，而且也表现出他人格中根深蒂固的霸道："和我的朋友的接触及对话属于我生命中最严肃且最认真看待的事情。……正如我习惯于在思想中深究我说的每个词的后果，我也要求别人这样做。……因为每个对话的人，都有义务以不可反悔的方式在表达观点的同时试图证明它们，尤其是当观点相左时；最重要的是，一个人绝不应在不想严肃地接受批评时将事情付诸他人来判断。"（GB, 2:142）克拉夫特收到这封信后，将两人交往期间本雅明写给他的全部书信都还了回去——而本雅明竟然进一步抱怨说克拉夫特退还书信时为何没用挂号邮件！虽然二人在 1933 年的巴黎法

1 *Walter Benjamin's Archive*, 124.

国国家图书馆偶遇后恢复了联系，他们的关系最终在 30 年代末期——惊人地——破裂，当时他们处于彼此间的最后一次竞争，都声称是自己重新发现了 19 世纪德国作家卡尔·古斯塔夫·约赫曼（Carl Gustav Jochmann）。

本雅明是缔结某类友谊的高手；他的才华和强势将一系列出色的知识分子吸引到他的世界。但友情一旦确立，其发展轨迹就从不是顺畅的：本雅明甚至和他最亲密的朋友都保持距离，为自己保留绝对隐私的权利。而且，就像肖勒姆所回忆的，他刻意让自己的每一群朋友都和其他朋友群完全隔绝；他把这种行为当作自己的社交基本法则。这些习惯一定使得同本雅明就日常事物进行交流变得棘手，但尽管如此，书信中还是有压倒性的证据，说明他对一些亲密朋友始终保持忠诚。特奥多尔·阿多诺和维尔纳·克拉夫特都提到过他的慷慨以及他喜欢赠送礼物的癖好。20 年代早期，一次克拉夫特应邀赴晚宴，发现了包在纸巾中的礼物，那是奥地利戏剧家弗朗茨·格里帕泽（Franz Grillparzer）的
137 《人生一梦》（*Der Traum ein Leben*）的初版本。夏洛特·沃尔夫（Charlotte Wolff）是本雅明通过尤拉·科恩认识的，她回忆说，本雅明付出了非凡的努力——包括陪她专门去了一趟德累斯顿——说服她的父母让她学医，虽然那会带来现实的经济困难。[1]

1921 年的最初几个月，本雅明花了大量时间翻译夏尔·波德莱尔《恶之花》中“巴黎风光”一辑。本雅明早在 1914 年就开始翻译波德莱尔，而现在他有了动力，因为有可能出版。通过尤拉·科恩，他联系上了恩斯特·布拉斯，这位诗人为出版商理查德·维斯巴赫编辑《阿尔戈水手》（《命运与性格》和《陀思妥耶

1　见 Kraft, *Spiegelung der Jugend*, 65 及 Wolff, *Hindsight*, 67–68。

夫斯基的〈白痴〉》将于这一年在该刊发表）。1920 年末，布拉斯把本雅明的波德莱尔译稿样章转呈给了维斯巴赫。维斯巴赫开出的条件是，精装本稿费一千马克，平装本稿费为销售收入的百分之十五，2 月初本雅明签订了这份合同。到这时为止，他已经翻译完了除去《天鹅（之二）》之外这一系列的所有作品；他告诉维斯巴赫，他想加入一篇前言，其内容将是对翻译问题的整体讨论。不过，合同的签订并没有让这项翻译工程收尾，而仅仅标志着一个曲折的、令本雅明异常沮丧的过程的开始，这本书直到三年后才出版。

波德莱尔并不是本雅明此时唯一关心的文学话题。1921 年初，杰出的奥地利作家和记者卡尔·克劳斯在柏林发表了四次演讲，我们可以认定本雅明出席了这些演讲；克劳斯是他一生的兴趣所在。本雅明也在继续阅读和思考德国浪漫派。他对歌德又产生了新的热情——他记录了重读他最喜爱的歌德中篇小说《新美露西娜》[1] 所带来的快乐——而且力劝维斯巴赫重新出版弗里德里希·施莱格尔的戏剧作品《阿拉尔科斯》（*Alarcos*），在 19 世纪初年，这部戏剧曾被歌德收入魏玛剧院的保留剧目之中，但在 1809 年之后就从未重新刊行过。

博士论文完成后，本雅明对当代视觉艺术的关注也有所深入。3 月，他参观了奥古斯特·马克（August Macke）的画展，这 138
位画家在 1914 年死于西线战事。本雅明自称为这些画作所写的短文并没有留存下来。他还提到了夏加尔的一幅画，《安息日》（*Sabbath*），他喜欢这幅画，但觉得它不够完善：“我越来越认识到，我只对克利、马克，或许还有康定斯基的画作才有不需验

1　出自《威廉·麦斯特的漫游时代》。——译注

证的信赖。其他的都有缺陷需要你提防。自然，这三位也有一些偏弱的作品——但那是我**看出**它们偏弱。”（C, 178）4月，本雅明参观了一次克利画展，晚春时在一次去慕尼黑的旅途中他花了一千马克（合14美元）买了克利的一幅小水彩画，《新天使》（*Angelus Novus*）。虽然我们没有关于他初遇这幅小画的记录，但夏洛特·沃尔夫关于本雅明对一次意外发现大感惊喜的回忆，让我们多少想见这个“笨拙拘谨的人”也会有生动的一面：他“就好像有什么奇迹交到了他手上一般”[1]。《新天使》将成为本雅明最看重的财产；这幅画在被购得后一度挂在肖勒姆的慕尼黑公寓，肖勒姆移民巴勒斯坦之后它继续是两个友人之间的特殊纽带。早在1921年，肖勒姆就作为生日礼物送给本雅明一首关于这幅画的诗意沉思。

7月15日来自天使的问候

我高贵地挂在墙上，
眼中谁也不看，
我派遣自天堂，
我是天使－人

我屋中那位是个好人

1　Wolff, *Hindsight*, 68. 沃尔夫描述了克利的小水彩画在本雅明的格鲁内瓦尔德书房中的位置：“瓦尔特和我曾分坐在一张橡木长桌的两端，桌上摆满他的手稿。从地板一直堆到天花板的一排排藏书遮住了房间的墙壁。但后墙上，一个巨大的空白处留给瓦尔特喜欢的一幅画——保罗·克利的《新天使》。他和这幅画作有一种个人的联系，就仿佛它是他心智的一部分。……慢慢地我理解到，它表达出一种写作和‘质感’中的明晰。”（第67页）

并不引起我的兴趣
我受到至高者的庇佑
并不需要一张脸

我所来自的那个世界
规整、深刻而清晰；
在那里让我得以立足的一切
在这里却显得神奇

一座城坐落于我心中
上帝派我到那里
带有这一封印的天使 139
不会为其所动。

我随时可以振翅
我会很高兴地回转
因为如果我停留于这生命的时间
那我是不会有什么运气。

我的眼睛很黑很充实
我的凝视从不会空虚
我知道我应该宣布什么
我所知道的还有更多更多

我是一个不具象征性的物件
只意指我自己

你转动魔戒全是徒劳
因为我没有意义。[1]

克利的《新天使》不仅为本雅明第一次且未成功的创办刊物的尝试提供了标题，而且后来还出现于1933年本雅明在伊维萨岛上所作的谜一样的自传文章（题为“Agesilaus Santander”[2]），而靠近其生命终点时，又激发他写出他最为著名的一段文字：那就是《论历史概念》中对历史天使的沉思。

尽管兴趣点如此繁杂，但本雅明的思绪还是集中在他的教授资格论文的写作上。1920年底和1921年初所作的一系列片段，都涉及对同一话题的持续研究，显示出思考的渐次转变。最初对纯粹语言学的聚焦逐渐囊括一系列神学问题；《教授资格论文的提纲》（“Outline for a Habilitation Thesis,” SW, 1:269–271）则表明论文的题目也许一度曾集中在神学象征的问题上。但正如他博士论文工作过程中所发生的一样，本雅明的目光慢慢从语言学层面转移到认识论和美学层面。“像所有的历史研究一样，”本雅明2月对肖勒姆写道，“语文学（philology）承诺了新柏拉图主义在沉思的苦行中所寻求的种种快乐，只是强化到了最高程度。完善（perfection）而非完成（completion），确保对道德的消灭（而没有
140 熄灭其火焰）。这代表了历史的一面，或历史存在的一层，人也许是为了它才获得关于基础逻辑的规范性的、方法论的，以及构成性的诸种概念；但它们之间的联系却必定是 人所无从知道的。

1 转引自 GB, 2:175n。

2 这篇自传的标题“Agesilaus Santander”带有字谜色彩，只能音译为《阿格西劳斯·桑坦德》，它的字面意义、它的文字游戏特征，以及它和“新天使”等主题的关系，详见第八章。——译注

10. 保罗·克利，《新天使》，1920 年。纸上墨水、彩色粉笔和棕色淡彩（*Collection, The Israel Museum, Jerusalem. Gift of Fania and Gershom Scholem, John and Paul Herring, Jo Carole, and Ronald Lauder. B87.0994. Photo © The Israel Museum, Jerusalem by Elie Posner*）

我不把语文学定义为语言的科学或语言的历史学，而是在其最深的层次上把它定义为**术语的历史**。”（C, 175–176）虽然他使用的
141 “语文学”“术语”这些词可能显得本雅明的思想还是停留在语言学领域，但这一重要表述实际上标志着他从哲学语言学到文学和审美领域的最终转向。本雅明这一阶段在认真细致地研习德国语文学黄金时代的作品，黄金时代大约可以追溯至弗里德里希·施莱格尔到尼采，这一语文学传统是建立在对文学文本解读的基础上的。

本雅明冷静甚至不知疲倦地推进教授资格论文的研究项目，而这一研究的周遭环境却是私人生活和公共领域的动荡。国内报纸自 1921 年初以来的头条新闻，生动地表明政治和经济上的不安现状，极右与极左对峙，而中左联合政府继续努力为新生的魏玛共和国赢取合法性。极右派的许多令人愤慨的行径——暗杀、政变的企图、煽动性的出版物——受到司法部门的默许式鼓励，司法领域那些最保守的帝国分子从未完全清除。而战后的经济惨状，因为同盟国强加给德国政府的最后一批毁灭性赔偿款项而更加恶化：2260 亿金马克限期四十二年付清。关于赔偿的具体支付的伦敦会谈破裂之后，法国军队占领了德国工业的心脏地带鲁尔区。对于这些事态，本雅明保持着沉默，就像除了对极个别密友之外，他对自己家庭生活中的危机也是缄口不言：他的婚姻当时已接近解体。

在瑞士他们曾有相对平静的夫妻生活，随后几年，朵拉和本雅明的关系越来越紧张。他们始终生活在经济困难的阴影之下，他们所住的这座府宅，就像是一个提醒，让他们时刻记着他们对本雅明父母的依赖，以及笼罩着本雅明和他父亲关系的敌意。这对夫妻在 1921 年春天过得是如此绝望，以至于他们竟都爱上了别人——而且几乎是同时。本雅明青年运动时期的老朋友，雕

塑家尤拉·科恩在 4 月份拜访过他们，在她拜访期间，本雅明发现自己深深地爱上了这位已经五年没见的女子。科恩的朋友夏洛特·沃尔夫形容她是一个有点奇怪的人：“她很小巧，……行动起来既轻柔又谨慎——这两个词的字面义和象征义均适用。她透过 142
一副带着黑色长手柄的歌剧观礼眼镜来打量她的客人和其他的一切。……她的头对她小巧的身躯来说显得太大了，人们的注意力都集中在那上面。”沃尔夫记得科恩所引起的敬畏感，她还有“一种洞察敏锐的‘特质’，把知识分子和艺术家吸引到她身边”[1]。我们不知道尤拉·科恩最初是怎样回应本雅明的表白的，但他一定很快就明白过来，这个让他憧憬新的婚姻生活的女子不可能也以同样的深沉来回报他的爱意。至少这是朵拉寄给肖勒姆的一封透露着无言痛楚的信件的要点：“最重要的是，我担心瓦尔特。J[尤拉]并没有对他做出决定，他想要离开她，但又做不到，甚至他都不知道是否应该要求自己这样做。我知道她并不爱他，她也永远不会爱上他。她太诚实了，骗不了自己，太幼稚了——因为她从未恋爱过——所以没法让自己搞清楚这一切。爱情和信仰在此是一样的：在拥有之前，你根本不知道它是什么……他今天问我是否应该和她分手。……如果他的内心深处同意他这样陷入绝望的恋爱，那就随它去吧，他别无选择——对我们也就更糟糕。我们对彼此很好，如果我能更好，我也愿意的，但我仍然被许多事情折磨。”[2] 本雅明对尤拉·科恩长久但未得到回应的爱将在很大程度上决定他 20 年代早期的私人生活。科恩最终在 1925 年嫁给了化学家弗里茨·拉德，他是本雅明以前的未婚妻格雷特·拉德的兄弟——结婚前，科恩毁掉了本雅明截止到那时给她的所有书

1 Wolff, *Hindsight*, 64–65.

2 朵拉·本雅明致肖勒姆，转引自 GB, 2:154n。

信。（在这样一组互相交错的关系中还有另一重因素，那就是科恩的哥哥、本雅明从腓特烈皇帝学校时起的密友阿尔弗雷德1921年和格雷特·拉德结了婚。）

事实上，在一生所交往的不同女性身上所反映出来的那个本雅明，和从信件、文章及著作中说话的那个本雅明，在很多方面都是相共鸣的。他多面的自我呈现中有一面是在所有一手记录中都一致的：他相对缺少，甚至可以说是回避一种身体的爱欲元素。肖勒姆记得有这样一次对话，一个他俩都认识的女性朋友对肖勒
143 姆称，“对她和她的女性朋友来说，［本雅明］从来就不是作为一个男人存在的，而且她们也从来没有感觉到他有那一面。‘不妨说，瓦尔特是没有肉身的’”。20年代前期，朵拉也曾公开向肖勒姆说起影响到他们婚姻的生理困难；她自己认为这一问题来自一种“过度丰沛的智识”，它“阻碍了他的力比多”（据肖勒姆说，她求助于这类精神分析术语来理解她丈夫，还称他患有一种“强迫神经官能症”）。[1]其他评论者则注意到一种也许与此有关的倾向：支配他所有人际关系的深不见底的保留态度，在性爱方面体现为某种忍耐和延宕。夏洛特·沃尔夫曾震惊于本雅明有能力“摆脱占有式爱情的资本主义”，这种能力似乎甚至使他面对朵拉和他的朋友恩斯特·舍恩的长期情人关系都免于嫉妒。“他妻子和他朋友的亲密并没有打扰他内心的平静：正相反，这使得这两个男人更亲近了……瓦尔特让我想起……里尔克，他更渴望对爱人的思念

1 SF, 95. 肖勒姆在此问道：“这种［显然的无肉身性］的缘由究竟像很多人所看来的那样，是某种生命力的缺乏，还是他的生命力（在那些年岁中经常喷涌而出）缠绕进了他全然形而上的倾向之中，而这种倾向又为他赢得了孤僻人格的名声？”对比1936年9月6日阿多诺致本雅明，其中阿多诺认定“我们争论的核心”在于他对本雅明的“身体的非辩证本体论”的异议：“在您，似乎人的身体是一切具体性的尺度（Maß der Konkretion）。”（BA, 146）

而不是她的在场，他觉得她的在场与其说带来快乐不如说是一种负担。我意识到本雅明不可能长时间地面对身体之爱。”[1] 但如果说本雅明在这方面受了什么“苦”，那则是缘于将自我召唤并建构为一系列即兴作品或面具的尼采式律令，尼采称这些正在进行中的即兴为“前景真理和视角评估”，是为了构筑生命而押下的赌注。[2] 思想和性爱的能量都转移到他的工作之中，这是有一定代价的。在她敏锐而极富同情的记述中，沃尔夫暗示这代价正是被思念和沮丧支配的个人生活：“他的自我在他的作品中，滋养他作品的灵感来自那些他无望地爱着的人们。”[3]

本雅明追求尤拉·科恩的同时，朵拉与本雅明最持久最亲密的朋友之一，音乐家、作曲家、音乐学家恩斯特·舍恩（1894—1960）有了情人关系。最早舍恩就是本雅明在腓特烈皇帝学校的圈子中人，和阿尔弗雷德·科恩一道，他是本雅明从青年时期起就密切交往的极少数朋友之一。舍恩在人们的记忆中是个非凡人物。他的传记作者，萨宾娜·席勒-莱尔格（Sabine Schiller-Lerg）指出，他身上有“一种优雅的克制与谦逊，一种低调的高贵”[4]。 144
阿多诺直到很晚才认识他，回忆舍恩是“那种内心深处有安全感

---

1 Wolff, *Hindsight*, 69.

2 比较 SW, 2:271。

3 Ibid., 70. 从这一视角看，瓦尔特·本雅明很像另一位突出的尼采式人物，那就是安德烈·马尔罗（André Malraux）小说《人的境遇》（*La Condition humaine*）中的克拉皮克男爵（Baron Clappique）。克拉皮克失败的情欲征服或许可以和本雅明的相比拟：“他沉醉于他的谎言、这里的热浪和他正在创造的虚假世界。当他说他要杀了自己时，他并不相信自己所说的话；但是，既然她相信了，那他就进入了一个真相不再存在的世界。那既不是真的也不是假的，而是现实的。既然，他刚刚发明出来的自己的过去，和作为他与这一女性的关系之基础的看来如此亲密的基本姿态——这两者都不存在，那么，什么也就都不存在。这个世界对他不再有任何分量。”（Malraux, *Man's Fate*, 246–247）和上海的克拉皮克一样，瓦尔特·本雅明或许也是柏林唯一一个绝对不存在的男人。

4 Schiller-Lerg, “Ernst Schoen,” 983.

11. 恩斯特・舍恩和尤拉・科恩（*Werkbundarchiv—Museum der Dinge, Berlin*）

的人，喜欢让出聚光灯的位置——一点也不会怨恨，到了谦抑的地步”[1]。战时舍恩和本雅明是彼此分开的，正是那时他成为身在瑞士的本雅明最重要的通信伙伴。战后的最初几年，舍恩似乎有 145
些游移不定，拿不准自己的职业方向。在柏林，他曾跟随费鲁奇奥·布索尼学习钢琴，和埃德加·瓦雷兹（Edgard Varèse）学习作曲；他也曾在几所大学上过课，但不清楚他是否获得学位。[2]后来他当上了位于法兰克福的西南德国广播电台（Southwest German Radio）的艺术总监，20 年代末他让本雅明参与到这种新媒体之中。本雅明夫妇一从瑞士回来，就和舍恩恢复了联系，到 1920 年至 1921 年的冬季，朵拉爱上了他。她积极构想着和瓦尔特解除婚姻并开始同舍恩的新生活。4 月底，她向肖勒姆透露这场灾难发展到了什么程度：“今天，瓦尔特告诉我，尤拉已经告诉了她的亲人一切，关于 E[恩斯特·舍恩]和我的一切——告诉了那些布尔乔亚们——他和我一样吓坏了……但关于她自己和瓦尔特，却什么也没有说——我们只能走着瞧，看什么能幸免于难。无疑，灾难即将来临。”[3]朵拉在信中没有提到，但估计她应该知道，那就是科恩自己也一时着迷于舍恩。

如果说朵拉是写信给朋友谈论这场危机，那么本雅明的典型反应则是写给自己。他 20 年代的笔记本充满了反思，有些极具话题性——关于婚姻、性爱和羞耻，而有些则已经内化为一种哲学的伦理学。虽然他会宣称“两个成婚的人是一个共同体的元素，而两个友人则都是共同体的领导者”，但他还是被关于婚姻的特别主张折磨着：“在婚姻这件圣事中，上帝让爱免于死亡的威胁，也

---

1 Adorno, “Benjamin the Letter Writer” (C, xxi).

2 Schiller-Lerg, “Ernst Schoen.”

3 朵拉致肖勒姆信，见 GB, 2:153–154n。

免于性欲的侵蚀。”[1] 对于家庭生活的纷乱以及这给年幼的斯特凡造成的影响，本雅明的感受或许可以在一首十四行诗的字里行间找到最动人的证言，这首《1922 年 1 月 6 日》，他抄录在那本保存斯特凡童言的日益变厚的笔记本里：

这位客人是谁，——虽然他打破了
女主人的家庭，带给她悲痛——
但大门还是立即为他敞开，正如
一扇轻巧的门向风敞开。

他的名字是不断重来的纷争
即便它久已清空了桌子和房室
146 只在对着灵魂时，它的三随从还是
那么忠诚：睡眠、泪水、孩子

但每个白日的光束，剑一般明亮
割开那些醒来者的旧伤疤
在安慰又重新将他们摇睡之前

如果他们的泪泉早已干涸，
那么只有孩子的微笑，他惯常的神态
才能把希望请到家里来。[2]

1　本雅明，《两个成婚的人是一个共同体的元素》（“Zwei Gatten sind Elemente…”）和《论婚姻》（“Über die Ehe”），GS, 6:68。

2　GS, 7:64. 这首十四行诗抄录在保存斯特凡的“意见和思想”的笔记本上。（中译文参见王凡柯译《十四行诗》，第 87 页。——译注）

在本雅明思想“耀眼的道德光晕”和他“与日常事务之关系”[1]的非道德元素之间，肖勒姆发现了矛盾。但本雅明婚姻中的第一次深刻危机需要一种不那么非黑即白的评价：可以说，这一时期记录在文稿和断片之中的思想观念提供了对他的行为的反思甚或克制，但却并非这些行为的反题。

观念上对婚姻的固执忠诚帮助这对夫妻挺过了这次危机，而他们在 20 年代还会挺过一系列危机，直到本雅明自己最终采取步骤在 20 年代末解除他们的结合。肖勒姆回忆说，婚姻解体的第一个阶段开始于 1921 年并持续了两年。“这一时期瓦尔特和朵拉时不时地恢复他们的夫妻关系，而从 1923 年起他们只是作为朋友生活在一起—— 主要是为了斯特凡，瓦尔特一直用心关注他的成长，但估计也有经济上的考虑。”（SF, 94）在两人关系的这一新阶段中，也许最值得注意的方面是，朵拉持续而全面地参与本雅明的知识分子生活。她仍旧在读他所写的一切，以及他深度关心的一切别人的作品，而且除非他和朵拉达成思想共识，他仍旧不太愿意深入任何领域。如果朵拉已经能够想象一种和丈夫没有肉体亲密的共同生活，那么她会发现，从他头脑的磁铁般的吸引力中抽离出来则要难得多。

1921 年 6 月初，本雅明夫妇踏上了各自不同的旅程。朵拉和恩斯特 · 舍恩去旅行，先到慕尼黑访问肖勒姆，但接着就去了她姑妈在奥地利的布赖滕施泰因的疗养所，在那里她确诊了严重的 147
肺病。本雅明曾充满负罪感地向肖勒姆坦白说，他相信他们的婚姻问题导致了这次健康危机。6 月的后两个星期，本雅明去奥地利看望了朵拉，但在慕尼黑和肖勒姆及其未婚妻埃尔莎 · 布克哈特

1 SF, 53–54.

（Elsa Burchhardt）相处之后，他就继续前往海德堡，在那里待到8月中旬。他先是住在旅店，但很快就搬到莱奥·洛文塔尔（Leo Löwenthal）在施洛斯贝格街（Schloßberg）7a号的房子里，洛文塔尔日后会成为霍克海默和阿多诺在社会研究所的主要合作者之一。虽然本雅明长期居留的表面原因是进一步探索在海德堡大学获得教职资格的可能性，但此外还有一重考虑：尤拉·科恩也在那里，因为她是文学学者弗里德里希·贡多尔夫（Friedrich Gundolf）圈子中的成员。在柏林经历了一个多事之春后，本雅明在海德堡的夏天中找到了新的平静；即便是科恩拒绝了他的主动追求，也没有让他心绪消沉。现在，也许是他成年生活中的唯一一次，可以设想自己成为学术共同体的一员。

海德堡大学在20年代前期被广泛认为是德国最令人兴奋的思想生产和交流中心之一。世界大战后的岁月，不仅政治和经济混乱，而且全国范围内都在寻觅价值和领袖，因为时代本身看起来失去了原则或方向。这一局面使得在大学中做研究具有特殊的优势。20年代初期，贡多尔夫不仅是以象征派民族主义诗人斯特凡·格奥尔格为核心的圈子中最有影响力的学术界代表，而且是举国公认的文化权威。[1]古斯塔夫·雷格勒（Gustav Regler）这样回忆战后贡多尔夫举行讲座时的情景："长椅上坐满了人。这样的听众只有在危机时代才会见到。"也许早在1917年，本雅明就草拟了一篇针对贡多尔夫著名的歌德研究的批评，且火药味极强。现在他又参加了几场讲座，但认为贡多尔夫"在我眼中留下的是极为虚弱和无害的印象，和他在著作中给人的印象极为不同"（C, 182）。并不是本雅明一个人这样认为：在贡多尔夫身后是格奥尔

1　关于格奥尔格及其圈子，参见 Norton, *Secret Germany*。

格本人，连带后者所憧憬的一个通过回到前现代而复生的德意志，他牢牢地吸引了雷格勒和其他许多学生。“[格奥尔格] 唤起了被 148
遗忘的王室记忆，比如霍亨斯陶芬家族，还 [表彰了] 这些王者所具有的理想的广度和力量。一个新的梦想在海德堡诞生，统一东西方的伟大希冀仿佛并非不可能。”[1] 两三年后，本雅明在《文学世界》上的一篇短文中描述了自己和这位诗人的相遇：“我坐在海德堡的施洛斯公园的长椅上，一边读书一边等待他到来的时间从不会让我觉得冗长。有一天，他和一个比他年轻的同伴说着话，慢慢地走近我。时不时地，我会看见他坐在城堡院子里的长椅上。但这一切发生的时候，他的作品的决定性震撼力早已波及我。……不过，他的教诲，不论在哪里遭遇，都只会在我的心中激起不信任和不同意见。”[2] 在这段话中，一面是对这位诗人的**生命及诗歌创造**的持续痴迷，一面是早已完成的和他的教诲的决裂，或许，这对紧张关系与其说是和格奥尔格相遇的残余物，不如说是一项野心勃勃的新文学计划的一点预示。当时几种正在发展的情况——他和朵拉双双展开婚外情，对本雅明而言就是尤拉·科恩；他在一年中密集地阅读歌德，尤其是《亲合力》(1809)，这本书讲述了四角恋的灾难性后果；他和贡多尔夫的相遇，对这个人本雅明希望提供一次“有法律效力的谴责和处决”(C, 196)；还有格奥尔格无处不在的影子——所有这一切都成为本雅明最具影响力也最难索解的作品之一《歌德的亲合力》的催化剂，它的写作就开始于海德堡。

对本雅明来说，在海德堡的时光充满了私人交往。除了去听贡多尔夫的课以外，他还听了卡尔·雅斯贝尔斯这位 20 世纪中期

1 Regler, *The Owl of Minerva*, 103–104.

2 本雅明，《论斯特凡·格奥尔格》(“Über Stefan George”)，GS, 2:622–623。

海德格尔以外最重要的德国哲学家的讲座，以及他以前的老师海因里希·李凯尔特的讲座。本雅明对雅斯贝尔斯的评语恶作剧般地反用了他对贡多尔夫的印象：“他的思想虚弱且无害，但作为一个人显然引人注意甚至近乎可爱”；另一方面，他觉得李凯尔特变
149 得“阴郁而刻薄”（C, 182–183）。也许最让他兴奋的是同“社会学晚间讨论会”（sociological discussion evenings）的成员们的交往，这一系列讨论会是在玛丽安娜·韦伯（Marianne Weber）的家中举行的，她是女性主义理论家和政治家，也是伟大的社会学家马克斯·韦伯的遗孀。本雅明在这群人中脱颖而出，这大体上是因为他对讨论多有贡献，更具体地说，他发表了一篇事先准备好的演讲，攻击精神分析学说。他自称，演讲过程中阿尔弗雷德·韦伯（Alfred Weber）——马克斯·韦伯的弟弟——不断地叫好。阿尔弗雷德·韦伯是著名的自由派社会学家，和他哥哥一样，他的观点以经济分析为基础；他当时绝对是海德堡社会科学界最有影响力的教授。正是在和阿尔弗雷德·韦伯以及玛丽安娜·韦伯交往并介入社会经济学问题的这几个月中，本雅明写下了他众多始终未完成且在生前从未发表的短文中最为突出的篇章之一。

《资本主义作为宗教》指向马克斯·韦伯关于资本主义工作伦理的宗教属性的根本性洞见，但意义重大的是，在1921年那么早的时候，本雅明并不是把他的论述建立在韦伯之上，甚至也不是建立在科学马克思主义之上，而是建立在马克思《资本论》中关于资本主义商品的拜物教性质的分析之上。本雅明认为，资本主义也许是所有宗教狂热中最极端的，它建立在对所崇拜之物的全然心理性的关系之上。没有教义和神学，这一狂热仅仅通过其仪式的**永久**进行——购物与消费——得以延续。而且，在本雅明看来，将时间重新发明为没有尽头的节日，这就颇具反讽意义地触

发了资本主义最具摧残性的作用："狂热造成负债，于是负罪感弥漫。"[1] 对于这种充斥着负罪感的负债状态的不断教诲，并没有导致"存在的改革"（reform of existence），而是导致其"完全的毁灭。那是绝望本身的扩张，直到绝望成为世界的一种宗教状态"。这里还谈不上一种本雅明式的马克思主义，但这种常见于20世纪上半叶的浪漫式反资本主义表述始终是本雅明最引人入胜的分析之一。这一残篇本身的大部分以及其中的脚注采用一种学术语言的措辞；这一小文也可能是本雅明想写一篇会吸引韦伯注意的那类文章的雏形。于是，本雅明8月离开海德堡时，相信自己已经赢得一席之地，此校的教职大有希望；他告诉肖勒姆说"有博士学位的人 150
们，在李凯尔特的研讨课上坐了一整年，却在问我如何获得教职资格"（GB, 2:176）。又一次，就像接下来的岁月中经常出现的情形，本雅明误判了体制以及体制接受他的意愿。

即便考虑到他在学术事业上的新希望，他在海德堡最有前途的邂逅无疑是他见到了理查德·维斯巴赫，这位编辑当时正在准备出版本雅明翻译的波德莱尔。维斯巴赫对本雅明印象不错，邀他参与期刊《阿尔戈水手》的编辑工作。看本雅明拒绝了这一提议，维斯巴赫又试探他是否可能创办一份自己的新刊物，完全掌握编辑权——对这一提议，本雅明充满热情地表示了同意。这一年余下的大多数时间都用来筹备这份拟议中的刊物，尤其是征集一批合适的供稿人。最终，除了一篇生前从未发表的《期刊〈新天使〉通告》（"Announcement of the Journal *Angelus Novus*"）之外，这个想法没有任何成果。但他赋予这一计划的重要性已经部分地显露于期刊的名字上：本雅明希望他自己的新天使，就像克利画

1 《资本主义作为宗教》，SW, 1:288–291。Verschulden 一词既有"导致经济负债"的意思，也有"产生道德负罪感"的意思。

中生动的信使一样，宣告出“时代精神”。本雅明设想了这样一份刊物，它可以既有原创的文学作品，作为关乎“德意志语言的命运”的关键陈词，又有“毁灭性”批评的范例，作为“宫室的守卫”，还有翻译，作为“生成中的语言的严格而不可取代的训练营”。正如1918年的《未来哲学大纲》和1912年的《关于“现在”的宗教性的对话》，本雅明在此构思了一种哲学和神学的结合，这一结合是“当代相关性”的关键所在：“精神言说的普世有效性必须和这一问题绑定在一起，即它们是否能在未来的宗教秩序中占有一席之地。”（SW, 1:294）对本雅明来说，只有人类语言本身的不再隐藏的精神生命，只有对埋葬在概念沉积表层之下的历史语义学层面的哲学开采，才能保证这样的普世有效性。1924年1月13日，本雅明写给胡戈·冯·霍夫曼斯塔尔一封令人难忘的信，在其中他将确认，“每一真理都在语言中有其故家，有其祖先殿；
151 而这一宫殿由最古老的逻各斯（logoi）建造而成；而且，和如此奠基的真理相比，个别学科的洞见只要还像单子一样游荡，在语言的领域东忙西忙，就只能是从属性的。……相对而言，哲学经历了一种秩序的蒙恩般的效力，由此，其洞见总是捍卫具体的词语，这些词的表面沉积了诸多概念，但一旦接触到秩序的磁力，就会消融，暴露出封闭在内的语言生命的形式”（C, 228–229）。《新天使》从一开始就被构想为释放这种内嵌于语言中的祖传真理（ancestral truths）之“磁力”的平台。

也许本雅明的计划最惊人的特征是，他坚持认为，刊物的效果全然取决于个体供稿人的语言水准。20年代初年，新刊物一时大量涌现，不过大多数新出现的“小杂志”都是自我定义的先锋群体的产物。比如1922年布拉格诞生了《九力量》（*Devětsil*），魏玛诞生了《机械》（*Mécano*, 1922–1923），贝尔格莱德和扎格勒布诞生了《顶点》（*Zenit*, 1922—1926）。同一年在柏林，艾尔·利西茨基（El Lissitzky）和伊利亚·爱伦堡（Ilya Ehrenburg）出版了《对象物》（*Veshch' Objet Gegenstand*）仅有的两期，并列俄文、法文和德文作品。1923 年，又有两份刊物创办于布拉格：《盘》（*Disk*）和《生命》（*Život*），卡雷尔·泰格（Karel Teige）都参与其中。以 *LEF* 为人所知的《艺术左翼阵线》（*Levy front iskusstv*, 1923—1925）在莫斯科出版，弗拉基米尔·马雅可夫斯基是编辑。而《G：基本设计的素材》（*G: Material zur elementaren Gestaltung*, 1923—1926）和《扫帚》（*Broom*, 1923—1924）则在柏林发行。这些杂志的目标大体上都是培养有见识的读者，而本雅明所批判的恰恰是这一目标。他强调"没有什么超出他们自己的意志和意识之外的目标把供稿人联系在一起"，他非常明确地拒绝创造"一种相互理解和共同体的氛围。……刊物应该通过其供稿人的彼此疏离来宣告，在我们这个时代给予任何共同性以声音是怎样的不可能"（SW, 1:292—296）。这是即将成为本雅明的指导信条的最初表述之一。
他在 1919 年至 1922 年间的写作首要地侧重于揭示当下的时刻以 *152*
何种方式被神话渗透：在《命运与性格》《暴力批判》《歌德的亲合力》等文中，神话呈现为支配着同时也打乱人类关系的力量。本雅明的《通告》因此坚称，在和现时代的关联中，语境、贯通和共有的意义等范畴都是根本上错误的范畴，而在他这一时期的写作中，他将会避免任何强加给历史时刻以错误的连贯性和同质性的表现策略。

对当下形成任何共同体的可能性的否认，不仅和当时各种欧洲先锋派的实践及目标大异其趣，而且同他当时最亲密的朋友和知识伙伴的思路也正好相反。古特金德和朗都想尽一切办法创造一个以共同信念为基础的知识共同体，以便延续"要塞圈子"的目标。古特金德的思想，反复诉诸一个友谊小圈子的理念，这些朋友生活在一起，与世界隔离，他还憧憬“一个中心，一座隐修院”：“要是我们可以生活在别处就好了，哪怕仅仅一段时间！终于可以为伟大的心灵创立一个避难所——新的岛屿。现在不是正当其时吗？”[1] 虽然 1924 年本雅明也主动加入古特金德和朗前往这样一座岛屿——卡普里岛——旅行，但他却从未全心全意地认同他们对共同体的信仰。《通告》以及《译者的任务》的开篇都宣告了，他仅仅信仰语言，也就是说，信仰哲学和艺术。不消说，如果《新天使》真的面世，这一思路也只会赢得极小部分读者——一批能够追随时而抽象且神秘的写作，并可能分享本雅明的语言信念的文化精英。事实上，他向往着“一份毫不考虑有购买能力的公众的刊物”（GB, 2:182），由此他流露出一种遗世独立的自主性的论调，这一年晚些时候他将在这种论调之上完成自己的文章《译者的任务》。

自青年运动和他为《太初》工作的日子以来，创办一本独立刊物的前景似乎比任何工作都更多地激起本雅明的热情。哪怕在
153 他的计划显然已经不可能有任何实际的结果之后，这一理念所带来的思想狂喜仍然盘旋不去。在思想上做主导者的欲求，已经表现于本雅明的许多私人关系中，而这件事则在更大的尺度上体现了他对成为思想领袖的渴望。终其一生，他都寻求有相似心智的思想家和艺术家小群体，并时常在这样的小群体中崛起为领导人物或至少是领导的知识分子；只有 30 年代他和贝托尔特·布莱希特的关系是例外。对一份刊物独揽编辑大权当然是这一欲求的最具体表现之一，而《新天使》只是一系列办刊计划中的第一个。这些计划的另一个共同点则是，它们都失败了。

1　古特金德致范·伊登，1920 年 5 月 10 日和 30 日，收入阿姆斯特丹范·伊登档案馆（van Eeden Archive, Amsterdam）；转引自 Jäger, *Messianische Kritik*, 76。

如果说海德堡的几个月在本雅明身上培养出某种安定感，那么当秋天来临，他最终回到柏林，回到自己的婚姻，他人生中一个麻烦不断的时期开始了。和尤拉·科恩的并不成功的婚外情显然带来了严重后果；他常常抱怨由此而来的抑郁。但他为刊物所做的工作以及与之伴随的延揽和领导一个由不同知识分子组成的团体的努力，也有其代价：秋天，本雅明的自以为是导致他和几位友人及合作者决裂。尽管如此，1921 年的最后几个月对他而言还是高产的。夏洛特·沃尔夫给我们留下了关于那个时期的本雅明的精彩肖像："他没有他那代人的男性特征。他身上有一些令人不安的特征，和他个性的其他部分并不匹配。一张小孩般的玫瑰红脸蛋，黑色的卷发以及精致的眉毛很吸引人，但他的眼中却又有犬儒的闪光。他性感的厚嘴唇，惨遭胡子的遮掩，也是一个意料之外的特征，和其余不符。他的体态和姿势是'拘谨'的，缺少率真，只有在他谈论他参与的事情和他喜欢的人物的时候除外。……他的细长腿给人肌肉萎缩的可悲印象。他几乎没有什么姿势，总是双臂紧抱前胸。"[1]

在卡尔斯鲁厄短暂访问肖勒姆之后，本雅明于 8 月底乘火车去奥地利看望疗养院中的朵拉，她正缓慢而痛苦地从肺病中康复；但本雅明的心显然不在这儿。他继续为《新天使》制订狂热的计划，并在 9 月 4 日旅行到慕尼黑，同恩斯特·莱维以及肖勒姆 154
见面，以便决定刊物所要采取的路线，并从潜在供稿人那里收集手稿。这些通常很热烈的讨论集中在文学（海因里希·海涅、卡尔·克劳斯，以及现在已被遗忘的瓦尔特·卡雷 [Walter Calé]）和语言哲学（莫里茨·盖格尔、海姆·施泰因塔尔 [Haim Steinthal]、

1 Wolff, *Hindsight*, 68–69.

12. 佛罗伦斯·克里斯蒂安·朗，1901 年（*Collection Adalbert Rang, Amsterdam*）

弗里茨·毛特纳）方面。[1] 在慕尼黑期间，本雅明开始从莱维及其妻子那里感受到一些信号，等他回到柏林时得到了确认：他收到消息，莱维粗暴地拒绝了《新天使》的合作。随之而来的反目成仇因朵拉和肖勒姆的介入才转入文明平和的轨道上，但本雅明和莱维的关系在数年内都很糟糕。

回到柏林之前，他又有一次停留，还是为刊物征集撰稿人。从 9 月 7 日到 12 日，他住在佛罗伦斯·朗在布劳恩费尔斯的家中。[2]
155 朗生于 1864 年，本雅明第一次在埃里希·古特金德的柏林公寓中见到他时，他已经接近他波澜起伏一生的终点。他是法学出身，在 1895 年以前一直担任公职管理人员，然后回到大学学习神学。1898 年至 1904 年间，他充任神职人员，之后又回到国家官僚体制

1 SF, 106–107.

2 Ibid.

内。1917年他辞掉国家职务，成为柏林的雷飞森（Raiffeisen）协会（雷飞森协会和银行直到今天还存在，它们是从一系列社群自助组织中发展而来的，面向工农，由威廉·雷飞森在19世纪末创立）的首席执行官。当本雅明在布劳恩费尔斯拜访朗的时候，他刚刚退出公共生活——而且正在经历政治转型，从他"一战"期间持有的民族主义保守立场逐渐转向温和的保守主义。虽然朗在今天已鲜为人知，但他的同代人对他极为敬仰。马丁·布伯曾称他为"我们时代最高贵的德国人之一"，而胡戈·冯·霍夫曼斯塔尔则把他列为那个时代的知识分子领袖之一。[1]在接下来的三年中，朗成为本雅明最重要的思想伙伴；他后来曾评说道，朗的去世意味着他的悲悼剧研究失去了"理想读者"。[2]

到8月中旬，本雅明和朵拉都回到了柏林——麻烦几乎是立刻降临。朵拉被迫进行了一次肺部手术，这一次她恢复得很慢，在家需要陪护。本雅明的父亲也卧病在床，具体病因一直不清。9月本雅明形容父亲病入膏肓——不过他很快就又能起床下地了。本雅明的婚姻本身，不论如何艰难仍继续维持着，而这仅仅是靠两人的彼此关照。在附于本雅明10月4日信的便笺上，朵拉对肖勒姆汇报说，瓦尔特又"对我非常亲切友好。我的身体和心情都不好，但我希望情况能好转。情况曾经更糟"（GB, 2:198）。肖勒姆回忆，他们那脆弱的彼此关心，使得他们的婚姻在顿挫中延续。"就好像他们俩都害怕伤害对方，好像那时不时附在瓦尔特身上并表现为暴君式言行的魔鬼在这些多少有点古怪的境遇中彻底离开了他。"（SF, 94–95）

---

1 布伯的评语来自一则未发表的笔记，转引自 Jäger, *Messianische Kritik*, 1。

2 GB, 3:16. 对朗和本雅明的合作的最佳评论仍然是 Steiner, *Die Geburt der Kritik*。另见 Jäger, *Messianische Kritik*。

156 随着莱维退出，本雅明开始考虑找埃里希·恩格尔作为《新天使》的主要合作者。但这些计划因为本雅明越来越疏远奥斯卡·戈尔德贝格的圈子而变得复杂，虽然那个圈子一直在笼络他和肖勒姆，距离感始终存在。本雅明对戈尔德贝格及其圈子的态度在他对波罗的海德国人胡戈·李克（Hugo Lyck）在一处私宅所发表的演讲的记述中表露无遗："除了一些必有的布尔乔亚之外，愚蠢的听众主要有恩斯特·布洛赫、阿尔弗雷德·德布林（Alfred Döblin）、马丁·贡佩尔特和两三位来自柏林西边荒野的年轻女士。李克先生无疑是一位精神分裂的人才，以完全神秘的人格而为人们（他们可不精神分裂）所知，人们认为他充满了知识，与幽灵交流，周游过世界，掌握着所有秘密。……他的宗教、祖先和收入尚未得到确定，而我在这方面可并非无能之辈。"然而本雅明又接着描述说，李克**所讲的内容**"大可注意，不论过去还是现在都很正确，而且即便在有错的地方，也颇为紧要"。为什么本雅明会突然对这样一个成问题的发言者发展出偏袒态度呢？因为他声称在李克身上看到了奥斯卡·戈尔德贝格及其圈子的主要信条的"来源"（GB, 2:224–225）。[1] 考虑到这样一些态度，恩格尔在10 月初质问本雅明，要求了解本雅明对戈尔德贝格的立场，就并不让人意外了；本雅明并没有怎么掩饰他的反感，彻底的关系破裂已迫在眉睫。但朵拉的外交技巧再一次起到了营救作用。认识

1　耶格尔（Jäger）对这一事件的解读更为直截了当，指向本雅明对艰深的语言理论和精神病的文化生产的兴趣（*Messianische Kritik*, 95）。保皇党人汉斯·布吕厄（Hans Blüher）——当时他是朗的朋友——对李克的反讽看法让人联想到本雅明的口吻："当李克堕入希腊人称之为迷狂的狂喜状态时，他会说到洛赫之鸟（the bird Roch）、格雷夫（Greif）以及它们放射出的转化性力量；然后，他会让人们认为，但又不点破，每当他回到自己所来自的地方，他本人就是这传奇的鸟王。" Hans Blüher, *Werke und Tage* (1953), 23，转引自 Jäger, *Messianische Kritik*, 95。

到这件事对二人都有“声誉影响”，她把恩格尔拉到一边，在一次“撒旦般机智的谈话”中，解释说她丈夫的恶感完全来自“私人的怪异癖性”而已（C, 188）。

和莱维决裂以及和恩格尔差点决裂之外，本雅明和恩斯特·布洛赫的关系也渐渐冷淡。没有几个人物曾在本雅明的生命中激起如此复杂的一系列反应。在他们相识相知的最初日子里，本雅明受到布洛赫思想精神——尤其是其中持续的政治冲动——的吸引。但他对作品本身的反应则通常介乎态度暧昧和全盘否定之间。在阅读布洛赫研究宗教改革神学家和革命家托马斯·闵采尔（Thomas Müntzer）的专著的草稿时，本雅明称这是“马克斯·韦伯嫁接到[喜剧作家卡尔·]施特恩海姆[1]的习语之中”（GB, 157
2:226）。不掺杂质的热情认同——就像本雅明在9月针对布洛赫对卢卡奇《历史与阶级意识》的书评所表现的那样——是非常少见的。现在，他和布洛赫一直以来很友好的关系也遇到了麻烦。布洛赫写信解释他没有去拜访本雅明夫妇的原因，说除了那些“最简单的”人，他没办法忍受任何人。据本雅明说，他还解释了为什么本雅明本人不属于那类人。对他所感觉到的轻侮，本雅明的回击是向朋友们说布洛赫的坏话；1921年早些时候他曾提到布洛赫“满德国”地找老婆。这可是一个颇为尖刻的指责，因为谣言已经传了好几年，说布洛赫的第一次婚姻就是盯住了妻子当时可观的财产。又是朵拉做了许多工作，避免这份友谊落入深渊；本雅明形容她的调和者角色“有马基雅维里之风”（GB, 2:205）。本雅明的其他访客中则有沃尔夫·海因勒，这可从不是一位好招待的客人。本雅明对他日益神话化的朋友的兄弟还是觉得负有特

1　卡尔·施特恩海姆（Carl Sternheim，1878—1942），德国戏剧家和小说家，尤其擅长对德国中产阶级的讽刺。——译注

殊责任。海因勒靠在戈斯拉尔做陶工补贴家用，同时在从事短篇小说创作。本雅明表现出他对作为作者的海因勒兄弟仍怀有毫不动摇的信心：他计划在《新天使》的第一期上发表弗里茨的十四行诗选和沃尔夫的短篇小说。

1921 年的最后几个月，本雅明终于完成了他原本设想作为波德莱尔译文集的前言的文章，不过现在他想把它给《新天使》的创刊号，这就是《译者的任务》。本雅明的文章绝非写给译者的指南；从一开始它的构思就是关于艺术作品批评的全方位理论。本雅明非常明白这篇文章在其思想发展中的重要性。他曾在 3 月写信给肖勒姆说，“这里的问题是，这一主题对我如此重要，以至于我尚不清楚，以我现在的思想阶段，我是否有足够的自由来探讨它——首先还要假设我能成功地解释它”（C, 177）。此文开始于一个强势的论断，它也深深植根于本雅明关于这份刊物的思考，这就是：作品对于其受众的相对独立性观念。“从来没有哪一首诗
158 是为它的读者而作，从来没有哪一幅画是为观赏家而画，也没有哪首交响乐是为听众而谱写。”[1]（SW, 1:253）通过这一论断，本雅明试图推翻把翻译当作原作和受众之中介的惯常理解。正如他在 1916 年的语言论文中已经阐述的，没有任何重要的语言实践是只以“意义”的传导为其目的的；对文学翻译来说尤其如此，其功能并不单单是传播原作“说了”什么、“告诉了”什么。在本雅明看来，翻译本质上是对内在于原作中的某种东西的揭示，而事实上这种东西**只能**在原作对翻译的敞开中得到揭示：“原作的某些内在的特殊意蕴通过其可译性而彰显。”如果说，在 1919 年关于德国浪漫派的博士论文中，本雅明已经不再把具体的艺术作品置于

1 参见张旭东、王斑译《启迪》，第 81 页。——译注

中心地位，质疑其特权并将其放置于包括后来批评的连续体之中，那么在这里，他完善了那种观念并将其变得更加激进：翻译不仅和批评一道作为作品的“后世生命”的关键要素而存在，而且实际上**扬弃**了原作的生命。“在［翻译］中原作的生命实现了最新的、不断更新的、最完整的发展。”（SW, 1:253）

不过，翻译中所彰显的，如果不是原作的含义的话，那究竟是什么呢？在本雅明看来，是“真理的语言，是一切终极秘密的和谐甚至寂静的贮藏所，所有的思想都在为此奋斗”。“在这种语言的占卜和描写中存在着哲学家所能希望的唯一完美形态，而它以浓缩的形式隐藏在译作中。”本雅明关于批评的理论试图界定这样一种实践，它为真理在一个堕落世界中的呈现提供前提条件，这种理论从一开始就聚焦隐藏于每一个现在时刻中的真理的性质。本雅明在 1914—1915 年的《学生的生命》中将真理理解为“终极境遇的要素”，在 1916 年的语言论文中理解为“创世之词”，在 1919 年的博士论文后记中理解为“真正的自然”。如今，在翻译理论的语境中，真理被塑造为“纯粹语言的内核”。此外，《译者的任务》又为本雅明的语言理论注入了新的活力。如果说在《论语言本身和人的语言》中，词语所具有的逻辑优先性，语言内在
于全部自然的特性，并未通过援引历史的发展来加以阐释，那么， *159*
这一放射性的真理“内核”——既是象征物又是被象征物，现在则表现为一个只能作为历史过程的部分而被理解的要素，这个历史过程就是语言的变迁。“虽然这一内核正如被象征物本身一样仍然存在于生命中——尽管是藏而不露、支离破碎地存在着，但它在语言的创造性作品中的存续只在于它的象征潜能。在不同的语言中，纯粹语言这种终极本质仅与种种语言要素及其变化联系在一起，而在语言的创造性作品中，它却担负着沉重的、异己的意

义指涉。译作重大且唯一的功能就是使纯粹语言摆脱这一负担，从而把象征物变成被象征物……”这是对真理理解的转向，从本雅明博士论文后记所谓的“纯粹内容的有限、和谐的间断性”[1] 转到一种开放过程——即作品的创作、翻译和批评——的“不具表达性”（expressionless）的元素，这一转向部分来自本雅明对具体历史问题日益增长的关注；换言之，它也关联到一种政治学的方案。

翻译在真理从中涌现的历史过程中的特殊地位在于它解释“语言之间最内在关系”的能力：“在作为整体的所有这些语言的每一种中，都意指着同一样东西。”这同一样东西就是“纯粹语言”，它“不能被任何一门语言单独企及，而只能通过各门语言互相补充的意向的总体来达到”。本雅明假设，每一门语言在其“意指方式”中都和其他语言的“意指方式”达成和谐，从而指向“语言本身”。译者的任务就是强化两种不同语言邂逅时潜在的对纯粹语言的趋向：“这种纯粹语言不再意味着什么，也不再表达什么，它是寄托在一切语言中的不具表达性的创世之词。”本雅明并没有为这些论断提供证据，而是直接援引一种具体的翻译实践：弗里德里希·荷尔德林对古希腊经典的一系列惊人翻译。这些翻译把翻译中的直译理念实践到了一般程度之外；荷尔德林对希腊句法和词语形态的忠实积极地扭曲了他的译文的德语面貌。通过援引荷尔德林的实践，本雅明的文章放弃概念性的论证，而张开
160 了一系列互相应和但又并不连贯的隐喻网络。第一层隐喻来自最高的神圣：语言朝向“它们历史的弥赛亚终点”发展着，这一发展受到翻译的激发，因为翻译“不断将诸语言令人敬畏的成长付

1 参见王炳均、杨劲译《德国浪漫派的艺术批评概念》，第 141 页。——译注

诸检验”，并“抓住了作品的生命之火”。第二层，则是通过一系列有机的、自然形态学的隐喻，来描绘真理从其所陷落的物质母体中浮现的过程。如果原作位于“语言密林”的中心，那么翻译则在森林的中心之外，面向“郁郁葱葱的山脊”：“译作呼唤原作但却不进入原作，它寻找的是一个独一无二的点，在这个点上，回声能够用自己的语言，传出以陌生语言写就的作品的回响。”因此，“纯粹语言的种子”只有被遥远的回声唤醒，才能在语言的密林中成熟。第三层，本雅明使用了犹太神秘主义中“世界修复”（Tikkun）的语言，根据这种信仰，神圣的器皿，有时被理解为真理或救赎，在历史时间开始之际就已经破碎，但却是可以修复的。“如果我们要把一只瓶子的碎片重新黏合成一只瓶子，这些碎片的形状虽不用一样，但却必须能在最小的细节上彼此吻合。同样，译作虽不用与原作的意义相仿，但却必须带着爱将原来的意指方式细致入微地吸收进来，从而使译作和原作都成为一种更伟大的语言的可以辨认的碎片，好像它们本是同一个瓶子的碎片。”第四层，本雅明强调翻译的透明性，及其让纯粹语言的光芒透过自身照在原作之上的能力，从而以一种惊人的方式预示了他的晚期巨作《拱廊街计划》：“如果句子是矗立在原作语言面前的墙，那么逐字直译就是拱廊。”最后，在论文收束时，本雅明又调用了社会革命的语言，来号召纯粹语言的解放：译者的任务就是冲破他自己语言中的“衰败路障”。这些多样的隐喻网络并不试图构成等级关系，也非意在系统化；它们是反复的而又不断变化的召唤，召唤对本雅明来说一切真理都具有的不可量化的语言性质。

到年底，本雅明已经重新回到另一系列的工作：关于歌德的《亲合力》的论文、弗里茨·海因勒诗作的导言，当然还有《新天使》。创刊号的目录到12月已经确定下来：弗里茨·海因勒的 *161*

诗作；沃尔夫·海因勒的“戏剧诗”；阿格农的两篇故事，《新犹太教堂》和《崛起与衰亡》；朗的文章《狂欢节的历史心理学》；肖勒姆对《哀悼之歌》（“Klagelied”）的研究；以及本雅明的《译者的任务》（GB, 2:218）。和他给《太初》的供稿一样，本雅明对他自己刊物的供稿也将会以笔名的形式发表：J. B. Niemann 或 Jan Beim。1922 年 1 月 21 日他把第一期的完整稿件提交给了维斯巴赫。但编辑过程和预想的几乎完全不同：维斯巴赫显然在拖延，反而试图让本雅明参与到很多附加项目之中，在童书的插画、歌德文集、次要作家的作品编辑等方面征求他的建议。当然，本雅明自己是婉拒的专家；他的回复结合了奉承的口吻和对维斯巴赫想法的巧妙拒绝。不过，在整个春天，两方都有的误解和义愤渐渐成为二人关系的主导元素。

和维斯巴赫的艰难相处，以及由此而来的刊物命运的不确定性，又因 1921 年 12 月至 1922 年 2 月间完成论文《歌德的亲合力》的任务而进一步恶化。本雅明抱怨说，经常伴随高强度的脑力劳动出现的“噪音恐慌”又回来了，他不得不在深夜工作，经常只有蜡烛相伴，因为罢工和局部的起义仍然是柏林当时的现实。《歌德的亲合力》在很多方面都是他早期作品的皇冠。它不仅包含对歌德这部阴郁的风俗小说富有穿透力的批判，而且包含本雅明将自己的批评理论系统化的最彻底的尝试。正如他对肖勒姆所说，他的论文不仅构思为“批评的典范”，还想写成“某种纯粹哲学的论述”的绪论——而“在两者之间则是我关于歌德要说的话”（C, 194）。论文因此是本雅明第一次将他在 1915 年后发展出来的批评方法应用于重要文学作品的尝试。本雅明经过发展他的早期论文及关于浪漫派艺术批评的博士论文所代表的批评立场，证明了具有高妙的形而上学纯度的理念也可以转为应用批评的表述。

很少有对重要文学作品的解读最终是如此影响深远而又争议巨大。歌德的小说原作在类型上是含混的。它以风俗喜剧的面貌开始，却以悲剧告终。在乡间庄园中，爱德华伯爵和妻子沙绿蒂迎来了两位客人，一位是爱德华的朋友“上尉”，一位是沙绿蒂的侄女奥蒂莉，他们的来访激起了一系列连锁化学反应，也就是题目中的“亲合力”：爱德华爱上了沙绿蒂的受监护人奥蒂莉，而沙绿蒂和上尉又发现彼此互相“倾”心。沙绿蒂和爱德华的激情一夜带来了一个孩子，但这个婴儿长得却不像亲生父母，而像爱德华和沙绿蒂在亲密时各自心中幻想的性伴侣。小说的情调随后转为阴郁，奥蒂莉在带着孩子坐船渡湖时，不慎让孩子落水溺亡。虽然有其他三个人的多少有些模棱两可的安慰，但奥蒂莉陷入了麻木沉默，最终去世，死因不详。这一非常浓缩的情节梗概，点明了本雅明写作此文的主要动机之一：歌德小说中两位新人物闯入一段看似和谐的婚姻，这正是瓦尔特 / 朵拉 / 恩斯特 / 尤拉的四角关系的镜像，而这种关系正在本雅明自己的生命中产生毁灭性的后果。因此，本雅明的解读紧紧抓住道德问题就完全不奇怪了。不过，在他坚持认为真正的道德只能在语言使用中——抑或以奥蒂莉的个案来说，是对语言使用的否弃——得到反映这一观点时，这一解读就又决定性地偏离了自传层面。奥蒂莉事实上成为理解这部小说的钥匙。不论她因为沉默和纯洁而看上去多么的超脱于其他人物的道德世界，对本雅明来说，她的“内在”决断，正因为从未发而为言，也即从未通过语言得到表述，才始终陌生于真理，或者用该论文本身的话来说，始终和“神话事物”（the mythic）绑定在一起，从而始终和自然世界绑定在一起。 162

论文的结构是精心设计且意蕴丰富的。它分为三部分，每部分又有三节：反思批评理论与哲学关系的导言，对小说某一方面

的阐释，以及对歌德本人生平的评述。虽然有这样一个明显辩证
163 的结构，但本雅明的主要论点与其说是辩证的，不如说是二元的。他所关心的是，展示神话元素怎样深刻地交织在小说的场景氛围之中和人物的生活之中，同时神话（myth）又是怎样不屈不挠地对抗着真理（truth）——不管真理被理解为启示还是自由。虽然本雅明没有在任何地方提供对神话的明确定义，但这一术语反复出现在关于人与自然的关系的讨论中——而在那种关系中自然对人施加着一种整体上来说充满恶意的影响。[1]“只有神话自然（mythic nature）才充满了超人的力量，它极具威慑性地出现了。”[2]（SW, 1:303）在本雅明论文的核心处，似乎可以听到赫尔曼·科恩在《出自犹太教源泉的理性宗教》中关于犹太先知的精湛阐释的低语。科恩作品所做出的核心区分是作为对上帝的爱的一神教和植根于神话的异端宗教之间的不同。科恩的起点是上帝的绝对他者性的论断，上帝的独一性使之不可能成为知识的对象（这一观点对像弗朗茨·罗森茨维格 [Franz Rosenzweig] 和卡尔·巴特这样不同的思想家都别具内涵）。一神教设立了神的独一存在，超越了对自然的崇拜。科恩作品的伦理理性主义，反映出一种适度的反感，对自然的显现的反感，对人类生活自然而肉感的方面的反感，对此本雅明有时是抱有同感的。自然被看作“自在的虚无”，感官性被看作“动物的自私性”。[3]因此，神话对于科恩而言和对于本雅明而言一样，都意味着某种本质上含混不清之物对人类精神

1 本雅明是通过暗示来定义神话问题的：“‘永恒复归’是……神话意识的**根本**形式。（它是神话性的，因为它不反思。）……神话事件（mythic event）的本质是复归。”（AP, D10, 3）在 1921—1922 年的歌德论文中，他也类似地写道：“所有的神话含义都力求保持秘密状态（Geheimnis）。”（SW, 1:314）

2 参见王炳钧等译《评歌德的〈亲合力〉》，第 14 页。

3 Cohen, *Religion of Reason*, 46–48, 6.

的隐伏的恶劣影响。早在他青年运动时期的作品中，本雅明就表达过他所深深感受到的“对自然的恐惧”。[1] 如今，在他二十几岁的尽头，那同一种面对“自然事物”的恐怖在这篇论文中发挥了作用——但它最佳的表达则是《单行道》(1928)中的一个段落，而此书的写作正开始于完成歌德论文后不久。在其中意味深长地命名为《手套》[2] 的一节，本雅明这样写道：

> 人对动物感到恶心时居主导地位的感受是害怕与它们接触时被它们认出。人内心深处激荡着一种灰暗意识，意识到人的存在有活生生的一部分和动物并无二致，可能被认出来。所有的恶心最初都是对触碰的恶心……人无法否认自己与这种造物之间存在的动物性关联，他的恶心感就来源于此：所以，他必须使自己成为动物的主人。(SW, 1:448) [3] 164

在《歌德的亲合力》中，神话自然被展现为不仅对小说人物施加着一种毒害——小说题目用了流行于19世纪初的观念，认为某些化学元素彼此间有自然亲合力，把这一观念映现到每个人物和某种自然属性之间的所谓亲合力——而且施加在歌德本人身上，施加在文学文本中的真理的可能存在之上。在人物和自然

1 在1912年的《关于“现在”的宗教性的对话》一文中，主要说话人谈道：“我们有过浪漫主义，我们受惠于浪漫主义对自然的暗夜一面的强有力洞见。说到底，自然界不是善；它只是怪异。可怖、吓人，令人厌恶——原始粗粝。但我们活着，就好像浪漫主义从未发生过一样。”(EW, 68)另见1913年7月30日致贝尔摩尔：“我的观点是，对自然的畏惧可以检验对自然的本真感受。一个人在面对自然时不能体会到恐怖，也就不会懂得如何着手去处理自然。”(C, 48)

2 本书《单行道》节标题译文据王涌译本。——译注

3 在此语境中应该说明的是，《单行道》的结论提到了一种正在崛起的physis——“新的身体(SW, 1:487)”。(参见王涌译《单行道》，第14页。——译注)

元素的行为之间的亲合力之中，本雅明看到了人类道德退化的无处不在的征候；这种亲合力意味着动物性冲动对伦理决定的不断侵蚀。在本雅明看来，歌德本人也成了自然的俘虏：他让自己的艺术屈从于自然，把自然当作唯一的典范。需要注意的是，这篇文章的题目原文没有给“亲合力”加书名号，而是“歌德的亲合力”。和他的人物一样，歌德也受到一个相对应的自然元素的牵引。在此，本雅明提出了对主导所有浪漫主义的修辞格的微妙批判，这个修辞格就是象征，它宣称可以让一种“永恒的暗示”穿越黑暗发出微光。歌德自认为他在每一种可以想到的自然现象中都感知到了神性的闪现，从而陷入本雅明所谓的“象征的混乱”（SW, 1:315）之中。对本雅明来说，歌德把自己看作一位奥林波斯神的寓言式自我理解，说到底不过是一种未经检验的泛神论——一种“畸态”。[1]

如果说本雅明对小说人物及其作者的解读给读者的理解力带来挑战——《歌德的亲合力》是20世纪批评文本中最执拗难解的篇什之一——那么这些挑战又在遍及全文的批评理论之中成倍增加。在他的博士论文的“玄奥后记”中，他已经把一种观点归于歌德，这一观点认为，只有艺术可以捕捉“真正自然”的散落意象，它们曾在人类堕落之前的世界中出现，但此后只能以碎片的形式隐藏——也就是本雅明所谓的“有限、和谐的间断性”（SW, 1:179）。现在，在关于《亲合力》的论文中，本雅明将文学的“真理内容”定义为文本的特定语言元素的功能，这些元素以

1 与此相参照的是科恩在《理性宗教》中对“泛神论弊病”的批判（第33、45页及各处）。本雅明在《关于“现在”的宗教性的对话》中论辩了与歌德有关联的泛神论的优点（EW, 66–69）。关于本雅明和科恩的神话概念的差异，见 Menninghaus, “Walter Benjamin’s Theory of Myth,” 299–300。

浓缩的方式携带着更广阔的真理。本雅明点出了批评本身的任务：我们认识自然因而也是认识自己的最终希望，来自艺术作品中某 165 些碎片的独立存在，它们在自身之中带着更内在的知识的某种暗示。但本雅明对艺术作品的构想只在有限的程度上取决于他关于真理内容的观念。文学的真理内容（Wahrheitsgehalt）再现的仅仅是文学中所有有效成分的一小部分。剩余部分，本雅明称为“实在内容”（Sachgehalt），则和纯粹认知形态的语言无关，这种语言即他在 1916 年的语言论文中所形容的“名之语言”。相反，语言艺术作品和人类的其他工艺品一样，是在和自然物的相似中被创造出来的。作为一个整体，文学文本依赖于留有历史刻痕的语言形式，因此构成“自然史”的档案；如是，它们摹仿着呈现给人类认知的自然，也即一个裹在相似性和神话之中的自然。

神话始终是真理已经陷入的险境。文本是一个场域，被时隐时现的真理和受神话控制的元素之间的斗争所撕裂，而神话本身也是含混的，既非真实也非错谬：“[神话与真理的] 关系即两者的相互排斥。神话没有意义明确性，甚至没有谬误可言，所以其中不存在真理。”[1] 但“只有在认识到神话的条件下，即认识到神话对真理的致命的漠然态度，真理才有出场的可能”（SW, 1:325–326）。本雅明对这个二律背反的描述——以及介入它的意图——在很多方面都是他早期和晚期作品一以贯之的中心主题。虽然他将越来越多地认定神话本身是知识的一种形式（正如阿多诺和霍克海默在《启蒙辩证法》中所做的那样），但他也会将神话界定为资本主义世界把自己呈现给感知力的形式——呈现为自然的、唯一可能的世界。他关于 19 世纪中叶巴黎的城市商品资本主义的多

1　引文中译参考王炳钧等译《评歌德的〈亲合力〉》，下同。——译注

重文化表达的未完成研究《拱廊街计划》中，有一则经常被引用的断片，其中这样写道："去耕耘迄今为止只有疯狂统治过的荒野。用磨快的理性之斧开辟道路前行，既不左顾也不右盼，以免屈服于从原始密林深处传来的恐怖。每一块立足之地都迟早要被
166 理性变为可耕种的土地，都必须清除掉丛生的妄想和神话。这就是要在 19 世纪的领地上完成的任务。"（AP, N1,4）

于是，批评（criticism）的任务就是从神话中区分出真理，或者说是对神话元素的净化和澄清，以便靠近真实。本雅明的批评从来不仅仅是阐释和估价，而是宽恕和救赎：这是一种"摧毁"其批评对象的活动，但摧毁只是为了探测其中可能包含的真理。摧毁的驱动始终存在：它贯穿于本雅明最早期和最晚期关于批评的说法。在 1916 年的一封信中他已然为"精神事物的批评"提供了几个隐喻，这种批评正是通过移除它所对抗的"暗夜"，以承接其光明来努力从"非真实之物中区分出真实"。批评是一种奇特的点火物，它点燃并消耗着创作，是一种化学物质，它"攻击异物，但那仅仅是在使之解体、由此揭示其内在本质的意义上"（C, 84）。而在《拱廊街计划》中，来自 30 年代后期的两则笔记道明，"'建构'预设了'毁灭'"，且"唯物主义历史编纂学的摧毁性或批评性能量就标记在对历史连续性的轰炸之中，而历史对象最初正是凭借那连续性才构成自身"（AP, N7,6 和 N10a,1）。

本雅明因此顽固地认为，可以发展出一种能够从神话中区别真理的批评方法。在歌德论文的开篇，他已接近于表述出一则批评信条：

> 批评（critique）[1]所探寻的是艺术作品的真理内容，而评注（commentary）所探寻的是其实在内容。这两种内容之间的关系由文学创作（Schrifttum）的基本法则所决定，即：一部作品越是意义深远，其真理内容就越与它的实在内容紧紧地连在一起而不易被察觉。据此而言，如果那些证明了其持久性的作品恰恰是真理深深植根在实在内容中的作品，那么，在作品持续存在的时段内，作品中具体实体（die Realien）从世上绝迹得越彻底，就越发清晰地凸现在观看者眼前。不过，与此同时，伴随着作品的持久存在，在作品问世初期融为一体的实在内容和真理内容显得分离开来了，因为事情往往如此：实在内容显现多少，真理内容便隐匿多少。所以，对于后来的批评者来说，阐述作品中显要而令人惊异之处——即实在内容——就越来越成了批评的前提。（SW, 1:297） *167*

真理内容和实在内容之间必然的且不断演化的相互关联——前者在终极意义上生成于后者的嬗变之中，因为文本显露的历史内容是其哲学意涵的矿脉——指出了传统形而上学的二元论在本雅明思想中的激进变异。实在内容，即文本的主干，在时间流转中构成一面盾牌，批评家必须穿过它才能甄别出和解放出日益消

1　不同于英语，德语中的“批评”（criticism）和“批判”（critique）是同一个词 Kritik。汉娜·阿伦特在向英语世界介绍这段“批评信条”时，曾提到，本雅明这里所用 Kritik 一词，通常指“批评”（criticism），但也是康德“三大批判”之书标题中的“批判”（critique）。其实，本雅明对康德批判哲学的“批判”有深入而独特的理解，而他的博士论文则是关于浪漫派的“批评”概念（Kritik/criticism），到了这里，他首要关注的是，对艺术作品的“批评／批判”，如何从历史性的“实在内容”出发，揭示哲学性的“真理内容”。因此，我仍将《歌德的亲合力》英译文中的 critique 翻译为批评，并请读者注意。——译注

隐的作品真理。本雅明把隐匿的真理和外显的内容之间的关系比作重写本（palimpsest），“纸上褪色的文本被一种更有力的、提及该文本的文字一笔一画地覆盖了”（SW, 1:298）。批评家的先期工作于是就变成了对实在内容的穿透。本雅明区分了两种取向不同的批评活动：评注（commentary），处理文本的实在内容；批评（critique），寻求真理。在最基本的意义上，评注是语文学的基础性工作，确立临时的疆域界标，确定元素，并应用概念。但在对文本中某些表现元素的解释之外，评注还必须澄清那些元素，并使之透明，因为它们遮蔽并隐藏了真理：“做一个比喻：如果把年岁递增的作品看作熊熊燃烧的火葬柴堆，那么站在火堆前的评注家就如同化学家，批评者则如同炼丹士。化学家的分析仅以柴和灰为对象；而对炼丹士来说，只有火焰本身是待解的谜：生者之谜。与此相似，批评者追问的是真理，真理那活的火焰，在那曾经存在之物的沉重柴火上和那曾经经验过的一切的轻飘飘的灰烬上，继续燃烧。”（SW, 1:298）这里所召唤的，是经过评注之后的作品；当批评家行使评注家的职能，像化学家一样把它分解，把非本质性的部分碾碎成灰，作品也就简化为一堆瓦砾。而批评家
168 作为批评（critique）的实践者则见证了不可抹除的真理，它从以前掩盖住它的事物中释放出来，更确切地说是**发射**出来。历史，也即存在过的一切，和历史体验，也即历史对当下的可怖影响，在艺术作品的生命火焰中被提取，被消耗，而更纯粹的体验的本质，反映于文本的语言之中，则从它和文本的实在内容的纠缠中解脱出来，就像从地府元素（chthonic element）中解脱出来一样。评注并非仅仅通过解释，而且还通过毁灭困住它、掩盖它的一切，来释放文学的真理内容；在把真理从“劣等金属”中解放出来的暴力行动中，评注者为堕落语言带来一次救赎。本雅明两年后写

成的悲悼剧专著进一步发展了关于真理和实在内容的关系的隐喻构架，将批评（criticism）描绘为“对作品执行死刑”。把文本摧毁为“废墟”，还原为“象征的躯干”，必然先行于对真理的发现：“哲学性批评（criticism）的目标是要证明，艺术形式有如下功能：让作为每一件重要作品之根基的历史实在内容成为哲学真理内容。从实在内容到真理内容的这种转化（Umbildung）使得影响力的衰落——也即前人眼里的迷人之处随着年代推移而魅力递减——成为新生的基础，在这新生中，所有转瞬即逝的美都完全消散了，作品作为废墟矗立着。”[1]（OGT, 182）只有“毁灭性批评”（SW, 1:293），即彻底地将其对象加以转化，并通过对过时的历史内容执行死刑，把它变成一个起源的批评——只有这种针对形式功能的哲学解构，剥去表面光芒——才能找到通向真理的道路。

这一净化的理念——清算、炸开、燃尽——在本雅明的批评（criticism）中发挥着主导作用。他总是把对真理的寻找同扬弃、战胜陈腐与动物性的工程结合在一起。肖勒姆第一个指出本雅明作品中这种怪怖的毁灭倾向，他令人信服地把这一倾向同他的朋友的革命弥赛亚主义联系在一起。本雅明的思想从一开始就是虚无主义的，在尼采的“神圣虚无主义”（具有创造性层面）的意义上。但毁灭的概念不仅来自神学资源；在此还有本雅明对资产阶级社会的敌意，这种敌意出现的时间比他转向马克思主义还要早十多年。如果说资产阶级的自我理解是围绕着一系列特定文化的 169
意象（比如关于资产阶级自身的意象以及关于它和周遭环境的关系的意象）展开的，那么，真正的政治变革，在本雅明看来，必然以这些圣像的替换和粉碎为前提。

1　参见李双志、苏伟译《德意志悲苦剧的起源》，第220页。——译注随着歌德论文的完成——本雅明希望在《新天使》第二期上发表它——他在1922年春又转向了其他课题。虽然文稿都没能保存下来，但他曾反复表明他当时最重要的作品是为弗里茨·海因勒作品而写的导论。他甚至声称，“对海因勒诗歌和生命的深入”将是他接下来一段时间的关注点的“舞台前景”。例如，他坚持不懈地努力将海因勒的诗作放置在一个从古典抒情诗到同时代生命哲学家路德维希·克拉格斯的母系社会理论的广阔语境中。海因勒的诗作只有一些残章流传至今，如我们已经提及的，对这些作品的评价褒贬不一。本雅明自己拥有唯一的一份全稿，后来在他柏林公寓的物品被盖世太保没收后，和本雅明自己的作品一道全部丢失。其他友人和同代人在这方面提供不了多少协助，因为本雅明在这些诗作周围加上了一层狂热崇拜的面纱。维尔纳·克拉夫特回忆起20年代初在格鲁内瓦尔德的一个夜晚，本雅明“狂喜地”朗诵着海因勒的几首十四行诗，但正是本雅明的表演模式让理解诗作本身变得不可能。克拉夫特明白，这回能够进入这内在圣地，意味着一份特殊的尊重和信任，但当他向本雅明求阅诗作的文稿时，却遭到了直截了当的拒绝。[1]

本雅明也花了很多心思在波德莱尔翻译集的出版细节上，对字体、排版和装订都提出了无穷无尽的意见，反复催促维斯巴赫到处去做宣传。努力推广这一即将出版的作品的活动之一是，本雅明在1922年3月15日参与了鲁斯和波洛克书店（Reuss und Pollack）举行的一场纪念波德莱尔的晚间讨论会，他发表了关于这位诗人的演讲并朗诵了自己的翻译。虽然他估计是靠记忆或根据笔记提要做的演说，但《波德莱尔之二》（“Baudelaire II”）和《波

1 Kraft, *Spiegelung der Jugend*, 64.

德莱尔之三》（“Baudelaire III”）这两篇很久以后才在他的文稿中找到的短文（见 SW, 1:361–362）可能是他演讲的初稿。这两篇小文都聚焦于波德莱尔的作品及其“对事物的看法”中的二元关系。 170
《波德莱尔之三》主要讨论波德莱尔的两个关键词之间的循环套锁关系，那就是**郁结**（spleen）[1] 和**理想**（ideal）。本雅明认为，“郁结”从来就不是一种大而化之的忧郁（melancholy），而源于“向理想的致命沉沦的宿命性逃遁”，而理想，则从郁结的地基上升起：“正是忧郁的意象最明亮地点燃了精神”。本雅明费尽全力想说明，这一翻转并非发生在道德领域，而是发生在知觉领域：“他的诗歌对我们诉说的并不是 [道德] 判断的令人厌恶的混淆，而是知觉所获允的翻转。”如果说这一解读的中心母题还是立足于波德莱尔的传统解读范畴，那么《波德莱尔之二》则另辟蹊径，预示了本雅明 30 年代作品中的主导母题。在这篇短文中，他把波德莱尔呈现为某种特定摄影工作的优越读者：时间本身被描述为一名摄影师，在底片上捕捉“事物的本质”。当然，这些底片是反色的，“没人能从反色底片中演绎出……如其所是的事物本质”。在这一再现波德莱尔成就的独创性的出色尝试中，本雅明不仅认为他具有冲洗这样的底片的能力，而且还能“预感其真实图像。在所有诗作里，捕获了事物本质的底片都是从这种预感中说话”。于是在类似《太阳》（“Le soleil”）这样的诗作中，就有了波德莱尔深入事物本性的视野，在《天鹅》（“Le cygne”）之中，就有了他的历史作为多重曝光的隐喻，在《一具腐尸》（“Une charogne”）中，就有了他对底

1 spleen 本义“脾脏”，是波德莱尔作品中的关键词之一，一般译为“忧郁”，但这里本雅明强调 spleen 在广义的“忧郁”（melancholy）中的特殊意义，所以我姑且结合古典解剖学的义项，试译为“郁结”。在后文中，一般还是按照国内对波德莱尔翻译的通则，以“忧郁”对应 spleen。——译注

片——作为短暂而永远不可翻转之物——的根本性体察。本雅明还在波德莱尔身上看到类似于他在 1934 年论文中归于卡夫卡的那种能力：一种对于灵魂的“神话前史”（mythical prehistory）的透彻知识。正是对知识作为原初罪责的体验使得反色底片上的事物本性在波德莱尔“无限的心智努力”下曝光，并赋予他对于救赎的卓越领会。

这一时期的本雅明书信，保存下来的可以说极为稀少，他给维斯巴赫的信件——有些充斥着急切的要求，有些充满了怨气——实际上就是 1922 年上半年本雅明在柏林的活动的唯一直接记录。不过，间接的信息却非常令人惊奇。本雅明当时仍基本上
171 驻留在浪漫派的世界，但也开始呼吸另一个全然不同的世界的空气，那个世界就是欧洲先锋派。在瑞士时，胡戈·巴尔曾把他介绍给电影人汉斯·李希特，而朵拉·本雅明则和李希特的第一任妻子伊丽莎白·李希特－嘉宝成了好朋友。李希特在苏黎世达达主义分子中原本只是边缘人物，但到了 1921 年末他则成为引发柏林前卫艺术新方向的催化剂。在接下来的一年中，本雅明通过李希特逐渐认识了当时活跃在这座城市的一批瞩目的艺术家。这一松散的国际化群体包括了前达达主义者李希特、汉娜·赫希（Hannah Höch）和拉乌尔·豪斯曼（Raoul Hausmann）；构成主义者拉斯洛·莫霍伊－纳吉和艾尔·利西茨基；青年建筑家密斯·凡德罗（Mies van der Rohe）和路德维希·希尔贝赛默（Ludwig Hilberseimer）；以及本地艺术家格特·卡登（Gert Caden）、埃里希·布赫霍尔茨（Erich Buchholz）和维尔纳·格雷夫（Werner Graeff）等。常来常往的访客则包括提奥·范·杜斯堡（Theo van Doesburg）——他带来了流行于荷兰风格派（de Stijl）中的理念——特里斯坦·查拉（Tristan Tzara）、汉斯·阿尔普和库尔特·施维特斯（Kurt Schwit-

ters）。这群人经常聚会，主要在柏林弗里德瑙区（Berlin-Friedenau）的埃申街（Eschenstraße）7 号，但也会去卡登和莫霍伊-纳吉的工作室及一些柏林咖啡馆；关于欧洲新艺术的方向以及作为其基础的社会形式，争论天天进行。1921 年底，莫霍伊-纳吉、豪斯曼和阿尔普同俄国艺术家伊万·普尼（Ivan Puni）一道发表了《元素主义艺术倡议》（“A Call for Elementarist Art”），这份宣言书号召新艺术从内在于艺术材料和创作过程的可能性中发展，而不是从个人的创造性天才中发展。以此为基础，柏林群体渐渐形成了一套共同的原则。格特·卡登留下了这一群体的中心理念的记录，这些理念是由李希特、利西茨基、范·杜斯堡和莫霍伊-纳吉所提议的：“我们的目标不是一种个人化的路线——任何人都可以主观地阐释个人化的路线——而是通过客观元素形成的作品：圆圈、圆锥体、立方体、圆柱，等等。这些元素已经客观化到了极限。……因此，一种力量的动态-构成（dynamic-constructive）体系就在空间中创立出来了，这是一个关于最内在的法度和最强烈的张力的体系。”[1] 1922 年 7 月，莫霍伊-纳吉在《风格》（*De Stijl*）上发表了重要文章《生产-再生产》（“Production-Reproduction”）；这篇文章探讨了新艺术、可能以此为触媒的人类新感官，以及作为文化生产的终极目标的新的解放社会这三者之间的关系。因为已有的共同立场，李希特、范·杜斯堡、豪斯曼、莫霍伊-纳 172
吉、施维特斯、格雷夫和利西茨基一起出席了构成主义国际（Constructivist International）1922 年 9 月 25 日在魏玛举行的成立大会。

1 卡登致阿尔弗雷德·希尔施布娄克（Alfred Hirschbroek），未署日期，保存于德累斯顿的萨克森州图书馆，手稿库，卡登档案（Sächsische Landesbibliothek, Dresden, Handschriftensammlung, Nachlaß Caden）；转引自 Finkeldey, “Hans Richter and the Constructivist International,” 105。

这次大会似乎产生了关于政治取向的严重不同意见。莫霍伊-纳吉，在他的匈牙利同事阿尔弗雷德·凯梅尼（Alfréd Kemény）和艾尔诺·卡拉伊（Ernő Kállai）的支持下，宣扬一条共产主义路线，要求艺术家最终忠诚于无产阶级。面对无从解决的反对意见，莫霍伊-纳吉及其盟友和这一流派的主体决裂；莫霍伊-纳吉事实上很快就搬到了魏玛，不再在柏林的讨论中扮演角色。不过接下来，李希特依靠利西茨基、格雷夫和密斯的重要贡献，创办了刊物《G：基本设计的素材》，它是众多小杂志之一，其他还有勒·柯布西耶（Le Corbusier）的《新精神》（*Esprit Nouveau*）、范·杜斯堡的《风格》、利西茨基的《维什》（*Vesch*），它们所力图确立的新方向是在构成主义提供的严格框架之内糅合达达主义和原始超现实主义。由于1923年《G》的出版，建立这一新方向、聚首于20年代初柏林的艺术家群体得到了一个事后追认的名字："G团体"。[1]

瓦尔特·本雅明和恩斯特·舍恩出席了这其中的许多讨论；可以想象，他们更多的是倾听和沉浸，而非参与其中，毕竟这些理念对他们来说大部分都是全新的，并且和他们的直觉相抵触。当《G》面世时，舍恩和朵拉都被列为特约编辑，而本雅明自己则以查拉文章《来自背页的摄影》（"Photography from the Verso"）的译者的身份出现。对于本雅明以后的思想和写作，同先锋派的这次邂逅的重要性是怎样估计都不为过的。来自G团体的影响并没有立刻在他的著作中出现，但是，从最早的批注一直到他1923年的蒙太奇之书《单行道》，本雅明对G团体的中心信条的重构越来越明晰地显露出来。他30年代许多最著名的宣言，尤其是

1 《G》刊物的影印翻译版，以及讨论其时代处境的论文，见Mertins and Jennings, eds., *G: An Avant-Garde Journal of Art, Architecture, Design, and Film*。

《可技术复制时代的艺术作品》，都体现了他开始于 1922 年的对技术和人类感官的历史性的兴趣。[1]

到这一年的初夏，本雅明已经很迫切地希望从维斯巴赫那里 173
看到《新天使》即将出版的迹象。6 月底，他催问维斯巴赫，要对方支付一年的编辑报酬 3200 马克，以此确定《新天使》的“预产期”；由于没有得到回复，他在 7 月 21 日前往海德堡，部分目的就是直接和他的出版社谈判。几星期后当他回到柏林，他写信向肖勒姆和朗宣告了《新天使》的死亡剧痛，说这本刊物“在世间的生命已经熄灭”。维斯巴赫又一次宣布要“临时”中止这一项目，而到了这一步，事情对本雅明来说已经很明显，刊物是绝不会面世的。不过，他尽量往好处看，告诉两位通信人说这一决定又让他恢复了“原有的选择自由”，让他进一步明确去追求学术前途（C, 200）。

1922 年秋，本雅明的注意力——以及他的朋友们的注意力——越来越多地被德国迅速恶化的经济局势所占据。埃里希·古特金德不得不当上四处奔走的推销员，在全国各地沿街叫卖植物黄油。本雅明又一次开始和他父亲进行关于生活津贴的痛苦谈判。同时，他也加快了想办法自己挣钱的脚步，考虑投身旧书市场，从一地——一般在城市的北边——低价买入，然后在柏林仍然相对繁荣的西区高价卖出。他曾向肖勒姆汇报说，有一次他在海德堡用 35 马克买了一本小书，在柏林以 600 马克卖出。但是，截至 10 月，和父母的紧张关系已经变得不可忍受：“我下定

1 莫霍伊－纳吉必须算是这一切的中心人物。虽然关于本雅明和莫霍伊－纳吉的友谊的记录不多，但重要的是，在因《柏林纪事》而绘制的本雅明人际关系图——“就像一系列家族树状图”——中，有一整条分支始于莫霍伊－纳吉的名字。见 SW, 2:614 和 GS, 6:804。

决心不论如何也要终结我对父母的依赖。因为他们显而易见的吝啬以及控制欲，已经变成一种折磨，吞噬掉我用来工作的能量和我生活中的任何快乐。”（C, 201–202）局面已经相当危急，以至于朵拉的父亲从维也纳来到柏林，试图从中调和。在激烈争吵的过程中，本雅明的父亲坚持让儿子去银行里谋一个职位。不论我们对一位已经三十岁的丈夫兼父亲仍然在经济上完全依靠老迈的父母是多么难以产生同情，让瓦尔特·本雅明去银行当职员的想法足以让人怀疑埃米尔·本雅明对自己儿子的判断能力。不仅本
174 雅明的天才将会因此浪费，而且本雅明显然也没有能力在金融机构高度分层和狭隘的世界中执行工作。在和他父母的谈判中，当他声称他父母的经济状况“非常好”的时候，他就已经暴露出自己完全缺乏理财概念——那时德国经济正在螺旋式下行，1923 年跌入过度通货膨胀的深渊。战后一开始的汇率是 14 马克兑换 1 美元，到了 1921 年 7 月则慢慢变成了 77 马克换 1 美元，而 1922 年又有一系列急剧下滑：1 月时 191 马克换 1 美元，仲夏时是 493 马克，1923 年 1 月是 17972 马克。[1] 更具体的例证是一条面包的价格：1919 年 12 月是 2.80 马克，1922 年 12 月是 163 马克，1923 年 8 月时 69000 马克，到了过度通货膨胀的顶峰时期 1923 年 12 月，则是 3990 亿马克。

本雅明在谈判中并没有固执到寸步不让；他坦言自己愿意开始工作，但这份工作不应终结他的学术抱负。朵拉的父母准备协助这对青年开一家旧书店——埃里希·古特金德最近从他的父母那里得到了一笔资金，也正在做这件事——但书商这一职业同样不为老本雅明夫妇所接受。埃米尔·本雅明 11 月提出的“最终”

1 Craig, *Germany*, 450.

安排，一个月提供 8000 马克（在 1922 年相当于约 1.25 美元），被断然拒绝，这导致了家庭的大决裂。本雅明此时的状况可以说是毫无希望。他是一位脱缰的知识分子，没有就业前景，身处濒临崩溃的经济状况之中。当然，他渴望自己作为重要的批评家而为人所知，但从八年前青年运动算起，截至 1922 年末，他发表过的作品，如果不算必须出版的博士论文的话，也只有三篇不长的文章，而他最近的计划，包括他的刊物和他的波德莱尔翻译，也前途渺茫。

这一充满压力的局面让朵拉的健康付出了代价。11 月末，她和斯特凡离开代尔布吕克大街上的公馆，先去了她父母在维也纳的家，然后又一次去了她姑妈在布赖滕施泰因的疗养院。与此同时，本雅明在狂乱的 12 月西行，对海德堡进行了一次军事侦察式 175
的访问，访问前后分别住在哥廷根的沃尔夫·海因勒家中和布劳恩费尔斯的克里斯蒂安·朗家中。这两次拜访显然都很说明问题。本雅明访问亡友的兄弟，是在寻找青年运动时期剩下为数不多的人际纽带之一——20 年代早期，本雅明只和海因勒、恩斯特·约埃尔和阿尔弗雷德·库雷拉有联系了。但是沃尔夫·海因勒的健康状况越来越差。海因勒向本雅明倾吐了一大堆苦水，不过本雅明还是询问了这位年轻人的医生，并寻找机会看能不能让他去达沃斯疗养；接下来的几个月，他又试图从海因勒的朋友们那里凑钱，给他看病。而对朗的访问也同样充满特殊意义：朗已经成为他在思想交流上最重要的伙伴。本雅明对这位年长者的依赖或许说明了他在柏林思想生活中的某种孤立。肖勒姆回忆朗是“难以自制的、暴风雨般的、喷发式的”人物。但本雅明和朗之间的谈话和通信，自由穿梭于政治、戏剧、文学批评和宗教等话题，在广度和深度上完全可以和本雅明同肖勒姆以及阿多诺的交流相比拟。正如肖勒姆最先指出的，20 年代初期，本雅明“在最高的政治层面上发现自己深切同意朗的见解，这超越了他们在宗教和形而上学观点上的差别”（SF, 116）。

1922 年即将结束，本雅明又一次来到海德堡——与其说是寻找学术归宿的最后一次尝试，不如说是为了让自己安心，多年的努力之后，这里确实没有他的位置。他在 12 月初到达，租了房子，继续写作作为海因勒诗作导言的关于抒情诗的文章。但连写作也成了折磨，他不断被隔壁玩耍的孩童的噪音所搅扰。他很快重新和埃米尔·莱德雷尔建立了联系，后者曾在《社会科学和社会政治集刊》发表他的《暴力批判》，本雅明希望通过莱德雷尔与雅斯贝尔斯建立直接沟通的渠道。但是在莱德雷尔的讨论课上做了一次报告后，本雅明就再也没有收到邀请。他又回到玛丽安娜·韦伯家中的社会学晚会。受邀发表讲座时，他发现自己处境
176 艰难。他没有准备任何合适的材料，于是索性“退而求其次”，口头发表自己关于抒情诗的论文。虽然这次演讲惨败，但本来就早已于事无补。本雅明听说，阿尔弗雷德·韦伯业已接受了一个提交教授资格论文的候选人：“一个犹太人”，他告诉肖勒姆，“名叫曼海姆”。在那以前，本雅明已经通过布洛赫认识了卡尔·曼海姆（Karl Mannheim），他觉得对方是“一个令人愉快的年轻人”。曼海姆作为社会学领域巨擘的事业当时还没有到来：1926 年到 1930 年他在海德堡任助理教授，后来在法兰克福获得教授职位，1933 年后则流亡英国，在伦敦经济学院任教。本雅明当时的直觉是正确的，海德堡绝对是他人生中已经合上的一章。

第五章

学术游牧民

法兰克福、柏林、卡普里，1923—1925

到 1923 年，本雅明学术职业的全部希望都寄托于法兰克福，他在那里开始了新的一年。20 年代初，法兰克福的大学还被广泛看作新的试验田。本雅明此前求学过的大学无一例外都是成立已久的学府，有些还久负盛名。海德堡大学建校于 1386 年，弗莱堡大学 1457 年，慕尼黑大学 1472 年（成立时校址在巴伐利亚小城英戈尔施塔特，巴伐利亚王室于 1810 年把学校迁到慕尼黑）。即便是威廉·冯·洪堡根据弗里德里希·施莱尔马赫的理念所建立的柏林大学也成立于 1810 年。而法兰克福大学打开校门时已经是 1914 年。此外，其他大学都是封建王室下令在各自的领地建立的，并且后来都得到了国家资助，法兰克福大学则与此不同，是依靠私人和公司的捐款而存活的。这种金融和思想世界的交织在德国的其他地方不可能见到，是只属于法兰克福一地的特征。西格弗里德·克拉考尔在他 1928 年的自传体小说《金斯特尔》（*Ginster*）中，形容他的家乡是“一座坐落于小丘之间的河畔大城市。像其他城市一样，它曾用自己的过往历史吸引游客。皇室加冕礼、大型国际会议、全国神射手大赛，都曾在这座城市的城墙内举行，而这些城墙在很久以前 177

已经被改造为公园。……有些基督徒和犹太人上溯几代来追认自己的出身。但即便是毫无世族背景的家庭也在这里奋斗，成为和巴黎、伦敦、纽约联系广泛的银行大亨。文化机构和证券交易只是在空间上有区隔而已”[1]。虽然这所大学获得的捐赠受到“一战”后经
178 济衰落的影响而一度骤减，但本市和黑森州分担了经费压力，20 年代它已经被广泛认为是德国高等教育最富活力和创新力的学府。在这所大学任何一个他的作品可能得到承认的学科里，本雅明都没有自己认识的人；不过，他和其他领域的学者倒的确有联系。他的叔公阿图尔·莫里茨·舍恩弗利斯是那里的数学荣休教授，1920 年和 1921 年还担任大学的校区长，虽然已经退休，但仍是有影响的人物。然而为本雅明出面争取的人却来自意想不到的地方——这个人就是戈特弗里德·萨罗门-德拉图尔（Gottfried Salomon-Delatour），一位社会学家，法兰克福大学代课教员，本雅明大概是通过埃里希·古特金德和露西·古特金德认识他的。萨罗门-德拉图尔曾是格奥尔格·西美尔的学生，后者指导了他的博士论文。通过这些人物，本雅明希望能打造出通向美学教职的入口，他现在觉得在这一领域找工作机会最大。这一企图也陷入误解和困扰：萨罗门并没有把本雅明的文章——歌德论文和《暴力批判》——交给美学教授汉斯·科尔内利乌斯，而是给了德语文学史主任弗朗茨·舒尔茨（Franz Schultz，1877—1950）。萨罗门作为社会学家和舒尔茨既无个人交情也没有职业上的联系；在他看来，负责德国文学史的教授一定是本雅明作品最理所当然的读者。在接下来的几个月，本雅明多次试图推进萨罗门替他开了头的计划，定期联系舒尔茨——而舒尔茨则尽可能地不让本雅明接近。

---

1 Kracauer, *Ginster*, in *Werke*, 7:22.

这次对法兰克福的短暂访问期间，本雅明拜访了弗朗茨·罗森茨维格（1886—1929），这位杰出的宗教哲学家创立了自由犹太学问之家（Freies Jüdisches Lehrhaus）并担任主任，这一机构服务于犹太成人教育，吸引了一批重要的知识分子来做讲座并当老师。早前的1922年，肌萎缩侧索硬化的早期症状已经在罗森茨维格身上出现，他最终死于这种疾病。本雅明访问时，罗森茨维格正遭受进一步的瘫痪，只能发出一些“细碎声音”，由他的妻子翻译。大部分讨论集中在罗森茨维格的巨著《救赎之星》（*The Star* 179
of Redemption），该书出版于1921年，本雅明在写作歌德论文时已经读过。罗森茨维格的文本让本雅明陷入内心的挣扎，而这种挣扎经常出现在他接受有影响的观点之时。读这本书时，他写道：“我……[认识到]这本书必然会使公允的读者面临根据其结构而高估这本书的危险。或者只有我面对这种危险？”他后来则说，他有段时间对罗森茨维格的书非常“着迷”（C, 194, 494）。虽然在本雅明和罗森茨维格的语言本体论之间有广泛的相似性，但罗森茨维格在本雅明身上留下最深印迹的则是他针对唯心主义哲学总体，以及具体的黑格尔唯心主义哲学要求整体性的攻击。对罗森茨维格来说，唯一神和个人之关系的独一性（singularity）优先于任何关于更大的统一体的论断，而哲学还没有领会这一点。“哲学不得不把独一性的东西排除在世界之外，而这种对‘任何事物’（the Aught）的抹除就决定了，为什么哲学只能是唯心的。唯心主义通过拒绝承认任何把独一的事物和全体区分开来的东西，而成为哲学家行当的工具。”[1] 尽管对这一论点以及罗森茨维格思想中存在的紧迫性深有同感，但本雅明对他的著作还是持有一些保留意见，

1 Rosenzweig, *The Star of Redemption*, 4. 关于“作为启示之工具的语言”，见第110、295页及各处。

他所认为的其思想的“危险”也许和一种近乎瓦格纳狂想曲式的论证风格及对祈祷仪式和“血的共同体”的肯定联系在一起。[1]然而，他还是向肖勒姆——罗森茨维格在会面的最后有些隐晦地批评了肖勒姆的反战主义——表示，他“无论如何都真的很愿意再见到罗森茨维格”（C, 205）。

在本雅明正要告辞的时候，罗森茨维格的一位朋友，法律史家欧根·罗森施托克-许西（Eugen Rosenstock-Huessy）也来了；罗森茨维格和罗森施托克-许西共处一室，很可能让本雅明有些惊惶失措，因为这足以让人想到改宗皈依问题。罗森施托克-许西皈依了基督教，他曾和罗森茨维格有过一系列关于犹太基督徒的认识的通信，当时他俩都在“一战”前线，而这些通信引起了不少讨论。1913 年，罗森茨维格自己就站在改宗的门槛外，不
180 过他搁置了这一选择，转而去系统研究犹太教，以便澄清和捍卫自己的立场。不过这两个人都继续和帕特摩斯圈子（the Patmos circle）有过从，这个圈子由在维尔茨贝格的帕特摩斯出版社（Patmos Verlag）发表作品的作者们组成，其中最著名的几位都是改宗的犹太人。本雅明对改宗，似乎也像对有组织宗教的其他方面一样，缺少同情。朵拉记得他对卡尔·克劳斯的一篇文章（发表在 1922 年 11 月的《火炬》上）的精辟反馈，克劳斯在那篇文章中讨论了他自己在 1911 年皈依天主教，随后又弃教的始末。本雅明称，“你得先是克劳斯，而且还没做过这种事，然后才能对此置评”（引自 GB, 2:302n）。

本雅明返回的柏林，正受困于德国“一战”后所经历的最恶劣的经济危机。法国和比利时以德国在战争赔偿上的违约为由，

1 关于罗森茨维格，见 SW, 2:573（“Privileged Thinking,” 1932）和 SW, 2:687（1931—1932 年笔记）。

继续占领着德国工业的核心鲁尔区。柏林的政府号召总罢工，而这和该地区已然非常惨痛的经济生产损失相叠加，加速了一场深重的经济危机。本雅明受此触动，表达了他 20 年代最具鲜明政治性的观点。他认为鲁尔危机并不仅仅代表“极糟糕的经济局面”，而且是“一场精神疾患”（GB, 2:305）。当时朗正忙于作文征稿并制造舆论，以支持德国政府，本雅明以此为榜样，鼓励朋友和熟人公开表态，把知识分子组织起来。他非常清楚——虽然他对议会民主并不信任——德国需要更多像朗这样的公民，正如他写给朗的信中所说，这样的公民“不会允许自己对政治事务的内部空间的审视变得模糊，他们会保持镇定，同时不变成现实政客（Realpolitiker）”（GB, 2:305）。

社会不安定和他自己职业上的不确定，二者叠加让本雅明在 1923 年前几个月陷入严重的抑郁。1 月伊始，他又到布赖滕施泰因的疗养院与家人会合，他和朵拉以及四岁的斯特凡在一间屋子里住了接近六周。他这几周的书信显示出一种绝望和孤立感，这 181
种感觉又因看似不会停的雪而加重：“关于我自己，真的没有什么好事可以报告。……我还会写我的教授资格论文，在经过更多的无谓努力后，我将不得不让自己受苦开始工作，既不在新闻界也不在学界。”（C, 205–206）他对自己情况的评估也不大可能从沃尔夫·海因勒健康迅速恶化的消息中得到什么帮助。本雅明继续为海因勒去瑞士疗养一事筹款，虽然他知道，情形已然“无望”（GB, 2:309）。沃尔夫·海因勒因晚期肺结核的并发症于 2 月 1 日辞世，这让本雅明陷入更深的绝望，黯淡的情绪与他在弗里茨·海因勒 1914 年自杀后所感受到的类似。在本雅明的记忆中，这两兄弟是“[他] 所认识的最美好的年轻人”，他觉得他们的离世意味着“个人用以衡量自己生命的标准”消逝了。他觉得，只要一个人寻求“真正的思考而非智者式诡辩，寻求创造而非复制，寻求实践而非算计”，那这个人就会在海因勒兄弟身上找到榜样（C, 206–207）。这份丧失感因为肖勒姆动身去巴勒斯坦一事已越来越确定，变得更加深重。

正如他后来的生命历程中经常发生的那样，从本雅明抑郁症的深谷中——“厄运……像狼群一样从四面袭来，而我不知道该如何困住它们”——产生出了他最好的作品之一。他写信告诉朗，他在德国的旅行让他直面民族的“命运，现在这命运以压倒性的和极具危险性的方式让人们感受到。当然，过去几天穿行于德意志的土地又一次让我濒于绝望，让我凝视深渊”（C, 206–207）。本雅明新产生的评论当代社会、政治和经济问题的意愿——这一态度转变也深受西格弗里德·克拉考尔的影响，本雅明在 1922 年底或 1923 年间见到了克拉考尔[1]——伴随着新的阅读计划，他尤其关注各类格言集。这其中，有对尼采格言的重读，而且他还初次读到了胡戈·冯·霍夫曼斯塔尔的《友人书》（*Buch der Freunde,* 1922）。于是，利用他自己在各类书信中关于危机的记述，本雅明在这一年间写下了一系列短篇散文作品的初稿，这些作品最终收
182 入他的第一本蒙太奇之书，《单行道》。最早的这样一组短篇是对经济危机的人性后果的分析，这一分析暂题为《通货膨胀时期的德国之旅》（“Journey through the German Inflation”）。同年晚些时候，本雅明将庄严地以手写书卷的形式呈给肖勒姆，作为对方远赴巴勒斯坦的赠别礼——这也向我们说明了本雅明赋予这些短篇散文形式的早期尝试的重要性，他最终将借用斯特凡·格奥尔格早先使用过的词[2]，称这一形式为“思想图像”（Denkbild）。这篇短

1　见 GB, 2:386n。

2　见 Adorno, *Notes to Literature,* 2:322 (“Benjamin’s *Einbahnstraße*”; 1955)。

小同时又惊人地复杂的《通货膨胀时期的德国之旅》在 1928 年收入《单行道》时改题为《全景幻灯》。极具本雅明特色的是，这些对经济形势及其政治意义的分析既不聚焦于经济也不聚焦于政治，而是聚焦于这一局面对人类感知力和认知力的影响："赤裸裸的惨境"本身阻止着人类理解它的努力。"大众本能比任何时候都要更陷入迷茫和脱离生活……[而] 社会对已习惯但早已失效的生活的依赖是如此刻板，以至于即便在最可怕的陷阱中，人本来具有的智力和预见力都无法运用。……被圈在这个国家里的人已经辨别不出个性的轮廓了。在他们看来，每一个自由人都怪怪的。……所有事物……都正在失去它们的固有特性，而真实性被一种模棱两可取代。"[1]（SW, 1:451–454）《全景幻灯》当然早于本雅明对马克思主义的集中学习，但其后期作品的一种基本立场的轮廓在此已可辨认：坚信社会变革必定取决于人们意识到实际状况。此外，他坚信这些状况现在只是以扭曲的、遮蔽的形式展现出来。[2] 正如 1921 年的残篇《资本主义作为宗教》所论证的，人类感觉和认知能力的粗鄙化是有效维持资本权力的特征。

2 月中旬，本雅明孤身一人从布赖滕施泰因回到柏林，但途中经停海德堡，以便从理查德·维斯巴赫处拿回《新天使》手稿。这标志着本雅明首次创办刊物的尝试的终结；他没有为《新天使》另找出版者，这一决定无疑受到 1923 年令人绝望的经济前景影 183
响。随着编辑事业及其潜在收入的道路被阻断，本雅明心怀渴望地注意到，古特金德夫妇能通过书店的收入贴补家用。他也同样渴望"眺望到'坚实陆地'"（GB, 2:320），能有一个坚实的立足点

1　参见王涌译《单行道》，第 22—26 页。——译注

2　本雅明这里的立场已经在 1915 年的文章《学生的生命》第一段中显示出大略轮廓（见本书第二章的讨论）。

实现自己“最美好的愿望”：“能够放弃我父母公馆里的住处”（C, 206）。而对1923年初的本雅明而言，他现在能想象得到的唯一落脚点就是大学。3月初，他又回到了法兰克福，他以少有的认真关注谋求教职的努力所必然伴随的学院政治。事实上，随着歌德论文业已完成，本雅明开始了他的下个课题，一个涵盖宽泛的研究项目，即对名为Trauerspiel——“悲悼剧”——的巴洛克戏剧形式的研究。悲悼剧兴起于16世纪，在17世纪的德意志盛行一时；其主要作者有安德列亚斯·格吕菲乌斯（Andreas Gryphius）和丹尼尔·卡斯珀·冯·洛恩施泰因（Daniel Casper von Lohenstein）。虽然这一形式大体上起源于古典悲剧，但是其主人公的陨落却不像悲剧主人公反抗命运的斗争那样激起崇高的同情，而是激发出一种悲伤的奇观；本雅明自己后来把悲悼剧形容为“在哀悼者面前的戏演”。在研究项目的这一阶段，本雅明还无法确定，他是在写作教授资格论文还是完成一个独立的学术课题：他还抱有舒尔茨会把歌德论文接受为资格论文的希望。但显然，正是舒尔茨最先建议，本雅明可以积极研究巴洛克戏剧。[1]虽然截至20年代初期，对悲悼剧的重新关注有所冒头，但巴洛克戏剧在当时还是被广泛地轻视，悲悼剧更是被看作一种低级的、美学上粗俗的文类。考虑到他对边缘的和看似不起眼事物的偏好，更不用提他自己几年前对这一巴洛克文类的富有内涵的思考[2]，悲悼剧可谓本雅明必然会上钩的诱饵。因此，这一年的头几个月的阅读主要和他对悲悼剧的研究有关，但也显示出那种惯常的混杂，兼有文学、哲学、神学和政治。在全面阅读戏剧作品本身之外，他还研究了古典学

1 尤其值得参考的是大约写于1923年秋的一封未署日期的致舒尔茨信，本雅明说舒尔茨“特别建议了”这一题目（GB, 2:354）。

2 本雅明曾在1916年写作短文《悲悼剧与悲剧》及《悲悼剧与悲剧中语言的作用》。

学者赫尔曼·乌瑟内尔（Hermann Usener）具有广泛影响的关于诸神命名的论著，利安德尔和卡尔·范·艾斯（Leander and Carl 184 van Eß）新译的《圣经·新约》，保守派政治理论家卡尔·施米特的《政治神学》（*Political Theology*），以及19世纪现实主义作家卡尔·费迪南德·迈耶尔（Carl Ferdinand Meyer）的历史小说《于尔格·耶纳奇》（*Jürg Jenatsch*），同名主人公是16世纪的牧师和政治家。到4月中旬，本雅明已能够汇报说，他“明确了”对巴洛克戏剧分析的中心概念。

他花了一周对法兰克福的盟友及潜在导师进行拜访和交谈，然后在朗的邀请下前往黑森州北边的小城吉森。在那里，他于3月12日出席了“法兰克福圈子”（Frankfurt Circle）的第一次会议，这一跨宗教团体是由朗和马丁·布伯组织的，包括了犹太教徒、天主教徒和从贵格会到路德宗的一系列新教人士。格列深的讨论，集中在当今条件下由宗教原则指导的政治复兴是否可能的问题。[1]对于朗来说，让本雅明和布伯都出席这一会议显然非常重要；正如肖勒姆所回忆，这两位人物，彼此对对方都有保留意见，而这种成见又时常发展为怀疑，但他们对朗来说代表了“真正犹太性格的化身”（SF, 116）。这次聚会给本雅明留下深刻印象：“德国令人意外的一面跃然于我的眼前。”（GB, 2:322）即使我们可以对他表现出的热情打些折扣，因为他是在给会议组织者朗写信，但他在格列深的出席一定得到了严肃对待。瓦尔特·本雅明的神学政治论使他不论在哪一方面都成为“一战”之后席卷德国的宗教复兴运动里的中心人物。而且，当时朗、布伯、罗森茨维格等人试图建设一个多种宗教信仰并存的新德意志，本雅明对这种努力的

1 关于“法兰克福圈子”，见 Jäger, *Messianische Kritik*, 183。

强烈兴趣无疑为他在 20 年代早期的日益政治化涂上了一层底色。“法兰克福圈子”并不是本雅明逡巡于其边缘的第一个同类群体：他通过埃里希·古特金德了解了“要塞圈子”的工作，他对罗森施托克–许西的点评则说明他完全熟悉“帕特摩斯圈子”。不过，关于他在这个圈子的参与程度，最突出的表现来自他为朗号召法国、比利时和德国重启对话所贡献的《回应》（“Response”）一文，发表在朗的小册子《德国共济会：关于对比利时和法国的公正态度之可能性，关于政治哲学，向吾等德意志人进言》（*Deutsch*
185 *Bauhütte*: Ein Wort an *uns Deutsche über mögliche Gerechtigkeit gegen Belgien und Frankreich und zur Philosophie der Politik*）。除了本雅明和布伯之外，主张德国采取和平主义，成为东西欧桥梁的浸会派记者、小说家和戏剧家阿尔封斯·帕凯（Alfons Paquet），还有天主教宗教哲学家和心理诊疗师恩斯特·米歇尔（Ernst Michel），也都贡献了自己的评论。本雅明的《回应》一文先是对“回应”这一形式提供了一些观察，将政治宣传小册子这一文类问题化——让人想起《歌德的亲合力》的开篇——随后就宣称了朗的小册子具有启示性的潜能。“因为，这一文本不仅谴责了各民族之间的思想边界的封闭，而且以相同程度承认了这些思想边界。……[这些边界] 明确了即便在政治中，真理也是不含混但又绝不简单的（eindeutig... aber nicht einfach）”。随着本雅明进一步反思真理在政治中的作用，他的哲学文学批评和新近聚焦的政治介入之间的交替接力就变得明显了：他论证道——以表现出他**独有**原则的术语——朗的原则出自“理念的交互渗透”，他将之具体化为“正义、法律、政治、敌对和谎言的理念。而没有比沉默更顽固不化的谎言了”（GB, 2:374）。大约就在这一时期，本雅明有一系列笔记，为一篇关于撒谎的文章而作，其中他拓展了前引观点：“谎言之于言语

（speech）有一种构成性的关系（以至于通过沉默来撒谎是不道德的）。”（GS, 6:64）在歌德论文中，奥蒂莉的沉默就被构想为一种对作为真理的唯一居所的语言本身的不道德回避；现在，在 1923 年，对一场政治危机保持沉默不仅被理解为伦理上的过错，而且也是对词（the word）的纯粹直接性和中介能量的回避。对本雅明来说，宗教复兴的大戏不是在政治的广阔舞台上展开，而只能是在明显有界限的语言舞台上演出。

西格弗里德·克拉考尔在 1922 年的写作中，曾对随着战后危机突然涌现的新组织形式做出正面评价：“谁生活在这样的时代并有所留意的话，都会在自己的存在深处感觉到，对德意志精神进行总结算的时刻现在到来了。在倾听和等待的无言夜晚中，人们 186
感觉到这一精神的热切呼吸就在近旁。如今，权力的错乱之梦已经做过了，如今，欲求和苦难已经挤破曾威胁要窒息这一精神的硬壳，喷薄而出，于是，伴随着权力的可怖展示，精神向着它自身的实现而艰难奋力。……此刻，有数不清的运动正振动于整个德国并动摇其根基，虽然方向明显各异，但它们几乎全部都证实了这一精神的欲望和本质。青年群体高举广义的人性理想和德意志博爱理念；公社成员们的价值观则和原始基督教的共产主义相联系；思想相近者的组合以内在的更新为目标；还有跨宗教团体；还有民主-和平主义联合会；还有普及教育的种种努力：所有这些都在寻求同一样东西，那就是从固定于自我之中的抽象观念出发，达到实实在在的社群形态。”[1] 十年后，本雅明在 1933 年的散文《经验与贫乏》（“Experience and Poverty”）中，不出意外地对这一现象发表了不同看法：“曾坐着马车去上学的那一代人现在站立

1 Kracauer, “Deutscher Geist und deutsche Wirklichkeit [German Spirit and German Reality],” in Kracauer, *Schriften,* 5:151；初次发表于 *Die Rheinlande* 32, no. 1 (1922)。

着，面对自由天空下的风景：除了天上的云彩，一切都变了，在这一风景的中央，在毁灭和爆炸的洪流力场中，是微不足道的衰弱人体。随着技术释放出的这种巨大威力，一种新的贫乏（poverty）降临到了人类的头上。随着星相学和瑜伽智慧、基督教科学派和手相术、素食主义和灵知主义、经院哲学和招魂术的复兴，传播在人们之中的——或者更确切些说——降临于人们头上的这些五花八门、令人窒息的想法只是这种贫乏的另一面。因为这并非真正的复兴，而是一种电疗。”[1] 如果说克拉考尔还坚持理想主义观点，认为随着对出自普遍存在的民族精神的各种理念的反思，“实实在在的社群形态”可能出现，那么本雅明则暗示，这一“理念财富”的无休止挥霍实际上会“淹没”人们——而一种新的经验贫乏或建设性的剥夺才是对这个时代的唯一恰当回应。

感觉到在法兰克福至少暂时无事可做，本雅明于 4 月初回到柏林，结果得到了一份愉快的惊喜：他的波德莱尔翻译集的清样。
187 虽然他仍然害怕这本书只会“按照超验的时间安排”面世，但他还是立刻起草了一份通告，帮助宣传该书：“这组来自《恶之花》的诗作包含一些首次翻译为德语的篇什。有两件事足以保证这些翻译的持久地位。第一是忠实，这一原则译者在前言中就毫无疑义地确立下来，并以最认真细致的方式实践这一原则。第二，波德莱尔作品中的诗意元素以一种令人信服的方式得到了把握。作品原文——而且这是准确版本的原文第一次在德国印行——和每一首翻译相对照，这尤其会受到敬仰这位伟大诗人的读者的欢迎。”（GB, 2:358）但文学方面的消息也不全是好的：出版人保罗·卡西尔（Paul Cassirer）曾表达过对《歌德的亲合力》的欣

1 参见王炳钧、杨劲译《经验与贫乏》，第 253 页。——译注

赏，但还是拒绝发表这篇论文。本雅明立刻转投负有盛名的学术刊物《德国文学研究和精神史季刊》(*Deutsche Vierteljahresschrift für Literaturwissenschaft und Geistesgeschichte*)，主编是埃里希·罗塔凯尔(Erich Rothacker)和保罗·克卢克霍恩(Paul Kluckhohn)；他在海德堡认识了罗塔凯尔，这次不仅希望能找到一个好的出版渠道，而且还希望能把美言传到罗塔凯尔在法兰克福的同事，教授舒尔茨那里。虽然罗塔凯尔回复说这篇论文给他留下了“强烈而意义深长的印象”，但他还是只愿意发表第一部分，而且要做些删减，因为他觉得该文的笔法中泛滥着年轻人的表达过剩。罗塔凯尔指出该论文本质上难以索解、“反思过度”，开启了一条重要的批评路线，后来许多初次读《歌德的亲合力》的读者(GB, 2:332n)都有此论调。本雅明早已习惯了在学术上不被人理解，当然可以就这样接受一次直截了当的拒稿；但他不乐意看到自己的作品遭受轻贱对待，并将这一态度表达给了罗塔凯尔。但罗塔凯尔并没有就此放下这个问题，而是居高临下地答应要请舒尔茨“处理”本雅明的作品，争取让他也同意部分分表。这一定成为压倒本雅明的最后一根稻草：他撤销了投稿，并寻求朗的帮助，去接近伟大的奥地利作家胡戈·冯·霍夫曼斯塔尔。本雅明由此联系上了在 188 人际交流方面甚至有时比本雅明自己还要正式、繁琐的极少几位德语知识分子之一。虽然霍夫曼斯塔尔对本雅明的态度并非负面，他还是要求朗充当中间人，写信说“即便在这种事务中，每一个姿态，就像在身体接触中一样，都有其含义，而我们不想把一切‘简单化’或缩减为所谓‘正常’”(霍夫曼斯塔尔致朗，转引自GB, 2:341−342n)。

5月初，本雅明回到法兰克福，准备长住，为找到大学教职做最后一次精心努力：他评估了他的机会，认为尚未“完全失去希望”，但承认他没有实在的证据来支撑这一估计。他先是找他的舅舅舍恩弗利斯，借住在格里尔帕策大街（Grillparzerstraße）59号，但很快就自己租了房子。他已然非常凄惨的经济状况又在法兰克福的物价中受到进一步的打击：“现如今，在法兰克福这样一座昂贵的城市过学生生活可不是开玩笑。”（GB, 2:334）虽然他在这座美因河畔的城市从未感觉舒适，但接下来的几个月既忙碌又多产。他和肖勒姆常常碰头，后者来法兰克福是为了使用市图书馆所收藏的丰富的希伯来文材料。从他们最初在柏林相遇算起，已经八年了，两位老友的关系从不是轻松的，真正的亲密和高强度的思想交流中间隔着彼此沉默乃至互相斥责的时段，而这样的情况往往是由这两个生性易怒的人物中某一个所感觉到的小小冒犯所引发的。在法兰克福的这几个月也不例外。甚至可以说，因为4月在柏林发生的肖勒姆和朵拉之间的激烈一幕——这也是这段非常特别的三角关系的最后爆发之一，他们的关系变得更差了。[1] 现在在法兰克福，有关于爽约和迟到的口角，还有关于移民巴勒斯坦的前景的严重分歧。即便如此，他们还是经常因为在法兰克福所发现的新思想世界而聚在一起。通过肖勒姆，本雅明和犹太学问之家恢复了联系，并与以阿格农为核心的巴特洪堡犹太作家和知识分子小圈子过从甚密，那里离陶努斯山脚很近。

但在法兰克福的最重要的两次见面则只属于本雅明一个人。
189 夏天期间，本雅明开始和两位年轻男士交往，他们将成为他最亲密的思想伙伴：西格弗里德·克拉考尔（本雅明可能几个月前就

1　和朵拉的这一幕在肖勒姆1923年7月9日从法兰克福写给未婚妻埃尔莎·布克哈特的一封信中有所提及，但没有解释，信中描述了一次和本雅明在电话里的激烈冲突，本雅明拒绝让肖勒姆在探访时带上他的表亲海因茨·普弗劳姆（Heinz Pflaum，后成为耶路撒冷大学研究浪漫主义的教授）。

见过他）和特奥多尔·阿多诺。在从事了几年建筑业之后，克拉考尔（1889—1966）于1921年加入《法兰克福报》——德国最负盛名的报纸之一——的作者队伍，作为报道人员负责采编当地和地区事务，诸如展览、会议和行业活动。到本雅明第一次见到他时——大约是通过恩斯特·布洛赫介绍——克拉考尔已经是这家报纸上讨论文化危机时代的德国知识分子角色的主要作者。克拉考尔发表于1922年和1923年的文章集中于两大问题：第一是在现代化的条件下，古典德国人文主义——即由从康德到黑格尔的德国唯心主义哲学所传达的德意志“人性理念”——的作用；第二是战后主张各教会联合的宗教复兴。在《等待的人》（“Those Who Wait”）、《作为理念秉持者的团体》（“The Group as Bearer of Ideas”）、《科学危机》（“The Crisis of Science”）等文章中，克拉考尔描画出一种文化和哲学传统，随着其共同的价值观受到挑战，它在眩晕中跌入危机。这不仅关乎德国知识分子的整体状况，而且关乎他自己对人文主义传统的坚守，但在1923年，克拉考尔对这场危机的解决方案还没有任何想法。特奥多尔·威森格隆德·阿多诺（1903—1969）在1923年时是法兰克福大学哲学和社会学专业的学生。克拉考尔在战争后期经人介绍认识了他，而阿多诺当时还是高中生。虽然克拉考尔年长十四岁，一份带有同性爱意味的深入友谊在两人间形成；他们一起阅读康德，常常讨论哲学和音乐。本雅明和阿多诺的最初见面肯定是克拉考尔安排的，但1923年阿多诺也去听科尔内利乌斯和萨罗门-德拉图尔的讨论课程，他在那里更好地了解了本雅明。

对于本雅明日益令人沮丧的谋求学术位置的努力，和新老朋友的联系最终只是一点远远不足的补偿。他出席讨论课，试图迂回地潜入围绕在汉斯·科尔内利乌斯和弗兰克·舒尔茨周围的学

13. 西格弗里德·克拉考尔，约 1928 年（*Deutsches Literaturarchiv Marbach*）

生圈子。科尔内利乌斯是哲学教授，研究新康德主义哲学，在本
190 地而非在全国享有声名；但后来在科尔内利乌斯指导下完成博士
论文的阿多诺则回忆，科尔内利乌斯绝非境界狭隘的迂腐之人。
他还是画家、雕塑家和钢琴师，作为思想者，他以不局限于正统
而为人所知。[1] 尽管如此，科尔内利乌斯明确地拒绝支持本雅明的
教职资格申请。本雅明于是又短暂地把希望寄托在赫尔曼·奥古
斯特·考尔夫（Hermann August Korff）身上。在他自己的教授资
格论文被法兰克福的教授们接受之后，考尔夫已经作为 18 世纪德
语文学尤其是歌德研究的学者赢得了极大的声望；他的多卷本著
作《歌德的时代精神》，第一卷发表于 1923 年，而整部著作将很
191 快使他成为德语文学古典主义的首要权威。考尔夫曾是法兰克福
大学的教职候选人，而本雅明以为考尔夫对歌德的天然同情，可

1 Müller-Doohm, *Adorno*, 108。

能足以使他接受不做修改的《歌德的亲合力》作为教授资格论文。但在仲夏时节，考尔夫接受了吉森大学的教职。本雅明非常明白，这迫使他把仅存的希望全都寄托在舒尔茨那里。而舒尔茨现在明确无误地向本雅明表示，通向教职资格的唯一路径只能是提交一篇完全为此而写的新论著。这一要求本身并不是一个坏信号；本雅明理解为，舒尔茨只是想避免给人留下这样的印象：他为一个以前和自己没有关系的学生做特殊努力。学期在 8 月结束，于是本雅明回到柏林，他的教职资格没有比 1922 年底多哪怕一点点进展。当然，进入学术界的门打开了一道缝，但看起来只有拿出一部开创性的文学研究著作才能把它推开。

1923 年夏天，德国货币的乱象正在给日常生活带来灾难性的影响。8 月初，本雅明从柏林写信说，“这里的一切都透露出一种惨象。食品紧缺的程度已经和战时不相上下”。街车的运行不再规律；商家和店铺一夜消失；左翼和右派的矛盾随时有可能在街头爆发。本雅明一家的最后一束希望之光是朵拉找到了工作，她被聘为私人秘书，服务于赫斯特（Hearst）报业在德国的报道人员卡尔・冯・维甘德（Karl von Wigand）；她的工资不仅来自一个稳定的渠道，而且以美元支付，在 1923 年还不受通货膨胀的影响。但是，本雅明自己的家庭责任感和以往任何时候一样薄弱。在离家半年之后，他发觉他五岁的儿子“变化很大，但够乖”（GB, 2:346）。他和朵拉及儿子在代尔布吕克大街父母家的房子中住了超过三个月，但随后他自己一个人搬到了麦爱罗托大街（Meierottostraße）上一座花园小楼中的一间屋子，那里属于选帝侯大街以南的一片优雅街区。

整个秋天，他带着紧迫感进行悲悼剧的研究工作，催逼他的是来自经济危机的压力，以及一种感觉，法兰克福的大门随时可

14. 1924 年的特奥多尔 · W. 阿多诺（*Theodor W. Adorno Archiv, Frankfurt am Main*）

能砰的一声关上。“我还是不知道我能不能做到。不论发生什么，
192 我都决意完成一部文稿。在羞辱中败下阵来也比撤退要好。”即便对本雅明来说，他所处理的材料——不论是戏剧本身，还是他在阐释中发展出来的理论架构——也具有非凡的难度，而且他很明白，在把难以处理的材料“强塞”进论述之中和保持论述的分寸感之间，他需要取得一种有效的平衡（C, 209）。像悲悼剧这样不起眼的文学形式，其研究带来许多挑战，对此，本雅明在 12 月 9 日向朗写道：

> 一直困扰着我的问题是艺术作品和历史生命的关系。在这方面，我的先行结论是，并不存在一种叫作艺术史的东西。
> 193 比如，时序事件的连锁关系所必然包含的并不仅仅是那些在

> 因果论意义上对人类生命重要的东西。如果没有类似于发展、成熟、死亡和其他连锁关系的范畴，那么人类生命从根本上就不会存在。但就艺术作品而论，情形就完全不同了。在其本质上，艺术作品是非历史的（geschichtslos）。试图把艺术作品放在历史生命的语境之中的努力并不能打开视角，引领我们进入其最内在的核心。……艺术作品之间的本质关系始终是极强的……艺术作品的具体的历史性不能通过“艺术史”来揭示，而只能在阐释中揭示。因为，在阐释中，艺术作品之间的关系将得以呈现，这些关系是无时间的（zeitlos），但却不无历史相关性。这就是说，那些在启示的世界（这也就是历史之所是）中以爆炸性和外延性的方式变得具有时间感的力量，呈现在沉默的世界（也即自然的世界和艺术作品的世界）中却是集中的（intensiv）。……艺术作品因此被定义为自然的模型，这种自然不等待那一天，不等待审判日；艺术作品被定义为自然的模型，这种自然既不是历史的舞台布景，也不是人类的居所。（C, 224）

这是为悲悼剧专著确定方法论的第一次周密尝试，即一种力图揭示艺术作品的“最内在核心”的批评，在其中，那些“以爆炸性和外延性的方式变得具有时间感的”东西得到集中而浓缩的呈现，因此，这种批评的目的与其说是去展示艺术作品嵌入在特定的历史时刻，不如说是去创造那个充满“其可辨认的此刻”（now of its recognizability）的时刻。

至于他的其他作品，则没有什么好消息可以让他的个人处境以及对悲悼剧的研究变得更轻松些。虽然他拿到了波德莱尔译本的清样，但他知道，这样一本书的出版可能会是正在“流失”的德国出版业的最后成果之一。其他曾被编辑们审阅的论文投稿现在都已经黄了。他的歌德小说论文的命运也在明晦不定之间，而朗正和霍夫曼斯塔尔进行一系列微妙的预备性交涉；为此，本雅明给朗提供了一大组文稿，由他转交霍夫曼斯塔尔，其中包括《歌德的亲合力》、《暴力批判》、已经在《阿尔戈水手》上发表的
194 波德莱尔译稿以及海因勒兄弟作品选。而另一篇文章，《真正的政治家》（“The True Politician”），本是本雅明要给布伯收入一部文集的，现在又一次没了着落，因为布伯的计划没能吸引到任何出版社；本雅明希望把这篇文章收入纪念萨罗门荣休的文集中。最终，出乎意料之外，维斯巴赫在 10 月份出版了本雅明翻译的波德莱尔《恶之花》中的《巴黎风光》，其中收录了《译者的任务》。本雅明仍心存希望，这本书可能会为他在德国知识界赢得存在感。但这本书简直消失得无影无踪：共有两篇书评，《法兰克福报》上那篇还非常负面。这是一次格外严重的打击，因为西格弗里德・克拉考尔是该报的编辑。要么是粗暴的批评，要么是冷漠无视，这样的整体判决是有道理的吗？维尔纳・福尔德（Werner Fuld）已经颇具说服力地证明，本雅明对波德莱尔的翻译始终没能脱离斯特凡・格奥尔格对这些诗作的有力翻译的轨道。肖勒姆本人在 1915 年第一次听本雅明朗读他的四首翻译时，就以为它们是格奥尔格的作品。[1] 而本雅明的导论所遭遇的冷漠对待可能更难揣摩。《译者的任务》仍是关于翻译的最重要表述之一；和 1919 年的博士论文一道，此文是本雅明关于自己的先锋批评理论面向（潜在的）广泛读者的最早论述。

不论他对自己作品的持续高风险的成就还抱有什么期许，这

1 Fuld, *Walter Benjamin,* 129–130; SF, 14.

样的期许实际上都被他对自己整体处境的悲观态度抵消了。他清楚地看到，他开启一份学术事业的尝试之所以受阻，不仅是因为他没能找到一位保举人，还因为在大学体系中四处可见的“衰败之象”。各家报纸在报道普鲁士财政部的内部讨论，说要直接关停五所大学，包括法兰克福大学和马尔巴赫大学，以应对经济危机。虽然议会和街头的抗议使这一计划撤销，但这些报导强迫本雅明自问，他如何还能在此种“颓败的生活形式和条件”中考虑一份知识分子的事业？（C, 212）1923 年的最后几个月，魏玛共和 195
国本身极其危险地在混乱中濒临瓦解。通货膨胀已然失控，食物价格飙升到难以想象的水平，社会骚乱从厨房溢出到街头。11 月 5 日，在柏林，反犹的帮派欺凌犹太市民并洗劫住宅和商户。仅仅三天之后，11 月 8 日晚上，阿道夫·希特勒率领 600 名褐衫队（即冲锋队）队员从啤酒馆（Bürgerbräukeller）向音乐厅广场（Odeonsplatz）进发，意图先推翻巴伐利亚政府继而向柏林出征。“啤酒馆暴动”失败了，希特勒被监禁，这说明对共和国的支持即便在保守的巴伐利亚也在增强，但这些事件也表明，新德国始终脆弱，而其犹太公民的处境岌岌可危。

本雅明最亲近的朋友中，已经有两三位离开了这个看起来无望的国家，而 9 月中旬肖勒姆也将他的计划付诸实现，迁往巴勒斯坦。本雅明和他身边最近的人又一次动了移民的念头：“我的存在的独立而私密的本质，对我而言是不可剥夺的，要营救它，就要逃脱与这空虚、无价值和粗暴的一切的令人灰心的接触，这个想法对我渐渐变得不言自明了。”（C, 212）朵拉在考虑去美国生活，而古特金德夫妇又一次力主迁往巴勒斯坦。本雅明因此坚定了离开的念头。如果他架设通向大学的桥梁的最后一次努力也以失败告终，那他就决意拯救自己，“游也要游到国外去，因为朵拉和我都无法更长久地忍受对我们所有人的生命力以及对世间美好事物的缓慢腐蚀”（C, 209）。异域本身对本雅明不构成问题，但脱离欧洲知识分子群体的前景却是他所忧惧的事情。本雅明完全明白，当时德国犹太人若要在公共知识生活中扮演角色所面临的危险。“当一个民族处于乱世之际，只有属于那个民族的人才被要求发言。……犹太人当然不应该发言。”（C, 215）那么，考虑到他对德国犹太知识分子难以立足的处境有如此清晰的洞见，为什么他还是留下来了？为什么他不能接受离开德国去往巴勒斯坦的“现
196 实可能性和理论上的必要性”？在 1923 年，以及在随后十年写给肖勒姆的书信中，本雅明强调，他的根本性认同不在于德意志国家或德意志民族，而在于德意志文化。他向朗坦言，准备移民的古特金德从未体验过“德意志现象中的积极方面”，不仅如此，而且就他本人而言，“有边界的民族性格一直都具有核心重要性：德意志的和法兰西的。我永远不会忘记我注定将成为前者，也不会忘记这样的纽带有多深”（C, 214）。移民，并且从而割断自己与德意志文化的纽带，在此刻还是不可设想的。但是，和古特金德及朗一道，他设计了一次朝南的临时出逃；他既没有准备，也没有意愿完全抛弃德国，但他当然渴望从这一年的经济、政治和职业考验中抽身，获得喘息。

秋天，本雅明认识了一个在普鲁士国家图书馆工作的和自己正好同龄的年轻人，埃里希·奥尔巴赫（Erich Auerbach），他将和本雅明一样，成为 20 世纪最有影响力的文学学者。奥尔巴赫也是出生于柏林的一个犹太家庭中，他在获得法学博士之后开始研究文学，1921 年获得第二个博士学位，论文关于法兰西和意大利文艺复兴早期的中篇小说。他后来就是以这一研究为基础，于 1942 年至 1945 年间在伊斯坦布尔写成他最有名的著作《摹仿论》

（*Mimesis*）。虽然他们从没有成为亲密朋友，但他们之间有着明显的思想纽带，本雅明和奥尔巴赫即便在30年代最黑暗的日子里也保持通信。

直到年底，本雅明的前景才有所改善。11月末，他看到并抄录了霍夫曼斯塔尔给朗的一封信的一部分，其中有一段是他到那时为止收到的对自己作品最鼓舞人心的回应：

> 关于本雅明这篇无与伦比的文章，您如此好心地将它交付给我，请不要指望我能更充分地表达我自己。我只能说，它标记出了我内在生活的一个重要时期，而只要我自己的工作不要求百分百的注意力，我就难以把我的思绪从这篇文章上移开。表述的精美，再加上对隐藏之物的无人匹敌的穿透， 197
> 在我看来——就可见的外在而论——是奇迹般的——这种美产生自全然稳固而纯粹的思想，同类者可谓寥寥。如果这个人比我年轻，甚至比我年轻许多，那么，我被他的成熟强有力地击中了。（霍夫曼斯塔尔致朗，1923年11月20日，转引自GB, 2:379–380n）

本雅明的文章由此在霍夫曼斯塔尔的刊物《新德意志文稿》（*Neue Deutsche Beiträge*）上找到了归宿，于1924年4月和1925年1月分两期登出。许多年里，霍夫曼斯塔尔对他的才华的承认都对本雅明至关重要，这不仅是在心理上，而且是在现实中（他将靠着这份承认来获取和出版社及刊物的联系，并得到向同行作者的引荐）。本雅明在作为他的读者的霍夫曼斯塔尔那里得到的特别确认，正好对应着在他看来霍夫曼斯塔尔作为作家与众不同的那些特质，尤其是他对语言的秘密生命的意识。1924年1月，如我们已经提到的，本雅明写信给他的“新保人”：“您如此清晰地强调了引导我进行文学活动的信念，而且，如果我对您的理解正确的话，您也抱有同一信念，这对我来说非常重要。这一信念就是，每一真理都在语言中有其故家，有其祖先殿；而这一宫殿由最古老的逻各斯建造而成。”（C, 228）

来自这样有影响力一方的支持让本雅明在许多层面上恢复了信心，包括他对获得一份教职的希望；他甚至通过向父母抄送霍夫曼斯塔尔的信，成功地从他们那里获得了一份小额年度资助。他在瑞士的出版者的库房被烧毁，他的博士论文除了少数几册全部化为灰烬，当这一消息传来时，他没有感到挫败（他后来还能和肖勒姆开玩笑地说起此事，建议他的朋友把剩下的三十七册都买下来，囤积居奇）。1924 年的头几个月，他都用来进行研究悲悼剧的高强度工作。虽然他向朗承认，自己研究的文本基础是“惊人地——而且蹊跷地——狭窄”，但他却是以一种“异乎寻常的细心”来处理他的材料：光是从一手材料中，他就选
198 取并排列出了超过 600 条引语。而他的阅读范围远远超出 17 世纪。他就阿提卡悲剧向朗征询意见；他回到尼采的《悲剧的诞生》；他钻研了早期浪漫派自然科学家和哲学家约翰·威廉·里特尔（Johann Wilhelm Ritter）的《来自一位年轻物理学家的遗产的断片集》（“Fragments from the Estate of a Young Physicist”），在这一作品中本雅明找到了对他的信念的确认，这一信念是，人类词语之外，文字书写本身的图像元素也在其自身中承载着启示性要素；而且他继续着对新教神学和政治理论的研读。在前一个领域，阿道夫·冯·哈纳克的三卷本教义史是他的向导，不过卡尔·巴特的《罗马书》评注，其第二版，也是激进化的一版于 1922 年问世，很可能也构成了悲悼剧专著的互文，间接昭示他对于宗教改

革中解缆了的“存在”之意义的理解。[1]而在政治理论方面，他重读了卡尔·施米特的《政治神学》，补充了自己关于无政府主义和犹太-基督教政治神学的知识。到2月，他已经完成了整个研究的大纲——很遗憾现已亡佚。到3月，他正计划开始为全书写作一篇雄心勃勃的理论性导言，后面接着三章：论悲悼剧映照下的历史（“On History in the Mirror of the *Trauerspiel*”）、论16和17世纪忧郁的神秘概念（“On the Occult Concept of Melancholy in the Sixteenth and Seventeenth Centuries”）、论寓意法和寓意艺术形式的本质（“On the Nature of Allegory and Allegorical Art Forms”）（C, 238）。

随着春天来临，本雅明沉浸于对南行旅程的憧憬，放缓了工作进度。他已决心逃离“此地氛围的有毒影响”以及随之而来的“种种限制”（C, 236）；关于这一决定，最能说明问题的表现或许是，他愿意牺牲自己的一部分藏书，以便充实旅费。他这样为旅行以及由此而来的内外变化做着准备，有几分“兴高采烈”：在朵拉的帮助下，他进行了节食和锻炼（C, 257）。早在1923年晚秋，他就开始和埃里希·古特金德计划去卡普里岛旅行，到了1924年初，一小群人定下来同行：本雅明、爱玛和佛罗伦斯·克里斯蒂安·朗、露西和埃里希·古特金德，以及古特金德的希伯来文老师多夫·福拉陶（Dov Flattau）。随着计划有了越来越确定的轮廓，本雅明的书信开始染上那种“南方”话语，它至少从18世纪就成为德意志文化传统的关键元素。意大利象征着德意 199
志似乎缺乏的一切：如果德国是灰色的、多雨的、压抑的，那么

1 本雅明自称从未读过巴特划时代的《罗马书释义》（C, 606），但巴特的观点在20世纪20年代相当流行，而且他的思考方式和本雅明的思考方式之间的类似性已得到关注。尤其见于 Taubes, *The Political Theology of Paul*, 75–76, 130。本雅明对宗教战争时代的神学境况的理解也大大受惠于和朗的讨论。

意大利就是阳光明媚的、享乐主义的、身心解放的。一本18世纪的意大利手册，许多德国人曾在他们上层中产阶级的教育之旅（Bildungsreise）途中带在手边，书中以热烈的语言形容这片南方之土："足够敏感的旅行者，为意大利自然富有的如许美丽所感动——这种美远超艺术之美，将会邂逅各种不同的风景。"[1] 于此，就像在许多事物中一样，歌德抓住了自由的自然之美这一观念的本质：这种美可以用来呼应人类的一种新的内在性。

> 你知道吗，那柠檬花儿开放的地方？
> 香橙在绿荫深处闪着金光，
> 蓝天里吹来温和的微风，
> 桃金娘悄然无语，月桂高耸，
> 你可知道那地方？
> 那里，那里
> 亲爱的人，我愿随你前往！[2]

不过，在德国想象中，意大利是一个比这种神化自然更复杂的理念；自从约翰·约阿希姆·温克尔曼（Johann Joachim Winckelmann，1717—1768）的《古典艺术史》（*History Of the Art of Antiquity*）于1764年出版以来，对古典文化艺术遗迹的第一手体验就几乎成了有文化的上层中产阶级的必修课。这种理想化的自然和重新发现的艺术高峰相结合，构成了最著名的意大利经验的记述，即歌德《意大利游记》的背景。这部作品出版于1816—

1 Volkman, *Historisch-Kritische Nachrichten aus Italien*.

2 此节出自歌德名诗《迷娘》。参见钱春绮译《歌德诗集》，亦参见杨武能《威廉·迈斯特的学习时代》译本。——译注

1817 年间，距旅程本身已经有三十年，歌德从书信和日记中重构出意大利经验，使之成为一次重生，一个转折点，歌德第一次按照最内在的自我找到了自己。“终于，我到达了世界上的第一城！”他于 1786 年 11 月 1 日从罗马写道。“既已到达，我就平静了下来，感觉我得到了一种将伴随我一生的安宁。因为，如果我可以这么说的话，只要一个人用自己的双眼看到之前只是支离破碎地知道的整体，那么一次新生命就开始了。”[1] 即便在本雅明出发去卡普里之前，他就已经在自己的想象中绘制出了那个地方。逃往那座岛屿是他“最具活力”的事情；他向往着“更宽敞更自由的环境” 200
（C, 236）。因此毫不意外的是，他相信卡普里时光会带来完全的转变。1924 年 12 月当他回望这次旅行时，他提到“柏林的人们都发觉我有明显的变化”（C, 257）。

本雅明是这一小群人中第一个到达的，途经热那亚、比萨和那不勒斯。多年后的 1931 年，他还记得，当时一想到可能无法离开德国，恐慌感就立刻钳住了他。1924 年 4 月，他正在菩提树大街（Unter den Linden）上走着，瞥见晚报上的头条：“禁止出境旅行”。政府已经宣布，为了应对持续中的货币危机，德国人只有在提交巨额保证金的情况下才能出国旅行，而保证金要到回国时才可以取回。这一禁令将在三天后生效，而本雅明完全不可能凑足所需的保证金，只好把东西匆匆打包，径直出发，不与朋友同路——也没有带够他原本希望到手的旅费盘缠。[2] 他于 4 月 9 日或 10 日到达卡普里，住进高迪阿姆旅舍（Pension Gaudeamus），朋友们在这里与他会合。人到齐后，大家很快搬到索普拉蒙地街（Via Sopramonte）18 号一家私人住宅的二层，离作为卡普里镇社交中

1 Goethe, *Italian Journey*, 128–129.

2 本雅明，《1931 年 5 月至 6 月》（“Mai-Juni 1931”），GS, 6:424。

心的小广场（La Piazzetta）不远。公寓有“非常棒的朝南阳台，可以看到大海，更重要的是房顶还有散步小道，这对于犹太城市居民的思维方式来说，有大地产的感觉了”（GB, 2:456）。

本雅明立刻被这座岛屿的“传奇之美”震慑住了，它的植被和它依傍碧蓝之海而立的白色房屋，显出“前所未有的壮观”；他反复提及——他本是厌恶大自然的人——“乡村具有的治愈力量”（GB, 2:446, 449, 462）。此岛从古罗马时期起就是颇受喜爱的度假地，而它作为欧洲知识分子的避风港的地位则可以追溯到德国画家和作家奥古斯特·科皮施（August Kopisch）的《卡普里岛蓝洞的发现》（*Discovery of the Blue Grotto on the Isle of Capri*）一书出版，他在 1826 年重新发现了蓝洞。在 20 世纪，格雷厄姆·格林、马克西姆·高尔基、诺曼·道格拉斯（Norman Douglas）等人都在岛
201 上拥有住房。而 1924 年，岛上遍布的则是德国知识分子——本雅明称之为“流动的知识分子无产阶级”（GS, 3:133）。在他停留期间也在岛上的有贝托尔特和玛丽安娜·布莱希特；布莱希特的两个朋友，舞台设计师卡斯珀·内尔（Caspar Neher）和导演伯恩哈德·赖希（Bernhard Reich）；斯特凡·格奥尔格作品的装帧设计和插图作者梅尔希奥·莱希特；以及来自远方的本雅明大敌，弗里德里希·贡多尔夫。

他生活的某些方面并未改观。他几乎立刻就发现自己缺钱，虽然住在这里生活费用已经大幅降低。他在 4 月底写信给维斯巴赫求助，这一次他的出版社给出了迅速而积极的回应。另一方面，即便在遥远的意大利，还是有一些事物激起他对大学职位所感受到的那种矛盾心态和恐惧心理。他出席了一次纪念那不勒斯大学建校五百周年的国际哲学大会。大学区的街道上满是学生们玩乐的嘈杂，而大会的会议室则显得孤零零的，被遗弃在一边。“就我

个人而言，”他向肖勒姆写道，“根本不需要这整件事情来让我确信，哲学家的收入最差，因为他们是国际资产阶级最肤浅的走狗。我此前所未见的是，不管在哪，他们都以如此庄严的浅薄表现出他们的低级。”意大利的首要哲学家贝内德托·克罗齐是那不勒斯的教授，却和整个活动保持着“明显的距离”（C, 240）。本雅明自己忍受了一天就溜出来了，先去了维苏威火山和庞贝古城，然后开始了他对那不勒斯国立博物馆（National Museum of Naples）的首次访问，此后还多次前往，这家博物馆有着无与伦比的古典收藏。城市的街道和社区——“它的生活韵律”——一次次压倒了本雅明，因为到处都有一波又一波的游客。

6月初，他已经安顿下来，足以开始他的悲悼剧研究的实际写作。他原本以为靠着自己整理引语的方法，写起来会很快，实际上写作进展缓慢，有时慢到折磨人的地步。理由之一是，教授资格论文并非他唯一的任务：他必须得想办法挣钱糊口，而一位新近在柏林认识的人开始给他提供工作。弗朗茨·黑塞尔（1880—1941）是本雅明通过他们的共同朋友夏洛特·沃尔夫认识的，他比本雅明年长十二岁，但生活环境非常相似。20年代早 202
期，黑塞尔优渥的文人生活走到尽头，情况大体和本雅明差不多：他的家庭在经济灾难中失去了原有的大部分可观财富，黑塞尔被迫自谋生路。他开始为德国报纸的小品文栏写文化评论，大约在1923年前，他成为罗沃尔特出版社（Rowohlt Verlag）的编辑，而从1919年起他就为这家出版社当审稿人。1924年8月他在自己编辑的罗沃尔特出版社下属刊物《诗行与散文》（*Vers und Prosa*）上发表了本雅明的波德莱尔译稿中的四首。[1] 他为这家出版社所做的

1 黑塞尔编发了本雅明对以下波德莱尔诗作的翻译：序诗《致读者》以及出自《恶之花》的“忧郁与理想”部分的《快活的死者》《破钟》和《献给一位圣母》。

第一批重头项目中有巴尔扎克全集的四十四卷本翻译；黑塞尔把其中一卷，即小说《于絮尔·弥罗埃》的翻译任务交给了他的朋友本雅明。本雅明的卡普里时光，消磨在这一任务上的可不少。

虽然有工作上的压力，但对本雅明来说，这座岛就是一首“豪华、宁静和肉体享乐”（luxe, calme, et volupté）[1]的牧歌。他已经太久没有体会过这样的安宁——只有最早在瑞士的日子差强可比。许多年来，他第一次能够平复他难以满足的旅行欲望，住在岛上的日子，他也经常去大陆探索。他那一小组人马有两三次短途旅行，而本雅明自己则一有机会就陪着访客——阿尔弗雷德·佐恩-雷特尔（Alfred Sohn-Rethel）、萨罗门-德拉图尔及其夫人以及后来在夏天造访的布洛赫夫妇——去那不勒斯周边地区，参观庞贝、萨莱诺、拉韦洛、波佐利和整个阿马尔菲海岸。这几个月和古典古代的多次邂逅中，对帕埃斯图姆神庙的造访是“无可比拟的。我当时一个人，在疟疾季节的8月一天看到了它们，而其他人都避开了这一地区。我以我见过的图片为基础和‘希腊神庙’这个词联系起来的那些陈词滥调，连接近真实都谈不上。……大海像一条明亮的蓝丝带，从这些神庙望去并不算远。……所有这三座神庙……即便在如今也表现出几乎炫目的、明确可感的差异来，这是因为它们的生命力”（C, 249–250）。当他留在岛上时，他每天能够花好几个小时读书、写作并在当地酒吧中聊天，这家酒吧叫公猫西蒂该该（Kater Hidigeigei）——“除了名字之外”，本雅明没觉得它有让人不愉快的地方（C, 242）。在此流连的德国
203 知识分子群体的规模保证了这里总有人能说上话。他的对话伙伴

1　此处作者借用了波德莱尔《邀游》一诗中的名句。参见钱春绮译《恶之花·巴黎的忧郁》，人民文学出版社，1991年，第121页；郭宏安译《恶之花》，漓江出版社，1992年，第74页。——译注

15. 阿西娅·拉西斯（*Theodor W. Adorno Archiv, Frankfurt am Main*）

包罗了从左翼分子赖希到保守派人士雷西特尔等各种人。

到6月中旬，本雅明已经结识了一位注定将改变他一生的人。阿西娅·拉西斯（1891—1979）是拉脱维亚人，在莫斯科和圣彼得堡求学之后，到中部俄罗斯的奥廖尔创办了一个无产阶级儿童剧团，后来又在里加的一家工人剧院导演剧作。1922年她在柏林开始接触以布莱希特为核心的圈子，与导演兼剧评人伯恩哈德·赖希建立了联系；1923年秋，拉西斯和赖希追随布莱希特来到慕尼黑，其间她为布莱希特在"室内剧院"的排演作品《英王爱德华二世传》（*The Life of Edward II of England*）担任助理导演。[1] 1924年复活节，在该剧首演之后，她和赖希带着她的女儿达佳（Daga）去了卡普里，以便小孩子可以从肺部感染中康复过来。赖希在本雅明到来后不久就离岛去巴黎工作了。在拉西斯多年后所作的回忆录中，她这样描写她和本雅明的初次相遇。

---

1 Tiedemann, Gödde and Lönitz, "Walter Benjamin," 161.

204 > 我经常带着达佳在广场周围买东西。有一天，我想在一家店里买点杏仁；我不知道杏仁用意大利语怎么说，店主搞不明白我想从他那儿买什么。我旁边站着一位先生，他说，“女士，我可以帮您吗？”“请吧，”我说。我买到了杏仁，带着我的东西回到广场。那位先生跟着我，问道：“我可以陪着您给您提东西吗？”我盯着看他，他又继续说：“请允许我自我介绍——瓦尔特·本雅明博士。”……我的第一印象：他的眼睛反着光像小探照灯，浓密的黑发，修长的鼻子，笨拙的双手——他把东西掉到了地上。整体上说，一个典型的知识分子——生活条件不错的那种。他陪我回到了我的住所，并问我他是否还能来看我。[1]

本雅明第二天就又来了，并承认他已经观察她们母女两周了。如果说她一开始只是让本雅明着迷，那么很快拉西斯就对他意味着更多了：他马上不可救药地坠入爱河，整个20年代他都在追求她。7月初给肖勒姆的一封信中，他可能是在暗指他们的情事，虽然说得很谨慎：“在这里，各种只能当面谈及的事情发生了。……所发生的这一切对我的工作并不是最有利的，因为工作被危险地打断了，而且大概对布尔乔亚的生活节奏也不是最有利的，而这种节奏对每个写作计划来说都是不可或缺的。……我认识了一位来自里加的俄罗斯革命者，她是我所见过的最光彩照人的女性之一。”（C, 245）拉西斯回忆说，本雅明马上就和她女儿建立了良好的友谊——就像他将来和布莱希特的两个孩子建立友谊那样。本雅明在《单行道》的《中国货》一节中以高度间接、变形的方式

1 Lacis, *Revolutionär im Beruf*, 45–46.

留下了关于达佳的记忆："人们很难劝说一位已经穿上睡衣的孩子去向刚刚到来的客人问声好。在场的人会试图用高尚的规矩去命令他不要害羞，全是徒劳。几分钟后，他却又出现在了客人面前，这次却是一丝不挂。原来在此期间他洗了个澡。"[1]（SW, 1:447）

卡普里岛上的几个月标志着本雅明政治取向和整体态度的地壳运动般的深刻变化。很明显，他的新爱情提供了他在柏林时所渴望的那种对生命冲动的释放。但阿西娅·拉西斯还以其他似乎并不那么明显的方式影响着本雅明。首先，她对本雅明来说代表了通向苏联文化的门径，这种新文化以前只在他和G团体尤其是利西茨基和莫霍伊-纳吉的交往中有所触及。在他们的交谈中，本雅明不断地从拉西斯那里汲取关于当时苏联艺术和艺术家的信息。他们讨论了戏剧和文学现状，以及里别进斯基（Libedinsk）、巴别尔、列昂诺夫（Leonov）、卡达耶夫（Kataev）、绥拉菲莫维奇（Serafimovitsch）、马雅可夫斯基、加斯切夫（Gastev）、基里洛夫（Kirillov）、格拉西莫夫（Gerassimov）、柯伦泰（Kollontai）和拉里莎·赖斯纳（Larissa Reisner）的作品。与此同时，本雅明也对他在法国文化中的新发现越来越有激情——这些新发现不仅有纪德和普鲁斯特，还包括维尔德拉克（Vildrac）、杜阿梅尔（Duhamel）、拉迪盖（Radiguet）和季洛杜（Giroudoux）。因此见到拉西斯之前，本雅明已经在考虑将他的工作转向以法国为重点；拉西斯由于和莫斯科有很多联系，又给了本雅明一个补充性的焦 205

1　参见王涌译《单行道》，第12页。德语中"孩子"（ein Kind）为中性词，分不出男孩女孩，本雅明相应使用的第三人称代词也都是中性代词（es、ihm等），并没有明确孩子的性别，当然它们和阳性代词更接近。英译本和中译本都使用了男性代词。我们或许也可以理解为，经由德语的这一特征，本雅明有意无意模糊了笔下"孩子"的性别。——译注点。他的书信很快就充满了关于计划在莫斯科发表文章的消息：为一份报纸作一篇关于“德国资产阶级的新极端意识形态”的长篇报告，以及《对德国衰败的描述性分析》(“Descriptive Analysis of the German Decline”)的俄语译文——此文包括最终收入 1928 年《单行道》中《全景幻灯》第十节的全部和第十一节的部分。这些计划都没能开花结果，但它们为本雅明对苏联文化的多层面介入播下了最初种子——同时标志着本雅明离开了他所谓的“沉浸于德意志文学的学徒时期”，也就是他从对 17、18、19 世纪的德意志文学的研读，转向对当代文化的正面进攻。

1924 年以前，关于当代文学本雅明总共只写过两篇文章：1917—1919 年作的保罗·希尔巴特论文，未发表；1913 年关于格哈特·豪普特曼的论文，发表于《太初》。从 1924 年开始，本雅明把自己的精力投入陡然出现的新方向：转向当代文化——并且强调大众形式和所谓的日常现代性，转向作为新闻报道者及涉足广泛的文化批评家的事业，后者尤其出现在谋求教职的努力最终失败之后。最初是断断续续，而从 1926 年起，本雅明报复般地把注意力投向当代欧洲，投向正在法国和苏联产生的现代主义和先锋派文化，尤其是大众文化和大众文化从中产生的媒体，这在某
206 种意义上是本雅明和西格弗里德·克拉考尔创建出来的一个有待严肃探究的新领域。他在这一时期的涉猎范围是惊人的。1924 年到 1931 年之间，本雅明所做论述无所不包，从作为教育模型的儿童文学和儿童剧场直到赌博和色情物品，涉及包括电影、广播和摄影在内的大量媒介。他为德国一些最知名的周刊和月刊供稿，在 20 年代后期确立了自己作为一位为人所知而有影响力的文化评论者的地位。

不过，文化事物并不构成本雅明和阿西娅·拉西斯最热烈讨

论的基础；这样的讨论是留给政治问题的。认识拉西斯后不久，他就可以向肖勒姆汇报说，他的“生命解放”之中充溢着“对激进共产主义的现实实践的强烈洞察”——这在他的这位好友那里立刻拉响了“警报”（GB, 2:473, 481）。拉西斯记得，她曾向本雅明提出挑战，问他能否把阶级利益问题内化到对悲悼剧的研究之中。[1] 而本雅明则能够很快表态，他已经“在全然不同于以往的视野之中看待共产主义的政治实践（不是作为一个理论问题，而是首先且首要地作为一种有约束力的态度）”——而他把助力他重新站队的功劳归于拉西斯（C, 248）。

但是，爱欲和政治的这次交会，归根结底并不能完全解释本雅明的高调左转。实际上，和拉西斯的相遇与另一重大事件恰好同时：那就是他和格奥尔格·卢卡奇的《历史与阶级意识》的遭逢，此书出版于 1923 年。卢卡奇出生于布达佩斯一个富有的犹太家庭，曾在布达佩斯和柏林的大学求学，1909 年至 1910 年他在柏林时进入格奥尔格·西美尔的圈子。正是在那里他和恩斯特·布洛赫成为朋友；1913 年，他们都在海德堡，活动于马克斯·韦伯的圈子。卢卡奇的早期作品《心灵与形式》（*Soul and Form*, 1910）及《小说理论》（1916）都洋溢着美学和哲学的旨趣。正如我们已经看到的，后来他造出“浪漫式反资本主义”（romantic anticapitalism）一语来概括这些作品。1918 年卢卡奇突然转变了自己的政治效忠对象——他曾经和布达佩斯的社会主义以及无政府工团主义（anacho-syndicalist）群体有松散的联系——并成为新成立的匈牙利共产党的党员；接下来一年，他在短命的匈牙利社会主义共和国中担任党的干部，教育和文化人民委员。随着匈牙利红军被捷 207

1 Lacis, *Revolutionär im Beruf*, 48.

克和罗马尼亚武装击败，卢卡奇逃亡到维也纳，在那里开始了一系列论文写作，以期为列宁主义提供哲学基础。这些论文 1923 年结集为《历史与阶级意识》，为现在通常所说的西方马克思主义奠定了基石。当然，本雅明早已从布洛赫那里听说了许多关于卢卡奇的事情。而在卡普里岛上的 6 月，他从布洛赫刚刚发表在《新水星》上的《历史与阶级意识》书评那里了解到了卢卡奇的著作。到 9 月，本雅明已经初次翻阅过此书。他的反应值得在此整段征引：

> 虽然是从政治考量出发，卢卡奇却得到了至少部分是认识论层面的原则，这些原则也许并非如我最初假设的那样影响深远。这本书震撼了我，因为这些原则在我这里产生了回响，或者说验证了我的思考。……我要尽快研读卢卡奇的这本著作，而且，黑格尔辩证法的概念及论断和共产主义相背离，我的虚无主义基础，若在对立于黑格尔辩证法的概念及论断之时还不显现出来，会令我感到吃惊。（C, 248）

有些东西本雅明没有说，却可能足以解释他的反应何以如此强烈，那就是，他发现在卢卡奇著作的中心观点——尤其是“物化与无产阶级意识”一章中的观点——和他的悲悼剧专著写作中已经浮现出来的概念之间，有一种显著的共鸣。

本雅明之所以对政治兴趣高涨，还有第三个因素在起作用：这一切并不是发生在真空中。不管卡普里看起来是多么与世隔绝，但“大世界”的喧嚣骚动还是经常侵入岛中。首先，这座岛屿本身就有左翼气氛。本雅明知道马克西姆·高尔基曾在此创办过一所“革命学院”，列宁本人也曾于此居留。关于革命伟人的记忆虽

然还没有消散，但却不足以把20年代初席卷意大利的法西斯主义屏蔽于岛外。9月16日，本雅明讲述道， 208

> 今天正午，墨索里尼踏上了这座岛。所有的节日装饰都藏不住人们对待此事的冰冷态度。人们对这家伙造访南意大利（Süditalien）[1]很惊讶——他一定有什么迫切的原因要这样做——而且互相传话说，在那不勒斯期间，他被六千名秘密警察包围着，他们的任务就是保护他。他并不像那些明信片上所表现出来的是什么万人迷：堕落、懒散，傲慢得就仿佛他已经被大方地用腐臭的老油施过浸油礼了一样。他很胖，身体没有形状，如同一位胖店主的拳头。（C, 246）

虽然本雅明没有明确地建立这样的联想，但对他来说非常显然，在法西斯主义可能将要统治一个欧洲大国的世道之下，采取一定的政治立场是必要的。正如他在《全景幻灯》中所论述的："每个还没有直接拒绝去感受衰退的人，都会急着为本人在这混乱世道中的继续存在、活动和参与做专门辩解。……有一种盲目的决心几乎到处通行无阻，那就是——宁可挽救个人生存的声誉，也不愿通过对个人生存的无力和困境进行全面的蔑视，至少把它从普遍幻觉中间离出来。……空气中充满了幻景，充满了无论如何会一夜之间降临在我们身上的某种光荣的文化未来的海市蜃楼，因为每个人都深信基于自己孤立位置的视错觉。"[2]（SW, 1:453）

1　作者在此引用的是本雅明书信的英译本，但英译本误将德语原文"南意大利"译为"西西里"，实际上，如前述，墨索里尼访问的是卡普里岛。在作者的提示下，我得以做此订正。——译注

2　参见王涌译《单行道》，第25页。——译注

一方面因为他观点上的这些变化所具有的深刻程度，一方面因为岛上的活跃氛围，本雅明在这一小流亡地逗留得比他最初计划的长久很多，也远比他的朋友们要久。朗夫妇只待了四周，古特金德夫妇不到七周——但本雅明留了下来，甚至出乎他自己的意料。“现今，在早上，多云的天空下，海上吹来风，我坐在阳台上，这是卡普里最高的阳台之一了，从这里你可以眺望到小城之外，看到大海。对了，引人注意的是，人们常常只是短期客居，就
209 没法下决心离开这里了。这其中最伟大也最古老的例子当属提比略（Tiberius），他曾三次启程回罗马，结果没到目的地就折回来了。”（C, 243）接下来几个月里，本雅明反复向朋友们提及玛丽·居里对这座岛的神奇魅力的解释，并引以为乐事：居里夫人把这座岛对住在这里的人的吸引力归结为空气中的一种非常特殊的放射性！而且，到 1931 年回望自己在卡普里的几个月时，本雅明仍记得，“只要我不必离开此岛，什么事情我都可以忍受。我甚至非常认真地考虑过能不能住到岛上的某个大洞穴里，关于此，我脑海中的画面还是如此清晰生动，以至于今日我已不再知道它们是否只是幻想，抑或来自某个历险故事，这类故事在岛上到处都是”（SW, 2:471）。

不过，在岛上五个半月，并不是每件事都令他舒适。写作以一种折磨人的缓慢进度进行着。随之而来的出成果的压力引出了一系列在本雅明身上并不陌生的症状：这座活跃小镇的市声让他躲到晚上去写作，但他还是被夜间声音所打扰——即便是当地牲口的夜间活动也不行。在他居住的后半段，他苦于一连串病痛：7 月初患胃病，月底又血液中毒，整个夏天都没好。并且，虽然他可以在安全距离之外旁观，但是福拉陶的朋友艾娃·格尔布卢姆（Eva Gelblum）的到达还是把不和谐音第一次带进了住在索普拉蒙地街的这一小团体之中。古特金德夫妇尤其受到波及，围绕这

位年轻女性的混乱局面很可能促使了他们提前离开。不过最扰乱
心情的还是期待已久的《法兰克福报》上关于本雅明的波德莱尔
翻译专集的书评终于到来。大概是报纸的内部政治使然，克拉考
尔没有能力阻止把撰写书评的任务交给奥地利作家斯蒂凡·茨威
格。虽然今天茨威格最为人所知的是他作为传记作家的作品，但
1924 年时，他作为典型的高级布尔乔亚诗歌、小说和散文作者，
足够以成功业绩傲人。世纪初，他出版过一小本他自己的波德莱
尔翻译（本雅明曾在书信中取笑说，那本小书现在除了在“我的
藏书的毒药柜”中，别处哪里也找不出来），而且他这时一心想
摧毁最新的竞争者。本雅明深切地清楚来自这样一位显赫人物的 210
书评可能带来的影响——“书评本可能更糟，但是绝不可能更有
杀伤力”——也明白没有几个人会知道它是由一位具有竞争心态
的“恼怒的波德莱尔译者”所作。身处远方，无从发起反击，本
雅明只好把怒火发泄到他明面上的朋友、“编辑健将”克拉考尔身
上：“上帝啊，请让我免于朋友之害；至于敌人，我自己去对付。”
（GB, 2:459, 461）

7 月初，本雅明搬到了达娜旅馆（Villa Dana）的一间新房间去住——估计是为了省钱。他不再住一整个楼层，现在他住一间单人房，“此前我从不曾在像这样的屋子里工作：在大小方面，它简直就是僧侣格调，窗外景致是卡普里最漂亮的花园，而且这个花园我随时可以去。在这间屋子里，上床睡觉显得不自然，它就像是为夜间工作而造的。此外最重要的是，我是第一个住进来的人——至少是很长时间内第一个住进来的人，但我相信其实就是绝对的第一个。这里以前是贮藏室或洗衣房。刷白的墙，上面没挂任何图画，以后也会这样”（C, 246）。阿西娅·拉西斯回忆道，对新住所，本雅明出人意料地满意，她记得她第一次造访时的震

惊，那地方“就像葡萄藤和野玫瑰的丛林中的一座洞穴”[1]。

拉西斯和达佳成了陪他访问那不勒斯及其周边的常客。在某次这样的出游之后，本雅明建议他们一起为这座活力四射的城市写一篇随笔；他自己已经积累了他在这座城市的旅行的“大量材料，——许多奇怪而重要的观察”，现在他提议把这些材料付诸应用（GB, 2:486）。《那不勒斯》（“Naples”）是本雅明令人难忘的“城市肖像”中的第一篇，成功描画出了这座城市的生动形象，同时也给这座城市脱去了它长期所苦的那几层神话和美化。正如本雅明将在他对当时一部那不勒斯研究的尖刻评论中所说，“首日的体验就表明，能够直接注视这种生命的未经扭曲的形象的人实在太少太少——这是一种没有静止也没有阴影的存在。一个人，如果其身上和舒适有关的一切在和这片土壤的接触中不会死灭的话，那他就可以期待一场无望的斗争。不过，对其他人来说，他
211 们遭遇了最肮脏，也最富激情、最惊骇的景象，从中贫穷照亮了解放——对这样的人来说，关于这座城市的记忆并入对克莫拉黑手党（Camorra）的记忆”[2]。于是，《那不勒斯》一文诡奇异地同时注意到这座城市的悲惨和它的荣光。本雅明和拉西斯专注地观察这里的天主教狂热，它宽恕了自身的过度，同时又制衡了克莫拉秘密犯罪组织的腐败和暴力统治；也注意到，赤贫的畸形人以游客看见他们所产生的震惊为乐；也关注城市精神的隐秘性、不可穿透性，及其对幻觉和戏剧性的依赖；也关注街头生活，一方面极其慵懒，同时另一方面又极其狂躁；也关注相对令人麻木的贫穷，那非凡的荒淫放荡。但最终成就这一文本的，则是两位作者

---

1 Lacis, *Revolutionär im Beruf*, 47.

2 本雅明，《评雅各布·约伯〈那不勒斯：旅行图片和速写〉》（review of Jakob Job, *Neapel: Reisebilder und Skizzen*, 1928），GS, 3:132。克莫拉黑手党是那不勒斯的犯罪组织。

对决定此城特征的多孔性（porosity）以及由此产生的含混态度的刻画。

> 和这块石头一样充满孔隙的是建筑。在庭院、拱廊街和台阶通道，建筑和行为互相渗透。在一切事物中，它们都保存着自己的广度，以便为新的不可预知的星丛（constellations）[1] 提供剧场。这里避免任何确定事物的痕迹。看起来没有任何一个情境特意永远如此，没有任何形象表态要“就这样而不能别样”。……同样散乱、多孔隙和混杂的，则是私人生活。那不勒斯区别于其他更大城市的地方就是它和非洲土人村社（kraal）相类似的地方：公共生活的水流渗透到每一种私人的态度或行为。生存——对于北欧人来说最私人性的事务——在这里就像在土人村社一样，是集体性的事务。……正如客厅会出现在街头，连同椅子、炉台和神龛，同时街道也——以更多的喧嚣——移入客厅。即便是最穷的人也富有蜡烛、圣像饼干和墙头照片，正如街上满是推车、人群和灯火。贫困带来了边界的延伸，就像一面镜子般映照出思想最光彩四射的自由。（SW, 1:416, 419–420）

无疑，这篇论文在一定意义上是两人共同创作的，同样几乎无疑的是，其德语行文完全来自本雅明。[2]

1　Konstellation（英语 constellation）是本雅明的关键词之一，除“星丛”之义外，李双志在《德意志悲苦剧的起源》中，译为“聚阵结构”。参见李双志、苏伟译《德意志悲苦剧的起源》，《引言》，第 11 页。——译注

2　阿多诺声称全文都出自本雅明之手——“很难怀疑的是，这一作品完全是本雅明的手笔”——这一判断和本雅明的友人及阐释者贬抑拉西斯在其人生中的作用的整体倾向相吻合。对这一立场的纠偏来自 Ingram, “The Writings of Asja Lacis”。

《那不勒斯》是一个重要文本，并不仅仅因为它对这一传奇城市的观点具有复杂性，还因为它开启了本雅明将在其后十五年间加以利用并不断完善的散文形式，即 Denkbild 或“思想图像”[1]。
212 《那不勒斯》没有推理性的连贯论述形式。相反，一组组思想文字围绕一个中心观念丛聚为段落的长度，观察和思索由此呈现。这些中心观点间歇性地在全篇反复出现，这样读者就受到挑战，他们被要求拒绝那些基于线性叙事的构造物，转而接受文学比喻和观点的**星丛**。本雅明的这种实践，得自两位德语散文大师，那就是格奥尔格·克里斯托夫·利希滕贝格和弗里德里希·尼采。利希滕贝格（1742—1799）是一位数学家和实验物理学家，他开始用一系列笔记本记录短文——零星见解、有针对性的观察以及实验结果等，他带着明显的自我嘲讽，称之为 Sudelbücher（草稿本，或用他自己的话说，“废料本”）。其中许多短文都带有格言般的精炼特征：“当一本书和一个头颅相撞产生了一种空洞的声音，那真的总是因为书中的某些内容吗？”本雅明是利希滕贝格的热情崇拜者，偶尔也以他为主题。[2] 另一方面，本雅明和尼采作品的关系既是无处不在的又是深刻的。尼采在其成熟期的著作如《善恶的彼岸》中，为哲学创作重新启用了格言形式，这给本雅明提供了一个重要先例，而尼采对格言体的结构性和策略性使用也起了同样的作用，这种使用动摇了宏大哲学体系的可能性，取而代之的是彼此微妙互通的各种单一体所建立起的非连续性网络。本雅明自己对这种形式的应用，在一些决定性的方面，比利希滕贝格和尼采，甚至比浪漫派格言家施莱格尔和诺瓦利斯都要更具文学性；

---

1 德文 Denkbild 直译为“思想图像”，本书作者所采用的英译为“figure of thought”，有“思想的比喻”之意。——译注

2 参见 1932—1933 年的广播剧《利希滕贝格》，GS, 4:696–720。

在其“思想图像”中浮现的轮廓，不仅随着不断开枝散叶的观念（ramifying ideas）而变化，同样也随着词语的协调、和鸣与排列组合而变化。

10月间，本雅明和拉西斯把此文投给了拉脱维亚和德国的刊物；它最终发表于1925年8月的《法兰克福报》。如今，在那一时期记录本雅明圈子中的德国人对该岛的“思想占领”的文学作品中，《那不勒斯》是最重要的一篇。恩斯特·布洛赫借用本雅明文中的中心母题，在1926年6月的《世界舞台》（*Die Weltbühne*）上发表了《意大利和多孔性》（“Italien und die Porosität”）；年轻的经济学家阿尔弗雷德·佐恩-雷特尔，本雅明海德堡时期认识的朋友，在1926年3月的《法兰克福报》上发表了一篇短文，题目十分精彩，《无用之物的理想》（“The Ideal of What is Kaput”），他 *213*
在文中声称“技术手段在根本上是无用的。……对那不勒斯人来说，功用只有在某样东西无用的地方才会开始”[1]。

本雅明在卡普里的最后几周很忙碌。恩斯特·布洛赫和琳达·布洛赫夫妇于9月初到达，本雅明又在岛上和大陆上当起了导游，后来他记下一个神奇的夜晚，当时他和布洛赫及佐恩-雷特尔正在波西塔诺[2]的街道上游荡。他离开旅伴，被引向高处一片废弃的居住区。

> 我感觉到我是如何离开了底下那些人，虽然事实上我还在他们的视线和听觉范围内，但在想象中很容易越出。一种宁静包围着我，一种事关重大的遗弃感（eine Verlassenheit voller Ereignis）。我一步步推着自己的身体迈入这一事件，关

1 Bloch, “Italien und die Porosität,” in *Werkausgabe*, 9:508–515.

2 意大利的一座小镇，依山傍海。——译注

> 于它，我无法形成画面或概念。这一事件不想容许我。突然，我停了下来，在墙壁和空窗之间，在月影的灌木丛中。……这里，在已经化为不再具体存在的旅伴的注视之下，我了解到了靠近一个魔力空间（Bannkeis）意味着什么。我转身离开。[1]

虽然本雅明对他的哲学友人保持着严厉批评的态度——他急于批评布洛赫的一切，从他对犹太气质的情感依赖，到他乐意在严肃著述之余发表“不负责任的、伪善的吹捧之词”——但他还是告诉肖勒姆，布洛赫“表现出了自己更友好，甚至是绝对光辉、更有品德的一面，这是很长时间以来的第一次，而且他的谈话有时确实很有帮助”（GB, 2:481）。这最后几周带来了新的文化和思想交流，其中最让人难忘的就有和未来主义分子的茶聚，包括菲利波·托马索·马里内蒂（Filippo Tommaso Marinetti）、鲁杰罗·瓦萨里（Ruggero Vasari）和恩里科·普兰波利尼（Enrico Prampolini）。马里内蒂“以高超技巧”表演了一首噪音诗，其中充满“马的嘶鸣、加农炮的雷响、马车的碰撞声、机关枪的开火”（GB, 2:493）。本雅明还是一有能力就继续收藏书籍，为他的童书收藏入手了一些珍本。这一番杂乱折腾的受害对象则是他的教授
214 资格论文。悲悼剧研究的工作以爬行速度进行着，不仅被旅行和社交，也被反复的病痛（他认为起因于营养不良）和时不时的抑郁症突发所打断，抑郁的程度和他曾经历过的不相上下。不过，到 9 月中旬，他已经完成了序论和第一部分，以及第二部分的局部，他当时所构想的悲悼剧专著共有三部分。

卡普里的漫长旅居在本雅明身上留下了不可磨灭的痕迹；他

1　本雅明，《评约伯〈那不勒斯〉》，GS, 3:133。

尝试用文学形式来整理他在那里的体验，这直到生命结束都仍是他的志趣所在。他最引人注目的“思想图像”中有一组就缘起于卡普里母题。他在《短影集》（“Short Shadows”）中包括了一则从卡普里渡海去波西塔诺的梦，这一小集在1932年2月的《科隆报》（*Kölnische Zeitung*）上发表。卡普里也意味深长地出现于1938年版《柏林童年》的开篇小品之中，那就是《内阳台》——本雅明形容为“我所能画出的关于我自己的最精确肖像”（C, 424）。本雅明描述他在其中长大的柏林庭院所包含的特别的许诺时，写道“这种空气的一缕仍存在于卡普里的葡萄园中，我在园中搂住我的爱人”[1]（SW, 3:345）。但或许这一岛屿持久的重要性还是在1931年的一则日记中得到了最佳总结：“因为我确信，曾在卡普里长久流连会给你一种要求远方旅行的资格，每个曾在那里长期居住的人都会有一种如此强烈的信念：他手中拥有所有的线索，在时间最饱满的状态中，他所需要的一切都会降临。”（SW, 2:471）

本雅明终于在1924年10月10日惜别了卡普里。在他旅居的最后一日，他得知佛罗伦斯·克里斯蒂安·朗已经于10月7日去世。他的这位友人从卡普里回去之后很快就病了。最初的诊断为风湿病，随着情况恶化又改为“神经炎症”；最终，朗几乎全身瘫痪。本雅明在9月初已经停止给朗写信，他当时得知朗已经不再能收读信件。他向肖勒姆讲述自己在岛上最后一天收到朗的噩耗时，既有感情的敏锐反应，又有明显的距离感——“过去 215
两周，我一直在为这一消息做心理准备，但它直到现在才一点点触及我。”（C, 252）接下来的岁月将表明，某种试金石一样的东西，某种可以用来衡量他自身存在的东西，因朗的离去，而再也

1 参见王涌译《柏林童年》，第93页。——译注

不会触手可及了。他早已对自己和朋友承认，朗在他眼中“代表着真正的德国性格”（GB, 2:368）。他还相信，自己在20年代前半期的作品中有些方面只有朗能够完全理解；他后来说，随着朗逝世，他的悲悼剧专著失去了“恰当的读者”（GB, 3:16）。他告诉肖勒姆，他给爱玛·朗写信说，“我所内化于自身之中的一切德国文化的本质要素，不管哪一样”，都是她丈夫的馈赠。当然，对肖勒姆本人，他的描述更均衡：“[隐藏于这些需要沉思的重要题目之中的生命力]都是从他那里迸发出来的，当它麻木沉睡在其余的德意志地层之下时，这种迸发就带着更加强烈的火山喷涌之力。我曾有……机会，风雨无阻的、活跃的机会，在他那不可思议的、凌乱的思想地块上考验自己。经常我会找到一座山峰，让我获得广阔视野，远望我自己尚未探索的思想区域。他的精神中满是疯狂，正如地块充满缝隙。但是，因为其道德水准，疯狂没有力量占据他。当然，我熟悉他的思想风景所具有的神奇的人性气候：那始终具有朝阳的新鲜。”（C, 252）对本雅明而言，朗的伟大——他不仅是思想楷模，而且是道德榜样——是和他的人格密不可分的。因此，他严重担忧，现在只有其作品可以见证其为人，那么朗的重要性将被误判。他担心朗的“思想风景”在“落日之后……将显得僵化”（C, 252）。朗明显也有同样的忧虑：他指定本雅明为他的文学遗产执行人，不过这位后死者却从未承担起这一任务。究竟是本雅明最终不愿意，还是朗的家人有所阻碍，我们无从得知。《单行道》开篇不久处，他为自己的好友留下了追忆文字，存于“旗帜……”和“……降半旗”两节。前一节表现朗从卡普里离开，后一节关于他的死：

旗帜……

216

送别的人是多么更容易受到爱慕啊！那是因为，轮船或列车窗口挥动的围巾为渐渐在距离中消失的人所煽起的火焰，燃烧得更为纯粹。远去的距离像颜料一样染透消失的人，使他沉浸于温柔的光辉之中。

……降半旗

当一位很亲近的人正在死去，在接下来的几个月中就会有（我们隐约发现到）一些事情，我们原本多么愿意和他分享，现在却只在他缺席的情况下发生。最终，我们问候他，用一种他已不再能理解的语言。（SW, 1:450）[1]

本雅明并不急着回柏林。在那不勒斯和波西塔诺小住二三日后，他又在罗马待了一周，还去了比萨、佛罗伦萨、佩鲁贾、奥尔维耶托、阿西西等地短期旅行。旅行的主要时光用在对意大利艺术的观赏：他探访了罗马的博盖斯美术馆（Borghese）和梵蒂冈博物馆，比萨和奥尔维耶托的天主教堂，阿西西的圣方济各教堂。他用心于著名的“十五世纪艺术”（quattrocento），承认自己在这方面的一手知识很少；他对古代的历史遗迹的观察也同样“中规中矩”地进行着（GB, 2:501）。但是他对自己的知识匮乏可能产生的不满，在另一重阴影面前都不算什么，那就是持续不断的阴雨天气、深深的孤独感——拉西斯已经去和伯恩哈德·赖希会合，而且本雅明显然认为接下来的几年都不会再见到她——以及无处不在的法西斯主义所组成的“和谐联盟”。他不断发现自己被围观法

1 参见王涌译《单行道》，第19—20页；陶林译《单向街》，第11—12页。——译注

西斯盛况的人群堵住，进退维谷，而且他反复进入人群之中并挤到最前面，“到底是出于无奈，还是努力突围而出”，他也说不清，这让他得以亲眼看到国王、法西斯政客以及法西斯青年和武装人员的游行。“哪怕我是《法兰西行动》的意大利通信记者而非读者，我所做的也不会有什么不同。”（C, 255）

他在 11 月中旬回到柏林，回到他父母在代尔布吕克街的宅
217 邸，和朵拉及斯特凡团聚。到 11 月 22 日，他已可以向肖勒姆汇报，他誊抄好了悲悼剧研究已完成的部分——或者至少是他有意向法兰克福方面提交的部分。他此时信心满满地定下全书的标题：《德意志悲悼剧的起源》。他还更进一步，把原来计划的三部分浓缩为两部分，每部分各有三节。虽然对自己是否成功证明了寓意法（allegory）对巴洛克戏剧的中心重要性还留有疑虑——他希望这一论点将“完整地从论文整体中显现”——但他对自己的写作策略仍很自负，创造一部“几乎完全由引文”所组成的文本，不啻“……可以想到的最疯狂的马赛克拼贴技艺”（C, 256）。虽然他对这一课题及其思想上的重要性感到这般高兴，但本雅明在提交教授资格论文一事上则表现出深深的矛盾心态。“但是这一研究工作对我而言标志着一次终结——无论怎么看都绝不是一次开始。……我害怕几乎所有从对整件事的积极决定中可能产生的结果：首先我害怕法兰克福，然后是讲课、学生，等等。所有这些让人在时间上付出致命代价的事情，尤其是因为妥善地利用时间绝不是我的强项。”（C, 261）即便在他的目标看似触手可及的时候，他仍然无法想像自己成为一名大学教师。

事实上，旅居卡普里并转向当代文化之后，本雅明开始构想一种学院外的生活的轮廓：“目前，我正试着捕捉从各个方向吹向我的船帆的大风。”（GB, 3:15）他以新的决心重新进入文学市

场。1924年底和1925年初，他完成了两篇评论童书收藏的文章，重新开始写作最终收入《单行道》的许多文本，当时它们暂题为《送给友人的小饰板》（“Plaquette for Friends”），并启动了一系列新散文的写作。这一紧张工作的时期是他于1926年实现重大突破的先声，届时他将一跃成为德国最显眼的文化批评家之一。在本雅明的心中，这一重新定调的文化实践紧密联系着他政治信念的转变。他很典型地用尽可能挑衅的方式向肖勒姆表述自己的方向调整，而肖勒姆的反应他也预料到了：“我希望有一天共产主义的信号灯能比从卡普里岛更清晰地照耀到你。刚开始，它们是一场变化的迹象，这一变化在我心中唤醒了一种意志，叫我不再像以前那样用古法兰克人的方式遮蔽我的理念中的现实和政治元素，而是通过实验和采取极端举措去发展它们。当然，这意味着德国文学的文学阐释工作现在只配退居其后了。”（C, 258–258）他提到他自己也对“我和激进布尔什维克主义理论有许多连接点感到惊讶”，他还暗示，此刻他很遗憾既不能做出“关于这些问题的完整书面论述”，也找不到机会“当面说明”，因为，“关于这一特定话题，我还没有任何别的手段可以来表达我自己”（C, 258）。 218

在两篇关于童书的评论中，《被遗忘的旧童书》（“Old Forgotten Children’s Books”）更为重要；它不仅利用了本雅明和朵拉充满爱意地收集来的童书藏品，而且涉及本雅明对儿童充满想象的感知生活的长期兴趣。正如我们已经看到的，从在瑞士时开始，他就有一个笔记本专门记录儿子斯特凡的“观点和思想”，而他又对儿童的游戏和玩具尤其留心。这篇小文也为本雅明标记出一系列的新开端：它不仅是本雅明发表的第一篇讨论大众文化议题的文章，而且是他对收藏家形象的第一次试探性素描，这一形象将在30年代占据他的脑海。他承认，“傲慢、孤独和刻薄”等倾向，都是许多有很高教养并怡然自得的收藏家的个性黑暗面，但他也争论道，每一个严肃的童书收藏家都必须“在这一领域固执于孩童般的快乐”。本雅明认识并敬仰他的收藏家同行卡尔·霍布雷克尔（Karl Hobrecker），他（在给肖勒姆的一封信中）称此人为“本领域的大师，以及我自己藏品的慷慨推介者”。但霍布雷克尔也是一位竞争者，而本雅明讲述道，霍布雷克尔的“出版商得知我的藏品并知道收藏于我所具有的生命后，就对没有把这一任务交给我感到难以释怀”。私下里，他告诉朋友们，这位老先生的文本是用一种“叔伯般的慈爱风格”写出的，有一种“沉稳的幽默，有时的效果就像做坏了的布丁”（C, 250–251）。本雅明对德国教学法的历史极度感兴趣，而这篇小文章包含了对童书在那一发展历程中扮演的角色的简单考察——这也是从他早年对教育理论和实践的关心中生出的许多分析中的
219 第一则。但也许此文最重要的贡献是他区分了儿童对两种图画的反应，一种是彩色插图，一种是木版画。正如本雅明从 1914 年起的数篇作品中所点到的，彩色插图联系着儿童正在发展中的内在生活。[1]“毕竟，童书的作用不是把小读者直接带进物体、动物和人的世界——也就是说，所谓的生活。这些事物的意义是在外面的世界中一点点地发现的，但发现的程度只能恰好符合儿童自身已经拥有的一切。而这种观看方式的内向属性就在色彩之中，这就是物体在儿童的心智中所过的梦境般生活实现的地方。他们从明亮的着色中学习。因为，在其他任何地方，感官的、没有乡愁的沉思都不可能像在色彩中那样找到家园。”（SW, 1:410）木版画则是彩色插图的“反向补充”，彩色“让儿童的想象力在自身之内沉浸于梦境状态。而黑白木刻，简单平淡的插图，则引他离开自身。

1　比如《儿童的色彩观》和《彩虹：关于想象力的对话》（约 1915 年），见 EW, 211–223。

迫使儿童对画面做出描述的要求，就潜藏于这样的图画中，激发出儿童用词语表达自己的欲望。而在用词语描述这些画面的同时，他又通过付诸动作来描述它们。儿童居于它们之中”。这一区分似乎暗示了一种直接的二元对立，一边是梦一样的、流动的内在性，另一边是世界中的行动主体性，但尽管如此，本雅明所关注的与其说是对立，不如说是可能促成两极联合的隐含潜能。在把描述“动作化”的时候，儿童“在更字面的意义上于图画中添加他们自己的想法：他们在图画中涂写。在他们学习语言的同时，他们也学习如何书写：他们学习象形文字”（SW, 1:411）。因此，关于童书的文章是第一个公共记录，表明本雅明在悲悼剧研究的写作期间回到了他 1916 年的语言理论，严格区分了用于传达信息的工具性语言和天国性语言，后者什么都不传达但却把自身作为语言的本质具体化。儿童的涂写是本雅明如今开始思考的书写理论的一次无意的证明。这关涉到他对笔迹学的兴趣，笔迹学假定，一个人的书写风格可以披露其内在生活，这里道出的“象形文字”的概念将成为对悲悼剧形式本身的分析的一个中心特征。 220

和这一次以及其他开始作为当代文化批评家的事业的种种尝试同时的是，本雅明积极在德国文坛寻求带薪职位。其中也许最有前景的是，他同意担任一家新出版社的编辑，它是由一个名叫利特豪尔（Litthauer）的年轻人创办的，据肖勒姆说，其名字也可能是利陶尔（Littauer）。本雅明不会从编辑工作中获得报酬，但却将从稳定的系列文章和旅行报道中得到收入；借力于这重机遇，他开始想象与出版人直接建立联系带来的种种可能，包括由此创立新刊物的想法和出版悲悼剧研究的计划。[1] 虽然当时德国经济正

1 见 GB, 2:515n 和 3:19n。

在回稳，但新生的出版生意还是太过冒险了：利特豪尔出版社一本书没出，就在春天收摊关门了。本雅明还开始协商，要担任法兰克福的西南德意志广播服务（Südwestdeutschen Rundfunkdienst）的电台刊物副刊的编辑。他的朋友恩斯特·舍恩是那里的节目总监，这一职位一开始看起来真的很有希望——直到本雅明对报酬的期待成为协商的绊脚石。这种无理的要求，出自这样一位除了已然大幅减少的父母贴补外毫无收入的人，也凸显出将耽误他一生的一个性格特征：随着他的经济情况一天比一天无望，他对与他的成就相匹配的报酬所提出的要求，其强硬程度也成正比地增加。

就仿佛职业前途的不确定性还不够令自己心烦，本雅明又继续在私人生活上给自己添乱，阿西娅·拉西斯已于10月底和伯恩哈德·赖希以及她的女儿达佳回到柏林，本雅明频繁和她见面。两个家庭这样搅在一起，一定充满了紧张关系。在本雅明的建议下，斯特凡经常陪达佳去上他们的韵律艺术体操课；拉西斯回忆说，在这样的场合，斯特凡表现得就像“一个小骑士，风度翩翩而又优雅”[1]。就像在那不勒斯时一样，本雅明充当起拉西斯在柏林的向导，
221 不仅向她介绍了他父母所居住的西边富人区和威丁（Wedding）、莫阿比特（Moabit）等北边工人区的强烈对比，还让她了解到无疑属于上层资产阶级的对高级饭馆的偏好以及严格遵守的餐桌礼仪。尽管他和左翼的政治联系一步步加深，但本雅明的阶级属性却没有改变——而且是无法改变的。当然，瓦尔特·本雅明表现出的阶级矛盾绝不是孤例；20年代后期在左翼作家群体中有许多尖锐的论争，要求团结无产阶级的呼声日益高涨，这渐渐把资产阶级知识分

1　Lacis, *Revolutionär im Beruf*, 53.

子排除在外，而他们也就游走回社会民主党那一端。本雅明只是这类知识分子中最有名的几位之一，他们坚持决绝的激进思想立场，同时即便在极度贫困中也保留布尔乔亚生活的做派。

拉西斯很想认识本雅明的弟弟格奥尔格，此时，格奥尔格已经是一名坚定的共产党员和社会活动家，但本雅明不让他们见面，这符合他隐士般地把他生活中的人彼此孤立开来的老政策。他不让他的拉脱维亚朋友接触他的个人事务，但他自己却渴望跟随她进入一个他所知甚少的世界：当代戏剧。1924 年秋天，贝托尔特·布莱希特——在卡普里他主动回避与本雅明的见面——同意和本雅明见一面；拉西斯记得，初次会面很失败，布莱希特把自己和本雅明的交流保持在最低限度。[1] 本雅明对布莱希特的兴趣表明，关于自己还有哪些可能性，他的看法已经发生了剧烈的变化。虽然本雅明还保持着和学生时代旧友的情感联系，包括恩斯特·舍恩、尤拉·拉德-科恩和她的丈夫弗里茨、阿尔弗雷德·科恩，虽然他仍然对玄奥思想和产生这种思想的人（他试图发表一篇评埃里希·恩格尔的新书《反对诗歌》[*Gegen die Dichtung*]的文章）抱有浓厚兴趣，但是从卡普里回来后，本雅明立刻开始进入截然不同的圈子。年关将近，某种看似家庭和睦的气氛笼罩着本雅明在父母宅邸中的小家。在犹太光明节，斯特凡不仅得到一套火车玩具，还收到“一套亮丽的印第安服装，这是很久以来市面上出现的最漂亮玩具之一：多彩的羽毛头饰、斧头、绳索。由于另外正好有人送给他一个非洲面具，…… 今天早上我看见他跳着舞走向我，一身盛装”（C, 258）。 222

到 1925 年 2 月，悲悼剧专著已经定型：两个主要部分，加上

1　见 Wizisla, *Walter Benjamin and Bertolt Brecht*, 25–31。

理论性的导言。本雅明还在修改第二部分（以一份几乎完成的初稿为基础），而导言和第一部分已经完成。他向肖勒姆把这一导言形容为“一次十足的放肆——就是说，不多不少，它正是一种认识论的导论，是我早期关于语言的工作的某种第二阶段……在此装扮为关于理念（ideas）的理论”（C, 261）。不管是计划已久的第三部分还是意在平衡导言的简短理论结语，最终都没有写出。经历了超过一年的努力工作，本雅明现在把导言的后一半，也即“更温顺”的一半连同全书的第一部分寄给了他的导师舒尔茨，他希望导师能够启动整套复杂的程序，使他最终获得作为教授在大学授课的权利（venia legendi）。他估计他的机会“算不上太差”，因为舒尔茨是哲学教团的教务长，可以让过程变得顺利。而且他还请萨罗门-德拉图尔帮他找一位“受过高等教育的女士，给我做大约一个星期的苦工”（GB, 3:9），这样他就能口述第二部分和导言的最终定稿。这种确定终稿的方法将体现在他的每一部主要作品之上：本雅明写出手写版本，然后口述，在念给速记员的时候进行小改动，最终定稿。

2 月 13 日，他动身赴法兰克福——和任何时候一样怀着矛盾心情——他希望他着手在做的事是获得教职资格的道路上的倒数第二关。随着时间一周周地缓慢过去，他变得越来越沮丧。完成教授资格论文最后的技术细节——“口述速记的繁琐劳动，参考书目”——压倒了他。而法兰克福本身，不论是和柏林比还是和意大利比，都显出其“荒凉和不友善”；他厌恶这里的“都会生活及其城市景观”（C, 261, 263）。本雅明内心深处的情绪状态很糟。哪怕是对这一过程的最理想结果，他也并谈不上热心，同时，他
223 越来越发觉他的形势大大的不妙。舒尔茨是文学史的首席教授，他在 1923 年让本雅明有一切理由相信他会支持本雅明的工作及

其教职申请；毕竟，正是舒尔茨向本雅明建议了这个题目。布克哈特·林德纳（Burkhardt Lindner）指出，舒尔茨是一位有抱负的学者，如果一位学生的作品获得广泛承认，他是不会因为自己的名字与这个学生有关联而感到不快的。[1]但当本雅明在春天见到舒尔茨以便面呈论文的剩余部分时，他发现舒尔茨“冷淡而挑剔，而且显然不了解状况。他明显只关心导论，那是整个作品中最难对付的部分”（C, 263）。舒尔茨当场——而且在阅读第二部分之前——告知本雅明，他想要收回他的导师身份，他建议本雅明找汉斯·科尔内利乌斯指导论文以获得美学领域的教职资格。这一建议有多重意味。首先，舒尔茨很明显是在收手退出，不想再和本雅明有任何干系。第二，这意味着即便本雅明能拿到教职资格，那也是在一个完全不同的学科，而且从纯粹的职业发展来看，是一个相比而言远不如人意的学科。在德国大学还有美学时，它是作为哲学或艺术史的下属分支而存在的。最后，这一点也是最让本雅明感到苦涩烦恼的，他一开始就接触过科尔内利乌斯，征询在哲学科系获得教职资格的可能性，而那是早在他决定以悲悼剧为题目之前，并且科尔内利乌斯当时的态度很冷淡。“我正在急速估量我的希望：谁能为我说话，这个问题简直太难了。如果是在两年前，这一事态会激起我最强烈的道德义愤。今天，我已彻彻底底看穿了这一体制的种种运作，甚至于都无从感到义愤了。”（C, 268）

本雅明当然可以再努力争取下去，但他对学院政治心中有数，知道要在文学史科系中申请成功必须得有舒尔茨“最全力”的支持（C, 264）。本雅明非常明白，舒尔茨的退出完全置他于学术界的荒野。不论那时还是现在，德国的大学界总是在导师提携的基

1 Lindner, “Habilitationsakte Benjamin,” 150.

础上运作的：最好的职位，或者其实是大多数职位，都落入有强大背后支持者的人选之手，而这些强大的保举者支持的是那些已
224 经在漫长时光中证明自己是其弟子的候选人。本雅明是个局外人，没有和法兰克福大学或者舒尔茨本人的实际隶属联系——而且他也从未装作自己不是这样。“我能够指出教员中那些仁慈地保持中立的先生们，但不认识任何一个真的会为我争取的教授。”（C, 266）于是，当萨罗门-德拉图尔传话说，舒尔茨提到，“他拒绝我的唯一理由，就是我不是他的学生”，本雅明几乎不可能为此而感到惊讶。

如果说本雅明长久以来没有向别人说出过自己对舒尔茨的评价，那么现在他向肖勒姆提供的就是一幅更完整的肖像了：“这位舒尔茨教授，作为学者不值一提，是一个精明的普世主义者，在文学问题上大约比那些年轻的咖啡馆常客要嗅觉灵敏些。但除了对他华而不实的知识修养的这一句吹捧以外，关于他，我实在已经说不出一星半点了。他在其他任何方面都很平庸，他在交往技巧方面所具有的一切才能也被那隐藏于审慎刻板之下的懦弱麻痹了。”（C, 263）舒尔茨自己的作品表露出他作为学者并没有多少分析和修辞才华；几乎毫不意外，他最终既无法理解本雅明的著作，也不会为之争取机会。虽然缺乏证据，但其他因素比如偏见和政治差异也可能起了作用：根据一位目击者的说法，舒尔茨在 1933 年参与了法兰克福主广场上的焚书活动，而那正是魏玛共和国最耀眼的犹太文学批评家被迫开始流亡的时候。[1]

---

1 维尔纳·福尔德最早称舒尔茨参加了焚书，见 Werner Fuld, *Walter Benjamin: Zwischen den Stühlen*, 161。布克哈特·林德纳补充说（“Habilitationsakte Benjamin,” 152），福尔德在私下谈话中表示，他的说法是以当时该大学的一名学生维尔纳·弗里茨梅尔（Werner Fritzemeyer）的证词为基础的。

尽管有日益强烈的——也并非捕风捉影的——不祥预感，本雅明还是在 1925 年 3 月 12 日正式提交了作为教授资格论文的《德意志悲悼剧的起源》。论文聚焦于一种被忽视的戏剧形式，这本身就不寻常，虽然对德意志巴洛克文学的兴趣从 19 世纪末年起就开始增长；20 世纪初年，“第二西里西亚流派”作为对一群诗人和戏剧家的称谓被整体上接受，他们追随丹尼尔·卡斯珀·冯·洛恩施泰因和克里斯托夫·霍夫曼·冯·霍夫曼斯瓦尔道（Chrstoph Hoffman von Hoffmanswaldau）等人的巴洛克风格。在 17 世纪，这批作者——安德列亚斯·格吕菲乌斯、约翰·克里斯蒂安·哈尔曼（Johann Christian Hallmann）以及数位无名戏剧家——从未组成一个有组织的“流派”。但一系列有影响力的 19 世纪文学批评家，包括格奥尔格·戈特弗里德·盖尔维努斯（Georg 225
Gottfried Gervinus，本雅明视其为楷模），在他们的大量作品中辨认出了形式和主题的多重相似性。在这一文学史语境中，本雅明很早（1916 年）就抓住了这种被称为 Trauerspiel 即悲悼剧的戏剧形式。

这本悲悼剧论著在某些方面可以说是瓦尔特·本雅明事业的支点。首先，它代表了他第一部完整的、历史导向的现代性分析。在它对过往文学的关注中，它和本雅明到 1924 年为止所创作的文学批评浑然一体。但是，和他已经写成的其他作品不同，对巴洛克的研究有着明显的双重焦点。书中《认识论批判导言》的倒数第二部分在悲悼剧的语言及形式和当代表现主义戏剧的语言及形式之间建立了广泛的对应关系。“因为，与表现主义一样，巴洛克与其说是一个真正有艺术实践的时期，不如说是一个体现坚定不移的艺术意志（Kunstwollen）的时期。所谓没落（Verafall）时代往往如此。……在这种撕裂状态（Zerrissenheit）中，当今时代反映了巴洛克的精神构成的某些方面，甚至于其艺术实践的细节。”[1]换言之，现代性的某些特征**只有通过**对一个被痛斥的、过去已久的时代的分析才能呈现出来。这里隐含的主张——到20年代末将在《拱廊街计划》中摆在明面上——是，时间中的某些时刻彼此具有共时的关系、呼应的关系；抑或如他后来所说，有一个“历史索引”（historical index），某一特殊时期的个性，有时只有通过把它和遥远过去的先行者对立，才能被理解。历史的这一深层结构，在别的地方都没有像在这本专著的两个主要部分中那样被主题化：本雅明依赖他对悲悼剧的解读，依赖他写作的强力，在“可辨认的此刻”（now of recognizability）中阐明了他自己时代的特征。而正如这一研究把17世纪和20世纪的潮流交织起来，他也将本雅明在1914年至1924年间发展出来的文学批评理论联系到了卢卡奇所开启的马克思主义文学理论上去。在对悲悼剧的“物
226 性”（thing-character）的聚焦中，这本书为本雅明后来对拜物教化的商品及其全面效应，也即幻景（phantasmagoria）的考察奠定了基础。于是，当1931年他在信中回顾时，他可以说，悲悼剧专著“已经是辩证的了，哪怕或许还不是唯物主义的”（GB, 4:18）。

“艺术意志”一语的使用则意味着对阿洛伊斯·里格尔（Alois Riegl）的艺术史模式的重新构思。里格尔对艺术作品的态度预设了某些艺术时期本质上就无法生产出“完整无缺的单个作品”。这样的时期——罗马晚期的“艺术工业”、巴洛克、前资本主义现

1　OGT, 55. 在本传记中，我们始终把本雅明的巴洛克戏剧研究的题目译为《德意志悲悼剧的起源》（*Origin of the German Trauerspiel*）。奥斯本（Osborne）的译本将题目译为The Origin of German Tragic Drama（德意志悲剧的起源），是对文本的严重误解，实际上，本雅明的专著就是要把“悲剧”和“悲悼戏剧”区别开来。在本传记中，我们引用悲悼剧专著时对奥斯本的译文进行了修订。（参见李双志、苏伟译《德意志悲苦剧的起源》，第40—41页。——译注）

代性——虽然产生出不完美的甚或破碎的作品，但其中会显现同样重要的艺术意志。在这种对碎片化和断裂的强调中，本雅明自己对早期现代性的理解不仅接续表现主义的传统，而且来自波德莱尔的“现代美”的标志性构想，残暴和丑陋的美学活跃于后者如此众多的诗作之中。这一系列巴洛克戏剧的主要特征是形式和风格手段的极端性，而非任何传统美学的成就，因此，本雅明对它们的集中解读意在揭示一个时代的“艺术意志”，并由此揭示其特定的精神构造。更进一步，这些时期的当代历史经验**只能**在如此破碎的作品中展开：“历史生活就像那个时代向它自身所展现的那样，是悲悼剧的内容，是它的真正主题。”[1]（OGT, 62）

对本雅明来说，作为这些戏剧之“内容”的历史就是朝向灾难的无可挽回的滑落。全书第一部分，“悲悼剧和悲剧”，从对这些戏剧作品的大量片段的解读中引出了那一时代的宏阔思想史。居于那段历史的核心位置的，是本雅明所认定的路德宗对日常生活意义的切除：“那种过度反应，最终将杰作本身，而不仅仅是其建功与赎罪的特征都驱逐了出去，……在其中，人类行为丧失了一切价值。新的事物诞生了：一个空虚的世界。”[2]（OGT, 138-139）对像巴洛克这样的时期的传统解读强调的其对超验的渴望以及由此而来的人类行为的终末论色彩。与此相反，本雅明提出，德意志巴洛克的决定性特征恰恰在于其**缺乏**传统终末论。“巴洛克时代的宗教人如此紧抱着世俗世界，是因为他们感到自己正被迫随急流直下。巴洛克时代没有末日论；正因此，才会有这样一种机制， 227
把一切尘世之物聚集起来，并在把它们交付给终结之前极力赞扬它们。”巴洛克从这一空洞世界中赢得了“物之丰沛”，并“以极

1 参见李双志、苏伟译《德意志悲苦剧的起源》，第 50 页——译注。

2 参见同上书，第 160 页。——译注

端形象把这些事物置于光天化日之下”。这一极端阐明的主体既不是王子、神学家，也不是造反农民：而正是悲悼剧本身的戏剧形式。本雅明认为艺术作品不仅具有启示性能量而且具有毁灭性能量，一种虚无主义力量：舞台上丢满随机物品，它们“习惯于挣脱布置”，这样的舞台清出了“最后一片天宇”，让它“作为真空能够有一天以灾难性的暴力在其自身中摧毁尘世”[1]（OGT, 66）。此处，和这本巴洛克研究中的许多要点一样，本雅明解读的全面突破只有在把悲悼剧专著和《单行道》拿来对读时才真正浮现出来，而《单行道》的关键章节正是在此一时期写作的。例如，悲悼剧中可以找到的清理世界的暴力在《单行道》的终章《到天文馆去》中实现了：“在上次战争的那些毁灭之夜里，我们人类躯体遭到了一种宛如癫痫病人狂喜的感觉重击。随之而来的反抗，是人类第一次尝试把新的身体置于控制之下。”[2]（SW, 1:487）Trauerspiel 这一术语因此既指一种特定的文学形式，又指现代史本身的倾向。正是由于这一原因，本雅明认为悲悼剧“在道德上负责任”，相比起来，同时代其他审美上更完善的戏剧，比如卡尔德龙（Calderón）的作品，却并非如此。

“悲悼剧和悲剧”的很大一部分用于对这些参差不齐的艰涩剧本的形式分析，尤其是关于舞台上人物和舞台下观众所建立的关系。远非自然主义再现或心理真实主义，巴洛克舞台上的角色是刻板、别扭的造物。本雅明问道，既然他们被用来代表一段破碎的、无望的历史进程，那么他们又怎么可能是别样呢？他们时断时续、木头人般的动作不是受思想或感觉驱动，而是受“暴力的胜利冲动”驱使，而他们夸张造作且时常带僧侣风格的台词凸

1　参见李双志、苏伟译《德意志悲苦剧的起源》，第 55 页。——译注

2　参见王涌译《单行道》，第 104 页。——译注

显出他们与自然和神恩的疏离。但居于本雅明分析的核心的不是人物本身，而是他所说的舞台和看客之间存在的关系。观者把戏 228 台体验为他自己在世界中的境遇的一个投影，它带来了道德上的启示；它产生了“感受的内在空间，和宇宙没有关联”。因此这些戏剧“与其说是带来悲悼的戏剧，不如说是通过自身让悲悼得到满足的戏剧：在悲悼者面前的戏演（Spiel vor Traurigen）”[1]（OGT, 119）。

在全书的第二部分“寓意法和悲悼剧”（“Allegory and Trauerspiel”），本雅明有力地把寓意法重新确立为基本的比喻修辞，不仅属于巴洛克时期也属于现代性。[2] 寓意法一般被理解为象征元素之间的一种叙事关系，它在 18 世纪落得恶名；但在本雅明的平反中，这一修辞格极少涉及形式的叙事和再现方面。于此，寓意作为一套严格编码的能指出现，和被再现之物没有**必然**联系。在这本书中最广为引用的段落中，我们读到：“每一个人、每一件物、每一种关系都可能表示任意一个其他的意义。”而接下来一句，把寓意定为一种历史实践，则较少被引用：“因为这重可能性，关于世俗世界的一种毁灭性的但却公正的判词得以宣告：世俗世界会被刻画为如此一世界，其中细节不再具有重要性。”[3]（OGT, 175）本雅明认为寓意具有一种独特的启示能力，通过这种能力，它可以揭开潜伏在尘世生活每个方面之下的深渊。随着意义的生产在寓意

1　参见李双志、苏伟译《德意志悲苦剧的起源》，第 130 页。——译注

2　如第 22 页注 1 所言，allegory 这一修辞学和理论术语，汉语学界一般译为“寓言”，而李双志等在《德意志悲苦剧的起源》中将之译为“寄喻”。如下文所示，本雅明所谓的 allegory，极少涉及叙事性层面，而指“每一个人、每一个物、每一种关系都可能表示任意一个其他的意义”。因此，为了明确其具体指向并兼顾常见译法，在本章的讨论中，我主要将 allegory 译为“寓意”。——译注

3　参见李双志、苏伟译《德意志悲苦剧的起源》，第 209 页。——译注

中崩塌，它被一种“意指的自然史”（OGT，166）所取代：舞台上行动迟缓的空洞角色，四周是被剥夺了意涵的物体，反映了一种不再能和自然本身不间断的痛楚和消耗区分开来的历史。“这就是寓意式观看方式（allegorical way of seeing）的核心，这种视角也即巴洛克式的、世俗的呈现，把历史呈现为俗世的受难史（Leidensgeschichte der Welt）——只有在其没落的不同阶段，它才有所意指。”[1]（OGT, 166）

在巴洛克悲悼剧中，这一“自然史”以道具、象征物和去个性化的密码一样的人物角色等形式“游荡到戏台之上”。这些物和物一般的人，不可能与一种有意义的现在或一种拯救的历史有内在关联；相反，它们被寓意作者（allegorist）赋予一种隐秘的且完全堕落的意涵。“因为忧郁者（the melancholic）的所有智慧都取
229 决于幽深的地下世界；它是通过对造物生命的沉浸而赢得的，没有丝毫天启之声传至它这里。”[2]（OGT, 152）于此，悲悼剧论著和《歌德的亲合力》之间的接力全面而有力地呈现出来：寓意作者，和在他之前的歌德一样，把出于自然崇拜和造物荣光的“智慧”混淆为那种拒绝赋予他的更高意义。忧郁者于是为了一种神秘的、显然很深奥的知识而背叛自己和世界。这是悲悼剧的悖论：寓意作者通过赋予舞台上的死寂之物一种隐秘的意义，意在救赎这些凡俗之物（profane objects）。但隐藏在那一特定行动之中的，恰是这一空虚世界的**毁灭**。在悲悼剧的舞台上，寓意物体呈现为废墟和残垣——由此为观者打开了一种历史视野，类似总体性、整一性、进步等范畴的虚假光芒已经从那种历史中剥除。“在寓意式直觉的领域中，图像就是碎片，就是鲁尼文神秘符。……总体性那

1 参见李双志、苏伟译《德意志悲苦剧的起源》，第 197 页。——译注

2 参见同上书，第 178 页。——译注

种虚假的表象褪去了，因为理念（Eidos）熄灭了，比喻萎缩了，它所包含的宇宙干枯了。”[1]（OGT, 176）如果说这些戏剧原作本身的悲悼观者**有可能**获得这种知识，那么本雅明希望，现代读者能更直接地领会历史的意识形态构建。正如他后来谈及电影和摄影以及最伟大的现代寓意作者波德莱尔时所说，寓意式作品给予观者某种“富有成效的自我异化”。巴洛克时期的人和现代的人同样得以**观看**自己的异化，从而瞥见历史的碎片化和压迫特征。

最终，巴洛克寓意在观者心中激起的不仅仅是“对物之易逝性的洞见”，更是“为了永恒而将它们救赎的那种关切”（OGT, 223）。这是堕落之中的救赎。正如在关于歌德《亲合力》的论文中一样，本雅明企图对寓意作者做出道德判决。正是在他们的伪饰造作之中，这些戏剧不仅沦为对凡俗物（the profane）和造物（the creaturely）的崇拜，也不仅陷入一种救赎力量的幻象，而且落入来自善恶知识的诱惑教唆。“撒旦式的承诺”驱动着寓意作者的工作：“诱惑人的是自由的表象——体现为对禁止之事的探究；是独立的表象——体现为对虔信集体的脱离；是无限的表象—— 230
体现为邪恶的虚空深渊。”[2]（OGT, 230）因此，不论多么破碎，这些寓意式作品在其自身之中保有**潜在的**净化力量。但如果这种潜能要实现，这些作品又需要批评的毁灭，而那正是本雅明在过去十年中所一直发展的。于是本雅明在接近教授资格论文结尾处提供了对于那种批评的凝练说明：

> 从一开始，这些作品就注定要遭受批评对它们的瓦解，随着时间推移，批评降临到它们身上……[悲悼剧的外在形

1 参见李双志、苏伟译《德意志悲苦剧的起源》，第211页。——译注

2 参见同上书，第287—288页。——译注

式]已经消散，因为它粗糙至极。存活下来的是寓意性指涉中的非凡细节：这是一个栖居于自觉营造的废墟中的认知对象。批评是对这些作品执行死刑……：不是像浪漫主义者说的那样在有生命力的作品中唤醒意识，而是将认知安放进死亡的作品之中。……哲学性批评的目标是要证明，艺术形式有如下功能：让作为每一件重要作品之根基的历史实在内容（historische Sachgehalte）成为哲学真理内容（philosophische Wahrheitsgehalte）。从实在内容到真理内容的这种转化使得影响力的衰落——也即前人眼里的迷人之处随着年代推移而魅力递减——成为新生的基础，在这新生中，所有转瞬即逝的美都完全消散了，作品作为废墟矗立着。在巴洛克悲悼剧的寓意性结构中，这样的废墟，作为被拯救的（geretteten）艺术品形式要素，得到了前所未有的清晰展现。[1]（OGT, 181–182）

这样一个执行了死刑，被摧毁为废墟的作品揭示出什么呢？全书的最后几句说明，"伟大建筑的废墟，比无论保存得多完好的小建筑都更能生动地体现出建筑设计图的理念"[2]（OGT, 235）。从这一逝去了的形式的废墟中，脱颖而出的是其"理念"（idea）。本雅明就这样提及一个读者当时不可能读到的文本，以此结束了他的研究——也结束了他生命中的十年，这十年用来创造一种高度玄奥的批评理论。这个文本就是《认识论批判导言》中1924年没有提交的部分，直到1928年才发表。

本雅明导言的标题是一个文字游戏。一方面，这一文本试图

1 参见李双志、苏伟译《德意志悲苦剧的起源》，第219—220页。——译注

2 参见同上书，第295页。——译注

表述一种认知理论——一种理念观——但同时，又是对任何这样的理论存在的假定的一次批判。因此，它既谈论了一种理想状 231 态，也即贝恩德·维特（Bernd Witte）所谓的“知识的乌托邦”，在其中人类的理解力可能获致真理，同时又谈论了知识在世间的实际状态，这些状态使得这样的理解不可能。[1] 居于中心的是一种玄奥的、由宗教决定的关于理念构建（construciton of ideas）的理论。本雅明所谓的理念既不是康德意义上理解力的规范性概念，也不是柏拉图意义上的统一本质。它们是某些世界元素的重构（restructurations）：“理念与物的关系就如同星丛与群星的关系。”[2]（OGT, 34）本雅明的语言理论在这里得到了暂时的解决。理念实际上是由语言的“被救赎”元素所组成的，这些元素自身的尘世意指经过变形，其偶在性已经被剥去，“词的象征性质的优先性”已经恢复为这些元素（OGT, 36）。正是在这一意义上，《德意志悲悼剧的起源》的目标是辨认一个词的“理念”，即 Trauerspiel 这个词本身。

哲学系教授们拿到本雅明的著作后，就按规矩设立了一个委员会来评议，而汉斯·科尔内利乌斯作为美学和艺术理论的首席，受命准备一份初步评估。科尔内利乌斯对本雅明的文本刚读了一点就采取了极为不寻常的步骤。他写信给本雅明，要求一份教授资格论文的简短概述，本雅明立刻提供了。事实证明，这是徒劳：科尔内利乌斯的负面评估是“不合格”。这份评估坦承本雅明的作品“极其难读”，这无疑是后来任何一位读者也都体验到的。但他接下来声称：“虽然经过了反复的专注的努力，但我无法从这些[艺术史言论]中得出一个可以被理解的含义。……在这种情形

1 Witte, *Walter Benjamin,* 128.

2 参见李双志、苏伟译《德意志悲苦剧的起源》，第 11 页。——译注

下，我无从向教团建议接受本雅明的著作为艺术史的教授资格论文。因为，我无法……忽略我的担忧，这位作者，以其无从索解的表达模式——而这必须看作是缺乏学术明晰性的表征——是不能在这一领域作为学生们的向导的。”[1] 科尔内利乌斯在这份评估中全然没有处理本雅明文本中的任何一个实际观点，同时又成功地
232 造成这部著作学识不足、思想混乱且毫无条理的印象，还造成一种印象，仿佛此书作者的头脑受到误导且很可能不稳定，这样的人永远不该被放行，出现在学生面前。[2] 这份评估达到了预期效果。虽然这很明确是委托提交的第一份报告，但后面再也没有产生更进一步的报告，而且，哲学系教授在 1925 年 7 月 13 日投票，否决了本雅明的申请——几乎就在科尔内利乌斯报告后的一周。更准确地说，他们投票决定向“本雅明博士”建议收回他自己的申请，这样就可以让他自己和教授们免于正式拒绝的尴尬。

到 7 月底，本雅明还是没有收到任何官方消息，但他已经开始接收到他这次努力受挫的信号。朵拉父母的一个朋友，在法兰克福有关系，传话说他的申请“全然无望”。作为教务长，舒尔茨则并不急着通知本雅明申请程序的结果。直到 7 月底他才写信说：“在收到关于您的教授资格论文的初步评估之后，我接受教团的任务向您提出建议，也许您会愿意收回您对通过教授资格论文程序

1　Cornelius, “Habilitations-Akte Benjamin”，转引自 Lindner, “Habilitationsakte Benjamin,” 155–156。

2　布克哈特·林德纳 1984 年对本雅明教职候选资格档案的研究揭示出这段不幸往事的一个颇具反讽的小注脚。科尔内利乌斯不仅让本雅明提交一份概述，而且还让他的助理教授们提供对论文的评估。这些助理中的一位就是马克斯·霍克海默，他很快就会得到法兰克福大学的任命，掌管社会研究所，并将是为流亡时期的本雅明提供经济支持和发表机会的主要人物。根据科尔内利乌斯的评语，这同一个霍克海默汇报说他“无法理解”本雅明的研究。

的申请。在完成这一任务的同时，我也想告知您，如您愿意面谈，我在 8 月 6 日之前可以见您。”[1] 正如林德纳所指出的，舒尔茨试图隐藏在官样言辞的背后，甚至无法用一个“不幸的是”这样的词。本雅明既不想去拜访舒尔茨，一开始也不想收回申请，宁愿“把否决的风险全然留给大学教团”（C, 276）。但这并不是他最终选择的路径：他收回了申请，材料按照规定在秋天归还给他。他在 8 月 5 日给萨罗门-德拉图尔的信中表达了他的愤怒：

> 您会理解我为什么沉默了这么长时间。当然，您的上一封信与此有所关联；这一切如此令人沮丧，如此具有压迫性，也许直接的粗口咒骂会适合我。因为，如果内在的原因还没有使学术机构变得对我不重要，那么，我的遭遇将会有一种长久的破坏效应。如果我的自我评估哪怕还有一点点取决于那些观点，那么，那位负责人在处理我这件事上的不负责任和轻率都会给我以重击，我的创造力将无法很快从中恢复。但这不是真的——其实，事实正相反——而这一点只能我们私下说说。（GB, 3:73） 233

决定接受教授们的建议，在沉默中收回申请，这是令本雅明余生一直后悔的事；他越来越感到，他被夺去了彻底暴露那抢走他教职资格的迂腐、狭隘和偏见的机会。于是，大约在秋天，他开始写作“悲悼剧专著的前言，就十行，我写它是为了挖苦法兰克福大学，我认为它是我最成功的篇什之一”（C, 293）。这篇尖刻的“悲悼剧专著的前言”附在 1926 年 5 月 29 日写给肖勒姆的信中：

1 Goethe-Universität, “Habilitationsakte Benjamin”，转引自 Lindner, “Habilitationsakte,” 157。

我想第二次讲述睡美人的故事。

她睡在她的荆棘丛中。然后，经过一些年，她醒了。

但不是因为一位幸运王子的吻。

是厨子把她吵醒了，他给了洗碗男孩一耳光，这一记耳光从这么多年幽禁的力量中发出响声，回荡在整个宫殿。

一个可爱的孩子就睡在由接下来的这些书页所组成的荆棘之中。

惟愿没有哪一位穿着学术的闪光铠甲的幸运王子靠近她。在订婚之吻中，她会咬人。

因此，本书的作者不得不把主厨的角色留给自己，以便唤醒她。迟迟不来的，是那一记将回荡于学术厅堂的耳光。

因为，这可怜的真理也会在那儿醒来，它曾在老式纺锤上戳破了手，当时它以被禁止的方式，想着在小小密室中为自己织就一袭教授袍。（GB, 3:164）

不论人们如何解读这一现代童话，都无法回避它打向德国大学及其学者的那一计响声回荡的耳光。随着本雅明的申请被拒，法兰克福大学的哲学教团给自己带来一桩至今仍继续投下阴影的丑闻。
234 是的，《德意志悲悼剧的起源》——尤其是《认识论批判导言》——很难读，不过其难度终归和《歌德的亲合力》的幽深谜题并不是一回事。对于一种表面看来古旧过时的艺术形式的历史意义，它提供了无法超越的分析，如今成为20世纪文学批评的标志性成就之一。

第六章

魏玛知识分子

柏林和莫斯科，1925—1928

本雅明在 1925 年春夏为悲悼剧研究寻找学界归宿的失败，给 235
他人生中的一章画上了句号。在这漫长的一章中，他曾努力想在德国大学系统谋得一席之地。他现在面临双重困境：既要重新决定事业路线，又需养活自己和家人。这个小家庭勉强靠着朵拉的工作和父母提供的免费住房过活。此时，朵拉丢掉了她的第二份工作，而这份工作对他们一家三口能否撑下去意义可不小——接踵而来的则是利特豪尔出版社的关张，本雅明本来还曾寄希望于它。本雅明无法掩饰他的苦涩心情，因为这位富有的年轻出版商挥霍无度，把超过 55000 马克的钱花在了“汽车兜风、夜宴、小费、利息等上面。他本人现在正出发前往一处疗养胜地，对这类人来说倒也正常”（GB, 3:31）。一项曾经充满前景的事业，现在留给他的唯一感觉是，上等生活和理想主义混合在一起并非好事。

于是本雅明加倍努力地在德国出版界寻求立足之地。还算幸运，他转向公共文坛之时，正好赶上了魏玛共和国大众媒体名副其实的大爆发。随着货币趋于稳定，中产阶级开始重新对可支配收入有了一点概念，媒体利用这一机会，快速地成倍增长。柏林很快就赢得了“世界上最重要的报纸之城”的美誉；每个月，这座城市的书店和报刊经销店里都有超过 2000 份刊物上架。

通过克拉考尔，本雅明已经和《法兰克福报》的小品文栏搭上了线。这份日报是德国自由主义左派报纸中历史最久、受众
236 最广的一家，它创办于 1856 年，当时名为《法兰克福商务报道》（*Frankfurter Geschäftsbericht*），1866 年改为现名。该报从创立之初就抱定民主左倾立场，是 1871 年后德意志帝国初年的首要反对派喉舌；1871 年至 1879 年间，编辑常常遭到监禁，因为他们拒绝透露作者文章的来源。而在魏玛共和国初年，其读者群主要由自由派企业家和职业人士组成；随着它的小品文栏笼络了越来越显赫的一批批作家，这些版面很快就足以与政治和金融版面同台竞争，像磁石一样吸引了更广泛的读者。布莱希特、阿尔弗雷德·德布林、赫尔曼·黑塞、亨利希·曼和托马斯·曼只是长期供稿人中的几位。本雅明在该报发表的第一篇文章是 1925 年 8 月 16 日的《法兰克福童谣集》（“Collection of Frankfurt Children’s Rhymes”），而在以后几年中会发表数十篇文章、笔记和评点。

同时，在 5 月，他建立的第二个重要联系是和一份刊物，《文学世界》，由威利·哈斯（Willy Haas）编辑，在罗沃尔特出版社发行。哈斯（1891—1973）成长于布拉格的犹太社区；他的文学兴趣是在以弗兰茨·韦尔弗（Franz Werfel）和弗朗茨·卡夫卡为核心的小圈子中形成的，这些人在阿尔科咖啡馆（Café Arco）聚会。战后他来到柏林，写了两三部出名的电影剧本，其中包括《悲情花街》（*The Joyless Street*），他也为《电影快信》（*Film-Kurier*）写影评，电影和影评养活了他。他后来还编辑了卡夫卡《给米莲娜的信》（*Letters to Milena*），本雅明在 1934 年也引用了他对卡夫卡的阐释。此时，他委托本雅明写作一系列关于法国文化发展情况

的报道，后者满心情愿地接受了这一任务。虽然本雅明还保留着他从前对纪德和季洛杜的兴趣，但他开始埋头阅读“超现实主义者的成问题的著作”；他读了安德烈·布勒东（André Breton）的《超现实主义宣言》，还通过阅读《梦之浪潮》（*Une vague de rêves*）开始了对路易·阿拉贡（Louis Aragon）作品的长期关注。他向肖勒姆提及，他将也能经常发表关于他们俩幻想出来的穆里大学近况的报道，但只有一篇这样的文章问世，是对图书馆最近购书的讽刺性描述。[1] 尽管一开始热情高涨，但本雅明对哈斯的杂志的态度很快就变得更谨慎了——而且私下里的态度是批评性的。他向这份刊物的早期支持者霍夫曼斯塔尔吐露，他觉得哈斯太优柔寡断，全然是销量的奴隶。“最初我见到这份刊物出现非常高兴，和您的评价的精神完全一致，但很快我发现它整体上并不意在严肃批评。我并非无视这样一份周刊在编辑和报道上要求轻松乃至轻浮至极的作品占据一定比例有种种必要性。但恰由于此，严肃厚重的作品就应该得到加倍的呵护——而这并不仅仅体现在版面上。”（GB, 3:116）这些抗议揭示出，本雅明仍然顽固地不愿正视新闻业的经济属性到了何种程度。而另一方面，哈斯本人对本雅明的诚意却是毫不吝啬：“在所有定期为敝刊《文学世界》供稿的合作者中，没有哪一位在我心中的地位高过瓦尔特·本雅明。尽管他的知识引人注目，但他却是那种简单的多面手的反面。当他谈论或写作某一话题时，他从不通过类比、隐喻或定义来贴近它：他似乎不断地从问题的最核心辛苦地掘出一条他的道路，就像土地神把宝藏藏在一条出口已然被埋的矿道中。”[2] 237

1　见“Büchereinlauf”(1925), in GS, 4:1017–1018。

2　Haas, “Hinweis auf Walter Benjamin,” *Die Welt*, October 9, 1955，转引自 Brodersen, *Walter Benjamin*, 175。

除了《法兰克福报》和《文学世界》上的定期发表以外，本雅明在其他一些曝光度很高的出版渠道中也有了日益增多的机会。一篇轻微反讽的评点，讨论毒气的军事使用，出现在了《福斯报》[1]上。[2]而那些最终收入《单行道》中的篇什也开始找到发表途径。《柏林日报》——与《法兰克福报》同为最被广泛阅读的自由主义左派报纸——7月10日发表了他的《反对势利小人的十三条论点》（“Thirteen Theses against Snobs”）。在接下来一年中，一个更为重要的渠道向本雅明敞开：荷兰先锋派刊物《i10》在1926年由阿图尔·莱宁（Arthur Lehning）创立。恩斯特·布洛赫在法国南方度假时，曾和莱宁见过面，并很快就引荐本雅明作为可能的供稿人。虽然这份刊物只存活了一年，但它仍算得上是欧洲先锋派最重要的“小杂志”之一。莱宁由此出版了一些最先锋的艺
238 术家和作家的作品；他对摄影和电影的关注足以让该刊与众不同。而莫霍伊-纳吉又是负责所有关于摄影和电影方面投稿的编辑，这当然给了本雅明额外的动力。

1925年春夏，其他收入来源也形成了涓涓细流。本雅明开启了几项翻译和编辑工程。其中难度最大、耗时最久，最终也是回报最丰的，是他在马塞尔·普鲁斯特的世界的沉潜。他开始翻译《追忆似水年华》中题为《所多玛与蛾摩拉》的三卷，虽然他觉得“报酬算不上好；但足以说服我必须接受这项庞大的任务”（C, 278）。他最终收到了2300马克的酬劳（这在1925年大约相当

1 《福斯报》（*Vossische Zeitung*），是现代德国一份著名的自由主义报纸，1934年停刊。——译注

2 《明日的武器》（“The Weapons of Tomorrow”）一文作者难以断定。签名是朵拉的姓名缩写DSB，但它又出现在本雅明自己保存的发表作品索引中，其语言显得像是出自本雅明手笔。

于550美元），这笔钱在合同期的全过程中以小额累次支付，直到1926年3月付完。他还接受了另一份规模更小但不见得更容易的工作，翻译法国外交官和作家圣-琼·佩斯（阿里克西·莱热[Alexis Leger]的笔名）的散文诗《远征》（“Anabase”）。本雅明认为这部作品本身“无足轻重”，但他不仅被合同相对优厚的条件，而且被其文学因缘所吸引：里尔克原本答应翻译此诗，但现在改为作序，并安排他的长期合作出版商岛屿出版社（Insel Verlag）来印行这部作品，条件是本雅明——这一次还是由霍夫曼斯塔尔及出版人坦克马尔·冯·闵希豪森（Thankmar von Münchhausen）保荐——来承担实际翻译工作。本雅明在夏末完成翻译并寄给了里尔克和霍夫曼斯塔尔——但它在其生前并没有发表。[1] 他还开始编选19世纪语言理论家和教育改革家威廉·冯·洪堡的作品。霍夫曼斯塔尔已经向本雅明介绍了威利·维甘德（Willy Wiegand），不来梅出版社（Bremer Presse，这家出版社和霍夫曼斯塔尔的刊物《新德意志文稿》有关联）的出版人；在经历了对学术机遇的一时乐观所导致的错误起步之后，本雅明接受这次约稿，更多是出于对霍夫曼斯塔尔的忠诚，而非因为它可能带来的收益。这一选集事实上从未问世，但本雅明把为这项工程所做的初步研究系统化为一篇短文，《关于洪堡的思索》（“Reflections on Humboldt”）。他的评论毫不含糊地是负面的——他责难洪堡未能注意到“语言的魔力方面……其人类学层面，尤其是在病理学的意义上”，也指 239

1 《远征》的德译有一段很有意思的历史。第二个译本由伯恩哈德·格罗爱图伊森（Bernhard Groethuysen）于1929年着手翻译，但同样没有发表。此诗第一个出版译本——赫伯特·施泰纳（Herbert Steiner）译——发表于1950年的刊物《准绳》（*Das Lot*）时，一则编辑按语称，这个译本以本雅明和格罗爱图伊森的早先版本为基础——而据任何人的了解，这两位从未合作过任何翻译。本雅明的翻译保存在里尔克的文稿中，最早出版于GS, Supplement 1 (1999), 56–81。

责说，与此相呼应，洪堡坚持黑格尔式的理解，认为语言是“客观精神的一部分”——这种负面评价也许解释了为何他对这项工作缺少兴趣。[1] 这些合同中最重要的一份直到8月才定下来。在他启程开始一次远途旅行的那天，他签署了和罗沃尔特出版社的协议，出版社将为他在1926年提供一小笔固定收入，并保证出版三本书：《德意志悲悼剧的起源》、《送给友人的小饰板》（暂名，后来出版时题为《单行道》）和《歌德的亲合力》。

在本雅明为出版而四面出击碰运气的狂躁之下，是同样野心勃勃的读书计划。有几本书对他产生了深刻影响，而有些则是意外惊喜——其中首先是托马斯·曼1924年的史诗之作《魔山》。“我真不知道从何说起，”他在4月6日给肖勒姆写信说，“我过去像极少数几位其他文学评论者一样讨厌这个人，但却因为他最近的伟大小说而感到与他很贴近。……在这本书中，有某种明确无误的本质性的东西……——某种感动着我而且一直以来都在感动我的东西……我只能想象，在写作过程中一定有一种内在的转变发生在了作者身上。可以说，我坚信这一点。”（C, 265）本雅明觉得有力的，不仅是书中对20世纪早期主要思想潮流的全面而细腻的描绘；更是托马斯·曼的感知力，它超越了作者早年的尼采保守主义而走向新的、更辩证的——虽然仍是悲观主义的和充满神话气息的——酒神人文主义（这在“雪”一章中主人公的语无伦次中得到了集中体现）。本雅明在他的信中猜想曼是否读过他评歌德《亲合力》的论文；十多年后，他将于曼在瑞士的流亡刊物《准绳与价值》（*Maß und Wert*）上发表《1900年前后的柏林童年》的部分章节，而且曼会记得，本雅明是“一部关于‘德意志悲悼

1 SW, 1:424–425.

剧’的充满精彩洞察力且深刻的著作的作者，那真是一部关于寓意的哲学和历史”[1]。曼的小说也提供了一个契机，从中我们可以得到代尔布吕克街上的公馆生活的难得一瞥。1925年秋天的一天，本雅明的妹妹朵拉的朋友，希尔德·朗格远足回来，发现他们全家人——父母和三个子女——正在饶有兴味地讨论《魔山》。本雅明的书信给人一种他在家庭中很孤立的印象，但这件逸事说明，即便晚至这一时期，还是有一些家庭生活的元素把这一大群人联结在一起。[2] 240

本雅明第一次对弗朗茨·卡夫卡（已于1924年去世）作品的持续专注也从这几个月开始。他阅读了短篇作品《在法的面前》（节选自《审判》），宣布这是“最好的德语短篇小说之一”（C, 279）。他也继续着他在左翼政治方面的学习。5月时他就已经把这样的政治活动看作某种事业选择：“如果我在［出版界］交不上好运，”他写信对肖勒姆说，“那我估计会加快我对马克思主义政治的介入，并加入共产党——以期在可预见的未来到莫斯科去，至少短期旅居。”（C, 268）他的弟弟格奥尔格，已经在德国共产党中坐稳了位置，送给瓦尔特一版列宁著作，作为哥哥三十三岁的生日礼物。肖勒姆也送给他一份精致的礼物：摩西·门德尔松[3]的《耶路撒冷，或论宗教权力与犹太教》（*Jerusalem, oder Über religiöse Macht und Judenthum*）1783年初版本，再加上一册雅克·里维埃尔（Jacques Rivière）1924年对普鲁斯特的开创性研究（里维埃尔将是

1 Mann, “Die Entstehung des Doktor Faustus,” 708. 本雅明1912年的《关于“现在”的宗教性的对话》提到托马斯·曼的方式表明，本雅明并不是一直“讨厌”他（EW, 72–73）。

2 Benjamin, *Georg Benjamin*, 176.

3 门德尔松（Moses Mendelssohn，1729—1786），德国犹太哲学家，德国启蒙运动的思想领军人物之一。——译注

《拱廊街计划》中的一个主要资源）。

本雅明经历了长达几个月的不确定、恐慌以及最后与法兰克福大学无缘的失败，其间他时不时地沉迷于他最喜欢的心理“毒药”——对旅行的想念。他逃离烦恼的渴望从一开始模模糊糊逐渐落实为具体计划，他准备乘货轮旅行，途经一系列地中海名港。他曾想说服阿西娅·拉西斯与他同行；但他只成功地劝她一同坐驳船从柏林到汉堡，而在汉堡他将换登货轮。[1] 8 月 19 日，轮船从汉堡启航，本雅明的兴致异常高涨。虽然他担心这种最便宜的出行方式可能全无舒适可言，但很快，他不仅放下心来，而且相当满意：“这次乘所谓货轮旅行是生命中最舒适惬意状态的一次长长的咏叹调。每到一座外国城镇，你都带着自己的房间，或者
241 说，你自己的小小……流浪之家——；你不需要和旅店、房间、其他旅客发生联系。现在我正躺在甲板上，眼前是热那亚的夜色，我周围全是轮船卸货的声音，那是现代化的‘世界音乐’。”（GB, 3:81）到了月底，他得以第一次较长时间地上岸，游览充满“迷人异国情调”的塞维利亚和科尔多瓦周边地区——也体验了极高温（他说有一次太阳底下的温度达到122华氏度[2]），把他的体能推至极限。在科尔多瓦，他不仅看到了大清真寺，而且观赏了西班牙巴洛克画家胡安·德·巴尔德斯·莱亚尔（Juan de Valdés Leal）的作品，他有着“戈雅的力量，罗普斯（Rops）的感性，维尔茨（Wiertz）的题材”（C, 283）。巴塞罗那给本雅明留下了生动的印象：他惊异于兰布拉大街（Ramblas）与巴黎林荫大道的相像，同时也惊异于这座城市狂野粗犷的一面。跟着船长和船员，他发现

1 Lacis, *Revolutionär im Beruf*, 52–53. 拉西斯记混了年份，说本雅明离开汉堡是在 1924 年秋，实为 1925 年 8 月。

2 相当于 50 摄氏度。——译注

了这座城市的隐秘角落。“这些人是我唯一可以谈话的对象。他们没受过什么教育，但却不缺少独立判断。而且他们身上有些东西在陆地上可不容易找到：分辨有教养和没教养的感觉。”（C, 283）难以想象本雅明是如何与某位货轮船员真诚交流的，但很明显他被这个群体接纳了，甚至受到了某种尊重。在旅行结束时，他答应送船长一本他翻译的巴尔扎克。

他在热那亚停留的时间较长，探访了里维埃拉海岸以及从拉帕洛到菲诺港的著名岬道，这之后船在比萨停靠三两日，本雅明得以首次游览围墙城市卢卡。在那里，他遇到一个特别的赶集日，成就了《单行道》中最令人难忘的思想图像之一，“不是为了销售”（在题为《玩具》的那节内）。本雅明描述了一个“机械小展房”，“在一个长长的、均匀分成两半的帐篷里”；随着参观者在不同的展桌间移动，机械木偶开始动作，在一个由“哈哈镜”圈定的空间中呈现给人们一个多面的历史和宗教寓象（allegory）。“不是为了销售”是本雅明用意象捕捉历史在意识建构的镜像中对自身的扭曲的最初尝试之一。而且，大约尤其是在他接触马克思主义的这一早期阶段，他对这种扭曲的最后结果保有一种直截了当的乐观主义：“人们从右边的口子进入帐篷，而离开时则是从左边的口子。”[1]（SW, 242
1:474–475）本雅明在那不勒斯告别了轮船和船员中的朋友们，很快他就发现“这座城市已经又一次填满了去年它在我心中占据的全部空间”（C, 284）。在那不勒斯，本雅明碰到了他的熟人阿多诺和克拉考尔，他们俩正一同旅行，本雅明带领他们以及阿尔弗雷德·佐恩-雷特尔（他还住在波西塔诺）去卡普里岛短期旅行，在那个地方，“一周就像一次心跳一样快地过去了”（GB, 3:80）。正如

1　参见王涌译《单行道》，第 72—73 页。——译注

事实上发生的那样，本雅明现在能够和尤拉·拉德-科恩重新建立某种亲密关系，她正和丈夫弗里茨一道在意大利旅行。他将牵念着拉德-科恩在他卡普里房间中的身影直到下一年。

本雅明又从卡普里前往波罗的海边的拉脱维亚首都，里加，到达时是11月初。他来这里是为了见阿西娅·拉西斯，但这段旅程是计划好的，还是因为想起他们去年夏天共处的记忆而一时兴起的结果，我们不得而知。拉西斯此时在本雅明生命中的重要性以及他对到达她的居住地的狂热期待，留存于《单行道》的《武器与弹药》一节：

> 我来到里加见一位女友。她的房屋，她住的这个城市和这里的语言，我都不熟悉。没有人期待我来，也没有人认识我。我独自一人在这些街道上走了两个小时。我从未见过这样的街道。每家大门口都喷射出一道火焰，每块墙角石都迸出火花，每辆有轨电车都像消防车一样疾驰而来。是的，她很可能正从一个大门走出来，拐过墙角，坐上了电车。可是，在我们两人之中，我无论如何都必须成为第一个看见对方的人，因为，假如她那导火索般的目光先碰到了我，我就会像弹药库一样飞上天。[1]（SW, 1:461）

拉西斯本人并不知道本雅明会出现在她的家门口。她正在参与一系列共产主义戏剧工作，包括建立一座无产阶级儿童剧院——而拉脱维亚政府威胁要以颠覆罪逮捕她。她的度假情人的出现是一次令人不愉快的意外事件。“那是首演前的一天。我去彩排，脑子

1 参见王涌译《单行道》，第43页。——译注

里全是急事，而站在我面前的是——瓦尔特·本雅明。他喜欢制造惊喜，但这次的意外一点也不让我开心。他来自另一个星球，而我没时间陪他。”[1] 本雅明孤独凄惨地在里加游荡；整座城市似乎都浸满了拉西斯严厉的拒绝和他因此而来的忧郁。在“立体视镜”（见《单行道》中《玩具》一节）中，他回忆这城市整个就是一座巨大市场，“由矮木售货棚组成的拥挤城市”，沿着防波堤延伸，“小蒸汽船在略显黑色的矮城边停靠”。“在一些角落……，人们会看见……纸鞭子，它们只在圣诞节时才会出现在西边。正如受到最亲爱的声音的斥责：这纸鞭子就是这样。”[2] 这次被拒也产生了其常见的身体反应：他告诉肖勒姆，他的整体状态“极不令人满意”（GB, 3:100）。虽然这次旅行一直没有出现他所希望的欢乐色调，但他还是有机会去剧场参观并偶尔见见拉西斯。他碰巧出席了一次演出，那个剧目直接反对以中产阶级为稳固基础的政府，而他被一大群人挤来挤去，堵在了门框边上，好不容易才爬到一个窗台上得以脱身；拉西斯找到他时，发现他的帽子破了，夹克和衬衫领也皱了。她回忆说，那部戏唯一让他感到高兴的部分是这样一幕，其中一个戴着高帽的先生和一个打着伞的工人在聊天；关于这一幕，本雅明的同情心究竟在哪边，只能付诸猜测。[3] 243

12 月初，本雅明回到了柏林代尔布吕克街的公馆，和朵拉、斯特凡以及他们三口人的保姆格雷特·雷拜因（Grete Rehbein）住在一起。本雅明似乎接受了他和拉西斯没有未来这一现实，安于家庭生活，花更多时间和已经七岁半的斯特凡相处。他每周给他读三四次书，“从我们的藏书中抽出什么算什么，漫无目的地游荡

---

1 Lacis, *Revolutionär im Beruf*, 56.

2 SW, 1:474.（参见王涌译《单行道》，第 71—72 页。——译注）

3 Lacis, *Revolutionär im Beruf*, 57.

在童话的混沌世界中”（C, 287）。光明节时，本雅明找出自己儿时的木偶剧场，在两个朋友的帮助下，给斯特凡和他的小朋友们上演了奥地利通俗戏剧家费迪南·莱蒙德（Ferdinand Raimund）的“华丽”童话剧（C, 288）。随着和孩子接触增多，他重新开始记录斯特凡的无忌童言，他从 1918 年起就有过零星搜集。这一儿童语言世界的档案极大地揭示了本雅明对自己儿子的理解，以及他
244 自己在家庭中的地位，但它最主要的是童趣语言发明的存目清单：被错误理解和听错的词汇，原创的合成词，以及逗人发笑的短语。对本雅明这样的一位思想家，一个儿童简直就是一座实验室，在其中人类语言的起源触手可得，而小斯特凡的发言在本雅明的写作中持续发挥着作用，直到这位父亲生命的终点。不过也很明显，本雅明在孩子身上找到了他所渴望找到的，也就是，来源于他自己思想旨趣同时又反哺这些旨趣的母题和实践：心灵感应现象、对非生命对象的肉身摹仿、潜意识的显现。而对于这本笔记本的读者来说，它也是一份语言社会学的文献：我们看到家庭生活如何塑造语言——具体而言，这是一种围绕本雅明工作展开的家庭生活。他记得斯特凡的第一个词：“安静”，无疑这是孩子从母亲那里听到最多的词，因为爸爸在阅读或写作。有一则逸事，显然是由保姆格雷特·雷拜因转述的，非常生动：

> 我们不在家——过去几天中我一直要求公寓里保持安静，因为我有一篇文章得写——他一个人和格雷特在厨房。他说：“格雷特，你要非常安静。他现在必须工作。非常安静。”这么说着，他爬上了灰暗的楼梯，把两扇门都打开，进到了他的黑屋子里。当格雷特在一小会儿后跟上去找他时，她看见他在黑暗中站立不动。他说：“别打扰他，格雷特！他

真的必须工作。”[1]

一系列母题在这里交织：孩子的角色扮演是对父亲缺席的补偿；家庭生活的各个方面都服从于父亲的工作；孩子把工作理解为待在黑暗的全封闭空间之中。父亲对儿子的某种矛盾心理也可以在此感觉到。一方面，本雅明对儿子的语言天赋（或者不管怎么说，对于他所搜集的语料的内在价值）评价极高，以至于他曾考虑把整个笔记本用打字机打出来，分发给朋友们；他称之为斯特凡的《观点与思想》，戏仿作家笔记的老传统。恩斯特·舍恩在圣诞节期间造访时，曾预言这个小男孩的远大前景。但与此同时，本雅明简短地提到，儿子以“彻底平庸”的分数升到下个 245
年级（GB, 3:131）。这种冷淡并非没有得到注意。斯特凡的女儿莫娜·让·本雅明后来回忆说，她父亲——伦敦的一位博学书商——对谈论自己的父亲极度迟疑。“他发觉很难谈论这样一位父亲，对他来说，那个人从来不是一个真正的父亲，而更多是一位思想人物；一个有距离感的人；在他的记忆中那就是一个从外国给他买玩具的人。”[2]

对本雅明来说，这也是一段和弟弟妹妹联系增多的时间。他的妹妹朵拉还住在家里，所以每天的接触是不可避免的；弟弟格奥尔格有自己的公寓，但也是代尔布吕克街公馆的常客。朵拉上过一所女子学校，俾斯麦中学（Bismarck-Lyceum），就在格鲁内瓦尔德区，离家不远。这类学校不提供去大学深造所必需的证书；虽然普鲁士邦已经在 1908 年通过法律，给女性以相当于男性的平

1 *Walter Benjamin's Archive*, 123.

2 Jay and Smith, “A Talk with Mona Jean Benjamin, Kim Yvon Benjamin and Michael Benjamin,” 114.

16. 朵拉·本雅明（妹妹），20 世纪 20 年代末（*Akademie der Künste, Berlin. Walter Benjamin Archiv*）

246 等求学机会，但到 1918 年全普鲁士只有四十五所学校给女性提供 Abitur，也就是通向大学的学位。[1] 朵拉因此不得不上专门为女性设计的私人课程，以便升读大学。1919 年，普鲁士政府解除了严苛政策，允许女学生就读于男生文理中学；朵拉立刻抓住这个机会，被格鲁内瓦尔德皇家文实中学（Grunewald-Realgymnasium）录取，她哥哥格奥尔格 1914 年曾从那里毕业。1921 年毕业之后，她先后在柏林、海德堡、耶拿和格赖夫斯瓦尔德的大学攻读经济学，1924 年在格赖夫斯瓦尔德大学获得博士学位，论文题目是妇女在家中从事纺织业对抚养子女的影响。[2] 20 年代期间她改写了博士论文，作为专著出版，并在《社会实践》（*Soziale Praxis*）上发表了一些关于相关话题的文章，这使她成为关于无产阶级生活中工作和家庭的复杂问题的知名专家。她的著作——以及她和将

1 Schöck-Quinteros, "Dora Benjamin," 75.

2 Ibid., 79.

来的嫂子希尔德·本雅明的亲密友谊——让她和哥哥格奥尔格
走得很近。格奥尔格比瓦尔特小三岁，他的学业曾因战争中断；
1923 年他获得医学博士学位，此前他先是在 1920 年加入独立社会
民主党，后又于 1922 年加入德国共产党。虽然瓦尔特·本雅明和
妹妹的关系直到 30 年代都不大好，但两兄弟却经常见面，尤其是
在瓦尔特开始转向激进左翼之后，两人之间产生了更亲密的关系。
1926 年初，格奥尔格和希尔德·朗格结婚；本雅明曾议论道，格
奥尔格把希尔德“训练”成了共产主义者，而她的基督教父母将
“不得不吞下双份的苦药”（C, 288）。但这两个说法都没有事实基
础。虽然格奥尔格是在探望妹妹朵拉时认识希尔德·朗格的，但
朗格此时已找到了自己通向左翼的道路，并觉得与格奥尔格志趣
相投。在整个 20 年代，格奥尔格和希尔德在共产党内声望日高。
1925 年，格奥尔格被任命为柏林-威丁区的市立校医；他服务于
无产阶级儿童，工作之余连续发表了一系列关于社会卫生问题的
文章，兼具学术性和普及性。希尔德拥有法学学位，当时还在继
续进行职业准备，她最终在 1929 年获得律师执照。到 20 世纪 50 247
年代，她作为法官，落下严厉对待共产党政权的敌人的名声，后
来于 1963 年至 1967 年担任德意志民主共和国司法部长。但在
1926 年，他们俩在威丁区的小公寓则扮演着某种沙龙的角色，共
产主义和左倾的布尔乔亚知识分子来这里聚会。

这是从 1917 年以来本雅明第一次手头没有任何大型课题（普鲁斯特翻译除外，他接手这项翻译本来就更多是出于经济考虑，而非基于智识上的必要性）——在此，所谓大型课题，我们是指专著规模的研究工作。不过，本雅明越来越觉得，如果自己成为当时法国严肃文学的主要介绍渠道，那么他就可以在德国出版世界占有一席之地；他对当代法国的熟悉促使他决心“把褴褛的事

17. 格奥尔格・本雅明，20 世纪 20 年代末（*Akademie der Künste, Berlin. Walter Benjamin Archiv*）

实织入牢固的背景之中”。虽然他在 1925 年末和 1926 年初写得不
248 多，但他的“阅读量大得惊人”——而且大多数是法文著作（C, 288）。他的阅读也滋养着他的其他志趣：他读了托洛茨基的政治论（以及关于卢卡奇和布哈林的世界史理论的论争 [GB, 3:133]），也读了路德维希・克拉格斯和卡尔・阿尔布莱希特・贝尔努里（Carl Albrecht Bernoulli）论瑞士法学家、历史家、母系社会理论家约翰・雅各布・巴霍芬的著作。本雅明曾这样对肖勒姆断言，而且直到 30 年代都反复以不同形式提及这一说法：“同巴霍芬以及克拉格斯的正面对抗是不可避免的；许多事都说明，这一正面对抗只能严格地按犹太神学的视角进行。当然，就是在这种地方，重要的学者会嗅出谁是他们的大敌——而且并非没有道理。”（C, 288）虽然他在接下来的十五年间又有几次提到这一“正面对抗”，但他未能写出他设想的关于巴霍芬和克拉格斯的明确论述。和通常一样，本雅明也在阅读海量的侦探小说。但直到此时，在与克拉考尔的

通信中，他才开始分辨出一条路径，他可以沿着这条路径把他的个人癖好，比如侦探小说，变成严肃思考的对象。本雅明也许因此是侦探小说史上唯一一个从体液气质学说的角度来分析这一文类的评论家：他向克拉考尔评说道，侦探的形象放在旧有模式中显得“特别别扭”，但却不仅和胆汁质，而且和粘液质有共通特征（GB, 3:147）。

不论他是正在进行还是逃避这项工作，普鲁斯特翻译从来没有远离他的脑海。这一方面是因为他意识到普鲁斯特的“哲学视角”和他自己的非常接近：“[过去] 不管什么时候，只要读到他写的任何东西，我都觉得我们志趣相投，心有灵犀。”（C, 278）文学出版社施米艾德（Die Schmiede）1925 年从伽利玛出版社（Gallimard）获得版权；第一卷的译者是作家鲁道夫·朔特兰德（Rudolf Schottlaender）。普鲁斯特的伟大著作的第一次德语翻译遭遇了严厉批评。恩斯特·罗伯特·库尔提乌斯（Ernst Robert Curtius），一位年轻的罗曼语学者，当时刚刚开始发表论著，此后凭借这些论著成为拉丁中世纪的主要阐释者，他猛批这部译作，认为它不仅滞重乏味，而且到处是硬伤。库尔提乌斯的书评使得普鲁斯特在伽利玛的编辑们大为警觉，以至于他们说服法国大使去和施米艾德出版社交涉。到 1926 年秋天，本雅明和他的朋友弗朗茨·黑塞尔已经和出版社讨论了翻译整部小说的规划，包括重译已经出版的两卷（第一卷和第三卷）。同年 8 月，他和黑塞尔译完了一卷（第二卷）；最终，他们一共翻译完三卷，第四卷译了部分。《在少女们身旁》的德语译本于 1927 年由施米艾德出版，施米艾德倒闭后，《盖尔芒特家那边》由皮珀出版社（Piper Verlag）于 1930 年出版。本雅明对《所多玛与蛾摩拉》的全译，是他 1924 年夏在卡普里岛上兴奋地劳动的成果，却从未出版，而其手稿后 249

来也从未找到。黑塞尔和本雅明在完成《女囚》之前停了下来。“你读我所译的普鲁斯特，也许会读不下去，”他写信对肖勒姆说，“需要发生些不寻常的事情，才能让它变得好读起来。这事儿难度巨大，而且出于许多原因，我只能花很少的时间在这上面。”（C, 289）在这些原因中，相对较低的报酬并非无关紧要。风格上，他不得不面对普鲁斯特铺张的、洋洋洒洒的长句，它们具有不可译性，句子的终止不断延后，“这和法语的整体精神形成张力，并…… 在很大程度上造成了原作的特殊品格”：德语不可能同样“富有暗示性并令人惊异”（C, 290）。但是，他在翻译工作中的挣扎却正将他引向一些关于这位伟大法国小说家的具有高度原创性并令人惊异的论述：“他的天才中最具问题性的一面是他对伦理视角（des Sittlichen）的彻底摒弃，这和他对物质及精神的一切事物的观察所具有的高度细腻又是相辅相成的。这也许需要——部分地——被理解为一个巨大实验室中的‘实验流程’，时间被当作实验对象，有成千上万的反射镜，对它进行凸镜和凹镜反射。”（C, 290–291）这一评语将在本雅明 1929 年发表的《普鲁斯特的形象》（“On the Image of Proust”）中得到改进和阐发，它是关于这位小说家及其巨作的重要早期评价之一。

他还接受了一次约稿，大约是通过伯恩哈德・赖希的安排，为新版《苏维埃大百科全书》写作歌德条目，长度为三百行。虽然这篇文章直到 1928 年底才问世，而且遭到大肆删改，但本雅明
250 是带着实实在在的热情来完成这一任务的，也带着不小的反讽态度。“对这一约稿的接受本身包含堂而皇之的放肆不恭，正是这一点吸引着我，”他写道，“而且我认为我将成功地构思出一些合宜的内容。”（C, 294）关于歌德在当代左翼文化中的地位，他同格奥尔格和希尔德・本雅明以及他们在威丁的朋友们进行了一系列热

烈讨论；通过那些谈话以及对19世纪文学史的广泛阅读，本雅明认为，马克思主义的歌德观通过对他的历史化处理，提供了一个机会，将这位奥林波斯山上的神拉到大地上，成为名副其实的文学史的一部分。

> 我相当惊奇地发现文学史在上世纪中期是如何书写的，而尤利安·施密特（Julian Schmidt）的三卷本《莱辛逝后的德意志文学史》（*Geschichte der deutschen Literatur seit Lessings Tod*）是多么富有力量——它的轮廓是多么清晰，就像是构造完美的墙壁饰带。当这种书作为工具书问世以后，人们会重新看到那些一度丧失的东西，也会看到，晚近学术的（无可指摘的）技术要求与成功地展现一个eidos（理念），即生命的一个生动形象，是不相适配的。同样令人惊奇的是，这位鲁莽的编年史家的心智所具有的客观性是怎样随着历史距离而增加，而谨慎地、不温不火地下判断——这在近来的文学史研究中很典型，却不可避免地表现为索然无味的、平庸的当代趣味的表达，这一切恰恰因为它缺少可以充当修正的个人元素。（C, 308）

本雅明用心地为霍夫曼斯塔尔的新戏《塔》（*The Tower*）写作评论时，深深明白自己受惠于这位年长的作家，他决心写出赞词，但对于霍夫曼斯塔尔的剧本及其试图通过对卡尔德隆的《人生如梦》（*Life Is a Dream*）一剧开火而争得一种现代“悲悼剧”的努力，本雅明却有所疑虑。甚至在开始写作这篇评论之前，本雅明就告诉肖勒姆——虽然肖勒姆还没有读过该剧——“我的私人判断从一开始就很明确；而我与此相反的公共判断，也一样明确”（GB, 3:27）。

随着柏林漫长的冬季走向终结，本雅明的心思又像往常一样，转到了逃离的念头上。整体的借口是，他的确需要实地去了解法国当代文化；只要有一点具体的催化剂，就能让他登上火车，逃
251 离德国。那个催化剂就是弗朗茨·黑塞尔和海伦·黑塞尔（Helen Hessel）夫妇的邀约，他们请他一道在巴黎南边的郊外小镇丰特奈-欧罗斯（Fontanay-aux-Roses）小住，其间他们可以继续翻译普鲁斯特的工作。本雅明答应了，但没有搬去和黑塞尔夫妇同住，而是选择"体验一回住旅馆的乐趣"（C, 293）。3 月 16 日，他把自己安顿在蒙帕纳斯[1]的丹费尔-罗什洛广场（Place de Denfert-Rochereau）附近的正午酒店（Hôtel du Midi）。除了加速翻译工作并催促与此相关的稿酬支付以外，他希望能采取切实步骤，让自己作为法国文学的主要德国评论家站稳脚跟。他意识到，要做到这一点，他必须锤炼自己的法语口语和写作能力；寻找到真实语言的"节律和温度"，才有可能和法国重要作家及知识分子建立真正的联系（C, 302）。他的经济状况仍然极度不稳定，而他觉得住在这里的花销只要德国的一半甚至三分之一。而且，除了黑塞尔夫妇，尤拉·拉德-科恩也住在城里，她继续像磁石一样吸引着他。

巴黎之春在本雅明身上唤醒了他在卡普里岛体验过的那种广阔的生命力。"我所目睹的不亚于春天对城市进行的一场恐怖袭击：一夜或两夜之间，新绿的爆炸在全城不同地方此起彼伏地发生了。"（GB, 3:141-142）他沉迷于漫无目的的散步，沿着布满书摊的堤岸游荡，穿过林荫大道，进入没有路的工人区。就像在柏林时一样，本雅明是咖啡馆的常客，其中最偏爱的是拱顶咖啡馆（Café du Dôme）。他不断地寻找着，看哪些餐馆提供好吃又不贵

1 巴黎左岸的著名街区。——译注

的食物，他高兴地提到一家他所住酒店附近的马车夫小馆子，那里有便宜的丰盛菜肴。他还通过参观塞尚（Cézanne）和恩索尔（Ensor）的主要作品展览而得以拓宽自己的现代主义艺术知识。他对新环境的满意转化为更高的工作效率。“我发现一个秘诀，可以吸引那些小精灵来帮忙。秘诀是这样的，我早上一起床就坐下工作，不穿衣服，不用一滴水来洗手或洗浴，甚至一点水也不喝。我什么也不做，更别提吃早饭了，直到完成我为当天定下的任务。 252
这带来了你所能想象的最神奇的副作用。然后我在下午就可以想干什么干什么，或者只是在街上漫步。”（C, 297）

白天的漫游并不是本雅明唯一的爱好。住下没多久他就告诉尤拉·拉德-科恩说，他之所以可以工作得特别高效，是因为他花了许多夜晚“直接用脚趾尖”去享受巴黎（C, 292）。有些这样的夜晚满足了他对大众文化的兴趣：他去了冬季马戏团（Cirque d’Hiver），看到了著名的弗拉德利尼（Fratellini）小丑，他觉得他们“比你能想象的要漂亮得多；你对他们在公众中的名气的估计必须得翻倍，因为他们是靠旧套路或者话术获得名气的，而从不是靠‘摩登’套路”（GB, 3:172）。他还在《文学世界》上发表了一篇报道，关于在私人工作室举行的一次超现实主义闹剧晚会，他认为整件事“很糟糕”。巴黎大众文化更幽暗的下半身，则带来全然不同的效应：他在书信中热情洋溢地写到尚未被发现的手风琴舞会（bals musettes）和他造访过的色情歌舞厅。也更为扭捏地暗示他潜入性交易的世界，一般有弗朗茨·黑塞尔，或坦克马尔·冯·闵希豪森，或两人一起作陪。本雅明从未描述过三个德国人对巴黎花花世界的探索究竟属于何种性质。他回忆说，自己“过去的几个夜晚，由非常可靠的向导带领，在这座城市的旧石头外套的奇妙皱褶中反复摸索”（GB, 3:166）。可以说朵拉补全了当时的情形：20 年代末的离婚诉讼时，她声称，整个 20 年代，黑塞尔把一拨又一拨操守不佳的年轻女性提供给本雅明。

这两位朋友在人情世故上远比本雅明要有经验。作家和出版家闵希豪森（1893—1979）于 1912 年在巴黎认识了黑塞尔夫妇，因为他在那里进入了蒙帕纳斯的同一批艺术圈子。从 1914 年起他和海伦·黑塞尔开始了长期的情人关系，而当时 [弗朗茨·] 黑塞尔正在军队服役（特吕弗的电影《朱尔与吉姆》[*Jules et Jim*] 中的角色福尔图尼奥 [Fortunio] 就是以他为原型），战后他又和玛丽·洛朗森（Marie Laurencin）有一段婚外情。和黑塞尔及本雅明一样，他在这一时期靠新闻报道和翻译养活自己。本雅明在闵希豪森的陪伴中得到的不仅仅是知识上的刺激：这位朋友似乎总
253 在身边带着一位诱人女士，而且他也经常为本雅明提供一位相称的女伴。一次去尚蒂伊城堡和桑利斯古城的短途旅行中，闵希豪森“在此地的欲火”指向“一位并不怎么重要但也绝不乏味的女画家，她的丈夫随之完全隐退到背景里，其中奥妙真是无法形容”；虽然本雅明丝毫没有透露他自己女伴的身份，但他的确告诉尤拉·拉德-科恩：“看来，时尚的非犹太女性是我现在的口味。我们像夫妇一样结伴而行时总是最愉快的。”（C, 296）

在 20 年代里，弗朗茨·黑塞尔将成为本雅明最亲密的朋友之一。早在慕尼黑的学生时代，黑塞尔就已经处在“施瓦宾格波西米亚”圈子的核心，1903 年到 1906 年之间，他和破落的芬妮·祖·雷文特洛女伯爵以及一群她的其他情人——包括路德维希·克拉格斯和卡尔·沃尔夫斯科尔——一道，住在考尔巴赫街（Kaulbachstraße）63 号著名的“拐角屋”（Eckhaus）。这一“生活共产主义”的实验让黑塞尔不仅接触到了宇宙派圈子，而且联系上
254 了德国最先锋的现代主义群落中的领军人物：莱纳·玛利亚·里

尔克、阿列克谢·冯·亚夫伦斯基[1]、弗兰克·韦德金德、奥斯卡尔·帕尼扎[2]等。[3]在中断了学业，也中断了和雷文特洛女伯爵的关系之后，黑塞尔搬到巴黎，时常出入于蒙帕纳斯的艺术界。在拱顶咖啡馆，他认识了未来的妻子，年轻的艺术生海伦·格伦德（Helen Grund），也认识了艺术收藏家和经纪人亨利-皮埃尔·罗谢（Henri-Pierre Roché）；通过罗谢，黑塞尔渐渐认识了巴黎现代主义的一些中心人物，包括巴勃罗·毕加索、格特鲁德·斯泰因、马克斯·雅各[4]、皮卡比亚[5]和马塞尔·杜尚。战时服役结束之后，黑塞尔和海伦在慕尼黑南边的舍夫特拉尔恩（Schäftlarn）村过着退役生活。发生了一连串三角恋情，不仅涉及黑塞尔夫妇和罗谢，而且还卷进了海伦·黑塞尔的姐妹约翰娜（Johanna）及其丈夫，也就是黑塞尔的兄弟阿尔弗雷德（Alfred）。直到最近，弗朗茨·黑塞尔最为人所知的还是他在这些情事中的角色：特吕弗的电影《朱尔与吉姆》是以罗谢 1953 年出版的同名自传小说为基础的。弗朗茨和海伦·黑塞尔深切体验了《朱尔和吉姆》中所描写的“三人行”之后解除了他们的婚姻，但又在 1922 年复婚，并从此定居巴黎，以开放关系的形式共同生活；海伦至少可以点出六位青年女性的名字，弗朗茨和她们都有长期关系。在翻译普鲁斯特并写作自己的第三部小说《秘密柏林》（*Heimliches Berlin*）的同时，黑塞尔继续为罗沃尔特出版社的主要项目工作。和本雅明一样（黑塞尔帮助他开启

1 阿列克谢·冯·亚夫伦斯基（Alexej von Jawlensky，1864—1941），表现主义画家，活跃于德国，原籍俄国。——译注

2 奥斯卡尔·帕尼扎（Oskar Pannizza，1853—1921），德国心理医师，同时也是先锋派作家。——译注

3 Reventlow, *Tagebuch*，转引自 Wichner and Wiesner, *Franz Hessel*, 17。

4 马克斯·雅各（Max Jacob，1876—1944），法国著名现代诗人。——译注

5 皮卡比亚（Francis Picabia，1879—1953），法国先锋派画家、诗人。——译注

18. 弗朗茨・黑塞尔，约 1928 年（*ullstein bild / The Granger Collection, New York*）

了《拱廊街计划》)，黑塞尔对日常生活的现实需求没有什么概念；也和本雅明一样，他其貌不扬。他的儿子斯特凡纳记得他“几乎秃顶，个头不大，有点胖。他的面容和举止给人以温柔的感觉；对我们来说他是一位有点儿抽离的智者，活在自己的世界中，[和孩子们] 几乎不发生关联。他其实并不健谈，但他很注意措辞，并从遣词造句中得到游戏的快乐”[1]。

本雅明和海伦・黑塞尔的关系是复杂的。虽然他反感在他看来她用她的“社交花招”对待他的做法，但他得到相当多的乐趣，不仅从她尝试和他调情的行为中，而且也从坚定自己“不予回应的决心”中（C, 296）。海伦住在巴黎有层出不穷的理由。她已经开始打造自己作为时尚世界评论人的可观声望，当时在巴黎的工

255 作是《法兰克福报》时尚问题的通讯作者。（本雅明将在《拱廊街

1 Hessel, *Tanz mit dem Jahrhundert*，转引自 Nieradka, *Der Meister der leisen Töne*, 75。

19. 海伦·黑塞尔，20 世纪 20 年代末（© *Marianne Breslauer / Fotostiftung Schweiz*）

计划》关于时尚的章节中引用她的作品。）她的工作任务让她接近了情人罗谢，这一事实也并非无关紧要。

本雅明在 20 年代的柏林和巴黎与黑塞尔一同进行的那些漫长散步，其重要性怎么高估都不过分。对黑塞尔来说，穿越都市丛林的漫步是完全有意识的一种抵制，它反对内在于现代化中的工具性：他把没有目标的走路称为“纯粹无目的的快乐”。“散步把你从或多或少不幸的私人存在中释放出来，这是它最无与伦比的迷人一面。你以一系列陌生的境遇和命运为伴，并与之交流。真正的散步者察觉到这一点，缘于他突然在漫游的梦之城碰上一位熟人，并随着这意外的震荡而一下子变回确定的个人，于是经历了一次重大惊吓。”[1] 在接下来的几年中，当本雅明不仅用功于法国当代文化，而且在以《拱廊街计划》为暂定名的研究中关注兴起 256

1 Hessel, “Die schwierige Kunst spazieren zu gehen,” 434.

于19世纪的城市商品资本主义的各种文化表象之时，他更是把从波德莱尔诗歌和印象主义绘画传下来的巴黎漫游者（flâneur）的形象定义为现代意识的一个原型。而弗朗茨·黑塞尔以他天生的审慎、冷静的抽离、高度发达的窥视倾向，成为漫游者的最高化身。在他们穿越大都会街道的散步中，本雅明一定已经有了某些观点最初的灵光一闪，这些观点最终开花结果，无疑是20世纪所能产生的对现代性最摄人心魄的分析。

如果说黑塞尔和漫游（flânerie）为本雅明提供了现代观察的巡回漫步模式，那么他和西格弗里德·克拉考尔的交流则协助确定了将成为他特色题材的东西。而如果说黑塞尔强调的是对城市生活某一特定方面自发形成的眼光，那么克拉考尔在这一时期的作品《两层》（"The Two Planes"）、《对一张城市地图的分析》（"Analysis of a City Map"）、《酒店大堂》（"The Hotel Lobby"）中则看重城市的物质性和外表，它的常见物品、肌理和表面结构。在巴黎期间，本雅明和克拉考尔的通信达到了新的密集程度，他们开始分享各自未发表的研究。克拉考尔在1925年3月15日的《法兰克福报》上发表散文《旅游与跳舞》（"Travel and Dance"），其中展现了一种与资本主义现代性的新社会形态相称的文化分析模式。这篇文章聚焦于大众行为——旅游与跳舞——认为它们是"空间－时间的激情"（spatio-temporal passions），根据克拉考尔的解读，这类激情已经成为应对现代社会中生活的无聊和单调的手段：旅游被还原为一种纯粹的空间体验，其中涉及的空间不像日常生活那样"熟悉得令人麻木"，而跳舞作为"节律的再现"，把人们的注意力从年月日的时序中转移到对时间本身的沉思之上。[1]

1 Kracauer, "Travel and Dance," 65, 66.

《旅游与跳舞》在多重意义上是克拉考尔的关键论文。文章显示，
他转向日常现代性的形式和人工制品，认为它们揭示出了整个历
史时期的特征。接下来几年中，克拉考尔将在诸如《分神之崇拜》
（“Cult of Distraction”）、《对一张城市地图的分析》、《印花布世 257
界》（“Calico World”）和《售货员小女孩们去看电影》（“The Little
Shopgirls Go to the Movies”）等文章中，提供对当代文化的精彩探
讨和批判。他的目光尤其合拍于柏林多样而疯狂活跃的娱乐世界：
踢腿舞女孩（Tillergirls）、电影、购物、畅销书，不一而足。也许
这些文章的标志性成就是将魏玛共和国的批评目光转到表面现象，
而在传统文化中它们被当作转瞬即逝的肤浅之物打发掉。

在本雅明把工作不仅转向法国和苏联并且转向大众和日常现象的过程中，他和克拉考尔保持着频繁的联系。克拉考尔对城市生活极具辨识力且有时细致入微的面相学分析方法给更年轻的本雅明的作品带来了深层次的变化。本雅明反复指出，他和克拉考尔的观看之道有一次新的“交会”。在赞扬了克拉考尔的《德国中等高地》（“Das Mittelgebirge”）一文之后，他写道，“随着您继续探索小资产阶级上演梦和渴望的陈词滥调，我相信绝妙的发现就在您前方，而且我们也许会在某个点上相遇，过去一年我已经将全部精力瞄准于那样一个点……：明信片。也许有一天您会写出集邮的救赎辞，我对此已经等待了许久，但自己不敢上手”（GB, 3:177）。本雅明写信告诉朋友他在巴黎的体验时，强调他尝试首先在其“外表”——街道分布、交通系统、咖啡馆和报纸等——中理解城市。因此，正是克拉考尔向本雅明表明，表面看只适用于保守文化精英喜爱的艰涩对象的理论，却可能打开他周围的世界。

对两位作家——尤其是本雅明——来说，转向大众事物随之带来了一次重新思考：以一种在政治和历史上负责的方式写作

批评文字，究竟意味着什么？1926年写于巴黎的一通致克拉考尔书信，证明了本雅明对需要一种新的直接性（directness）和透明性（transparency）的自觉："随着时间的推移，所意指之物（das Gemeinte）已经在我的写作中更鲜明地呈现出来了。对一个作家而言，可能真的没有什么比这更紧迫重要的了。"（GB, 3:180）幸运的是，我们有本雅明的风格和关注点逐渐变化的一份准确记录：那就是蒙太奇之书《单行道》，作于1923年至1926年间，它所提
258 供的不仅是将统摄本雅明魏玛时期批评的新散文风格的一张快照，即思想图像（Denkbild）或思想比喻，而且简直就是新的批评方法的用户指南。这本书的第一版发行于1928年，由六十则短篇散文组成，它们在文体、风格和内容上迥异。文本中有格言、笑话和梦境描述；也有描述性的系列作品：城市景观、风景、心智风景。有写作手册的部分；有犀利的当代政治分析；有对儿童心理、行为和情绪的具有预见性的评点；有对资产阶级时尚、家居布置和求爱套路的解码，成为罗兰·巴特（Roland Barthes）的《神话学》（*Mythologies*）的先声。还有一次又一次对日常事物之核心的惊人洞察，本雅明后来称之为"对商品之灵魂的探索"。

《单行道》中的许多篇章最先发表在报纸和杂志的小品文栏（feuilleton）上，那种媒介在作为该书基础的散文形式的成形中起到了决定性作用。小品文栏最早出现在19世纪法国的政治报刊之上。虽然在某些方面它是今天报纸上艺术和休闲版面的先导，但还是有重大区别：（1）小品文栏不是独立的版块，而是出现在报纸大多数版面的底部三分之一的空间内，用一条线隔开（在德语中，小品文栏作品常被称为发表在"横线以下"[unter dem Strich]）；（2）小品文栏主要由文化批评文章和较长的文学作品的连载组成，但也包括了数量可观的其他内容，比如闲话、时尚评

论，还有各种短篇形式——格言、讽刺短诗、对文化对象和文化问题的快评——它们通常被称为“评点”（glosses）。在20年代，一批显赫的作家根据小品文栏的需求塑造了自己的写作实践；随之而来的“小品形式”（klein Form）很快就被指认为魏玛共和国的文化评论与批评的首要模式。作家恩斯特·潘佐尔德（Ernst Penzoldt）这样界定小品形式的题材：“对大小世界的诗意观察，日常经验的所有魅力，珍爱的漫步，奇妙的邂逅，心情，感怀的闲谈，评点以及类似种种。”[1] 到魏玛共和国末年，小品形式已经如 259
此流行，以至于成了都市现代性的代名词。加布里埃尔·泰尔吉特（Gabriele Tergit）的小说《克泽比尔征服选帝侯大街》（*Käsebier Conquers the Kurfürstendamm*）中，一家柏林日报的发行人给作家拉姆贝克（Lambeck）一个机会，让他写作关于柏林的系列专栏文章。“他动心了。能够把自己的经验化为雅致的散文，直接传递给别人，哪怕只有一次，而不是把这些经验储存起来，这一定非常快意。……拉姆贝克说，‘请允许我彻彻底底地考虑一下您的提议；我只是不清楚小品形式是否适合我’。”[2]

这种形式当然适合瓦尔特·本雅明。《单行道》的第一部分《加油站》就是一首小品形式的战歌。“有意义的文学效应只会在行动与写作的严格交替中产生；它必须在传单、宣传册子、文章和广告中培育出一些不起眼的形式，与书籍精致而千篇一律的姿态不同，这些形式更能在活生生的社群里发生影响。只有这种即时的语言积极地表现出它能胜任当下的需求。”[3]（SW, 1:444）在接下来章节中的一系列迅急主张中，本雅明认定断片优于完成品

1 Ernst Penzoldt, “Lob der kleinen Form”，转引自 Köhn, *Straßenrausch*, 9。

2 Tergit, *Käsebier erobert den Kurfürstendamm*, 35，转引自 Köhn, *Straßenrausch*, 7。

3 参见王涌译《单行道》，第2页。——译注

（“作品是其构思的死亡面罩”），即兴优于“能力”（“所有的致命一击都是出自左手”），废品和碎屑优于精致手工（儿童把“全然不同类型的材料放在一起，产生新的、直觉性关系”）（SW, 1:459, 447, 450）。对本雅明来说，传统写作形式已经完全无法在资本主义现代性中存活了——更别说为洞见现代性之结构、机制和效用提供任何框架了。“文字，曾在书籍中找到避难所，它在那里能够保持自律的存在，如今却被广告无情地拖到大街上，并屈从混乱的经济生活中残酷的他律性。”[1]（SW, 1:456）正如这些反对立场所暗示的，本雅明相信，任何名副其实的批评都是由“一个道德问题”激活的：“批评家是文学斗争中的战略家。”（SW, 1:460）

对自己写作的新理解，为本雅明演变中的政治意识所塑造。他在 1926 年 5 月 29 日致肖勒姆的信中提供了对于自己立场的关
260 键声明，这一立场是从他对欧洲当时局势的直接反应中发展出来的：“我们这代人中的任何一个，只要他把置身于其中的这一历史时刻感受为、理解为一场战斗，而非仅仅是词汇，那他就不可能放弃对事物（及形势）与大众发生互动的机制进行研究和实践。”当然，本雅明知道朋友会对这封信做出什么样的反应：肖勒姆早已指控他背叛了以前的作品和信念。这封回信引人注目之处在于它试图把共产主义政治置于宗教奉行的框架之中：“我不会承认，在其本质存在的意义上，[宗教奉行和政治奉行]之间有任何区别。但我同时也不会承认二者之间的调和是可能的。”[2] 本雅明承认的也不是任何这样的调和，而一者向另一者的“悖论性翻转”——这种翻转“无情而激进”，且带着一个任务，“不是去做一次性的抉择，而是每一刻都要抉择。……如果我有一天要加入共产

1 参见王涌译《单行道》，第 31 页。——译注

2 本雅明这里的立场类似于他在《神学-政治断片》（SW, 305–306）中的立场。

党……，那我的姿态，在涉及最重要的事情方面，将始终是激进地前行，而绝不是眼睛盯着后果”。本雅明在陈述他的信条的最后，隐晦地支持了自己在阅读恩格尔的《政治与形而上学》时发展出的观点。他认为“所谓共产主义的‘目标’是无稽之谈且并不存在”，但“这丝毫不减弱共产主义行动的价值，因为它是对其目标的纠正，也因为压根没有有意义的**政治**目标”（C, 300–301）。政治行动——不论是无政府主义还是共产主义的——只有为有意义的宗教体验打开空间，才是有用的。

虽然黑塞尔夫妇介绍本雅明进入了一些法国和德国移居者的知识分子圈子——他不仅见到了弗朗西斯·皮卡比亚及其夫人加布丽埃勒，而且在黑塞尔的家中认识了作家兼翻译家皮埃尔·克洛索夫斯基（Pierre Klossowski，画家巴尔蒂斯 [Balthus] 的弟弟）和摄影家吉赛勒·弗罗因德（Gisèle Freund），他和以上这两位在30 年代成为亲近的朋友——但他仍然十分清楚自己在巴黎的边缘地位，以及他这样一个名不见经传的德国知识分子成为法国文化体的一部分的难度。本雅明发现“只要你愿意，有无数人可以和你愉快地交流大约一刻钟，但没有人特别渴望和你发生更多的联系”（C, 301）。他的解决办法是对这座城市进行“持续的求爱”。 261
他在这方面得益于一位强大的盟友：时间。本雅明无处可待，他在自己的处境中发觉一种新获得的耐心。逗留期间，他（在“异常有意思的”电影《俄耳甫斯》的首映礼上 [GB, 3:182]）见到了让·科克托（Jean Cocteau），听过保罗·瓦莱里的讲座，认识了《新法兰西评论》（*Nouvelle Revue Française*）的主编让·波朗（Jean Paulhan）。而且他开始践行普鲁斯特式幻想：由闵希豪森引见，他有几次突入巴黎文雅贵族的世界，他们“还保持着过往时代艺术赞助人的风范”（GB, 3:130）。他出席了普尔塔雷伯爵（comte

de Pourtalés）沙龙中的几次讲座，沙龙里有“昂贵的家具，点缀着零星几个男客女眷，他们有着最邪恶的面相，就是那类你只能在普鲁斯特笔下找到的人物”。他还应邀去参加迪·巴西亚诺公主（Princess di Bassiano）办的早餐会，那是在一家数一数二的餐厅：“一开始先上了大份的鱼子酱，然后继续上诸如此类的菜品。烹饪是在屋子中央的一个炉子上进行的，每样东西在上桌前就展现在眼前。”（C, 296）虽然他经常感到厌倦，并反感于这些活动的肤浅和文化矫饰，但他有时也只能是没见过世面的穷才子模样。

如果说他试图让巴黎知识界接受自己的努力成效有限，那么，在巴黎的时光则因为他遇到的一批批故友新知而变得富有活力——也经常被打扰。他主动地设法认识了奥地利小说家兼记者约瑟夫·罗特（Joseph Roth），此人 1932 年出版的家族史诗小说《拉德茨基进行曲》（*Radetzky March*）记述奥匈帝国的衰落与覆灭。1923 年至 1932 年，罗特是《法兰克福报》专职撰稿人；本雅明听从克拉考尔的建议去接近他，当时罗特正在巴黎为该报写一系列小品文栏文章。虽然这两位作者从未建立起任何一种亲密友谊，但他们无论是在柏林还是在巴黎都会定期见面，直至罗特 1939 年去世。接下来几个月，本雅明像见黑塞尔一样频繁地和恩斯特·布洛赫见面。但本雅明还是不能完全克服他对这位朋友的
262 批评意见，以及他对布洛赫剽窃他的观点的怀疑。“布洛赫是一个卓越的个体，”他写信对尤拉·拉德-科恩说，“我尊重他，因为他是我的作品最伟大的鉴赏者（对于我的作品究竟是关于什么，他比我还要清楚，因为他不仅对我已经写下的一切，而且对我说过的每个词都彻头彻尾地熟悉，好多年来都如此）。”（C, 299）4 月，一听说布洛赫的作品正在耶路撒冷流行起来，他就向肖勒姆

20. 尤拉·科恩制作的本雅明头像，萨沙·斯通摄（*Akademie der Künste, Berlin. Walter Benjamin Archiv*）

挖苦说，“这是一个信号，说明本能严重地疲软”（GB, 3:135）。

虽然尤拉·拉德-科恩的存在本是巴黎的吸引力的一部分，但他住下来不久，她就离开了，剩下的日子带着思念她的色彩，记录在了那些越来越亲昵的书信中。“我总是想到你，”他在4月30日写道，“而且，更要紧的是，我总是渴望你在我的屋里。这间屋子和卡普里的屋子一点也不像，但也许对你来说是可接受的——而你**对我来说是非常可接受的**，要是你在这间屋子里……我希望你注意到，我视你为挚爱——尤其是现在，在我写信的此刻——我无法集中于一点，就像一只正在爱抚中的手。”（C, 298; GB, 3:151）虽然他还无法让自己直接请求她离开丈夫（尤拉1925年12月嫁给了他的老友弗里茨·拉德），但他确实力劝她独自一人来巴黎：“如果你来，那我们就会为我们自己，第一次创造出一个不是一切都靠巧合的环境。毕竟我们都是大人了：这么做对我们会有好处。”（GB, 171）本雅明在这几年给拉德-科恩的书信说明， 263

他们时断时续地有肉体上的亲密关系，而他们想尽一切办法瞒过弗里茨·拉德。他居留巴黎之初，萨罗门–德拉图尔也路过巴黎，但本雅明注意到他们之间的关系日益疏远，说他的这位法兰克福支持者和知己“无聊地来，无声息地走”（GB, 3:157）。5月因为恩斯特·舍恩及其妻子的来访而充满活力，他们还带来了同伴，俄国移民摄影家萨沙·斯通（Sasha Stone），本雅明在G团体中认识她；斯通后来设计了《单行道》的蒙太奇封面。

在巴黎的居留被一个意料之外的事件打断了：本雅明的父亲7月18日突然去世，本雅明回柏林奔丧，住了一个月。从他结婚以来，他与父亲的关系表现为一而再、再而三的冲突，因为本雅明顽固地认为，支持他的思想追求和作为作家的志业是他父亲的责任。但他们很多时候又住在同一屋檐下，有时，亲密父子情的光芒也会透过苦涩的争吵露出几分来。本雅明在30年代开始写作的一系列自传性作品中所勾勒的父亲肖像，当然是一个充满关怀，但多多少少有些疏离且强势的人。因此，父亲去世是一次重击，本雅明挣扎了好一阵子才从中恢复过来。此前，他在巴黎已经饱受那种时常造访他的深度抑郁的折磨。本雅明生动地描述了巴黎的快活日子之后，提醒尤拉“记得，这种炎热的假日阳光并不是每天都照在我身上”（C, 297）。而他在父亲死后重回巴黎时，开始体验到一些新的更严重的症状。恩斯特·布洛赫注意到他的这位老朋友有自杀倾向，而在本雅明回到柏林时，他告诉朋友们本雅明经历了一次“精神崩溃”。

264 就在他挣扎于抑郁和神经官能症的同时，本雅明开始了一次新的思想探险。他居留巴黎的最后几周中，迎来了布洛赫和克拉考尔，这两位都搬进了正午酒店；两位友人很快就习得了本雅明的巴黎生活习惯，三个人散步漫谈直到深夜。从他1921年的著作《作为革命神学家的托马斯·闵采尔》（*Thomas Münzer as the Theologian of Revolution*）在《法兰克福报》上遭到毁灭性书评开始，布洛赫本已忌恨克拉考尔多年；但1926年晚秋，在奥德翁广场（Place de l'Odéon）旁的一家咖啡馆碰见克拉考尔时，布洛赫径直走向他并问好。根据布洛赫的说法，“在经历了他对我那样的攻击和我的回应之后，……我竟走向前去并伸出手，这真把克拉考尔给愣住了”[1]。因为住得如此之近，三人经历了一种新的思想团结。布洛赫试着说服本雅明与他合作完成“唯物主义体系”的论述，但对本雅明来说，思想团结有其限度。本雅明当然不是一个随和的朋友，尤其在日常生活中，这正如肖勒姆不止一次所发现的。布洛赫反复尝试用他所谓的“战斗的乐观主义”来抵消本雅明的忧郁，但本雅明固执于“悲观主义之组织”（organization of pessimism）。正如他将在1929年讨论超现实主义的文章中所说的：“从始至终的悲观主义。绝对如此。不信任文学的命运，不信任自由的命运，不信任欧洲人道的命运，而对于任何一种和解，则是三倍的不信任：不论是阶级之间的、国家之间的、还是个人之间的和解。只有对法本化工[2]、对空军的稳步完善，才有无限度的信任。但现在是什么？接下来又是什么？”（SW, 2:216-217）布洛赫后来形容，正午酒店的生活沾染了“战壕病”。[3]

也许是为了摆脱自己的抑郁和神经问题，本雅明和布洛赫一起去南方旅行。9月7日，他们到达马赛。克拉考尔和他的女朋友（后来的妻子）伊丽莎白·“莉莉”·埃伦赖希（Ehrenreich）已经先到一步，本雅明搬进萨蒂·卡尔诺广场（Place Sadi Carnot）

1 Bloch, *Tagträume*, 47，转引自 Münster, *Ernst Bloch*, 137。

2 IG Farben，德国化工企业，后来在纳粹时期为重要政府承包商。——译注

3 Bloch, “Recollections of Walter Benjamin” (1966), in Smith, ed., *On Walter Benjamin*, 339.

的雷吉纳酒店（Hôtel Regina），离克拉考尔所住的巴黎大酒店（Grand Hôtel de Paris）很近。他这几个礼拜的书信显示，他的情况鲜有好转；他告诉闵希豪森，他接连两次经历了精神崩溃，而"这两次之间的好转，到头来只让情况更糟"（GB, 3:188）。他甚至

265 对肖勒姆说，"康复的前景很可疑"。他的部分担心和翻译普鲁斯特的工作有关："关于实际工作，可以说很多。让我补充一句……在某种意义上，工作让我恶心。这位作家如此精彩地追求和我自己的——至少是以前的——目标相似的目标，毫无成效地与他的作品缠斗，有时在我身上引发类似消化道中毒的症状。"（C, 305）他似乎已经低落到这种程度，连普罗旺斯的风景都不怎么观赏了，这与他的惯常做法和偏好相悖。一次例外是去普罗旺斯地区艾克斯的短途旅行，"这座城市凝固在时间之中，美丽得无以言表"。他们去看了城门外的斗牛，本雅明觉得这项活动"很不妥当"且"令人悲悯"，但克拉考尔却从中得到灵感写出了一篇小散文，题为《小伙儿与公牛》（"Lad and Bull"）[1]。在马赛的逗留确实有一个积极的结果：他认识了让·巴拉德（Jean Ballard），《南方手册》（*Cahiers du Sud*）的编辑，本雅明说服他接受自己尚未写出的普鲁斯特论文；在后来的流亡岁月中，巴拉德常常是一位可靠的友人。

正如他在那不勒斯时所做的一样，本雅明开始为这座城市画像。直到 1928 年才完成并发表于 1929 年《新瑞士评论》（*Neue Schweizer Rundschau*）的《马赛》一文，像每个游客都会料到的那样勾画出一座粗粝、粗俗的海港城：这座城市表现为"一只牙间流着盐水的海豹的布满黄斑的肚子。当食管张开，吞下被船业公司扔向这无底洞的黑色和棕色的无产者身体时……，它呼出一股

1 Kracauer, "Lad and Bull," 307.

臭气，混杂着油、尿和印刷墨水的味道”。但本雅明坚持认为哪怕是最空洞、最受蹂躏的街区——比如妓院区——也仍具有遍布整个地中海地区的古典时代的精神气质。“在饱经风雨的门楣上方，乳房高耸的宁芙和缠满毒蛇的美杜莎的头颅，只有在如今才毫不含糊地成为职业行会的标志”。对城市精神的这一招魂，事实上带来一种交响式的描述：本雅明的文章，有十个不同的部分，试图分别按照五种感官捕捉到的城市印象来再现马赛。正如《拱廊街计划》中对19世纪巴黎的研究一样，他特别感兴趣于城市的那些过渡地带，尤其是马赛和普罗旺斯风景区之间的郊外地区，他称之为“一座城市的紧急状态，在这一地带上，城乡之间的决定性 266
战役不停息地激烈上演着”（SW, 2:232–233, 235）。和在卡普里时一样，本雅明的城市肖像来自一次想必非常富有成果的谈话，这一次的谈话对象是克拉考尔，后者的作品《两层》和《南方的站立式酒吧》（“Standup Bars in the South”）也同样写于两人都在这一地区逗留的时期。如果说本雅明尝试捕捉这个地方的精神，捕捉这座城市所引起的一系列特定的感觉，那么克拉考尔的作品则以极大的强度聚焦于城市表面的几何学。马赛的游客完全受那一表面的支配，陷入两种印象之间的摆荡，一边是城市街巷梦一般的纷乱，一边是城市广场冷冰冰的理性。

本雅明一周之后就继续进发，在圣拉斐尔附近的阿盖依（Agay）村暂住，尤拉和弗里茨·拉德正在那里度假。虽然偶尔和他们见面，但本雅明所经历的算得上是三周的封闭治疗，唯一的伴侣是劳伦斯·斯特恩的《项狄传》，他读的是一种18世纪的德文译本，手不释卷。10月初，他回到柏林，依然受困于驱使他离开巴黎的神经紊乱。他想住到圣诞节再恢复他的“双圆心”生存，往返于柏林和巴黎之间，同时继续翻译普鲁斯特。虽然他的故乡对他来说已经没有什么魅力，但他在自己的书籍中寻求避难所，甚至对藏书进行了一次“全面的再整理”，更新了他细心维护的卡片书目。虽然我们不知道这次再整理的细节，但他在开始之前曾宣布，他将处理掉一批书，“将自己的藏书限定在德语文学（最近偏向巴洛克时期，但因为财力方面的原因，这一点现在于我很困难）、法国文学、宗教研究、童话和童书等领域”（C, 306–307）。

10 月一回到柏林，本雅明就警觉到，罗沃尔特出版社在履行合同出版他的著作方面并不比他离开时有更多进展。悲悼剧专著和《单行道》都还没有清样，而出版社看起来甚至不愿意给本雅明一个时间计划。虽然他知道自己通向学术界的路已经彻底关闭，

267 但他还是希望巴洛克戏剧研究能为他打开其他可能性。这其中一种可能，是进入汉堡的阿比·瓦尔堡（Aby Warburg）的圈子。从深层次上看，这一想法具有某些思想基础。对悲悼剧的研究深受维也纳艺术史学派，尤其是阿洛伊斯·里格尔的著作影响；瓦尔堡自己的早期著作则是在与维也纳发生的这一切的接触中平行发展出来的。悲悼剧专著试图在历史和社会的矢量夹角的力场中理解一种文学形式，这应该已经让本雅明成为瓦尔堡学派的天然盟友。

他还努力与正逐渐左倾的柏林文学界保持联系。他出席了“1925 小组”（Gruppe 1925）的一次“相当奇怪”的会议，它模拟了一场对左翼作家约翰内斯·R. 贝歇尔（Johannes R. Becher）最新作品《莱维西特，或唯一正义的战争》（*Leviste, oder der einzig gerechte Krieg*）的司法审判，此书 1925 年刚出版就遭禁；阿尔弗雷德·德布林扮演检察官，明星记者埃贡·埃尔温·基施（Egon Erwin Kisch）充当辩护律师。小组本身就是一个奇怪的组合，有前表现主义者（阿尔弗雷德·埃伦施泰因 [Alfred Ehrenstein]、瓦尔特·哈森克勒费尔 [Walter Hasenclever]、恩斯特·托勒 [Ernst

Toller]），有前达达主义者（乔治·格罗茨 [George Grosz]、埃尔温·皮斯卡托 [Erwin Piscator]），还有一批今天人们通常把他们和新客观主义（Neue Sachlichkeit）联系在一起的现实主义作家（贝歇尔、德布林和库尔特·图霍尔斯基 [Kurt Tucholsky]）。本雅明认识这个小组中的许多人，包括布洛赫、布莱希特、德布林和罗特；其他人也会继续在 30 年代和他产生交集，这其中就有伟大的奥地利小说家罗伯特·穆齐尔（Robert Musil）。

11 月，本雅明得知阿西娅·拉西斯在莫斯科崩溃了；这是由于心理失调还是神经系统紊乱，已经无从弄清。他急匆匆赶到她身边，12 月 6 日到达莫斯科。虽然拉西斯的垮掉是直接的催化剂，但本雅明的俄罗斯之旅归根结底受到另一些补充因素的驱动：个人的因素、政治的因素、职业的因素。对善变的拉西斯的追求——既令人灰心同时又充满希望[1]——映照出本雅明在一个急速转变而不确定的文化地带站稳脚跟的尝试，以及通过书写捕捉莫斯科处于技术初级阶段的生活的具体尝试，本雅明把莫斯科比作一座迷宫、一个要塞、一家露天医院。

到达莫斯科后，本雅明得到了拉西斯的伴侣伯恩哈德·赖希 268
的接待；两人一道——接下来几周都会这样——立刻去看望阿西娅本人，她正在她接受治疗的洛特疗养院（Sanatorium Rott）旁的大街上等他们。本雅明觉得她“戴着俄国皮帽的样子很狂野，因为长时间卧床，她的脸有些浮肿”[2]。在接下来的日子里，赖希一直陪着本雅明，是他在城里的向导，不仅带他去克里姆林宫及其他主要旅游景点，而且还去了一些重要的苏联文化机构。本雅明很

1　这一不确定性的一个表现是，他们无法决定在称呼对方时到底是用正式的“您”（Sie）还是用熟人间用的“你”（Du）。

2　MD, 9.

快就和赖希一道成为赫尔岑宫（Dom Herzena）的常客，那里是拉普（VAPP）——即无产阶级作家协会——的总部。

本雅明的日记记录下了他在莫斯科所遭遇的巨大困难。莫斯科冬日的苦寒令人疲倦，城市布局本身也令人望而却步。他在狭窄人行道的薄冰上举步维艰，当他终于感到有点信心要抬头四望，他看到这样一个世界级首都同时却不过是一个充满二层小楼、雪橇和汽车一样多的小城——“一座一夜间建成的贫穷大都会”（MD, 31）。他体验着这座城市，觉得它广阔而无定形，但人流滚滚。居民的异域特色——蒙古人、哥萨克人、喇嘛、东正教僧侣还有各式各样的街头小贩——是在柏林全然不可想象的。而他几乎完全不懂俄语，这也造成他始终孤立，必须依靠赖希和拉西斯——后来又依靠尼古劳斯·巴塞西斯（Nikolaus Basseches），这人是奥地利记者，也是奥地利总领事官的儿子，出生在莫斯科，继而在奥地利使团工作。本雅明连续几小时坐在那儿，听着他只能偶尔听懂一两个词的对话；观看电影和戏剧表演时，他不得不依赖仓促的翻译；而且，尽管他努力成为苏联文学最新趋势方面的专家，他最终还是一个词都读不了。

在这几个星期中，本雅明和赖希的关系始终难以索解。尤其是最初几周，赖希异常慷慨地花时间陪同并分享他在俄国文化机关的人脉。一种亲密关系在两位男士之间生长着，而当赖希被迫
269 从他的公寓搬出来时，他时常就住在本雅明的旅店房间中。但他们又互为情敌，这一事实显然在两位作家之间从未被直接承认，因为两人都有相当开放的观点。紧张关系最终在 1 月 10 日浮出水面，当时两人发生了严重口角，表面上的由头是本雅明发表在《文学世界》上论梅耶荷德（Meyerhold）的文章，但本雅明当然知道，其实是因为拉西斯。另一方面，阿西娅对一切了然于心，掌

控着大局。本雅明偶尔得到深情一瞥，时不时有亲吻和拥抱；但更经常的是，他只要能和她单独待一会儿就感恩戴德了。在他们私人相处的短暂时光中，他告诉她，他想和她有个孩子；她则回答说，全是他的错，要不然他们早已生活在“荒岛”上，有了两个孩子，而且她还数出了有多少次本雅明拒绝她并甩掉她。显然，拉西斯很享受她从这两个男人那里得到的注意力。当一位苏联将军不顾本雅明的抗议开始向她献殷勤时，她轻蔑地回复说本雅明所充当的角色是“家庭好友”（Hausfreund，德语中的委婉说法，指太太的如影随形的婚外情人）：“如果他和赖希一样蠢，不把你轰出去，那我没意见。如果他真把你轰出去，那我也一样没意见。”（MD, 108）就这样他们习惯了一阵一阵的摇摆状态，这从卡普里岛上的最初日子开始就是他们二人关系的特征：“尽管甜蜜可人，她还是倔强，毫无爱意”[1]（MD, 34–35），面对着这样的她，本雅明摇摆于“爱与敌意”之间。于是本雅明发现自己又处于三角关系之中，显然让人回想起 1921 年的痛苦日子，他自己的婚姻因为他对尤拉·拉德–科恩的兴趣而遭受挫折。并不意外的是，在他和赖希发生口角的时候，他又给尤拉寄上了一封私密的信：“你要时不时地试着摆脱弗里茨一个晚上。否则的话，等我回去了会有‘痛苦’——这东西我和你一样，一点不想有。这还没算上我忍受痛苦的才能（随着我变老）正在消退。柏林和莫斯科之间的距离似乎正足以表达这一点，我期待着你的回复。……两个吻。在你取下它们之后，请立刻撕毁此信。”（GB, 3:227）

在另一重意义上，莫斯科的几周也是 1924 年卡普里岛时光的重演，本雅明以他典型的方式把异国情调和政治编织在一起。本 270

1　参见潘小松译《莫斯科日记·柏林纪事》，第 40 页。——译注

雅明的作家事业已经进入一个关键期：他在德国的同代人中感觉孤立，于是转向俄国寻求灵感——事实上，他那一代德国人中，有其他几位也是这样——以处理笼罩在“资产阶级社会知识分子命运”之上的“危机感”（MD, 47; C, 315; SW, 2:20–21）。这重危机感不能脱离阶级利益和社会使命的思考而得到理解，恰由于此，独立作家的地位正遭到质疑。本雅明再次以自己那代人为例评述道，德国第一次世界大战后的历史，部分就是左翼资产阶级的革命教育史，这一激进化过程与其说是缘于战争本身，不如说是缘于1918年革命对“德国社会民主党的小资产阶级暴发户心态”的屈服（SW, 2:20）。在这一语境中，苏维埃俄国所代表的是一次“无产阶级政府”的世界史试验，意味着从传统等级森严的阶级分立中全面解放，以及对这些分立的严格肃清，这样一来，工人的生活和知识分子的生活就在一种“新光学”的影响下按照集体生活的“新节律”勾连在了一起。

一天天地经历这种新节律，本雅明屡屡惊异于俄国高度发达的政治意识和相对原始的社会组织之间的反差。人口的规模本身“理所当然地表现为一个极为强大的动力因素，但从文化的角度来看，这是几乎不可能克服的自然力量”（GB, 3:218）。意料之中的是，他发现这一结构性的矛盾象征性地表现在私人的内部空间之中。西方舒适的布尔乔亚家居中有“饰满木雕的巨大橱柜，不见阳光的角落里还摆放着棕榈树盆栽”，充满“没有灵魂的家具布置”（正如《单行道》中的《摆有豪华家具的十居室住宅》），与此不同，俄国公寓里基本上全无摆设。[1]“对莫斯科的所有制度而言，只有乞丐们最可靠，也只有他们拒绝变动。这里别的一切都

1　参见王涌译《单行道》，第10页。——译注

打着‘修修补补’（remont）[1]的口号发生。每个星期，莫斯科人家空荡荡房间里的家具就得重新摆放一遍——这是家居生活唯一可以沉湎的奢侈，同时提供了一种让家摆脱‘舒适’的手段，其代价是随之而来的忧郁症。”[2]（MD, 36）一次访问工厂，他不仅注意到了列宁像，而且注意到，作为商品的列宁像一边是用手工制作，一边是用机器制作，并行不悖。 271

在其居留期间，本雅明目睹了苏联文化政策斯大林化的开始。1926 年 12 月 26 日致尤拉·拉德-科恩的信中，他评点道，“公共生活——这在很大程度上已具有一种近乎神学的特征——的张力如此巨大，以至于在一种难以想象的程度上，他们封闭了私人的一切”(C, 310——暗示了他近乎不可能和阿西娅单独相处)。而在他以旅行日记为基础创作的散文《莫斯科》中，他直截了当地指出，“布尔什维克主义已经废除了私人生活”（SW, 2:30）。俄国人的住处也同时是办公室、俱乐部和街道。咖啡馆生活和艺术学校及讨论小组（cénacles）都已不复可见。布尔乔亚居室的沾沾自喜、消费主义的拜物教，都已被清算，而代价则是自由思想本身，它和自由贸易一起消失了。

于是，当时——也就是列宁去世近三年时——俄国作家的姿态和欧洲同仁就有了区别，区别在于前者活动的“绝对公共”性质，这带来更大的工作机会，也导致更严的外在监督（根据本雅明在《俄国作家的政治派别》[“The Political Groupings of Russian Writers,” SW, 2:6] 中的分析）。理论上新俄所有的知识生活都服务于全国的政治论辩，在 1926 年至 1927 年冬的革命后重建的氛围中，这一论辩仍然具有不同政治派系的多样声音互相竞争的特点，

1　俄语词，此处为拉丁字母转写形式。——译注

2　参见潘小松译《莫斯科日记·柏林纪事》，第 41 页。——译注

虽然毫无疑问共产党居于支配地位，其经常变更的指示是任何知识分子都无法忽视的，这不亚于在以前的时代，贵族赞助人的信念也不容轻视。

虽然本雅明关于俄国社会和文化的几篇文章（见 SW, 2:6–49）的语调多多少少总在根据出版物的论调变化——比如，发表在
272 《文学世界》上的往往比为布伯的刊物《造物》（*Die Kreatur*）而作的《莫斯科》更激进——但“私人生活”这一他在其他方面的作品中的根本性关注点（如漫游者形象所表明的）还是一以贯之。当然，这里的私人生活贯穿着对整体的责任，也贯穿着对原子化主观主义的哲学批判——换言之，作为一种理想，它在根本上和本雅明青年哲学的中心概念“集体的孤独”相一致。真正个体的人类存在，正如马克思在 1844 年所写道的，必然是“人的类本质”（转引自 SW, 2:454）。从这一全人类的视角出发，本雅明主张，公共生活的张力必须囊括在私人生活本身之中。在全人类视角中培育私人生活，这对于保护穷苦者和传统上受剥夺的人是必要的，也是维护思想自由、异议自由和研习古代作品的自由所必不可少的。正是对这种自由的压迫，给本雅明最积极地具有同情立场的几篇报道带来了某种讽刺语调，他描述了“旧”俄饱受折磨的梦想者类型和革命的新人之间的不相适应，描述了“思想界的神枪手”在为政治命令进行着实弹演练：在消灭那种反社会类型的过程中，俄罗斯看见了“自己旧时代的幽灵，那幽灵堵住了通向新的机器伊甸园（Eden der Maschinen）的道路”（SW, 2:8–9）。真正的客观性——正如这样的讽刺分析所证明的——取决于主体和客体之间、个体和集体之间的辩证关系；对事实的把握以一种明确的界定为前提：

> 在已经由“苏维埃俄国”所表明，乃至所构成的历史事

件的转折点上，产生分歧的问题不是哪种现实更好，或哪种现实更具潜力。问题是且仅是：哪种现实内在地交会于真理？哪种真理又内在地准备着交会于现实？只有清楚地回答这些问题的人，才是“客观的”。不是面向他的同代人……而是面向事件。……只有通过决断和世界达成辩证的和平关系的人，才能把握具体之物。而希望在“事实的基础上”做出决断的人，则不会在事实中找到任何基础。（SW, 2:22）。

正是这种辩证客观主义的精神，令本雅明在向布伯形容自己关于莫斯科的文章时引用了歌德的著名格言：“一切事实都已然是理论。”（C, 313）

因此，他没有对俄国问题表现出明确的“立场”——至少没有公开表现出来。但他在莫斯科两个月的日记披露了更多：“现在越来越明了，我接下来的工作需要某种切实的框架。显然，翻译无法提供这种框架。事实上，这一框架首先有赖于我的立场。阻碍我加入德国共产党的，纯系外部因素的考量。”[1]（MD, 72）这样的考量让他自问，是否有可能“切实而便捷地”巩固一种“党外左翼”的立场，使得自己能在他已经熟悉的环境中继续工作。思想上引领步伐的先锋队角色（Schrittmacher-Position），他原本会觉得有吸引力，但“同仁们的既有行动表明了……这种角色有多么可疑”[2]（MD, 73）。那么“不合法地隐姓埋名于资产阶级作家”有无意义？他能不能保持“边缘立场”，同时并不因此而滑向资产阶级一边或因妥协而损害自己的工作？现在也许正是入党的时机，尤其是因为这对他来说很可能最多只是“一个插曲”；这样做将给 273

1 参见潘小松译《莫斯科日记·柏林纪事》，第 95 页。——译注

2 参见同上书，第 97 页。——译注

他以“使命”并提供和受压迫者团结在一起的机会。他并非没有考虑可以从组织架构中得到的对个人工作的益处：他发现，这种组织框架给赖希以耐心，让他能忍受阿西娅令人恶心的行为，“即便这只是表面文章，也非同小可”[1]。另一方面，成为赖希那样的共产党员，生活在一个无产阶级统治的国度，意味着“完全放弃私人的独立性”。这里尤其关系到他的“学术工作及其形式的和形而上学的基础”，他提到，这种工作就其本身而言具有革命作用，尤其是在其形式方面。他疑惑，出于这一特定工作的目的，他是否应该避免“‘唯物主义’的某种极端形态”，或者在党内解决“他的不同意见”。内在于他的“工作”之中的“所有心智上的保留态度”，到了这样的社会，又该怎么办？正如他在别处提到的，这个社会要求的是“千篇一律的明晰态度”（SW, 2:39）。随着他又回到私人生活这一中心问题，这则权衡利弊的日记以相对具有结论性的一句话结束：“只要我继续旅行，入党的事就显然是难以想象
274 的。”在接下去的岁月中，他将始终是一名自由撰稿人，“没有党派，没有职业”（MD, 60）。

所以，尽管他对共产党持有自觉的矛盾态度，尽管他对即将出现的斯大林主义明显拒斥，但本雅明在莫斯科的体验还是丰富而多样的，和他的多层次知识的原则相一贯：“一个人只有在尽可能多的方面体验一地的生活，才能了解这个地方。”[2]（MD, 25）他专注地观察多种多样的日常事务，以及城市的文化和政治生活。在惊人的寒冷中，他四处走动，“在户外受冻，在室内烤火”（MD, 128）。他参观了商店（玩具店和杂货铺是他的兴趣所在）、餐馆、酒吧、博物馆、办公室（他在那里遇到了“布尔什维克官

1　参见潘小松译《莫斯科日记·柏林纪事》，第 95 页。——译注

2　参见同上书，第 25 页。——译注

僚主义”)、一家生产圣诞树装饰品的工厂、一家儿童诊所、一处著名的修道院以及克里姆林宫和瓦西里升天教堂等旅游景点。他巡礼着大街上的生活——乞丐、无家可归的儿童、商贩、各种意想不到的器具、商店招牌、招贴画、相对稀少的汽车和教堂钟声、居民们特异的服装以及他们“亚细亚式的”时间感、有轨街车上彬彬有礼的拥挤人群、雪橇掠过行人的轻巧动作、雪中绽放的亮丽色彩，等等。他天天都出去看戏、看电影、看芭蕾舞。在他观赏的当时刚刚发行的电影中就有爱森斯坦的《战舰波将金号》、普多夫金的《母亲》、库里肖夫的《以法律之名》、维尔托夫的《世界的六分之一》等。他欣赏了芭蕾舞剧《彼得鲁什卡》，由斯特拉文斯基作曲；还有弗谢沃洛德·梅耶荷德执导的果戈理的《钦差大臣》，虽然是缩短版，但还是超过了四小时，本雅明将其豪华的舞台布置——包括一系列布景画——比作莫斯科蛋糕式建筑；还有米哈伊尔·布尔加科夫的《图尔宾一家的日子》的上演，他觉得这是“绝对反叛的大挑衅”(MD, 25)。梅耶荷德剧院举行的一次听者云集的公共辩论会，他也在场，参加辩论的包括作家弗拉基米尔·马雅可夫斯基、安德烈·别雷、阿纳托利·卢那察尔斯基以及梅耶荷德本人等。他作为文学和造型艺术专家，接受了莫斯科一家日报《莫斯科晚报》(*Vecherniaia Moskva*)的采访。[1] 而且

1 见 Dewey, “Walter Benjamins Interview”，其中包含了这次对本雅明的简短采访的德文翻译，采访日期是 1926 年 12 月 18 日，地点是全俄无产阶级作家协会大厅，最初发表于 1927 年 1 月 14 日。另见 MD, 86。本雅明在采访中指出意大利未来主义死路一条之后，提到表现主义衰落以来德国艺术的“停滞”，认为希尔巴特是最值得瞩目——虽则未被广泛阅读——的当代德语文学代表，其作品渗透着“技术的悲情，……机器的悲情”，对文学来说，这是一个新主题。在希尔巴特那里，机器的生产“并不是因为经济原因而重要，而是作为某些理想的真实(ideal truths)的彰显而重要”(这一命题显然激起了赖希和拉西斯的不满)。本雅明还称苏维埃俄国是现在唯一一个艺术在前进并且具有“有机特征”的国度。

275 他利用一切机会让自己熟悉莫斯科极为可观的绘画收藏。看到史舒金画廊入口楼梯上方的马蒂斯的《舞蹈》和《音乐》，他完全倾倒了。站在一幅异常美丽的塞尚画作之前，他孕育出了一个将贯穿他数篇最有名的文章的洞见："看着塞尚异常精美的一幅作品，我突然想到'同感'（empathy）一词甚至在语言上也是讲不通的。在我看来，一个人把握一幅画的程度似乎并不能使他进入其空间，反倒是空间自行突进，尤其在画中各个具体的点上。空间以角落和角度向我们展开，在其中我们相信自己可以定位关于过去的重要经验；在这些点上，有一种无法解释的熟悉之感。"[1]（MD，42）对时间在空间中层累的体验，在熟悉之物中产生了异样的共鸣，这一点不仅将贯穿于1930年的《摄影小史》（"Little History of Photography"），而且也体现在《拱廊街计划》的一组沉思之中，1935年的《可技术复制时代的艺术作品》正是从这组沉思中诞生。在莫斯科处处可见的政治和文化鼓动氛围中，"当下"（Gegenwart）表现出异乎寻常的重要性，他在给尤拉·拉德-科恩的信中如此说道，这封信讨论了俄国公共生活中的神学张力。

就本雅明将来的著述方向而言，俄国之行的最重要成果之一是它为本雅明发展自己关于电影媒介的思考提供了原动力。在为《文学世界》而作并发表于1927年3月的《苏联电影现状》（"On the Present Situation of Russian Film"）和《答奥斯卡·施米茨》（"Reply to Oscar A. H. Schmitz"）两文中，他讨论了当时的俄国电影，分别聚焦于维尔托夫和爱森斯坦，并勾勒出了和他的文学批评理论具有相同突出特征的一套电影美学。他对电影的立场，和他对大多数通俗文化的立场一样，接近于他的同行西格弗里德·克拉

1 参见潘小松译《莫斯科日记·柏林纪事》，第50—51页。——译注

考尔的立场，认为媒体是一种探索社会环境的卓越手段。本雅明所谓的“电影媒介的原则”，对于打开一个场所（a place）的隐藏维度的任务来说具有关键意义。他在俄国工作生活的面影中所发现的正在起作用的新节律和新光学，也在这种具有潜在解放力的媒介中有着它们的立体对应物。确实，“经由电影，一个新的意识领域形成了”：

> 质言之，电影是三棱镜，在其中，直接环境的各种空 276
> 间……得到开放……就其自身存在而言，这些办公室、带家具的房间、沙龙、大城市街道、火车站和工厂 [都是] 丑陋的，不可理喻的，哀伤到令人无望的程度。……电影爆破了这整个牢笼般的世界，所用的炸药就是它对一秒钟的切分，由此，我们现在可以在它们散落得到处都是的残垣断壁之间进行广泛的探险旅行。一座房子，一间屋子，它的周边可以包括数十个最意想不到的站点（stations）。（SW, 2:17）

这段切中要害的文字，本雅明后来（略经修改）收入他的《艺术作品》[1] 论文中（SW, 3:117），点出了几个很典型的关注点。电影对一处环境（milieu）所进行的“棱镜工作”在空间的解构中制造出新的意象世界（image worlds），在“爆破”之时，空间从约定俗成的关联中分离出来，造成“散落得到处都是的残垣断壁”。环境于是被批判性地和创造性地“处死”了——用本雅明的话说。它被挖掘出来，就像一处考古遗址，它下面的社会历史地层出土了。电影在物化的日常生活之中对“意想不到的站点”的发现打

1　指《可技术复制时代的艺术作品》。本传记中，两位作者常这样简称这一著名论文。——译注

开了一种已经“拒绝各种其他解锁其秘密的努力”的环境。用来实现这一穿透过程的是，地点和视角的突跃式变化（sprunghafte Wechsel des Standorts），由蒙太奇机制完成。蒙太奇对本雅明来说和对布莱希特一样，始终是一个辩证的手法，同时把素材分离又聚合起来。电影“剪辑”既是动作的断裂又是一个过程的连接点。本雅明在他所说的文学蒙太奇中进行的试验，尤其是史诗级的蒙太奇《拱廊街计划》（如果不考虑规模上的差别，它可以与维尔托夫和鲁特曼所摄制的《柏林：城市交响曲》相比），都是根据这样的辩证逻辑进行的。这些文本的电影特征不仅来自它们高度在地化的场面调度和中断之节律，而且来自它们对“集体空间”和“运动中的集体”的多角度揭示。

在拓扑学倾向（topological tendencies）的意义上界定了电影媒介的独特潜能之后，本雅明提出了关于电影特有情节的问题，这一问题似乎较少被提出，却又相当关键。电影对生活空间的新
277 利用，是以录影机器的能力为条件的，这证明艺术上的进展所依赖的不是新形式和新内容，而是媒介的技术创新。实际上，电影方面的技术革命并没能发现“适合于它的形式或内容”。只要意识形态不能宰制题材和处理方法，“有意义的电影情节”的问题就只能在具体个案的基础上加以解决。具体到俄国电影的前途——在后革命时期，俄国电影以对一场阶级运动的精确而结构清晰的描绘为突出特征——本雅明认为既需要培育一种具有“典型情景”的“新‘社会喜剧’”，也需要培养“对专业技术的反讽和怀疑精神”，而这种态度在布尔什维克的技术官僚体制中从未存在过。本雅明评论道，俄国人对他们所看的电影缺乏批评态度。由于好的外国影片很少引进（基本上没人知道卓别林），他们缺少欧洲的比较标准。甚至于艺术的问题在某种意义上已经过时了。作为一种

21. 1927 年的本雅明，热尔梅娜·克鲁尔摄（*Akademie der Künste, Berlin. Walter Benjamin Archiv*）

受到严格规范的政治话语，也就是作为社会主义的宣传工具，苏维埃俄国的电影首先是一种复杂的训练装置（而它作为一种信息传播媒介，很快就会把统治地位让给广播）。大约八年后，当本雅明在《艺术作品》论文中又回到电影形式的问题时，他也同样从教育、批判-鼓动（critical-agitational）的意义上把电影理解为一种训练装置（Übungsinstrumment），用来形成一种充斥了震惊的新感知方式，并在我们所遭逢的事物中实现一种“视觉无意识”。从一开始，他的电影美学就表征着新的观看之道。[1] 若要再一次理解

1　对本雅明来说，电影展开了“所有感知的形式，［展开了］那隐藏在今日的机器之中尚未具有形式的节拍和韵律，以至于当代艺术的所有问题都只在电影的语境中才找到自己明确的表述”（AP, Convolute K3,3）。关于电影美学，另见 K3a,1－2; Qla,8; YI,4; H°,16; M°, 4; O°, 10。

本雅明思想穿过形式和焦点的全部不连贯性仍保持的思想关切的连续性，人们只需记起对意识的转变、对新的时空体验的强调，这种强调在他十多年前的青年哲学文本中就已经出现。

本雅明在 1927 年 2 月初回到柏林，专心为《文学世界》完成关于俄国电影和俄国文学的文章，并准备为《造物》杂志起草《莫斯科》一文。后一篇文章采取“短小杂乱的笔记”形式，通过这些笔记，“造物”得以“自己开口说话”，而面对这些笔记，读者“总体上…… 只能使用他自己的手段”（MD, 129, 132）。[1] 此外，
278 他已经开始为《苏联大百科全书》写作歌德词条，尽管他现在从赖希的来信中得知，编委会对他的提要感到犹疑，本雅明的结论是，他的观点对他们来说太“激进”了（C, 312）。他和赖希以及其他莫斯科文学人物的交流为他在 3 月 23 日话筒前的首次广播进一步提供了素材，他当时播报的讲座题为《青年俄国作家》，大约是后来春季或夏季发表在莱宁的《i10 国际评论》（*Internationale Revue i10*）上的《俄罗斯的新近文学》的某个版本。对本雅明来说，有规律的广播工作将在两年后展开；从 1929 年到 1932 年，在法兰克福和柏林的广播台里人们听到本雅明的声音会超过八十次，他主要是广播自己所写作的东西或者即兴发挥。不过，他在莫斯科期间的主要投入之一，却只产出一个遭到删削的成果。他曾多次参观莫斯科玩具博物馆，并付费取得了其中最重要的一组藏品的照片，而且他还从商铺、街头市场和沿街小贩那里购得一大堆玩具。由此产生的插图散文《俄国玩具》（“Russian Toys”），

1　本雅明后来向布伯（他曾帮忙给本雅明的莫斯科之旅筹资）表达了这样的希望，某些读者会发现“这些‘视觉’（optischen）描绘汇入了理念的网络”（C, 316），而对这一时期的另一位通信人，他写道，在他不属于党，不通俄语的处境中，他的这篇文章把握了能把握的东西——坦白说，也就是没把握多少东西（GB, 3:275；对比 252）。

却从未在为它而写的《法兰克福报》副刊上出现；它以删节版的形式发表在1930年的《西南德意志广播报》（*Südwestdeutschen Rundfunkzeitung*）上。内容远为广泛的原手稿现已佚失。他特别乐见的另一个发表是他在莫斯科时得知的：《文学世界》印行了一份壁挂日历，上面有鲁道夫·格罗斯曼（Rudolf Großman）为其主要供稿人所作的漫画像，每幅漫画都配有本雅明所作的一首短诗。 279

与他报道新俄罗斯同时，他在“充裕的闲散”中继续报道法国当代文学界，他从上年8月开始向《文学世界》供稿，第一篇文章是关于瓦莱里和象征主义的。此外，他和弗朗茨·黑塞尔合译的普鲁斯特的《在少女们身旁》已于1月出版，整体上反响不错，好评不仅来自他在法兰克福和柏林的盟友。《法兰克福报》上的书评赞扬翻译具有艺术性和“显微镜式的”准确度，《文学世界》的编辑也收到来信，信中对本雅明和黑塞尔这两位译者称誉有加。[1] 在接下来的年岁中，本雅明将翻译其他几位法国作家，包括路易·阿拉贡、马塞尔·儒昂多（Marcel Jouhandeau）、莱昂·布洛伊（Léon Bloy）和阿德里安娜·莫尼耶（Adrienne Monnier）。

回到自家地盘，与罗沃尔特出版社签订了合同的《单行道》和悲悼剧研究专著的出版进展继续带来失望。罗沃尔特不断推迟早已许诺的图书出版，而本雅明最终气恼到如此地步，他拒绝返回修订好的巴洛克专著的清样，直到他得到保证说，他的断片集和他的歌德《亲合力》研究的单行本也将一道出版面世。

在柏林，本雅明和朵拉及八岁的斯特凡在父母的格鲁内瓦尔德公馆度过了难得平静的两个月，之后，他再度出门旅行：追踪法国文学最新动态的需要以及他的漫游欲，让他在4月1日开

1　这两篇书评的节选，见 GB, 3:249–250 和 Brodersen, *Walter Benjamin*, 169。

始第二次长时间地居留法国首都巴黎。这次访问原本计划停留两
280 三个月，最终延长为八个月，其间他还去了蓝色海岸和卢瓦尔河谷旅行。让他愉快的是，他得以再次住进他原来在正午酒店的那个房间，那里曾见证他和布洛赫、克拉考尔亲密的思想合作。最初几周他大多数时候在读普鲁斯特。4月底，肖勒姆在去伦敦调阅卡巴拉文献途中经停巴黎数日，这是他四年来第一次见到本雅明。肖勒姆发现他的老朋友不同寻常地放松，正处于思想的发酵期。本雅明提到他想永久定居巴黎，因为这座城市有令人兴奋的"气氛"，但他承认要和法国人建立密切联系有种种困难，这就使得定居近乎不可能。他写信对霍夫曼斯塔尔说，"和一个法国人建立一种足以使他愿意和你交谈十五分钟以上的共同感情，那可真是难上加难"（C, 315）。他当时所拥有的唯一可依靠的联系人就是霍夫曼斯塔尔和布洛赫的朋友马塞尔·布里翁（Marcel Brion），《南方手册》的编辑，本雅明对他评价很高，把他介绍给了肖勒姆。本雅明对《南方手册》的报道出现在3月份的《文学世界》上。这份负有盛名的法国刊物，在1926年底刊载了布里翁对本雅明的波德莱尔翻译的肯定性书评，后来随着两人的友谊在30年代本雅明流亡巴黎时期逐步加深，还发表了本雅明许多文章的法文译本。

5月中旬，肖勒姆起身赴伦敦后不久，朵拉和斯特凡来探亲了。本雅明带着朵拉在巴黎游览了几日，然后一家三口去里维埃拉海岸度五旬节假期。6月，本雅明在蒙特卡罗的赌场赢了钱，够他一个人去科西嘉岛度假一周。他的赌博嗜好（带有某种陀思妥耶夫斯基色彩，无疑也和他整体上"喜爱试验"的天性有关），尤其是他对轮盘赌的着迷，在《拱廊街计划》的片段中有所反映。这一作品的早期草稿中，有一个"关于赌徒的精彩段落"（即 g °,1）曾被阿多

诸专门挑出来，它既涉及神学母题，也涉及俗世母题。[1]“赌徒”的确早已是本雅明所偏爱的隐匿自我的身份之一，这不仅仅在于他自己总是不可遏制地受到赌桌上的挑战和危险的吸引，甚至也不仅仅因为他认为赌博——和吸食大麻一样——具有社会的和形而上学的意蕴，尤其是在它所提供的时间体验方面。从他最早的作品到最后，本雅明一直在他所处理的题材上、他的写作形式和风格上冒险碰运气。就像一个在赌桌上已经失势但还要继续加码的赌徒一样，本雅明就是要自己制造手气。他乘一架飞机从科西嘉回到昂蒂布，而这“让我跟上了人类最新的交通工具”。也正是在科西嘉旅行期间，他遗失了“一捆不可替代的手稿”，包括“历经数年积累起来的、为《政治》而做的准备性笔记”。[2] 281

6月初，本雅明曾从土伦附近的巴尔迪贡（Pardigon）给霍夫曼斯塔尔写信，描述自己当时的研究计划，“主要是用来巩固[他]在巴黎的位置”（C, 315）。感觉自己在德国同代人中“完全孤立”，他已转向法兰西，在超现实主义运动中和个别作家身上（“尤其是阿拉贡”），他发现了志同道合之处：“随着时间流逝，我很想接近法兰西精神的现代形式……，这还全然不顾另一事实，即这种精神不断地以其历史假面来占据我的注意力”。他所说的“假面”是指法国古典戏剧：他正在考虑写一本关于拉辛、高乃依和莫里哀的书，和悲悼剧研究相对应。和他的许多计划一样，这个计划也半途而废。也许是要和这一重新唤起的历史旨趣保持一致，他拒绝了克拉考尔让他购置一台打字机的建议。

> 我知道你已经拥有了这样一台机器——但我同时认为，

1 见 BA, 106，以及 AP, Convolute O,“Prostitution, Gambling”。

2 见 SF, 132。本雅明计划由三部分组成的政治论文已经在本书第四章有所讨论。

> 我仍没有打字机是正确的。就在最近，在法国—美国网球赛上，这一信念对我来说比任何时候都更确定了。确实是这样！在那个场合，我弄丢了我的自来水笔。或者说：在混乱中，我成功逃离了这位令人生畏且无法再忍受的暴君，过去一年，我屈从于它。我决心随便购买一个便宜的替代品，在拥挤的巴黎街道上，我走向一个摊位。老实的公民们总在那里驻足，给自己的钢笔加满新墨水。在那里，我发现了最迷
> 282 人的当代造物，它实现了我的所有梦想，带来了在我受过去那支笔统治期间完全不可能的工作效率。（GB, 3:262）

这篇小文，与致霍夫曼斯塔尔书信写于同一日，简练地表现出本雅明思想方法的精巧以及诡谲：即便在对他的生产工具进行拜物神化时，他也成功地把工具寓意化，并对自我展开反讽。

在巴尔迪贡，本雅明还在写作一篇思考良久的论文，关于瑞士诗人和小说家戈特弗里德·凯勒。正如他在信中所说明的，这篇文章将补充他对法国文学的研究，他写这篇文章的意图，是要通过彰显凯勒面相学中的“鲜明超现实主义特征”来反对那种把凯勒看作一位宅心仁厚的狭隘作者的市侩态度。《戈特弗里德·凯勒》的写作一直延续到7月中旬，此文8月发表于《文学世界》，以此为开端，本雅明在魏玛共和国的最后几年为德文报纸写作了一系列重要文学人物的有分量的评论。凯勒论文体现了一系列很有代表性的关注点，首要的便是号召“重估19世纪”（SW, 2:51–61）。在此，尤其关键的是德国资产阶级历史中的一次意识形态断裂，其标志是德意志帝国在1871年的建立。凯勒的作品保持着同资产阶级的“前帝国主义”阶段的纽带，其中的爱国之情迥异于民族主义情绪，其中富于激情的、非感伤的自由主义也和现

代变种相去甚远。在他的写作中，怀疑主义和一种关于幸福的鲜活愿景共存，而这一处于基底的张力又加强了他特有的幽默，这种幽默与他的忧郁和愤怒都不可分割。不亚于波德莱尔，凯勒统摄着一种“19世纪古代”的空间。这是以一种“收缩”（Schrumpfung）的形式法则造就的古代，收缩到凯勒自己不安定时代的物体和风景中。[1]这些事物对他而言具有“久置的果实、老人的面孔的枯槁干瘪”。在他的描写所形成的镜像世界中，真实事物的最微小的细胞具有无限的密度，“物体返还观者的凝视”。所有这些主题都将在本雅明接下来十年的工作中得到发展。

8月中旬，本雅明在奥尔良、布卢瓦和图尔旅行了五天，受 283
夏尔·佩吉论维克多·雨果的一段话的启发，他去这些地方参观了天主堂和城堡。他在卢瓦尔游览期间留下的日记（见 SW, 2:62–65）保存了他对风光景致的生动印象，比如图尔教堂主门上的玫瑰窗，在其中他看到了“教会思维方式”的象征：“从外面看，一切都是石板色的、鳞片状的、近乎不洁的；从里面看，则是盛开的、令人迷醉的、金色的”。日记还记录了他对寂寞羁旅的感受——“每件事，尤其是旅途上的每一件琐事，都让我想要流泪”——那寂寞缘于他被一位巴黎女郎放了鸽子，几周前，他爱上了她，“在那些年岁，他经常轻易地坠入爱河”（SF, 133）。在这种情况下，安慰只能得自奢侈的酒店房间所提供的舒适，以及他在凝视伟大建筑作品时所发觉的宁静和“存在的直接感”。他觉悟到，他的“巴黎玫瑰”早已“奇迹般地种植于”两座教堂之间，种植于他一个月前造访沙特尔主教座堂，和他此刻在图尔体验圣加蒂安主教座堂之间。他曾希望在《法兰克福报》上发表这次旅行的记述，但

1 关于批评中的“收缩”原则，见 SW, 2:408, 415–416，以及本书第418页注1。

这一提议在克拉考尔和其他编辑那里都没有得到支持。

本雅明在8月16日回到巴黎，一天后肖勒姆到达，他要停留两三周，在法国国家图书馆做研究。他们共度了许多夜晚，大部分时间在蒙帕纳斯林荫道（Boulevard Montparnasse）周边的咖啡馆里见面。有一次，肖勒姆及其妻子拜访了本雅明“简陋、逼仄、凌乱的出租屋，除了一个铁床架和几件家具，就什么也没有了”（SF, 133）。他们一起看过几次电影（本雅明对美国演员阿道夫·门吉欧 [Adolphe Menjou] 尤其推崇），肖勒姆认识了本雅明的朋友兼合作伙伴弗朗茨·黑塞尔及其妻子海伦，他们那个夏天也在巴黎。8月23日晚，肖勒姆陪本雅明（他当时系着红领带）去北边的林荫大道，那里正举行激烈的大规模游行示威，抗议当晚在波士顿对萨柯和樊塞蒂的处决[1]；当骑马警察开始攻击示威群众时，两人勉强从混乱中脱身。针对肖勒姆关于献身于马克思主义
284 理念和方法的可能性的询问，本雅明只是提到，他认为激进革命的视野和他自己的创作模式之间并无必然冲突，虽则处于辩证转化的过程之中（SF, 135）。说起超现实主义和保罗·瓦莱里的作品，说起他编辑威廉·冯·洪堡的语言哲学作品选集的计划（最终未实现），他则要坦率健谈得多。

肖勒姆的访问开启了移民巴勒斯坦问题的又一次持久纠葛。耶路撒冷的希伯来大学新建了人文学院，肖勒姆提出了本雅明去那里教授法语文学和德语文学的可能——这一职位需要希伯来语能力。本雅明对此做出了热情回应并表示已准备学习希伯来语，

1 鞋匠萨柯（Nicola Sacco）和鱼贩子樊塞蒂（Bartolomeo Vanzetti）是美国的无政府主义者，被指控参与抢劫案，1927年8月被处以死刑。此案的审判掺杂当时美国的红色恐慌，被认为是司法史上的黑暗一页，审判期间引发全世界进步人士的广泛抗议。——译注

于是肖勒姆安排了一次和希伯来大学校长犹大·马格内斯（Rabbi Judah L. Magnes）的会面，这位拉比当时碰巧在巴黎。马格内斯，一位二十五年前在柏林和海德堡学习过的美国人，在两小时的谈话中充满感情地聆听本雅明——他为这一场合做了精心准备——描述自己在语言哲学方面的研究事业，提及他对德国浪漫派、荷尔德林、歌德和德意志悲悼剧的研究，以及他对波德莱尔和普鲁斯特的兴趣。他强调，他的翻译工作激发了哲学和神学反思。他说，这些都让他前所未有地清晰意识到自己的犹太身份。他声称，他“作为重要作品的批评家已经竭尽所能”，但“在德国却几乎没有引起反响”。因此他正转向希伯来语言和文学，作为可行的题材（SF, 137–138）。经过这场面试，马格内斯提出了推荐信的要求，作为考虑本雅明在耶路撒冷任教的第一步。从资深学者那里获得推荐信对本雅明绝非易事，他已经拆了太多桥，和学术界断了关系。秋天，他花了不少时间向潜在的推荐人试探口风；在这一轮试探中，他又重新尝试和瓦尔堡圈子建立联系。推荐信（一封来自霍夫曼斯塔尔，一封出自慕尼黑的德语文学教授瓦尔特·布莱希特 [Walter Brecht]）在春天送到了马格内斯手中，言辞上赞誉有加。本雅明还寄上了他的出版物。对马格内斯和肖勒姆，他已经肯定了自己对巴勒斯坦重建工作的认同，他把这一重建工作和政治上的犹太复国主义区别开。肖勒姆干巴巴地评论道：“本雅明此前从未如此果决地把自己置于这一语境之中，他也未在以后的任何场合这样做过。……[和马格内斯的见面]回头看起来比在当时更像一场幻梦。”（SF, 138–139）要确定本雅明当时对待移民耶路撒冷一事到底有多严肃，是不可能的。他在接下来两年中给布里翁和霍夫曼斯塔尔等人的信件显示，他认真地考虑过这件事情；另一些表态则显示他只是希望得到短期资助，以便学习希伯来语， 285

并进行其他相关活动。最终，他从马格内斯那里收到了一笔一次性付酬，促成他终于在 1929 年晚春开始找《犹太评论》(*Jüdische Rundschau*) 的编辑马克斯·迈尔 (Max Mayer) 博士每天上课。课程持续了不到一个月，先是因为迈尔离开柏林前往某温泉度假地没法开课，后来因为 1929 年秋天本雅明集中精力于离婚诉讼而彻底终止。

肖勒姆大约在 9 月底返回耶路撒冷。他和本雅明后来只见过一次面——在 1938 年，还是在巴黎。1927 年他们共处的这几周里，本雅明朗读了他关于巴黎拱廊街的新作中的片段，按照当时的构想，这一新作应该是一篇大约五十页的文章，将在接下来几个月内完成。本雅明不会知道，他的这一新作——身后出版为长达上千页的《拱廊街计划》(*Das Passagen-Werk*)——很快就超出了原本有限的构想，成为有意为之的不朽巨作和他后来岁月的实际思想源泉，这是一份不断增殖的哲学-历史学研究，从 1927 年直到 1940 年，他的大多数主要和次要作品都围绕着这一研究形成星丛。在一封常被引用的 1930 年 1 月 20 日的信中，本雅明把拱廊街计划定性为“上演我所有的奋斗和我所有的理念的剧场”(C, 359)。最初，在 1927 年的夏天或秋天，他计划为柏林双月刊《横截面》(*Der Querschnitt*) 撰写一篇文章，那份杂志曾发表过他的其他作品。[1] 这篇文章将要在巴黎与弗朗茨·黑塞尔合作写成。黑塞尔自己关于城市漫游的书《柏林漫步》(*Spazieren in Berlin*)，继路易·阿拉贡的《巴黎农民》(*Paysan de Paris,* 1926) 之后，也把现
286 代城市理解为记忆辅助符号 (mnemonic)；此书将在 1929 年问世，本雅明将为其撰写书评。而短文《拱廊街》(“Archades”) 作为一篇

1 关于拱廊街相关工作可能的最早记录，见 GB, 3:263 (1927 年 6 月 5 日致克拉考尔书信)。第一次明确提及是在 10 月 16 日的一封信中 (GB, 3:292–293)。

幻景的报道文学，出自本雅明和黑塞尔就拱廊街进行的许多讨论，也许其实是两人合作撰写的；本雅明大概把它当作未写成的更长文章的草稿。[1]

在本雅明放弃与黑塞尔合作撰写一篇报纸文章之后，拱廊街计划——仍然构想为一篇论文的体量——的孕育过程经历过一个阶段，直到 1928 年 1 月底，它的标题都是《巴黎拱廊街：辩证仙境》（“Paris Arcades: A Dialectical Fairyland”），所谓“仙境”，即 Féerie，也是法国 19 世纪流行的一种戏剧门类的名字，这种剧目包含寓意人物和梦幻布景。从 1927 年年中这个项目开始，本雅明就记录关于拱廊街及其环境的意义的简短思路（这部分最初的札记现在作为“巴黎拱廊街 I”出现在《拱廊街计划》中）。正如本雅明后来所引用的一本 19 世纪导游书所形容的那样，“这些拱廊街，是工业奢华的最近发明，有玻璃拱顶，大理石壁的廊道穿过整整好几个街区的建筑，而这些建筑的主人一起参与这样的事业。廊道从上方得到灯光，两侧布满最优雅的商店，于是，**通道**（passage）即一座城市，一个微缩世界”。即便是在研究计划的这一早期阶段，本雅明的关注点受到拱廊街的吸引，也不仅仅因为它们充当了与城市商品资本主义有关的新展示和新销售策略的象征，还因为它们根本的暧昧性：作为一个微观世界，拱廊街既是街道又是室内，既是公共空间又是私人领域。

在这一阶段，他把这部作品构想为《单行道》的巴黎对应物，一个蒙太奇文本，结合格言警句和关于法国 19 世纪社会与文化的逸事材料。1928 年，或者是 1929 年里，与他的论文计划

1　短文《拱廊街》现收入 AP, 871–872（“早期草稿”部分）；亦见 919–925（《〈拱廊街〉材料》）。范·莱仁和范·杜尔恩引用证据把写作日期定为 1927 年 7 月中旬（*Aufenthalte und Passagen*, 95, 237n86）。

相关，他准备了一组略长一些的、润色更充分的草稿（“巴黎拱廊街 II”），这一部分手稿很快就因为引文、评论和文献信息而变得过于庞大。随想和引文的这一集合体构成了《拱廊街计划》的主要部分的核心，本雅明从 1928 年秋天或冬天开始收集的材料计有三十六个按字母排序的文件夹或“卷”（convolutes，它们被德
287 语版编辑命名为《笔记与材料》[*Aufzeichnungen und Materialien*]）。最终，引文——来自 19 和 20 世纪范围极广的法语及德语素材——在数量上将远远超过评论和随想，但是与阿多诺的说法相反，本雅明不大可能真的曾把拱廊街计划纯粹看作“引文-批评”（Zitatenkritik），也就是他在 1929 年或 1930 年为一部未能完成的文学批评理论著作所做的笔记中所呼吁的那一种。[1]

拱廊街手稿的工作——很快又包括了一篇短文，《土星之环，或关于铁架构的几点评论》（“The Ring of Saturn, or Some Remarks on Iron Construction”），也许是想用于广播或报纸文章——持续到 1929 年底或 1930 年初，之后中断了四年，这大约是理论困境的结果，这些困境缘于他尝试在一种显著的超现实主义灵感和历史唯物主义的律令之间进行调和。1934 年，这项工作在“新的切中要害的社会学视角”的影响之下恢复，这一视角为现在构想为一本专著的研究计划赋予了“新的面向”（C, 490; GB, 4:375）。工作的新阶段一直持续到 1940 年春，当时本雅明被迫逃往巴黎和法国国家图书馆。30 年代中后期这一扩展和重新加强的阶段，两篇

1　见 “Program for Literary Criticism,” SW, 2:290。阿多诺认为，本雅明打算让拱廊街计划纯粹是“各种材料令人震惊的蒙太奇”（schockhafte Montage des Materials），仅仅由引文组成，这一判断遭到《拱廊街计划》编者罗尔夫·蒂德曼的反驳，见 GS, 5: 1072–1073。另见蒂德曼为《拱廊街计划》所作导言，《辩证法停顿》（“Dialectics at a Standstill”），加里·史密斯和安德雷·列费弗尔（André Lefevere）英译，重刊于 AP, 930–931, 1013n6。

高度凝练的概要性“大纲”（exposés）补充进来，一篇用德语写成（1935），一篇为法文（1939），使得拱廊街复合体中的文本数目达到七个。离开巴黎之前，本雅明把“笔记与材料”的手稿托付给作家朋友乔治·巴塔耶（Georges Bataille），他当时是图书馆员，他把手稿藏到了法国国家图书馆的一个闭架档案库中。战后手稿被重新发现，并在 1947 年底通过私人信使交给了纽约的阿多诺，因为这一项目后期是在社会研究所的资助下进行的。[1] 经过阿多诺的学生罗尔夫·蒂德曼（Rolf Tiedemann）的编辑，《拱廊街计划》于 1982 年首次出版——这是一份未完成的而且从根本上说不可完成的“片段”合集。[2]

虽然在 30 年代的书信中本雅明反复宣布他有意整理自己精心组织的材料并真的撰写一本关于拱廊街的书，但或许需要指出，在这命运多变的十年间，这一研究项目成了目的本身。研究 288
（Forschung）和展现（Darstellung）之间的传统区分，尽管本雅明自己有时也提到过，却慢慢地不再适用于这一独特的研究。[3] 按它今天出版的样子，《拱廊街计划》是一个实际存在（de facto）的文本，就像茹贝尔[4]、波德莱尔或尼采的笔记本。这本书甚至可以

1　关于手稿文本的流传，详见 GS, 5:1067–1073。最初的大纲和早期草稿在 1941 年由本雅明的妹妹朵拉·本雅明寄给身在美国的阿多诺。两份“大纲”是为社会研究所所作，由本雅明自己寄出。更多关于“拱廊街”材料的结构规划的手稿，1981 年由意大利哲学家吉奥乔·阿甘本在巴塔耶遗孀捐赠给法国国家图书馆的文稿中发现。

2　蒂德曼最终选定这一题目，是以本雅明书信中的习惯叫法为基础，整个计划在书信中也曾以其他不同名目来指称，比如 Passagenarbeit（拱廊街工作）、Pasagenwerk（拱廊街著作）、Passagenpapieren（拱廊街论文）和 Passagen-Studien（拱廊街研究）。（passage 在法语中既指“通道”、“拱廊街”和“通行”，也有“途径”、“段落”和“片断”之义。参见拙作《“一切都成了寓意”》，《读书》杂志 2015 年第 3 期。——译注）

3　Forschung 和 Darstellung 的区分在 AP, N4a, 5（马克思引文）中有申论；另见 BS, 100。

4　约瑟夫·茹贝尔（Joseph Joubert，1754—1824）在本雅明看来是“最后一位伟大的法国道德作家”，相关讨论见后面章节。——译注

从头到尾读作一部 19 世纪中叶巴黎日常生活的百科叙事，而一种更接近漫游中不断偏离、改道——漫游者把城市作为历史的重写本来体验——的阅读模式无疑是更合宜的。不管本雅明把这一项目发展成书的原始计划究竟是怎样的，他的整体目标看来很可能就像蒂德曼所言，是“相较于同时代的表现方法，把理论和材料、引用和阐释组合成一种新的星丛”（AP, 931）。

本雅明自己为拱廊街计划的文本格式所取的名字是“文学蒙太奇”(AP, N1a, 8)，当然，在 20 年代，蒙太奇作为一种艺术结构原则正如日中天（只需一提莫霍伊-纳吉、哈特菲尔德 [Heartfield]、爱森斯坦和布莱希特等名字便可见一斑）。本雅明首次大规模使用蒙太奇方法是在《单行道》中，这本书以大城市的街道生活所提供的多层奇观为模型，汇集了各种格言式短文系列，而这些段落之间没有明显的过渡。在《拱廊街计划》中，“《单行道》的俗世母题将被……极大地加强”（本雅明 1928 年 1 月 30 日致肖勒姆的信这样写道），这种复调的、多视角的效果因为对引文、评论、随想的大量使用而得到空前强化，而每一则引文、评论或随想都关涉作品的某个主题，从而在本雅明对拱廊街现象的迷宫般收集的背景中，充当着被研究的那个历史时期的高度浓缩的“有魔力的百科全书”（AP, H2, 7; H2a, 1）。在这一文本的巨型拱廊街中，每一则被编号的片段都沟通着 19 世纪和 20 世纪；每一则都至少在理论上是通向过去的门槛和廊道——不仅通向被记录的历史，而且通向充溢其间的原历史（Urgeschichte），从而也通向现在。[1]《拱廊
289 街计划》的片段反映了时间中分散时刻之间的实际的呼应，而最典型的是一种特殊历史现象的前史和来世之间的呼应（比如波德

1　关于“原历史”，参见 SW, 2:335（“Julien Green”[1930]）。对比 AP, Convolute D10,3 及其后，以及 Convolute N2a,2。

莱尔在中世纪寓意法中有前史，在新艺术运动中有来世），由此，片段用一道可读性的闪电，照亮了“现在”这一“辩证意象”，它既是历史记录又带有形而上的性质。

我们已经提示过，本雅明历史唯物主义的中心概念——即“辩证意象”——在 1912 年至 1919 年间他的青年哲学理念中已经有先兆。正如其青年哲学一样，这一概念植根于尼采对 19 世纪历史主义的批判，历史主义自以为能够科学地按照“其本来面目”把握过去。本雅明的概念中尤为关键的是：过去（the past）在多种层面上内在于现在（the present）的观点、现在在阐释过去中的重要性，以及“作品的后世生命”作为所谓“传统”的基础的观点。这种对历史认识的动态理解，与超现实主义眼中被过去之废墟所萦绕的物体和建筑，拥有相同的突出特征；与此相一致地，辩证意象的理论以“可辨认的此刻”[1]之观念为支点。历史对象物把自己呈现给一个唯独能辨认出它的现在时代。按照本雅明对此问题的构想——还是以他早期哲学关切的图式展开——过去时刻在一个梦想着它的现在时刻之中醒来，与此同时，这一现在时刻看清了过去之梦，从梦中醒来从而看清自身。反思的——也即阅读的——方法取决于体验的艺术：

> 那新的、辩证的做历史的方法呈现为一种艺术，一种把现在当作觉醒世界来经验的艺术（die Kunst, die Gegenwart als Wachwelt zu erfahren），那个世界是我们称之为“过去”的那个梦所真正指向的。通过忆起那个梦境，去经历和实现**那已**

1 Jetzt der Erkennbarkeit（可辨认的此刻）——这一表述可以追溯至 1920—1921 年（见 SW, 1:276-277）。辩证意象（dialectical image）作为记忆意象的概念也在极大程度上以普鲁斯特为凭借，本章后面会有论述。

经发生的！——因此：忆起和醒来最亲密地互相联系着。觉醒也就是记忆（Eingedenken）的辩证的、哥白尼式的反转。（AP, K1,3）[1]

为了支持他关于历史梦境和历史觉醒的玄奥学说，本雅明既
290 引用了马克思（“意识的改革全然在于……世界从关于自身的梦中醒来”），也引用了儒勒·米什莱（“每个时代都梦想着接下来的时代”）。[2] 这一玄奥的构思对于《拱廊街计划》在 20 年代末的第一个较长阶段尤其重要，这一阶段直接受到超现实主义的历史幻景（phantasmagorias）的影响。（阿多诺 1935 年 8 月的批评 [见 SW, 3:54–56] 使得本雅明最终在某种程度上撤离了这一模式，转而强调社会学视野。）他以精炼的神学表述称之为“觉醒的星丛”的东西，必然带来一种**建构出来**的从“我们父母的存在中”觉醒（AP, 907–908; N1,9），这一觉醒——辩证地——以重新进入梦境的方式进行，也就是说，重新进入过去世纪的“集体的历史之梦”，并且是通过批判地洞察或多或少嵌入过去深处的梦境层的方法。于此，就有了《拱廊街计划》里专注细节的倾向：对历史“废弃物”（detritus）的探询，这些废弃物出土于、采集自 19 世纪现实的最过时、最不起眼的角落，那里是隐秘历史和集体梦境的

---

1 使用“历史感知的哥白尼革命”这一概念（见 AP, K1, 2），本雅明影射了康德《纯粹理性批判》第二版的前言（B xvi–xvii）。正如对于康德来说，一个经验对象是按照经验主体的官能构造出来的，对本雅明来说，历史对象是按照活的现在的关切构造出来的。

2 本雅明本也可以征引《善恶的彼岸》（*Beyond Good and Evil*, 1886）的前言，尼采在其中和马克思及米什莱一样，把觉醒这一古老的弥赛亚主题历史化了，指向所有像他自己一样的人——所有“好欧洲人”——他们已经从哲学教条化的噩梦中醒来，“他们 [现在] 的任务是觉醒（Wachsein）本身”（第 2 页）。这一观点在乔伊斯的《尤利西斯》的“涅斯托尔”一章中有回响，小说人物斯蒂芬·迪达勒斯向戴汐先生说，“历史……是我试图从中醒来的一个噩梦”（第 34 页）。

贮藏地。它们包括了书面广告（啤酒、润肤露、女帽）、商店招牌、工商业启事、警察报告、建筑图稿、演出招贴、政治小册子、展览目录、有一本书那么厚的关于19世纪中期巴黎社会生活的诸多“生理报告”、回忆录、书信、旅行日记、版画以及书籍插图和海报，还有数不清的早已被遗忘的研究，关于塞纳河之城的方方面面（比如卖淫、赌博、街道和城区、股票交易、流行歌曲、波西米亚人、罪犯的地下世界等）。

于是，“觉醒的辩证法”召唤一种引用的理论和实践。[1]虽然德文中的Zitieren来自拉丁文的citare，原意为“发动”、“召集”，但是本雅明的概念超越了动态与静态之间的经典区分。在《拱廊街计划》中，引用既是爆破，又同时是拯救：通过引爆实用历史编纂学的物化的、同质性的连续体把历史对象物从中提取出来；通过把它纳入新建立的集合语境，通过在辩证意象的“力场”中——这一“力场”即不断摇摆的“停顿”（Stillstand）——转化并实现历史对象物，而为曾经存在过的事物中的某部分召回生命。通过与此刻形成星丛而实现的对过去的救赎，用语言勾勒出一个“隐藏在认识者和被认识物之中的时间之核”（AP, N3,2），这将发生在本雅明后来1929年《普鲁斯特的形象》一文所说的“交缠的时间”（verschränkte Zeit）之中。[2]这是蒙太奇的时间特征。通过引语和评论——“细部阐释”，蒙太奇原则使得一种新的具体性在历史阅读和写作中成为可能，这是一种“增强了的图画性”： 291

1　对本雅明来说，引用不仅是一种批评方法，而且是历史本身的发生中一种反复的、摹仿的过程：法国大革命引用了古罗马（“On the Concept of History,” SW, 4:395）。另见“Karl Kraus,” SW, 2:442，其中论及引用是摹仿性的（mimisch）揭露。

2　见SW, 2:244。本雅明此处谈及“交缠之宇宙”（the universe of intertwining）。因此，这里涉及一种空间-时间（spatiotemporal）的构想。对比K1,4，在那里，19世纪的“空间时间”（Zeitraum）被理解为“梦之时间”（Zeit-traum）。

> 在［把一种增强了的图画性和（马克思主义）对历史的理解连接起来的］努力中，第一步将是把蒙太奇的原则带入历史之中。也即，从最细小、最精确切割的成分中聚集大尺度上的构造。说到底就是，在对细小的单个瞬间的分析中发现总体事件的结晶。然后，由此与庸俗历史自然主义决裂。把握历史本身的构造。在评论的结构中。历史的废弃物。（AP, N2,6; 另见 N2,1）。

在文本的另一处，本雅明把“细小的单个瞬间”称为“单子”（monad），在一种哲学事件主义的意义上采用了莱布尼茨的术语，超出了实体（substance）的古典观念。[1] 觉醒的星丛表达出一种现代主义单子论。

当本雅明征引马克思的历史理解，就像上面所引的 N 卷片段中那样时，他首先想到的是事物同时技术化和商品化的双重过程，而这最早大规模地显现于 19 世纪的历史进程中。对整个拱廊街计划来说，这两重历史发展中的重要问题是“艺术在 19 世纪的命运”（C, 509）：这是本雅明《拱廊街计划》的总体主题。随着这一双重进程在历史中加剧，或者其实可以说随着这一双重进程部分促成了艺术问题的被遗忘，艺术的存活能力和发展方向的问题变得越来越紧迫。本雅明聚焦于名为“新艺术”（Jugendstil）的美学运动，就是为了强调一种决意超然于市场和技术工具之上的艺术的日益绝望的轨迹，它在这过程中失去了和“人民”生活之间的联系。《拱廊街计划》通过对 19 世纪通俗和工业文化的细致考
292 察，也通过——在资产阶级生存的不同层面——对“抽象人”千

1　如 N10,3; N11,4; J38a,7。另见 OGT, 47–48。

变万化的幽灵的反复追踪，来对抗上述无出路的理想主义。对“抽象人”来说，一切事物都可以量化，等价于明码标价的商品。换言之，本雅明**既**反对艺术至上主义**又**反对庸俗唯物论。针对资本主义抹平和销毁的倾向，《拱廊街计划》一方面采取收藏家保存记忆的实践——收藏家所承担的是“剥去一切事物身上的商品属性的西西弗斯式任务”（AP, 9）；另一方面，则采纳包括夏尔·傅立叶在内的乌托邦理论，傅立叶把物质存在看作馈赠而非商品，构想出一种极为不同而更具人性（也更奇幻的）的技术掌控。在本雅明看来，“开启于1800年前后的物的转变（Wandel der Dinge）”带来了一种新的生产节奏，它为时尚在所有领域的称霸开辟了道路，并改变了艺术和技术的传统关系，使得艺术适应技术进步变得越来越困难（AP, G1,1; 另见 F3,3）。同时，物的本质的这一转变带来了栖居的新可能性（这些可能性由透明和多孔性的原则打开），以及交流和表达的新可能性（这里的关键词是同时性和相互渗透）。尤其在艺术领域，19世纪——以其“正在觉醒的构造感觉”（AP, F6,2）——揭示了一种特定的“现代美”（借用波德莱尔的著名说法）的前景，那是一种关联着速度、多样性、现代体验——尤其是现代都市体验——之嘈杂的美，却也呈现为古典的鸣响（AP,22-23）。

《拱廊街计划》万花筒般的文本本身就代表了这种结构性的不协和。如我们已经看到的，它映照出漫游者世界的相互渗透而又多层次的透明性，由此在每一处都浸染了拱廊街现象的“根本的暧昧性”（AP, Q2,2）——例如对时尚的呈现，时尚被看作与死亡结盟，与系统性遗忘结盟，即便在它为了当下的创新而召唤出已逝者（某些过时的设计）时战胜了死亡，时尚也表现为“错误意识”的不知疲倦的代理人，即便它通过自身援引过去的权力代表

293 了某种革命潜力（AP, 11, 894; SW, 4:395）。对室内家居、广告、工程设计、博物馆和流行出版物的呈现也是如此。所有这些现象因为彼此间“隐秘的亲合力”，因为它们在客观建构的历史展开中的先兆和回响而鲜活起来，面对它们，本雅明彰显出他典型的矛盾态度，这无疑是看待资产阶级整体世界的双重视野的表达。于此，就像他的其他后期作品一样，艺术和商品属性之间关系的问题悬而未决。

本雅明 10 月 21 日回到柏林。离开巴黎之前，他参观了一次国际摄影展，在他看来这次展览是人们涌向价值大可怀疑的摄影作品。甚至一组巴黎的老照片也令人失望。10 月 16 日致阿尔弗雷德和格雷特·科恩的信中，他点评道，人物的老照片似乎比地点的老照片更有意义，因为服装的时尚提供了如此可靠的时间索引（temporal index）——这一观点直接借自他的同行西格弗里德·克拉考尔的经典论文《摄影》（“Photography”）的开头，本雅明读过此文草稿。他提到，摄影“一夜之间成了迫切要讨论的话题”（GB, 3:291）。[1] 一个月之后，他对萨沙·斯通唱起了赞歌，这位俄裔画家与摄影师和刊物《G》的团体有联系，他的拼贴画将为即将出版的罗沃尔特版《单行道》的封面带来光彩——“史上效果最好的封面之一”，本雅明得意洋洋地说道（GB, 3:303）。到年底，他会在给友人黑塞尔的小说《秘密柏林》写的书评中触及摄影蒙太奇（photomontage）的问题：“这本书在技巧上接近于摄影蒙太奇：家庭妇女、艺术家、时髦女郎、商人、学者，都和柏拉图式的喜剧面具的朦胧轮廓对比鲜明地剪接在了一起。”（SW, 2:70）他关于摄影的思考主要体现在《摄影小史》——该文 1931 年分两期

1　克拉考尔的文章发表在 1927 年 10 月 28 日的《法兰克福报》。见 Kracauer, “Photography”。本雅明在他给科恩夫妇的信中提到了克拉考尔的“伟大论文”。

发表于《文学世界》——和《拱廊街计划》的Y卷之中。

在巴黎时，本雅明拾起了福楼拜的《情感教育》，小说涉及《拱廊街计划》中也处理的1848年事变，他自己被这本书深深地吸引住了，以至于如他向科恩夫妇所说，他觉得已无法关注法国当代文学："一回到柏林，我大概就会读另一本福楼拜著作，如果我能支撑自己读任何东西的话。"（GB, 3:291–292）碰巧回到柏林 294
三周后，他就得了黄疸，为了丰富病床生活，他选择的不是福楼拜而是卡夫卡，后者身后出版的小说《审判》对本雅明的影响之深不亚于《情感教育》。可以说，他是在一种近乎痛苦的状态下读完卡夫卡的这部小说的，"这本书丰富，毫不造作，给人的感受是如此强烈"（GB, 3:312）。在《审判》的魔力下，他写了一篇寓意短文，《关于一个谜的理念》（"Idea of a Mystery"），附在11月18日给肖勒姆的信中（见SW, 2:68）。这篇小文把历史构想为一场审判（Prozeß），其中的关键问题是被应许的弥赛亚不出场，由此开启了本雅明对卡夫卡小说的深入探询，这一探询延续到本雅明生命的终结，产生了重要的评论，形式上包括一篇公开发表的文章、一次广播讲座和许多种断片式随想。[1]对本雅明来说，卡夫卡代表了具有现代特质的讲故事的人，他对寓言故事（parable）的重新使用，让激烈而喜剧性的情境诡异地具体起来，这样的情境是传统的衰败和遗忘，是寓言故事本应传达的一切，而同时它揭示了充盈于现代城市居民的生存的不可探知的史前力量和造物生活（creaturely life）。

本雅明的黄疸发作让他没法出门露面，而当时，正如他告诉肖勒姆的，他本来非常想去推广自己的两本书，《单行道》和《德

1 见SW, 2:494–500, 794–818; SW, 3:322–329; SW, 4:407。

意志悲悼剧的起源》，罗沃尔特出版社终于在 1928 年初把它们印行了。他也很想去听埃里希·恩格尔的讲座：他向肖勒姆报告说，戈尔德贝格和恩格尔，“那两位反律法的先生”，他们重新开始努力推广戈尔德贝格最新的神学研究。“当然，”他补充道，“如果有人来造访那就更是一份荣誉了。”（GB, 3:302）他指的是他自己在病中将接待的造访，来客是诗人和哲学家卡尔·沃尔夫斯科尔，他是黑塞尔的朋友，曾在慕尼黑的“施瓦宾格波西米亚”群体中和斯特凡·格奥尔格及路德维希·克拉格斯结盟。“他的诗我几乎一行都没读过，这可是件好事，”本雅明这样对阿尔弗雷德·科恩评说道，“这样我就可以和他进行精彩的对谈，没有任何顾虑。”（GB, 3:312）他报告说，沃尔夫斯科尔在这一场合向他朗诵了 19 世纪抒情诗人尼古劳斯·雷瑙（Nikolaus Lenau）的一首诗，其风
295 度令本雅明终身难忘。他关于这次来访的记述将出现在 1929 年的《文学世界》上。同年，沃尔夫斯科尔在《法兰克福报》上发表了《生命气氛》（“Lebensluft”），将会对本雅明的“灵氛”（aura，来自希腊文中表示“运动中的空气”和“呼吸”的词）构想产生影响，这一点本雅明自己在一封给沃尔夫斯科尔的信中提到过（GB, 3:474–475）。后者则热情支持本雅明 1929 年关于超现实主义的论文（GB, 3:460）。沃尔夫斯科尔不是代尔布吕克大街公馆上的唯一访客。黑塞尔经常来，而本雅明有充足的时间和弟弟格奥尔格讨论自己在莫斯科的经历，此时，格奥尔格已深入共产党内并深度参与柏林穷人基本医疗的供应。

11 月和 12 月，本雅明加紧寻求进入德国艺术史家阿比·瓦尔堡圈子的门径，当时他对瓦尔堡的著作有强烈的亲近感。与一种狭隘的形式化、美学化的艺术史相对立，瓦尔堡把艺术作品视为随着社会记忆的变化而变化。在他的思考中，和在本雅明的思

考中一样，中心问题是文化遗存的后世生命（Nachleben）的概念——即一种文化接受的观念，更恰当地说是一种文化对抗，既有保存又有转化。和在本雅明那里一样，瓦尔堡全局性的同时又极度细腻的研究艺术作品的路径意味着超越形式和内容的传统对立，超越区隔学科（比如历史、人类学、心理学和语文学）的传统边界。在1925年初给肖勒姆的一封信中，本雅明就曾注意过瓦尔堡研究所1923年出版的欧文·潘诺夫斯基和弗里茨·萨克斯尔（Fritz Saxl）的一个研究，那是以瓦尔堡的丢勒阐释为基础的对丢勒版画《忧郁》的研究。本雅明确信，如他后来对霍夫曼斯塔尔所说，他的作品将在潘诺夫斯基那里得到正面接受（GB, 3:17, 308）。在他的要求下，霍夫曼斯塔尔给汉堡的潘诺夫斯基寄去了他的刊物《新德意志文稿》1927年8月号，其中有本雅明即将出版的悲悼剧专著中关于忧郁的一节[1]，还附了一封推荐信。潘诺夫斯基的回复，霍夫曼斯塔尔在12月或1月转给了本雅明，现已遗失；本雅明形容它为“冷淡，充斥着恶意”。他别无他法，只得向霍夫曼斯塔尔为自己“不恰当的要求”道歉（GB, 3:325, 332）。相对鼓舞人心的则是接下来的夏天传来的消息，萨克斯尔觉得悲悼剧一书“非常有意思”，并想和作者见面（GB, 3:407–408n）。不过，本雅明最终还是没能和瓦尔堡学派建立联系——这对本雅明和他们都是损失。 296

1927年底，本雅明答应参与一次药物迷醉（drug intoxication）[2]试验；这是他接下来大约七年间在多种场合所参与的类似活动的

1　见 OGT, 138–158。

2　我将 intoxication 译为迷醉，也对应了德语中的 Rausch（亦是尼采哲学关键词之一，详后），不过需要注意的是，致幻药物所产生的身心体验和酒精饮料所产生的“醉感”有着本质不同。——译注

头一回。他最主要尝试的是大麻，在两位医生朋友不那么严格的看护下进行口服，他们是恩斯特·约埃尔（他曾是本雅明在 1913 年至 1914 年的青年运动中的对手［见 SW, 2:604–604］）和弗里茨·弗兰克尔（Fritz Fränkel），后者当时正在从事致幻药剂的研究，把本雅明招来作为被试。后来本雅明自己服用大麻，留下一份 1928 年在马赛的沉醉之夜的记录。他在不同场合也抽过鸦片并注射过麦司卡林和镇静剂羟考酮。他把这些药剂看作“毒药”（poison，这是波德莱尔关于大麻和鸦片的作品中所用的词），他服用它们是为了从它们的使用中得到知识。或者不妨说，他是这样宣称的。他把大麻迷醉本身当作一种别具强度的研究形式，既危险又充满魅力，既是感知力的扩张又同时是感知力的集中。这和《拱廊街计划》中的漫游者形象有一种特殊的关联，在本雅明看来，19 世纪的漫步者独一无二地为大都市生活的幻景所迷醉。早在 1919 年他读完波德莱尔《人造天堂》之后写的一封信中，他就提到，诗人试图“监测”与药物迷醉有关的现象，是为了得到“这些现象在哲学上所能给予我们的教诲”，而且他说有必要独自重复这一试验（C, 148）。超现实主义者的影响也在这方面起了一定作用，因其反映了本雅明的思想计划在整体上的试验性质。他 1929 年的论文《超现实主义》强调了致幻剂具有的预备（propaedeutic）功能，可以为沉睡于日常事物世界中的革命潜能带来“尘世启迪”（profane illumination），而且还可以召唤出一种迷醉的辩证法（Dialektik des Rausches）。像这样从哲学角度为药物使用正
297 名，出现在 1928 年 1 月 30 日的信中，本雅明对肖勒姆几乎毫无遮掩地宣布，他最近进入了“大麻领域”：“我［在 12 月和 1 月的最早两次试验中］所记下的笔记……很可能产生对我的哲学观察非常有价值的补充，它们和哲学观察极为亲密地关联着，正如在一定

程度上，甚至我在药物影响下的体验也和哲学观察极为亲密地关联着。”（C, 323）

关于这些试验，本雅明和其他参与者（最初两次的参与者中包括他的朋友恩斯特·布洛赫）都留下了书面“试验报告”形式的记录。这些记录中的有些内容是在沉醉状态下随手写下的，而另一些似乎是事后根据笔记和个人回忆辑录的。本雅明利用药物试验报告的部分文字——既有他自己所作的，也有别人所作的报告中谈及和摘引本雅明的部分——写成两篇专栏文章，《马赛的大麻》（“Hashish in Marseilles”）和《米斯洛维斯-不伦瑞克-马赛》（“Myslovice-Braunschweig-Marseilles”），在 30 年代初发表。试验报告又在《拱廊街计划》的一些部分中得到进一步采用，这些部分处理漫游、19 世纪室内家居、拱廊街中的反射和叠印现象等。本雅明曾在书信中说要把自己关于大麻的想法写成一本书，但这一计划从未启动；的确，这又成了他众多“大规模失败”中的一个（见 C, 396）。这本关于大麻的书，大约会和苏尔坎普出版社 1972 年在他死后以《论大麻》（*Über Haschisch*）为标题出版的著作有所不同，《论大麻》包括了本雅明曾参与的试验的仍存世报告，并附有上面提到的两篇专栏文章。[1] 不过，尽管这些药物试验报告属于片段性的笔记，但仍显示出本雅明在迷醉（Rausch 是尼采后期哲学的关键词）这一主题下思考的要旨所在。[2] 它们也提供了瓦尔特·本雅明其人在魏玛共和国末年的侧影——他的焦虑，他的无

1　此文重印于 GS, vol. 6 (1985)，稍有校订和扩充，英译文收入 OH。

2　尼采式的“创造性迷醉”（creative intoxication）理念在本雅明 1915 年美学和色彩的对话体文章《彩虹：关于想象力的对话》（EW, 215–216）中已有回响。波德莱尔的《人造天堂》之外，本雅明还提到赫尔曼·黑塞的小说《荒原狼》（1927）对他关于大麻的思考也一样重要。

畏，他的敏感，他的莽撞，他的热烈，他的保留态度，还有他的幽默感——那时，在他的人生中，以批评家和书评人为业的前景曾绽放光芒，却很快就因为缺少经济支持而黯淡，他越来越自觉到威胁着他的思想的“解体趋势”（C, 396），而恶魔的力量在私人和公共领域都日益强大。

298 当然，本雅明对毒品的兴趣绝非代表对非理性的无节制的拥抱。他所追随的并不是象征主义的感官错乱，而是理性本身的转化——同一性原则和不矛盾律法则的转化。药物写作的主要母题之一是多重视角，它和加快的思想速度相联系：迷醉的个人感觉自己同时身处不止一个地方，或同时从不同侧面体验同一事物。“鸦片吸食者和大麻服用者体验到了凝视（the gaze）的力量，从同一地点吸吮出一百个现场。”（OH, 85）因此，同一性原则通过这种“多重性”（multivalence）的体验而被转化。[1] 在大麻的影响下，有点像在泛灵论的童话世界中，感知的所有对象都有一张脸，或者说面具——面具下的面具；迷醉的人，就像漫游者或游戏中的儿童，成了面相学家，对他来说任何事情都很微妙。为了刻画这种在物之世界对多层面具的体验，本雅明想出了这样一个表述——“空间的流动贩卖现象”，而在《拱廊街计划》中，这一奇异现象被说成是漫游者的基本经验，其中遥远的时间地点及风景与现在时刻相互渗透。[2] 迷醉通过这些手段，松弛（而非移

1　比较 MD, 25：“一个人只有在尽可能多的方面体验一地的生活，才能了解这个地方。”亦可对比电影在揭露熟悉环境中的“意外场所”的“棱镜般的”能力（SW, 2:17）。（参见潘小松译《莫斯科日记·柏林纪事》，第 25 页。——译注）

2　见 AP, M2,4。这一段落后面还形容，一度流行的“机械风景画”，连同其混合图像，是“流动贩卖图示”（colportage illustration）的一个例子。在本雅明看来，流动贩卖——colportage，即 18、19 世纪法国由旅行小贩分销书籍、亚麻织物、日用杂物和其他货物的制度——和“空间的流动贩卖现象”之间的确切关联有待解释（AP, M1a,3）。

除）了推理的绳索，造成一种必要的路线偏斜，通过把思想沉浸于流动但又被打断的、有轮廓的意象空间——也就是“理性跳脚尖舞”的场景——而使得思想感官化。同时，“迷醉所带来的自我的释放”（SW, 2:208），这种分离的力量，本雅明在第二份试验报告中把它和一种暧昧不清的“涅槃”（字面意是“熄灭”）联系起来，它使得与万物，尤其是与最细微之物的快速共感成为可能。这种“对物的轻柔”（也是对作为物的词语的轻柔），正如 1930 年 3 月的试验报告所说，决定了对多变的、装饰性的“灵氛”的把握，而“灵氛”从一切事物中散发出来。[1]本雅明在《超现实主义》中指出，作为更多层次、“空间上更丰富”的感知的催化剂，毒品使得一种受到启迪的迷醉成为可能，这种迷醉有益于更深层的清醒——它可能是某种来自濒死体验的东西。迷醉辩证法因此就与主导《拱廊街计划》的觉醒辩证法相平行，在《拱廊街计划》中，醒来意味着对梦境的创造性内化，而梦境是关于过去的梦境。超 299
现实主义论文所谈论的迷醉的解放潜能，也许应该在这一心理-历史（psychohistorical）辩证法的语境中得到领会。

1928 年的最初几个月令本雅明振奋。1 月底，本雅明的两本书《单行道》和《德意志悲悼剧的起源》终于由罗沃尔特出版社出版。在出现于德国、瑞士、法国、荷兰、匈牙利、英国和美国的一系列书评中，对本雅明最重要的是他的友人和同行所写的那些：克拉考尔在《法兰克福报》上的评论《瓦尔特·本雅明的作品》（“The Writings of Walter Benjamin”）；威利·哈斯在《文学世界》头版对悲悼剧一书的详尽评论；布洛赫论《单行道》的令人难忘的文章，《哲学中的评论形式》（“Revue Form in Philosophy”），

1 关于灵氛，参见 OH, 58, 163n2。另见 SW, 2:515–519（《摄影小史》[1931]），这篇文章本书第七章有详细论述。

发表在《福斯报》；黑塞尔在《日志》（*Das Tagebuch*）上发表的《单行道》书评；马塞尔·布里翁在《文学新闻》(*Les nouvelles littéraires*) 上的《瓦尔特·本雅明的两本新书》（“Two Books by Walter Benjamin”）。他还注意到赫尔曼·黑塞专门给罗沃尔特出版社写信，赞扬《单行道》（此信没有保存下来），这位作家后来曾尽力为本雅明的《1900 年前后的柏林童年》物色出版商。这一年晚些时候，本雅明很满意地看到一篇“篇幅很长且充满肯定的批评”，文章出现在一份维也纳报纸上，作者是奥托·施托艾斯尔（Otto Stoessl），和卡尔·克劳斯过从甚密。这篇以外，他还提及一篇“恶意很大”的书评，发在本城自由派的主要报纸《柏林日报》（*Berliner Tageblatt*）上（GB, 3:426）。这篇不友好的评论来自维尔纳·米尔希（Werner Milch，“二战”后在马堡大学任浪漫主义教授），在带有恶意中伤色彩的评语中，他还是精到地指出，虽然本雅明的两本书在关注点和题材上显著不同，但都在基本要点上受惠于早期浪漫派的断片理论和实践。[1] 在这些报刊整体正面的反响之外，其实哲学、艺术史、德语文学、社会学和精神分析等学科的学术刊物和专著中也出现了一系列对悲悼剧一书的讨论，有的甚至很长，虽然本雅明后来总是不承认这一点（C, 372）。[2]

有一件事进一步说明了本雅明作为文人的声誉正在增长。当

---

1 Puttnies and Smith, *Benjaminiana*, 113–114. 克拉考尔、布洛赫、黑塞尔、布里翁、施托艾斯尔和米尔希的书评收录于《著作和遗产》（*Werke und Nachlaß*）第八卷的末尾。另见 SF, 154。“置身事外主义”（outsiderism），是米尔希贴在本雅明身上的标签，又在柯尼斯堡教授汉斯·沙伊德尔（Hans Schaeder）致霍夫曼斯塔尔的信中得到回响，见 SF, 147–149。沙伊德尔说到一种“全然个人化的经院主义，……它只会引向一种智性的唯我论”。

2 见 Newman, *Benjamin's Library*, 195–197。悲悼剧专著在 1930 年春季号的《现代语言评论》（*Modern Language Review*）上有书评。这一书评署名为“R. P.”。在美国刊物上，这篇简短但整体上非常正面的书评是最早提及本雅明名字的文章，也是唯一一篇与他的著作同期出现的评论（Fenves, “Benjamin's Early Reception in the United States”）。

安德烈·纪德在1月底造访柏林时，他接受了本雅明长达两小时的采访，而本雅明是他同意见面的唯一一位德国记者。这次见面，本雅明觉得“有极大兴味”且“非常愉快”，产生了两篇关于纪德的文章，随后很快发表在《德意志大报》（*Deutsche allgemeine Zeitung*）和《文学世界》上。[1] 2月给霍夫曼斯塔尔写信时，他这样说起纪德：“他有完全辩证的天性，其特征是保留态度和内心街垒多到近乎令人迷惑。这一已然由他的写作以其独特方式传达出来的印象，和他本人谈话时得到了加强，令我有时感到崇高，而另一些时候则感到颇成问题。”（C, 326; 324）这一观点毫无保留地出现在为《文学世界》而作的《对话安德烈·纪德》（“Conversation with André Gide”）中，本雅明强调了这位他称为最细腻的健在作家的人物的“辩证洞见”：“对每一种中庸之道的原则性拒绝，对各种极端的信任——这不是辩证的又是什么，这不是一种思想方法，而是生命的呼吸，是激情。”[2] 这样的态度决定了一种坚定的世界主义：纪德是“这样一个人，他拒绝接受任何一种彻头彻尾的民族主义主张，只有在法国的国族身份囊括了欧洲历史充满张力的部分和欧洲民族大家庭的前提下，他才认可这一身份”（SW, 2:94, 95, 96）。[3] 300

1 现收录于 GS, 4:497–502, 502–509; 英译文见 SW, 2:80–84, 91–97。另参见皮埃尔·贝尔托（Pierre Bertaux）的法语记述，采访时他在场（但本雅明对他没有提及），见 GS, 7:617–624。

2 比较本雅明在笔迹学和面相学方面的点评，其中论及“一种不止息地更新着的辩证校准（Ausgleich）”，它永远不会出现在“中庸之道”里面（SW, 2:133）。

3 在《安德烈·纪德与德国》（“André Gide and Germany”）一文中，强调的重点却有所不同，但或许同样辩证，该文（出于纪德的要求）发表于更为保守的《德意志大报》上：“只有在民族性达到其最高、最精确的形式时，也只有在各民族达到其最严格的精神纯化的地方，各民族的共同体才能得以创立。没有人比这个人更明白这一点，他多年前写道：‘我们认定为有价值的唯一作品是那些在其最深刻处揭示出自己所来自的土地与种族的作品。’”（SW, 2:83）

在这一时期，本雅明和其他作家的关系有另一些发展。1928年2月中旬，他和恩斯特·罗伯特·库尔提乌斯（1886—1956）见了面，库尔提乌斯当时在海德堡大学任教，他论法国当代小说家的文章本雅明最早在1919年读到过；库尔提乌斯后来在1948年出版了影响甚巨的《欧洲文学与拉丁中世纪》（*European Literature and the Latin Middle Ages*）。此外，他和霍夫曼斯塔尔本人首次会面，此前他已经把自己的两本书寄给了对方。在悲悼剧那本赠书上有这样的题签："给胡戈·冯·霍夫曼斯塔尔，/ 您为这本书扫清了道路，/ 在此致谢，/1928年2月1日，WB"（GB, 3:333n）。关于这句话，本雅明曾对布里翁解释说，霍夫曼斯塔尔是这部著作的第一位读者（GB, 3:336）。霍夫曼斯塔尔来到本雅明在格鲁内瓦尔德公馆的寓所拜访，两人的对话涉及本雅明与他的犹太身份的关系，以及本雅明正在萌芽中的拱廊街计划的想法。这次碰面对本雅明来说并不轻松。他很明白，"在我这方面有一种无法击破的保留态度，尽管
301 我对他非常倾慕"，尽管"他展现出如此充分的真诚理解和善意"。他对肖勒姆形容说，在霍夫曼斯塔尔"觉得自己完全被所有人误解"的时刻，会流露"一种近乎衰老的倾向"（C, 327–328）。接下来的那个月，本雅明发表了对霍夫曼斯塔尔自创的"悲悼剧"《塔》（*Der Turm*）的评论；虽然本雅明的书信中对这部戏剧表现出相当矛盾的心态，但这篇评论还是把它的戏剧冲突和"《哈姆雷特》所描绘的基督受难的世界"相提并论（SW, 105）。

同样在2月，本雅明和特奥多尔·威森格隆德·阿多诺变得更熟络了，阿多诺在柏林待了几周，两人得以恢复他们1923年在法兰克福时开始的讨论。本雅明2月中旬向（介绍二人认识的）克拉考尔报告说，"威森格隆德和我频繁见面——这对我俩都有益。他现在也开始和恩斯特·布洛赫会面"（GB, 3:334）。6

22. 格雷特尔·卡尔普鲁斯，约1932 年（*Theodor W. Adorno Archiv, Frankfurt am Main*）

月初两人还会在法兰克福——阿多诺在那里攻读博士学位——附近的柯尼希施泰因再次见面，一个月之后两人将开始历史上著名的长达十二年的通信，这些书信记录了他们的“哲学友谊”的发展。[1]（但是，直到 1936 年秋天阿多诺访问巴黎之后，他俩才省去姓，彼此直呼其名，而且他们之间从未像本雅明和他的老朋友肖勒姆、恩斯特·舍恩及阿尔弗雷德·科恩那样不用敬语，不过，本雅明垂死之际口授的最后一封信，是给阿多诺的。）此时，让两人关系进一步巩固的是本雅明对玛格丽特·“格雷特尔”·卡尔普鲁斯（Margarete “Gretel” Karplus，1902—1993）的好感，她后来成为阿多诺的妻子。本雅明在这一年早些时候认识了她，后来流亡岁月的早期，本雅明给她写了温暖而调皮的书信，信中充满对他自己各种研究计划的深刻评语。格雷特尔·卡尔普鲁斯则

1　阿多诺所说的他们之间的“哲学友谊”（philosophischen Freundschaft）应和了本雅明的“哲学同志”（philosophische Kameradschaft, BA, 108, 10）一语。

慷慨地付出了许多时间和金钱——30 年代中期她主持着一家手套厂，1933 年本雅明逃离柏林之后她以多种方式帮助他。

虽然朵拉一直努力工作，翻译 G. K. 切斯特顿的侦探小说，发表关于儿童教育的广播讲话，给《文学世界》写书评（其中一篇涉及乔伊斯的“正在进行之作”——《芬尼根守灵夜》)，给《实
302 用柏林女报》(*Die praktische Berlinerin*）当编辑，但本雅明 3 月告诉肖勒姆，两人的现状“惨淡”(GB, 3:348)。无疑，这一定程度上是在暗示，他期待来自耶路撒冷的资助。而其实，不管他们当时的经济前景可能有多么黯淡，本雅明还是找出了时间和钱在 1 月份去但泽自由市索波特（Sopot）镇出名的赌场做短期旅行。他的文学前景事实上比前一段时间要好。他正源源不断地为《文学世界》《法兰克福报》和包括《新瑞士评论》《国际评论 i10》在内的其他刊物写作书评和专栏文章。他已收到知名刊物《日志》的发行人斯特凡·格罗斯曼（Stefan Großmann）的邀请，希望他成为定期供稿人。此外，罗沃尔特出版社也提出延长合同期限，其中包括给他按月付
303 酬，同时他还有另一份与此相竞争的合同，来自黑格内尔出版社（Hegner Verlag)，虽然他最终把两份提议都回绝了——回绝前者，是因为他从罗沃尔特出版社的条款中受到了冒犯，回绝后者是因为他对这家出版社的“天主教取向”有所警觉（C, 323)。

他手上有了这么多出版渠道，作品开始从代尔布吕克大街的公馆里源源不断地向外流淌。除了两篇对纪德的采访记之外，有三篇关于儿童玩具的文章在春天发表，本雅明讨论了玩具的文化史并勾勒出了“玩具的哲学分类”，他不以儿童心智即个人心理的标准来看待游戏之物的世界，而是从游戏理论出发。[1] 还有些文章，分别关

1　三篇关于玩具的文章已有英译，见 SW, 2:98–102, 113–116, 117–121。另见本雅明 1927 年 12 月 21 日致克拉考尔信，GB, 3:315–316。

23. 朵拉·索菲·本雅明，1927 年
（*Courtesy of the Jewish National Library*）

于卡尔·克劳斯向公众朗诵奥芬巴赫（Offenbach）的《巴黎生活》（*La vie parisienne*）的活动、19 世纪水彩透视画的一次特别展览、笔迹学、精神病人的著作、柏林食品博览会、“作为女神的巴黎”等；这一年晚些时候又有关于小说家朱利安·格林（Julien Green）的文章，以及“通向成功之路的十三个命题”（其中包括一种赌博理论的素材），还有文章讨论卡尔·布罗斯菲尔德（Karl Blossfeldt）在其植物摄影集中对“新意象世界”的揭示，另外也有论歌德在魏玛时期的文章。这些文章有许多都反映出《拱廊街计划》的意旨。而另一方面，关于歌德和魏玛的作品则是本雅明一年前受《苏联大百科全书》所托写作歌德词条的副产品；词条本身是 1928 年写成的。6 月去魏玛的歌德故居考订自己的文献资料时，他意外发现自己有二十分钟独自身处这位伟大作家的书房，就连保安的影子也没有来打扰。“就这样发生了，”他在向阿尔弗雷德·科恩和格雷特·科恩复述这一经历时这样说道，“有时，在靠近事物时越是冷血，这些 304

事物的回应就越是温柔。”（GB, 3:386）

在本雅明1928年早期发表的文章和评论中，一篇短书评，本身并无多大重要性，却因其少见的粗鲁攻讦之词而引人注意。本雅明为埃娃·菲泽尔的《德国浪漫派的语言哲学》（*Die Sprachphilosophie der deutschen Romantik*）而写的书评2月出现在《法兰克福报》上，引来原书作者给报社写了一封愤怒的抗议信。作为报纸小品文栏的编辑，克拉考尔回信给埃娃·菲泽尔，支持本雅明的书评。（这两封信都没有保存下来。）3月10日致克拉考尔的信中，本雅明感谢了他团结一致的表现，并赞扬克拉考尔在捍卫他时，对“学术界的女枪手（Revolverheldin）的“恶意异常精准”；“复仇女神就是照这个模子刻出来的”（GB, 3:341, 343）。他接着以玩笑的口吻说，他需要保镖，以防以后还有书评读者来行凶。对肖勒姆，他提及这位“疯女人”（törichte Frauenzimmer）在给《法兰克福报》的“无耻”的信中，引用了一系列专家大人物来支持她的作品，包括海因里希·沃尔夫林和恩斯特·卡西尔（GB, 3:346）。

在他的书评中，本雅明将这本书定性为“十之八九是博士论文”（但其实不是），并认为它“高于德语语文学博士论文的平均水平”。他接着说：“这一点需要在一开始说明，以防对我的第二个看法产生误解：这是一篇典型的女人之作（eine typische
305 Frauenarbeit）。也就是说，专业技能、知识水平，与内在的独立自主以及对题材真正切入的程度之低不成比例。”（GS, 3:96）他又继续给这部著作贴上“没有男子气概的历史主义”（这话令人想起尼采）的标签，缺少对隐藏在浪漫派思想中的语言理论的真正理解。[1]“因为，只有在［这一思想本身］所无法触及的［智识］中心

1　比较《论历史概念》第十六节（SW, 4:396）。

点的基础上，具体的语境才能得到决定性的澄清。”他还指摘作者在二手文献上“不应有”的大意和参考书目的短缺。

本雅明似乎并没有非常细心地读这本书——他把它归类为实用的科学语言学，而这本书在其结尾批判的正是这种语言学——而且他没花心思去了解关于作者的任何事情。事实上，作者的主要专业在另一领域，即古典语文学。埃娃·菲泽尔到20年代结束时将成为国际知名的伊特鲁斯坎语（Etruscan）语法权威。作为1933年起草的反犹法律的受害人，她失去了慕尼黑的教职，尽管同事和学生提交了一份正式的请愿书，1934年她移民美国，后来在耶鲁大学和布林茅尔学院（Bryn Mawr College）任教。[1] 本雅明在书评中相当恶毒的口吻有些莫名其妙。他为女性作者的著作写过的十多种书评中，从没有类似这样的东西。如果说他真有反女性主义的情绪，那么这些情绪也没有妨碍他对女性友人的尊重，比如汉娜·阿伦特、阿德里安娜·莫尼耶、吉赛勒·弗罗因德、伊丽莎白·豪普特曼（Elisabeth Hauptmann）、安娜·西格斯（Anna Seghers）等。[2] 当然，这一回有可能是他面对自己知识领地里，在他看来虽然精心结构但没有价值的主张所做出的防御性反应，而且这本书没有承认他此前对这一领域的贡献（《德国浪漫派的艺术批评概念》）。类似的攻讦后来只出现在他写于1938年、未发表的关于马克斯·布罗德（Max

---

1　见 Häntzschel, “Die Philologin Eva Fiesel”。本雅明所评的那本书没有“参考书目”，这显然是出版社的决定。菲泽尔的书在1973年重版。

2　比较1918年7月31日致恩斯特·舍恩信，其中涉及露易丝·祖尔林登（Luise Zurlinden）的著作《德国浪漫派中的柏拉图思想》（*Gedanken Platons in der deutschen Romantik*），本雅明是这样点评的：“当女人想要在这类问题的讨论中扮演关键角色时，一种恐怖就会攫住你，这种恐怖无法形容。这部著作真低级。”（C, 133）“无耻”一词也用在了这里。这些情绪和他五年前关于超越“男人”、“女人”范畴的表述（见本书第二章）并不完全吻合。

Brod）的卡夫卡专著的书评中（SW, 3:317–321）。

本雅明可以在自己要评论什么作品方面有所选择，这在他的事业中还是头一回——而且他力图关注和他自己的《拱廊街计划》研究有关的材料。年初，他向阿尔弗雷德·科恩坦白："我需要转移到新的东西上，全然不同的东西。我被新闻报道性–外交
306 性的写作给限制得动弹不了。"（GB, 3:321）有了拱廊街研究计划，按照他自己的标准，他确实是进入了未曾涉足的领域。"关于巴黎拱廊街的工作，"他在 5 月 24 日的信中告诉肖勒姆，"正展现出越来越神秘、越来越强韧的面向，就像一只幼兽，如果我白天没有带它去最遥远的源泉饮水，它就会在我的深夜中嚎叫。上帝才知道，当……我放它自由时，它会做些什么。但这在将来很长一段时间内不会发生，而且虽然我也许已经一直在盯着巢穴，让它在里面按照天性自然发展，但我几乎还没让任何其他人看一眼里面的样子。"（C, 335）他当时所涉猎的广泛资料中，有关于时尚的哲学描述的"零星材料"，时尚是"历史进程的自然的而又全然非理性的时间标尺"（C, 329），构成了《拱廊街计划》B 卷的主题。

尽管工作任务把他困在书桌前动弹不得，但他有时还是参与柏林的知识生活。肖勒姆的兄弟埃里希请他参加一年一度的柏林书迷圈子的欢庆晚宴。客人都得到了一本小书，题为《穆里大学哲学系官方教诲诗》（*Amtliches Lehrgedicht der Philosophischen Fakultät der Haupt-und Staats-Universität Muri*），作者是"宗教哲学学院的教导主任"格肖姆·肖勒姆，题献给"穆里大学校长瓦尔特·本雅明阁下"。这两位朋友曾在他们 1918 年住在瑞士的穆里村时写过笑话和学术讽刺诗，形成了这部合集；[1] 现在，肖勒姆的兄弟私印了

1　参见第三章。——译注

250 本。接着在 3 月底，本雅明出席了卡尔·克劳斯的四场活动中的最后一场，这位伟大的讽刺作家在钢琴伴奏下朗诵了奥芬巴赫的诙谐歌剧（operettas）片段。这一表演一定震动人心：本雅明告诉阿尔弗雷德·科恩，在这之后他处于一种无法将自己的感想形成看法的状态。

为了逃离代尔布吕克大街公馆重新装修的噪音和粉尘，他在 4 月份搬到了一个新住处，位于“蒂尔加滕区最深、最被人遗忘的地带”，“透过两扇窗户，只有树在注视着我”（C, 335）。住在那里的两个月中——后来他转租给了恩斯特·布洛赫——他利用从这个房间到普鲁士国家图书馆的便利，在馆内进行他的拱廊街 307
研究。罗沃尔特为一本“计划中的关于卡夫卡、普鲁斯特等的书”所支付的预付稿费帮助他继续拱廊街项目。而那本计划中的书，题为《文学论文选集》（*Gesammelte Essays zur Literatur*），则从未完成，虽然这本书的合同两年后又重新商定并延期。

与文学工作并行，本雅明花了很多时间和精力试图援助两位朋友。阿图尔·莱宁的《i10》遇到了严重的经济困难，本雅明竭尽所能地为这份刊物在德国寻找资助。他动员克拉考尔向《法兰克福报》编辑部求情，而他自己则给朋友和出版界的熟人写信，寻觅一线生机。但这些努力一无所获，莱宁的刊物在第一年结束时停刊。阿尔弗雷德·科恩则是丢了工作，本雅明很努力地设法帮助他寻找一份合适的工作。在这一年中，他认识了古斯塔夫·格吕克，这是一位很有修养的银行高级职员，出入于卡尔·克劳斯的圈子，本雅明和他发现彼此出乎意料地投缘。虽然格吕克最终成为本雅明著名的人物肖像和挑衅文字《毁灭性人格》的原型，但在 1928 年，本雅明找他却是为了得到对阿尔弗雷德·科恩处境的实际建议。他还去找他的熟人格雷特尔·卡尔普鲁斯，她当时正在柏林经营家族手套厂。到 1929 年中期，德国经济正滑向衰退，在这种形势下找不到什么办法，本雅明最终鼓励阅读广泛的科恩试试新闻报道，而且事实上他的确在《法兰克福报》和《文学世界》上安排了科恩的几篇书评。

在 5 月 24 日致肖勒姆的信中，本雅明宣称，他即将前往耶路撒冷，同时又表达了经济上的考量：“我已经明确地把秋天的耶路撒冷之行定在我下一年的日程之中。在那之前，我希望马格内斯能和我就我的学徒期薪资待遇达成一致。”（C, 335）几周之后，他和马格内斯在柏林见面，这位大学校长“径直以个人名义承诺”给他提供资助用来学习希伯来语（C, 338）。接下来的几年中，本
308 雅明至少七次推迟耶路撒冷之行，用了各类借口（比如他需要完成拱廊街计划，他需要陪伴生病的母亲，他需要和阿西娅·拉西斯在一起，或者他需要出席离婚诉讼），并最终坦白，自己“在这件事情上有千真万确的病理性拖延倾向”（C, 350）。虽然他从未踏上耶路撒冷的土地，但他的确在 10 月从马格内斯那里收到了一张 3642 马克的支票（大约相当于 1928 年的 900 美金）。对这一资助的感谢信八个月后才发出，那时，本雅明终于着手安排希伯来语课程。我们已经提到过，几周之后这些课程就都被扔到一边。肖勒姆认为，在把关注点从欧洲文学转向希伯来文学这个主意上，本雅明从一开始就是自我欺骗，他过了好一阵子才自己意识到这一点，因为“他竭力不去面对自己的处境”（SF, 149）。本雅明当时给布里翁、霍夫曼斯塔尔、沃尔夫斯科尔等人的书信，都提到他计划访问耶路撒冷以便现场勘察，这证明了肖勒姆的看法。另一方面，本雅明从未真心学习希伯来语，也好像并不觉得自己该归还资助。当还款问题后来在他和肖勒姆的通信中以及和肖勒姆妻子在柏林的谈话中出现时，他避开了这一问题，给人留下他在

整件事上毫无信用的印象。

春天的结束带来了雪上加霜的灾难。5 月初，他的母亲经历了一次严重中风，从此再未完全康复；她住在公馆中，需要越来越多的照看。与他对父亲突然去世的反应形成对比的是，本雅明在书信中鲜少提到这件事，最多一笔带过。5 月底，他去法兰克福参加阿图尔·舍恩弗利斯的葬礼，他的叔公曾是法兰克福大学的数学教授和校区长，在这位长者身上，本雅明觉得犹太和基督教的文化脉络以独特的方式融合在一起（本雅明认为他自己也是这样的）。当年他和法兰克福大学纠葛日久，其间和这位亲戚过从甚密，两人关系变得亲近。回到柏林，他还是住在父母家的公馆，有长短不一的各类文章需要在截止日期前完成，其中有些是“关于法国今日文学潮流的长文”（C, 335）。这些文章最终以《巴黎日记》（“Paris Diary”）为题分四期登载在 1930 年 4 月至 6 月的《文学 309
世界》上。1928 年 6 月和 7 月，本雅明和弗朗茨·黑塞尔为将普鲁斯特翻译版权转授皮珀出版社进行了长期谈判，但最终无果。这一情况导致他和黑塞尔彻底退出已经完成一半的翻译工程，这一工程曾“对 [他的] 写作有如此强烈的影响”（C, 340）。7 月，本雅明发表了自传性的短文，谈论斯特凡·格奥尔格，这是《文学世界》为了推出庆祝诗人六十周岁的特刊而向他约稿的；其他供稿人有马丁·布伯、贝托尔特·布莱希特等。本雅明和对他后来的人生有命运般影响的布莱希特的亲密个人关系，则会在下一年开始。

1928 年夏天，本雅明很典型地又开始考虑换一换环境，虽然他和朵拉都没有固定收入：“我就像一只企鹅，坐在我三十七个年头的贫瘠岩石之上 [当时他刚满三十六周岁]，思考着一次孤独的斯堪的纳维亚航游的可能性。但今年可能已经太晚了。”（GB, 3:399，致阿尔弗雷德·科恩）这一具体计划要等到 1930 年夏天才得以实现，但不稳定的经济状况并没有阻碍他做短途的南行旅程。7月，他前往慕尼黑，觉得这座城市是一具“美丽到令人恐怖的尸体，如此美丽，以至于人们无法相信它已毫无生命”（GB, 3:402）。9月在瑞士的卢加诺，他见到了尤拉·拉德和弗里茨·拉德。他从卢加诺湖边的旅居地写信给肖勒姆，表达了他迫切想回到拱廊街计划以及这一类没有现实限制的工作的心情。“那会很棒，”他伤感地谈道，“如果那些我为了收入而写的可耻作品维持在某种水平上，不用让我感到恶心。我不能说我缺少发表烂东西的机会。不管怎样，我一直以来所缺少的只是写烂东西的勇气。”（GB, 3:414）月底，他先到热那亚旅行，然后去了马赛，在那里独自吸食了大麻。对这一法国港口的回访有进一步的成果，那就是题为《马赛》的生动的系列小品文，次年4月发表在《新瑞士评论》上（SW, 2:232–236），而在英语中与此最接近的作品或许是30年代末
310 詹姆斯·艾吉[1]对布鲁克林的描写。本雅明本人把《马赛》和自己同年早些时候关于魏玛的文章相提并论，虽然他评说道，没有哪个城市像马赛这样顽固地抗拒他试图描写它的努力（C, 352）。

那年秋冬他“为了收入”而作的文章中最重要的是《超现实主义》一文，它从次年2月开始在《文学世界》上分三期连载（SW, 2:207–221）。八个月前，这份报纸发表了本雅明对路易·阿拉贡的超现实主义旅游指南《巴黎农民》的摘译。本雅明和超现实主义的关联至少可上溯至1925年，那时他写了一篇题为《梦之媚俗》（“Dream Kitsch”）的短文。随着他对这场运动越来越熟悉，他的怀疑也逐渐增强，不过，一种超现实主义的思路在拱廊街计划中起着决定性的作用，根据本雅明的最初构想，拱廊街计划就

1 詹姆斯·艾吉（James Agee，1909—1955），美国作家、记者和电影评论家。——译注

是要继承超现实主义的遗产——虽然是隔着一段距离（C, 342）。他把《超现实主义》一文看作“一扇放在《拱廊街计划》前的半透明屏风”（C, 347）。论文本身则以技术的意象开始并作结，或者更准确地说，是以人类的肉身力量和技术力量在重新组织的自然（physis）中互相渗透开始并以此作结。本雅明以远离流派源头的旁观者身份发言，并从他位于河谷的批判发电站的优势位置“估计这场运动的能量”，因为这一运动的“英雄阶段”——本雅明也称之为“最初的运动”——已经结束。这场运动仍在“无政府主义的投石党[1][即暴力的政治对抗]和革命的纪律之间”，占据着一个高度鲜明的位置。它试图在直面其相互竞争的政治律令和美学律令的过程中做出抉择。超现实主义被认为是艺术和整个知识领域出现危机的标志，这是一场“人文主义概念的自由”内部的危机。正如关于物质作为基本元素的古典概念在物质的电磁理论面前瓦解了，关于人的实体和身份的理念在新动态的“自然”（physis）里也被转变了。[2]于此，本雅明并没有借用经典认识论的原子主体和客体，而是转向意象空间（Bildraum）和身体空间（Leibraum）的范畴，来刻画现实的新的事件-肌理及其波状运动或“神经支配”。柏格森所谓的“固定物逻辑”的悬置对阅读行为有深刻意涵。需要强调，超现实主义文本不是“文学”，虽然从另一角度来说它们代表了“玄奥诗歌（esoteric poetry）最初的涌现”。正如本雅明在1930年的《巴黎日记》中所言： 311

1 投石党动乱（Fronde，1648—1653）是法西战争期间发生在法国的反对专制王权的社会运动。Fronde在法语中有投石索之义。——译注

2 比较《单行道》的最后一节《到天文馆去》，其中写到“新的身体”和新的自然，它通过现代技术组织起来，具有前所未有的速率和节奏，其结果是诞生新的政治星丛（SW, 1:486-487）。

> 在纯诗（poésie pure）的理念恐怕要在贫瘠的学院主义中衰微的时代，超现实主义以一种煽动性的、近乎政治的方式强调了它。它重新发现了玄奥诗歌的伟大传统，这一传统实际上与“为艺术而艺术”相当隔阂，是一种如此隐秘、有益的诗歌实践。（SW, 2:350）

超现实主义者从内部爆破了诗歌世界，把“诗性生活”的理念推至极致。他们对过时之物的着迷即是明证——最早的铁架构、最初的工厂建筑、最老的照片、已经开始绝迹的事物、大型钢琴、五年前的服饰——和它们的遭遇激发出一种原始艺术激情的意象。这当然就是与《拱廊街计划》的主要联系之一，它同样专注于把“隐藏于这些［过时和衰老］事物中的‘气氛’的巨大力量带至爆炸的临界点”。（这一表述同样让人想起前面讨论过的电影的“棱镜”潜能。）征召旧物的能量，为今所用——这从很早开始就是本雅明写作的自觉倾向[1]——为革命体验、革命虚无主义，即便还不是革命行动奠定了基础。首先，面对所谓平常之物的态度是一个革命问题——“我们于日常世界中认出多少神秘，便在多大程度上进入神秘”——不过本雅明并没有回答“核心问题”，即究竟是在态度的改变中还是在外在环境的改变中我们才能找到革命的条件。他说，这个问题决定了政治同道德的关系。物之世界的“尘世启迪”，揭示出散佚各处的现象之间的隐秘的亲缘性，在政治行动的空间中，在他所谓的“肉身的集体性神经支配”中，

1 《青年形而上学》（1913—1914）这样开篇：“每一天，像睡眠者一样，我们耗用未经测量的能量。我们所做的，我们所想的，都充溢着父辈和祖先的存在。”类似地，《学生的生命》（1915）一开始就宣告：“终极境遇的要素……以最濒危、最受排斥、最被嘲弄的生灵和理念的形态，深深嵌入每个现在。”（EW, 144, 197）

彰显出一个意象空间，对这一空间而言，仅有沉思的力量是不够的。在此，行动提出了自己的意象（das Bild aus sich herausstellt），并就是那个意象本身。在超现实主义论文精彩的最后一段——它援引了《共产党宣言》——中，本雅明提出了“尘世启迪使我们了解到（uns heimisch macht）的那个意象空间”，并把与身体空间 312
联姻的那个意象空间表述为“普遍的和整全的现实存在（allseitiger und integraler Aktualität）的世界”，他后来在事业的终点写作《论历史概念》期间又回到这一说法。[1] 过去激发出青年激进主义的“自由”主题现在又以“超现实主义体验”的完整性重新出现，这种体验释放出自我，并有分寸地抹去区分梦境和觉醒世界的门槛。这种“极端的思想自由”，经过“悲观主义的组织”的训导，将使得整全的现实存在成为可能，通过这种现实存在，现实超越其自身，正如我们在结尾所读到的。在阐发这一解放潜能时，本雅明清楚地表明，超现实主义者他们自己并不总能胜任革命的诗性生活所必然要求的尘世启迪的任务，有时，在他们对自由-人文主义的理性主义的破坏中，在他们“过热的幻象”中，他们会被神话、梦和无意识的非辩证构想吸引。[2]

探索在超现实主义论文中只是如此简要地勾画出来的概念的内涵，将是落在本雅明自己身上的任务；他的政治思考将从此在集体作为“身体空间”这一观点中得到指引，这样的身体空间既由“意象空间”所塑造，又存在于“意象空间”之中。他在30年

---

1 “弥赛亚世界是普遍的和整全的现实存在。只有在弥赛亚的领域，普遍历史才存在。不是作为书面史，而是作为节庆般上演的历史。这一节庆清除了一切庆祝。……它的语言是解放了的散文。”（SW, 4:404）（这段文字出自《论历史概念》的旁注，讨论详后。——译注）

2 本雅明将于1932年提及超现实主义的“反动事业”（SW, 2:599）。

代关于媒介美学的大量作品事实上都可以看作这些概念的发展和它们之间关系的具体化。最终的目标——集体的形成和转型——通过神经支配实现，这种神经支配也就是米利亚姆·布拉图·韩森所说的“对世界的非毁灭性的、摹仿性的内化”[1]。而且，正如本雅明在 1936 年的《艺术作品》论文中所断言的，艺术是那种内化的不可替代的媒介：“电影在新感知和反应方式中训练人类，而要求那些新感知和反应方式的，是与机器的互动，机器在人们生活中发挥的作用几乎每一天都在扩大。让我们时代的巨大技术机器成为人类神经支配的对象——服务于这一历史任务，就是电影的真正意义。”[2]

如果说 1925 年中期曾是本雅明职业生涯的低谷，那么随后的三年则见证了 20 年代末他在德国文化界令人瞩目的崛起。现在回顾，很显然，这一崛起在很大程度上不仅归功于他精彩的写作，
313 他极具独创性的分析，而且还要归功于他无可比拟的变化能力。他可以创造一种和当时的主流趋势相呼应的报道形象，而且尤其是和新客观派相呼应，新客观派正迅速取代残存于魏玛共和国的繁复文雅的帝国文化。不过那种形象远超出“新的清醒”（new sobriety）。他在苏联的经验，他和布莱希特日益增长的亲密关系，都决定了经常塑造他的取向的左派立场从根本上不同于大多数新客观派的左倾自由主义立场。而且，那一形象在关键处又因他对大众文化的日益熟悉，尤其是他关于欧洲先锋派运动的深入的第一手知识而别具生机。结果就有了这样一些著述，它们使他的声誉快速增长，并使越来越广泛多元的出版机会向他敞开。“德语文学的学徒期”结束了，瓦尔特·本雅明正在通往把自己确立为德国当时最重要的文化批评家的道路上。

---

1 Hansen, “Room for Play,” 7.

2 Benjamin, “The Work of Art in the Age of Its Technological Reproducibility” (first version), 19.

第七章

毁灭性人格

柏林、巴黎、伊维萨岛，1929—1932

1929 年这一年间，本雅明的情爱纠葛让他陷入 1921 年婚姻 314
第一次波动时所经历过的那种混乱。1928 年夏天，本雅明得知阿西娅·拉西斯即将调到苏联驻柏林大使馆，担任苏联电影的贸易代表。11 月她和伯恩哈德·赖希一同到达，不过赖希只是在贝托尔特·布莱希特完成《三毛钱歌剧》期间短住。（拉西斯和赖希从 1923 年起就和布莱希特一道工作，而布莱希特后来也出席了一些她在柏林大使馆所组织的放映。）赖希一走，本雅明就和拉西斯同居了两个月，从 1928 年 12 月到 1929 年 1 月，在杜塞尔多尔菲尔街（Düsseldorfer Straße）42 号的一间公寓中，离妻子、十岁的儿子斯特凡和生病的母亲所住的公馆不到两英里远——但到 2 月份本雅明又住回了代尔布吕克大街的父母家。虽然拉西斯显然要求他搬出他们同住的公寓，但她继续在他的生命中扮演重要角色，他参与柏林文化生活的好多次外出都有她的陪同。当拉西斯的生活伴侣伯恩哈德·赖希又回到柏林，本雅明还恢复了和这位朋友的交往——无疑重演了他们在莫斯科时围绕阿西娅的尴尬三人舞。1 月，还在和拉西斯同居时，本雅明曾参加朵拉的生日会，这正表明所有这些人虽置身于彼此间的复杂关系但仍保持着奇异的回旋余地。

但是，春天时，经过了一系列动荡局面，他向他的妻子提出离婚，为了可以和他的拉脱维亚女友结婚——但阿西娅是否想和
315 他结婚，我们却完全不清楚。从他受尤拉·科恩吸引——以及朵拉受恩斯特·舍恩吸引——导致夫妻感情疏离以来，已经过去七年了。这七年中值得大书特书的是朵拉对丈夫的忠诚，她经常承担一些自降身价的工作来支持丈夫，并继续给他的作品当参谋、做宣传。这个小家在本雅明频繁地长期缺席并对家庭生活没多大兴趣的情况下得以勉强存续，朵拉的坚忍同样值得大书特书。但现在，本雅明决意一刀两断，离婚审理于 6 月 29 日开始，双方都大吐苦水。审理一直持续到 1930 年 3 月 27 日，离婚才正式生效。本雅明先指控妻子不忠，结果他发现自己面对的是“德国最狡猾最危险的律师之一”（GB, 3:489），这位律师当仁不让地揭露出本雅明诉状的站不住脚。本雅明最终输得很惨。考虑到事实上他反复在口头和书面上都同意给予妻子那种他自己同样保留的性自由，而且他作为通讯作家常年靠妻子的收入生活，法官们驳回了他的主张。最近一个时期，他还拒绝了所有帮助抚养儿子的请求。毫不意外地，他被判偿还朵拉四万马克，这意味着放弃他的全部遗产，包括他所珍爱的童书收藏和代尔布吕克大街公馆产权中属于他的那一份。[1]

在法律程序快要开始的时候，本雅明从代尔布吕克大街给霍夫曼斯塔尔写信，提到他计划在 8 月开始前“清理［他的］整个柏林处境”（GB, 3:473）。大约同时，在 1929 年 6 月 27 日，朵拉

1　朵拉得到了房子，1934 年离开德国后，她靠售房所得过活。见 Jay and Smith, “A Talk with Mona Jean Benjamin, Kim Yvon Benjamin, and Michael Benjamin,” 114。

从英格兰的萨里带着一种更明显的悲伤情绪给肖勒姆写信。她的信为这段婚姻和本雅明性格中的世俗方面——更不用说她自己的慷慨天性——透露了一丝内情，值得在此长篇引用：

> 亲爱的格哈德，瓦尔特的情况很糟。我不知从何说起，因为一说起来就让我心碎。他完全在阿西娅的影响之下，做的事情我简直难以启齿——这些事情让我今生不大可能再和 316
> 他说哪怕一句话。他现在只剩下大脑和性；其他的一切都停摆了。而且你知道，也完全能想象得到，在这种情形下，没多久大脑也要让位。这一直是他身上的极大危险。……/ 阿西娅的居住许可已经过期，他想尽快娶她，以便给她提供德国公民身份。虽然他从来没为我或斯特凡存下过一分钱，但他让我把我将要从姑姑家继承的遗产借贷给他一半——而我同意了。我把所有的书都给了他，第二天他又来要我们收藏的童书。冬天，他和我同住了几个月，没有付一分钱，花了我好几百，同时还在阿西娅身上花了好几百。当我告诉他，我没钱了，他就提出离婚。现在他光是过去两个月的食物、电话和其他开销就欠我超过二百马克，虽然他已经从［威廉·］施派尔（Wilhelm Speyer）那里得到了合作一部剧作和一部小说的几千马克报酬（我有书面证据）。/ 过去八年，我们都给予对方自由——他把他的下流情事都告诉我，上千次地催促我也去给自己"找个朋友"——过去六年我们一直是分开住的。而现在他控告起我来了！这一国度令人鄙视的法律突然成了够他利用的好东西。当然，站在他身后的是完全无节操的阿西娅，本雅明对我说过好几次了，她并不爱他，而只是利用他。我知道这听起来就像是一部蹩脚小说，但事实如

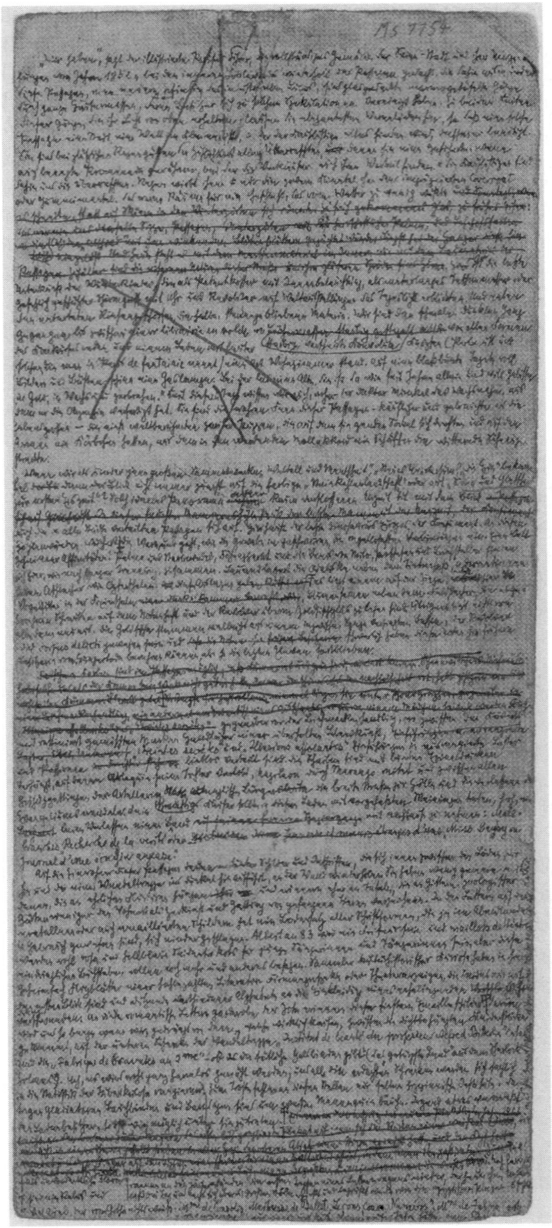

24. 手稿页："巴黎拱廊街"与《拱廊街计划》J 卷 68

（*Akademie der Künste, Berlin. Walter Benjamin Archiv*）

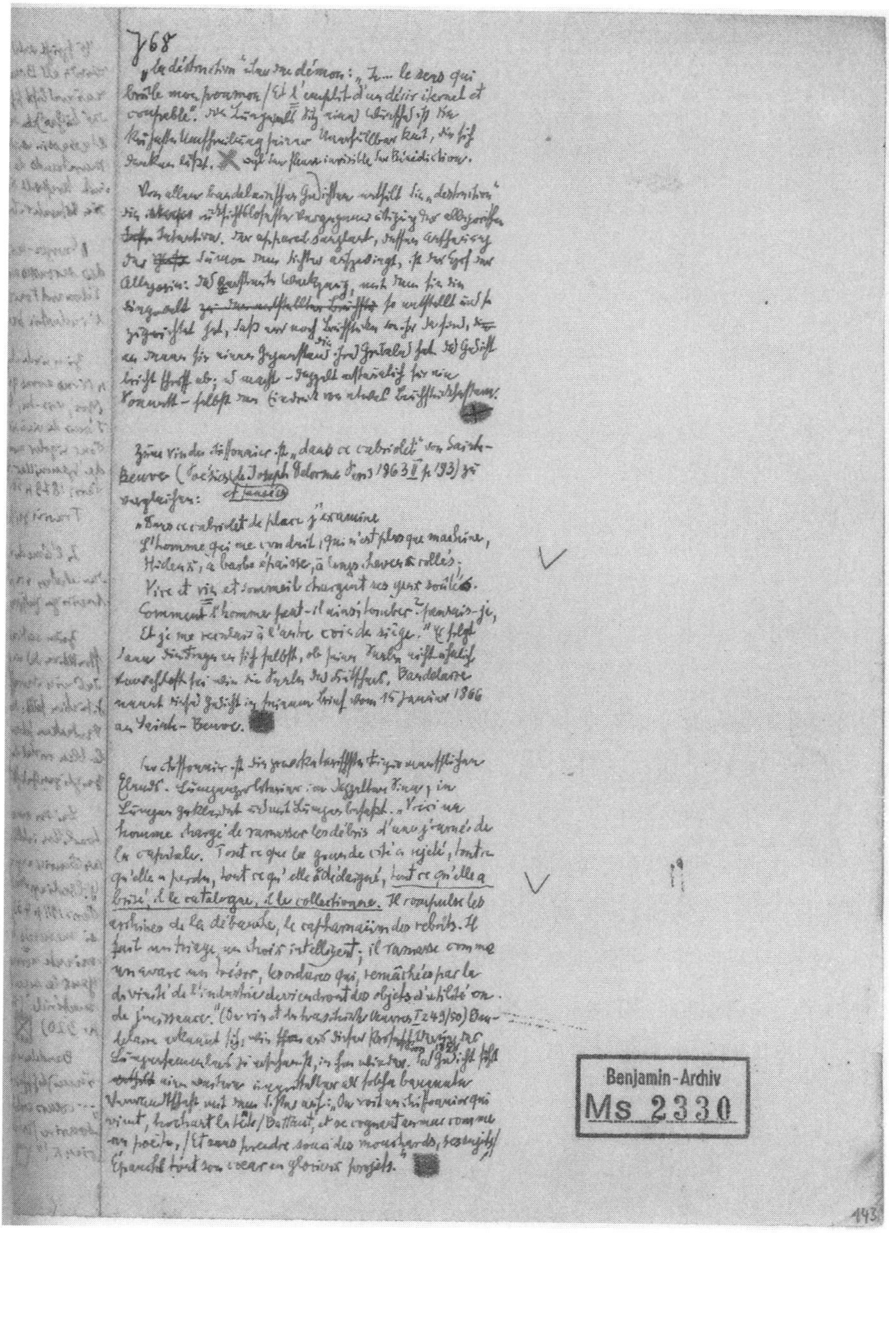
768
Dans ce cabriolet de place j'examine
L'homme qui me conduit, qui n'est plus que machine,
Hideux, à barbe épaisse, à longs cheveux collés;
Vice et vin et sommeil chargeant ses yeux soûlés.
Comment l'homme peut-il ainsi tomber? pensais-je,
Et je me reculais à l'autre coin du siège.
Benjamin-Archiv
Ms 2330
143

此。……/他说如果我撕毁婚约，那么他会承担债务。我答应了让法庭宣布婚姻无效，但他却什么都不愿做——不论是为了斯特凡还是关于他欠我的钱。他甚至不愿意把公寓留给我，这公寓是我自己粉刷的，房租和燃料费多年来都是我在支付。……我答应了他所要求的一切，直到我意识到他竟是那种不会遵守谈妥的事情，反而会提出新要求的男人。他对我和斯特凡的将来的关心不超过他对任何一个彻头彻尾的陌生人。/经历这一切，他极其痛苦。我从不同的目击者——其实就是他的朋友们——那里得知，他们俩争吵严重，像打架的猫和狗。她有一间公寓，是他在付费，他曾住在那里，但后来她让他搬走。这时候他就又来找我了。他说我应该让她来这里和我同住，我听都不想听，直接回绝；几年前，她对我很恶劣。所以现在他在报复。[1]

317 值得指出的是，虽然朵拉证实了本雅明毫无责任感和节操的行为方式，表明了他伤害她和儿子有多深，但她还是淡化了本雅明的罪责，让他看起来像是他自己沉醉性爱和阿西娅故意算计的受害者。这样一种解释无疑使得她更易于原谅他，事实上她的确在法官最终断案之后的一年内就原谅了他。[2] 这也从侧面揭示出她的信念之深——不是对他作为丈夫的信念，而是对他作为作家的天命的信念。离婚在他这方面是一次疯狂的举措，一次赌注极高的情欲和经济上的行动。这并没有影响到她对他的才智的仰慕，虽然

---

1 Puttnies and Smith, *Benjaminiana*, 144–147.

2 见 GB, 4:47，以及 Puttnies and Smith, *Benjaminiana*, 166（1931 年 8 月 15 日朵拉致肖勒姆信）。据莫娜·让·本雅明（朵拉的孙女）说，斯特凡·本雅明认为，母亲从没有不爱父亲。分居之后，斯特凡每周去见父亲（Jay and Smith, "A Talk with Mona Jean Benjamin, Kim Yvon Benjamin, and Michael Benjamin," 114）。

她的同情心从没有让她对他产生感伤印象。

尽管这一切给本雅明的日常生活带来动荡，但 1929 年对他来说是一段高产的时期，见证了他集中精力的能力，也见证了肖勒姆所谓“他富有的深沉的庄严——用**斯多葛主义**一词来形容都不足够”（SF, 159）。那一年，他完成了比过去以及以后的任何一年都更多的作品，包括大量的报纸评论，以及散文、广播演说词、短篇小说和一部翻译，同时还在推进《拱廊街计划》的构筑，草拟了诸如《巴黎拱廊街》这样精彩的哲学–历史学反思片段，并汇集了大量引文。因为与拱廊街计划有关联，他正在研究名为“新艺术派”的 19 世纪晚期艺术运动，发展关于流动贩卖（colportage）和媚俗（Kitsch）的观点（反映在他发表的《上世纪的女仆罗曼司》[“Chambermaids’ Romances of the Past Century,” SW, 2:225–231] 之中），并把 19 世纪的巴黎建筑作为细致考察的课题。在这方面，他于 2 月阅读了西格弗里德·吉迪恩（Sigfried Giedion）的《法国建筑》（*Bauen in Frankreich*, 1928）。他写信给这位瑞士艺术史家，形容了这本书带给他的“触电般”的影响，并把此书的“根本认识”概括进一句直抵他自己著作核心的话：“你能够在现时代本身之中照亮传统——或者更确切地说，发现传统。”（GB, 3:444）正如他 3 月对肖勒姆所说，这类研究的关键在于他“力图获得一个时代的最极端的具体性”，“这种具体性有时就体现于儿童游戏之中，一座建筑之中，或者一个特殊的情境之中。这是危险而令人屏息的事业”（C, 348）。这一事业，已然开 320
始于《单行道》，也体现在他标志性的“思想图像”的写作中，当时他正在写作的“思想图像”的哲学小品文有《短影集（I）》（“Short Shadows [I]”，11 月发表于《新瑞士评论》），后来这种模式将在他的自传作品《柏林纪事》和《1900 年前后的柏林童年》

中得到更大范围的应用。

1929 年的重要性还在于，它见证了本雅明著作中一种更显著的马克思主义倾向的崛起。肖勒姆首先注意到这一变化，将这一年标记为“本雅明思想生活的独特转折点，也是剧烈的文学和哲学活动的高潮。这是一个明显可见的转折点，但也不意味着没有思想上的连续性……——这在现在比当时更易于辨认出来”（SF, 159）。这一转变的某些部分明显可以归因于阿西娅 · 拉西斯在柏林的存在——正如在本雅明通向马克思主义思想的早期阶段拉西斯曾在卡普里岛起到了中介作用。1929 年期间，阿西娅带他见识了革命无产阶级作家在各个工人宫举行的多次会议，以及无产阶级剧团的一系列演出。估计早在 1928 年底至 1929 年初同居的两个月间，而且肯定是在阿西娅的要求下，本雅明就已经起草了一份反映她在苏俄从事儿童戏剧的十年经验的教学宣言。[1]《无产阶级儿童戏剧纲领》（“Program for a Proletarian Children’s Theater”）一文在他生前从未发表（SW, 2:201–206），却证明了他对童年之于人类存在的意义的持续关切，从而也是对老而弥新的教育问题的关切。[2] 本雅明写道，每个儿童行为都是“来自另一个世界的信号，儿童在那里生活，是自己的主宰”。教育者的责任不是通过让儿童屈从于阶级利益而瓦解那个儿童世界（比如“资产阶级”教

1　见 GS, 2:1495，那里对拉西斯的《工作中的革命者》有大段引用。拉西斯说，她觉得本雅明对她的命题的表述太过繁琐，不适用于她的目的，要求他重写。

2　比较《生平简历（3）》（“Curriculum Vitae [III]”）中 1928 年起的内容，其中本雅明提及他“系统地尝试给学术研究带来一种整合方法——这一过程将日益瓦解代表 19 世纪科学概念的学科间壁垒——并通过对艺术作品的分析来推广这一方法”（SW, 2:78）。学科的整合这一理念在本雅明早期关于教育的写作中居于中心地位，尤其在《学生的生命》中（见本书第二章）。从 1932 年起，他将在各种各样的自传性写作中回到童年这一主题。

育——维内肯派的青年文化也不例外——所试图做的），而是要通过准许童年时代全面游戏，来给儿童灌注严肃性，因为这种或那种形式的游戏对于学习来说就和对于童年的圆满来说同样关键。“对一个儿童的教育要求对其全部生命的关注”，他这样写道，而这种人性化教学的关键是即兴发挥法，也就是戏剧工作坊所培育 321
的那种即兴。（类似的工作坊也可以在夏尔·傅立叶的乌托邦方案中找到，这位19世纪的社会理论家在《拱廊街计划》中地位十分突出。）作为“教育的辩证场所”，儿童剧场“在非感伤的爱的核心之处”反复培育儿童的“观察力”，并由此带来游戏和现实的融汇。童年的成就并不朝向成果的“永恒性”，而是朝向“姿态的‘瞬间’”。[1] 这样的瞬间有其自身的未来性和共振回响：“真正具有革命性的，是从儿童的姿态中传达出的将来事物的**隐秘信号**。”1930年拉西斯回到莫斯科之前，曾试图安排本雅明移民苏联，而为友人在苏联寻找位置的再一次努力仍旧是徒劳（根据她自己的说法，她建议本雅明不要移民巴勒斯坦）。[2] 他们俩在20年代末加深了彼此的亲密以后，再未相见，虽然彼此间的通信一直持续到1936年。那时，拉西斯开始了哈萨克斯坦的十年监禁，而赖希则反复经历放逐和牢狱之灾。

虽然肖勒姆所注意到的“越来越浓重的马克思主义腔调”一部分是受拉西斯影响的结果，另一部分是本雅明当时和阿多诺及霍克海默的思想联系日渐加深的一种效应，但是，最重要的催化剂无疑还是本雅明和贝托尔特·布莱希特自1929年5月起发展出

1　比较《可技术复制时代的艺术作品》第二稿中对“第一种技术”和“第二种技术”的区分（SW, 3:107）。

2　见 Lacis, *Revolutionär im Beruf*, 49。亦参见 SF, 155。

来的友谊。[1]尽管本雅明如今最为知名的是他 30 年代的作品，但可以说，随着他和布莱希特友谊的加固，他成熟期的思想立场的基础在 1929 年已经奠定。激进的左翼政治、自由取材于犹太教和基督教教理的多宗混同的神学关切、在德国哲学传统方面的深湛知识，以及一种足以处理疾速变化的现代环境中研究对象的多样性的文化理论——这四者的结合将塑造他此后的工作。但是，他的命运将是，他的友人和思想伙伴，更不用说他的对手，没有一位会完整地理解，甚至没有一位会承认这一“矛盾而流动的整
322 体”。他深受伤害的妻子给肖勒姆的一封信说明了本雅明的思想立场中不断转变、看似薄弱的前后关联可以被苛刻地解读为机会主义：

> 从那时起他就一直在订立盟约：和布尔什维克主义，他不愿否弃，以便保留最后的借口（因为一旦他叛变，他就不得不承认并不是这位女士的崇高信念，而仅仅是性方面的那点事儿，把他绑定在她身上）；和犹太复国主义，部分是为了您，部分（别生气，这是他的原话）“是因为，家就是任何一个能让人有钱花的地方”；和哲学（他关于神权政治和上帝之城、关于暴力的理念，如何与这种沙龙式的布尔什维克主义相一致？）；和文学生活（而非文学），因为，对黑塞尔以及黑塞尔在他同阿西娅的情事暂停间歇带给他的小女人们，他

1　阿西娅·拉西斯写道，她最初把本雅明介绍给布莱希特是在柏林，那是 1924 年 11 月，布莱希特并不特别主动，所以没有进一步的发展（*Revolutionär im Beruf,* 53）。她的这一说法得到埃德穆特·维兹斯拉（Erdmut Wizisla）的确认，维兹斯拉也记录了两人在 1924 年至 1929 年间的其他几次碰面，见 *Walter Benjamin and Bertolt Brecht,* 25–31。

自然耻于承认这些犹太复国主义的奇思妙想。[1]

某种意义上，是本雅明让自己面临这样的指控，因为他拒绝全面而毫无保留地献身于这些“盟约”中的任何一种。在面对任何一种确立的信条和信仰体系时，他的立场倒是一贯的，那就是接近到刚好能够利用这一体系中的某些元素的程度，但不会再深入。这不仅仅是一种拼贴自创的癖性，和他极端的礼貌以及让自己的朋友彼此不接触的努力一样，这也是一种用来保持思想独立的策略。

两人友谊萌发时，本雅明马上三十七岁，布莱希特三十一岁。即便是本雅明的朋友们——他们通常对布莱希特的影响不那么肯定——也承认这段关系的重要性。肖勒姆发现，布莱希特“给[本雅明的]生活”带来“一种全新的元素，一种最真实意义上的基本力量”。汉娜·阿伦特后来评点道，和布莱希特的友谊对本雅明来说是一次异乎寻常的好运。[2] 今天回望，这是当时德国最重要的诗人和最重要的文学评论家的一次结盟。两人常在动物园附近的布莱希特公寓中会面，进行长时间的讨论，很快本雅明就被紧紧团结在这位戏剧家身边的小圈子接纳为一员了。两人的交谈内容十分广泛：从在希特勒征召小资产阶级之前把他们争取到

1 Puttnies and Smith, *Benjaminiana*, 150–151（1929 年 7 月 24 日信）。亦参见第 148 页，那里引用了弗朗茨·黑塞尔 1929 年 6 月 21 日日记，描述本雅明和这些“女人”中的一位跳舞，“脚步笨拙如木腿”。可进一步参考《柏林纪事》（SW, 2:599）和本书第 462 页关于“绿草坪”（the Green Meadow）的注释。（《绿草坪》为黑塞尔作品中一节，“绿草坪”代表“一圈沙发中的一张床”，本雅明在《柏林纪事》中发挥了这一性意象。见潘小松译《莫斯科日记·柏林纪事》，第 204 页。——译注）

2 Hannah Arendt, Introduction to Benjamin, *Illuminations*, 14–15.（见张旭东、王斑译《启迪》，第 33—34 页。——译注）

左翼这边的必要性[1]到查理・卓别林所提供的富于教益的榜样，其
323 近作《马戏团》，尤其是其中精彩的游乐园场景，给两人都留下了印象[2]，而且本雅明刚刚在读过法国诗人菲利普・苏波（Philippe Soupault）论小流浪汉的文章后发表了关于卓别林的短文（见 SW, 2:199–200, 222–224）。布莱希特估计鼓励了本雅明在广播方面的努力，他自己刚完成关于林白[3]的广播剧，并且介绍本雅明认识马克思主义知识分子，比如卡尔・柯尔施，即《马克思主义与哲学》（*Marxisumus und Philosophie*）的作者、《资本论》的编辑和帝国议会的共产党人前成员；柯尔施实际上是本雅明的马克思主义知识的主要来源之一，后来《拱廊街计划》也屡次引用他。[4]6 月 24 日，本雅明给肖勒姆写信说："你会有兴趣知道，最近布莱希特和我发展出了一种非常友好的关系，这并非建立在他做过什么（我其实只知道《三毛钱歌剧》和谣曲）的基础上，而是建立在对他当下计划的确实兴趣之上。"（SF, 159）很快，布莱希特就成了本雅明的重要主题之一：1930 年 6 月有一次题为《贝特・布莱希特》的广播节目，随后十年间出现了十余篇作品，论及布莱希特的史诗剧、诗歌、小说和谈话。布莱希特的蒙太奇理论，强调姿态、引用以及过去和未来之间的辩证关系；他的偶像破坏的"粗糙思考"；他对寓言故事（parable）的狡黠应用；他的讽刺和不修边幅的人道主义；尤其是他特异的声吻，把一种明显的简单乃至

1 见 Lacis, *Revolutionär im Beruf*, 64。

2 布莱希特邀请伯恩哈德・赖希及阿西娅・拉西斯和他一起去看《马戏团》，该片 1929 年初在柏林上映。见 Reich, *Im Wettlauf mit der Zeit*, 305（转引自 Fuld, *Zwischen den Stühlen*, 215）。

3 查理・林白（Charlie Lindbergh，1902—1974），美国飞行员，1927 年完成了人类首次单人不着陆跨大西洋飞行。——译注

4 不过，本雅明对《马克思主义与哲学》也有批评意见。见 GB, 3:552。

25. 贝托尔特·布莱希特，约 1932 年（*Akademie der Künste. Berlin. Walter Benjamin Archiv*）

粗暴与极度的细腻相结合——所有这些，都对本雅明自己作为作家的实践非常重要，尽管这种实践最终不同于那位咬着雪茄的巴伐利亚人的实践，后者私底下认为本雅明像是一位神秘主义者。[1] 流亡岁月中，本雅明将在丹麦菲英岛的斯文堡附近的布莱希特宅邸中找到少有的一片绿洲，他将和布莱希特一道，更新针对德国思维的个人对抗，那种对抗他早前曾和弗里茨·海因勒及佛罗伦斯·克里斯蒂安·朗共同体验过。

和布莱希特及其小圈子的活跃往来只是本雅明在柏林 20 年代末所处的令人晕眩的思想氛围的一部分，这时的柏林被后世认为是"魏玛文化"本身之所在。他继续和许多老朋友见面，尤其是黑塞尔及其妻子海伦·格伦德，还有克拉考尔、布洛赫、维

1　见 Brecht, *Arbeitsjournal,* 1:15，1938 年 7 月 25 日一则（转引自 Brodersen, *Walter Benjamin,* 313n88）。另见 SF, 176。

利·哈斯和威廉·施派尔。而且他仍继续审慎地——有时在埃里
324 希·古德金德的陪同下——出入于奥斯卡·戈尔德贝格的圈子，似乎只是为了向肖勒姆汇报他们的秘密策划：戈尔德贝格和恩格尔在组织每周一次的晚间讨论会，将其命名为“哲学小组”。这些年间最重要的思想交往之一是他和艺术家拉斯洛·莫霍伊-纳吉恢复联系，他最初是通过G团体的活动认识对方的。说到对本雅明的思想的长期影响，和莫霍伊-纳吉的交流不亚于和布莱希特的交流。1923年到1928年间，莫霍伊-纳吉是包豪斯艺术学校——先是在魏玛，后来在德绍——的大师，他们之间的交往几乎完全中断。由于他们都在阿图尔·莱宁的《i10》——莫霍伊-纳吉是
325 这份刊物的摄影编辑——上发表作品，他们又聚到了一起。1929年他们之间关于摄影、电影和其他现代媒介的讨论对本雅明后来一系列作品中的思想有关键性影响，比如《摄影小史》《拱廊街计划》和《可技术复制时代的艺术作品》。莫霍伊-纳吉曾为克罗尔歌剧院（Kroll Opera）上演奥芬巴赫的《霍夫曼的故事》（*Tales of Hoffmann*）做舞台设计，通过莫霍伊-纳吉，本雅明也试着接近柏林音乐界，和指挥家奥托·克伦佩勒（Otto Klemperer）成了朋友。虽然本雅明最亲近的朋友中有几位是热诚专注的音乐家和作曲家——尤其是恩斯特·舍恩和特奥多尔·阿多诺，但本雅明自己曾反复表达过他对音乐方面几乎一窍不通。

这时期还有其他新相识。本雅明见到了青年政治哲学家列奥·施特劳斯，后者后来在美国成为一位有影响力的人物，他当时和柏林的犹太科学院（Akademie für die Wissenschaft des Judentums）有工作关系，刚刚在那里完成了关于斯宾诺莎的一本专著。本雅明在给肖勒姆的信中这样提到施特劳斯：“我不否认，他引起我的信任，我也觉得和他意气相投。”（C, 347）他还通过黑塞尔夫

妇认识了维也纳作家和戏剧批评家阿尔弗雷德·波尔加尔（Alfred Polgar），并从和此人的相处中得到了相当大的快乐。夏天，他结识了美国出生的法国作家朱利安·格林，他当时正以异乎寻常的热心向朋友们推荐这位作家的作品，还曾在不久前评论过格林的小说《阿德里安娜·美叙拉》（*Adrienne Mesurat*, 1927）。后来在 8 月中旬，他做了关于格林的广播节目。和格林在巴黎再次见面后，他又在次年 4 月的《新瑞士评论》上发表了一篇极有见地的文章《朱利安·格林》。这篇文章包含关于“原历史”（Urgeschichte）主题的重要论述，这一主题贯穿于栖居，在格林的小说中栖居仍然充满远古巫术和恐怖，因为他的角色和他们祖先的鬼魂共处一室。“先父们的宅邸转变为洞穴、厅室、廊间的一片景致，延伸回人类的原初时间（Urzeit）。”（SW, 2:335）栖居空间既为切近过去也为远古过去的生命形式所萦绕，这一想象——同时既是历史的，又是原历史的——也成为本雅明自己的晚期作品的典型特征。

考虑到本雅明在发表法国作家书评、解读和评述方面所获得 326
的成功，他在那个春天越来越多地把注意力放到最新的法国文学上就不让人惊讶了。即便在为拱廊街计划进行关于 19 世纪法国的研究时，他也发现自己“越来越频繁地遇见法国青年作家的篇什，尽管他们在追寻自己的思路，却也展现出旁逸斜出的小道，这是由于一个有磁力的北极干扰了他们的指南针，影响了他们。我在把指南针调正”（C, 340）。紧随超现实主义论文之后——准确地说是作为它的“姊妹篇”（C, 352）——他在 1929 年 3 月至 6 月间完成了大师手笔的《普鲁斯特的形象》，发表在《文学世界》6 月、7 月号（SW, 2:237–247）。本雅明早就对普鲁斯特“哲学式的观看方式”感到亲近（C, 278）；在莫斯科时，他就开始识别普鲁斯特的小说和他自己的悲悼剧专著之间的应和关系。通过《在斯万家那边》中的女同性恋场景的“原始虚无主义”，他发现了普鲁斯特是怎样“探入小资产阶级内部刻有 sadism（萨德主义、性受虐）铭文的整洁私密卧室，然后无情地把一切碾碎，这样一来，就没有什么未经混杂的、清清楚楚的邪恶概念，相反，恶在每一道缝隙中都清晰地呈现出它真正的实质——‘人性’，甚至是‘仁慈’”。而且在本雅明看来，那就是“我的巴洛克之书的要害所在”（MD, 94–95）。[1] 大约在那时，也就是 1926 年早些时候，他开始规划一篇文章，谈翻译普鲁斯特。1929 年早期，他给《新瑞士评论》——这份刊物在发表德语的普鲁斯特评论方面处于领先地位（包括 E. R. 库尔提乌斯的一篇论普鲁斯特视角主义的文章）——的马克斯·里什纳（Max Rychner）写信，说自己和普鲁斯特文本的距离还太近，无法动笔评述，但“德国普鲁斯特研究一定会有一种和法国不同的角度。据我观察，普鲁斯特作为‘心理学家’的一面，在法国几乎成了唯一的谈论话题，实际上他身上有许多…… 比这更重要的东西”（C, 344）。3 月，他告诉肖勒姆，自己正在“酝酿一些关于普鲁斯特的奇想短章”（C, 349），5 月，他又说自己正着手写“一篇非常初步但又狡黠的普鲁斯特论文”，“从一千零一个侧面开始，但还没有中心点”（GB, 3:462）。这些说
327 法指明了他面对普鲁斯特的巨作时的独特的多角度路径，这一巨作是最真切意义上的“毕生事业”，在他看来（必须提到，他这时候还不了解乔伊斯的《尤利西斯》）是“我们时代无与伦比的文学成就”。[2]

1 参见潘小松译《莫斯科日记·柏林纪事》，第 126 页。——译注

2 本雅明显然拥有一套乔伊斯《尤利西斯》的德译本。见 BG, 16（本雅明藏书目录，无日期，可能由格雷特尔·卡尔普鲁斯于 1933 年编成）。《尤利西斯》首次译为德文是在 1927 年。

他触及这部巨作的许多方面，包括："普鲁斯特笔下人物的植物性存在方式，这些人物都深深地根植于各自的社会生态环境"[1]；颠覆性的风俗喜剧和对自我、爱情、道德的平凡化处理；对势利的分析以及对闲谈的研究；对普通事物的热衷以及对本雅明称之为"平常时辰"（everyday hour）的关注；对超越长时段的间隔反复出现的相似性的热情崇拜；随之而来的转变，把存在变为一种以孤独之漩涡为中心的记忆的保护区；叙述因其全部的不可捉摸、不可穿透以及不可慰藉的乡愁而具有的历史实感；最后还有普鲁斯特的语句在展现"纯概念性的身体（the intelligible body）的全部肌肉活动"过程中表达非意愿性回忆之流的方式。但本雅明论文的核心——这篇论文传达出的关切一方面可以回溯到他阅读尼采和柏格森的学生时代，一方面又延伸至他 30 年代的历史唯物主义——则是对"交缠的时间"（verschränkte Zeit）[2] 的讨论。本雅明在一封书信中已经提到，普鲁斯特提供了"全新的生命形象"，因为他让时间的流逝成为其尺度（C, 290）。在普鲁斯特论文中，他反驳了对普鲁斯特的永恒主题（thème de l'éternité）的唯心主义阐释："普鲁斯特的永恒并不是柏拉图式的或乌托邦式的；而是迷醉（rauschhaft）的……的确，在普鲁斯特身上，我们看到一种挥之不去的唯心主义的残留，但并不是它们决定了其作品的伟大。普鲁斯特呈现给我们看的不是无边的时间，而是交缠的时间。他真正的兴趣在于时间流逝的最真实形式，即交缠的形式。"[3] 于是，就有了作为这部狂热寻求幸福的小说之基础的"衰老和记忆的对位"。普鲁斯特的"交缠之宇宙"展开在一个正在实现的时刻（这

1　参见张旭东、王斑译《启迪》，第 223 页。——译注

2　参见同上书，第 226 页。——译注

3　参见同上书，第 225—226 页。——译注

与《拱廊街计划》及其他地方所召唤出的“可辨认的此刻”极其相近），也就是“**过去所是**”从辨认的闪电中涌现之时，就像马塞尔久已忘却的过去在玛德琳点心的味道中第一次浮现一样。非意
328 愿性回忆发生的瞬间是“重返青春的震惊”，通过它，过去的存在从其厚厚的几重包裹中醒来，汇集为一个意象。时间的流逝浓缩并结晶于“通感”的瞬间经验，这构成了狂喜的永恒；而首先是在这里，在迷醉（Rausch）的现象中，在心智狂喜的呈现中，我们找到了与超现实主义的连接点。

将近6月底，也就是离婚官司开始前不久，本雅明进行了两天的汽车旅行，同伴是他豪宾达学校时期的老友，多产而文雅的小说家和戏剧家威廉·施派尔（1887—1952），两人正在合作一部侦探剧。在施派尔最广为阅读的小说中，有两部当时已经被改编成默片——《有点疯狂的夏洛特》（*Charlott etwas verrückt*, 1927）和《中学生的战斗》（*Der Kampf der Tertia*, 1928）；这后一部小说（讲述了一群高中学生试图保护一群猫狗免于灭绝）的电影版在2月的《文学世界》上得到了本雅明的好评。无疑，本雅明热情地同意陪老友出行：他从5月初开始每天上希伯来语课，现在似乎急于找到一个逃避课程的借口。本雅明从斑欣（Bansin）给肖勒姆写信，说他对自己现在的文学关系网很满意（鹿特丹的一家报纸上刚刚出现了一篇论《单行道》的专题文章），但对友人恩斯特·布洛赫不满意。2月时他就曾向肖勒姆抱怨过布洛赫又一次无耻地，却也可以说是微妙地剽窃了他的观点和措辞；这一次，他宣称在“布洛赫的两本新书《痕迹》（*Traces*）和《随笔集》（*Essays*）之中，我的不朽工作的相当一部分，以多少受到破坏的形态，传给了后世”（GB, 3:469）。

与施派尔同行的一次更长的度假在7月继续，经停圣吉米尼

亚诺、沃尔泰拉和锡耶纳。[1] 本雅明的书信表露出他对托斯卡纳风光的喜爱，还有一篇精美的小文《圣吉米尼亚诺》8月份发表在《法兰克福报》上。这篇文章这样开头："要为我们眼前的一切找到词语，是多么难啊。而当词语终于到来，它们用袖珍的锤头击打着真实，直到它们从真实之中凿出意象，就像从一张铜板中凿出一样。'傍晚，妇女们就在城门前的喷泉处，用大瓶取水。'直到我找到 329
这些词语，这一意象——凹陷的、带着深深阴影的——才从过于令人晕眩的体验中升起。"接下去他描写了黎明时太阳像一块闪光的石头出现在山脊上的情形，他评说道："早先的世代一定拥有一门技艺，知道如何把这块石头当作护身符来保存，从而把时辰变为恩惠。"（GS, 4:364–365）他同样也为沃尔泰拉着迷，那里有伊特鲁斯坎艺术的丰富收藏：他发现这座城镇"宏伟，坐落在类似无雪的非洲恩加丁 [2] 的中心——其壮阔的荒凉和光秃秃的峰顶是那般清晰"（GB, 3:477）。《圣吉米尼亚诺》的题献是悼念胡戈·冯·霍夫曼斯塔尔，他去世于7月15日，正好是本雅明的生日。在7月27日写于沃尔泰拉的信中，本雅明告诉肖勒姆这则噩耗令他多么哀伤，同时德文界的讣告语调不敬，令他十分愤慨。

同一封信中，他提到自己遭遇了"格奥尔格的花园"一次美丽得令人惊异的绽放，这是指1928年出版的歌德、席勒、荷尔德林和其他作家的传记集《德意志古典主义的领袖诗人》（*Der Dichter als Führer in der deutschen Klassik*），作者为马克斯·科默雷尔（Max Kommerell），这位文学史家是格奥尔格圈子中的一员。本雅明的书评《在大师之作面前》（"Against a Masterpiece"）在圣吉米

1　三地都是意大利名胜城镇。——译注

2　恩加丁是瑞士阿尔卑斯山区名胜地，有滑雪场。——译注

尼亚诺动笔，一年后发表于《文学世界》。文中，他强调了此书的“伟大”，“面相学式的以及——最严格意义上的——非心理学的观看模式”内在于这本书的“普鲁塔克风格”，每一页都布满“关于人性的真正洞见”，但他也提出了关键的批判：

> 不管［现时代会采取］什么形式，我们的任务都是抓住它的犄角，以便我们可以审问过去。正是这头公牛的血必须注满地狱，逝者的精魂才会出现在其边缘。格奥尔格圈子的作品所缺少的正是理念（ideas）的这一次致死刺穿。这些作品不仅不向“现在”供上献祭，还避免这么做，［因此剥夺了］文学所应给予“现在”的阐释，［剥夺了］文学生长的权利。（SW, 2:383）

这一关键性的阐释原则——即“现在”（the present）在一切关于过去的阐释和审问中的关键力量（“生命之血”）[1]——反映在“漫游者的哲学”（philosophy of the flâneur）之中，这种“哲学”贯穿整个《拱廊街计划》，同时也是本雅明评论弗朗茨·黑塞尔《柏林漫
330 步》的着眼点，黑塞尔的书证明了两人的思想渊源。本雅明的书评《漫游者的归来》（“The Return of the Flâneur”）1929 年 10 月发表于《文学世界》，其中充满了来自《拱廊街》的片段。该文把黑塞尔悠闲的、挽歌式的文本——被形容为“为醒着的人而作的埃及梦之书”——放置于波德莱尔、阿波利奈尔和莱奥托（Léautaud）等“漫游经典”的传统之中，并这样谈及其作者：“只有现代性已经在他身上宣告了在场——不管是多么悄无声息地，这个人才能对刚

1 关于这一阐释原则源自尼采和早期浪漫派，见本书第二章。这一原则在 1932 年的《挖掘与记忆》（“Excavation and Memory”）中得到了简洁的表述（SW, 2:576；另见 611）。

刚变陈旧的一切投以如此原创性的和如此之‘早’的一瞥。”（SW, 2:264）7 月和 8 月本雅明忙于另一组文章，包括一篇对瑞士散文作家罗伯特·瓦尔泽（Robert Walser）“充满敌意的文章”（C, 357）。事实上，这篇 9 月发表在《日志》上的文章并没有表现出对这位作家的明显敌意，本雅明提到，瓦尔泽是卡夫卡最钟爱的作者，不过在具体的讨论中，本雅明对自己的态度似乎还是有所暗示，当谈到瓦尔泽表面上对风格的忽视时，他将之解读为“一种朴实而巧妙的笨拙”，当指出瓦尔泽精致而诡异的故事中人物角色如儿童般高贵时，他认为这些人物类似于童话中的英雄，“他们也是从黑夜和疯狂中诞生的”（SW, 2:258–259）。

8 月底，本雅明在《文学世界》上发表了《对话恩斯特·舍恩》（“Conversation with Ernst Schoen”），其中他和作曲家舍恩——他最长久最亲密的朋友之一，最近担任了法兰克福西南德意志广播电台艺术总监这一具有影响力的职务——讨论了广播和电视的教育性–政治性可能。他们一致认为，广播和电视都应从所谓大写的“文化”的推广和单一的报道中解放出来。自从德国在 1923 年引入无线电，有一点变得很明显：新的大众媒介的政治化，只能通过迎合受众对“娱乐”的渴求来实现，但他们认为，这样一种节目编排的方向并不应排除各种不同种类的艺术活动——他们举例提到布莱希特、魏尔（Weill）、欣德米特（Hindemith）合作的广播剧《林白夫妇的飞行》（“The Flight of the Lindberghs”）以及一部艾斯勒（Eisler）的康塔塔——也不应排斥实验性作品的播出（GS, 4:548–551）。[1] 本雅明和舍恩的讨论引出了他在接下来一年对另一篇文章的构思，即讨论

1 关于娱乐的教育用途，比较 AP, Convolute K3a,1；以及《分神理论》（“Theory of Distraction,” SW, 3:141–142）。亦参见《双重流行性》（“Zweierlei Volkstümlichkeit” [1932], GS, 4:671–673），以及 1932 年的文章《剧场与广播》（“Theater and Radio”）的结论部分（SW, 2:585）。

331 广播的政治面向；文章从未写成，但在一封给舍恩的信中，本雅明记下了他意图讨论的几个方面。其中包括：广播的琐碎化（这一部分是专事煽动的自由派新闻界的恶果，另一部分是威廉大帝式的部长们的失败政策的后果）；工会主义对广播的垄断；广播对文学事物的冷漠；广播和新闻界的关系的腐化（GB, 3:515–517）。关于舍恩的小文融合了本雅明20年代最关注的两个兴趣点：它从现代媒介——包括出版、广播、摄影和电影——的视角出发，思考教育和教化的问题。本雅明20年代作品的这一中心倾向，从他对自己和朵拉共同积累的童书收藏的思考中——也多少从他对儿子的成长的观察中——发展而出，还极少进入这一时期的重要文章之中；这一倾向并没有形成一种完整的理论，他关于教育和媒介的观点散见于一系列相对短小的文章中，而这些文章又散见于不同时间、不同地点的德国报刊小品文栏之中。

20年代晚期不仅仅是反思新传播媒介的一次机缘。恩斯特·舍恩还为本雅明打开了通向广播日常工作的大门。从1929年的下半年开始，本雅明频繁地在法兰克福和柏林的广播电台做节目。自1929年8月到1932年春天，他的声音以不同的节目形态从扬声器中传出，总计超过八十次。有些是就各类话题针对青年人的讲话（《柏林街头的小叫花子》《女巫审判》《旧德意志的抢劫团伙》《巴士底狱》《浮士德博士》《私酿》《里斯本大地震》等），有些是文学讲座（《儿童文学》《桑顿·怀尔德和厄内斯特·海明威的著作》《贝尔特·布莱希特》《弗朗茨·卡夫卡：〈中国长城建造时〉》《走在旧书信的小径上》），有些是广播剧（机敏而有学识的对话，题目包括《当经典作家在写作时，德国人在读些什么》或《利希滕贝格》，以及诸如《卡斯贝尔周围乱糟糟》的儿童剧），最后还有“广播模型”（关于日常生活中的典型伦理问题的教育性情景剧，有正例有反例，聚焦家庭、学校和办公室中的情境）。[1] 广播演讲时，他一般都备有底稿，时不时加以即兴发挥；而广播剧方面他一般是与人合作。本雅明善于利用自己的报纸作品，为特定听众加以改写，并对语言多少有所简化。在书信中，他有时把自己的广播工作贬低为可怜的"为稻粱谋"（Brotarbeit），只是为了钱，但是他信守了前一年说的在以稿费为目的的写作中必须始终维持"一定的水准"，我们现在仍能看到的广播底稿显示出一位有教养且富有思想魅力的作者的精心构思和热情投入。 332

1929 年 8 月初，他坐巴士从意大利回来后不久，本雅明最后一次搬出了代尔布吕克大街上的本家公馆——"我住了十年或二十年的地方"，他在给肖勒姆的短信中这样感伤地形容道（C, 355）。为了减轻这一打击，他试图弄到出席教授和记者保罗·德雅尔丹（Paul Desjardins）的"蓬蒂尼十日会"（Décades de Pontigny）的请柬，这项一年一度的活动在蓬蒂尼的熙笃会修道院旧址举行，汇集了最重要的法国艺术家、作家和知识分子；他告诉肖勒姆，只有已经"成名"的外国人才会被邀请（GB, 3:428）。虽然 1929 年他自称出于"技术上的"原因没能参加，但整整十年后的 1939 年，他被邀请住在那座修道院，并使用了那里著名的图书馆。由于在柏林无家可归，本雅明搬去老西区舍讷贝格的弗里德里希-威廉大街（Friedrich-Wilhelm Straße）和黑塞尔夫妇同住，这里也就成了他接下来几个月在柏林的居所。他对黑塞尔的

1　见 GS, 7:68–294（《儿童广播故事》["Rundfunkgeschichten für Kinder"] 和《文学广播讲座》["Literarische Rundfunkvorträge"]），以及 GS, 4:629–720（《教育广播剧模型》["Hörmodelle"]，包含了两部广播剧）。关于本雅明的广播作品，见 Schiller-Lerg, *Walter Benjamin und der Rundfunk*。具体到和舍恩的合作，见 Schiller-Lerg, "Ernst Schoen"。在如今已知的记录中，没有找到本雅明的录音。

柏林之书的评论在 10 月面世，而且，他们还谈到合作一部广播剧的可能性，这部广播剧显然是恩斯特·舍恩已经向黑塞尔约请的，不过黑塞尔最终否决了这一想法，因为他向舍恩抱怨说，本雅明“[总是]把事情搞得很困难”[1]。舍恩则把问题归于黑塞尔一边，提到他“疯狂的固执”；其实，正是本雅明帮助黑塞尔得到了这一机会，舍恩甚至建议，本雅明应该用一把左轮手枪来解决问题。因为关系到一千马克的酬金，本雅明本人对黑塞尔拒绝合作“非常气恼”（GB, 3:517）。

在准备返回莫斯科的时候，阿西娅·拉西斯经历了一次崩溃，类似于 1926 年在莫斯科让她失去行动能力的那次。本雅明把她送上前往法兰克福的火车，就诊于一位在那里执业的神经科医生。[2] 9 月和 10 月数次去法兰克福的出行中，本雅明不仅看望了拉西斯，而且发表了几次广播讲话，也就是在法兰克福，他开始增加自己和阿多诺的思想交流。他们讨论的中心话题是拱廊街计
333 划。在陶努斯山中的度假小镇柯尼希施泰因，一个小群体很快就围绕本雅明和阿多诺聚集起来了。本雅明、拉西斯、阿多诺、格雷特尔·卡尔普鲁斯和马克斯·霍克海默，围坐在“瑞士牧人小屋”的桌子前，讨论本雅明作品的关键概念，比如“辩证意象”。[3] 本雅明朗读了《拱廊街计划》早期草稿中的片段，显然，他的赌徒理论引起了激烈反应。这一系列“柯尼希施泰因谈话”在所有参与者的思考中都留下了印迹，参与塑造了后来被称为法兰克福

1 转引自 1930 年 4 月 10 日恩斯特·舍恩致本雅明信（GS, 2:1504）。

2 见 *Revolutionär im Beruf*, 68，拉西斯提到，她对本雅明当时不陪她坐火车去法兰克福的决定感到吃惊。

3 他们聚会的瑞士风格小屋——可能是餐馆或客栈——有一张照片，见 van Reijen and van Doorn, *Aufenthalte und Passagen*, 116。

学派的文化理论。在常被引用的写于1935年5月31日的信件中，本雅明回忆起法兰克福和柯尼希施泰因的谈话，认为那标志着自己思想发展的一个新时期，尤其标志着从“未经深思的古旧的”浪漫主义哲思模式——仍然“陷于自然”——脱离，从“狂想曲式”的呈现模式脱离；他告诉阿多诺，他那时已经感觉这样的思考和写作是幼稚陈旧的（SW, 3:51）。当然，后浪漫主义和反浪漫主义的转向——与他拥抱小品文写作同时——在他受到克拉考尔的城市研究不小启发的《单行道》行文和调式中就已经可以辨识出，但到1935年，对于本雅明而言，提供出版机会的不再是克拉考尔，而是阿多诺和霍克海默。

1929年秋天，离婚诉讼开始具有意想不到的“残酷”性，而且据本雅明自己说，恶果开始显现。10月底，也就是美国股市崩盘的那个月，他经历了十天的崩溃，其间他无法和任何人说话或打电话，更不用说写信了（GB, 3:489, 491）。1929年见证了如此多的成功，而且从某些方面看也是本雅明作为魏玛共和国的文学批评家声望最高的时候，却以他陷入深深的抑郁结束。虽然他不断自豪地宣称离婚解放了他，但他离开父母之家和自己的小家这件事，将在接下来的两年中给他带来一生中最巨大的情感考验。

新的一年，即1930年，给本雅明的外在环境带来持续的不稳定。虽然他的报纸和广播工作在接下来几年中继续使他的生活大体上还过得去，直到纳粹党夺权终结了他在德国的文人事业，但 334
他现在就不得不在20年代初的超级通货膨胀之后又一次面对经济危机的威胁——3月，全国失业人口达到三百万。而他一直鲁莽行动的离婚案，现在有可能剥夺他的一切继承权。尽管如此，他毫无悔意。相反，他还决心要从他现在“勉强度日的生存”和降临在他日常生活的压倒性的“暂时”感中获得些许思想上的助益。

4 月 25 日，离婚判决宣布后的第一天，他在给肖勒姆的信中说到自己“完全沉浸在这一新的开端之中，首先是我到哪儿去住、如何养活自己”（C, 365）。

这一面对外在不确定性的内在决心在一封肖勒姆形容为“极为隐私的”书信中得到印证，这封信写于两三周之后，见证了“令人窒息、不断改变的安排，我困在其中好几个月”（转引自 SF, 162）。这封信涉及他的家庭和婚姻，他把两者都定性为黑暗力量，正如人们在朱利安·格林的小说中所遇到的那样：“我妹妹和 [他笔下] 那些不可爱的女性角色有的一比”。本雅明和妹妹的关系从来就不友好，现在降到一个新低点。他现如今的前妻后来告诉肖勒姆，本雅明曾经被他妹妹“以令人恐惧的方式剥削过”。这里指的大约是本雅明父母遗产的处置问题。[1] 但妹妹并不是他所面对的唯一障碍。“每当这些 [黑暗] 力量在我面前升起，我所不得不进行的是怎样的斗争啊——因为它们并不仅仅存在 [于我妹妹身上]…… 而且也从我自己身上升起。”（转引自 SF, 162）在一段经常被引用的话中，他告诉肖勒姆，这场斗争进行得太晚了，而且处于灾难般的境况中：

> 我怀疑，对于我的婚姻，比起我直到现在以及大概将来永远所持有的态度，是不是连你也有一个更美好更积极的印象。不必过多侵蚀这一印象，我要告诉你…… 最终（我指的是好多年）我的婚姻完全成了这些 [黑暗] 力量的支持者。很长、很长时间以来，我以为我将永远没有力气逃离我的婚姻；当这份力气突然在最深的痛苦和最深的孤寂之中找到了

1 Puttnies and Smith, *Benjaminiana*, 166.

> 我，我当然要牢牢抓住。正如由这一步而生出的种种困难现在决定了我的外在状态——毕竟，在跨过四十岁门槛的时候，没有财产和地位，无家可归，无存款，这绝非易事——这一步本身现在也成了我内在状态的基础，一块让人觉得稳固的基石，不给魔鬼留下空隙。（转引自 SF, 163） 335

在肖勒姆的回忆录中，他强调了本雅明生命这一阶段中的“严重危机与变动”，在这一语境下，他还引用了本雅明 30 年代初认识的美国历史小说家约瑟夫·海格舍默（Joseph Hergesheimer）的一句评语：在这位小说家看来，本雅明像是“刚从一座十字架爬下来，又立刻要爬上另一座”（转引自 SF, 164）。朵拉在 1930 年 11 月本雅明母亲的火化仪式上见到了他，惊异于他“凄惨”的样子；她告诉肖勒姆她为他感到难过。“在智识上，他对我来说极具吸引力，和以前完全一样，虽然我已经变得更为独立。他对我已经没有任何感觉了，这一点我很清楚；他只是感激我得体友善的行为，对此我并不介意。”[1]

身处这样的惨境，本雅明用来治愈自己的还是他的常用药：旅行。从 1929 年 12 月末到 1930 年 2 月底的这段时光，他在巴黎度过，住在蒙帕纳斯区的拉斯帕伊林荫大道（Boulevard Raspail）232 号的艾格隆宾馆（Hôtel de l'Aiglon）。他在《巴黎日记》——此文是对当代法国文学的全景式介绍，从 1930 年 4 月到 6 月分四期登载于《文学世界》——中写道：“一抵达这座城市，你就会感觉受到了奖赏。”（SW, 2:337）但在巴黎期间，他的经济状况很不稳定。为了得到几笔小钱，他催促同样缺钱的朋友们，比如闵

1 Puttnies and Smith, *Benjaminiana*, 166, 164. 海格舍默的话引用于第 166 页。

希豪森还欠款，并中断自己的旅居，到法兰克福进行“广播工作的通勤往返”。即便是在这样一种令人忧心的情况之下，他还是努力工作，在法国首都拓展自己的文学交往圈子。旅居的最初数日，他和以前来时认识的友人们见面，比如路易·阿拉贡、罗贝尔·德斯诺斯[1]以及批评家莱昂-皮埃尔·坎（Léon-Pierre Quint）。他还和朱利安·格林见了几回。他们达成一致意见，由本雅明来翻译格林的新书——但这件事从未变成现实。在醉舟（Le Bateau Ivre）夜总会的一个漫长夜晚，他快乐地听莱昂-保罗·法尔格[2]讲
336 述普鲁斯特的故事，本雅明认为法尔格是“法国健在的最伟大诗人”。那晚的高潮是法尔格描述普鲁斯特和乔伊斯之间那次并不成功的著名会见，发生在法尔格所主持的一次晚宴上。[3]这一时期的新相识中，马塞尔·儒昂多和埃马纽埃尔·贝尔（Emmanuel Berl）对他具有直接的影响效力。他惊异于天主教知识分子儒昂多的外省生活研究中对“虔诚与邪恶的纠缠关系”的洞见，同时他又受到犹太知识分子贝尔“罕见的批判敏锐度”的吸引。他甚至于断言，贝尔的观点和自己“惊人的”相近（C, 360）。不过，比这些相遇都更令人难忘的，则是他和“阿尔贝先生”的见面，本雅明认为他是普鲁斯特《追忆逝水年华》中阿尔贝蒂娜的原型。[4]他第一次见阿尔贝是在后者所经营的一家位于圣拉扎尔街（Rue St. Lazare）的“同性恋小浴室”的柜台后面，他记录下了他们随后的谈话，题为“与阿尔贝先生共度的夜晚”（“Evening with Monsieur

1 德斯诺斯（Robert Desnos，1900—1945），法国诗人，重要的超现实主义者。——译注

2 莱昂-保罗·法尔格（Léon-Paul Fargue，1876—1947），法国诗人和散文家，巴黎生活的书写者。——译注

3 关于普鲁斯特和乔伊斯的会面，见 Ellman, *James Joyce*, 523-524。

4 阿尔贝先生更可能是朱比昂（Jupien）的原型。参见本雅明的《与阿尔贝先生共度的夜晚》，此文显然不是为了发表而作，现收入 GS, 4:587-591。

Albert”），附在信中寄给了肖勒姆。但这些新交往中，最重要的还是和阿德里安娜·莫尼耶（1892—1955）的关系，她是奥德翁街（Rue de l’Odéon）7号著名的书店书友之家（La Maison des Amis des Livres）的店主，就在西尔维娅·比奇（Sylvia Beach）的莎士比亚书店的街对面。2月初本雅明走进这家书店，“心中掠过一丝轻浮的期待，以为要见到一位年轻貌美的女孩”。与此相反，他遇到的是“一位沉静的金发女性，有着非常清澈的灰蓝色眼睛，穿一件修女风格的、严肃样式的灰色粗糙羊毛外衣”。他立刻感觉到，她是“那类你给予多少尊重都不算多的人，他们看起来并不期待任何形式的尊重，但也不会拒绝和贬抑它”（SW, 2:346-347）。莫尼耶的书店既是巴黎现代主义作家和艺术家们的会面地点，又是他们的讲座厅；在后来的岁月中，本雅明将在这里见到瓦莱里和纪德。而莫尼耶本人以 I. M. S 为笔名发表过诗作和散文篇章，她将成为本雅明30年代逃离德国期间最忠诚的友人和资助者。

1929年12月，弗朗茨·罗森茨维格终因肌萎缩侧索硬化而不治身亡。在从巴黎到法兰克福的一次旅程中，本雅明接到邀约，写一篇纪念罗森茨维格的文章。他对肖勒姆说，他推掉了这一约稿，因为他离罗森茨维格特别的思想世界实在太远，尽管他曾在 337
20年代早期如此富于激情地徜徉于那个世界。对他从那时起走过的思想历程，本雅明已有一份自觉，由此他也可以从他的巴黎视角对过去几年进行盘点。在一封用法语写给肖勒姆的信中，他挑出了这一时期的两件事来谈。首先，他承认自己在德国日益增长的声望，并宣告了他要成为“德语文学的首要批评家”的雄心（C, 359）。当然，他立刻补充说，文学批评在德国过去五十多年来都没有被看作严肃的文类，任何一个希望在批评领域扬名的人都必须重新发明这一文类——这也是他希望自己和罗沃尔特出版社签约的文学批评文集可以促成的进一步目标。其次，他提到了“巴黎拱廊街”计划——现在的构想是一本专著——所取得的进展。在一则有先见之明的评说中，他指出这本书和“悲悼剧”专著的情况类似，需要一篇认识论导言——而且他表达了自己要为此研读黑格尔和马克思的意愿——这预示了《拱廊街计划》的N卷。

1930年2月底，本雅明从巴黎归来，继续和黑塞尔夫妇同住，同时另找单独的住处。到4月初，他又一次搬家，住进迈内克街（Meineckestraße）9号地产的花园房中的一间公寓，就在夏洛滕堡的选帝侯大街南边。也是在这里，他于4月24日得到了婚姻最终解除的消息——这件事引发他给肖勒姆写了一封回忆性的信件，肖勒姆仍然是他私人事务上的倾诉对象。本雅明在信中哀叹他“终究不能在二十二岁奠定的光辉基础上建筑我的整个人生”（C, 365）。二十二岁那年是1913年至1914年间，他当时写下了《青年形而上学》，紧接着又完成了《弗里德里希·荷尔德林的两首诗》。这并不是说本雅明现在觉得中间的十六年他一无所成，而是说，这段岁月见证了他面对金钱以及其他现实要求越来越多地做出妥协，一点点牺牲掉他那么珍视的独立立场。

就在本雅明经历个人危机的当口，肖勒姆于2月提出，要他
338 的这位朋友明确他和犹太教的关系。他提醒本雅明，自己曾替本雅明和马格内斯及希伯来大学交涉，因为本雅明自称想要“和犹太教有一次有成果的接触”，但本雅明却没有按自己说的做，这已经让肖勒姆很难自处。肖勒姆宣布，他愿意接受本雅明的任何决定，只求对方完全坦白——哪怕这意味着本雅明“一生都不会再考虑在我们的友谊范围之外，真正和犹太教发生接触”（C, 362–363）。本雅明无视这一要求长达两个月之久，最终在4月25日回复肖勒姆，承认“除了通过你，我从未以任何方式体验过犹太教”

（C, 364）。肖勒姆的妻子艾斯卡（Escha）1930年6月在柏林访问了本雅明，作为肖勒姆的信使，她挑明了本雅明对犹太教的态度、他规划的巴勒斯坦之行、他明显亏欠马格内斯的金钱等问题。对这些问题，本雅明完全回避，没有任何答复。当被问及他对“马克思主义倾向”的直接表态时，他回答说“事情在我和格哈德之间是这样的：我们已经彼此说服了对方”——这若是一种回避，那的确高明。[1] 这些问答实际上标志着肖勒姆尝试把本雅明拉到犹太复国主义立场乃至任何形式的犹太教一边的努力，至此终结。

1930年春天也标志着一个雄心勃勃的计划的开始，即写作——也不妨换用唯物主义或布莱希特的说法，“生产”——一系列将会确定本雅明在当代文化-政治战场上的立场的论文。事实上，他这一时期的工作态度如此专注集中，以至于我们对接下来一年本雅明书房之外的生活所知不多。在《单行道》中，他曾把批评家的角色定性为“文学斗争中的战略家”（SW, 1:460），这种看法是布莱希特式的，虽然当时还没有“布莱希特式”一说。根据这一看法，批评首先是一个道德问题（moralische Sache），批评家必须为“真正的论争”而奋斗，这种“论争”使用的是艺术家的语言。接下来两年中，本雅明力图在一系列评论文章中实现这一文学论争的理念，这些文章有很多发表在社会民主党的期刊《社会》（*Die Gesellschaft*）上。他不仅攻击保守的法西斯主义右翼，也攻击温和的自由主义左翼，为自己划定了一个超出传统 339
二元对立的左翼局外人的位置，同时着眼于一种真正的人性的观念，它清除了左右两派极端的感伤情绪。在他对科默雷尔的德国古典主义专著的评论中，本雅明尽量保持不偏不倚的语调，尽管

1 SF, 162–164.

他对居于统治地位的文化保守主义颇感厌恶，尤其是这种保守主义对条顿人的崇拜、它偏狭的语言中的“危险的时代错置”，以及它对把历史事件移置神话力场的沉溺（在这种情况下，历史即是“拯救史”）。而他对《战争和战士》（*War and Warriors*）的长评则远没有这么留情面，该书是一本文章合集，由小说家和散文作家恩斯特·云格尔（Ernst Jünger）编辑，他或许算是魏玛共和国右翼思想界的主导声音。本雅明的书评《德国法西斯主义的诸理论》（“Theories of German Fascism”）试图揭露在云格尔及其圈子的战争神秘主义——抽象的、男性主导的、“不虔诚的”神秘主义——中起作用的那些策略。在他们对“帝国”战士的想象中，本雅明发现了“一战”后自由兵团雇佣兵的变种，那些“统治阶级的铁灰色的战争工程师们”本质上对应于“穿着常礼服的经理层事务官”；而在他们所构想的“民族”中，他发现了对这一战士种姓所支持的统治阶级的辩护，这一统治阶级蔑视国际法，不对任何人负责，尤其不对自己负责，而且“带着生产者的斯芬克斯般的面容，这位生产者一上来就承诺自己将是自己生产的商品的唯一消费者”（SW, 2:319）。本雅明评论道，这部集子中的作者没有能力对事物直呼其名，宁愿在一切战争相关的事物上点染德国唯心主义的英雄色彩。正如马里内蒂赞美战争的作品在几年后的《艺术作品》论文中被当作法西斯主义将政治美学化的例子加以引用，于此，对战争的崇拜被认为是对“为艺术而艺术”（l’art pour l’art）的一种转译。本雅明认为，“为艺术而艺术”恰恰是一种精致的退化，退到艺术的崇拜价值，是一种逃离社会功能和客观内容的否定神学，是对艺术危机的绝望回避，而这场危机是技术进步（摄影）和四处蔓延的商品化带来的。云格尔所说的战后“总动员”的真正问题是世界范围内技术的到来，特别是技术被错用于毁灭性的目的：本雅明在书评一开头就写道（这一论点也贯穿了他整个 30 年代），“社会现实还没有充分成熟到可以让技术变成社会本身的器官，而……技术还没有强大到足以掌握社会的基本力量”。彻底缺乏对和平的肯定，正是这种对战士的邪恶神化的征候。于是有了本雅明坚定的论战性干预：“我们不会容忍任何人讨论战争却不知道战争以外的其他事情……你们是否曾像在战野上遇见一个哨兵那样，在一个儿童、一棵树、一只动物身上遇见和平？” 340

如果说在对文化右派的批判中，本雅明的典型做法是呼吁清醒的诸多好处和日常生活的视角，那么在对自由左派知识分子的攻击中，他则是毫不妥协地举起革命的旗帜。在这样的场合，他的语调有时近乎严厉，比如《左翼忧郁症》（“Left-Wing Melancholy”）一文，这篇文章先是被《法兰克福报》拒稿，之后才在 1931 年的《社会》上发表。此文名义上是颇有名望的埃里希·凯斯特纳（Erich Kästner，如今，他最著名的作品是儿童文学《埃米尔擒贼记》[*Emil and the Detectives*]）的一部诗集的书评，但在其中，本雅明勾勒出过去十五年德国左翼激进知识分子的发展历程，从行动主义（Activism）经由表现主义到新客观派（凯斯特纳与这个流派有联系）。本雅明把这一历程理解为“资产阶级解体”的一个现象。[1] 在他看来，这一发展的政治意义在于“革命的本能反应（就其诞生自资产阶级内部而言）转移至可供消遣的对象物，……而这些对象物可用于消费”（SW, 2:424；对“消遣”毫不含糊的否定显示出布莱希特的影响）。与这种文化倾向——其根本性的傲慢伪装为绝望——的商品化的忧郁和伪虚无主义相对照，本雅明举出了前表现主义诗人格奥尔格·海姆和阿尔弗雷

---

1 关于行动主义，见本书第二章第 82 页关于库尔特·希勒尔的注 1。关于表现主义和新客观派，参见 SW, 2:293–294, 405–407, 417–418, 454。

德·利希滕施泰因（Alfred Lichtenstein）以及当代诗人布莱希特的“真正的政治诗”。他总结道，左翼自由派的人性观专注于试图把职业生活和私人生活等同起来，这同样是“野蛮的”，因为在当今的条件下，真切的人性（echte Menschlichkeit）只能从人类生存的这两极之间的张力中产生。

凯斯特纳的诗作，“丧失了人可以感到恶心的禀赋”，既不是对被剥夺者也不是对富裕的工业家发言，而是对经理人、记者、
341 部门领导这一中间层说话，这些存在——他们都受过良好训练，“道德上一派玫瑰色”，既很压抑又充满幻想——正是西格弗里德·克拉考尔 1930 年的著作《白领工人》（*White-Collar Workers*）的分析对象，同一年本雅明在《文学世界》和《社会》上为这本书写了书评。我们已经谈到过本雅明在思想和私人生活上都从克拉考尔那里获益，这可以追溯到 20 年代初。在关于办公室工人的著作中，克拉考尔从知情的局外人角度写作，本雅明又将此变为自己的角度。[1] 作为一位“来自资产阶级的革命作者”，这位局外人和“不满者”把自身阶级的政治化作为他的主要责任；他知道，知识分子的无产化很难把知识分子变成无产阶级的一员，而知识分子的作用只能是间接的。与流行的激进主义相反，他并不迎合寻求刺激的势利眼，而是作为一位面相学家和解梦人，留意于居住空间、工作习惯、服装、家具的或隐或显的细节，在每个地方都把社会现实的面影当作拼图这一复合意象来看待，而其真正的构造只有在幻景（phantasmagoria）中才能发现：

> 虚假意识的产物就像拼图谜题，真正的主题（Hauptsache）

1　见短小的政治寓言《鸥》（“Möwen”），是《北欧之海》（“Nordische See”）这组作品中的一部分，发表在 1930 年 9 月的《法兰克福报》上。

从云中、树叶中、阴影中显露出来。而作者[1]甚至沉入白领报纸的广告版面之中，发现那些真正的问题像拼图一样镶嵌于（vexierhaft eingebettet erscheinen）光彩与青春、教育与个性的幻景之中。……但更高的现实并不满足于一种幻象存在（fantasy existence），于是以拼图谜题的形式在日常生活中显现出来，就像贫乏（poverty）在消遣的亮光中显现出来一样。（SW, 2:308–309；另见 356）[2]

这些都市复合物——它们暗示一种完全程式化且孤立的生存，这种生存状态由于无处不在的"娱乐消遣"而去政治化，又受到现成的"价值"框架的内在辖制——背后的真正主题是人类关系的物化（reification）和异化（alienation）："今天，没有哪个阶级的人比白领工人在思想和感受上更异化于日常生活的具体现实。"面对这种对当代社会秩序的非人性方面的集体适应，该书作者诅咒 342
"新闻报道"额外的观察和粗鄙的事实探究，而这些都是新客观派的余绪。相反，他"强行以辩证法为入口"进入他所研究的生活，将这一阶级的语言内化，从而把它的意识形态层面暴露于作者的讽刺凝视之中。他就像一个捡破烂的人（这也是一个典型的波德莱尔母题），日出时带着沉郁的孤独出发，拾掇"语言的破布条"，不会忘了让"这些褪色的破棉布——'人性'、'内向性'、'内化'——在风中互相拍打，发出嘲笑的声音"。

因此，"严肃的资产阶级写作"的标志就是严肃的投入，正如摹仿性科目、细读和语言挖掘所训练的那样。这方面的典范形

1 指克拉考尔。——译注

2 关于拼图或"图形字谜"（Vexierbild），参见《梦之媚俗》（SW, 2:4）和 AP, Convulutes G1,2 ; I1,3; J60,4。

态是“私人生活的有原则的公共性——即一种论争性的无所不在……超现实主义者在法国是这样实践的，卡尔·克劳斯在德国也是这样实践的”（SW, 2:407）。这种文学–论争性介入（literary-polemical engagement），既不同于新闻报道式的“观点”，也不同于实际的政党政治，在其中，政治性和非政治性写作的区别实际上消失了，而激进写作和机会主义的写作的区别却格外突出。至少这是1930年和1931年所发动的种种论争所期待的效果。本雅明试图通过出版他所构想的文学批评集来和这些鲜明地带有政治性的论文形成互补，这部文学批评集初名为《批评家的任务》（“The Task of the Critic”），将由三大部分组成：批评家的任务和技术、批评和美学的衰落、作品的后世生命（GS, 6:735；另见 SW, 2:416）。这部集子将收录他以前发表过的关于凯勒、黑贝尔、黑塞尔、瓦尔泽、格林、普鲁斯特、纪德、超现实主义、译者的任务等文章，以及一篇已于1930年动笔的论卡尔·克劳斯的重头论文，还有两篇未动笔的文章《小说家和讲故事的人》（“Novelist and Storyteller”）和《论新艺术派》（“On Jugendstil”）（GB, 3:525n）。[1] 但最后的结果是，罗沃尔特出版社一年后的倒闭意味着又一部本雅明规划的著作永无面世的可能。

1930年和1931年不仅是本雅明在批评领域异常高产的时
343 期；这两年还标志着对批评之本质的持续反思，正如他20年代早期所做的那样。这一新时期他关于文学批评理论的笔记中，他提到了“自浪漫派运动以来文学批评的衰落”（SW, 2:291），他将此部分归罪于新闻业。新闻业的兴起在他看来是以“半吊子作风和堕落之间的紧密关联”为基础的（SW, 2:350[《巴黎日

1　关于这后两个题目，见《讲故事的人》（SW, 3:143–166）和 AP, Convolute S。计划中的文学批评集从未完成。

记》])。尤其是书评这门生意，程序随意而又缺少权威（这里的缺少权威是指缺少理论根基），“新闻业已经毁掉了批评”（SW, 2:406）。[1] 当然，以传统的非历史形式存在的美学已经一去不复返了；面对当代批评的原子化，现今所需要的是“绕道穿过唯物主义美学，这种美学将把著作置于其时代语境之中。这样的批评将产生一种新的、动态的、辩证的美学”，而某种恰当的**电影**批评可以为此提供范式（SW, 2:292, 294）。[2] 批评从文学史的脱离必须被否定，这样前者才能成为后者的基础，成为后者的“根本性学问（Grundwissenschaft）”（SW, 2:415）。文学史的这一转型意味着评注和论争的合并——也就是说，阐释性工作和战略性工作的合并，作品中的事件和对这些事件的评判的合并——这一合并发生在这样一种批评之中，“它的唯一媒介就是作品本身的生命，持久的生命（das Leben, Fortleben des Werke）”（SW, 2:372）。在这一表述中，本雅明诉诸他的文学-历史中心信条之一——作品的后世生命，这一信条最初是他 1919 年关于德国浪漫派的批评概念的博士论文所阐明的（在那篇博士论文中，常规的文学史理所当然地服从问题史 [Problemgeschichte]）。与此同时，他重新启用“实在内容”和“真理内容”的范畴，正如他 1921 年至 1922 年论歌德《亲合力》的论文所解释的，二者与“评注”和“批评”紧密相

1　1931 年 8 月的一则日记中，本雅明提出，通过“生活的完全文学化”，作品获得一种声音，报纸能够成为印刷文字复苏的场所，虽则它以前推动了文字的堕落（SW, 2:504–505; 比较 527, 741–742）。关于布莱希特的“完全文学化的生活”的观点，见 Wizisla, *Walter Benjamin and Bertolt Brecht*, 206；另参见本章对本雅明 1931 年的《卡尔·克劳斯》的讨论。

2　在 1928 年初所作的一份生平简历中，本雅明同样谈到了艺术作品作为“其时代的宗教、形而上学、政治和经济倾向的整体表达”（SW, 2:78）。关于本雅明的电影理论，见本书第六章。

连。他把这些理念放在一起，界定出批评的责任是“学习如何从作品内部观看（im Werke sehen lernen）”，也就是去发现隐藏于作品内部的关系。因为，从内部照亮作品意味着描述出“作品的真理内容和实在内容相互渗透的方式”（SW, 2:407–408）。他补充道，对
344 艺术作品内部构造的进入正是几乎一切自称马克思主义的批评所缺失的。在作品内部，传统美学难题，比如形式和内容的争辩，就不再存在，而艺术本身的领域也被抛诸脑后。

在这一语境中，本雅明使用了他和阿多诺所共有的一个个性化术语：“收缩”（Schrumpfung）。[1] 收缩被认为是支配作品流传的法则；更准确地说，它规定了“真理内容进入实在内容的入口”（SW, 2:408, 415–416）。本雅明在这方面细化出一种双重进程：一方面，作品被时间的进程变为“废墟”，而另一方面，它又被批评所“解构”。正如他在歌德论文中所形容的，实在内容和真理内容原本结合在艺术作品之中，随着时间流逝而彼此分离，批判性阅读必须从逐渐陌生的实在内容的细节中抽取真理。在后来关于批评理论的笔记中，本雅明为这一文本解构找到了另一个词，Abmontieren，本义为“拆除，拆卸为零件”[2]。（这是一个布莱希特式术

---

1 本雅明提到了阿多诺 1930 年的论文《新节奏》（“New Tempi”）。见 Adorno, *Night Music,* 104–117，尤其是第 106—107 页：“作品随着时间而收缩（schrumpfen in der Zeit ein）；它们的各种元素收紧在一起。”另参见 “Arnold Schoenberg, 1874–1951,” in Adorno, *Prisms,* 171，论及勋伯格的“收缩词汇”（geschrumpften Diktion）。本雅明曾在 1927 年关于戈特弗里德·凯勒的文章（见本书第六章）和 1928 年的大麻服用实验报告（OH, 53）中用过这个词。后来这个词又出现在《驼背小人》一文中（BC, 121）。另比较 *Walter Benjamin's Archive,* 49：“记忆……让事物变小，压缩它们”（出自先前未刊手稿）；以及《柏林纪事》（SW, 2:597）。

2 Abmontieren 不能和胡塞尔还有海德格尔的术语 Abbau 相混淆，后者也被英译为“解构”（deconstruction）。关于本雅明的“暴力解构”（Abbau der Gewalt），见 GS, 2:943（1919–1920）和 C, 169。关于本雅明的“普遍史解构”（Abbau der Universal-geschichte），参见 GS, 1:1240（1940）。

26. 1929 年的本雅明，夏洛特·约埃尔（Charlotte Joël）摄（*Theodor W. Adorno Archiv, Frankfurt am Main*）

语，和“拆除”[Demontierung]及“再安装”[Ummontierung]相联系，而这两个词用于指涉布莱希特创作的关键功能——转化；见 SW, 2:559, 369–370，关于卡尔·克劳斯，见 436, 439。）批评的这一同时解构又建构的力量，与时间的力量互补，把艺术作品收缩并装入一个“微观永恒（microeon）之中——一种高度浓缩但又多层次的对历史时代的反思，而作品及其被接受并得以重生的时代共同起源于那一历史时代”。[1] 这全然不同于把艺术作品简化为历史数据——马克思主义批评有此种倾向。本雅明所想的是作品的内在转化，这种转化经由作品的解读而实现。“接受”这一重大问题——关于作品的整个生命和效用，它们的声名、翻译和命运的问题——在一篇不那么出名的文章《文学史与文学研究》（“Literary History and the Study of Literature”）[2] 中获得了明确表述，该文发表于 1931 年的《文学世界》，比他着手更为人所知的唯物主义美学声明《收藏家和历史学家爱德华·福克斯》（“Eduard Fuchs, Collector and Historian”）要早大约三年。在他关于文学史的文章中，本雅明论说道，一部作品的接受史和它的创作史属于同
345 一历史，因为作品随着其接受“内在地转化为一个微观宇宙，乃至微观永恒”。以这一方式，作品足以成为“历史的思考工具”：

> 问题不是把文学作品呈现在它们的时代背景之中，而是要把它们被感知的时代——也就是我们的时代——呈现在它

1 与此对照，收藏家的收藏对象是“有魔力的百科全书”，拱廊街是“微型世界”，见 AP, 207, 3。在这一文本和本雅明的其他作品中的这种历史浓缩现象，都从属于“单子论”这一总题目下。另见 EW, 197（1915），关于“焦点”；SW, 1:225（1919–1920），关于“最小的总体性”。

2 该文中译见于王炳钧、杨劲译《经验与贫乏》。——译注

们所产生的时代之中。只有这样，文学才能成为历史的思考工具（Organon der Geschichte）；做到这一点，而不是把文学简化为史学（Historie）的素材，乃是文学史家的任务。（SW, 2:464）[1]

在瓦尔特·本雅明和其他左翼知识分子眼中，批评和美文（belles lettres）的危机——本雅明更进一步谈到“科学和艺术的危机”——是社会生活的总体危机的一部分。

1930年夏，本雅明似乎有机会把他对批评的反思落到实处：他和布莱希特商量合办一份刊物，以《危机与批评》（*Krisis und Kritik*）为名。办刊物的主意——来自一个从未熄灭的信念，即文学可以在“改变世界”中扮演某种角色，不论多么间接——可以追溯到本雅明和布莱希特从1929年春开始的交谈。1930年夏天期间，本雅明已经做了《贝特·布莱希特》的广播讲话，并在《法兰克福报》发表了他的第一篇布莱希特评论，这篇评论关于《实验》（*Versuche*）中的一个片段。布莱希特和本雅明两人的身边汇聚起了一个“非常紧密的批判阅读群体”，他们的阅读计划还包括“消灭”海德格尔，后者的《存在与时间》问世于1927年。[2] 在这一背景下，刊物的计划有了更明确的轮廓。到9月，本雅明已经征询了他的出版商恩斯特·罗沃尔特（Ernst Rowohlt），后者同意出版该刊物，正式的讨论（有速记员在场）已经由编委会展开，意在确立刊物的组织框架和实质纲领。罗沃尔特曾要求刊物 346

1 参见王炳钧、杨劲译《经验与贫乏》，第250—251页。——译注

2 见C, 365，以及359–360，在和“历史知识的理论”的关联中，提到了海德格尔。这一读书群体似乎在他们着手读海德格尔之前就解散了。本雅明关于布莱希特的广播讲话收录于SW, 2:365–371；他的第一篇布莱希特评论收录于SW, 2:374–377。

由戏剧批评家和剧作家赫伯特·伊赫林（Herbert Ihering）编辑，由本雅明、布莱希特及贝尔纳德·冯·布伦塔诺（Bernard von Brentano）——他是布莱希特的朋友和《法兰克福报》的柏林通讯作家——担任联合编辑。[1]

10月初写给肖勒姆的一封信中，本雅明形容自己居于刊物事宜谈判的中心，还说他参与这项计划心中不无疑虑（同时一如既往地求助于朋友的审慎），想起九年前的《新天使》刊物计划就曾遭遇失败：

> 通过任命自己为刊物的组织和实际内容的代表——这些内容是我在和布莱希特的漫长对话中敲定的——我为这一计划被罗沃尔特出版社接受扫清了道路。它在形式上的定位是研究性的，甚至是学术性的，而非新闻报道，它将定名为《危机与批评》。由此我把罗沃尔特完全争取到了这个计划一边来；现在，一大问题出现了：把有话要说的人团结到一起，是否可能……除此之外，还有和布莱希特共事的固有困难。当然，我想如果有人能处理好这一点，那非我莫属。（C, 368）

347 罗沃尔特还曾进一步指示，该刊稿件的政治倾向应该"鲜明地左倾"（这一点他着实用不着操心！）。作为组织架构上的积极动作，本雅明在1930年10月和11月草拟了一份纲领性的《关于〈危机与批评〉刊物的备忘录》，在其中列出了二十六位可能的供稿人，

1　关于1930—1931年刊物计划的流产，见 chapter 3, "Krise und Kritik," in Wizisla, *Walter Benjamin and Bertolt Brecht*, 66–97。这里使用的是更常用的 Krise 一词（而非 Krisis），显然也是罗沃尔特的倾向。关于编委会讨论的议程，留有五份会议记录，见该书第190—203页，以及第69页注释。

包括阿多诺、克拉考尔、卡尔·柯尔施、格奥尔格·卢卡奇、罗伯特·穆齐尔、阿尔弗雷德·德布林、西格弗里德·吉迪恩、保罗·欣德米特[1]、库尔特·魏尔[2]、埃尔温·皮斯卡托和斯拉坦·杜多夫[3]。他甚至还列上了诸如戈特弗里德·贝恩[4]和弗里德里希·贡多尔夫这样的名字，而他们很难算是进步思想的代表。[5]这一项目的动力无疑是当时纳粹党的成功，尤其是在9月中旬帝国议会选举中出人意料的强劲表现。对抗德意志文化战斗联盟（Kampfbund für deutsche Kultur）这类组织的影响力是必要的，该联盟由阿尔弗雷德·罗森贝格（Alfred Rosenberg）、海因里希·希姆莱（Heinrich Himmler）、格奥尔格·施特拉塞尔（Georg Straßer）创立，意在打压艺术先锋派中的"文化布尔什维克主义"（勒·柯布西耶和包豪斯运动是他们经常攻击的目标）。秋天，本雅明甚至出席了一次纳粹冲锋队施特拉塞尔小组的会议，这一派别是纳粹党内的反对派，而反对派领导层将在1934年6月的"长刀之夜"血洗冲锋队事变中被彻底除掉；本雅明向布伦塔诺报告说，在这次会议上，他见识了"一次辩论，有些部分引人入胜"（GB, 3:546–547）。

在他关于《危机与批评》的备忘录中，本雅明采取的立场

1　保罗·欣德米特（Paul Hindemith，1895—1963），德国进步音乐家，后加入美国籍。——译注

2　库尔特·魏尔（Kurt Weill，1900—1950），德国作曲家，晚年入籍美国。——译注

3　斯拉坦·杜多夫（Slatan Dudow，1903—1963），保加利亚出生的电影导演，在魏玛共和国和东德时期均有创作。——译注

4　戈特弗里德·贝恩（Gottfried Benn，1886—1956），魏玛共和国时期重要的表现主义作家。——译注

5　本雅明的备忘录刊于 GS, 6:619–621；关于供稿人名单，见 827。德布林、欣德米特、穆齐尔和导演杜多夫的名字后来被划去，克拉考尔的名字后面打了个问号。克拉考尔11月出席了刊物编委会的一次会议，他后来写信对阿多诺说，他觉得讨论属于"业余水平"（转引自 Wizisla, *Walter Benjamin and Bertolt Brecht*, 90）。

和他十六年前的青年哲学的立场本质上一致，即这份刊物将具有“政治性，……但不是党派政治性”。阶级斗争的概念对此时的思想生产是不可或缺的，但智识和艺术不应从属于狭义的政治目标。[1]刊物的批评活动将锚定于一种对“今日社会根基处的关键处境”的清晰意识。这一补充条件引向对这一对孪生词“危机”（crisis）和“批评”（criticism）的富于词源学意味的理解：问题是关于极端关键的（critical）或决定性的转折点的理念，正如人们所说的患病过程中的“危机”/“极期”[2]（crisis）。这样的极期所要求的是一种**思考性**介入，通过这一战略，资产阶级知识分子可以将其自身考虑进去（该刊物强调自己“不是无产阶级的喉舌”）。在1930年秋
348 天继续进行的编委会讨论中，本雅明提出，需要一种“清点式的（enumerating）写作风格”，与美文风格和新闻报道风格相对立，它包含了甄别和结算的实验精神。[3]本雅明自己给刊物的首篇供稿将讨论托马斯·曼——这位高度自觉地代表资产阶级的小说家所著的《魔山》，五年前曾让本雅明感到意外地精彩。

忙完了刊物的预备讨论，他在7月底启程，开始一次穿越斯堪的纳维亚的海上长途旅行，这实现了他两年前的心愿。这次旅行带他穿过北极圈进入芬兰北部，归途中他在波兰海滨度假地索波特——他最喜欢的赌场的所在地——见到了老朋友弗里茨·拉

1 本雅明在1931年2月致布莱希特信中的表述则颇为不同：“这份刊物意在推进辩证唯物主义的宣传，而推进的方式就是**把辩证唯物主义应用在这样一些问题上，连资产阶级知识分子也被迫承认它们是其自身最典型的问题**。”（C, 370）关于本雅明对共产党的矛盾态度，见本书第六章（莫斯科之行的部分）。

2 可比较鲁迅关于德文Krisis作为医学名词“极期”的论述：“我所谓危机，也如医学上的所谓‘极期’（Krisis）一般，是生死的分歧，能一直得到死亡，也能由此至于恢复。”见鲁迅，《小品文的危机》。——译注

3 见Wizisla, *Walter Benjamin and Bertolt Brecht*, 206。在同一场讨论中，布莱希特设定了“完全文学化的生活”这一目标——只有通过革命才可能实现。

德和尤拉·拉德。在船上，他写了一组短篇散文《北欧之海》，翻译了马塞尔·儒昂多的作品，还阅读了路德维希·克拉格斯的《心智作为灵魂的对手》（*The Mind as Adversary of the Soul*）第一卷，他认为，尽管克拉格斯有“笨拙的形而上学二元论”和可疑的政治倾向，这仍然是一部“伟大的哲学作品”（C, 366）。[1] 旅途中发生的最可喜的事也许是本雅明和格雷特尔·卡尔普鲁斯（后来成为阿多诺的妻子）开始了通信。他从挪威的特隆赫姆给她寄了一张风景明信片，上面殷勤的文字是他们俩早期友谊的特征：“一旦柏林被甩在身后，世界就变得宽敞而美丽，即便在一艘挤满各类旅客的两千吨级轮船上，也有您静静狂喜的仆人的位置。此刻，我要献上这样一幕奇景，一位长胡子的滑稽小老太太坐在轮船阳台——那必须是一座阳台，不管是林荫大道还是在峡湾上的阳台——的扶手椅里享受日光浴，身边一杯咖啡，随意地做着手工。那么，就请收下这件简单的钩针编织吧，它不妨说是我们友谊的椅背套，是来自一位风雨无阻的旅行者久已存在的亲切感的记号。”（GB, 3:434–535）不过，他后来向肖勒姆承认，旅途体验过于孤独，工作的压力又过大，他并没有从游轮生活中获得什么实际享受。

初秋一回到柏林，他就搬进了摄政王街（Prinzregentenstraße）66号的一套公寓，从作家兼画家埃娃·博伊（Eva Boy）那里转租来的，他以为这又是临时居所。而后来证明，这套位于巴伐利亚街区—— 349
最为显赫的犹太家族就有一些安家在此——南侧的新公寓将成为本雅明在柏林的最后住处。他惊喜于新住宅的好处——他有两间

1　在这次游轮旅行中，他可能在研读儒昂多的短篇小说《牧羊女纳努》（“La Bergère Nanou”），该作品后来出现在 1932 年 4 月的《文学世界》上，由本雅明翻译。《北欧之海》发表在 1930 年 9 月的《法兰克福报》（GS, 4:383–387）。

安静的屋子，走廊另一头住着他的表兄弟埃贡·维辛及其妻子格特（Gert）。在他们被迫逃离自己的出生国度前所剩下的时日中，本雅明和维辛一家十分亲近。维辛夫妇参与了本雅明的一系列致幻药物实验（见 OH, 57–70），而本雅明似乎一度迷恋上了格特·维辛，她后来于 1933 年 11 月在巴黎死于肺炎。摄政王街 66 号五层楼上的这所公寓有一间很大的书房，冬天时窗外的景致是溜冰场，而房间内足够放下他两千多册的藏书——书架上面则是克利的墨水画《新天使》。他甚至为别人送给他的一部留声机攒起了唱片，为此他非常高兴。正如肖勒姆所评述的，“这是他人生中最后一次把自己所拥有的一切都聚集在同一个地方”（SF, 178）。有了更稳定的居住环境，本雅明终于可以更多地和自己十二岁的儿子斯特凡见面。他告诉肖勒姆，他们父子俩一起听了一张唱片，其中有布莱希特自己的演唱，小男孩评点了布莱希特尖锐的思考和说话风格。

那年秋冬，本雅明忙于写评论和制作广播节目——“要做的事情太多了”，他对阿多诺说——还有计划中的刊物和散文集的工作。除了这两个最终在罗沃尔特出版社没有实现的批评计划外，还有另一个没有实现的项目：在阿多诺和马克斯·霍克海默的敦促下，他正准备为法兰克福社会研究所（Frankfurt Institut für Sozialforschung）做一次题为“文学批评的哲学”（这个题目出自阿多诺的建议）的讲座，霍克海默 10 月刚成为研究所主任。但讲座因为 11 月初本雅明母亲的去世而推迟了，后来没再重新排定日期。这一时期，他还为罗沃尔特出版社做审稿人，在稿件评审的最后阶段提供咨询意见，而他和黑塞尔所翻译的普鲁斯特《追忆逝水年华》第三卷《盖尔芒特家那边》终于由皮珀出版社发行了。

母亲 11 月 2 日的离世似乎对本雅明并没有多大感情上的冲

击——尤其和四年前父亲辞世所引发的心理动乱相比而言。但这件事对他的经济稳定有很大影响。1926 年，父亲去世时，本雅明曾得到一笔实质性的款项：三个子女各收到 16805 帝国马克，相当于 1930 年的 4000 美元左右。此外，本雅明当时还一次性收到 13000 马克，以补偿他签约放弃将来代尔布吕克大街公馆售出时自己的份额——份额有确定上限。离婚让这一安排更加复杂了：他不得不拿自己的公馆部分所有权作抵押借贷 40000 马克，以便还上欠妻子的款项。（最终，他的前妻利用他得到的遗产中的最大份额从他弟弟妹妹那里购得了这栋房子；直到 30 年代她还保有此公馆。） 350

虽然他作为批评家的声望日高，虽然他和布莱希特这样的新伙伴结成了联盟，但本雅明仍继续四处寻觅新的智识关系，以增进他的多样志趣。12 月，他附上一封短信，将自己的“悲悼剧”专著寄给了保守派政治哲学家卡尔·施米特，施米特的论著《政治的神学：主权学说四论》（*Political Theology: Four Chapters on the Concept of Sovereignty*）曾是本雅明的重要资源。信中说，“您会立刻注意到我的这本著作在展示 17 世纪的主权学说方面对您有多少借重”（GB, 3:558；另见 SW, 2:78）。他提到了施米特近期的政治哲学研究，认为那证明了他自己在艺术哲学方面的工作是有价值的。虽然没有施米特回信的记载，但本雅明送出的那本书在施米特去世后的藏书中仍保留着，上面密密麻麻写满批注；施米特在 1956 年的《哈姆雷特或赫库芭》（*Hamlet or Hecuba*）中对本雅明的专著有某种泛泛的使用。[1]

本雅明自己则刚刚收到维也纳准现代主义建筑师阿道夫·路斯（Adolf Loos）的一本文选，寄赠者是该书的编者，艺术史家弗

1　见 Schmitt, *Hamlet or Hecuba*, 59–65 (appendix 2)。与本雅明相反，施米特认为莎士比亚的《哈姆雷特》在任何具体层面都没有基督教色彩。

朗茨·格吕克（Franz Glück），也就是本雅明的密友古斯塔夫·格吕克的兄弟。12 月中旬本雅明致信感谢弗朗茨·格吕克时，谈到洛斯的思考和创作对他当下的工作有重要意义（GB, 3:559）。洛斯是维也纳讽刺作家卡尔·克劳斯（1874—1936）的朋友和“战友”（本雅明这样形容）；本雅明关于克劳斯的宏文在关键处引用了洛斯，这篇文章 3 月就开始动笔，写作过程持续了将近一年。该文
351 分四期在 1931 年 3 月的《法兰克福报》上连载，题献给古斯塔夫·格吕克（他到 1938 年为止一直担任柏林的帝国信用银行的涉外部门主任），在某些方面，他也是本雅明同一年晚些时候的《毁灭性人格》的人物原型。这位土生土长的维也纳人频繁出入于卡尔·克劳斯的圈子，很可能把本雅明介绍给了他。[1] 至少从 1918 年起，本雅明就已经是克劳斯首先发表在《火炬》上的散文和诗歌的读者；他是克劳斯在舞台上和广播中大受欢迎的表演的受众之一，克劳斯会在那里朗诵自己的作品，莎士比亚和歌德的作品，或奥芬巴赫的歌词；而且截至此时，本雅明已经发表了四篇关于克劳斯的短文。[2] 他对此人及其“反传统的思索”的描绘迥异于克劳斯的追随者所宣扬的“伦理个性”的形象，本雅明难以接受这种形象，尽管它最终使得克劳斯成为一种更真实的人道主义的典范。

对本雅明来说，克劳斯体现了一种原初力量——他的文章的各小节题目足以说明问题：“宇宙人”（Allmensch）、“魔”、“怪

---

1 肖勒姆形容古斯塔夫·格吕克是“一个具有非凡高贵性格和深厚文化修养的人，但是（这一点在那些圈子中有些不常见）他没有文学野心，全然没有虚荣心”（SF, 180）。

2 见 SW, 1:469（出自《单行道》）；SW, 2:110（“Karl Kraus Reads Offenbach,” 1928）；SW, 2:194–195（“Karl Kraus [Fragment],” 1928）；以及 GS, 4:552–554（对克劳斯剧作《不可征服者》[*The Unconquerable*] 的评论，1929）。1931 年的论文《卡尔·克劳斯》见 SW, 2:433–458。

物”（Unmensch）——而且，在本雅明看来，克劳斯的批评活动是一种“同类相食”（cannibalism）的形式，取消了个人的和客观的界限。这是指，克劳斯通过摹仿他的讽刺对象把“摹仿天才”发动起来，以便揭开这些对象物的面具，从内部挪用并吞噬它们。他“瓦解”了情境，以便发现情境所提出的真正问题。（我们在本雅明这一时期的其他文学－批评计划中也遇到了同样的词汇，尤其是在他对克拉考尔和布莱希特的研究中。）本雅明给我们生动描绘了表演中的克劳斯，他夸张的肢体动作让人联想到集市上的卖艺人，他“那令人屏息的有时空洞有时闪闪发光的皮条客眼神”突然间落在着了魔的观众身上，“邀请他们与面具结成不神圣的婚姻，这样的面具他们戴上后就认不出自己”。因此揭掉维也纳社会腐败和不真实这一面具，同时也是摹仿性的自我（去）面具化，这是一个悖论性的过程，讽刺作家的全部身心都参与其中，他的真面目，或者说他的“真面具”，在此过程中得以显露。克劳斯的论争艺术和战前维也纳的表现主义的亲缘关系——他和阿诺德·勋伯格（Arnold Schoenberg）正好同代——表现在他自觉地、通灵般地用“个人风格这一最高级的批判管风琴”谱曲。本雅明说，在成为一种时尚之前，表现主义是个性最后的历史避难所。 352

在克劳斯把自己的私人存在——尤其是其原始的造物性和爱欲层面——变为一种公共事务的方式中，可以看到“个人要素和客观要素的重合”。他忧郁的享乐主义受到普世的正直的制衡，并在其中达到顶峰。这是他个人的论争权威的秘密所在，这种权威总是建基于对手头事物的专注。历史记忆在半疯癫的节日哀悼中赎回私人意识。无疑，正是克劳斯终其一生和新闻界的战斗把这些悖论发展到了必须解决的地步，因为这里所涉及的是一名“了不起的记者”对新闻业的否弃：“只有波德莱尔才与克劳斯一样恨透了健康常识的饱足，以及知识分子为了在新闻业找到栖身之所而向常识妥协。新闻是对文学生命、对心智、对魔鬼的背叛。”[1]（SW, 2:446）

本雅明自己对新闻业的批判显然借鉴了克劳斯对“空话”（the empty phrase）的敌视。经由“空话”，新闻报道对现实的处理得以进行，语言在大众传播的时代相应败坏。统治商业化报纸世界的暴君——时效性麻木了历史想象力，让公众失去判断能力，更不用说哀悼的能力。克劳斯对流行的“错误主观性”的摧枯拉朽的批判专门挑出一对倾向来加以诅咒，即“小品文主义”（起源于海涅）和“随笔主义”（起源于尼采），而他本人显然和这对倾向有明显的同谋关系。但他从不允许他和“他的听众及榜样的深度共谋”进入他的话语，尽管时不时地，本雅明观察到，这种共谋关系在他的笑声中流露出来，也在造物的“嗡嗡声”中流露出来，在表演期间，他的话语弱化为这一片“嗡嗡声”。

克劳斯通过引用对手来吞噬对手。在他的文章、诗歌和戏剧中，他表现为一位引用艺术的大师，而这种艺术也是本雅明自己在《拱廊街计划》的文学蒙太奇中所实践的——有时用引号，有时不用。克劳斯“甚至让报纸也变得可引用了”。引用作为克劳斯基本的论争手段，从来不仅仅是一种次要的功能——这里有和布
353 莱希特的少数几个连接点之一。在引用中，生成和毁灭相互渗透。
也就是说，被引用的成分从其原有的语境中扭出或炸出，像收藏家的藏品一样被单独拿出来，于一个新文本的矩阵中获得重生；在这个过程中，引文成为即兴创作的质料，就像一种旧风尚成为新风尚的质料。[2] 所引用的质料不仅被召集——在被“召唤成生

1　参见陈永国等译，《本雅明文选》，第 218 页。——译注

2　关于《拱廊街计划》中的引用，见本书第六章。

命”和被营救的意义上——而且被判决，而这样总结性的判决可以让整个历史和一则孤立的新闻材料、一则孤立的短语、一则广告发生联系。在这类短促的一次性事物中，克劳斯侦察着人性的形象，而人性在道德上很可能已然破产。他不断地引用古典人道主义，引用它关于自然和自然人的理念，同时完成着毁灭的使命，这一使命服务于一种更含混、更缺少根基、更普世的人道主义，这种人道主义必将把魔鬼掌握在手心。用本雅明的著名表述来说：“怪物站在我们中间，它是一种更真实的人道主义的信使。”论克劳斯的文章在即将结束的地方引用了马克思的一段话，所谓唯物主义的人道主义，即“真的人道主义”（der reale Humanismus），正充分体现于这段话中，资产阶级式的公共和私人的对立在一种全世界范围内的个人主义的愿景中得到了克服：“只有当真正个体的人，……在其经验生活中，在其个体劳动中，在其个体环境中成为类存在物（species-being）之时……，人的解放才是完整的。”这样的解放——在这里，第二部分结论处明确回响着的本雅明青年哲学的诸主题又一次浮出水面——将意味着法的终结和公正在“无政府”状态中的诞生，这一状态不依赖任何外在统治：“无政府是唯一有道德且配得上人类的世界宪法（Weltverfassung）。”

不幸的是，和本雅明所刻画出的性格相一致，卡尔·克劳斯对本雅明论文的反应是一种粗鲁的甚至暴君般的讽刺作家的反应。在1931年5月中旬一期的《火炬》上，他顺带提及本雅明的文章：“对这部作品——它绝对是好意的，而且看得出来，也经过了好好思考——我所真正了解的只是，它是关于我的，作者看起来知道关于我的不少事情，而我对这些事情却一直茫然无知，甚至直到现在我也无法清楚地辨认出来；我只能表达这样一点希望，其他读者可以比我更好地理解它。（也许它属于精神分析。）”这最 354

后一句点评（也许可以通过克劳斯的著名格言来加以注解："精神分析是一种它假装在疗治的疾病的症候"）几近油滑，甚至带着无来由的恶意，本雅明读到时一定感觉苦楚。他在6月给肖勒姆写信说："一言以蔽之，克劳斯的反应也在情理之中，从一开始就不可能期待会有所不同；我只是希望，我的反应也在情理上可以预料的范围之内——即，我再也不会写关于他的任何东西了"（引自 SF, 175）。他的确贯彻了这一决定。

本雅明的1931年1月上半月过得和上一年同一时期一样：在巴黎，他继续加强自己和法国作家的联系。等回到柏林时，他发现自己已经卷入围绕《危机与批评》的争议之中。内部的争执和外在的束缚早在本雅明去巴黎之前就已经笼罩着这项计划。对于把这样一群志趣相异的知识分子团结在一起，本雅明和布莱希特一开始就预见到了困难，但他们曾希望自己的种种主张会胜出。事实证明，在一种总体化的"资产阶级"构想和一种单面向的"无产阶级"构想之间寻求微妙平衡的尝试没有可行性。本雅明和布莱希特坚持，对艺术的技术构建层面加以发展是艺术家的首要**社会**责任，与此相对，其他编委会成员，包括阿尔弗雷德·库雷拉（他以前曾和本雅明一道参加弗莱堡的青年运动，现在是一名共产党干部）在内，都主张一种严格的意识形态依附。1930年12月，情况发展到了这样一个关口，本雅明在和布莱希特的谈话中放出信号，他有意从刊物的编辑部退出。[1] 从巴黎回来后，他发觉局面并未改善，1931年2月他给布莱希特写信，通知后者自己辞去联合主编一职。计划登在创刊号的三篇文章——作者分别是布

1　本雅明在1931年2月给布莱希特的一封信中提到这次对话，但2月5日给肖勒姆的信却显示，在和布莱希特交谈至少一个月后，他还对合编这份刊物的可能性持开放态度（见 GB, 4:11）。

伦塔诺、库雷拉以及流亡者和反布尔什维克的马克思主义理论家格奥尔基·普列汉诺夫（Georgi Plekhanov）——都算不上是本雅明为这份刊物所憧憬的那种“基础性工作”；虽然并非一无是处，但这些文章更多地呼应“对新闻报道式现实的要求”，而非学理性描述的要求。如果这样的文章发表在刊物上，“我的编辑身份将等同于签署一份声明。但我从未这样想过”。不过，他仍愿意为刊物工作，如果布莱希特需要他写点什么的话，他也愿继续为创刊号供稿（C, 370–371; GB, 4:16）。但他确信，把自己的名字加到编辑之列将有损于他的思想完整性。本雅明离开后，刊物的计划又存活了几个月，直到罗沃尔特出版社的财政开始崩溃，关于《危机与批评》的一切才告终。 355

刊物计划的胎死腹中对他的政治思索没有任何消极影响。事实上，他所考虑的，不仅是关于恰当的政治立场的问题，而且还有与这一立场相适应的写作方式的问题。3 月初，当他读到马克斯·里什纳对贝尔纳德·冯·布伦塔诺的《资本主义与美文》（“Kapitalismus und schöne Literatur”）的评论时，他受到触动，给里什纳寄去了一封信，那是他截至当时关于自己的新政治思想的最显白的声明（C, 371–373）。这封信在写成的同一天抄送给了肖勒姆，它架起了一座桥梁（Vermittlung）——当然是别具问题性的桥梁——一边是本雅明“非常独特的面向语言哲学的立场”，一边是“辩证唯物主义观看事物的方式”。他说，促使他转向唯物主义感知模式的动机不是“共产主义宣传小册子”，而是他对“过去二十年来资产阶级阵营某些‘代表’作品”的沾沾自喜深感失望（其中他提到了海德格尔）。也就是在这里，他提出，虽然“悲悼剧”专著还不是唯物主义的，但却已经是辩证的。因此，当提到“唯物主义思索”时，本雅明心中所想的不是任何确定的信条或世界观，而是一种态度（Haltung），一种观看方式——意味着思考被“那样的对象物”吸引，“在其中，真理每一次都以最大的密度展现出来”。正如本雅明在信中所表述的，这种客观洞见通过对“我们的当代存在的真实处境”的洞见而获得合法性，以便每种对哲学-历史知识的真实体验都成为认知者的自我知识。这一观点很典型，也刚刚在论克劳斯的文章中陈述过，本雅明向里什纳提到了这篇文章。对真理的密度的感觉，对事物中意义的层次和等级的感觉，构成唯物主义和神学之间的一节链条：

356 在驱动着我们的所有事物中，唯物主义者的立场似乎比唯心主义者的立场在科学和人性方面都更具生产性。我或许可以用总结的方式来表达：我从未能够在神学以外的任何意义（Sinn）上从事研究并思考，神学意义是指，要遵循塔木德关于《妥拉》中每段话都有四十九重意义（Sinnstufen）的教诲。而在我的经验中，哪怕是最平庸的共产主义说教也比当代资产阶级的深刻要拥有更多的意义层级。

在给里什纳的信中，本雅明所回应的，是他清楚看到的一种不啻为“轻微挑战”的东西。而把信抄寄给肖勒姆，则是故意要火上浇油。肖勒姆已经对论克劳斯文章的“唯物主义”观点表达过不满；首先，他不接受阶级斗争是理解历史的钥匙这一观念。1931年3月30日，肖勒姆从杰里科回信，甚至超出了他和本雅明平常交流时的直言不讳（而本雅明的复信则一次次地试图让生气的朋友息怒），赤裸裸地道出了他对本雅明个人、政治和宗教行为的根本不满。他指责说，本雅明所做的不亚于自我欺骗和自我背叛：“在你**真正的**思考方式和**自称的**思考方式之间存在令人不适的疏离和脱节。……你自己坚实的知识来自……语言的形而上学。……但你却要把一个框架硬套在［这一知识］上，在这个框架中，［它突然就展现］为唯物主义思考的果实，……你这种浮夸的努力意味着你产出的东西都是冒险主义的、暧昧的，甚至有时偷偷摸摸的。”（C, 374）当然，对本雅明来说，暧昧从来都不简单地是混乱的标志，更不是不负责任，相反却几乎是在现代世界从事哲学的条件。他并未受到肖勒姆正面攻击的搅乱，没有如朋友所希望的被激发出“论战性表态”，只是评说道，肖勒姆“对人不对事”（ad hominem）的观点实质上进入了他和其他人当时所关切的问题的核心。本雅明补充说——一部分是为了安抚（他仍是一个布尔乔亚），一部分是出于抗拒（他不是犹太复国主义者）——他并未抱有幻想，他心里清楚，自己的思想生产活动处于柏林威尔默斯多夫西区这一地点：“最先进的文明和最‘摩登’的文化不仅仅是我私人舒适生活的方方面面，而且，一定程度上说，简直就是我的生产工具（means of production）。”（C, 377） 357

晚春，本雅明又一次屈从于他的旅游欲。1931年春（5月4日至6月21日），他又在法国，这次是去里维埃拉海岸陪伴他的朋友施派尔一家和他的表亲维辛夫妇；他们去了朱安雷宾（Juan-Les-Pins）、圣保罗·德旺斯（Saint-Paul de Vence）、萨纳里（Sanary）、马赛以及勒拉旺杜。6月初在最后一站，他们碰上了布莱希特和他的随行友人及合作者：卡萝拉·内尔（Carola Neher）、埃米尔·黑塞-布里（Emil Hesse-Burri）、伊丽莎白·豪普特曼、玛利亚·格罗斯曼（Maria Grossmannn）、贝尔纳德·冯·布伦塔诺及其夫人玛戈（Margot）。就仿佛布莱希特的随扈还不够多似的，库尔特·魏尔和洛特·莱尼亚（Lotte Lenya）很快也搬到附近。这次度假之旅中，南方的空气和空旷的天宇再度点燃了本雅明曾在卡普里岛所体验过的那种开朗。他的旅行日记《1931 年 5 月至 6 月》（SW, 2:469–485），记录了他对许多话题的想法，从海明威的写作风格和室内设计的现代格调到意象的力量，再到流动的一切；这些日记显然是只写给自己一个人看的，还提到尼斯的赌场之行，有一回黄昏时分他在大路上跟随一位漂亮姑娘，时不时停下来采朵花，诸如此类。他的开朗甚至带来了一个自白时刻：他对格特和埃贡·维辛说起了他一生中“三次伟大的爱情”（朵拉、尤拉·科恩、阿西娅·拉西斯），这在他自己身上造出了“三个不同的男人”，因为，他发觉，真爱会让他变得和自己所爱之人相似。

这份时间不长的日记中有两三则显示，这种开放感远远不同于简单的无忧无虑。本雅明一年前得到离婚判决后暂时体会到的解放感乃至欢欣早已让位于持续不断的厌倦情绪，自杀的念头常在他脑海中盘旋。不常为人所注意到的是，1931 年春至 1932 年夏这段时期，碰巧也是他和前妻最为疏离的一个时期，本雅明曾反复考虑自杀。他当时迫切要求离婚，不仅出于和阿西娅·拉西斯结婚的希望，而且也是由于他对掌控着他的婚姻的“魔鬼”力量感到恐怖。但和朵拉关系的断裂却让本雅明（既在感情上也在智
358 识上）失去了稳定感和支持的唯一可靠来源。没有了朵拉从一开始就提供的压舱石，本雅明被他自身的种种脆弱性绊倒。

但奇特的是，对生活和人际关系的不满——既涉及“金钱之争”又来自德国毫无希望的文化政治局面——却和另一种感觉共存，那就是自己最念念不忘的愿望都已经实现。肖勒姆评论道，本雅明这一时期的书信证实了一种面对外在困难的内心平静。《1931 年 5 月至 6 月》日记的开篇便流露出这种混合的调子，他一方面厌倦了个人生活的挣扎，另一方面又对自己的个人命运安之

若素：

> [对生活的]不满包含了一种日益增长的厌恶，以及信心的缺乏，这针对的是我所见到的我的同类人在我这种处境中为了控制德国文化政治的无望局面所采取的种种方法。……而要全面衡量统御着这份日记写作的种种理念和冲动，我只需点出我日益强烈的结束自己生命的意愿。这一意愿不是一次恐慌惊悸的产物；虽然它深刻联系到我因经济方面的挣扎而生出的疲倦感，但如果没有我的一个感觉，它就是完全不可设想的，这一感觉是，在我已经度过的人生中，最珍贵的愿望都已经得到实现，不妨承认，我直到现在才得以将这些愿望认出来，就像一页纸上的原文，它后来被我的命运的字符（Schriftzügen meines Schicksals）给遮住了。（SW, 2:469–470）

日记里接下来有一段对愿望的简短沉思（很快就用进了更正式的自传写作中），但并没有再回到自杀的问题。

本雅明在勒拉旺杜和布莱希特——他一会儿嘻嘻哈哈，一会儿严厉——的交谈相对于这一黑暗远景凸显出来。和平常一样，他们的谈话涉及许多不同的作家——莎士比亚、席勒、普鲁斯特、托尔斯泰——并涉及本雅明所说的“我最喜欢的话题”，即居住（das Wohnen）的话题。但一系列关于卡夫卡的辩论给本雅明带来了最大的挑战：他在阅读一本刚刚出版的短篇小说遗作集，为7月3日法兰克福的一次广播节目做准备。事实上，这次广播，题为《弗朗茨·卡夫卡：〈中国长城建造时〉》（“Kafka: *Beim Bau der Chinesischen Mauer*”），大量利用了他在勒拉旺杜的谈话。虽然本雅明没有重复布莱希特的宣言，说卡夫卡是唯一真正的布尔什 359

维克主义作家，但他看起来的确重复并阐释了布莱希特关于卡夫卡的一组观点，尤其是如下观点：卡夫卡的“唯一主题”是对事物新秩序的震惊，他在这一新秩序中没有家园感。本雅明写道，在卡夫卡的世界，现代人居于自己身体的样子就是《城堡》的主人公 K 住在城堡里的样子：“一个异乡人，一个弃儿，不了解把身体和更高更广大的秩序联系起来的法则。”卡夫卡的故事“孕育着道德寓意却从不把它生下来”，法（Law）无法显示为法，这一失败内在于卡夫卡小说中恩典的作用，本雅明的这些说法不仅预示了他后来就这位作家的发言，也预示了他 1934 年关于卡夫卡的伟大论文中的观点。[1]

本雅明在挪用他从布莱希特那里得到的东西时并没有迟疑，而布莱希特看来也不介意；毕竟，“抄袭”——比如莎士比亚和马洛[2]之间的那种——本就是布莱希特戏剧手法的一个元素。但当阿多诺于 5 月 2 日在法兰克福做他的就职讲座《哲学的实在性》（“The Actuality of Philosophy”）中未加说明地使用了悲悼剧专著中的一个观点——即现实（reality）作为哲学对象的“无意图”（intentionless）特征——时，本雅明立刻严正抗议。事实上，阿多诺早期学术事业的特征便是对本雅明著作的自觉挪用。对悲悼剧一书的直接参考很难说是一个孤立事件：整个讲座都明显受惠于本雅明的思考，正如阿多诺一篇重要的早期论文《自然史的观

1　比较本雅明在《骑士道德》（“Kavaliersmoral”，1929 年 11 月）——这是他第一篇处理卡夫卡的发表文章——中的表述：“卡夫卡的作品，关系到人类生活中最黑暗的领域，……在其自身深处保存着这个神学秘密，同时对外则显得明白、不做作、谦逊。卡夫卡的全部存在是多么谦逊。”（GS, 4:467）

2　克里斯托夫·马洛（Christopher Marlowe，1564—1593），英国伊丽莎白时代重要诗人和剧作家，对莎士比亚有重大影响。一种极端的捕风捉影的说法是，莎士比亚其实就是马洛。——译注

念》（“The Idea of Natural History”）以及教授资格论文《克尔凯郭尔：审美对象的建构》（*Kierkegaard: Construction of the Aesthetics*）显示出的，作者正在寻找自己的声音并仍继续依赖于友人的思想原则。必须要说的是，阿多诺从来没有试图隐藏这一债务：他在法兰克福的第一次研讨课就以悲悼剧专著为内容。埃贡·维辛在本雅明死后回忆说，他的这位表亲有一次曾声明，“阿多诺是我唯一的门徒”[1]。阿多诺和本雅明7月初曾在法兰克福相聚，大约是在本雅明去那里制作卡夫卡广播节目期间，他们谈到了就职讲座，阿多诺已经将讲稿寄给了本雅明、克拉考尔和布洛赫。那时，本雅明尚不认为阿多诺有必要指明对悲悼剧一书的参考。

360 但7月中旬回到柏林，他又认真审读了讲稿，在和布洛赫——他可是公认的利用本雅明观点的行家——探讨此事之后，他改变了主意。7月17日，他给阿多诺写信，引了讲稿中的一句话，那句话说哲学的任务是通过从现实中的孤立元素建构形象或意象的方法来阐释无意图的现实。他评说道：

> 我赞同这句话。但我写下它的同时不可能不引述悲悼剧专著的导言一章，在那里，这一完全独特的新观点——在相对的、谦逊的意义上可以称之为“新”——第一次得到表达。反正我是不会在此遗漏对悲悼剧一书的引用的。不消说，如果我处在您的位置，更会是如此。（BA, 9）

阿多诺立即回了信，这封信没有保存下来，但我们或许可以从本

1 引自一张未署日期的明信片，马丁·哈里斯（Martin Harries）收藏，明信片只署了“E”，提到Lotte提前离开。显然，作者是维辛，而Lotte是莉泽洛特·卡尔普鲁斯（Liselotte Karplus），即格雷特尔·卡尔普鲁斯的妹妹和维辛的第二个妻子。

雅明给他的下一封信的结尾倒推出阿多诺的声吻：“我心中一点怨恨也没有（von einem Ressentiment...nichts in mir bleibt），也没有哪怕一点点如您所忧虑的东西，而且……在私人的和实质的层面，事情已经由您最近的书信得到了最彻底的澄清。”虽然这段小风波很快就被遗忘了，但它揭示了两人关系表面之下从一开始就存在的种种张力，尽管那时两人之间的思想流动还明显是单向的。

柏林的那个夏天意外地带来了他和前妻的试探性和解，这让斯特凡特别高兴。最初的一步是受邀去代尔布吕克街公馆用午餐，作陪的是两人的共同朋友，美国作家约瑟夫·海格舍默，朵拉下一年会翻译他的小说《山血》（*Mountain Blood*）并陪他推广这本书。他所作的短篇和长篇小说负有盛名，包括《孝子大卫》（*Tol'able David*, 1917）和《爪哇之首》（*Java Head*, 1919）——本雅明对他的评价很高。审慎地恢复和家人的接触，这在接下来的岁月中对本雅明有非常现实的作用。夏天也带来了在大学任职的微弱希望：阿多诺的一位朋友，音乐家兼作家赫尔曼·格拉布
361 （Hermann Grab），着迷于本雅明的研究，求得了他的代表作。格拉布又把这些作品交给了赫伯特·许萨尔茨（Herbert Cysarz），寄望于悲悼剧一书反复征引过的这位巴洛克专家可能为本雅明在布拉格查理大学（Karls-Universität Prag）找到位置。我们不知道许萨尔茨的反应，但是，像此前和此后所有试图为本雅明在学术界谋得一席之地的努力一样，这次也是一场空。

即便有这些积极进展，本雅明还是没有恢复情绪上的平稳。他记了 8 月的日记，起名为《从 1931 年 8 月 7 日至我的死期的日记》。和 5 月、6 月的日记一样，这本日记一开篇就提到自杀的计划（不过，第一段过后我们就看不到这样的话了）：

这部日记并不打算写太长。今天，基彭伯格（Kippenberg）[岛屿出版社的负责人，本雅明曾希望在那里出一本书，纪念歌德逝世一百周年]的回复来了，是坏消息，而这给了我的计划一种只有无用性才能保证的价值。……但是，如果有任何事可以进一步加强我考虑自己意图的决心——决心即意味着内心的安宁——那一定就是机巧而有尊严地使用我最后的几天或几周。刚刚过去的日子在这方面留下了很多可期待的东西。我无法行动，只是躺在沙发上阅读。很多时候，我坠入如此深的幻想，以至于一页结束时我竟忘了翻页。我的注意力主要还是在我的计划上——我想着，它是不是不可避免的，是不是最好在这里我的工作室中得到执行，还是等回到宾馆之中，等等。（SW, 2:501）

他早先所称的“日益强烈的”自杀“意愿”，不论怎么看，都是本雅明生命中的新情况，虽然或许也可以说，自他的友人海因勒和丽卡·塞里格森 1914 年 8 月自杀以来，自杀的想法就一直笼罩着他的事业。[1]他们的死在本雅明的想象力中烙下了不可磨灭的印记，在他为纪念诗人亡友而作的十四行组诗中有直接反映。海因勒躺在陵墓一般的“讨论大厅”之中的样子从未离开过本雅明。一次自杀尝试成了一个“秘密”，组织着他对歌德《亲合力》的解读；在《单行道》中的“底层”那一段落中，“那个男孩的尸体埋在那里以警

1 但也需参见 1941 年 7 月 15 日本雅明前妻朵拉用英文写给肖勒姆的感人书信，那里表明，本雅明早在 1917 年就经历了自杀情绪。该信在本书十一章第 785 页注 1 中有节录，全文收录于 Garber, “Zum Briefwechse,” 1843。这类自杀情绪在 1932 年 6 月和 7 月的表达将在本章稍后讨论。

世人：不管谁有一天在那里生活，都不要像他一样”[1]；在《1900年前后的柏林童年》中，孩子“住在内阳台，……就像住在早就为
362 他而准备的一座陵墓之中”[2]（SW, 1:445; 3:346）。在接下来的十年间，自杀的想法在《拱廊街计划》和他的波德莱尔研究所发展出来的现代性理论中扮演了决定性角色（据此理论，现代主义存在于自杀的标识之下）。至于他1931年夏天所酝酿的“计划”，下一年夏天差点儿在尼斯的一家宾馆中实施，直到1940年才最终化为现实，那时，盖世太保在背后紧追，他直接**身处**的境况近乎绝望，与其说是实施了一项计划，不如说是应对一次紧急事态。也许，本雅明1931年对自杀问题的态度的最佳说明是《毁灭性人格》的结句，此文11月发表于《法兰克福报》。“毁灭性人格”使用空间而不占有它，永远站在十字路口，“他活着，不是由于生命值得活，而是觉得自杀太麻烦”（SW, 2:542）。

本雅明经历着这一切，却同时在许多领域保持高产。1931年4月至1932年5月间，他在《法兰克福报》上编发了二十七封1783年至1883年期间的书信，那一历史时期正是欧洲资产阶级的全盛期。这些书信由本雅明编选并提供背景介绍，但在报纸上发表时并没有署他的名字。他对资产阶级书信作为文学形式的长期兴趣最终会结出果实，这一系列编选成为《德意志人》（*Deutsche Menschen*）一书的基础，该书1936年在瑞士署了笔名出版。与报纸上这一系列相关联，本雅明写了广播稿《走在旧书信的小径上》（“On the Trail of Old Letters”），以他特有的风格提出，人和作者之间、人格和题材之间、私人和客观之间的区别随着时间流逝而逐渐丧失了有效性，以至于要公正处理一封意味深长的

1 参见王涌译《单行道》，第4页。——译注

2 参见王涌译《柏林童年》，第96页。——译注

书信就意味着必须直抵作者人性的核心——这里，所谓人性并不等同于作者的心理："历史学家越是深入过去，以……油滑、廉价的传记为范型的心理学就越是没有价值，而事物、日期和名字则越发成为其本身。"（SW, 2:557）这里又回到了"活的传统"如何流传的问题。

1931 年夏秋的其他重要发表包括《打开我的藏书》（"Unpacking My Library"），见于 7 月的《文学世界》，以及《保罗·瓦莱里：363
六十岁生辰纪念》（"Paul Valéry: On His Sixtieth Birthday"），见于同一刊物的 10 月号（SW, 2:486–493, 531–535）。前一篇文章——和前一年的《食物》（"Food"）一文一样是本雅明作为散文作者的伟大技艺的绝佳例证——使用了《拱廊街计划》中 H 卷刻画收藏家形象的材料，这样的收藏家是一种近乎消失的典型，他和藏品之间的关系超越了商品交换的范畴，作为物的世界的面相学家，他巡游于被他的收藏所唤醒的"记忆的混沌"之中。后一篇文章则认为瓦莱里代表了欧洲人文主义进一步发展的阶段，尽管他对充满悲情的"人性"完全否定。文章包含了对"纯诗"（poésie pure）的令人难忘的思索，在纯诗中，理念（ideas）从声吻的音乐中浮现出来，就像岛屿从大海中浮现出来。还有一篇文章是《什么是史诗剧？布莱希特研究》（"What Is Epic Theater? A Study of Brecht"）的第一稿，经历了编辑上的拖延，于秋天被《法兰克福报》拒稿，这是该报右翼戏剧批评家伯恩哈德·迪博尔德（Bernhard Diebold）干预的结果；终本雅明一生，该文未得到发表。而且还有更令人懊恼的损失：罗沃尔特出版社在 1931 年初夏宣告破产，本雅明曾寄予很多希望的文学论文集的计划也随之沉没。

这几个月，本雅明的发表中最有好兆头的是《摄影小史》，在 9、10 月的《文学世界》上分三期连载（SW, 2:507–530），他又回到关于俄国电影的写作，这篇文章也预示了 1935 年至 1936 年的《艺术作品》论文的中心关切。[1] 本雅明起先对摄影这一媒介的兴趣在过去两年和拉斯洛·莫霍伊-纳吉的再次接触中重新觉醒，这也和他同柏林的摄影家萨沙·斯通、巴黎的摄影家热尔梅娜·克鲁尔（Germaine Krull）的友谊分不开。通过这篇文章，本雅明奠定了自己作为摄影的早期主要理论家的地位，专注于“摄影的兴起和衰落所提示出的哲学问题”。在他看来，这一新媒介的繁盛发生在其前工业阶段，确切说是它的第一个十年，后来的大师，诸如欧仁·阿特热（Eugène Atget）、奥古斯特·桑德尔（August Sander）、莫霍伊-纳吉都是在自觉地更新和转化纳达尔（Nadar）、朱莉娅·玛格丽特·卡梅隆（Julia Margaret Cameron）和大卫·奥克塔维厄斯·希尔（David Octavius Hill）的传统。对摄
364 影传统的确认不仅仅是一项值得注意的贡献：它公然否定了一个广为接受的观点，这种观点以为，在德意志艺术联盟（Deutscher Werkbund）所举行的 1929 年斯图加特“电影和摄影”（Film und Foto）展览会上得到大面积推广的“新视觉”（New Vision）摄影等代表了和传统实践的一刀两断。

本雅明的分析以早期摄影作品的神秘魅力为出发点，尤其是群体和个人肖像摄影，那些“美丽而不可靠近”的人类情态的图像，来自一个仍然带有渊默气氛的时代。早期摄影作品的“灵氛”（aura）由拍摄对象散发出来的这种气氛或“呼吸般的光晕”所决定——本雅明所用的 Hauchkreis 一词带来希腊语 aura 的原初意义，

1 关于“另外的自然”（other nature）和“视觉无意识”的段落（SW, 2:510, 512）以及灵氛作为“空间和实践的奇异编织”的段落（SW, 2:518–519），都几乎原封不动地出现在了《艺术作品》论文中。（《摄影小史》中译文见许绮玲、林志明译《迎向灵光消逝的时代》。——译注）

“呼吸”。“早期人像摄影中，有一道灵氛环绕着他们，有一种灵媒给予他们的眼神以充实和安定，即便在眼神穿破这灵媒之时。”[1] 这一灵氛表象的决定性技术因素并不仅仅是长曝光时间——它在捕捉到的表情中造成一种更像画家式的综合特征——而且还有这些图像的显著的明暗法（chiaroscuro），本雅明称之为“从最白亮的光到最黑暗的阴影之间的绝对连贯”，它赋予这些早期摄影作品一种面相学的具体性，一种精微和深度，可与人们后来在爱森斯坦和普多夫金的电影人物及环境中所发现的种种比拟。但随着商业摄影的兴起和更快速镜头的研发，图像中出现了一种“对黑色的压迫”，灵氛“被放逐出照片……，正如它被帝国主义资产阶级日益深重的衰退放逐出现实之外一样”。这一“灵氛消逝”的理论将在后面数年本雅明对艺术的思考中占据越来越显要的地位。

恰是像灵氛这样和特定媒介相关联的属性，可以激活对隐含在摄影作品中的“新意象世界”的感知。老照片的“魔力”激起“一种不可阻挡的冲动，让人想在图像中寻找偶然瞬间、此时此地的微小火花，不妨说，通过它，现实在摄影作品的图像-符号（image-character）中灼烧，揭示出不显眼的地点，在那里，在那个早已逝去的时刻的如是存在（Sosein）的内部，未来仍然安居至今——而且如此具有说服力，以至于在回眸中我们可能重新发现它”[2]。一种享有特权的认知（privileged cognition）可能由某种不显眼的、边缘的事物所点燃，不管是在文本还是图像中，这一 365
观念可以追溯到本雅明的早期作品。它出现在1914—1915年的文章《学生的生命》之中，我们读到“历史以浓缩的方式安居，就

1 参见许绮玲、林志明译《迎向灵光消逝的年代》，第24页。——译注

2 引自“Little History of Photography” in Benjamin, *The Work of Art in the Age of Its Technological Reproducibility*, 276-277。这段翻译不同于SW中的版本。

像处于一个焦点之中”，“终极境遇的要素……以最濒危、最受排斥、最被嘲弄的生灵和理念的形态，深深嵌入每个现在”（EW, 197），而且，这种观念也贯穿于后期作品中艺术的“真理内容”这一基础性概念。1931 年，本雅明的这一基本倾向为“视觉无意识”（optical unconscious）的观点提供了条件，也即“向照相机而非向人眼说话的另外的自然——‘另外’的首要意义是，一个充满了人类意识的空间让位于由无意识（the unconscious）所充满的空间”。最初在超现实主义论文中有所勾画的“图像空间”（image space），于此开始呈现出具体轮廓。该空间不能仅仅存在于由资本主义社会机器所生产的图像体系之中；如果集体要得到转化，那么对新图像世界的感知必须在适应性强的观看和动作的新可能性内部发生，这些新可能性由现代技术媒体打开，比如摄影，比如电影。

部分出于对 19 世纪末常规商业摄影——在立柱和挂毯之间精心摆放的物体，半阴影的色调和伪装出来的灵氛——的“窒息”气氛的反制，阿特热发展出了建设性的卸下面具和清除冗余的方法，通过这一方法，他“卸去了现实脸上的妆”。他避开城市的地标和知名景点，细腻地记录了不显眼的平常之物——“他寻找着不值一提的、被遗忘的、丢在一边的种种”——正如本雅明自己在《拱廊街计划》中对“历史废弃物”的快照编辑所要做的那样。在下一代人中，桑德尔的作品同样回避了美化效果，而展示出时代的典型面相（《时代的面容》[*Antlitz der Zeit*] 是他具有社会学敏锐的 1929 年肖像摄影集的标题）。这些干净利落、冷静、微观的描绘——可谓超现实主义摄影所致力的“有益健康的间离效果”的先驱——带来了“对象从灵氛中的解放，这是摄影最新流派的最具标志性的成就”。论述的微妙变化，带来对“灵氛”现象的矛盾态度，这在更系统的《艺术作品》论文中再次出现。摄影既加剧又瓦解了人类关系的物化，消除但同时又展现了神秘和转瞬即逝之物，助力波德莱尔所称的“现代美”的兴起。[1] 366

1931年10月初，一切都很阴暗——不仅仅对本雅明而言。“德国的经济秩序，”他告诉肖勒姆，“就像外海一样飘摇，紧急法令就像一个个浪头互相冲撞。失业率即将让各种革命纲领变得过时，就像它已经让经济和政治纲领过时一样。不论怎么看，纳粹党已经在这里被授权代表失业大众；共产党还是没有建立起必要的联系。……任何人只要还有工作，就因为这一简单的事实，已然成为工人贵族的一员。救济金领取者这一庞大的阶级……正在失业人员中崛起——他们是死气沉沉的小资产阶级，其要素是赌博和懒惰。”（C, 382）至于他自己的职业，他冷冰冰地评点道，它具有一个优势，那就是即便得不到任何报酬，也仍然是全职工作的。尽管没有哪怕一丁点积蓄，他到目前为止做到了“一天熬一天地过下去”（au jour le jour durchzukommen[2]）。而一些需要预备研究的较长篇幅的文章最终得以完成，也不仅仅是因为他坚定的决心，还要归功于朋友们的帮助，这些朋友们“一次又一次尽他们所能”地帮助他（GB, 4:53）。当时他正暂住迈内克街上的巴达维亚膳宿公寓（Pension Batavia）的一间小屋中，因为爱娃·博伊从慕尼黑回来了，把她的公寓收回了几周。除了斯特凡的来访外，“一切令人快乐的东西”他都没有：“我在其中生活、写作的空间（更不用说我在其中思考的空间）太局促，越来越让人难以忍受。长期计划完全不可能……，而且有时候，几天，几周，我完全迷

1 见 AP, 22，“现代美”被认为是波德莱尔全部艺术理论的精髓，以及 AP, 671–692（Convolute Y, “Photography”），这一卷包括论纳达尔和19世纪摄影的材料。

2 本雅明的原文掺杂了法语和德语。——译注

失，不知道该做什么。”（C, 384）即便是意料之外的、多少有点报酬的临时工作，比如受邀编订他喜爱的作家之一格奥尔格·利希滕贝格最重要的私人收藏目录，也没能振作他的心情。

不过，月底他又回到了摄政王大街上的公寓——他的“共产主义密室”，在那里他喜欢躺在沙发上工作，被两千册藏书和“只挂有圣徒画”的墙壁包围着。他很快就会以相对更乐观的语调给肖勒姆写信：“虽然关于‘接下来会怎样’我没有一丝一毫的想法
367 ——但我还好。我可以说——而且这其中物质条件上的困难当然有份——我人生第一次觉得自己是个成年人［这一年他 39 岁］。不仅不再年轻，而且已经长大，因为我已经几乎实现了我固有的众多存在模式之一种。”（C, 385）他已经在《短影集（I）》的思想图像中强调过变化不定的自我这一尼采式主题：“我们每个人都拥有的所谓自我的内在形象，是从这一分钟到下一分钟的一系列纯粹即兴表演。”（SW, 2:271）马克斯·里什纳在 1931 年 11 月为我们描绘了本雅明生命中这一时期的形象——或者说至少是他的即兴表演之一：“我从自己这边看过去，观察着这个人的巨大头颅，我无法从这一观察中挣脱：眼睛——几乎不可见，完全幽禁在镜片后面——它们时不时地像醒了过来；八字须——它们担负着否定这张脸的年轻特征的任务，就像两面小旗子，是哪个国家的我却不太认得出。”[1]

和通常一样，他在同时进行几个项目：为《法兰克福报》编辑的书信系列；一篇题为《伟大康德的人情味》（“Various Things of Human Interest about the Great Kant”）的文章，12 月发表于《文学世界》；还有次年 2 月面世于同一刊物的《享有特权的思考》（“Privileged

1 Puttnies and Smith, *Benjaminiana*, 33.

Thinking”)，是对特奥多尔·黑克尔（Theodor Haecker）论维吉尔一书的严厉评论，这本书提供了对这位诗人的传统基督教解读，其中古典文本的所有当代阐释的根本性问题——在我们时代，人文主义是否仍然可能？——遭到了刻意回避（SW, 2:574）。此外，本雅明还担任有声电影剧本公开竞赛的评委，他告诉肖勒姆他一周大约要审阅和评估 120 份稿件。根据他的思考方式，他当时发表作品的为数不多的几家刊物和小型报纸形成了“一家私人出版社的无政府架构”，他又以半戏谑的口吻继续吹嘘说，他的“营销策略”——写的一切都发表，某些日记除外——的主要目标到目前为止已经成功执行了“差不多四五年”（当时《什么是史诗剧？》的第一稿的命运还悬而未决）。但凄惨的调子很快就回来了。肖勒姆先前在信中评论说，《摄影小史》来自拱廊街计划的引论。本雅 368
明承认了，以一种哲学的无奈：“当然，……但除了引论和补遗之外，还能有什么呢？”

1932 年 2 月底，本雅明写信告诉肖勒姆，自己继续保持着多产——“所有这种写作……这种十个方向同时进行的活动”——以及他想逃离他在下一封信中所称的“柏林各类投机倒把的耻辱”（转引自 SF, 180; C, 390）。他已然减轻了一些工作量，在创作之“手”和录制“机器”之间确立了分工：“我渐渐学会了把我的笔和手留给为数不多的重要课题，而把持续进行的广播和报纸类东西都唠唠叨叨地录到机器里”（转引自 SF, 180）。不过，有些报纸文章还是值得他动手写，这一点可以从他给书信系列的按语中看出，这些按语都是“动笔写的”，而在《法兰克福报》上发表时并没有出现作者名。在 2 月和 5 月间，他除了书评《享有特权的思考》之外还发表了大量作品，包括两篇关于布莱希特史诗剧的戏剧创作-教育原则的文章，一篇关于尼采胞妹所整理的尼采档案的文章（在两年后麦司卡林药物实验的幻想和讽刺意象中又有所反映［OH, 94］），一篇对纪德 1931 年剧作《俄狄浦斯》（*Oedipe*）的评论，以及一份对经典资产阶级时期作家的政治片段的摘编和简短讨论，与《文学世界》编辑威利·哈斯合作，题为《从世界公民到高级资产阶级》（“From World Citizen to Haut-Bourgeois”），相当于书信选注系列的补充。另外，这一时期本雅明进行了数次广播谈话，展示出毫无消减的活力，并写作和执导了几部成功的广播剧。

在 1 月和 2 月忙里偷闲的时间中，他写下了一系列“笔记……关于［他］和柏林的关系史”（转引自 SF, 180）——这是为了完成他上一年 10 月和《文学世界》签订的四次连载的合同。从这些不起眼的初始工作中不仅产生了他最完整的自传作品《柏林纪事》，还诞生了他后期的杰作《1900 年前后的柏林童年》。《柏林纪事》，即便在我们现在所拥有的最完善的手稿形态中，也遵循着新闻
369 报道式文章的法则；它在 1932 年夏天已基本完成。另一方面，《1900 年前后的柏林童年》则有着几乎和《拱廊街计划》一样长、一样复杂的写作史；本雅明在他剩下的一生中一直用心于这部作品，添加和修改章节，也做总体上的调整。1932 年冬的所有这些工作并没有阻止他抱怨一次看起来错失的机会：歌德逝世百年纪念开始了，“除了最多两三个其他人以外，我是唯一一个对主题略知一二的人，但当然纪念活动没我的份儿”（转引自 SF, 181）。然后他结束了这封信，轻描淡写地说，可能在肖勒姆即将来欧洲旅居的五个月期间和对方见面：“我没法制订计划。如果我有钱，我就会赶紧干我想干的，等不到下一天。”结果他终究还是参与了歌德逝世一百周年纪念，为《法兰克福报》的歌德专号贡献了两篇文章——一篇是带注释的文献目录，罗列了从歌德生前到当时的

重要研究，一篇是对近期《浮士德》研究的评论。

这笔飞来横财使他有条件逃离柏林。从他的老朋友、1915 年在慕尼黑大学初识的“宇宙天才”菲利克斯·诺艾格拉特那里，他听说了西班牙东海岸外巴利阿里群岛的一处独特度假地，这是一座未开发的小岛，能提供和他现在所处的都市环境正好位于两极的东西，而且可以不花什么钱就住下来。和诺艾格拉特恢复联系只是本雅明这一时期的生活中众多意外转折之一。虽然他们俩多年来都住在柏林，但曾一度完全失去联系；现在，只因诺艾格拉特提到一句伊维萨岛，本雅明就打点行囊，逃离城市，开始了在这座西班牙小岛上长时间居留的第一次，之后还有一次。

4 月 17 日，本雅明乘货轮卡塔尼亚号（Catania）离开汉堡赴巴塞罗那，船一起航就碰见了“非常狂暴的”天气。按照他的遗作《西班牙，1932》中的说法，海上十日，本雅明在自己身上发现了新的“兴趣”。这就是收集“任何我可以找到的事实和故事”的兴趣，好看一看它们“一旦去掉了所有模糊的印象”，会产生出什么东西来（SW, 2:645–646）——这一工程和拱廊街计划中对逸 370
闻和秘史的关心异曲同工。他认识了货轮的船长和海员，在享用咖啡或梵豪登可可时，引他们天南地北地聊起来，话题从他们所在的航运公司的历史到舵手考试的备考教科书的特点，他倾听着这些水手的闲篇，把一些材料记录在笔记本上。在伊维萨，他同样从岛上各路人物那里听来了许多故事，并采用其中的一部分变为自己的篇什。[1]有两篇来自这些海上故事和岛上故事的文章，《手帕》（“The Handkerchief,” SW, 2:658–661）和《离别的前夜》（“The Eve of Departure,” SW, 2:680–683）。前一篇 11 月发表于《法兰克福

1 见 Valero, *Der Erzähler*, 36–58。该书是《经验与贫乏：瓦尔特·本雅明在伊维萨，1932—1933 年》（*Experiencia y pobreza: Walter Benjamin en Ibiza, 1932–1933*, 2001）一书的德译本。

报》，反思了“讲故事的衰落”，讲故事的艺术不仅和某种懒散有关系，而且和智慧及“忠告”（counsel，区别于“解释”）有关系，这样的说法直接预示了作于 1936 年、而今非常著名的《讲故事的人》（“The Storyteller”）一文。

从巴塞罗那，他坐轮渡抵达伊维萨岛，巴利阿里群岛中最小也是（在当时）最少旅游业痕迹的一座岛，一到达伊维萨小城，也就是该岛的首府和主要港口，他就从诺艾格拉特那里得知他俩上了一个骗子的当。诺艾格拉特不仅向本雅明介绍了伊维萨作为旅行目的地，而且看来还给他提供了在那儿长居久留的办法，让他去联系一个人，此人答应在本雅明离开柏林期间租住本雅明的公寓；这个人还同时把岛上的一套房子租给了诺艾格拉特，而诺艾格拉特就大方地为本雅明留了一间屋子。本雅明很快就接受了这些安排，指望每月的转租收入支撑他在西班牙的生活。结果证明，这位租房者就是个骗子。他在本雅明的公寓住了一星期，就为躲避警察而跑路了，夏天晚些时候终于被捕。不仅本雅明赚不到任何房租，而且这个骗子租给诺艾格拉特的房子根本就不属于他。骗局被揭穿后，诺艾格拉特得到许可，免房租住在圣安东尼奥（San Antonio）村外的一处破败的石头农房中，他同意用自己的钱装修，而本雅明则找到了一天 1.8 马克包饭的民宿，住进
371 “圣安东尼奥湾的一位小农家中，这房子名叫弗拉斯基多之家，周围环绕着无花果树，位于一座风车磨坊后面，风车的翼板都已坏掉”[1]。虽然他不得不“舍弃一切舒适感”，虽然他现在还背上了自己支付柏林公寓房租的枷锁，但他还是很高兴来到了伊维萨。

5 月中旬前后，本雅明去诺艾格拉特家中做客，这对夫妇成

1 Selz, “Benjamin in Ibiza,” 355.

功地让年久失修的老农舍恢复了生机。这座小房子名叫塞·卡赛特（Ses Casetes），伫立在圣安东尼奥湾上面一座名叫萨·蓬塔·德·莫利（Sa Punta des Molí）的山崖上。房子只有一间主屋（porxo）、两间卧室和一间厨房，诺艾格拉特及其妻子玛丽埃塔（Marietta）、他们已经成年的儿子汉斯·雅克布（Hans Jacob，他是语文学学生，当时正在写作关于伊维萨方言的博士论文），再加上本雅明本人，住得满满当当。但在本雅明眼中，这一切都是田园牧歌："最美好的事物都从窗口尽收眼底，窗子面对大海和遍布岩石的岛屿，岛上的灯塔在夜晚照进我的屋子。"（C, 392）虽然岛上没有现代的便利生活——比如"电灯和黄油，烈酒和自来水，调情和报纸阅读"（C, 393）——本雅明很快就进入了一种和他在卡普里岛上长住时类似的节奏。微妙的是，伊维萨的风光既相似又不同：它粉刷成白色的房子，它长满橄榄树、杏树、无花果树的山坡，都很像卡普里。不过，正如文森特·瓦雷罗（Vincente Valero）所指出的，对于1932年真正尝试到伊维萨旅行的极少数外国人来说，一切都相当于回到过去。卡普里从罗马时代开始就像磁铁一样吸引着度假者，所以其日常生活文化至少部分地受到"异乡人"的塑造，但伊维萨与此不同，那里当时和大多数现代化进程仍然是隔断的；岛上以养羊为主的原始经济活动尚未使用任何农用机器。正如本雅明12月发表于《科隆报》的小品文《日光中》（"In the Sun"）中所讲述的："没有公路或驿道通到这里，但这些也并非仅仅是由动物踩出的小径。相反，这里开阔的乡间，交会着许多小道，农夫和他们的妻子、孩子还有牲口，曾在田地间行走，一个世纪又一个世纪。"（SW, 2:664）

本雅明在这相对未经现代化染指的农村风景和"当地人的美丽与庄严"之中找到了"内心的平静"（C, 390）。可以说，散文

372 《日光中》看起来指示了本雅明和自然世界的关系的新阶段。旧有的恐惧仍然占据着他的感官，而且比以前任何时候都更切身，但如今在恐惧一旁的则是某种“南方”独有之物，这种新关系比以前那些高调的青春形而上学要更清醒地属于个人和身体，它全然得自直接的在场之物的馈赠，其描写方式既是感官的又是沉思的，可谓一种运用寓意法的报告文学。他所召唤的风景，在其自然力的、事实的丰赡之中，充满了符号和历史见证。就像他喜欢漫步的大都会街道一样，“这里的地面听起来下边是空的……回应着每一个脚步”。于是，即便在古朴的伊维萨，本雅明仍然留在他自己的自然–历史的意象世界之中：“世事变迁，并且转换地点；没有任何东西留存，也没有任何东西消失。但从这一切活动中，突然出现了名字（names）；名字无言地进入路人的脑海，而当他的嘴唇说出这些名字时，路人认出了它们。它们浮出表面。对于这样的风景，路人还有什么更进一步的需求吗？”于是，叙述者最终把读者带回这篇小文异常动人的开头，在其中，自然是一种正在浮现的符码，一种诸多名字的融汇：

> 据说，岛上有十七种无花果树。你应该——一个在太阳底下走路的人对自己说——知道它们的名字。确实，你不仅应该已经见过赋予这座岛屿面容、声音和香气的草丛与动物；你不仅应该已经见过一重重的山和不同品质的土，有的沙黄色，有的紫棕色，在这中间又散布着星星点点的朱红色；但首先，你应该知道它们的名字。每个地区不都是由植物和动物的一种独特汇聚所主宰着吗？每个本地名字不都是一个谜题，在它后面，植物和动物（flora and fauna）第一次也最后一次相聚？（SW, 2:662）

但这一地中海世界的安静小角落（诺艾格拉特家海湾对面的圣安东尼奥村只住着七百人）也已经迎来了现代化的浪潮：十五公里之外，伊维萨的港城，一座宾馆正在建设中。

本雅明每天的生活开始于七点的海泳，“遥远而开阔，沿着海岸看不到任何人，最多只在目力所及的地平线上看到一艘帆船”（C, 392）。离开海滩上的壮丽美景之后，他会转移到林中的一个 373
大树桩上，享受日光浴，或者沿着海岸线并深入小岛内部赤膊散步：他告诉格雷特尔·卡尔普鲁斯，他“过的这种生活，正符合那些长命百岁的人向记者透露的长寿秘诀”（C, 392）。他在伊维萨期间的一位重要朋友，法国人让·塞尔兹，这样回忆本雅明以及他在游历岛屿时的独特神态：“本雅明身体壮硕，他所展示出来的可以说是德国式的笨重，这和他心智的灵巧形成强烈对比，而这种灵巧常常让他的双眼在厚镜片后面闪闪发光。……本雅明走路有些吃力；他不能走太快，但却能走很长时间。我们一起在崎岖乡间所进行的漫长散步……因为我们的谈话而变得更为漫长，谈话不断迫使他停下脚步。他承认，行走让他无法思考。每当有什么东西吸引了他，他就会说‘看，看！’（Tiens，tiens！[1]）这是他要开始思考的信号，于是我们便会停下来。”[2] 当时岛上的年轻德国游客形成的小圈子中，“Tiens，tiens”成了他们给这位缓步的柏林哲学家所起的绰号。在村子里，他并不知道，大家都管他叫“el miserable”（可怜人），因为他明显很穷，形色哀伤。[3]

除了诺艾格拉特一家和让·塞尔兹夫妇，本雅明和其他外来者没有什么接触。岛的另一侧有一些美国人住在圣欧拉利娅，其

1 本雅明此处说的是法语。——译注

2 Selz, “Benjamin in Ibiza,” 355–356.

3 见 Valero, *Der Erzähler*, 119, 155。

中有作家埃利奥特·保罗（Eliot Paul），他和本雅明一样对先锋艺术深有兴趣，并曾是巴黎一份重要文学刊物《过渡》（*transition*）的合编者，但本雅明却和他们保持着相当距离。他偶尔和为数不多的几位德国侨居者有接触，其中包括一位来自斯图加特的怪人，名叫约基什（Jokisch），他 20 年代末来到伊维萨，曾经住在后来诺艾格拉特一家和本雅明所住的萨·蓬塔·德·莫利山上的小房子中，如今和两个女人一起住在小岛东南部名叫圣何塞（San José）的山村中。约基什靠打渔为生，有段时间干过出口一种本地蜥蜴的营生；他或许也曾为德国情报部门工作过，不管怎么说，他都是岛上鲜明的纳粹支持者。[1] 本雅明在短篇小说《仙人掌之篱》（"The Cactus Hedge," GS, 4:748–754）中用爱尔兰人奥布莱恩
374 （O'Brien）这一形象捕捉到了约基什的怪异性格。此外，通过诺艾格拉特的儿子汉斯·雅各布（小说中称为让·雅克）的一手搜集，本雅明可以了解岛上农民的口述传统，比如故事、传说、歌曲、谚语等。

伊维萨经历的另一个成果是为他所谓的"理性占星术"所作的片段式绪论，也可以说是他后面一年所完成的关于摹仿能力的著名研究的一个序曲。在这篇小文章中，他写到了"南方月光照耀的夜晚"，人在自身之中感受到，那些他们以为早已死去的摹仿力仍然活着。他指出，那些力量内在于占星术的过往权威，而占星术就是星象构型的面相学。我们把恒星的组合认为星座，而它们就是"相似性之宇宙"（cosmos of similarity）的一部分，天宇中的事件原则上可以被古代的个人和群体所摹仿。这一关于摹仿的古老科学或技术不仅证实了"万物中可能无尽数的摹仿中心

1 Valero, *Der Erzähler*, 83–94.

（mimetic center）”的存在，也证实了“一种明确于万物内部起效的活跃的摹仿力”的在场。这一关于原初的摹仿力和“视象的摹仿模式”（mimetic mode of vision）的想法，与大约同一时期阐明的（SW, 2:53）体验作为“实现的相似性”的概念紧密结合，对本雅明来说，这个想法一定是在 1932 年伊维萨的风景和宁静中鲜活起来的。

“过去几周我刻苦工作，”他在 6 月 25 日从圣安东尼奥邮寄的信中这样告诉肖勒姆（BS, 10）。没有电灯，而且一切又都需要手写了，他在这样的工作中试图维持自己的高产，以便尽可能延长在岛上的旅居，同时支付他在柏林的房租。他还和往常一样，广泛阅读：从司汤达的《帕尔马修道院》到托洛茨基的自传和二月革命史（他阅读托洛茨基时有“喘不上气的兴奋”[C, 393]），从福楼拜的《布瓦尔与佩库歇》到特奥尔多·冯塔纳（Theodor Fontane）的《小刺》（*Der Stechlin*），再到朱利安·格林的《零碎》（*Épaves*）和桑顿·怀尔德的小说《卡巴拉》（*Cabala*）的德译本，从一本题为《列宁与哲学》（*Lenin and Philosophy*）的马克思主义研究到一部关于宗教改革期间新教派系的历史和一部关于天主教和新教教义差别的研究。这些文本中，有一些他已经很熟悉。那个夏天，随着他继续写作关于他和柏林的关系史的系列短篇，他又 375
开始重读普鲁斯特。6 月，他收到了阿德里安娜·莫尼耶新近出版的《寓言故事》（*Fableaux*），我们提到过，1930 年本雅明在她的巴黎书店中和她相识，同一年他在《巴黎日记》中采访了她。这一回他热情地给她回信，请她允许他翻译故事中的一两则；他翻译的《智慧的处女》（“Vierge sage”）的德译文 11 月发表在《科隆报》上。

尽管如此，本雅明在伊维萨岛初次旅居的最后几周却麻烦不断。从祖国传来的消息越来越不祥。春天，纳粹在巴伐利亚、普鲁士、汉堡、符腾堡等地迎来了最初的竞选成功，很多城市成为愈演愈烈的冲突现场，一方是纳粹的准武装团伙，另一方是越来越无力防备的共产党人和社会民主党人。本雅明的担心有一重更深、更具体的缘由：他不知道他的拱廊街计划的素材命运如何，这些材料留在他的公寓里，对于在那里住过一周的骗子来说可谓触手可得。因此返回柏林的冲动就变得很迫切，不过，正如他在 1932 年 5 月 10 日给肖勒姆的信中所写，他不想直接经历“第三帝国的开幕式”（GB, 4:91），这又多少抵消了冲动。6 月，他和一位名为奥尔加·帕蕾姆（Olga Parem）的俄罗斯－德国女子相处甚多，她还曾专程来伊维萨看他。肖勒姆后来专门见过这位女子，由此证实了朵拉·克尔纳[1]和恩斯特·舍恩告诉他的种种故事；肖勒姆回忆说，那位女子“非常有吸引力，魅力四射”。他们是经弗朗茨·黑塞尔介绍认识的，从 1928 年起就一直是朋友。多年后，她告诉肖勒姆，她深深地欣赏本雅明的才智和魅力：“他有一种迷人的笑；当他笑的时候，整个世界都敞开了。”肖勒姆这样转述她的说法：“本雅明在那些年里爱过许多女人，在巴塞罗那他有一位‘非常美丽的女朋友’，是一位柏林医生的前妻。”而此时，在岛上，“奥拉”[2]和本雅明及诺艾格拉特一家住在塞·卡赛特小屋，由本雅明安排他的邻居托马斯·瓦罗（Tomás Varó）——此人是渔夫，也是房东的女婿，全岛人都叫他“弗拉斯基多”——每晚用
376 他那艘三角帆已经破烂的小船，带着所有人到海湾上等待日落。6

1 即本雅明前妻。离异后朵拉不再冠夫姓，这里恢复了她的父姓克尔纳（Kellner）。如本传记前面章节所示，朵拉也曾用“波洛克”一姓，那是她第一任丈夫的姓。——译注

2 即奥尔加的昵称。——译注

月中旬，本雅明突然向奥尔加·帕蕾姆求婚——他遭到了拒绝。[1]

尽管——或许是因为——有这一风波，本雅明还是想办法在伊维萨多待了一周，事实上，7月15日，他还迎来了自己四十周岁生日的一次临时庆祝会。最后几周中，他大多数时间都有让·塞尔兹及其夫人居耶（Guyet）的陪伴，他们邀请本雅明住进他们在圣安东尼奥的家。塞尔兹的侄女，多萝特·塞尔兹（Dorothée Selz），形容他是“一个优雅、非常有修养、有城府、审慎并极端谦虚的人”——这些品质让他赢得了岛上其他居民的信任。让·塞尔兹是欧洲民间艺术专家，熟悉巴黎当代艺术。他和他的妻子第一次来到伊维萨岛是1932年春天；他们在后一年协助本雅明再度来到伊维萨。[2] 1932年，直到本雅明离开此岛的7月17日子夜时分他们还在一起，那时，本雅明起航去马略卡岛。本雅明在给肖勒姆的信中这样形容当时的景象：

> 他们的陪伴是如此令人留恋……以至于，当我终于到达码头时，登船板已经收起，船已经开动。当然，我已提前把行李运上了船。我镇静地和伙伴们握手，然后从行船的底部往上爬，在焦急的伊维萨人的帮助下，成功跨过护栏上了船。（BS, 13）

他前往意大利小镇波维罗莫（Poveromo，意为“穷人”，该镇在比萨北边），是为了再次和威廉·施派尔合作，当时施派尔正在创

---

1 SF, 188–189. 帕蕾姆后来告诉肖勒姆，本雅明对这次拒绝“感觉糟透了，以至于见到她后来的丈夫菲利普·沙伊（Philipp Schey）时再也没有提起过她；沙伊是布莱希特圈子中的一员，后来在巴黎和本雅明有很长时间的联系”。另见 Valero, *Der Erzähler*, 98-99。

2 Valero, *Der Erzähler*, 130.

作一部侦探剧，最终定题为《一件外套、一顶帽子、一只手套》（*Ein Mantel, ein Hut, ein Handschuh*），该剧所提供的报酬相当丰厚，虽然不是立刻付清。[1] 离开伊维萨不到一周，他就在去托斯卡纳的路上到了尼斯，入住小公园旅馆（Hôtel du Petit Parc）。这家旅店是他前一年无意中发现的，当时施派尔正在对面的车铺修他的汽车，本雅明觉得它“有说不清的迷人之处”。在 6 月 25 日致肖勒姆的信中，他曾提到可能在尼斯过生日，和“一位经常在各种旅
377 途中遇到的古怪伙伴（skurrilen Burschen）”——无疑是指他的自杀念头——饮一杯“喜酒”。7 月 26 日，他的心情“相对平缓”，他写信给肖勒姆，说到他作为作家的前景日益暗淡，他的失败感越来越强：

> 过去十年我的思想所寻求的文学表达方式全然是由种种预防性措施和矫正手段决定的，我用它们来制衡此类偶然事件所带来的不断威胁着我的那种解体趋势。而且，虽然我的许多——或者说数量可观的——作品是小规模的胜利，但它们都被大规模的失败抵消了。我不想谈那些最终没有完成，甚至没有动笔的写作计划，但在此我想列出四本书，它们是毁灭和灾难的真实现场，当我放眼望向我人生中接下来的几年，它们最远的边界我还不能观测到。（BS, 14–15）

这里所说的“四本书”是后来作为遗稿出版的拱廊街计划、未实现的罗沃尔特出版社的文学论文集、德意志书信选编（后以《德意志人》为题于 1936 年出版），以及“一本绝对无与伦比的关于

1　不过，本雅明和威廉·施派尔的友谊一年半以后就搁浅了，因为施派尔没能支付本雅明在这一合作中应得的报酬。见 BG, 74–76, 80。

大麻的书”。在给肖勒姆写完这封过于悲观的信一天后，他做好了结束自己生命的准备。

他走到这一步的原因——和他前一年夏天的“计划”一样，在最后一刻叫停——不为人知。肖勒姆不太相信恶化的政治局面可以解释这一切。7月20日，最新任命的反动总理弗朗茨·冯·巴本解散了社会民主党领导的普鲁士政府，加速了政治恐怖和暴力在全国的扩散，为希特勒掌权铺平了道路。现在，作为一个犹太人，本雅明无疑实打实地受到这些关键变化的影响。冯·巴本发动政变以及任命自己为“普鲁士帝国委员”仅数日之后，《法兰克福报》就报道，政府意图把广播事业纳入右翼宣传计划之内，在接下来的几周中，柏林和法兰克福的广播台的左倾总监被免职，而本雅明的一大部分收入就来自他们的约稿。同时，《法 378
兰克福报》开始不回复本雅明的来函和投稿（不过，他在这份报纸上的发表还会持续几年——大多数情况下署笔名）。此外，在7月26日的信中，本雅明告诉肖勒姆，柏林的建筑部门通知他，他必须放弃他的公寓，因为违反了所谓条例。

不管他又一次动了自杀的念头原因为何（肖勒姆指出奥尔加·帕蕾姆的拒绝是一个因素），本雅明7月27日起草了遗嘱和四封诀别信——分别给弗朗茨·黑塞尔、尤拉·拉德-科恩、恩斯特·舍恩，以及埃贡和格特·维辛。[1] 给黑塞尔和尤拉·科恩的信尤其生动地表现出他当时的精神状态：

> 亲爱的黑塞尔，
>
> 一条死路，“看得见公园”——还有什么能更神奇地划

---

1 这四封信收录于 GB, 4:115–120。

定死亡密室的地点？[1]一位好心的先生曾夸奖我，说我是一位生命艺术家（ein Lebenskünstler）。在诀别地点的选择上，我希望我配得上这份荣誉。在那些可能让这次离别变得困难的人之中——如果我的心不会因想到虚无而跳动得如此剧烈的话——就有你。在我写信的此刻，愿这一早晨般清新的美丽房间所允诺的一切幸福都传达到你的带绿草坪的房间，愿幸福在那里温柔地安息，正如我自己也希望很快就安息。

你的，

瓦尔特·本雅明

亲爱的尤拉，

你知道，我曾多么爱你。而且即便现在，当我即将死去，我的生命中也没有更伟大的馈赠，可以超过为你而痛苦的时刻所给予它的那些馈赠。所以这一问候就足够了。

你的，

瓦尔特

给埃贡和格特·维辛的信也同样富于深情，可以说充满了对表亲的温柔，虽然它更长，更多是交代情况，有一部分是执行

1 无疑，本雅明在这里是用小公园旅馆的地址，及其“看得见公园”的景观玩文字游戏：维勒尔蒙独头巷道6号（6 Impasse Villermont）。Impasse在法语中既有“独头巷道”“死胡同”的本义，也有“僵局”“死路”的引申义。此信后面提到的“绿草坪”，指的是一张床。在《柏林纪事》中，它作为性爱冒险的处所而得到纪念：“《绿草坪》——那写的是耸立在一圈沙发中的一张床，在这张床上，我们为那些伟大的睡眠盛会谱写了尾曲，这尾曲不免谦逊，毕恭毕敬，有着东方式的刻板，几年前在巴黎，通过那些盛会，超现实主义者已不知不觉地开启了他们的反动事业。……在这草坪上我们陈列回家后想起仍好笑的女人，不过没有几个。”（SW, 2:599）（“看得见公园”原文为法文。另参见潘小松译《莫斯科日记·柏林纪事》，第204页。——译注）

遗嘱的具体指示。这封信说明在这一天本雅明还没有完全下定决心——“还没有绝对明确我会将计划付诸行动”。他发出了哀叹，和前一年夏天一样，虽然他还说到他已经平静地接受了死亡，而这让他感到十分 geborgen，十分隐蔽和安全（这个词在他关于童年的写作中很重要，即便这些文本弥漫着流亡和死亡的思考）。他提到他“深切的疲惫感”，他对“疗愈性”安息的渴望：“我现在的房间，十法郎一天，从这里可以看见一座广场，孩子们在玩耍，甘贝塔大街（Avenue Gambetta）的噪音传过来，被树叶和棕榈削弱了。这个房间是等候室——普通且让人放心——我认为，伟大的医生将很快从这里把我叫进虚无的诊室（Parloir des Nichts）。”他接着说，像他这种性情和教养的作家，在德国的机会正迅速消失。“只有拥有女人或某些特定作品的生活”才能激励他忍受层层叠加的困难，而“二者现在都没有”。对他的老朋友舍恩，他只简单写道：“亲爱的恩斯特，我知道你会充满友爱地时不时想起我。我为此感谢你。你的瓦尔特。”本雅明从未寄出这些信，但他把它们和遗嘱一道保存着。 379

在遗嘱中，本雅明把所有手稿托付给肖勒姆，并要求他，若出版这些著作，要把百分之四十至六十的纯利润留给斯特凡。[1] 他还把全部藏书遗赠给斯特凡，此外规定埃贡·维辛、肖勒姆、古斯塔夫·格吕克可以每人从中挑选十本总价值不超过一百马克的书。他又把画作和其他名贵物品当作礼物赠予友人，包括恩斯特·布洛赫、阿西娅·拉西斯、阿尔弗雷德·科恩、格雷特尔·卡尔普鲁斯、格特·维辛、尤拉·拉德-科恩、威廉·施派尔和伊丽莎白·豪普特曼。在给维辛夫妇的信中，他给他的前妻

1 本雅明的遗嘱《我的遗言》（“Mein Testament”），全文收录于 GB, 4:121–122n，在 SF, 187–188 中有节译。

朵拉留下一份额外的遗赠。

本雅明从尼斯启程继续旅行，抵达意大利（停留了约三个月），和施派尔碰头，展开合作。在波维罗莫的膳宿旅馆伊蕾娜别墅（Villa Irene），他以一种平静的态度给肖勒姆写信：“波维罗莫配得上自己的名字：他是为穷人准备的海滨度假地，或者，不管
380 怎么说，是给资金有限但儿女众多的家庭准备的度假地——来自荷兰、瑞士、法国和意大利的家庭。我和这些喧嚣保持距离，住在一间简单但相当令人满意的房间中，可以说我相当安逸，只要条件和前景还允许的话。”（BS,16）他为施派尔的剧本写作充当顾问和提供协助有望给他带来接近五千马克的收入（票房的百分之十），但与此同时他近乎一文不名：“我靠施派尔提前给我的烟钱过活，否则就只能赊账”——也就是说，他当时所住的旅舍允许他欠了“相当长的账单”。和施派尔的合作在他看来是一种消遣，给了他大量空闲，即便有经济苦恼，他还是能够聚集起能量，“说不清是多久以来的第一次”，让自己专注于一个明确的计划。

这个计划就是写作《1900 年前后的柏林童年》。这一作品最初是对《柏林纪事》中本雅明早期童年材料的重新安排和扩充，而《柏林纪事》是他近一年前和《文学世界》约定要完成的长篇自传文章。《柏林纪事》主要是在伊维萨岛上写成的，在那里他开始重读普鲁斯特，但在波维罗莫，他放弃了稿约，以便集中精力于从中衍生出的新计划，除了其他因素，他还希望这在商业上更可行。倾诉式的话语、自传纪年的格式转变为一种更富诗意-哲理的呈现模式，其先例是《单行道》的蒙太奇拼贴，写作进展很快——“白天我一直写作，有时持续到深夜”。[1] 到 9 月 26 日，他

1　本雅明还把《单行道》中的《扩展》一文经过多番改写用到了《1900 年前后的柏林童年》中。

已足以向肖勒姆宣告（事后证明他说得有点早了），一个由看似不相关的“思想图像”组成的新文本已经“大体完成”：

> 它是……以一个个小节的形式写成的：我反复采用这种形式，首先是由于我的工作在物质上受威胁、不稳定的性质，其次是对商业前景的考量。另外，题材看起来也绝对要求采用这一形式。简言之，我正在完成一系列速写（Folge von Aufzeichnungen），我将把它们命名为“1900 年前后的柏林童年”（Berliner Kindheit um 1900）。（BS, 19）[1]

《柏林童年》的工作一直延续到本雅明回德国后的 11 月中旬；有些部分经过七稿或八稿的修改。回柏林的路上，他在法兰克福稍作停留，把手稿的一大部分读给阿多诺听。后者在 11 月 21 日向克拉考尔讲述了自己的印象：“我认为它不仅奇妙而且具有完全的原创性；它甚至显示出超越《单行道》的巨大进步，至少，所有远古神话在此都被完全清除掉了，神秘只能在最当代的事物中——在每个个例的‘现代’中——被寻觅到。”（转引自 BA,20n）阿多诺这里所想的可能是，本雅明的文本从儿童视角唤醒了各个大都市场所（sites），尤其是那些地底的或地下的场所，比如室内公共游泳池、市场、可以从街边窗格看向地下室公寓的人行道，或是动物园中的水獭池。在柏林，本雅明也把草稿中的若干部分读给格雷特尔·卡尔普鲁斯听，并对她的回应感到满意。 381

虽然他将继续在接下来两年中加入新的部分，但 1932 年 12

1　对照一封 9 月 21 日给让·塞尔兹的信中的表述：“一系列笔记”（une série de notes, GB, 4:132）。这封信还写道：“这是某种对童年的回忆，但不包含任何显著的个人和家族口吻。类似于一个孩童和 1900 年前后的柏林城的面对面。”

月中旬他已经能够寄给肖勒姆一份临时的手稿，他称之为自己的“一本新书”，并形容说，尽管地平线正加速暗淡，但这本书“相对而言”是他“最阳光一面”的反映，虽则“‘阳光的’这一修饰词并不能真的在任何严格意义上用来形容［该书的］内容”。他补充道，在他所写过的一切东西中，“这部作品可能是最容易被误解的”（BS, 23–24）。文本各个具体部分的发表开始于12月24日，当时《圣诞天使》一节出现在柏林负有盛名的《福斯报》上。从1932年12月到1935年9月，二十六篇出自《1900年前后的柏林童年》的文章在报纸上发表，主要刊于《法兰克福报》和《福斯报》，大体上都用了笔名（Detlef Holz或C. Conrad），1933年4月以后则不再署名。1938年本雅明又在《准绳与价值》上额外发表了七篇，这是托马斯·曼编辑的流亡双月刊。同年春天，一篇酝酿已久的导言文章终于写成，而手稿的其余部分也经历了全面删改（有九个完整的小节被砍掉了，剩余部分也有超过三分之一的缩减），这是因为本雅明恢复了他从1933年开始的努力，想把这组小品出版成书。它遭到了至少三家德国和瑞士的出版社退稿，
382 理由都是作品艰深，直到其身后才以书籍的形式出现。[1]今天，它已是20世纪散文写作的小众经典之一。

在最初向肖勒姆形容这一作品时，本雅明曾评说道，“这些童

1 《1900年前后的柏林童年》第一次以书籍形式行世是在1950年，文本的次序由阿多诺排定。这就是阿多诺-雷克斯罗特（Adorno-Rexroth）版的底本，见GS, 4:235–304。直到1981年在巴黎发现了1938年修改版的手稿，所谓的“最终稿”（Fassung letzter Hand）经过编辑在1989年出版于GS, 7:385–433，我们才看到本雅明自己对各篇的最终安排，虽然考虑到他对1932—1934年稿的大幅删减，这一版也不能被视为定本。关于这部作品的出版史，现存各版本的差异，以及本雅明的修改情况，见GS, 7:691–705, 715–716, 721–723；以及BC的英译者前言。未完稿的《柏林纪事》最初出版于1970年，1985年在经过编辑增补之后，重印于GS, 6:465–519（英译见SW, 2:595–637）。

年回忆…… 并不是一种纪年体的叙事，而是…… 一次次进入记忆深处的远征”（BS, 19）。这里的问题是一种本体论意义上而非心理学意义上的记忆——这一构想接近于柏格森关于记忆作为过往意象的存续的理念，而这种存续是所有人类感知和行动的前提——记忆是一个元素，而不仅仅是一种官能。这一构想已经于《柏林纪事》中发挥作用，其中一段被改为一篇题为《挖掘与记忆》（“Excavation and Memory”）的短文（见 SW, 2:576, 611）。在一系列扼要的思索中，本雅明从语言的性质获得启发，认为记忆并不首先是审视过去的工具，并不简单是一份记录或一个贮藏室。相反，记忆被理解为过去时间的剧场（Schauplatz），是可穿透的过往体验的媒介（Medium des Erlebten），“正如大地是古代城市埋葬于其中的媒介。谁试图探讨他自己被埋葬的过去，就必须让自己成为挖掘者”。所谓回忆，实为一个消逝的瞬间在其多重深渊中、在其意义中的实现。因为，很可能正如普鲁斯特在《在斯万家那边》所设想的，“真实只在记忆中成形”。正如本雅明 1929 年的论文《普鲁斯特的形象》中的一个表述——这一表述应用了他的现代单子论——“一个被回忆起的事件是无限的，因为它正是通向在它之前、在它之后发生的一切的钥匙”。对潜藏的时间层次的挖掘，正如他在 1932 年所实践的那样，出土了意象的宝藏（而不是普鲁斯特那里的人物群像）——这些意象，作为过往体验的凝结，是“我们后来洞见的朴素房间中的金银珍宝——就像收藏家的画廊中的人体躯干雕塑”。

与耐心潜入过去的越来越深的层次同样重要的是，确定“古旧珍宝贮藏于**今天的地基**中的确切地点”（强调为引者所加），因为活着的现在也是一种媒介——在其中，过去的意象获得形式和透明性，未来的轮廓也得到勾勒：“作家所生活于其中的现在就

是这一媒介。而且，居于其中，他从他的经验序列（Folge seiner
383 Erfahrung）中切出了又一个断面。”在《柏林童年》中，记忆的重写本特质——因此也是经验的特质，这在普鲁斯特论文中被称为“交缠的时间”——使得一种意象交叠的模式、一种时空叠加的模式成为必然，这一模式把文本本身也变成一种虚拟的重写本。[1]正如漫游者沉醉于其前世记忆，感受城市的过去痕迹嵌入城市的当下形态之中一样，在本雅明对早年岁月清醒而抒情的召唤中，有一种地点和事物的垂直蒙太奇，在对相似性原则的遵从中，被记起的感官体验造成了多样的感应，不仅包括其他感官体验（形状、色彩、味道），而且还有童年梦境、幻想、阅读体验。于是，斯特蒂纳（Stettiner）火车站的沙岩外表带上了儿童和家人即将乘火车前往旅行的沙丘地带的意象；市政图书馆入口阶梯的湿沉、阴冷的气味藏着里面铁栏杆的气息；男孩家中的布置——墙纸、贴砖炉灶的操作台、父亲的毛绒扶手椅——于他而言打上了他在探险小说里所遭遇的种种“盛大陷阱”的印记；带玻璃门的橡木书柜，作为孩子既敬畏又感到诱惑的对象，带着童话故事中承诺天堂般快乐的小屋的意象，而这一意象又反过来包含了老农舍的意象，在那里故事曾伴随着家务劳动的韵律。[2]同理，不按时间顺序、不

1　关于记忆的“重写本”结构，见波德莱尔的《人造天堂》接近结尾处的题为“重写本”一节，本雅明在 1919 年读到该书（书中涉及的材料来自德·昆西）。1921 年，本雅明写道：“自中世纪以来，我们失去了世界由繁复的层次构成这一洞见”（SW, 1:284）。亦可对照阿多诺的评论：“[本雅明] 沉浸于现实之中就像沉浸于重写本之中”（“Introduction to Benjamin’s *Schriften*” [1955], in Smith, *On Walter Benjamin*, 8）。过去和现在的叠加（Überblendung）在《拱廊街计划》中扮演重要角色，这已在本书第六章有所表明，而且也对本雅明的波德莱尔论中的寓意（allegory）构想意义重大（例如，SW, 4:54; GB, 6:65）。（参见郭宏安译《人造天堂》，生活·读书·新知三联书店，2009 年，其中重写本（palimpsest）译为“隐迹纸”。——译注）

2　见王涌译《柏林童年》。——译注

连贯的叙事，作为一个整体，不断通过各类指涉，把作者的去魅（disenchanted）的当下叠加到他的赋魅的（enchanted）过去，所以在文本的每一处，死去而又复活的游戏世界都以流亡的视角为框架，在文本的每一处，儿童都预示了后来的成人，而这个孩子尚未自觉的知识埋藏在物的世界之中，在哲学–历史学的天平上掂量，就像一个哪怕最小最深的细节也都被回忆起来的梦。作者的现在这一层次，被穿破而变得透明，成为一扇窗，窥见被回忆的种种体验，而这些体验其实提前构成了这扇窗，同时又依赖这扇窗来实现它们潜藏的意义。因为，正是经由后史（afterhistory），前史（forehistory）才可以被辨认出来。

和致力于挖掘一个更早的历史时代的《拱廊街计划》一道，本雅明对童年的描画是他对自己在 1931 年日记中所说的“最喜欢的题材：居住”[1]最充分的处理。这一描画开始于他已经处于无 384
家可归的边缘之时。早些时候的 1932 年，他在《伊维萨系列》（“Ibizan Sequence”）中曾写道，有一个人学会了在废墟中建造自己的小巢：“不管他干什么，他都从中盖出一个小房子，就像儿童在游戏中所做的那样。”（SW, 2:51）儿童把自己放进物之世界（thing-world）突然出现的口袋中，那一刻，他们在那里或许可以安全地藏好（geborgen）。《柏林童年》根据儿童的摹仿天才——儿童有假装平常之物（门、桌子、橱柜、窗帘、瓷器）并以此为面具的能力，他们从这些平常之物中向外看，从它们的物质性本身观察世界——来研究的就是这样的“地底”居所（在某些方面可与《拱廊街计划》中的“盒子人”[étui-man] 系统的自我包裹

1　见 SW, 2:479。“居住”（Wohnen）这一主题在“二战”之后对海德格尔也有根本的重要性。尤其参见他 50 年代初的论文《筑 · 住 · 思》（“Building Dwelling Thinking”），收入 Heidegger, *Poetry, Language, Thought*, 141–159。

相比较)。对儿童来说，家庭就是“面具的武器库”，正如同周遭的现代城市的种种场所——街角、公园、庭院、出租车站——对他来说是古代的矿苗，是通向陡然出现的秩序的一个个门槛，而他很容易沉浸其中，正如《姆姆类仁》(1933)一节中，古代中国画家融入自己画作的风景。作者自己的哲学沉浸，相对于儿童充满狂喜的沉浸，正如醒来的世界相对于做梦。通过文本层出不穷的架构装置——这些装置使得不同的时间平面相互连通——童年的非反思性的神话空间消解为历史的空间，正如儿童以为理所当然地笼罩一切的安全感(Geborgenheit)消解为成年人的危机感。不过社会意义上不可复得的童年世界引出了一种后世意象(afterimage)，而去神话的面相学在历史回忆中产生出一种更高的具体性和更深的亲密。[1]

以《冬日的早晨》这一节对冬日早晨的回忆为例，时间和空间几乎难以察觉地交融于儿童静静穿过的一连串门槛和走道中，与此同时，他在他的卧室里等待着烤出来的早餐水果——或者说，是水果在等待他：

> 这个时辰总是如此；唯有女佣的声音，打破了冬日早晨使
> 385 我耽溺于整理我的室内物件的那份庄严。在百叶窗还没有拉起来的时候，我已经急不可耐地把炉门的插销拉开，想看看炉膛里的那只苹果怎么样了。有时，它的香气还没一点变化。于是我就耐心地等着，直到我觉得已嗅到那泡沫般酥松的香气，它似乎来自比圣诞夜冷杉木的芳香更深、更隐秘的冬日角落。那

1　在1938年的《前言》中，本雅明说，他“试图……领悟过去的不可逆转——不是偶然的传记意义上的不可逆转，而是必然的社会意义上的不可逆转”(BC, 37)。(参见王涌译《柏林童年》，第91页。——译注)

只苹果，那个黝黑而暖暖的果实就躺在那里，它是多么熟悉但又有所变化，就像一个经历了长途旅行之后回到我身边的好友一样。那是在漆黑炙热的炉火之邦的旅行，从炉火中，苹果已经提取出这一天为我所准备的一切事物的香气。（BC, 62）[1]

清醒的现实主义描述展开了一个关于变形与缠绕，关于空间和时间可塑性的世界，这种可塑性主宰着童话故事中的事件，而那些童话是家居环境的早期产物。于此显影的黝黑而又闪光的炉膛成为“香气”的源泉，既有记录意义，反映出某个特定历史时代和某种社会-技术习惯，又有隐喻、寓言的暗示力量，在母题的网络中发挥作用。这样无处不在的辩证系统决定了本雅明这次写作的独特声调，而这一写作也是他的巅峰创造。如阿多诺在为此文本所撰写的后记中所强调的，作品中的“阳光”始终躲不过忧郁所投下的阴影，正如儿童的难以捉摸的知识被难以言述的消息所笼罩，这些消息从物质世界的每个角落传来，而这个世界由神话赋予生命，包囊一切。[2]

1932 年夏天，阿多诺给本雅明寄了一门研讨课的报告，该课程关于美学的近期发展，是阿多诺作为私人讲师（Privatdozent，不领工资的教职）在法兰克福大学为选修生开设的。[3] 课程历时两学期，对本雅明的悲悼剧专著关注甚多。本雅明却并没有接受阿

---

1 见王涌译《柏林童年》，第 111—112 页。——译注

2 “Nachwort zur Berliner Kindheit um Neunzehnhundert” (1950), in Adorno, ed., *Über Walter Benjamin*, 74–77.

3 见 Brodersen, *Walter Benjamin*, 198–200，里面提到几个学生的名字，他们有的后来成了德语语言文学研究者，有的成了社会学家、艺术史家，有的成了记者，书中还有 1932 年夏学期课程的披露，这些文件曾发表于 *Adorno Blätter* IV (Munich, 1995), 52–57。接下来的冬学期课程没有保留下任何记录。

多诺让他回国后出席研讨课的邀请，虽然他在信中对此表示了兴趣。在这所拒绝了本雅明教授资格论文的大学之内对本雅明的著作进行微妙的学术挪用，这在今天看来不仅是讽刺的，而且是预言性的。本雅明向肖勒姆提到这门课程，而肖勒姆对阿多诺持保留态
386 度，本雅明的话只会加重他潜在的偏见："当我说出他仍在课程的第二个学期使用我的悲悼剧专著，而没有在课程大纲中说明这一点时，你就明白，这只是一出客串小戏，聊胜于无。"（BS, 26）

11 月和 12 月，本雅明回到柏林后就开始阅读阿多诺第一本书《克尔凯郭尔：审美对象的建构》的清样，中间停下来给作者写信，赞扬他的"开创性分析"，把资产阶级室内生活（这是克尔凯郭尔意象世界的一部分）视为形而上学的内向性在社会和历史中的具体模型："自从阅读布勒东的最新诗作（在他的《自由同盟》[*Union libre*] 一集中）以来，我还从没有如此强烈地感到我是置身于自己的领地，直至我读到您对那片内向性之领地的探索，您的主人公再没有回到它的边界。因此，这里确实像是存在一种共同工作。"（BA, 20–21）他把对阿多诺著作的书评安排在了《福斯报》上，而在接下来的一年中，《柏林童年》中的几节也将在该报发表。4 月发表的这篇短书评特意指出，阿多诺避开了克尔凯郭尔思想已经刻板化的存在主义–神学学说，而钟情于"这种思想表面上看不重要的残迹，……它的意象、比喻和寓意"（SW, 2:704）。这一观点是和本雅明自己的方法论反思相一致的，这些反思在另一篇作于这一时期的评论文章《艺术的严格研究》（"The Rigorous Study of Art"）中得到了梳理，此文经过强制修改，署名 Detlef Holz 发表在 7 月的《法兰克福报》。[1] 在这篇文章中，本雅明提到奥地利人阿洛

1　见这一时期写给卡尔・林费特（Carl Linfert）的书信，GB, vol. 4。这篇评论文章的第一版译文见 SW, 2:666–672。

伊斯·里格尔，认为他代表了艺术学者的一种新类型，这种人愿意待在未经勘探的边缘地带。对他们而言，具体的艺术作品随着时间的流逝最终化为感知变迁的象征，而这首先体现在其显而易见的物质性中。这样一种取向宣示出批评家对他 / 她自身活动的沉思，这是严格研究的驱动力。对边缘个案和不显眼信息的强调——这和批判性寻踪及细察（durchspüren）是相配套的——显然让人想起拱廊街的研究计划（这一计划同样关注 19 世纪资产积极的室内生活）及其历史唯物主义的解读理论，而这一点又反过来指明拱廊街计划和悲悼剧专著的关联，悲悼剧研究明确引用了里格尔。

11 月中旬，本雅明和威廉·施派尔结伴驱车从波维罗莫回到 387
德国。1932 年的最后几周，他尝试修复他和两个主要发表阵地的联系，也就是《法兰克福报》和《文学世界》。前者从 8 月中旬起再没有发表过他的任何东西，而后者的编辑，他以前的合作者和批评家同行威利·哈斯曾在他还在波维罗莫时写信说报纸暂时无法再考虑接受他以后的投稿。本雅明后来和哈斯保持着联系，1934 年的卡夫卡论文还引用并讨论了哈斯的作品，但关于这个人，他当时对肖勒姆尖刻地写道：“我们‘同一教派’中的‘知识分子’最先从自己的圈子里挑出人来向压迫者奉上百牲祭，以确保自己无事。”（BS, 23）他的努力获得了些许成功，尤其是《法兰克福报》，这家报纸 11 月重新开始发表他的作品：“我只是亲自现身就打破了针对我的封锁。但我这最初几周投入进去的能量是否足以防止最坏局面的出现，还无从判断。”（BS, 23）他也在寻找新的关系。这其中最重要的，除了《福斯报》以外，是《社会研究杂志》（*Zeitschrift für Sozialforschung*），它是社会研究所新近创办的刊物，而研究所即将于 2 月从法兰克福搬到日内瓦。本雅明曾在 11 月经停法兰克福时见过马克斯·霍克海默，他从 1931 年起一直任所长，也许就是那次见面时，霍克海默向本雅明约了第一篇文章。从此本雅明为这份刊物贡献了一系列批评文章，直到刊物的德文版在 1940 年停刊。他的论文《法国作家的社会现状》（“The Present Social Situation of the French Writer”）主体部分完成于 1933 年春，后来发表在 1934 年第一期。如他向肖勒姆坦白的，其写作过程要求某种程度的“伪造”（Hochstapelei），无疑，这首先是指信息缺乏（BS, 41）。虽然本雅明让阿多诺安心，他们的“共同工作”切实可行，但在肖勒姆看来，本雅明有时向后退缩，让自己迎合研究所的社会学路线——正如他有时扭曲自己，表现得像是肖勒姆可以赞许的人。在此，经济上
388 的考虑压倒一切：在几年时间中，研究所事实上成为本雅明的首要雇主，也是重新开始的拱廊街计划的赞助机构。虽然对霍克海默建议他写作的某些文章，本雅明心里也有没说出口的抱怨，尤其是 1934 年开始写作、两年后才完成的关于爱德华·福克斯的文章，但本雅明与研究所的社会研究计划的结盟从未长时间地阻止他继续自己那种并不吻合他所谓的“新坐标系统”（SF, 197）的研究。

1932 年即将结束之际，本雅明的书桌上还有其他一些工作。这其中包括一部略带幻想色彩的广播剧，由柏林广播电台订制，但并非由他们完成制作，关于格奥尔格·克里斯托夫·利希滕贝格，这位 18 世纪的德国作家和科学家的格言，本雅明一直非常推崇；包括一篇卡夫卡评论，由于无人约稿，未完成；还包括《柏林童年》中新篇章的写作。[1] 与《柏林童年》的新一章《姆姆类仁》相关联，

1 《利希滕贝格：一个剪影》（“Lichtenberg: Ein Querschnitt”）作于 1933 年 2 月底或 3 月初，就在本雅明逃离德国前不久，身后收入 GS, 4:696–720。为广播剧而做的准备性笔记，包括来自保罗·希尔巴特小说《列萨本迪欧》的元素，收录于 GS, 7:837–845。参见 C, 391, 383, and 84 (1916); 以及 GB, 4:87n, 59–60n。利希滕贝格的一封书信被选入《德意志人》（SW, 3:168–170）。

他在1933年1月或2月草拟了一份纲要，是他关于相似性和摹仿行为的思想，这些思想不久前表现在《论占星术》（“On Astrology”）和《灯》（“The Lamp”）等未刊文章中，而且也对《拱廊街计划》中“隐秘亲合力”的构想发挥着关键但或许不易察觉的作用（见R卷2, 3）。[1] 1933年暮夏，在誊写《相似性学说》这一纲要以便在肖勒姆处存档时，他实际上重写了此文，有多处修改和补充，在此过程中他又写出一个更简短的姊妹篇，《论摹仿能力》，9月脱稿。[2] 他视这两篇生前从未发表的文章为语言哲学的“笔记”。在本雅明的要求下，肖勒姆给他寄了他写于1916年的文章《论语言本身和人的语言》以辅助这次重写，他对肖勒姆形容，新的创作只是1916年论文的注释或增补，明显算不上“定论”，只是一个引子。它所处理的问题正是“我们旧有倾向的新转折，而那种旧倾向是展示巫术如何被击败”（BS, 61, 76）。

对相似性的体验——既是感官的（比如两张脸之间）又是非感官的（比如面相和星象之间）——自有一段历史：这是他的出发点。他没有提到那句希腊习语“相似者相知”，但他在此就像在别处一样挪用了摹仿（mimesis）的概念，用于解释感知（perception）的起源。不妨设想，在太古时代，摹仿的禀赋在我们今天所了解的感知中扮演着某种角色，而我们看作是大自然客观过程的东西则在原则上是可摹仿的。本雅明认为，曾经活跃的“摹仿性感知”、“摹仿性生产和领会”的力量，在原始巫术和 389

1 《姆姆类仁》发表于1933年5月的《福斯报》。见BC, 131。

2 两文英译见SW, 2:694–698, 720–722。另见1933—1935年左右关于摹仿能力的片断材料，GS, 2:955–958。本雅明关于语言中的相似性的思考受到鲁道夫·莱昂哈德（Rudolf Leonhard）1931年的著作《词》（*Das Wort*）所阐发的“词的象声理论”启发，本雅明在他的两个新文本中都引用了这本书；见他1932年10月25日的书信（BS, 22）。

灵视实践（比如舞蹈）——它们早于宗教的发展——之中发挥作用，不留痕迹地转化为语言："在历史的进程中，灵视力把古老的权力让渡"给了以书写和言说形式存在的语言。这就是阅读的力量，最初在内脏、星辰、偶然事件的"摹仿性物体-符号（object-character）"中被唤醒，然后被更形式化的字迹，如古北欧鲁尼字符所唤醒。在任何阅读和书写行为中，相似性只在它们"从物之急流中一闪而过"（aus dem Fluß der Dinge hervorblitzen）的紧要时刻被把握。即便是在"尘世（profane）阅读"中，也和在"巫术阅读"中一样，有一种必要的节奏，一种变动不居的迅疾感，摹仿性和符号性汇聚其中，因为摹仿性在语言中只能通过意义的物质关联而得以彰显，正如不同声音的组合或不同书写字符的组合所表现的。不过，语言显然不单单是一个符号系统。在更根本的意义上，语言是活的"媒介"（medium）——本雅明一直钟情于这个词——事物相遇在它们的意指（significations）中，这就是说，"在它们的本性（Essenzen）中，在它们最短暂、最微妙的实质中，甚至是在它们的芳香中"。[1] 作为古老同化力量的储蓄库，语言——尤其是书写——构成了"非感官相似性的最完整的档案"。因此，"非感官相似性"的概念对于本雅明语言理论的"新转折"有核心意义，如果相似性整体上是体验的思考原则（the organon of experience; AP, 868），那么，非感官相似性"不仅在所说和意指之间，而且在所写和意指之间，同样也在所说和所写之间建立了纽带（die Verspannung stiftet）"——他补充道，每一次都以全新的方式"建立"。这里有一个显著的关联，指向辩证意象的理论：意象是被**阅读**的，甚至是的的确确被看到的，意象是历史的星丛，经

1　关于 medium（媒介 / 中介）一词的使用，见 1916 年《论语言本身和人的语言》（EW, 253–255,267），本书第三章有讨论。

由不同时刻之间的应和，突然涌现——闪现——在语言中。

在《拱廊街计划》中，就赌徒下注时心智在身体上的呈现问
题，本雅明谈到了一种阅读（reading）模式，每一个个例都是占 390
卜式的（O 卷 13, 3），他还进一步展示了与物的一种占卜式关系如何成为 19 世纪漫游者和 19 世纪收藏家的特征，这两种类型以各自的方式为相似性所萦绕。另外，《姆姆类仁》和其他《柏林童年》中的文本同样把儿童描绘为居住在巫术通感的宇宙之中，在自己的游戏空间中化身为具有无尽生产力的摹仿天才。大约正是赌博、漫游、收藏、儿童游戏等——它们都反映了本雅明人格的某些侧面——非功利的而且可以说是令人迷醉的活动，使得我们不仅可以谈论“成为相似之物的官能”，而且可以言说在一切阅读中起作用的“非感官相似性”。因为，整体而言，“我们的存在不再包括曾经让它足以言说这种相似性，并且首先去生产（hervorzurufen）这种相似性的东西了”。

魏玛共和国的最后几年见证了本雅明一系列如今已成经典的作品的出版：《超现实主义》《卡尔·克劳斯》《普鲁斯特的形象》和《摄影小史》。他在德国报刊上发表的短小篇什所涉及的主题，范围之广阔令人惊讶，闪光的洞见充溢其间：关于城市风景，关于德国、法国和俄国文学，关于教育方法、电影、戏剧、绘画和图像艺术，关于当代政治文化和现代传播媒介。但是，没有发表甚至没有完成的作品，也同样重要：尤其是，这几年标志了《拱廊街计划》和《1900 年前后的柏林童年》的开始，这两个工程将基本上组织起本雅明接下来漫长流亡时期的全部写作。

Walter Benjamin

A Critical Life

本雅明传【下】

［美］霍华德·艾兰　迈克尔·詹宁斯 著
王璞 译

上海文艺出版社
Shanghai Literature & Art Publishing House

第八章

流 亡

巴黎和伊维萨岛，1933—1934

在 1940 年 6 月为申请从法国出境而准备的一份简历中，本雅明写道："对我来说，两次世界大战之间的岁月很自然地分为两个时期，以 1933 年为界。"[1] 1933 年 1 月 28 日，库尔特·施莱谢尔仅仅当了不到两个月的德国总理，就宣布辞职，这实际上把帝国总理的任命权交给了总统保罗·冯·兴登堡而非国会本身。议会民主的表象事实上至少从 1930 年就不复存在，那时的帝国总理海因里希·冯·布吕宁，急于把正陷入混乱的国家团结在一起，已经开始用紧急状态法案来施行统治。到 1 月 30 日，兴登堡提名阿道夫·希特勒为下一任帝国总理；接下来他又在 2 月 1 日解散了国会。就在新选举即将于 3 月初举行之前，帝国议会大厦在 2 月 27 日至 28 日夜间起火，这一事件有可能是纳粹党人自编自导的。希特勒立刻利用这一事态颁布法令，授予政府一系列紧急处置的权力，为在接下来的一年半中建立一个极权警察国家创造了直接条件。反对党遭到封禁，政权的对手遭到拘捕，其中许多人受到残 391

1 "Curriculum Vitae (VI): Dr. Walter Benjamin" (SW, 4:382).

酷清算。纵火案的一个直接后果是，本雅明的一批朋友逃离了这个国家，包括布莱希特、布洛赫、克拉考尔、威廉·施派尔、贝尔纳德·冯·布伦塔诺和卡尔·沃尔夫斯科尔。其他人，比如恩斯特·舍恩和弗里茨·弗兰克尔，则遭到了逮捕，被关进急匆匆建起来的集中营。（舍恩在 3 月份失去了法兰克福广播电台艺术总监的职位，4 月又第二次被捕，后来设法逃到伦敦；弗兰克尔那
392 一年移民巴黎，从 1938 年到 1940 年他和本雅明住在同一栋楼里。）本雅明自己这一时期几乎不敢出门上街。[1] 正如让-米歇尔·帕尔米耶（Jean-Michel Palmier）所言："在仅仅几个月内，德国流失了它的作家、诗人、演员、画家、建筑师、导演和教授。从没有哪个国家见识过类似的文化生活大失血。"[2] 而知识分子只占 1933 年至 1935 年间逃离帝国的逾十万德国人——其中半数为犹太人——中的几千而已。[3]

2 月 28 日给肖勒姆写信时，本雅明对境况暗淡的表述令人难忘："面对新政权，我生活圈子中的人所能强撑起来的小小镇定很快就耗光了，大家意识到空气已经几乎不再适合呼吸——当然，这一境遇在一个人正在被绞杀时也无足轻重了……这首先是在经济上。"（BS, 27）他想象着自己将如何活过接下来的几个月，不管是留在德国还是离开："在有些地方我可以挣到最低收入，在有些地方我可以靠最低收入过活，但世界上没有一个地方同时满足这两个条件。"

离开德国的愿望，过去十年反复出现，原本并不明确，现在

1　见 Selz, "Benjamin in Ibiza," 360，其中引用了 1933 年 3 月菲利克斯·诺艾格拉特给塞尔兹的一封信，本雅明离开柏林前曾为了安排自己在伊维萨的逗留而给诺艾格拉特写信。

2　Palmier, *Weimar in Exile*, 2.

3　对确切数目的估算，存在以万计的差异；见 ibid., 685n153。

则有了真实的紧迫性。1933年春，整个国家陷入一种前所未有的、甚至无人预料到的恐怖统治。他告诉肖勒姆，有人半夜被从床上拽起来，受刑，遭到杀害。德国的出版界和广播都落入纳粹之手，对犹太商铺的抵制和焚书活动马上要开始。压迫的气氛四处可见：“任何不完全符合官方立场的态度或表达方式都会被恐怖对待。……在德国，你先看人们的翻领[1]，通常接下来就不想再看他们的脸了，这种气氛令人无法忍受。”（BS, 34）不过，他强调，并不是因为担心自己的性命安全他才决定尽快离开这个国家，更具个人特征的原因是出版和思想生活本身的可能性遭到全面扼杀：“简直像数学一样精准，每一个能想到的办公室都同时向我退稿了，终止了正在进行甚至已经到了最后阶段的商议，不再回复问 393
询。……在这种情况下，极端的政治谨慎，像我长期并且明智地实践的那种，可能会保护一个人免受全面的迫害，但却不能使人免于饥饿。”本雅明对他被迫从自己祖国流亡的揪心描述也在许多别人的说法中得到回响。这些流亡者面临严峻的物质困境——失去职业、读者、家庭和财产——但在大多数情况下心理上的挑战甚至更难以承受。

肖勒姆曾安排他的一位朋友，来自柯尼斯堡的年轻女性基蒂·马克斯（Kitty Marx），去拜访本雅明，那是在3月初，她启程去耶路撒冷前不久，同年春天晚些时候，她和肖勒姆的朋友卡尔·施泰因施耐德（Karl Steinschneider）完婚。本雅明立刻喜欢上了马克斯，而她也同样倾倒于他。他借给她好几本书，包括穆齐尔的《没有个性的人》以及布莱希特的最新教诲剧《母亲》的

1 这是指许多德国人的翻领上已经别有纳粹的小徽章。——译注

清样。[1]经由书信——它们带着一种典雅的反讽——本雅明和她在接下来的五年间保持着热络的友谊。据肖勒姆说，马克斯发觉，在这个集体危机的时期，本雅明显得沉着自持，身上全无那种压倒许多人的恐慌。对他似乎用来应对局面的镇定，她印象深刻。这份镇定，肖勒姆认为，也许和他前一年几近自杀的经历有关；不管怎样，这份镇定“在他对别人所展现出来的态度上比在他的书信中得到了更强的表达，而他的书信一般则印证着［他的］躁动不安”（SF, 195）。

本雅明是在3月17日晚离开柏林的，这比第一批犹太人被从德国生活中“合法”驱逐要早很多。4月1日首次出现了对犹太人商铺的全面抵制；随着这个月的继续，一系列在公共职位和专门职业中排斥犹太人的措施出炉了。本雅明乘火车前往巴黎，平安无事地从祖国出境。3月18日，在经停科隆期间，他曾和卡尔·林费特会面，这位艺术史家是《法兰克福报》的编辑和通讯作者，在思想问题上已经成为本雅明的一位日益重要的伙伴，而且他的著述后来在本雅明自己的写作中起了意义重大的作用。本雅明在评论文章《艺术的严格研究》结尾处就讨论过林费特关于18世纪
394 建筑绘画的论文，《拱廊街计划》对他也有引用。在离开柏林之前，本雅明曾给诺艾格拉特和让·塞尔兹写信，进一步确认再度长期旅居伊维萨岛的安排——这次旅居将达五个月之久。这是此时此刻他所能定下的最长远的计划。他向肖勒姆指出，任何处在他这样境地的人，都几乎不可能对未来有更远的展望。3月19日，他到达巴黎，入住伊斯特里亚旅馆（Hôtel Istria），此地位于蒙帕纳斯区的首战街（Rue Campagne Première），他住到4月5日，出

1　他后来向肖勒姆谈起《没有个性的人》：“我失去了对它的兴致，也告别了这位作者，我的结论是他对他的优点来说太过聪明了。”（BS, 52）

发前往西班牙。本雅明很可能是因为这家旅馆与艺术家们的长期联系才选择它的。超现实主义者们曾尤其偏爱这一处所：皮卡比亚、杜尚、曼·雷[1]、查拉、阿拉贡和蒙帕纳斯的吉吉[2]都曾在那里住过（此外还有里尔克、马雅可夫斯基和萨蒂［Satie］）。路易·阿拉贡甚至曾为这所小旅馆写诗，更增益其光辉：

只有明亮燃烧过的才会熄灭……
当你走入伊斯特里亚旅馆；
在首战街，一切都曾不同，
一九二九年，朝向正午的时辰……

巴黎的这两周之中，本雅明向坦克马尔·冯·闵希豪森报告说，他在阳台上抽烟斗，对着报刊摇头。但他还是在展望未来，不管这未来看起来多么黯淡——他向肖勒姆宣告，他们二人之间通信的"新篇章"开始了。而且，和某些认为纳粹主义只是晚近德国历史的动荡进程中又一短小章节的流亡者不同，本雅明非常清楚，他也正在开始自己生命的新篇章。因此，他申请了法国身份证，并开始试探性地寻找发表自己作品的可能性。他和青年运动以及《太初》时期的一位老友见面了，这就是阿尔弗雷德·库雷拉，现在是布莱希特圈子中人；库雷拉曾是流产的刊物《危机与批评》的编委会成员之一，很快又成为法国共产主义报纸《人类》（*Monde*）的编辑。尽管本雅明完全明白从德国逃离会对他的

1　曼·雷（Man Ray），美国20世纪视觉艺术家，常居巴黎，参与先锋派运动。——译注

2　Kiki de Montparnasse 是爱丽丝·普兰（Alice Prin）的别称，她又被誉为巴黎的艺术女神、"蒙帕纳斯的女王"，是20世纪法国艺术模特、演员、歌手，在20年代的巴黎文化中起了重要作用，也是回忆录作家兼画家。——译注

工作造成灾难性的后果，因而也会对他的谋生能力造成灾难性的后果，但他还是能够在这重危机中为接下来几个月安排出一份持续的微小收入：他已把自己的柏林公寓转租给一个姓冯·舍勒的
395 “可靠之人”，事实上，此人将作为租户一直住到1938年底。“通过精心安排”，他得以在此之外又得到几百马克，他希望这些够他在伊维萨岛住上几个月。而且，柏林还有一些朋友，主要是格雷特尔·卡尔普鲁斯和坦克马尔·冯·闵希豪森，他们随时准备伸出援手，帮忙打理他的公寓，照料他留下的文稿、书籍和其他物品。

一个主要的担忧来自朵拉和斯特凡还在柏林这一现实。“要是斯特凡不在他如今还身处的地方的话，所有这一切……就是可以忍受的了。”（BS, 36）。3月底，他从巴黎给朵拉写信，提议把斯特凡送到巴勒斯坦去，毕竟朵拉的哥哥维克托曾在巴勒斯坦协助建立一个村社，但前妻否决了这一想法，拒绝和儿子分离。朵拉4月份丢掉了工作，她和十五岁的儿子一起开始学习意大利语，希望在南方找到一处避风港。后来，1934年秋，她会在意大利西北部利古里亚海滨度假小镇圣雷莫（San Remo）购置并经营一家小旅社，她一落脚便从那里对本雅明发出真心实意的请求，请他来做客——而他也的确去了。[1]身在纳粹德国的一年间，朵拉徒劳地尝试为前夫寻找发表机会。斯特凡认为自己完全是左派，他在德国待到1935年夏天，上了文理中学并努力维持一种正常青春期生活的表象。那年9月他去圣雷莫和母亲团聚，转入当地高中（liceo），后来又去维也纳（朵拉的父母住在那里）和伦敦继续上学。朵拉对儿子的任何事都不加干预，因为正如她告诉儿子父亲

1　见1934年7月15日朵拉寄来的生日贺信，节录于GB, 4:476–477n。

的那样，“他太懂事了”。

4月初，本雅明在塞尔兹一家的陪同下，前往伊维萨岛旅行，途经巴塞罗那，停留数日，那里住着他的老朋友阿尔弗雷德·科恩和格雷特·科恩——兴许也是为了去见那位“非常美丽的女士朋友”，一位柏林医生的前妻，关于她，奥尔加·帕蕾姆曾向肖勒姆说起过。[1] 在伊维萨城塞尔兹家小住之后，4月13日左右他到了圣安东尼奥村。他发现这个地方在过去一年中模样大变。岛屿本身已不再是过去那个未经搅扰的避难所，而成为一处勃兴的度假地，夏日游客以德国人为主，不乏纳粹党。正如让·塞尔兹所言，“那种神奇的氛围绝对变质了”[2]。新建设工程的噪音充斥于圣安东尼奥的空气，因为岛上的居民都想从外来客流以及随后流亡人流的涌入中得到好处；甚至连有些客居者，比如诺艾格拉特一家，也找到办法从这一局面中获利。他们把自己在萨·蓬塔·德·莫利的房子——位于圣安东尼奥湾上方——转租出去，当本雅明到来时，他们正准备搬进新房子。本雅明原本得到保证，可以和诺艾格拉特一家合住两个月，还期待着再次住进上一年夏天的那间屋子，享受旁边那一片可亲的树林。结果他发现新的安排远没有那么美好。新房子不仅在建筑上很平庸，位置上不方便，而且墙如纸薄，声音可以穿过任何一间屋子，同时阴风阵阵，因为那年的夏天来得迟。不过也有一些优点，屋子更大，甚至有类似更衣室的空间，他的浴室还有热水，但本雅明再也没能重新找到他前一年体会过的那种惬意安居的感觉。诺艾格拉特本人也变了，显得更矜持内敛，一点不像本雅明学生时代所认识的那个“宇宙天 396

1 见塞尔兹关于他们在巴塞罗那的波西米亚风红灯区“中国城”度过的那些夜晚的记述，Selz, “Benjamin in Ibiza,” 361 。另见 GB, 4:244 和 SF, 189。

2 Selz, “Benjamin in Ibiza,” 362.

才”。而且，最令人担忧的是物价正在上涨，所以即便靠出卖他的部分硬币收藏（此事由坦克马尔·冯·闵希豪森在柏林代办）所得的补贴，以他的“欧洲最低标准”一个月六十或七十马克，本雅明也只能是艰难过活。他在他“去年的森林”中度日，常去伊维萨岛的港口小城，看望塞尔兹一家，坐在一间咖啡馆里（城里的电影院对他来说太脏了），暂时逃离那种笼罩着圣安东尼奥的“殖民气氛……，最可恨的气氛”。“我长久以来对整个开发商行业的不信任……在此地得到了太过强烈的确认。”（C, 415–416, 419）

他对小岛及其改变的抱怨，当然因为德国危机在全欧洲投下的阴影而加重。在这方面，本雅明保持着他长期以来的做法，避
397 免在书信中评论政治局势，也拒绝当面讨论此类问题。相反，他关心的是，如何为他现在的流浪汉生活建立起有工作效率的饮食起居，并重新找到熟悉的环境。只要耳边没有“爆破声和锤击声”，没有“小心眼儿的店主和度假客”的闲话和争吵，他便立刻发觉自己又能捕捉到某种“本地区的孤独所具有的古老美感”（C, 415–416, 408）。于是，在安乐椅、毛毯、热水壶和其他装备的帮助下，他在林中的一个隐蔽地点搭建起了自己的书房，正如他上一年所做的。一开始，冷风使得户外工作近乎不可能，白天这份艰辛的唯一“补偿”，就是在诺艾格拉特家的搪瓷浴缸中泡个热水澡，这在伊维萨岛上可以算是一种奢侈了。后来，他大清早步行前往自己选中的山坡，在那里的灌木后面拿出他的安乐椅，放好他的书籍、报刊，或阅读或写作，都无人打搅。在给格雷特尔·卡尔普鲁斯的一封信（GB, 2:207–208）中，他描述了自己在圣安东尼奥的日常生活规律，这是他那个夏天写给她的几封长信之一，在这些信中，他第一次称她为 Felizitas，这是他给她起的昵

称[1]，而他自己则落款为Detlef或Detlef Holz，这是他当时的一个笔名（此外，他称自己为她“领养的孩子”，区别于作为她的“问题儿童”的阿多诺）。他通常在六点或六点半起床，下海沐浴，随后游泳，七点就来到他的林中秘密地点，读一小时的卢克莱修。八点，他拔出热水壶的盖子，吃早饭，然后工作——因斯多葛式的克制和近乎于无的餐食而意志坚强——到一点，正午时通常会暂停一会儿，在林中散步。两点左右，他到镇上吃午餐，坐在长桌边，细心观察本地通行的礼节，然后他喜欢坐在旁边的无花果树下，阅读或“涂涂写写”。他缺少国际象棋的对弈者，于是有时在纸牌游戏和多米诺牌中（虽然他的对手即便大多数不从事脑力劳动，却玩得“过于认真”）或在咖啡馆的闲聊中度过后半个下午。回到屋中，他和“三百只苍蝇”共处，九点或九点半上床，就着烛光读一本西默农[2]的侦探小说。

随着旅居的持续，即便这一作息规律也无法在圣安东尼奥的尘嚣中提供足够的解脱，于是他开始频繁深入小岛内部。在一次这样的出游中，他和新认识的朋友同游，见识了“岛上最美、最 398
偏远的部分”。他的同伴是一位二十二岁的丹麦雕刻工，名叫保罗·高更（Paul Gauguin），是著名画家高更的孙子，也是住在伊维萨山岭深处的一个村落的唯一外国人。早上五点，他们和捕龙虾的人一同出发，在海上花三个小时学习这份工作，然后本雅明和高更——高更“如此未开化，又具有如此高的文化教养”，正

1 这个名字属于威廉·施派尔剧作《一件外套、一顶帽子、一只手套》中的一个角色，本雅明曾在这个剧本上和施派尔合作。见 BG, 6n5。

2 乔治·西默农（Georges Simenon，1903—1989），法国著名侦探小说家，相关讨论详后。——译注

如本地的风景——被带到一处隐蔽的海湾上岸。在那里，他们得以看到“永恒的完美，……它存在于不可见世界的最边缘”。他们所见的是一些妇女，全身裹着黑衣，聚在渔船周围，只有她们“严肃而一动不动的脸”没有遮住。这一景象对本雅明来说始终不可诠释，直到大约一小时后，当他们正沿着山路向一座村庄攀行时，“一个男人朝我们这边走来，抱着一个白色的儿童棺材”。底下的妇女是死去儿童的哭丧女，但她们不愿错过摩托艇停靠海滩这样少见的奇观。“为了感受到这一景象的惊人之处，”本雅明这样评论道，“你必须首先理解它。”本雅明猜测高更从一开始就知道他看到的是什么，但“他基本上没说话”（C, 419–421）。

地中海的旖旎风光偶尔还能对他施展魔力。他给格雷特尔·卡尔普鲁斯[1]一封信的结尾，以田园诗般的笔调描写了他在一处高阳台上的视野：“镇子在我脚下；铁匠铺和工地发出的噪音从底下传来，就像始于我脚底堡垒的大地的呼吸——镇子这一带就这么小。往房屋的右边，我看见大海，而房屋后面，小岛缓缓上升，以便在一连串耐心陪伴地平线的山陵后面，可以再次沉入大海。”（GB, 4:209）他也从自己深入岛屿的远足中获得了生动的印象。“在山中，你会发现岛上耕种最多、最肥沃的地带。土壤中川流着沟渠，不过它们太窄了，以至于有时很长的距离都是在高高的草丛之下流淌，无法看见——而这草丛是最深的绿。这些水道
399 的湍急前行产生了一种近似吮吸的声音。豆荚树、杏树、橄榄树和针叶树长在坡上，而谷底则铺满玉米和豆秸。岩石上方怒放着

1 此处原文为格雷特尔·阿多诺，本书作者在行文中时常混用格雷特尔·卡尔普鲁斯这一婚前原名和格雷特尔·阿多诺这一婚后名。为明晰起见，在译文中，凡涉及和阿多诺成婚之前的时段，译者都使用格雷特尔·卡尔普鲁斯这一原名；涉及格雷特尔在完婚后和本雅明的交往时，则称格雷特尔·阿多诺。——译注

夹竹桃。”（GB, 4:231–232）

虽然本雅明竭尽全力地限制他所接触的人际圈子——比如说，他主动回避拉乌尔·豪斯曼，这位前达达主义者其实就住在距离圣安东尼奥不远的地方——但他还是利用了岛上新的社交便利。例如，他始终是米格约恩酒吧（Migjorn，意思是“南风”）的常客，这家酒吧属于让·塞尔兹的兄弟居伊。本雅明也始终是位于贡奎斯塔街（Calle de la Conquista）的塞尔兹家的常客，在那里，塞尔兹夫妇定期做东，招来一批作家和艺术家。本雅明甚至还试着学西班牙语，就像他每一次回过头来要完成自己学希伯来语的承诺时一样，他积累了一整套学习方法，包括传统语法、词频表和新式的“暗示”学习法。结果也和学习希伯来语一样：据他自己承认，他始终没达到任何真正程度的掌握。

5月的最后一周，本雅明和塞尔兹一家住在一起；他需要他们房子里的相对安静，还有花园，还有海湾和远山的景色，以便完成他对法国当代文坛的棘手研究，这篇文章将是他在霍克海默的新刊物上的亮相之作。与此同时，他给朋友们朗读了《1900年前后的柏林童年》中的内容，一边读一边译，他在把某些段落译成法语时遇到的困难也吸引塞尔兹着手翻译这部著作。虽然，据本雅明说，塞尔兹不懂德文，但翻译以一种密切合作的方式展开——“我们花好几个钟头，讨论最细微的词”——而且本雅明宣称他自己对初步的成果非常满意。[1] 也正是在5月底旧城区小住期间，他和塞尔兹一起吸了鸦片烟，实现了本雅明最初在一年前表达的愿望。这一经历在塞尔兹的散文《瓦尔特·本雅明的一

1 Selz, “Benjamin in Ibiza,” 361. 他们最终把《柏林童年》中的五篇译成了法文（见 GS, 4:979–986），这之后，他们的友谊在夏天冷淡了下来。见 GB, 4:374–375, 393–394。

次试验》（“Une experience de Walter Benjamin”）[1]中有详尽描述，而本雅明自己在给格雷特尔·卡尔普鲁斯的信中的记叙则相对较为简短。

> 400 ［鸦片］的云烟几乎没有升到天花板，我如此深切地理解了如何把它们从长长的竹烟管中深吸到我的体内。……傍晚刚降临时，我感到忧愁。但我意识到一种罕有的状态，内在的和外在的忧虑互相之间有非常精确的平衡，这产生了一种心境，也许只有在其中，人才能真正找到安慰。我们把这当作……一个标志，尽管做出了所有聪明的小安排，让人能在晚上免于躁动，我们还是在两点左右开始工作。……助理的角色要求极为细心的工作，在我们两人之间分配，使得我俩中的每个人都同时既是服务者又是受益者，而对话和助理的行动也交织在一起，就像戈布兰挂毯（Gobelin tapestry）[2]中为天空着色的线和前景中的战争场面交织在一起一样。……今天我已获得了我的窗帘研究的重大成果——因为一块窗帘把我们和阳台隔开，而阳台望向城市和大海。（OH, 14–15）

塞尔兹则引用了本雅明有趣的新造词，rideaulogie——窗帘学！——而本雅明自己，在他写下的关于鸦片的随想《瓦罐笔记》[3]（“Crock Notes,” OH, 81–85）中，指出窗帘是“风的语言的译解者”。《瓦罐笔记》——还有后来的《拱廊街计划》——暗示，要领会现代世界无处不在而意蕴纷繁的装饰，就需要一种特殊的

1 “An Experiment by Walter Benjamin” (1959), trans. Maria Louise Ascher, in OH, 147–155.

2 一种著名的法国织毯，作坊在巴黎的戈布兰街，曾长期供给法国王室。——译注

3 Crock（瓦罐）是本雅明和友人之间指称鸦片的代号。——译注

方法，一种多重的可阐释性（interpretability）的感觉。就像大麻、鸦片——他们使用代号“瓦罐”——照亮了隐含在日常社会中的“表面世界”：“鸦片吸食者或大麻服用者体验了凝视的力量，从一个地方（place）吸吮出一百个场所（sites）。”[1]

当然，“内在的和外在的忧虑”不可能被这样的手段长久地驱散。“大世界”成功地以未曾预料的方式侵入小岛：5 月 6 日，弗朗西斯科·佛朗哥将军造访了伊维萨岛，这是出于他作为负责巴利阿里群岛的司令官的职权，而本雅明由此强烈地联想到极右翼在全欧洲的兴起。5 月早些时候，他曾收到关于弟弟格奥尔格的消息，格奥尔格从 1922 年起就活跃于德国共产党内，现在落入纳粹冲锋队之手。最先的报告说他受到了虐待，一只眼被打瞎，但 401 这些说法被证实是有所夸张了。本雅明离开柏林前曾和弟弟通过电话，那时格奥尔格遇害的谣言已经开始散布。格奥尔格是在 4 月被捕的，捕手们有的穿制服，有的便衣，他被以“预防性拘留”的名义关在柏林的警察局监狱中。夏季，他被转入松嫩贝格集中营（由冲锋队和党卫队管理），但在圣诞节前后被释放。后来，正如本雅明所预料到的，格奥尔格又恢复了非法活动，为地下出版社翻译英语、法语和俄语文章，编辑通讯录。1936 年他再次被捕，判处六年徒刑，刑期服满后被送入毛特豪森集中营，1942 年在那里去世。[2]他弟弟被捕的消息——肖勒姆的兄弟维尔纳（Werner）也遭遇了类似的命运——很自然地加剧了本雅明对儿子的担心。

---

1 “Crock Notes,” in OH, 85. 关于本雅明的大麻服用，见本书第六章。

2 见格奥格尔的妻子希尔德·本雅明的记述，她说格奥尔格是在毛特豪森遇害的，*Georg Benjamin*, 207–291。相关材料在 Brodersen, *Walter Benjamin*, 208–209 有概述。本雅明的妹妹朵拉这时也还在德国，但 1934 年和 1935 年她是在巴黎度过的（在那里她和瓦尔特恢复了联系），后来她逃到瑞士，于 1946 年离世。

但他不能直接给朵拉写信谈这些事情，否则会让她和斯特凡身陷险境：“到处都是密探。”（BS, 47）当他 7 月听说她和儿子正乘坐汽车横穿中欧时，他才稍稍好受些，放宽了心。但 5 月底，他还是感受到动乱所带来的震荡，这让本雅明在给肖勒姆的信中诉说道：“我的状况很糟。全然不可能抓住任何东西作为依靠，长此以往会威胁到人的内在平衡——甚至对于像我这样一个已经习惯于活在不稳定境况中，且没有任何指望的人来说，也是这样。”（BS, 51）

到晚春时节，本雅明已经在考虑离开小岛，但他既没有充足的钱，也没有可行的前景（BG, 23）。5 月，他写信告诉朋友们，他已经害怕起在巴黎等着他的“冬日萧瑟”，仿佛所有的季节都让位给了永久的寒冷和死亡。到 7 月中旬，如他自己所料，他耗尽了自己的财源：没有任何可以依靠的收入来源，除了从柏林房客那里收到的可怜的几马克。看不到短期收入的可能性，他只得越来越多地仰仗那些尚可接济他的朋友们的好心。在这样的境况下，本雅明创作了他的《悲哀之诗》（“Sad Poem”）：

402 你坐在椅子上，写作。
你越来越、越来越疲倦。
你准点上床，
你准点吃饭。
你有钱——
好心的上帝所赐。
生活多美好！
你的心跳动的声音越来越、越来越高，
大海变得越来越、越来越凝定
向下，直至它的根底。（GS, 6:520）

这里当然有一种反讽元素，即对忧郁的沉醉——至少直到最后的三行韵，那是某种微型的启示录文学。把《悲哀之诗》和德国流亡客的最著名诗作加以比较，是很有意味的，那就是布莱希特 1938 年的《致后人》(“To Those Born Later”)。在本雅明抒写个人沉入历史深处的情感的地方，布莱希特却展望一个这种沉没已经成为历史的时代：

你们，从我们所沉没的
洪水中浮现出来的人们啊，
你们谈到我们的弱点时
也请记往
你们所逃脱的
那个凄惨的年代。[1]

于是，本雅明可以在那年夏天盛行于岛上的阴雨天气中得到一些矛盾的安慰，虽然他有户外工作的习惯。如他对格雷特尔·卡尔普鲁斯所说，“我喜爱阴沉的日子，不论是在南方还是北方”(GB, 4:249)。不过他的凄惨和伤感是真实的。我们前面提到过文森特·瓦雷罗的调查报告，他在 20 世纪 90 年代采访了岛上许多最年长的居民；他告诉我们，本雅明后来被当地人称为“可怜人”，大家从他日益简陋的衣着和拖行的步态中看出了他的贫困和孤立。[2] 他在岛上的头三个月已经和 1932 年他在自然和原始社会中遇到自己的乐园时的兴高采烈形成鲜明对比；而这最后三个月更见证了他陷入绝望。在那些日子里，本雅明逐渐终止哪怕是

1 Brecht, *Poems 1913–1956*, 319.（中译采用绿原译本，略有改动。——译注）

2 Valero, *Der Erzähler*, 119–120.

403 和岛上朋友的交往，因为他被迫反复更换住处。他的已然非常有限的饮食减到了生存线以下，由此导致的营养不良，再加上他的心理状态，带来了一系列令他虚弱的疾病。

然而，并不是所有通向外界的文学联系都切断了。他顽强地和一些报纸通讯员及期刊编辑保持着接触，这其中包括卡尔·林费特、马克斯·里什纳和阿尔弗雷德·库雷拉。库雷拉已经移民巴黎，当时显然在考虑去伊维萨岛待一段时间；本雅明 6 月给他写信，介绍岛上的生活情况及其两个主要城镇。他告诉库雷拉，他很高兴收到来信，而当时库雷拉是苏维埃共产国际的一个法国支部的书记："您站在圆心；我至多只是在切线上旅行。"（GB, 4:224）但那条切线，不管和圆圈的交点多么微小，继续给他带来工作。"约稿消息……不断从德国传来，"他从圣安东尼奥报告说，"[约稿]来自那些以前对我没多少兴趣的编辑部。"（BS, 59）[1] 平均下来，他一个月能挣 100 马克左右，这让他的收入勉强保持在岛上生活的最低限度 70—80 马克以上。他的工作效率也没有因为他日常生存的不稳定状况而降低。恰相反，正是在流亡的这一最初时期，他写成了《柏林童年》中一些最华美的篇章，包括《月亮》《驼背小人》以及他的"自画像"《内阳台》。正如他告诉格雷特尔·卡尔普鲁斯的那样，写作是"秘密进行的"，再加上他截至目前都没有为《柏林童年》一书找到出版商——用笔名或匿名发表个别篇章仍在继续——这使得他能够抵抗完成这一工作的诱惑（C, 427–428）。这些新的《柏林童年》章节是在他的工作日程的缝隙中、约稿劳动的间歇中完成的。5 月 30 日，他终于得以

1 他提到了《欧州评论》（*Europäische Revue*），阿多诺那年春夏在那上面发表音乐评论。阿多诺曾向该刊编辑约阿希姆·莫拉斯（Joachim Moras）推荐本雅明，最终还是没有结果。见 GB, 4:196n, 211n。

完成这些约稿中最紧迫的一篇《法国作家的社会现状》。

本雅明对法国文学界的广泛研究是从最微薄的物质基础上建筑起来的，也就是诺艾格拉特的藏书、本雅明前一年留在岛上的三四十本书、霍克海默从日内瓦寄来的几本书，而他很清楚这带给他的困境。“这篇论文，怎么说都是彻底的伪造之作，”他在 4 404
月 19 日对肖勒姆写道，“它获得了一种差不多魔术般的面貌，而这恰恰因为我不得不在这里写它，几乎没有任何意义上的原材料。它将在日内瓦特别醒目地展示出这一面，但在你面前就隐藏起来了。”[1] 尽管有这些困难，他还是能够从一份令他痛苦的工作中得到最终的满足——而这正在成为他的模式：“不可能生产出什么确定的东西。不过，我相信，读者还是会对此前从未得到清晰呈现的关联获得一些洞见。”（BS, 54）

在这篇文章中（SW, 2:744–767），本雅明把法国知识分子的当下社会危机追溯到这一危机在阿波利奈尔作品中的最初展现。接下来，他首先呈现了天主教右翼的立场。“浪漫派虚无主义者”莫里斯·巴雷斯（Maurice Barrès）的作品，要求一种“天主教感情与土地精神”的结盟，是一个跳板，于是有了朱利安·邦达（Julien Benda）更为著名的对“知识分子的背叛”的审判。在右翼作家中，本雅明对夏尔·佩吉的讨论最为平衡，考虑到他对这位诗人的长期兴趣，这并不令人惊讶。他强调，在佩吉的神秘民族主义中，有自由论（libertarian）、无政府主义和民粹主义的元素，他认为这些元素是法国大革命的遗存。对佩吉民粹主义的分析引出了一批作家，他们继左拉之后与民粹小说（roman populiste）这

1 BS, 41.

一形式斗争着，尤其是路易－费迪南·塞利纳[1]及其轰动性的长篇小说处女作《茫茫黑夜漫游》(1932)。虽然，不出所料，本雅明对塞利纳的成就保持怀疑，但相比为普通人的纯朴和道德纯洁唱赞歌的自由派作家感伤而陈腐的写作，他还是更喜欢塞利纳小说中那看穿革命前夕群众的冷眼，揭示了“他们的懦弱，他们充满恐慌的忧惧，他们的愿望，他们的暴力”。本雅明于是表扬了塞利纳对因循守旧派（conformism）——甘愿把当代法国的一切都当作既定现实——的反抗，而因循守旧派强烈反对大多数新近文学。

因循守旧这一观念是一座桥梁，通往他对四位超越了它的作家的分析，他们是：朱利安·格林、马塞尔·普鲁斯特、保罗·瓦莱里、安德烈·纪德。格林的小说对本雅明来说是“激情
405 的夜间绘画”，它们是黑暗的作品，打破心理小说的陈规。但本雅明在格林写作的核心发现了一个矛盾——这些作品的形式创新和它们对题材的倒退处理之间的矛盾。对本雅明来说，也正是同样的矛盾，但达到了更高的层次，塑造了普鲁斯特伟大的长篇小说。

> 出于这一原因，讨论过去十年的小说为自由所做出的贡献，就很合理了。除了提到普鲁斯特率先开始捍卫同性恋以外，很难想出其他答案。不过，尽管这样的评论对文学微乎其微的革命果实是公正的，但它绝没有穷尽《追忆逝水年华》中同性恋的意义。相反，同性恋显现在他的作品中，是因为自然生产力的最遥远和最原始的记忆被放逐出了他所关心的那个世界。普鲁斯特所描写的那个世界不包含一切与生产有

1　路易－费迪南·塞利纳（Louis Ferdinand Céline，1894—1961），法国小说家，后发表反犹言论，支持与纳粹德国结盟，“二战”后曾因通敌受审。——译注

关的事情。（SW, 2:755）

这一形式创新和主题倒退的矛盾将在接下来一年中占据本雅明的头脑，刺激着他形成对进步文学中“形式–内容关系”的反思，于是后来有了《作为生产者的作者》（“The Author as Producer”）一文。关于法国作家的文章也在另一方面为后来的工作奠定了基础。在他对瓦莱里的分析中，本雅明聚焦于这位作家对自己作品的认识和态度。瓦莱里是当代作家中的技艺大师；据本雅明看来，写作对瓦莱里而言首先是技术。对本雅明来说，和对瓦莱里一样，进步不仅在理念上而且在技术上是可能的。因此，理想状态下，艺术“不是一次创造，而是一次建设，在其中，分析、算计、规划扮演着主要角色”（SW, 2:757）。但在他对人类主体的认识中，对知识分子作为私人个体的认识中，瓦莱里无法跨过“历史的门槛”，那道门槛把“有和谐教养的、自足的个人”同技术工匠及专家隔开了，而工匠和专家“准备好了要在更大的计划中占有一席之地”。这又把本雅明引向安德烈·纪德。

在本雅明的阅读中，纪德的《梵蒂冈地窖》的主人公本身就
只是一项技术，一个建构——这体现在那著名的“无理由行动” 406
（gratuitous act）中，无缘无故把火车旅客推出车外，致人死亡。本雅明在这一行动与超现实主义者的行为之间摸索到一种直接联系。“因为，超现实主义者越来越表现出他们意图把原本始于玩笑、怪癖的场景和共产国际的标语口号协调起来。而如果对于极端个人主义这一纪德作品从一开始就挂出的旗帜，还可能有任何疑问的话，那它也在他最近的表态中失去了全部有效性。因为这些表态清楚地说明，一旦这种极端个人主义投入其周边世界接受检验，它就不可避免地转化为共产主义。”（SW, 2:759）这篇论文于是从伟大的

自由派资产阶级作家过渡到了公开的左翼分子：超现实主义者们和安德烈·马尔罗（关于马尔罗的部分是 1934 年 1 月加上去的）。马尔罗的《人的境遇》描绘了共产主义者对蒋介石的民族主义势力的抵抗，本雅明不把这部小说看作对革命的高声号召，而视之为西方资产阶级左翼分子的精神现状的一份索引："对西方的文学知识分子来说，内战的气氛和问题是比苏维埃俄国社会重建的沉重事实远为重大的关切。"（SW, 2:761）由此，只有超现实主义者们可以回答这一问题：是否可能存在一种并非说教的革命文学。在这篇为《社会研究杂志》而作的论文中，本雅明保持着他对这一问题的狡猾态度，而他在 1929 年关于超现实主义的伟大文章中已经爆炸性地回答过这一问题。这一次，他只是提到，超现实主义已经"为革命争取到了迷醉的力量"，也就是说，把文学和精神紊乱联系在一起，从而让文学具有危险性。《法国作家的社会现状》算不上本雅明最重要的论文：它太过谨慎，太在意发表场合，并且准备好了遵从路线。但是，作为一篇关于危机中的法国文学现状的角度别致的介绍，它的价值远远超过了本雅明自己的估计。在社会研究所，该文受到热烈欢迎，两个新的约稿接踵而至——一篇关于艺术史家爱德
407 华·福克斯，一篇是对语言哲学和语言社会学新作的书评。但在回到巴黎之前他是不可能着手这些工作的。

暂别当代法国作家和知识分子的处境，本雅明又回到了德国文化现场，在那里，斯特凡·格奥尔格正在庆祝六十五岁生日。他收到两本关于这位诗人、这位文化保守主义偶像的新书，供他写作书评之用，这置他于"不快的境地，如今不得不在德国读者面前谈论斯特凡·格奥尔格"（BS, 58–59）。他的权威而公正的评论《回顾斯特凡·格奥尔格》（"Stefan George in Retrospect"），以笔名 K. A. Stempflinger 发表于 7 月 12 日的《法兰克福报》，是他对

这样一位他青年时期曾感到最强烈兴趣的作家的最后一次公开清算。正如他在评论一开始所说，对于这位作家的声音，他随着时间流转已经获得了新的辨听之耳（SW, 2:706–711）。这里的关键是他对格奥尔格作为新艺术派艺术家的成熟品鉴。格奥尔格对他而言仍是一位伟大而且确实是预言性的人物，在其对自然的狂怒中，在其不可调和的姿态中，格奥尔格"站在从波德莱尔开始的思想路线的终点"（格奥尔格在本雅明之前翻译过波德莱尔的诗作）。[1] 但随着二十五年过去，与他的名字相联系的"精神运动"可以被越来越清晰地看作颓废派运动最终的、悲剧性的抽搐。尽管他的诗学方法极具力量并且高贵，但在没有活的传统的情况下，格奥尔格对象征和"秘密符号"的依赖表现出防御性，一种潜在的绝望无计，其主要症候就是"风格"本身胜过了意义："风格是新艺术派的风格——换言之，在这种风格中，旧的资产阶级通过放纵幻想在全宇宙范围内（indem es kosmisch in alle Sphären schwärmt）进行诗歌之旅，来掩盖其自身无能的预兆。"

德国新艺术派（Jugendstil，字面意思是"青年风格"）作为新艺术（art nouveau）的德国变种，得名自读者众多的刊物《青年》（*Die Jugend*），它的"扭曲的装饰"（tortured ornamentation），反映出一种把新诞生的构造形式重又转化为手工艺语言的决心，因而以一种有机物的奔放构型掩盖了其技术手段的现代性，由此，新艺术派是"一次伟大且相当自觉的退行"。虽然正如"青年"一词所让

1　本雅明致肖勒姆信中尖锐地说道："如果上帝确曾通过实现其预言击溃了一位先知，那么，这就是发生在格奥尔格身上的事。"（BS, 59）尽管抱持专制保守主义立场，但格奥尔格强烈反对纳粹主义的兴起；他拒绝纳粹政府给他的金钱和荣誉，1933 年在生命走向尽头时开始流亡。1944 年 7 月试图刺杀希特勒的冯·施陶芬贝格伯爵，正是他的追随者之一。

人想到的那样，新艺术派对未来有酒神式的愿景，但它始终只是
408 “‘精神运动’，向往人类存在的更新，但绝不留意政治”。新艺术派的绝望退行意味着，即便是“青年”这一意象也“收缩”成了“木乃伊”。评论结尾处的这些话讽刺性地指向格奥尔格对死去的俊美青年马克西敏（Maximin）的崇拜，但本雅明同时也想到了他青年时代死去，甚至完全神化的同志（弗里茨·海因勒、丽卡·塞里格森、沃尔夫·海因勒），以及他自己这一代人身上理想主义的萎缩。正是战前青年运动中的那些不妥协的忧郁浪漫派们——用他的话说，他们“活在这些诗中”——于世界暗夜（Welt-Nacht）降临之际在那些诗里找到了避难所和安慰。在那“注定沉沦”的一代人的经验中，格奥尔格是一位强势的“吟游诗人”。因此，他的形象和作品的真正历史意义，不显示在那些凭借这位导师之名升入大学讲席教授之列或获取了政治权力的人身上，而是体现于“那些——至少是其中最优秀者——因为死亡而可以在历史审判席之前充当证人的人们身上”。

另一个来自《法兰克福报》的纪念性评论约稿也接踵而至，这一回是德国启蒙运动诗人、小说家、翻译家克里斯托夫·马丁·维兰德（Christoph Martin Wieland）逝世二百周年。本雅明向肖勒姆坦承，他对维兰德的作品几乎一无所知。他借鉴了一部纪念文集中的篇章，并利用雷克拉姆（Reclam）版的维兰德部分著作，写出了一篇传记性文章（以维兰德和歌德的友谊为焦点），9月发表。春夏期间，他热情高涨地研读了阿诺德·本涅特（Arnold Bennett）新近被翻译过来的小说。他发表了一篇关于德文版《老妇谈》（*The Old Wives' Tale*）的书评。这篇评论，题为《炉边》（“Am Kamin”），发挥了他一年前和让·塞尔兹在一起时首次谈起的一个譬喻，这个譬喻后来又出现在1936年的著名文章《讲

故事的人》中，这就是把小说的情节构造比为在壁炉中生起火来。[1]他向尤拉·拉德-科恩推荐《克莱汉格》（*Clayhanger*）这部小说时——他也给别的一些朋友推荐了，令人难忘地讲到自己对这位爱德华时期的杰出小说家和批评家的个人亲近感：

> 在［阿诺德·本涅特］身上，我越来越辨认出一个人，他 409
> 的立场和我自己现在的立场非常相近，而他的存在证明这态度是可行的，就是说，在这个人身上，对世界将往何处去毫无幻想[2]，甚至持有根本性的疑虑，既不会导致道德上的盲目，也不会导致怨愤，反而引出一种极为狡黠、聪敏而精致的生活艺术。这使得他能够从他的不幸中夺得机会，从他自身的恶中夺得为数不多有尊严的自持之道，这意味着人的一生。（C, 423）

除了本涅特对英国外省生活无尽细腻的描写以及临时找来的侦探小说以外，他还在阅读托洛茨基《俄国革命史》第二卷的德译本，对此，他在给格雷特尔·卡尔普鲁斯的信中使用暗语，以便迷惑柏林的审查官，他这样写道："至于那部写农民生活的庞大小说，去年夏天我在这里开始阅读，现在我在读最后一卷'十月'，在这卷中，克里特罗茨（Kritrotz）的手法之高超甚至胜过第一卷。"（GB, 4:187）他在读完这本之后又转向罗伯特·路易斯·史蒂文森的《化身博士》的德译本。那年夏天稍晚时候，他

1　见 Selz, "Benjamin in Ibiza," 359–360。《炉边》一文最初用笔名 Detlef Holz 发表，现收入 GS, 3:388–392。另见《讲故事的人》第十五节："小说读者……吞噬叙述的素材恰如壁炉中的烈火吞噬木块。贯穿小说的悬念正像一股气流，煽旺炉中之火，使之生动狂舞。"（SW, 3:156）本雅明告诉肖勒姆，《炉边》包含的"小说理论和卢卡奇的理论绝无相似之处"（BS, 48）。

2　对比《经验与贫乏》（1933）一文中的表述，本章后面会有讨论。

在读“乱七八糟一大堆东西。甚至神学，因为足够好的侦探小说太少”。这里指的是三部新近出版的研究：一本关于历史和教义，一本关于作为史实的耶稣，还有吕西安·费弗尔（Lucien Febvre）的《马丁·路德的时运》（*Un destin: Martin Luther*）。在读完最后这一本时，他给肖勒姆（他曾是数学专业的学生）的书信表现出了神学幽默：“现在是我一生中第五次或第六次领会到什么是因信称义。但在此，我所遇到的麻烦和我在无穷小量微积分那里遇到的一模一样：我掌握它几小时后，它就会再次消失许多年。”（BS, 76–77）

不论本雅明在其成年生活中曾变得多么躁动并四处漫游，他终究还是一个柏林人，依托朋友、熟人、思想伙伴和论敌的网络而活跃多产。如果说，他第一次旅居伊维萨是都市生活的一次有益中断，那么第二次旅居则给他带来了个人生活和思想生活上的孤立，而这种孤立的感受将贯穿他余生的大部分时光。1933 年在伊维萨的几个月中，他为数不多的固定通信人是肖勒姆、格雷特尔·卡尔普鲁斯和基蒂·马克斯–施泰因施耐德。4 月抵达岛上
410 不久时，他曾给西格弗里德·克拉考尔寄过一张风景明信片，询问移民生活的消息。克拉考尔 2 月 28 日和妻子一起逃亡，现在巴黎任《法兰克福报》的通讯作者，他关于瑞士新艺术派之后的画家奥古斯托·贾科梅蒂（Augusto Giacometti，他是阿尔贝托·贾科梅蒂的表亲）的文章，本雅明刚刚读到。那年夏天，他没有收到克拉考尔哪怕半个字的回复，这可以从他四个月后对格雷特尔·卡尔普鲁斯所说的一则评语中推测出来，这席话涉及在巴黎找到对他作品的真正理解的几率，对此他自称不抱任何幻想：“不意外的是，关于克拉考尔的近况我只能通过道听途说有所了解；也许，他的情形之所以尤其困难……是由于那些他特有的根深蒂

固的幻想。”（GB, 4:277）那年春天以及夏天的大部分时间，每两三周就有来自肖勒姆的信，对此本雅明始终很感激。信中又建议本雅明考虑搬到巴勒斯坦或至少去访问一次。“你是否（a）可能，（b）应该住在这里，这个问题已经在你的崇拜者的圈子中多次被讨论到，”肖勒姆5月底这样告诉他，同时鼓励他自己参加这样的讨论。此前，基蒂·马克斯-施泰因施耐德曾邀请他去她和她丈夫在雷霍沃特（Rehovot）——位于雅法附近——的新家去做客，并愿意提供路费。肖勒姆回忆说，本雅明对这些邀请反应积极，但“总是有理由却步”（SF, 197）。我们现在可以看到，关于本雅明这类作家在巴勒斯坦找到工作的机会，肖勒姆书信所描绘的前景并不乐观。早在那年3月，他就曾提到“你在此谋生显然不可能”，7月，他直言道：“我们看不到你在此找到工作或得到一份哪怕勉强合适的职业的可能性。”（BS, 31, 65）耶路撒冷大学主要依靠美国的捐赠人，没有经费招聘，而且虽然每天都有满船的工人从欧洲抵达，但留给“学者的空间小得可怜”（BS, 33）。为了参与让他前来巴勒斯坦的讨论，本雅明曾于6月16日的信中写道：“我一无所有，几无牵挂。”他说，他“很乐意并完全准备好了来巴勒斯坦”，只要他能得到保证，在那边比在欧洲更有空间来施展“我所知道的和我所从事的种种……如果没有更多[空间]，那 411
就等于更少……如果我在那里能够增进我的知识和能力，而不用抛弃我已经取得的一切，那么我在迈出这一步时就不会有半点犹豫”（BS, 59–60）。肖勒姆的回复结结实实地为这些半信半疑的猜测关上了门。耶路撒冷不同于其他供人们生活和工作的城市。“长远来说，只有那些尽管面对各种困难……却仍然完完全全感到和这片土地、和犹太事业是一体的人，才能生活在这里，而且对新来者，情况并不总是那么容易，尤其对一个思想上持进步立场的人而言。……我之所以能在这里生活，仅仅是……因为我愿献身于这一理想，即便要面对绝望和摧毁。要是没有这一点的话，这一重生，常常接近于傲视神灵和语言上的衰败，其可疑的性质早就把我撕成粉碎了。”（BS, 66）本雅明的回信有点自辩的味道，说他暂时只是把巴勒斯坦“当作又一个或多或少可行的供我居住的地点”。但是，他毫不回避地补充道，“显然，咱们俩谁都没有准备好考察我对‘犹太复国主义事业的认同’……考察的结果只可能是完全否定的”（BS, 71）。[1] 两人为对方的考虑并不能掩盖怨念，当然，这从未严重地伤害他们的友谊。9月，肖勒姆提出在他能力范围内尽量多地保管本雅明的物品，他的本雅明作品档案正持续扩大。

就好像他眼前的烦心事——缺钱、没有未来、无家可归——不够多似的，本雅明还面临一个非常现实的问题，他的德国护照即将过期。7月1日，他坐船去巴利阿里群岛中最大的马略卡岛，到德国领事馆申请新护照。他知道，对于一个自我流亡的德国犹太人，要求提交新文件几乎是必然的。他曾听说领事官员用某种借口把护照收上去，然后拒绝归还它们，因此，他使用了一个小计谋，申报旧护照丢失，这样即便在最坏的情况下，他手里还会有证件。新护照很快就发放了，减轻了他的忧虑。回到伊维萨之前，他
412 花了两天时间游览马略卡，或步行或乘车，他觉得此地风光没有伊维萨那么丰富和神秘。他见到了山中村庄德雅（Deya），“那里的柠檬和橘子园正结出果实”，以及瓦尔德莫萨（Valldemossa）村，“那里，乔治·桑和肖邦的爱情故事在一座加尔都西会修道院中上演”；他也见到了“峭壁上的宫室，四十年前，那里面住着一位奥地利大

1　同样，肖勒姆也不建议本雅明把儿子斯特凡——他有强烈的左派倾向——送到巴勒斯坦。见 BS, 49。

公，关于马略卡岛的地方编年史，他写下了非常全面但荒唐到令人震惊的著作”（GB, 4:257）。他和友人——包括他以前在《文学世界》的同事弗里德里希·布尔舍尔（Friedrich Burschell）及奥地利小说家、戏剧家弗朗茨·布莱（Franz Blei）——一道造访了岛上的一处德国作家聚居地，卡拉·拉吉亚达（Cala Ratjada）村。虽然有机会领略布莱的传奇藏书对本雅明很有吸引力（他在信中提到了），但他折返伊维萨的愿望坚定不移。

本雅明在伊维萨岛上的最后几个月——7月、8月和9月——经历了相互冲突的情感的撕扯。贫困、居无定所的生活、持续不断的疾病都把他推向绝望的边缘。但正像以往常常发生的那样，他的绝望却证明是富有成果的，从中产生了他最重要的文章之一《经验与贫乏》，这篇文章正写成于那个夏天。这篇文章开头的两段，后来应用到《讲故事的人》当中，成为著名的开场白，从一代人的角度做出了对文化现状的诊断："这一代人从1914年到1918年经历了世界史上最可怕的一些事件（eine der ungeheuersten Erfahrungen）。"这一诊断囊括一切：我们更加贫乏于可交流的经验，那种用来代代相传的经验，那种可以从而构成遗产的经验。在精神上，甚至也在物质上，我们都贫乏化了。"人类遗产被我们一件一件地交了出去，常常只以百分之一的价值押在当铺，只为了换取'当代'这一小铜板。经济危机就在门口，紧随其后的是将要到来的战争的影子。"[1] 相当反讽的是，"经验"的破产和贫乏的外在标志正表现为过去一百年技术和传播方式的空前发展。本雅明提到了"上个世纪各

1 对比 AP, 388："只有在一代人失去了身体和大自然对记忆的所有帮助之时，普鲁斯特才能够作为一个前所未有的现象出现，而更可怜的是，那一代人只剩下童年世界，并且只能以孤立、零散、病态的方式拥有童年世界。"（Convolute K1,1）（正文译文参见王炳钧、杨劲译《经验与贫乏》，第258页。——译注）

413 种风格和意识形态的可怕混杂”，提到了继续淹没我们的信息和观念过剩，提到了一种和经验脱离的文化的出现，或者说，在这一文化中，“经验是伪造的或骗取来的”。[1]

人们可以把这篇文章的开头几页读作20世纪第一个十年和20年代“保守革命”的代表们所发表的现代性批判的自由派变种。但就在这时，文章把这类论点颠倒了过来，并提出了使之出名的断言：从这新的贫乏中涌出的不是绝望而是一种新的野蛮（barbarism）[2]。在“贫乏”的经验中，新的野蛮从头开始，反制贫瘠之物和赝品，以“少”为基础来进行建构。“伟大的创造者之中，从来就不乏无情地清除一切的人。……笛卡尔就是这样的建设者（Konstrukteur）……爱因斯坦也是这样的建设者。”[3]今日艺术家中许多“最优秀的心灵”也同样转向了“赤裸裸的当代人，他像新生婴儿般躺在时代的脏尿布上哭啼”[4]。他提到了作家布莱希特、希尔巴特和纪德，画家克利，建筑家路斯和勒·柯布西耶。这些差异极大的艺术家对待当代世界的方法都是“对时代完全不抱幻想，同时又毫无保留地投身于这一时代”[5]。他们已经接受了全新的事业，他们准备好了在必要时“超越文化而幸存”——而且他们会以玩笑为之。他们的笑声会是他们的野蛮的确认，但也至少同样是他们人性的确认。这是一种不可避免“非人化”的人性，带着克利或希尔巴特那种设计得很奇怪而又很精密的形象，抛弃了“传统的人的形象，那种庄严、高贵、以过去的献祭品为花饰

1 参见王炳钧、杨劲译《经验与贫乏》，第253页。——译注

2 王炳钧译本译为“无教养”。——译注

3 参见王炳钧、杨劲译《经验与贫乏》，第254页。——译注

4 参见同上书，第255页。——译注

5 参见同上书，第254页。——译注

的形象"[1]。人性的这一新的极简主义形象，出现在超越悲剧和喜剧的传统区分的某个地方，以"洞见和否弃"以及游戏的精神为基础。这样的一种气质在原则上就区别于极少数的掌权者（wenigen Mächtigen），这些掌权者什么也不否弃，他们反倒"更野蛮，但不是褒义的野蛮"[2]。

这篇文章充满了本雅明其他作品的回响和先声；他对新的玻璃环境（glass-milieu）[3]、对讲故事的人、对集体梦境的反思，都可看作集合了《单行道》以及关于布莱希特、克劳斯、希尔巴特、新艺术派和19世纪资产阶级室内布置等研究的母题。在寥寥数页的篇幅中，本雅明利用了如此多样的资源——最后甚至还把米老鼠电影阐释为一种幻梦，现实条件在其中得到了克服——都是为了想象这种新野蛮可能产生何种新文化和新的经验方式。[4] 414

> 自然与技术、简陋与舒适，完全融为一体。人们由于日常生活的无限困扰变得疲惫，他们的生存目的似乎已经简化为无穷地平线上的最遥远的灭点，对他们来说，眼前展现出这种生活方式一定是一种巨大的解脱，在这种生活方式中，一切都以最简单又最舒适的办法解决了，一辆汽车并不比一

1 参见王炳钧、杨劲译《经验与贫乏》，第255页。——译注

2 参见同上书，第258页。——译注

3 指20世纪现代建筑对玻璃的全新应用，营造出与19世纪拱廊街迥然有别的氛围环境。——译注

4 在"新"这一主题上，对照AP, 11（《1935年提纲》第五节），其中引用了波德莱尔的诗作《旅行》的最后一行："跳进未知之国的深部去猎获**新奇**！"。这一行诗或许可以在《经验与贫乏》的结尾处听到其回响，那里有短语"从根基上全新"（das von Grund auf Neue）。于此，本雅明提到了"以全新为己任"。（参见张旭东等译《发达资本主义时代的抒情诗人》，第194页；王炳钧、杨劲译《经验与贫乏》，第258页。——译注）

顶草帽更重，树上的果实像热气球一样迅速变圆。[1]

《经验与贫乏》是本雅明对现代的不确定轨迹的最有力描绘之一，而它正是在种种简陋环境中所作，本雅明恰是因为其古朴性质才珍爱这样的环境。我们可以想象他在伊维萨多风高地的森林中，坐在安乐椅上，脑海里编织着他的乌托邦寓言，关于法西斯主义之后的欧洲废墟上可能出现的社会。

这几个月把他带到贫困的边缘，但相当吊诡的是，它们也提供了自他和阿西娅·拉西斯分开之后他所了解到的最强烈的情欲体验。其实，拉西斯离开后，他在柏林的日子就并非在孤独中度过，但所有那些情事——要么是和自己同阶级的女性，要么是和朵拉在离婚诉讼中提到的那些年轻风尘女——都没有发展为"严肃"的关系。其中也许就有和格雷特尔·卡尔普鲁斯的关系。虽然涉事的每一方都表现得仿佛格雷特尔和阿多诺的感情是排他的，但格雷特尔和本雅明在他离开柏林后数月间的通信有时暗示，他们在德国共处期间，曾滋生了某种亲密关系。她从未提出过和阿多诺分手的想法，但他们用来向特迪（Teddie，阿多诺的昵称）隐藏信中某些
415 内容的复杂办法，证实了双方都有延续当下这份亲密的欲望。这当然是本雅明所喜爱的爱欲纠葛：作为复杂三角关系的一方，最好爱欲对象有别的稳定关系。而在伊维萨的时光给他提供了机会继续在这一领域拓宽他的经验。

在离开柏林的最初几个月里，本雅明尤其孤独。6月底，他给英格·布赫霍尔茨（Inge Buchholz）——他似乎是1930年在柏林遇见了这位女士，关于她，我们几乎一无所知，甚至连她婚前

1　见王炳钧、杨劲译《经验与贫乏》，第257—258页。——译注

本姓都不清楚——写信，请她暂时，或者永远离开她后来嫁给的那个男人，来伊维萨岛和本雅明同居，费用由本雅明承担（GB, 4:242–245; SF, 196）。她是否接受了这一邀请，无从查考。但是，大约同时，他在诺艾格拉特的儿子让·雅克的介绍下，认识了三十一岁的荷兰画家安娜·玛利亚·布劳波特·腾·卡特（Anna Maria Blaupot ten Cate）。[1] 目睹了柏林 5 月 10 日的焚书之后，布劳波特·腾·卡特于 6 月底或 7 月初上岛，一封草于 8 月中旬的情书（不过显然不是以这一稿的面目寄出的）让我们很好地了解了本雅明对这位年轻女性的情愫：

> 亲爱的，我刚才在阳台待了整整一小时，都在想你。我什么也没有发现，什么也没有学到，但想了很多，感觉你占据了整个黑暗，而远处圣安东尼奥的灯火中，依然是你（更不用说星星了）。过去，当我陷入爱情时，我难以割舍的女人仅仅是……我视线之内的女人。……现在不同了。你代表了我在女人身上所能爱慕的一切。……你的形象具有那把女人变为护佑天使，变为母亲，变为娼妓的一切。你从这一个变为那一个，在每一个之中又都千姿百态。在你的怀抱中，命运永远地停止了对我的勾引。它不可能再出其不意地用恐惧或幸福抓住我。包裹着你的巨大宁静暗示出，你是多么远地脱离白日里索取你的一切。正是在这宁静中，形态的转变得以发生。……/ 它们互相推动，如同波浪。（GB, 4:278–279）

本雅明对布劳波特·腾·卡特的爱称是 Toet（托艾特），意思

1　关于安娜·玛利亚·布劳波特·腾·卡特的生平传略，见 van Gerwen, “Angela Nova,” 107–111。

既是“脸庞”，又是“甜点”或“甜”[1]。而且，也许出乎本雅明意料，他对她的感受得到了回应。“我愿意常常和你在一起，”1934年6月她对他写道，“和你安静地交谈，不用太多言辞，而且我也相信我们现在将变成对彼此不同于过往的存在。……你对我来说，远超过一位好友，你也必须了解这一点。或许，超出了到目前为止任何男人对我的意义。”[2] 正如瓦雷罗所指出的，本雅明切断了一切其他联系——包括他数量日减的岛上朋友，也包括日常的通信伙伴，如肖勒姆和格雷特尔·卡尔普鲁斯——在整个8月把自己交付给了新的爱情。从7月所经历的无望的深渊中走出，本雅明获得了灵感，迸发出新的创造力。那年夏天，他至少给布劳波特·腾·卡特写过两首诗。他还计划写一组作品献给她，暂题为《爱情故事，共三站》（“Story of a Love in Three Stations,” GS, 6:815）。为此，他写了两篇作品：一个题为《光》（“The Light”）的故事，最终收入他（从未出版）的《孤独故事集》（“Geschichten aus der Einsamkeit”）[3]，另一篇则是他所写过的最怪异的作品之一，带有些许自传色彩，同时又高度玄奥的随想《阿格西劳斯·桑坦德》（“Agesilaus Santander”）——该文有两个版本，完成于伊维萨岛8月中旬连续的两天（SW, 2:712–713）。

416

1 见 van Gerwen, “Walter Benjamin auf Ibiza,” 2:981（转引自 GB, 4:504n）。范·格尔文曾采访过托艾特·布劳波特·腾·卡特和让·塞尔兹，说本雅明的《阿格西劳斯·桑坦德》（讨论详后）的一份文稿曾作为礼物送给腾·卡特，纪念她1933年8月13日的三十一岁生日（这一天也正是该文第二稿写成之日）。格尔文引述了她1934年6月致本雅明信中的这段话，“您远远不止是我的好朋友。……您无条件地懂我，就是这样”，但她随后又就两人的关系问道，“为什么您渴望并不存在也不可能存在的东西，为什么您看不到已然存在的东西是多么奇迹般地美好？”（van Gerwen, “Walter Benjamin auf Ibiza,” 971–972）。本雅明1933年夏天写给布劳波特·腾·卡特的两首诗收录于 GS, 6:810–811。

2 转引自 *Global Benjamin*, 972 (Valero, *Der Erzähler*, 182–183)。

3 这三个“孤独故事”现收入 GS, 4:755–757。

后一篇文章的奇怪题目既和古斯巴达国王阿格西劳斯二世（Agesilaus II）有关——色诺芬和普鲁塔克都提到过他，高乃依的悲剧也表现过他——又和西班牙北部港口桑坦德有关。肖勒姆在本雅明死后发现、整理了此文并为之做了详细评注，据他说，这个题目首先是 Der Angelus Satanas（撒旦天使）的字母颠倒重组——其中多余的一个 i，最近有人提出可能代表了伊维萨（Ibiza）。[1]《阿格西劳斯·桑坦德》中的天使显然是以克利的《新天使》为基础的一个喻象，这幅水彩画是本雅明 1921 年获得的。在文章结尾的画面中，这个天使，“不可避免地”，并且间歇启动式地（stoßweis）退向他所来自的未来，肖勒姆首先注意到这个天使和本雅明最后一部署名作品《论历史概念》第九部分中那个著名的寓象“历史天使”的亲缘关系。在《阿格西劳斯·桑坦德》两个发表版本中，这个新天使是借助作者的“秘密名字”出现的，他的父母在他出生时给了他这个名字——这是本雅明的虚构——以便他有朝一日成为作家，不会立刻被认出是犹太人（就像他在 417
欧洲用“瓦尔特·本雅明”这个名字那样）。以其护佑之能量，这一秘密名字集合了生命的力量，又阻挡了教外人士。（本雅明自己人生故事的一个可怕反讽是，后来他因为名字被弄错而得以埋葬在西班牙的土地和天主教圣土，倒不是弄错成他的什么“秘密”名字，而只是姓和名的颠倒：他的死亡在波尔特沃 [Port Bou] 是以“本雅明·瓦尔特”之名登记的。）

而在《阿格西劳斯·桑坦德》中，天使则从名字中走出，全身盔甲，重拳出击，全无人类特征。在这篇文章隐晦的中间点，本雅明写道，天使“在画中现出男形之后，又投出女形”。这一

1　见 Scholem, “Walter Benjamin and His Angel”。《阿格西劳斯·桑坦德》的两个版本最初出现在这篇文章中。另见 van Reijen and van Doorn, *Aufenthalte und Passagen*, 139。

构想契合于他9月1日给肖勒姆的信中所做的陈述（而肖勒姆在这遮遮掩掩的暗示之外，压根不知道布劳波特·腾·卡特）：“我遇见了一个女人，她是［天使的］女性对应物。”（BS, 72–73）但是这一作为礼物的攻击反而激发了作者的力量，也就是他的耐心——就像天使的翅膀，在他对这位女性的赞美歌中稳稳地托住他。说到自己，他坦言每次他被一个女人吸引，“他都立刻决定躺在她的人生道路上等待，等到她落入他的手中，已经年老体弱，衣衫褴褛。简言之，什么也不可能战胜这个男人的耐心”。但这并不关乎征服。因为，“天使像我不得不离开的一切：人，以及尤其是物”。天使就像一个秘密名字，寓居在逝去的事物之中，并让“这些事物变得透明”。由此，天使没有让作者脱离他的视线——作者自己是“礼物的赠予者，两手空空地离开”——而是拽着作者一道，踏上通向未来的回溯之路。这一追寻也是回退，在其中，天使只渴望幸福。更完整的第二版的结尾是这样的：

> 他渴望幸福——幸福就是冲突，在其中，特异的、新的、尚未出生的一切所具有的狂喜结合了一种至福，那种至福便是再一次体验、再一次占有、曾经生活过。这就是为什么当他带上一个新人，除了回家的道路，他在任何其他道路上都没有新的指望。就像我自己；因为我第一眼看见你，就立刻与你一道回到了我所来自的地方。

418 本雅明曾评点过把他和阿诺德·本涅特联系在一起的那种“毫无幻想”，而《阿格西劳斯·桑坦德》则提供了有关他的生活境遇的复杂图景：尽管需要不断撤退和断绝关系，但与有意义的事物、与特定的人和经验联结对他而言仍然是可能的，哪怕只能靠机缘和意外。在“托艾特”· 布劳波特 · 腾 · 卡特身上，本雅明感觉他过去在女人身上所爱过的一切都集中到了一起。在新的和独特的事物的来临中，是一次返回起源，一次折返之旅，即便确切地说并非归乡。对他而言极为典型的是，“幸福”存在于等待之中，被理解为时间和空间的某种逆流。[1]

布劳波特 · 腾 · 卡特很快就嫁给了一个法国人，路易 · 塞利耶（Louis Sellier），1934 年，她还和丈夫合译了本雅明新近发表的文章《马赛的大麻》。[2] 她还尝试为她这位身无分文的爱慕者在荷兰广播电台找一份工作，但没有成功。1934 年这对夫妻在巴黎小住，本雅明拜访了他们，并在接下来的一年中保持着和“托艾特”的联系。到 1935 年 11 月，这段关系显然已经中断了，虽然本雅明还是忍不住在巴黎 11 月 24 日起草了最后一封信，但可能从未寄出，这封信一开头就坦白说，他想不通他们为什么应该对彼此一无所知（GB, 5:198）。不论是和英格 · 布赫霍尔茨、“托艾特”· 布劳波特 · 腾 · 卡特的纠葛，还是和格雷特尔 · 卡尔普鲁斯的关系，都合乎同一模式，即在爱情三角关系中最终落败，而这也符合他和阿西娅 · 拉西斯（牵扯到伯恩哈德 · 赖希）的情事、和尤拉 · 科恩的纠缠（本雅明当时还和朵拉在一起）。此外，这些失去的爱情都在他的作品中鲜少有人留意的性爱主题学上留下了痕迹。本雅明在《拱廊街计划》和《中央公园》（“The Central

1 关于“等待一位女性”这一母题，对比 BC, 72–73 和 AP, 855 (M°,15)。在《拱廊街计划》中，等待是一个中心主题，它从最初的神学语境脱离，而与厌倦、漫游、梦、大麻和城市“寄生元素”等话题关联。商品也是“等待”着被卖掉（O°,45）。在某一处本雅明说到需要一种“等待的形而上学”（O°,26）。对比 EW, 7–8 (1913)。另见 Kracauer, “Those Who Wait” (1922)。

2 本雅明把他们的译文安排在 1935 年的《南方手册》上发表，尽管他对译文质量有严重疑虑（见 GB, 4:414–415）。

Park"）中，带着些许苦涩而讽刺的味道把波德莱尔的个人生活习性寓意化，当他谈到男性性爱的“受难路”（Via Dolorasa）时，他也是在间接地思索自己的情欲体验的特征——其中一定少不了那些他在献给“托艾特”的系列作品中所谈到的“站点”，那是他自己的尘世“十字架”和“受难”。[1]

就在1933年夏恋爱期间，本雅明从一处临时住所搬到下一处，几近徒劳地试图在伊维萨找到可以忍受的生活和工作条
419 件——首要的是把支出减少到保证存活的最低限度。接近6月底，他终于成功离开了诺艾格拉特一家那充满噪音的不舒适的房子，先选择了一间可以想到的最便宜最简陋的旅馆房间（一天付一个比塞塔；正如他在信中所说，“这样的价格，房间什么样可想而知”），然后又搬到圣安东尼奥海湾的另一面，也是相对未开发的一面，他上一年曾住过，也能在这里工作（在附近林中，坐在安乐椅上），不会被工地的锤击声和爆破声打扰。通过和一栋在建建筑的户主的商议，他住进了现场一间已经完工的存放家具的房间中——什么钱也不用付。几周里，本雅明是唯一的住户，该建筑还没有装窗玻璃和水管，但离海岸只有三分钟路程。事实上，它挨着“村舍”（La Casita），也就是1932年让·塞尔兹和居伊·塞尔兹租住的那栋房子。“搬到这一片来，”他告诉尤拉·拉德-科恩，“我减少了我的生存需求，日常开销降至最低，再低似乎就不可能了。这其中有意思的是，一切都很宜居，如果说我还缺少什么的话，那更多的是在人际关系方面，而不是在人体舒适度方面。”（C, 423）这种陪伴的缺乏也有一个例外，那就是他的隔壁邻居，一位“非常可爱的年轻人，他……是我的秘书”（GB, 4:247）。

1　见AP, 331, 342（Convolute J56a,8［骷髅地］; J57,1［受难］; J64,1［受难路］），以及SW, 4:167（《中央公园》，第十节）。

瓦雷罗挖掘出的本雅明伊维萨故事中一个精彩的次要情节，就涉及这位聪颖的年轻人，他来自德国，名叫马克西米利安·维尔斯波尔（Maximilian Verspohl）。1932年本雅明第一次上岛时在伊维萨认识了维尔斯波尔，其间二人还曾一起离岛去马略卡岛的帕尔玛（Palma de Mallorca）玩了两天（GB, 4:132）。维尔斯波尔在1933年晚春和几个朋友一道从汉堡回到伊维萨，搬进了“村舍”，就在本雅明所住的在建房屋的隔壁。本雅明很快开始和二十四岁的维尔斯波尔及其友人往来，常常在“村舍”用餐，也加入他们的每周航海出行。而维尔斯波尔也的确在这几个月充当了本雅明的“秘书”：他拥有一台打字机，誊录了本雅明寄给德国期刊的文章和评论，还有一系列其他作品，全部打包好寄给了肖勒姆，存入在他那里不断扩大的档案。这看起来对本雅明本应是理想的安排，但人们须记得，当时岛上流传着无数谣言，说新近的访客中有纳粹同情者乃至纳粹间谍的身影。维尔斯波尔在伊维萨表现为一个正准备去大学攻读法律的人；但他1933年底回到汉堡时，立刻当上了党卫军的上士。本雅明不仅把自己的作品而且把他用来掩盖身份的笔名都托付给了一位同情纳粹且大有可能和纳粹机关有实际联系的德国人。一般来说，本雅明在进入新的人际关系时都高度警惕。他如此之快地放下戒心，大开门户，暴露自己以及自己的思想成果，这一事实或许可以看作一种症状，说明在刚刚过去的几个月中他的身心系统勉力支撑种种震荡，现已难以为继。 420

但与隔壁年轻德国人热情而不谨慎的交往并不是他的典型行为。在夏天的那几个月中，本雅明甚至开始切断和岛上为数不多的亲近朋友的关系。正如我们已经见到的，把他和菲利克斯·诺艾格拉特联结在一起的纽带，在他到达的那年春天就已经开始磨损。现在，在岛上的最后几个月，他又开始疏远让·塞尔兹。塞尔兹后来把两人关系的冷却追溯到一个特殊事件。在探访伊维萨的港口城时，本雅明有光顾塞尔兹兄弟居伊所经营的米格约恩酒吧的习惯。有天晚上，他一反常态，点了一杯成分复杂的“黑色鸡尾酒”，相当沉着地把高脚杯里的酒一饮而尽。然后他又接受了一位波兰女子的挑战，跟她连喝了两杯 74 度的烈性金酒。他勉强支撑着走出酒吧，神色泰然，但一到外面他就瘫倒在了人行道上，让・塞尔兹赶忙扶他起来，费了好大力气。虽然本雅明宣称他想立刻回家，但塞尔兹劝服他，绝无可能在这种情况下步行九英里回圣安东尼奥那工地上的房间。实际上，朋友费了一晚上的时间
421 才把本雅明弄到自家的床上，而塞尔兹的这处房子位于贡奎斯塔街，陡峭的丘陵之巅。当塞尔兹第二天近午时分醒来，发现本雅明已经不见了，留下了道歉和感谢的字条。虽然他们继续时不时地进行《柏林童年》的法译，但情形已不同以往。“当我再度见到他时，我感觉他的内心已发生改变。他无法原谅自己曾留下那样的表现，对此他无疑感到真切的羞耻，而且，相当奇怪的是，他似乎把这怪到我身上。”[1] 羞耻无疑在此发挥了作用。但比起他精心维护的礼节这一保护墙的坍塌，更严重的或许是，这暴露出某种类似内在绝望的情绪，不管多么短暂，这样的流露都是他不能原谅的。

马略卡岛之行的几周后，本雅明的健康恶化了。他的苦难开始于右腿的疼痛发炎，“非常令人不快”。对他来说幸运的是，这个问题显现出来时，他正在伊维萨城里进行数小时的探访，那里刚好有一位德国医生，在旅馆房间里为他做了诊断，并乐于“描绘如果出现并发症，我每天的死亡几率是多少”（BS, 69）。本雅明

1 Selz, “Benjamin in Ibiza,” 364.

能够强撑着行走于城镇，打点必要的事务，但除此之外，7月底他就困在那里，而书籍和报刊都在圣安东尼奥的家里。不过，他利用了这一处境，和塞尔兹继续翻译《柏林童年》，塞尔兹每天从贡奎斯塔街走下来和他见面。8月第一周，他成功地回到圣安东尼奥，但8月22日他又来到伊维萨城，他找到了免费的住宿，同时他不仅腿部发炎，而且苦于牙痛、疲劳以及由炎热天气导致的发烧（他早先曾向肖勒姆笑谈过这里的炎热，说“八月的疯狂”总是击倒岛上的外国人）。加诸“这一堆痛苦”之上的，还有他珍爱的写作工具的遗失——他所珍爱的、强迫症般反复购买的品牌钢笔——这让他面对“一支新的、便宜的、不堪用的书写工具给我带来的各种不便”（GB, 4:280）。此时，同样加重他忧虑的还有他留在柏林的藏书的命运。早先在夏天，格雷特尔·卡尔普鲁斯 422
曾安排把他手稿的“存档”从他的柏林公寓转移巴黎[1]，但他绝无可能承担得起把书籍打包寄至巴黎的费用。

9月初，他又一次因腿部炎症卧床不起。“我完全住在乡下，离圣安东尼奥村……有三十分钟的路程。在如此原始的条件下，几乎无法用脚站立，基本不会说当地语言，此外还不得不工作，这一切将你推到所能忍受的边缘。我只要一恢复健康，就立刻回巴黎。”（BS, 72）他没有任何医疗救助，饮食“很差”，水很难搞到，住处飞满苍蝇，而他躺在“这个世界上最糟的床垫”上（BS, 76–77）。但他还在工作。虽然正如他向格雷特尔·卡尔普鲁斯提到的，由于身体不好他丧失了两周的工作时间，但还是在8月以

1　1934年3月，本雅明藏书中较为重要的部分运达斯科福斯堡海岸（布莱希特在丹麦的住地），共五到六箱，但如今只有一小部分保存在莫斯科。他收藏的海因勒兄弟手稿，是其柏林存储的一部分，也同样丢失了。见BS, 72, 82–83, 102，以及GB, 4:298n。另见 *Walter Benjamin's Archive*, 4。

及 9 月初完成了几篇文章，包括《论摹仿能力》、《月亮》、为《法兰克福报》所作的关于维兰德的文章，以及《阿格西劳斯·桑坦德》。正如这些篇目所显示的，本雅明流亡的最初几个月已经昭示了接下来的情形：脱离了正常的环境及出版机会，他被迫接受几乎所有落到他手头的任务。关于法国作家的文章和论维兰德的文章在很多方面都是勉强之作，而本雅明很清楚这从他主要关心的问题那里占去了多少时间。考虑到流亡所带来的限制，令人瞩目的是他仍有能力生产出如此具有深刻个性，甚至玄奥的篇章，比如《论摹仿能力》，比如《阿格西劳斯·桑坦德》，以及《柏林童年》中的枢纽性章节——更不用说《经验与贫乏》中对现代性的重要看法。无疑，正是他对这种产出的混杂性质的自觉，使得他后来提到“去年那个夏天在伊维萨的辉煌和凄惨”（BS, 140）。

现在，巴黎在召唤，尽管是阴郁地、暧昧地召唤。7 月底，本雅明收到来自德国反犹主义受害者救助和迎接委员会（Comité d’aide et d’accueil aux victimes de l’antisémitisme en Allemagne）的信件，这是 1933 年 4 月在巴黎成立的组织，依靠法国大拉比以色列·列维（Israel Lévi）、埃德蒙·德·罗特席尔德男爵（Baron Edmond de
423 Rothschild）及其他人的资助。本雅明告诉肖勒姆，这封信是一份“正式”邀请，“承诺提供免费住宿，戈尔德施密特-罗特席尔德男爵夫人（Baroness Goldschmidt-Rothschild）已经在巴黎为流亡的犹太知识分子预留了一座公馆”（BS, 68）。他的朋友及合作伙伴威廉·施派尔，来自法兰克福的一个犹太银行家族，虽曾受洗，在这里显然利用了他在金融界的关系，而本雅明认为这一邀请“无疑”意味着“一次多少有些影响的引荐”，虽然他认为这在经济方面除了“让人缓口气”不能代表任何更多的东西。他在 8 月 8 日正式向这一委员会提出了申请，并提及他已被告知巴黎的住处将于9月中旬准备妥当，因此请求对方在月底之前通知其决定（GB, 4:272–273）。9月1日，他写信给肖勒姆说，他"对［自己］在巴黎的居留持极大的保留态度。巴黎人现在说：'Les émigrés sont pires que les boches'（流亡客比德国佬更糟）"（BS, 72）。而对基蒂·马克斯–施泰因施耐德，他后来提到："也许你最多可以把这里由犹太人、为犹太人所做的一切形容为粗心大意的仁慈。它在救济的指望——很少实现——中掺入最高程度的羞辱。"（C, 131）后来证明，男爵夫人预留的住宿根本不是免费的，一系列复杂的"疏忽和拖延"更彻底终结了这些本就不高的期待。

10月6日，本雅明到达巴黎，病痛严重，而且目前没有工作机会。在他离开伊维萨那一天，9月25日或26日，他发起了高烧，是在"不可想象的条件"下前往法国。他住进一家廉价旅馆，塔街（Rue de la Tour）的帕西女王酒店（Regina de Passy），位于第十六区，而该区其他地方都贵得很。之后他确诊了疟疾，打了一针奎宁，虽然烧退了，但身体仍虚弱。10月16日他给肖勒姆写信时，已经有十天没怎么下过床："我面对的问号和巴黎的街角一样多。只有一件事是确定的，那就是……尝试找一份法国文学方面的工作，以此谋生……将很快把我不再无限的动力中所剩无几的部分也夺走。我什么工作都愿意做，……但就是不想在街头小报的编辑部前厅耗费我的时间。"（BS, 82）不过到了月底，他还是开始试探当地的联系人；他拜访了莱昂·皮埃尔–坎，普鲁斯特和纪德的传记作者，得到一点微弱的希望，这层关系可能最终会有用。"我避免见德国人，"他对基蒂·马克斯–施泰因施耐德评说道，"我更愿意和法国人说话，他们当然基本上不能，也不愿做什么，但他们不谈论他们的命运，这就是极大的魅力了。"（C, 431） 424

对自己命运的忧虑已经超出承受范围。他认为，自己的境况，尤其是初到巴黎没能站稳脚跟的情形是“令人绝望”的。对一个哪怕在最好的时代也会受到忧郁症折磨的人来说，现在已完全压倒他的抑郁浪潮，“既深沉，又有根据”；它们导致了常常接近瘫痪的犹疑不决的状态。这种迷失和孤立的感觉在 11 月初演化为一次初级危机，当时表亲埃贡的妻子格特·维辛于巴黎去世。维辛夫妇在柏林时曾多次参与本雅明服用大麻的实验（本雅明对格特跳舞的描述，见 OH, 63），而他把他们当作最亲近的朋友。在格特的死亡中本雅明看到了其他人的命运，以及自己的命运的预兆：“她是我们在巴黎埋葬的第一人，但不会是最后一人。”（GB, 4:309）

他的经济情况只能说比夏天时还要糟糕，不说别的，巴黎生活成本就高出伊维萨好几个数量级。来自格雷特尔·卡尔普鲁斯的 300 法郎汇款 11 月份到了，暂时平复了“近几日虽然一直在抗拒但还是令我瘫痪的焦虑”（GB, 4:309）。这笔钱被当作在柏林出售本雅明部分藏书的预付款，这一售书任务正是 Felizitas（格雷特尔的昵称）在经办。早先时候在夏天，她电汇给他一笔钱，用于从裁缝那里订制一套西服，而他的感谢之辞充满热情，表达了在巴黎见面的愿望：“你知道，我欠你太多太多，以至于如果以感激开头，这封信将很难起笔。……相反，我希望在某家偏僻不起眼的巴黎小饭馆中，在你最意想不到的时候，埋伏好我的感激，给
425 你突袭。我会确保不穿你送给我的那套西服，穿着它我可以自由自在地做许多事情，却无法表达这份感激。”（C, 427）戏谑的反讽并不能完全掩盖压抑着的屈辱感，这个独立的灵魂现在被迫勉强度日，并依赖朋友们力所能及的少许接济。让-米歇尔·帕尔米耶描绘了流亡者的一般情况，强调他们每日所面对的环境是怎样的消磨意志：

> 没有朋友，没有证件或签证，没有居住许可或工作许可，他们不得不重新学习如何谋生。在一个常常显得陌生并充满敌意的世界中，他们感觉自己完全成了婴儿。他们无法养活自己，任由官僚欺骗，不得不求乞于援助组织——还得是在这类组织存在的地方，他们不得不在柜台前排队领取补贴、证件、信息、建议，在领事馆、补给站、警察局一等就是几个小时，甚至好几天，只是为了理清仅因他们自身的存在而产生的法律乱麻。[1]

靠着朋友们的资助，本雅明在 10 月 26 日搬进了另一家宾馆，这就是多少更有名的王宫宾馆（Palace），在炉灶街（Rue du Four）上，与圣日耳曼大道近在咫尺，离花神咖啡馆、双叟咖啡馆也只有几步之遥，而这样的文学咖啡馆是他在景气时节常常光顾的。透过他的窗户，他可以看见圣叙尔皮斯教堂的一座塔，“在塔的上面和后面，天气习惯于诉说它自己的语言”（GB, 4:340）。他在这家宾馆一直住到 3 月 24 日，得以至少是间歇性地恢复工作。他的情绪状态并没有妨碍他完成《柏林童年》中的又一章节（具体是哪一章节未详），也没有妨碍他在威利·哈斯那里敲定一次发表，哈斯以前是《文学世界》的编辑，现在在布拉格经营一份（短命的）文学周刊《词中世界》（*Die Welt im Wort*）。《经验与贫乏》于 12 月 7 日发表在这份流亡杂志上，随后一周又有本雅明含蕴丰富的笔记——实际上是对一份问卷的回答——讨论歌德时代的一位伟大说教家和幽默作家的一部广受欢迎的作品，即《黑贝尔的〈《莱茵区家庭之友》的小宝盒〉》（“J.P. Hebel’s *Treasure*

1 Palmier, *Weimar in Exile*, 228.

Chest of the Rhenish Family Friend”，这是本雅明生前发表的最后一篇关于黑贝尔的文字［GS, 2:628］)。两篇发表本雅明都没有得到稿酬，这是他在接受约稿一开始就担心会出现的情形。11 月中旬，
426 本雅明用笔名在《法兰克福报》发表了两篇文章，这份报纸也是他在德国最后的发表渠道。(他给该报最后的供稿将出现在 1935 年 6 月。) 这两篇中的第一篇是挪威高中用的德语文学的德语选本的书评，题为《德语在挪威》(“German in Norway,” GS, 3:404–407)，他在该文中未暇顾及这一选本可能具有的政治意涵（其副标题是“大师”［Die Meister］[1])，而是强调无伪饰的民间文化（das Volkstum）的重要性，它是一个民族的经典艺术所以成立的基石。这篇书评发表三天后，又有一篇小品文，《思想图像》(“Thought Figures”)，运用了看似不连贯的沉思片段的形式，这可是他的强项。

虽然本雅明已经看清楚，不断为哪怕最小的发表可能而四处寻找机会是流亡不可避免的后果，但他明白，来自这些工作的收入最多只能给他提供一点口袋里的零花钱。正是出于这一原因，那年秋天，在巴黎和霍克海默的一系列会面才得以成为流亡岁月中继续存活的关键。他作为社会研究所的主要供稿人的地位就是在这些会面中牢固确立的。研究所 1923 年成立于法兰克福的约翰·沃尔夫冈·歌德大学，凭借的是商人赫尔曼·魏尔和费利克斯·魏尔（Hermann and Felix Weil）的捐助。[2] 研究所第一任主任卡尔·格林贝格（Carl Grünberg）是一位“奥地利马克思主义者”，就是说，一位认为社会结构的革命性变动取决于在议会民主中取

1　该词也有“主人”的意思。——译注

2　对社会研究所历史的全面研究，见 Jay, *TheDialectical Imagination*，以及 Wiggershaus, *The Frankfurt School*。

得绝对多数的马克思主义者。[1]在格林贝格的领导下，研究所及其成员针对正统马克思主义议题展开研究：社会主义和工人运动的历史。1928 年，格林贝格中风，他的主要助手弗里德里希·波洛克（Friedrich Pollock）成为代理主任。1931 年马克斯·霍克海默被提名为研究所主任，同时也提名为费利克斯·魏尔捐助的社会哲学讲席教授。霍克海默（1895—1973）出生在斯图加特附近的楚芬豪森（Zuffenhausen）的一个富裕犹太工业主家庭。和大多数背景类似的本雅明的友人及同事不同，霍克海默早早离开高中进入父亲的行业。他在父亲的工厂中完成了学徒期，又在布鲁塞尔的相关公司实习，1914 年成为家族生意的助理主管。“一战”期 427
间的短暂兵役之后，他退出公司，迅速完成高中学业，并在法兰克福修完大学的心理学和哲学专业，1922 年获哲学博士学位，论文为《目的论判断的二律背反》（“The Antinomy of Teleological Judgment”）。霍克海默那时已是法兰克福大学哲学教授汉斯·科尔内利乌斯的得意门生，并成为其助理——这一职位在德国大学里介乎助理教授和高阶研究生之间。正是由于这一职务，霍克海默早在 1924 年就为科尔内利乌斯读过本雅明关于悲悼剧的教授资格论文，并部分造成了对该论文的拒绝。霍克海默在 1925 年成功提交了自己的教授资格论文（《康德〈判断力批判〉作为理论和实践哲学之间的连接》）。

霍克海默 1931 年被任命为社会研究所主任，甫一上任就提出一个完整的研究计划。在他的就职讲话中，他强调研究所将在他的领导下采取新的方向。他决心利用研究所可观的科研和出版潜力去培育对经济学、心理学、社会学、历史和文化之间关系的跨

1　关于奥地利马克思主义的最佳研究仍是拉宾巴赫（Rabinbach）的《奥地利社会主义的危机》（*The Crisis of Austrian Socialism*）。

学科研究。《社会研究杂志》创办于 1932 年，作为这一新研究方向的发表阵地。霍克海默在刊物周围聚集了一批年轻知识分子，包括阿多诺、文学社会学家莱奥·洛文塔尔、哲学家兼文学史家赫伯特·马尔库塞（Herbert Marcuse）——今天我们把这些名字和法兰克福学派联系在一起。也是在 1932 年，霍克海默在日内瓦建立了研究所的分支机构，以便利用国际劳工办公室的统计资料库（主要关于工业化世界的市场经济）。正如霍克海默后来承认的，他新建这一办公机构，也是作为“某种紧急手段和避难总部，位于还享有法治的邻国土地上”[1]。霍克海默的先见之明，在 1933 年他和阿多诺都被开除教职的时候，以及次年 5 月他奔赴纽约的时候，都确保了研究所受到相对较少的干扰继续工作。

428 接下来的几年中，本雅明巩固了自己作为研究所文化议题方面的重要供稿人的地位，这几年也将见证一个逐渐发生的转变，从命题作文，比如关于法国作家和关于社会主义学者及收藏家爱德华·福克斯的文章，慢慢变为本雅明自拟题目。在和霍克海默见面时，他还没有开始写作已经允诺的福克斯论文，但已经见过福克斯本人（此人 1933 年移居巴黎），印象不错：“他是个引人注目的人物，令人肃然起敬，也让你可以想象在《反社会党人非常法》颁行时期（1878—1890），那些社会民主党人是什么样子的。”（BS, 90）另一篇霍克海默布置的文章 12 月动笔，4 月的第一个星期完成；这是一篇关于语言哲学近期进展的评论，发表于 1935 年初的《社会研究杂志》，题为《语言社会学中的问题》（“Problems in the Sociology of Language”）。正如他在书信中所说，这篇文章概览了法国和德国语言学家的新成果，结束于他自己的理论开始之

1 Kluke, “Das Institut für Sozialforschung,” 422–423.

处，也就是一种“语言面相学”——以活的身体的摹仿能力为基础——的问题，这种面相学有效地超越了语言工具论模式。虽然这篇论文长期被视作对当时语言社会学流行动向的相当中立而敷衍的概述，但新近的研究发现，其中谈论的几位语言学家的工作和本雅明自己在这一问题上的思考有所关联。[1] 大约在这几次和霍克海默的会面中，几篇更短的评论也指派给了本雅明。

他现在和前妻定期通信，出于朵拉的建议，本雅明向肖勒姆咨询一家新成立于特拉维夫的出版社的情况，这家出版社由一位俄国出生的女士肖莎娜·佩尔西茨（Shoshana Persitz）经营。但肖勒姆劝他不必给此人写信：“你的文章的［希伯来语］翻译集……不会引起这里读者圈子的兴趣，因为［这些文章］所处的位置太超前。……如果你将来真想为这样的读者写作，那么你将不得不用一种全然不同的方式表达自己，那样才会是有效力的。”（BS, 87）不管极端的简化、关注焦点的改变是否真的会为本雅明的作品带来效力，无疑，正是这样的说法使得本雅明确信，他在巴勒 429
斯坦没有前途。不过他对这一忠告善意接受，并感谢他的朋友为他省去不必要的麻烦。

他从法国报纸得到的第一篇约稿是在 1933 年晚些时候，来自共产主义周报《人类》，估计是通过阿尔弗雷德·库雷拉居中协调，他是该报编辑部成员。文章的议题是奥斯曼男爵（Baron Haussmann），拿破仑三世治下的塞纳大区行政长官，19 世纪中叶巴黎城激进改造和“战略美化”的主要负责人。1934 年 1 月，库雷拉离开了那份报纸，随后报社显然不再支持这篇约稿，因为它根本没写成（见 C, 437）。但从这时开始奥斯曼就再也没有远离过

1　尤见：Ogden, “Benjamin, Wittgenstein, and Philosophical Anthropology,” and Gess, “‘Schöpferische Innervation der Hand.’”

本雅明的思想：他在《拱廊街计划》中角色吃重（E 卷），同时也是 1934 年本雅明为《社会研究杂志》所作的一篇短评的题目。本雅明对奥斯曼和社会语言学的研究又一次把他带入法国国家图书馆的壮观环境之中，他在那间著名的阅览室工作[1]，“如同置身一场歌剧的布景中”（GB, 4:365）。这座图书馆将在接下来几年中成为他在巴黎活动的真正中心。“我感到惊喜，”他在 12 月 7 日写道，“这么快我就又搞懂了国家图书馆复杂的编目系统。”（BS, 90）正是对奥斯曼的研究在 1934 年初启动了《拱廊街计划》第二阶段的工作，这一突出社会学视角的阶段一直延续到他 1940 年 6 月逃离巴黎（见 GB, 4:330）。不过，很典型的是，本雅明觉得，自己得先等格雷特尔·卡尔普鲁斯把他开始这一项目时的那批笔记邮寄过来，才能着手这一“浩大而精密的文稿”的写作；只有这样，他才能“保持其外在的统一性”。

在巴黎，除了几个例外，本雅明严格避免和德国人交往。这并不是他没有这方面的机会。德国落难知识分子进行思想交流的一些非正式中心在流亡岁月中涌现出来，包括圣日耳曼大道上的马蒂厄咖啡馆（Café Mathieu）和梅菲斯特咖啡馆（Café Mephisto），以及德意志俱乐部（Deutscher Klub），其常驻人士包
430 括亨利希·曼、赫尔曼·凯斯滕（Hermann Kesten）、布莱希特、约瑟夫·罗特、克劳斯·曼（Klaus Mann）、阿尔弗雷德·德布林、里昂·孚希特万格（Lion Feuchtwanger）等。但本雅明自绝于外，这出于他对这些作家中一部分人的社会民主党政治的反感，更出于他对与极少数同辈人进行一对一交流的偏好——这些人是布莱希特、克拉考尔、阿多诺和恩斯特·布洛赫（现在和布洛赫的交

1　即如今的法国国家图书馆旧馆。——译注

往也越来越稀少）。

随着布莱希特及其合作者玛格丽特·施蒂芬（Margarete Steffin）在10月底或11月初的到来，这一情况短暂地改变了。布莱希特和施蒂芬（他们是情侣）住进了本雅明所在的王宫宾馆，在接下来的七周中，这两个男人经常进行热烈的交流。11月8日，本雅明给格雷特尔·卡尔普鲁斯写信，应用了寄往德国信件所必要的简略写法："贝尔托尔德（Berthold），我每天都见，常相处很长时间，他正努力为我联系出版商。昨天，洛特［·莱尼亚］和她的丈夫［即库尔特·魏尔］突然出现在他身边。"（GB, 4:309）其他11月、12月到来的流亡德国人也很快融入，这一广泛的圈子有智识上如饥似渴的"贝尔托尔德"、西格弗里德·克拉考尔、克劳斯·曼、剧作家及小说家赫尔曼·凯斯滕，以及布莱希特的合作者伊丽莎白·豪普特曼，其中豪普特曼被盖世太保关押审讯一周后刚刚从德国逃出。布莱希特和施蒂芬当时正在完成《三毛钱小说》（1934年刊行），他们把手稿交给本雅明阅读。[1]施蒂芬还找出时间帮本雅明搜集书信，它们后来集为《德意志人》。布莱希特对本雅明研究奥斯曼男爵表达了强烈支持。此外，本雅明和布莱希特为以前就浮现过的一部侦探小说计划做了初步的笔记和草稿，但这部小说从未超出计划阶段。[2]

布莱希特到达巴黎前不久，本雅明曾写道，"我与布莱希特的生产活动的一致性代表了我的全部立场中最重要、最牢不可破的

1 其评论文章《布莱希特的〈三毛钱小说〉》（SW, 3:3–10），大约作于1935年1、2月间，生前始终未发表。

2 见 Wizisla, *Walter Benjamin and Bertolt Brecht*, 49–51，其中有对这部计划中的小说的情节和主要母题的说明。小说涉及敲诈，虽然是作为某种文学游戏来着手进行的，但它还是要服从两位作者力图揭示资产阶级社会机制的用心。

要点之一”（C, 430）。这份感情从未动摇，虽然他真心承认格雷特尔·卡尔普鲁斯所说的，随着他接受这位诗人的影响而来的，还有“巨大的危险”；她的疑虑为阿多诺和肖勒姆所共有，甚至更
431 为强烈。出于不同的原因，本雅明的朋友们都担心，布莱希特所谓的自己的“粗粝思想”（plumpes Denken）会对本雅明的心智和作品的精微细致有怎样的作用。本雅明的朋友们没有看到布莱希特的写作中极多的细腻之处——他的全部作品对德语的影响超过歌德以来的任何德语作家——却害怕本雅明自己的微妙感会在正统的、要求献身的马克思主义祭坛上牺牲掉。这些对他择友的直接攻击引发了本雅明的直露回应，很有启发性。“在我的生存之道中，一些极少数的关系确实占据了另一极端，和我的原初存在之极相对立。”这类关系是极其“富有成果的”。本雅明让卡尔普鲁斯放心，他在 1934 年 6 月的信中继续说道：“尤其是你，你绝不可能没意识到这一事实，我的生命，以及我的思想，在极端立场之间摆动。由此形成的振幅，将看似不可调和的事物及理念并置的自由，就是因为危险才保持了它们的面貌（erhält ihr Gesicht erst durch die Gefahr）。而危险，一般而言，只以这些‘危险’关系的形式出现，这在我的朋友眼中也是如此。”（GB, 4:440–441）对于“极端立场”在思想中的并置，本雅明早已做好准备，而他的朋友却没有。正是这种不稳定性，这种对固定不变的和教条主义的事物的抗拒，部分地赋予他的写作那种令人兴奋的、“鲜活”的气质，吸引了几代读者。

其他人企图干涉他的友情在本雅明的人生中已不是新鲜事。他的前妻和他最亲近的朋友曾在他和弗里茨·海因勒与西蒙·古特曼的关系中看到类似的危险，并曾试图让本雅明正视这些所谓的危险。显然本雅明的朋友们在他身上辨识出一种认同的冲动，

一种在某种程度上把自己的人格和思想模式与另一个人的相合并的倾向，这远非一个弱点，这一摹仿能力和对“危险”的慧眼拥抱是本雅明许多最伟大的文章的激发因素：他对歌德和卡夫卡，以及最后对波德莱尔的冒险性认同都产生了洞见，若非如此，这些洞见是不大可能产生的。

布莱希特和玛格丽特·施蒂芬 12 月 19 日启程去丹麦，邀请他们的朋友同往，这时本雅明深感凄凉：

> 布莱希特走了，这座城市对我来说像是死了一样。他想 432
> 让我跟他一起去丹麦。生活在那边应该会便宜些。但我惧怕冬天，惧怕旅行支出，惧怕依靠他而且仅仅依靠他生活这一念头。不过，如果我还能做出下一个决定，我就会前往那里。流亡群体中的生活是难以承受的，生活本身已经不再可以承受。而在法国人中生活压根就不可能实现。所以只剩下工作了，如此明显，它是最后的内在源泉（它已不再是外在源泉了），但没有什么比认识到这一点更危及工作本身。（BS, 93–94）

虽然布莱希特这次在巴黎的停留相对短暂，但却为本雅明激活了更广阔的交游网络，其中许多都是共产党人。有些新结识，比如苏联记者和编剧米沙·切士诺-赫尔（Mischa Tschesno-Hell），本雅明和他们只是偶尔来往；另一些，比如库尔特·克雷贝尔（Kurt Kläber），他们在柏林时已经认识。克雷贝尔曾是魏玛共和国重要左翼杂志《左转》（*Die Linkskurve*）的编委会成员；1933 年春，他和布莱希特及贝尔纳德·冯·布伦塔诺一道试图在瑞士的泰辛州创立一个左翼艺术家村。和布莱希特恢复联系也唤起了新的希望，本雅明的一些作品也许可以出现在共产主义刊物上。伊丽莎白·豪普特曼提出，关于法国作家的论文会对《文学与革命》（*Littérature et Revolution*）杂志大有助益，这份杂志以法语、德语、英语、俄语等语言面世；本雅明促请布莱希特向他的朋友米哈伊尔·科尔佐夫（Michail Kolzow）推进此事，科尔佐夫是记者兼出版人，在党的出版渠道中有显赫地位。和本雅明众多接近俄国出版物的努力一样，这一次也没有结果。12 月中旬还有更多文学上的损失：14 日，一个管理整个报刊业的新法律在第三帝国生效，把 11 月成立的帝国文学理事会（Reichsschriftumskammer）正式化，德国所有作家都被要求参加这一政府所属的"理事会"。接下来几个月，本雅明权衡了参加作家协会的利弊（"利"即获得潜在发表渠道，"弊"即暴露自己的行踪，这具有潜在危险性），最终决定不参加。他所担忧的是，这一机构的建立意味着出版机会的进一步减少。

433 到进入新年时，本雅明越来越清楚地看到，巴黎所带来的许多困难是他无从解决的。他在这座城市的生活，以前很大程度是由黑塞尔和闵希豪森这样的友人的存在所塑造的——还有足够的金钱，使得他不仅能进入巴黎的文化生活，还得以进入这里的花花世界。他在 1934 年初的境况则迥然不同。巴黎本身就发生了戏剧性的改变。在法国，针对和德国开战的问题，焦虑情绪正在上升，因为现在的德国越来越不愿遵守"一战"后加在它身上的种种限制。而巴黎还没有从突然涌进来的德国移民潮所造成的震惊中缓过劲来，大多数移民是专业人士和知识分子，和法国公民一起找工作，甚至挤掉了法国人的机会。第一拨难民多为知识分子和希特勒政权的左翼反对者。据已经建立起来的援助组织估计，截至 1933 年 5 月，入境的难民已有 7300 人之多；这一数字到 1939 年变成 30000。正如马内·斯佩贝尔（Manès Sperber）所说，“我爱过这座城市，它的居民在歌声和街头口号中展示出美好心灵，但同时，他们却令人震惊地以他们公开的反犹主义为傲”[1]。此外，法国本身也并不能免于欧洲向极端右翼的摆动。就此，本雅明在2月4日得到了明确无误的证据。从王宫宾馆窗户望出去，他看见圣日耳曼大道上警察与各类右翼组织——法兰西行动（Action Française）、火之十字（Croix-de-feu）、爱国青年（Jeunesses Patriotes）等——的武装抗议者之间的暴力冲突，这些抗议者试图阻止以达拉第为首的左翼自由派政府的组建。

当然，本雅明的大多数朋友和亲属也正面对着他们自己的流亡惨况。威廉·施派尔在瑞士，但本雅明正处于和他断绝关系的阶段，气恼于施派尔拒绝或无力奉上他们在波维罗莫合作的侦探剧的收入中属于自己的那一份。西格弗里德·克拉考尔和恩斯特·舍恩过得稍微好一点，因为两人获得了可以提供稳定收入的职位，虽则那收入也极少：克拉考尔是《法兰克福报》驻巴黎的通讯员，舍恩则为BBC供稿，不过是临时工。埃贡·维辛又回到了柏林，沉浸于丧妻的悲痛，并因他和妻子共有的吗啡成瘾而痛苦。其他人成功 434
带走了一小笔资本，比如阿尔弗雷德·科恩，他住在巴塞罗那。还有其他人，包括恩斯特·布洛赫，似乎完全消失了；本雅明在希特勒上台之后的数月中都没有收到他的来信，那时布洛赫和他的第三任妻子逃亡瑞士。更有其他人，比如格雷特尔·卡尔普鲁斯，本雅明的前妻朵拉和他们的孩子斯特凡，他的弟弟格奥尔格，他们似乎都困在了德国。格雷特尔·卡尔普鲁斯没法办理护照，因为1933年7月出台的一系列法案把她和家人归为“东部犹太人”，“虽然，”她写信给本雅明说，“爸爸已经在[柏林的]摄政王巷（Prinzenallee）

1　转引自 Palmier, *Weimar in Exile,* 184。

住了四十七年，而他的父亲还是维也纳的一位工业巨头！”（GB, 4:331n）他的弟弟格奥尔格已经从松嫩贝格集中营出来了，但拒绝逃离德国——本雅明再清楚不过，弟弟很快又会从事地下党的组织工作。“太恐怖了，”他春天给格雷特尔·卡尔普鲁斯写信说，“人们就这样散落各处。”（GB, 4:433）

于是，本雅明在巴黎没有任何亲近的友人。“我几乎从没有像在此地一样孤独，”1月他写信对肖勒姆说，“如果我要在咖啡馆找机会和流亡人士坐一坐，这很容易办到。但我避开了他们。”（C, 434）思想上的孤立和物质上的艰辛依然是巴黎生存的主调。对于一个被迫靠稿费的涓涓细流和朋友们的些许接济生活的人来说，这座城市实在是太昂贵了。阿多诺、卡尔普鲁斯和肖勒姆都不知疲倦地为他寻找赞助人和其他支持资源，但这样的努力大多无果。一文不名的流亡者太多了，而收入的来源却根本不够。他被迫搬到越来越便宜的旅馆，吃越来越便宜的餐馆，担心在伊维萨把他搞垮的营养不良和随之而来的疾病会重演。但他没有别的地方可去。而且，和有些流亡者不同，他对纳粹政权什么时候会倒台不抱幻想：他知道自己的流离失所会持续很长时间，甚至是永久。事实上这只是流亡巴黎的开端，除了个别几次中断外，它将延续到本雅明的生命尽头。

435 没有朋友和金钱，他挣扎着，尽力不屈服于抑郁情绪和闭门不出的诱惑——但并不总能成功。他汇报说，有时他故意一连几天躺在床上，这样就“不需要任何东西，不用见任何人”，同时他还尽量工作（GB, 4:355）。在好一些的日子，他踅进西尔维娅·比奇的书店，徘徊于英美作家的肖像和签名之间；他光顾塞纳河沿岸的旧书摊，偶尔也会恢复那些久远到“模糊”的习惯，买上一册精选书；他在林荫大道上漫步，就像一位当代漫游者；他向往春天的好天气，那时候他就大概可以恢复“安定和健康”，可以“带着我惯常的思绪和观察在卢森堡公园漫步”（GB, 4:340）。如果说他受困于白日，那么到了夜晚，他的想象力就在梦中得到了解放，而这些梦有着曲折的政治意涵。“在这个时代，当我的想象在日出与日落之间专注于最不值一提的琐事，我就会越来越经常地于夜晚体验到它在梦境中的解放，这些梦几乎总是有一个政治主题。……[这些梦] 表现为纳粹主义秘史的生动图集。”（BS, 100）

尤为值得一提的是，尽管抑郁令本雅明身心瘫痪，但他还是坚持着自己的努力，要在法国建立桥头堡。在这方面，他告诉肖勒姆，他完全理解了歌德《格言和感想集》中一则片段所表达的想法：“曾经烫伤过，一个孩子就会避着火；而一个常受炙烤的老人甚至不愿暖一暖身子。”（GB, 4:344）即便如此，他还是开始寄希望于在法国得到哪怕是最微小的机会。虽然他还没有在法国刊物上发表过任何文章，但他和一位译者取得了联系，他名叫雅克·伯努瓦-梅尚（Jacques Benoist-Méchin），同意如果有需要就翻译本雅明的作品。本雅明 1934 年早春的书信中写满了他准备做一系列关于德国最新近文学的讲座的计划，这些讲座要用法语讲述——这是一系列定制讲座，要在著名的妇科医生和共产主义者让·达尔萨斯（Jean Dalsace）家中举办。除了这些讲座可能带来的收入，本雅明还希望它们能让他和法国知识界建立联系。这些讲座原本将包括关于德国阅读界的概述和关于卡夫卡、布洛赫、 *436*
布莱希特、克劳斯等的个别讲解。他一头扎进讲座的相关研究和写作中，寻找材料的请求散见于给友人的书信。第一讲不仅将包括关于反法西斯主义倾向的点评，而且还有对伟大的表现主义作家戈特弗里德·贝恩的尖锐批判。在纳粹掌权之后，贝恩担任了普鲁士艺术学院（Prussian Academy of the Arts）的代理院长，这一位置是因为亨利希·曼临时从德国逃亡而空缺的；向新国家宣誓忠诚很快就成为对艺术学院成员的要求。虽然有证据显示，贝恩对希特勒和纳粹的看法并非没有含混之处，但他确实发表了一系列支持纳粹政权的文章，起首一篇就是臭名昭著的《新国家与知识分子》（"The New State and the Intellectuals"）。随着本雅明第一场讲座的日期迫近，印好的请柬已经发出——但讲座却并未举行。达尔萨斯突然病重，不得不取消整个讲座系列。

本雅明还自己去接触了一些重要的知识分子。他拜访了《新法兰西评论》的编辑让·波朗，提出用法语写一篇关于瑞士人类学家和法学家约翰·雅各布·巴霍芬（1815—1887）的母系社会理论的文章来投稿。波朗对此题目表示兴趣，这引发了很多研究工作、一篇写完的文章，以及……一次礼貌但坚决的拒稿。这件事情展现了本雅明对法语写作不断增长的信心。这一年早些时候他曾告诉格雷特尔·卡尔普鲁斯，他的首篇法语文章——现已佚——据一位母语者说，只有一处错误。其他接触——和德语文学教授厄内斯特·托内拉（Ernest Tonnelat）、散文家及批评家杜博（Charles Du Bos），以及新法文百科全书的编者——甚至没有带来任何像拒稿一样明确的东西。本雅明转向法国知识界的艰难，在德国来的流亡知识分子中很典型。他们从法国同行那里，尤其是被描述为"左岸"（Rive Gauche）的作家——纪德、马尔罗、亨利·巴比塞（Henri Barbusse）、保罗·尼赞（Paul Nizan）、让·盖埃诺（Jean Guéhenno），等等——那里得到了整体上富于同情的接待。[1] 但德国人还是体会到了距离感，他们被请到咖啡馆，请去参加书店集会，但很少被邀请去法国人家里吃饭。

---

1 Lottmann, *Rive Gauche* (Paris, 1981)，转引自 Palmier, *Weimar in Exile*, 190。

本雅明尝试为自己的作品寻找法国以外的发表途径也连连碰壁。他还有一批稿件没有收到报酬，而另一些则搁置在德国的出版社中，永不再见天日。甚至他的朋友也没有尽到义务：威利·哈斯从未给《词中世界》上的作品支付过稿费，这份刊物在布拉格关门大吉，宣告破产，而威廉·施派尔仍然握着他们合写的侦探剧的报酬不分给本雅明。这样一份相对较小的收入——一部还算成功的剧作上演利润的百分之十——竟然引发本雅明考虑对一位老友诉诸法律手段，这本身就是一个标志，说明流亡生活的破坏力。还有一个值得注意的项目，是为《社会研究杂志》而作的，并非因拒稿夭折，却由于本雅明不情愿完成它而失败。他花了几个月时间，为“回溯性地总结《新时代》(*Die neue Zeit*)的文化政治”做准备，这份报纸是德国社会民主党的意识形态喉舌(BS, 139)；他希望“一次展示出集体文学的产物是如何特别适合做唯物主义处理和分析，而且其实也只能以这样的方式得到理性评价”(C, 456)。虽然他在暮夏和初秋的几乎每封信中都提到了这一计划中的文章，但计划却搁浅了。在本雅明的催促下，肖勒姆曾请求“肖肯丛书”(Schocken Library，该丛书出版小书，在以德国犹太人为主的读者群中还算受欢迎)的主编莫里茨·施皮策(Moritz Spitzer)向本雅明约稿，出“一本或数本小书”(BS, 106)。这一计划也受挫了，因为德国货币兑换部门很快就停止了对身居海外的“肖肯”作者的支付。 437

他持续为《1900年前后的柏林童年》寻找安身之所的尝试，也是挫败感的一大来源。克劳斯·曼考虑过在他的流亡刊物《收集》(*Die Sammlung*)上刊用其中篇什，但不了了之。当他收到赫尔曼·黑塞一封关于书稿的热情洋溢的信时，又看到了一线希望。但黑塞对能不能帮到他没有信心：“我侥幸逃过了焚书等劫数，而

且我是瑞士公民；除了私人的语言施暴外，还没有其他针对我的
438 行径，但我的书已越来越远地退入背景，变得落满灰尘，我也无奈地接受了这一情况会持续很长时间的事实。但我从通信中了解到，对于咱们这样的人，还有一小批读者仍然存在着。”（转引自 GB, 4:364n）为了安置《柏林童年》，黑塞找过两个出版人，费舍尔（S. Fischer）和阿尔贝特·朗根（Albert Langen）。他的这些努力无果而终，但得到这样一位显赫小说家的支持，本雅明已经很满足了。另一番为该书稿找出路的尝试，则让他再次对肖勒姆感到恼火。阿多诺曾把《柏林童年》推荐给柏林一家犹太出版社的出版人埃里希·莱斯（Erich Reiss）。本雅明于是写信给肖勒姆，请求他写一封类似推荐信的东西，解释一下这部书稿的“犹太面向”（BS, 102）。这当然触及两人友谊的痛处——本雅明和犹太教的关系——而很典型地，肖勒姆的回复话中带刺，充满责备：

> 我憎恶莱斯先生，一位柏林西区的胖犹太人，半是营私舞弊者，半是势利小人，而我对你提出的由我出面和他交涉的可能性并不非常感兴趣。另一方面，我不清楚他究竟是否读过你的书稿，或者整件事仅仅是威森格隆德先生的主意。莱斯现在是犹太复国主义的弄潮儿，这是众所周知的。……但我完全不清楚的是，你怎么会想象出，我——作为一位“专家”——可能在你的书中发现犹太复国主义元素，这你可必须得实打实地帮把手，给我一大堆提示。你的书稿中唯一有关“犹太”的段落还是我当时极力劝你删去的一段[1]，如果你不能在内容中加上直接相关的段落，而只是加上受某种形

1 肖勒姆指的是题为《情窦初开》（“Sexual Awakening”）的一节（BC, 123–124）。关于二人 1933 年初就此的书信交流，见 BS, 25。

> 而上学姿态启发的、势必让莱斯先生无动于衷的东西，那么，我真不知道你是怎么想这件事的。很不幸，你还大大高估了我的智慧，你假定我可以向一位出版人表明你的书稿的“犹太面向”，而这一“面向”对我来说是非常晦涩的。顺便一提，我不认识这位莱斯先生。不消说，如果一家出版社主动向我咨询，那我将会竭尽全力为你争取——这一点我可以向你保证——但我必须抱着一定的怀疑态度让你来决定，你提议我充当可能的“权威”究竟是否明智。（BS, 106–107）

虽然肖勒姆在本雅明流亡期间一再证明自己是一位忠诚的朋
友，但他始终拒绝做任何有违他面对其他犹太知识分子的立场的 439
事——即便这次的情况是如此无伤大雅，只不过是他对自己可能要写信的对象谈不上尊重。于是，本雅明这一次出版书稿的努力又无果而终。

但是，也并不是他所有的文学努力都失败了。他完成了他在伊维萨开始给《社会研究杂志》写作的文章《语言社会学中的问题》，收到了一小笔稿酬。他还在《法兰克福报》上发表了三两篇短文，有时用笔名 K. A. Stempflinger：一篇是对马克斯·科默雷尔关于让·保罗的著作的书评，一篇是对伊万·蒲宁的两本书的书评，还有一篇是对最新歌德研究的综述性评论。而在 1934 年春天，他完成了他最重要的论文中的两篇，《作为生产者的作者》和《弗朗茨·卡夫卡》。《作为生产者的作者》第一次发表时，距本雅明去世已过去二十六年；手稿显示这是当年 4 月 27 日在法西斯主义研究院发表讲座的讲稿。该研究院，成员包括阿图尔·克斯特勒（Arthur Koestler）和马内·斯佩贝尔，是 1933 年下半年由奥托·比哈利–梅林（Oto Bihalji-Merin）和汉斯·迈因斯（Hans

Meins）创立的。作为一个由共产国际控制、由法国工人和知识分子资助的研究小组，这所研究院致力于收集和传播有关法西斯主义的信息和文献。本雅明的讲座代表了他对文学形式和政治之间的关系最鞭辟入里的分析之一，会非常适合这一纲领；至于讲座到底有没有举行，则是一个谜。

《作为生产者的作者》考察了文学作品的政治倾向与它的美学品质之间的关系；长期以来，政治倾向性被视作作品美学品质的限制。但本雅明一开篇就提出，“一部呈现正确［政治］倾向的作品也必定具备所有其他品质”[1]。本雅明的文章绝不是对直接政治化的文学的教条主义召唤，相反它试图在文学品质的意义上重新思考作品的政治倾向：“只有当一部作品的倾向在文学上也是正确的，它才可能在政治上是正确的。这就是说，政治倾向包含了文学倾向。而且我要马上补充：正是或隐或显地包含在每个正确的政治倾向中的文学倾向，而不是别的，构成了作品的品质。”[2]（SW,
440 2:769）通过将作品的形式品质——其“文学技艺”——置于其与占统治地位的社会生产关系的关联来进行反思，本雅明完全翻转了倾向性的观念。这样看来，正确“倾向”的问题就聚焦于，作品在“其时代的文学生产关系”中处于何种地位：作品的技艺代表了进步还是反动？本雅明这里所思考的，与其说是某个文类中的具体技艺——比如现代主义对叙事的操控——不如说是文学体制的全面重塑：文学的类型和形式，文学对翻译和评论的包容度，甚至还有那些看似边边角角的方面，比如文学对抄袭的适应度。

论文的中心部分是一则长引文，但算不上抄袭：那是本雅明把自己当作一位“左翼作者”在引用。这则引文把日报作为他的

1 参见王炳钧等译《作为生产者的作者》，第 4 页。——译注

2 参见同上书，第 5 页。——译注

论断的最佳例证。根据这一解读，资产阶级报刊回应着读者不知餍足的、毫无耐心的信息需求，开辟越来越多的渠道让读者发声表达其关切：来信、观点栏、署名抗议。读者于是成了合作者，而至少在苏联报刊中，他们甚至成为生产者。“在那里读者随时准备成为写作者，也就是描述者甚或是创造范例的写作者。作为一个专家——即便不是某个学科上的，更多是他所在职位上的——他获得了成为作者的可能。工作本身得到了表达。”[1]（SW, 2:771）回到他早在20年代中期的《单行道》中就探讨过的问题，本雅明现在声称，“文学的能力”更多来自“综合技术教育”，而非任何文学专业化。报纸——“词语遭到肆无忌惮的贬低的场所”——悖论性地把自己呈现为“生活境遇的文学化”的舞台。这是本雅明最难以索解的表达之一。它浓缩了一个复杂的理念，这个理念就是，现代生活只有在表现为极为特定的文本形式时，才能被分析并最终被改造。如果说在《单行道》中，本雅明曾呼唤一种“即时的语言”，认为它就可以等同于瞬间，那么在这里，他所号召的是更为广泛的、对一切写作形式的重新概念化，而写作即生产。只有这样一种革命性的发展——其根基在本雅明20年代初所邂逅的国际构成主义之中——才能掌握“那些原本无法解决的二律背反”。

从这一理论基础出发，本雅明回到阶级属性和文学生产的 441
关系这一中心问题，它曾在魏玛共和国引起激烈广泛的辩论。在《作为生产者的作者》中，他通过对“所谓左翼知识分子”的关键性消灭来处理这一问题。本雅明粗暴地拒绝德布林、亨利希·曼这类作家的妥协，对他们来说，社会主义是“自由、人与人的自

1 参见王炳钧等译《作为生产者的作者》，第11页。——译注

发联合、…… 人性、宽容及平和的思想”[1]。他们的政治，比不加掩饰的人道理想主义强不了多少，并不曾对法西斯主义构成抵抗；和无产阶级并肩而立不过是不冷不热的道义支持。这样的“政治倾向，不管看起来多么革命，只要作家仅仅在态度上，而非作为生产者和无产阶级相团结，那么其功能就是反革命的”。然后他回到了他最初在《摄影小史》中示众过的“反面人物”，摄影师阿尔伯特·伦格尔-帕奇（Albert Renger-Patzsch），他的摄影书《世界是美丽的》（*Die Welt ist schön*）在 1928 年重塑了这一艺术门类。根据本雅明的解读，伦格尔-帕奇的摄影作品没能不加“美化”地再现一处出租屋或垃圾堆。极端贫穷也成为审美享受的对象。所以，一种表面进步的摄影实践只是服务于“从内部——换言之，以时尚的方式——按照其本然来更新这个世界”[2]。

在本雅明的论文中，有效的艺术实践的正面范例是由布莱希特提供的，尤其是布莱希特的“功能重塑”或功能转换（Umfunktionierung）的理念：一直以来为现状服务的文化素材和实践可以转换功能，不再是提供，而是去改变生产机器。布莱希特的实践也被吸收到本雅明对全面克服专业化的号召之中。正如给报纸写信的读者成为作者，作家们也被要求开始从事摄影。“只有克服精神生产过程中的专业化……才能使这种生产在政治上有用。”[3] 本雅明的讲座鼓吹先锋派实践，带有平民主义（populism）雏形，还包含布莱希特的唯物主义，和苏联艺术政策大相径庭。随着斯大林的《论文学和艺术组织的重建》（“On the

1 参见王炳钧等译《作为生产者的作者》，第 15 页。——译注

2 参见同上书，第 20 页。——译注

3 关于克服专业化，对比 EW, 240（《学生的生命》）和 SW, 2:78（《生平简历（三）》）。（中译文参见同上。——译注）

Reconstruction of Literary and Art Organizations"）的发表，社会主义现实主义已经在 1932 年成为国家政策；苏联作家大会将在 1934 442
年 8 月举行，届时将正式采纳社会主义现实主义，并号召对文艺坚决地政治化。如果本雅明的讲座真的在共产国际资助的一个研究所举行了，那它一定曾引发一场激辩。

那年夏天和布莱希特的一次谈话又为本雅明的论文带来一个重要补遗：

> 在布莱希特病房的长谈……围绕着我的文章《作为生产者的作者》，我在文中发展出这样的理论，文学的革命功能的决定性标准取决于技术进步在多大程度上带来艺术形式的转型，进而带来精神生产手段的转型。布莱希特只愿意在一个类别上承认该命题的有效性——就是上层中产阶级作家的类别，他认为自己也在此列。"这样的作家，"他说，"独独在一点上体验到和无产阶级利益的团结一致：那就是他的生产手段的发展问题。但即便团结独存于这一点，这个作家作为生产者也全然无产阶级化了。这种在某一点上的全面无产阶级化会一步步导向团结。"（SW, 2:783）

五年后，布莱希特关于资产阶级作家无产阶级化的可能性的论断将几乎一字不差地进入本雅明论波德莱尔的专著。

本雅明新一年的最早几封书信，证明了他对弗朗茨·卡夫卡的作品兴趣越来越浓。他对肖勒姆表露，自己希望有一天能发表关于卡夫卡和阿格农的演讲，阿格农是犹太作家，其短篇小说《伟大的犹太教堂》（"The Great Synagogue"）本来会在本雅明筹划的刊物《新天使》创刊号上占据突出位置。关于卡夫卡的讨论也在他审慎恢复与维尔纳·克拉夫特的关系时发挥重要作用，他在1921年曾和这位旧友断绝来往。1933年以前，克拉夫特一直是汉诺威的图书馆员；此时，他也在流亡，经受着同样考验其他羁旅知识人的困窘。虽然他们没能重燃旧时的友谊，但两人这一时期在巴黎恢复了联系，本雅明阅读了一些克拉夫特的论文，包括两篇关于卡夫卡的文章和一篇关于卡尔·克劳斯的文章，“颇有同感并心怀敬意”（GB, 4:344）。

443 肖勒姆4月19日的一封信最终开启了一篇文章的写作，本雅明写作之初便认为这将是他关于卡夫卡的重要论述。肖勒姆接触了罗伯特·魏尔驰（Robert Weltsch）——《犹太评论》的编辑，在当时德国仍允许出版的犹太书籍报刊中该刊是发行最广的——讨论本雅明以卡夫卡论文供稿的可能性。魏尔驰接受肖勒姆的建议提出约稿，本雅明于5月9日兴奋地接受了邀请，但同时提醒魏尔驰，他的稿件不会遵从“对卡夫卡的直接的神学解释”（C, 442）。本雅明的论文，部分于同年晚些时候发表在《犹太评论》，不仅拒绝了任何对卡夫卡小说的直接宗教解读，还拒绝了所有教条的寓意性阐释，这种阐释试图通过赋予故事中各类元素以确定的价值来将意涵固化：《判决》《城堡》等文本中的父亲和官员在这样的寓意性阐释中，就成了上帝、心灵代言人，或政治国家。本雅明明确拒绝了惯常的神学、政治和心理分析的解读，转而强调这些文本在最终意义上的不可解读性、开放性和谜一样的特征：“卡夫卡有为自己创造寓言故事的稀有才能。但他的寓言故事从不会被可解之物穷尽。相反，他尽一切可能防备对他作品的诠释。”[1]（SW, 2:804）但本雅明的解读还是有一个主宰性指向：“这

1 参见张旭东、王斑译《启迪》，第132页。——译注

关乎人类社会中如何组织生活和劳动。此问题对卡夫卡愈是晦暗难解，他愈是穷追不舍。”[1] 如果说本雅明曾在《经验与贫乏》中通过审视急剧增长的技术化的后果，探讨这些问题——它们涉及人类经验的性质，那么他在《弗朗茨·卡夫卡》中就是通过神话的视角来审视这些问题。卡夫卡的主人公们——从《判决》中的格奥尔格·本德曼和《城堡》中的K，到晚期短篇作品中的动物形象——活在一个由阴暗发霉的房间所构成的世界，不论包裹着他们的更大的组织结构是什么：家庭、法院、城堡。这个世界是由这些角色既不能辨认出又无法对其采取任何立场的种种力量所塑造的。在对卡夫卡童年照片的著名征引中，本雅明提示到，男孩的“无尽哀愁的眼睛”看向一个他永远无法在其中感到自在的世 444
界。是什么阻止了一切安全的占有，并让所有的存在变得险峻？本雅明指出，卡夫卡有意在“世界诸世代”的意义上思考，这就让他所描画的那个世界成为一个姗姗来迟的世界，受到来自本雅明所称的“原初世界”（Vorwelt）的侵扰。卡夫卡的人物生活在这样一种沼泽之中，其中满溢着受到压抑的那个“原初世代”的记忆；地府的诸种力量依靠施行遗忘来声索它们对现时代的权利。哪怕最小的失足也能使主人公再度陷入沼泽世界——那个原始的、前人类的、造物的世界。《变形记》不仅是卡夫卡最著名故事的标题，它指向那种盘旋在卡夫卡人物头顶的特定危险，那就是堕入异样生命形式的危险。即便他们在某种意义上还没有失足，卡夫卡的人物们还是感觉到那份威胁的效力——以羞耻这一形式。他们在自己的造物属性面前感到羞耻，因这一属性而畸形，而谦卑，在其重负下佝偻着身子，就像法庭上的被告一样。卡夫

1　参见张旭东、王斑译《启迪》，第131页。——译注

卡的人物不约而同地等待着审判——即便在寄希望于宣告无罪时也表现出无望。而本雅明认为，在这样的“荒诞”中有一种美。

正如《歌德的亲合力》是由传记手段构成的对传记式阐释的否定，《弗朗茨·卡夫卡》也是通过神学手段对神学阐释的否定。一种差不多的神话观贯穿于这两个文本，类似赫尔曼·科恩对动物性的前理智国度充满警觉的忧虑，这个国度始终存在，威胁着理性思考和道德行动这两个传统的人性特征。本雅明引用马克斯·布罗德所记下的一次谈话，再现这一精神危机感，卡夫卡在谈话中把人类说成是“跑进上帝头脑中的虚无思想、自杀念头”[1]（SW, 2:798）。接下来是布罗德著名的问话，那么世界上是否还有任何希望。“有无穷无尽的希望，”卡夫卡说，“只不过不属于我们。”[2] 那这希望究竟属于谁呢？本雅明单列出极个别凄凉人物，希望似乎还紧抓着他们，就像绳子的末端抓紧微小的俄德拉代克（《家父的忧虑》），比如那些“助手们”（《城堡》），那些仅仅凭自己的镇定和躲避似乎就逃出了家庭沼泽的生灵们。但他也指出卡夫卡作品中的另一些时刻，它们暗示了一种对我们的异化和畸变
445 的富有成果的使用；由此他把卡夫卡论文带回到他对现代性的分析。那年夏天，本雅明在丹麦的斯科福斯堡海岸（Skovsbostrand）撰写这篇论文，布莱希特住在那里，其时他和这位剧作家的谈话无疑是影响该文写作的一个因素，这一点在关于姿态（gesture）的讨论中展露无遗——姿态正是布莱希特戏剧方法的关键元素。在一个杰出的段落中，本雅明揭示了卡夫卡作品里姿态的功能，他首先展现出在一个如此负重的世界中，哪怕是最简单的姿态也有极大的困难。在那里，姿态没有内在的意义，虽然它们可能成

1 参见张旭东、王斑译《启迪》,，第 124 页。——译注

2 参见同上书，第 125 页。——译注

为本雅明所称的“试验流程”（Versuchsanordnung）的一部分。于是，他极为巧妙地引出了他在《摄影小史》展开的范畴，这些范畴联系着“视觉无意识”。和摄影图像一样，姿态从主人公中造出一个被试者，他或者认不出自己在照片上迈步的样子，或者听不出自己从留声机中传出的声音。[1] 这样的姿态可以揭出原本隐藏在我们存在之中的断片，揭出那些只有在试验过程中才会呈现的深层因素。本雅明把倒退姿态的这种暗示称之为“研习”（study）。“这是从遗忘之乡吹来的风暴。研习就是顶风突围。”[2]（SW, 2:814）

本雅明通过一系列精彩的征引和对照来重造这一卡夫卡世界，不仅把这位作者的一些最令人难忘的主人公——俄德拉代克、桑丘·潘沙、老鼠歌手约瑟芬、猎人格拉库斯——请上舞台，还搬出了各种其他类型的人物，从叶卡捷琳娜大帝的总理大臣波将金到格林童话中的诸形象。该文的主要策略就是通过重新讲述这些故事来取代对它们的任何解读。这一重述过程，以及我们的重述体验，对本雅明来说就是阅读卡夫卡的流程和审判的一部分。“在原初世界以罪的形式举到他面前的镜子中，[卡夫卡]只看到了以法（Gericht）的形式出现的未来。”因此，审判流程（Prozess）就已经是判词。正如在山鲁佐德的例子里，诸多故事依据将来之事描画出一个现在。这是本雅明对教条式释读的否定带来的棘手负担。他始终忠于卡夫卡的这一感觉，即，写作和阅读不多不少正是世界进程——我们永无休止的审判和唯一的希望——的蒸馏净化。由此，论文以自传的调子开始并结束。引子的故事讲述小办 446

1　如本雅明的惯常做法，此处他也把阅读其他著作的元素叠加进来：本雅明 1934 年 1 月读了马尔罗的《人的境遇》，这部小说中的一个关键时刻就是通过主人公强矢在留声机唱片中辨听不出自己的声音，来表现他的自我异化。

2　参见张旭东、王斑译《启迪》，第 147 页。——译注

事员苏瓦尔金访问因深度抑郁而瘫痪的总理波将金。抑郁造成的无行动能力正是本雅明过去十年切身面临的威胁——而如今在巴黎，它是本雅明的常伴。文章提出，我们获得“救赎”的希望就封存在无望本身之中，它可能在某个时刻苏醒，通过一个无意识的，甚至是“荒诞的”姿态所开启的微小的、极不可能出现的入口进入这个世界（BS, 135）。[1] 夏天结束时，他会对肖勒姆评说道，这份卡夫卡研究“十分理想地成为我的思想所走过的不同道路的交叉路口”（BS, 139）。

尽管有这样密集的文学活动，本雅明还是付不出生活开销的哪怕一小部分。一直以来，他的友人通过馈赠使他在巴黎得以存活。1934 年春季期间，本雅明终于逐渐能够通过来自不同机构和他自己著作销售的报酬，补贴他不稳定的收入。经过法兰西学院的印度学学者兼前德雷福斯党人西尔万·莱维（Sylvain Lévy）的斡旋，他这年春天接连四个月从全世界以色列人联盟（Israélite Alliance Universelle）收到每月 700 法郎的补贴。大约同时，在霍克海默的安排下，社会研究所开始给他每月 100 法郎的薪酬，整个 30 年代他一直能领到这笔钱，并渐有增加。而阿多诺为本雅明出面的众多努力中也有一次有了结果：阿多诺的舅母、钢琴家阿加特·卡维利–阿多诺（Agathe Cavelli-Adorno）说动了一位住在诺因基兴的女富商和家族友人，名叫埃尔弗里德·赫茨贝格尔（Elfriede Herzberger），她同意为本雅明提供资助。第一张支票的数额是 450 法郎，由阿多诺、阿多诺的舅母和埃尔泽·赫茨贝格尔[2]

1　对比赫尔曼·科恩：“救赎……紧抓着每一个受苦的瞬间，并在每一个受苦瞬间中构成救赎的瞬间。”（*Religion of Reason*, 235）。也可对比“不可救赎者的救赎”（C, 34 [1913]）。

2　埃尔泽是埃尔弗里德的简称。——译注

均摊；到夏天，埃尔泽·赫茨贝格尔开始提供一份更有规律，不过数额也更小的津贴。

本雅明所处的绝望境地的一个有力注脚是，即便有了这些新的收入来源，他的经济状况仍越来越糟糕；3月底，他被迫搬出他在第六区的便宜旅店，靠典当自己的财物才结了账。幸运的是，他的妹妹朵拉最近也搬到了巴黎。本雅明和妹妹的关系过去一直麻烦不断，但现在她表现出愿意帮助哥哥，即便只是暂时 447
的。本雅明搬进了她位于第十六区茉莉街（Rue Jasmin）16号的小公寓。经历多年的冷淡关系，像这样在同一个屋檐下相处对于两位都不容易；本雅明断言，“他们在摇篮里可没跟我唱过这一出”(BS,101)。他在那儿住了两到三周，直到朵拉平常的房客回来，然后又一次搬家，住进了一家比以前还便宜的旅店，名叫佛罗里多尔（Floridor），位于第十四区的丹费尔-罗什洛广场。同时，他的个人关系遭遇新低点。在见过几次他伊维萨岛时期的朋友让·塞尔兹（此人正在继续翻译《柏林童年》中的篇章）后，本雅明突然切断了与他的所有联系，4月初以明显编造的理由取消了他们之间最后一次见面的约定。他继续和表亲埃贡·维辛见面，并给予他精神上的支持，但这样的会面带来了新麻烦。这一年早些时候，维辛还在柏林，当时格雷特尔·卡尔普鲁斯对他的状态和行为吃惊到拒绝把要给本雅明的几本书托付给他，并对他有没有能力把本雅明的藏书成功运送到丹麦提出严重怀疑。维辛回到巴黎时形容消瘦，经过对吗啡成瘾的治疗，他变了一个人（GB, 4:361）。但对本雅明来说，他还是“那个曾经非常亲近，而且将来很可能再度非常亲近的人”，本雅明对他的“性格和心智素养”怀有巨大的信任。他在德国的家人则仍是一大忧虑来源。朵拉和斯特凡还在柏林，而本雅明的弟弟格奥尔格出狱恢复自由后，去了一趟瑞士和意大利，然后返回柏林，立刻恢复了地下政治工作，正如本雅明所料。

即便是他这几个月的书信——这本是他常常用来舒缓精神紧张的地方——也证明了他不得安宁。2 月末，他给阿多诺寄去了对音乐剧《印第安人乔的宝藏》（“The Treasure of Indian Joe”）直指要害的评语，这部剧取材于马克·吐温的《汤姆·索亚历险记》中的一个场景。[1] 阿多诺在 1932 年 11 月至 1933 年 8 月期间创作了歌剧剧本，并开始为部分文本作曲，但作曲工作他最终未能完成。本雅明从 1933 年初秋起，手头就有这部歌剧的稿本，但他一直拖延回复，就这样到了 1 月底——这当然标志着两位凶猛的知识分子之间的
448 龃龉正在酝酿之中。到他真的回复时，言辞上非常谨慎戒备，但足以让阿多诺明白他对这一项目整体上的反感。本雅明当时一定觉得自己有正当理由攻击阿多诺的作品，毕竟这部作品属于本雅明自认为是专家的领域：面向儿童的文化产品。本雅明称阿多诺的歌剧剧本为一部“儿童广播剧模型”（Kindermodell）——大约既是暗指他自己曾经创作的教育广播剧模型（Hörmodell），又是影射布莱希特意在为观众和其他作者设定模范人物的某些剧本——他反对以美国农村为背景的那种缺少变化的田园牧歌特质，也反对阿多诺对笼罩这部小型歌剧的死神幽灵的处理。这句评点一定尤其刺痛阿多诺：本雅明以为，这部作品比不上让·科克托 1929 年那部真正“危险”的小说《可怕的孩子》（BA, 23–24）。

春天和肖勒姆的一次交流则更有切肤之感：它又一次提起了本雅明的政治取向及其对作品的影响。肖勒姆这封重要的信也重新点燃了两位友人间早就有的、带来不适的争论，涉及本雅明的

1 印第安人乔是一名富有传奇色彩的侦察兵，美洲原住民出身，参加过美国革命战争。——译注。

政治活动。在读了相对温和而又直白的《法国作家的社会现状》之后，肖勒姆却称他无法理解这篇文章，质询本雅明这是不是一份“共产主义信仰声明”（BS, 107）。肖勒姆想要知道本雅明立场何在，并提醒他，他过去就不情愿对这个问题做出清晰的回答。肖勒姆的信引出了一封高度自我披露的回复。后来在东柏林发现的信件草稿是这样写的：“我从来都按照自己的信念写作——也许有个别微不足道的例外——但我从没有试图去表达我多元的信念所代表的那个矛盾而流动的整体，只在极为特别的情况下例外，而且都是以口头形式。”（BS, 108–109）在他最终寄出的信中，他这样定义自己的共产主义，“绝对仅仅是我在自己的思考和生命中所经历的某些体验的表达；……它是对这一事实的激烈而非贫瘠的表达，即现在的精神产业不可能有空间容纳我的思考，正如现在的经济秩序无法存续我的生命；……它代表了一个人显而易见的、合理的尝试，这个人在思考和生活方面都完全或几乎完全地被剥夺了任何生产手段，甚至无从主张对它们的权利。……真的 449
有必要把这一切都说给你听吗？”（BS, 110）本雅明又继续写到了布莱希特，这段话显示出他完全明白其中的现实风险：肖勒姆反对他一面有神学倾向，有为了迎合社会研究所而小心保持分寸感的左派社会分析，一面又采取布莱希特那种介入式的政治态度。在一封写于夏天的信中，本雅明再次提起他们之间的分歧，同时声明，他不能把更具刺激性的《作为生产者的作者》寄给肖勒姆，因为他没能弄到足够多的复本（BS, 113）；当 1938 年肖勒姆亲自向他讨要一份时，本雅明只是回答说，“我认为最好不要让你读到它”（SF, 201）。

在这重重阴郁中也有一抹亮色，3 月中旬他得到了社会研究所的额外协助（这次由弗里德里希·波洛克亲自办理），把他“一半的藏书，而且是更重要的那一半”从柏林公寓成功转运到丹麦的布莱希特住所（C, 437）。他曾希望把全部藏书都搬走，但他在柏林的房客冯·舍勒，历来表现得随和而可靠，却不大愿意把屋子搬空，那样就“完全失去了这间屋子的特质”[1]。五或六大柳条箱的书籍安全运抵丹麦。这次转移不仅将大量藏书置于本雅明的支配之下，为他写作提供便利，而且也使得他能够从事重要的售卖。其中最重头的就是把弗朗茨·冯·巴德尔的全集卖给耶路撒冷的希伯来大学，他在 7 月处理这件事，其间经过非常曲折的讨价还价。就这样，书籍，以及对书籍的念想，继续在流亡期间的日常生活中充当逃离恐惧的一种方式。1 月份，他阅读了安德烈·马尔罗的新小说《人的境遇》，他告诉格雷特尔·卡尔普鲁斯，他觉得这部作品“有意思，甚至还算精彩，但并不具有终极意义上的生产性”（GB, 4:341）。但正是此时，他把关于马尔罗的部分加入到论文《法国作家的社会现状》中，于当年春天发表。而侦探小说从来不离他的床头桌，他继续狼吞虎咽地大量阅读。他读了几卷萨默塞特·毛姆，其中包括《英国特工》，都是法译本，并热情地推荐给了格雷特尔·卡尔普鲁斯。

450 不过，他的大多数阅读还是集中在他对巴黎拱廊街的研究上——而这主要是在法国国家图书馆进行的。在 30 年代反复更换住址乃至居住国的过程中，国家图书馆成为本雅明的北斗星，是他可以依赖的家园。另一种常态则是他对书写材料的痴迷：他向友人讨要他常年使用的纸张和笔记本的请求，散见于书信各处。把这一切统合在一起的则是这样的信念：拱廊街计划将是他最重要的作品。“如今，在命运和我的竞争中，拱廊街计划坐收渔

1 古斯塔夫·格吕克 1933 年 12 月 22 日致本雅明信，转引自 GB, 4:298n。

利（tertius gaudens[1]）。最近我不仅能够做更多的研究工作，而且可以——这是很长时间以来的头一回——想象出此研究可能付诸实用的多种方式。不难理解，这一想象和最初的想象已大为不同。”（BS, 100）于是他钻研了西格蒙德·恩伦德尔（Sigmund Engländer）的四卷本法国工人组织史，其中的几则摘录出现在《拱廊街计划》中。到春天结束时，他已经完成了对收集到的巴黎研究材料的初步浏览和组织。这一研究此时暂定名为《巴黎，19 世纪的首都》（“Paris, Capital of the Nineteenth Century”）；分为五大部分：“傅立叶，或拱廊街”；“达盖尔，或全景画”；“路易·菲利普，或室内布置”；“格兰维尔；或世界博览会”；“奥斯曼，或巴黎美化”（AP, 914）。这次对研究计划的重组是一个枢纽性的时刻，此时，计划早期阶段的超现实主义和集体的社会精神分析取向，与更具历史性和社会学意义的取向相遇，而后一取向形塑了本雅明 1934 年以后的工作。一封那年夏天从丹麦写给维尔纳·克拉夫特的信表明了此时本雅明辨认出的政治和大众心理之间的关联：“你承认，你暂时不愿接受共产主义作为‘人类的解决方案’。但问题当然恰在于，如何通过对这一系统的可靠研究，去废除人类的解决方案这类毫无生产性的假惺惺借口；甚至可以说是全然放弃‘总体’系统这一狂妄的展望，至少尝试着以这样一种放松的方式去建设人类的生命白天（den Lebenstag der Menschheit）：就像一个理智的人在好好睡了一夜之后开始他的白天一样。”（C, 452）

也许正是带着这些心理政治的思量，他继续试服迷幻剂。在 451
离开巴黎前往丹麦前不久，他服用了麦司卡林，让弗里茨·弗兰克尔给他皮下注射，弗兰克尔是 1933 年移居法国的。在这一晚

1 拉丁文 tertius gaudens 是司法概念，意指从两者相争中获利的第三方。——译注

间试验所激发的各种意念的大翻滚中，有对“闲逛”的玄思，有儿童的行为，有从紧张症（catatonia）中获得的快感，不过最突出的还是本雅明对尼采魏玛故居的黑暗幻想的描述，而这位哲学家的妹妹是原始法西斯主义分子，已把这座故居变成圣地（OH, 84, 96）。

1934 年夏初，本雅明终于犹犹豫豫地接受了布莱希特的邀请，启程前往丹麦。简单说，他已经没法在巴黎养活自己，而布莱希特的盛情似乎是唯一的选择。这将是他三次夏季长期做客的第一回，后两回是在 1936 年和 1938 年。布莱希特和海伦娜·魏格尔（Helene Weigel），以及他们的孩子斯特凡、芭芭拉住在斯科福斯堡海岸村庄中的一座与世隔绝的宅子里，这里离斯文堡不远。斯文堡在 19 世纪经历了工业化，但仍是一座农业边镇。斯科福斯堡海岸坐落于菲英岛（Fünen）南岸，该岛为丹麦诸岛中第三大岛，从斯科福斯堡海岸向南望去，海峡对面是相对较小的措辛厄岛（Tåsinge）。本雅明感觉这菲英岛的“最南端”是“你能想象到的最偏远的地方之一”，其“未开发的自然”、与现代世界的隔绝，可谓是利弊参半。镇子本身没有什么吸引人的去处：本雅明甚至很快就不再光顾当地的电影院了，认为那里放映的片子让人难以忍受。他似乎没读太多和自己的工作无直接关联的东西：在这份短书单上，居首的是伊利亚·爱伦堡的《在一位苏联作家看来》（*Vu par un ecrivain d'URSS*；在本雅明看来，“这是这位就其本身而言一无是处的作家最有意思的一本书了”）和巴尔扎克的《贝姨》。而且，他甚至不再有机会到大自然中远足，这在伊维萨岛上时曾对他如此重要。他反复抱怨，穿过乡间或沿着海岸线的小径没有几条，虽然有许多海滩，但环境恶劣，礁石遍布。本雅明在乡间一座房中租了一间屋子，离布莱希特的幽居地只几分钟路程；

这屋子保护了他的隐私，但也限制了他和布莱希特、魏格尔以及围绕这位充满人格魅力的剧作家的不断变换的人物们进行社交。452 这既有利也有弊。一方面，他还是对性情多变的布莱希特保持警惕，唯恐自己伤害两人的关系，或过分利用主人的好意。事实上，本雅明和布莱希特的交往与他和其他任何同代人的交往有质的区别：其中特有一种在别处都不显著的敬畏，乃至顺从。但他同时也加深了他和布莱希特的真诚友谊，并且和魏格尔以及这对夫妻的子女相熟起来。本雅明甚至比在巴黎时还要孤立，因此真切地渴望敞阔农宅的夜间聚会：晚上他和布莱希特对弈国际象棋，和魏格尔玩“六十六”牌局（一种双人纸牌游戏），和大家一起围拢在收音机前，这些活动是他连续数周唯一的交际。

就这样，在20世纪最有影响力的知识分子中的这两位之间，一段密集的思想交流和偶尔合作的时期开始了。尽管两人的个性显著不同，但布莱希特与本雅明分享了一份深刻的友谊。露特·波尔劳（Ruth Berlau）是布莱希特的圈子中人，她这样回忆道：“每当本雅明和布莱希特在丹麦相聚，一种信任感就在两人之间产生。布莱希特对本雅明有无边的喜爱；事实上，他爱本雅明。我认为，他们两人不发一言就互相理解。他们无言地下着象棋，而当他们起身时，已经完成了一次交谈。”[1] 两人的讨论似乎总是在布莱希特家中，而从不在本雅明的住处进行。而且，它们在某个标志之下发生，带有某种特定的气氛。本雅明注意到布莱希特书房的两个细节。在支撑天花板的房梁上，布莱希特涂写了这几个字：“真理是具体的。”窗沿上站着的一头木制小驴，脖子上挂着

---

1 Ruth Berlau, *Brechts Lai-tu* (Darmstadt, 1985)，转引自 Brodersen, *Spinne im eigenen Netz*，233。（Lai-tu 是布莱希特《墨子》（*Me-ti*）中虚构的女性人物的“中文”名，在现实生活中正对应波尔劳。——译注）

一个标牌，布莱希特在上面写着："即使我也必须能理解。"

他们的许多讨论当然都围绕着布莱希特的剧作和他对戏剧的构想。甚至在从巴黎出发去丹麦之前，本雅明就曾就此写信给布莱希特，强调这位戏剧家"极轻盈又极确定的风格"的功能，认为在他的剧作和中国古代围棋之间存在亲缘关系，围棋开始于一
453 张空板，其方略在于如何放下棋子，而不是去挪动它们。"你把你的人物和表述放置在正确点上，由此它们靠自己就实现了适当的战略作用，甚至用不着表演。"（C, 443）现在，在斯科福斯堡海岸的农宅中，他们整晚讨论文学、艺术、社会和政治。我们只有本雅明对这些对话的记录，而这一记录主要以布莱希特的观点为主，所以我们必须依靠想象来猜测本雅明自己在对话中扮演的角色。他们的谈话经常回到姿态这一主题；这一问题和其他相关交流将影响本雅明对卡夫卡论文的修改，这是本雅明那个夏天着手在做的。为了强调姿态的重要性，布莱希特提出他为女演员卡罗拉·内尔（Carola Neher）所作的一首教诲诗，她曾在布莱希特的《大团圆》（*Happy End*）和《屠宰场的圣约翰娜》出演主角，并在电影版的《三毛钱歌剧》中扮演波丽。"我教了卡罗拉·内尔一系列东西，"布莱希特说，"她不仅学习了如何表演，而且，举例说吧，还学会了如何清洗自己。在那之前，她清洗只是为了不脏。那可真是完全不在点子上。我教她如何洗脸。她在这方面获得的技巧之高，以至于我想拍一部她洗脸的电影。但这事没成，因为我当时并不在摄制电影，而她也不想让任何人拍摄她。那首教诲诗是一个样板（model）。"（SW, 2:783）

在这艰难时世之中，两人的讨论自然时常涉及艺术在社会中的角色。布莱希特以一种令人惊讶的方式区分了"严肃"和"不严肃"的作家："让我们假设，你读了一部出色的政治小说，后来

却知道它是列宁写的。你会因此改变你对列宁和这部小说的看法；在你心中，对这两者的评价都会降低。”（SW, 2:784）当然，布莱希特认为自己是“不严肃的”。他声明，他常常想象自己在法庭前接受审查。当被问到他的回答是否严肃时，他会被迫承认，它们并非全部严肃。这就仿佛，布莱希特不知怎的预见到了自己 1947 年 10 月面对美国众议院非美活动调查委员会（House Unamerican Activities Committee）的情形一样，他表现出的卓绝的模棱两可如今已成传奇。他为不能被划入这两者中任何一组的作家留出了第三类别，比如卡夫卡、海因里希·冯·克莱斯特和格奥尔格·毕希纳。布莱希特把这样的作家归类为——“失败”。这些范围宽泛的讨论带领两人穿越了整个西方文学，也包括兰波和贝歇尔的作 454
品，孔子和欧里庇得斯的作品，格哈特·豪普特曼和陀思妥耶夫斯基的作品。

如果说夜晚是欢聚，是相互激发，那么本雅明的白天则是孤立无援，是寂寞。他能够完成不少工作，但是，尤其当我们考虑到这是他十八个月以来第一次和自己的藏书重聚，他在这次丹麦逗留期间并没有产出任何重要作品，还是令人惊讶。夏天主要献给了两项工作：关于德国社会民主党人的文化政治的论文，以及对卡夫卡论文的修改。布莱希特收藏有全套的社会民主党党刊《新时代》，在这个夏天，本雅明从中积累了丰富的摘录。根据他对霍克海默的说法，他希望这篇文章会提供对“集体文学产物”的唯物主义分析。他也毫无顾忌地向霍克海默承认，他之所以选定这一题目，是为了“服务于社会研究所的目标”，这是指研究所对劳工运动史和社会民主主义史的长期兴趣（C, 456）。尽管花了好几个月来研究，但本雅明最终未能完成这篇论文，这并不意外：这个题目不适于他的才学和志趣，在工作过程中他开始抗拒材料中所表达的正统教条。到 10 月，他可以向阿尔弗雷德·科恩承认，这篇文章的主题，“即便是我提出的，却并不是我的自由选择的表达”（GB, 4:508）。

卡夫卡论文的修改则完全是另一回事。本雅明的修改不仅基于他的新想法，还源于和布莱希特的讨论以及他和肖勒姆意蕴丰富的通信。于是，这个话题带来了一种奇特的三方对谈，在布莱希特的历史主义及唯物主义观点、肖勒姆的神学视野和本雅明自己更具中介性的独特立场之间，这篇论文构成一个三角形，而这三个角度都集中于卡夫卡作品的寓言故事的功能。布莱希特对卡夫卡的态度毫无疑问是十分矛盾的，本雅明的文章也并未改变他的观点。事实上，对于这篇文章他有一些刻毒，一段时间避而不谈，后来又批评其“尼采风格的日记形式”。在布莱希特看来，卡夫卡的作品由他的布拉格生活环境所限定，而这一生活环境由恶劣的新闻记者和伪饰的文学类型所主导。考虑到这些不幸的处
455 境，文学就成为卡夫卡主要的，甚或是唯一的现实。布莱希特的这一判断是粗暴的——也许是故意显得有点无礼：在卡夫卡作品中，他发现了实实在在的艺术优点，但没什么有用的东西。卡夫卡是一位伟大但失败的作家——“一个虚弱的、毫无吸引力的人物，布拉格文化沼泽的斑斓表面上的一个气泡，除此之外，什么也不是”（SW, 2:786）。一个月前，他对这个问题的表述却有所不同，他认为卡夫卡的最重要问题是“组织”问题：“抓住他想象力的东西，”布莱希特评论道，“是他对蚁群社会的恐惧：在这样的社会中人们以共同生活的形式彼此疏离异化。”（SW, 2:785）于是，正因为卡夫卡刻意的含糊乃至隐晦——对布莱希特来说，这是对“犹太法西斯主义”的无意识教唆（SW, 2:787）——我们的责任是通过分离出隐含在卡夫卡故事中的“实用性启发”来进行一次

“清理”。[1] 因此，布莱希特愿意让步说，《审判》是一部预言之书：“从盖世太保身上你可以看到契卡［苏俄秘密警察］会变成什么样子。”但卡夫卡对最常见的当代小资产阶级类型——即法西斯主义者——只有微乎其微的抵抗。卡夫卡的视角是“一个滚落轮下的人的视角”，因此他只能用更多的疑问来回应法西斯假定的“英雄主义”，尤其针对他自己的得到保证的地位。“这是一种卡夫卡式的反讽：这个人曾是保险代理，而他看起来对某一点比对任何其他事都更有把握，这就是一切保证的无效性。”（SW, 2:787）

如果布莱希特始终疑虑着本雅明对卡夫卡式犹豫不决的支持，那么肖勒姆则质疑本雅明对卡夫卡事业的神学维度的理解。他们交流中的核心表态值得在此完整引用。肖勒姆这样写道：

> 你把“前万物有灵”世代描绘为卡夫卡笔下看似是现在（present）的东西——如果我正确地理解了你——这的确相当有穿透力，相当恢弘。这样一个现在的无效性在我看来非常成问题，问题在于那些同样具有决定性意义的最终论点。我愿意这么说，文章 98% 的内容有道理，但最终的点睛之笔却大有缺陷，你似乎已经感觉到了这一点，因为你用对羞耻（你在那里击中要害）和律法（你陷入困难的地方）的解读离开了那个层次。秘法（secret law）的存在挫败了你的阐释：它不应该存在于一个由荒诞混乱构成的前神话世界，更别提它竟然宣告自身存在的特定方式了。那里，你在消除神学上大大走过了头，把小孩和洗澡水一块儿倒掉了。（BS, 122–123） 456

1 “犹太法西斯主义”一语在 20 年代后期就已经流行开来，通常和攻击犹太复国主义联系在一起。见 Wizisla, *Walter Benjamin and Bertolt Brecht*, 166n。

以前，本雅明在回复这位坐在审判席上审判他不充分的犹太信仰的朋友时，间或显示出防御性，这次的回信却毫无自辩辞色。本雅明反思如何“从卡夫卡的意义上”构想“最后的审判在世界史的投射”时，强调了卡夫卡无法为此提供答案，这是他体会到救赎之虚无的后果，“我努力展示卡夫卡如何试图——不妨这么说吧，在那种‘虚无’的下层，在其内部的边沿——去感受他朝向救赎的道路。这意味着，针对那种虚无的任何一种胜利……都将让他深恶痛绝”（BS, 129）。

作为回应，并意在对本雅明的解读有所纠正，肖勒姆给他寄了一首长诗，正如他曾经在讨论《新天使》时所做的那样。肖勒姆这两次诉诸诗歌很可能是有意的刺激，用显然拙劣的诗韵来挑战他那个时代第一流的文学批评家的观点。本雅明的回复紧紧抓住肖勒姆诗作中的关键理念，对其艺术水准则不置一词：

> 1）我想尝试性地把我的文章和你的诗作的关系形容如下：你以“神启的虚无”为出发点……这是关于审判的既有流程的拯救史视角。我的出发点则是微小的、荒诞的希望和一些生灵，希望是为他们准备的，而另一方面，这种荒诞也正是在这些生灵身上映照出来。
>
> 2）即使我把羞耻定性为卡夫卡最强有力的应对，这也绝不矛盾于我的阐释的其他部分。恰相反，原初世界，也就是卡夫卡的隐秘现在，是一个历史哲学索引，把这种应对从私人领域提升出来。因为妥拉之作——如果我们遵从卡夫卡的说法——已遭到阻遏。
>
> 3）正是在这样的语境中，圣经（Schrift）的问题呈现了出来。不管是学徒们丢失了它，还是他们不能够解读它，最

终都是一回事，因为，没有了属于它的钥匙，圣经就不是圣经，而是生命。正如那在建有城堡的山岗脚下的村庄中度过的人生。恰是在把生命变形为圣经的尝试中，我感受到了“翻转”（Umkehr）的意义，这重意义是如此众多的卡夫卡寓言故事努力要实现的——我认为《下一个村庄》和《骑桶者》是这方面的例子。桑丘·潘沙［在《有关桑丘·潘沙的真相》中］的存在是典型例证，因为它实际上构成了对一个人自身存在的重新解读——不管这种存在是多么滑稽、多么堂吉诃德式的。 457

4）我从一开始就强调，“失去了圣经的”学徒们并不属于群婚的（hetaeric）世界，因为我把他们归为助手，服务于那些用卡夫卡的话说，“有无穷无尽的希望”的生灵。

5）我不否认卡夫卡作品中的神启成分，这一点已经从我对其弥赛亚面向的欣赏——通过宣布他的作品是“扭曲”的——中引申出来了。卡夫卡的弥赛亚范畴是“翻转”或“研习”。你猜得很对，我并不想改变神学阐释本身所采取的路径——我本人也从事这种阐释——我要改变的只是从布拉格散播开来的那种傲慢、轻率的神学阐释形式［指马克斯·布罗德］。（BS, 134–135）

和他关于卡尔·克劳斯的伟大论文一样，卡夫卡论文也标记出本雅明思想中的一个结晶点。“这一研究，”他在秋天给维尔纳·克拉夫特写信说，“把我带到了我的思想和反思的交叉路口。把更多的思考用于它将为我带来的，恰如使用指南针可以给人在未知地带确定方位。”（C, 462）但他也很现实，清楚自己在流亡的新世界中靠撰述德语文学活下去的概率。“我想，卡夫卡论文已经结束了我的文学论文系列。就现在而言，这类工作不再有空间。或许为一本书寻找出版社都要比为这样的写作找到合适场所容易些，所以我将转向更大型的项目——只要计划尚且于我可行。这样的项目究竟在多大程度上于我可行呢——我们还是不要追究得过细吧。”（GB, 4:509）

即便在他为这些更大型课题工作的同时，本雅明也还是继续往德国寄出短小篇什，如稳定的涓涓细流。关于席勒和中世纪情歌（Minnesang）的书评，对瑞士精神分析师兼存在主义心理学家
458 路德维希·宾斯万格（Ludwig Binswanger）作品的批判，以及《柏林童年》中的两节（《社会》和《花园街 12 号》），都发表在《法兰克福报》上。其他发表渠道仍然关得严严实实。他原本接受了莫里茨·施皮策的邀请，提出要把卡夫卡论文的一部分寄去，为“肖肯丛书”下一年的年鉴供稿，结果却得知马克斯·布罗德对卡夫卡的作品实施“阐释垄断”。这引起了他对编辑们的强烈抨击，足以让人想起歌德的名言：“让上帝惩罚出版商吧！”他对在卡夫卡研究上遭遇类似命运的维尔纳·克拉夫特写道：“编辑试图通过在作者面前妄自尊大来弥补自己在出版商面前的无能为力，由于我还从未见识过任何一个编辑不是如此，所以那件事也丝毫不让我吃惊。”（GB, 4:466）而本雅明自身也设法确保，其他一些发表场所，比如克劳斯·曼的《收集》，永远不会采用他的作品。即便他凄惨的贫困状态也无法战胜他对曼的杂志所采取的简单轻松的自由主义的敌意。曼提出把本雅明列入供稿人名单，本雅明的回复明确要求只有在他的稿件确实被定期采用的情况下才能把他的名字列入。这看起来相当合理，但如果检视具体细节，就不是那么回事儿了：他建议曼把杂志留给“文化评点”（Glossen）的版面开放出来，用于评论一系列共产主义作者的著述。

这些常常无果的发表努力导致本雅明看待一些友人的成功有一丝嫉妒，尤其是布洛赫的成功，常常是本雅明、阿多诺和肖勒姆之间嘲笑的对象。本雅明告诉肖勒姆，“亚森·罗平丛书——你知道这位著名的绅士盗窃犯（cambrioleur）[1]——马上又要多上一本，这就是恩斯特·布洛赫的新书。《这个时代的遗产》（*Erbschaft dieser Zeit*）——我迫切想读；一则因为总体上好奇，二则因为我想了解，我，作为这个时代的产儿，在此可能继承到哪些我自己作品的遗产”（BS, 145）。但不论是这样的嘲弄，还是在此重申的对布洛赫微妙的文学剽窃的指控，都没有阻止本雅明又加上一句，他正盼望早日与布洛赫重逢。

在这些寻求发表的努力中，也有涓滴小钱流进来：尤拉·拉德-科恩代领了四马克，那是《驼背小人》（出自《柏林童年》）的稿酬，这篇文章7月发表在《马格德堡报》（*Magdeburgische Zeitung*）上。虽然对于魏尔驰只愿为卡夫卡论文支付六十马克，他怒不可遏，但他当时没有撤稿的余地。本雅明到达丹麦时几乎身无分文， 459
最后一点积蓄都已用来把物品转运到斯科福斯堡海岸，而这也是为了节约在巴黎存放的开支。由于他认为自己通常的收入来源，不管多么微小，总还会继续存在，于是从布莱希特那里借了足够的钱，用来料理自己前几个礼拜的生活。而且刚一到达，他就向丹麦流亡思想工作者救援委员会（Danske Komité til Støtte for landsflygtige Aandsarbejdere）申请救助。他这样介绍自己：“我于1933年3月被迫离开德国；那之前的四十一年人生中，我一直都是德国公民。作为独立学者和作家，我不仅一下子被政治动荡剥夺了我的谋生手段，而且，我也无法再确保我的个人自由——虽然我是一个独 460

1 亚森·罗平（Arsène Lupin），法国侦探小说作品中的虚构人物，是一位侠盗。——译注

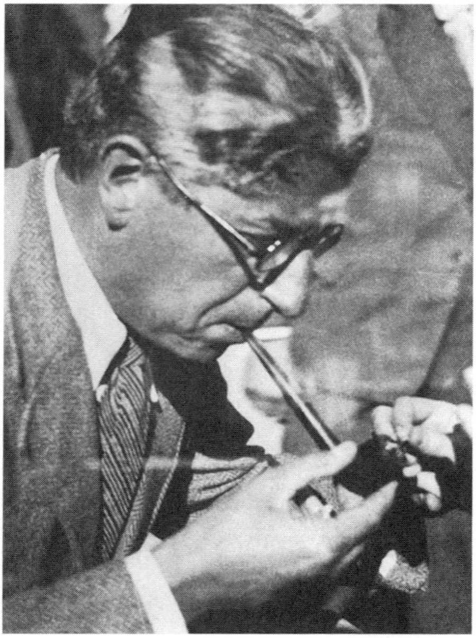

27. 恩斯特・布洛赫在米兰，1934年（Werkbundarchiv—Museum der Dinge, Berlin）

立异见分子，不隶属任何政党。同月，我的弟弟遭到严重虐待，从圣诞节起一直被关押在集中营。”（GB, 4:448–449）接下来他提到了他研究过的作家们，举出其中那些可能为这样的委员会所知的名字（霍夫曼斯塔尔、普鲁斯特、波德莱尔），罗列了他的主要发表作品，并指出他和《法兰克福报》的持续关系。这次请求似乎没有回音。大约是由于德国的政治动乱，他没有收到赫茨贝格尔家族（埃尔泽和她的兄弟阿尔封斯）7 月份的支票，于是本雅明陷入了赤贫，他向他几乎永远可以指望得上的一个人发出了求救的呼喊，那个人便是格雷特尔・卡尔普鲁斯。这一最新的财务危机直到 9 月初才扭转，结束了最糟糕的阶段，因为一张支票从希伯来大学寄到，用于购买他所收藏的十六卷本弗朗茨・冯・巴德尔的珍贵文集。

当然，世界政治在斯科福斯堡海岸也始终在场，布莱希特和他圈子中的朋友们定期挤在收音机前。“于是，我得以收听希特勒的帝国议会演讲，而这是我第一次听到他的声音，你可以想见其效果。”（BS, 130）还有更令人震惊的消息，那就是希特勒除掉了恩斯特·罗姆及其褐衫军即冲锋队（SA），这一事变今天称为“长刀之夜”。这支纳粹武装，动辄采取不必要的暴力行动，遭到正规陆军的忌惮和蔑视。希特勒曾长期容忍冲锋队，因为对于他上台掌权，这是有用的工具；但现在，他在持续的暴力中——也在罗姆的野心中——看到了对他统治的威胁。6 月 30 日和 7 月 1 日，党卫队和盖世太保抓捕了罗姆和冲锋队指挥部的主要成员，还把另一些人当场杀害，然后，在已经针对共产党人和社会民主党人的情况下，利用戈培尔迅速建立的宣传保护伞，消除副总理弗朗茨·冯·巴本和其他一批保守派及中间派政客的支持者，希特勒认为这些政客都靠不住。至少八十五人（包括罗姆）死亡，死亡总人数很可能达到数百。这一党内格局的大震动，即便在早已放弃的本雅明那里，也引起了一点希望的火星；而希特勒几乎立刻 461
就控制住了局面，把火星掐灭了。

奥地利的事变——所谓的七月暴动，开始于 7 月 25 日——带来了甚至更严重的担心。党卫队部队伪装成奥地利士兵和警察，闯入联邦总理的办公室，杀死了总理恩格尔伯特·陶尔斐斯，接管了奥地利主要广播公司的维也纳广播站，发出错误新闻讯号，其实是用来作为纳粹总暴动的信号。虽然奥地利的大部分地区保持着安宁，但在几个邦中，纳粹党人和仍然忠于共和国的军人、警察爆发暴力冲突，超过二百人丧生。暴乱失败了，不仅因为安全部队的抵抗，也因为纳粹组织混乱。但这第一次扩展纳粹德国疆域的试探给全欧洲带来了冲击。本雅明通过广播密切关注着暴乱——“真是难忘的体验”（GB, 4:500）。不过，对他个人而言，事变还有切身惊扰的一面。他很快了解到，卡尔·克劳斯，他所尊重的极少数还健在的欧洲人之一，以非常可疑的言论表达了对陶尔斐斯的支持："[奥地利犹太人] 把奥地利纳粹主义当作两害之中较重者，即'绝对恐怖'，而非较轻之恶，因此，他们也曾希望社会民主党人可以作为两害之中较轻者来充当保护者——不论在思想上这个保护者是多么疏离乃至引起反感。至于我们自己，从没有'同路'过，尤其没有和谎言同路过，我们也不能再和这样的'同路'概念发生瓜葛了。我们认为，陶尔斐斯的政策和社会民主党人的相比才是更大的善，而后者至多不过是和纳粹主义相比才算较轻之恶。"[1] 陶尔斐斯是民选总统，但他利用奥地利立法机关的程序危机，强行宣布进入紧急状态，把议会扫到一边，像一个独裁者一样统治。虽然他拒绝德国的纳粹主义，但他却试图以意大利的法西斯主义为模板来塑造奥地利国家。对于这一回克劳斯"向奥地利法西斯主义的投降"，本雅明大为错愕。他不禁问，"还剩下哪一位能够继续让步？"（C, 458）

462 到 9 月，本雅明已经准备要离开斯科福斯堡海岸。并不是他和布莱希特的关系有所改变；他们的关系依旧极具建设性，热情友好，但他很孤独。由于小儿麻痹症的疫情暴发，魏格尔和孩子们已经离开菲英岛，而他所依赖的来自外部世界的书信减少为断续的滴流。夏天的天气令人不适，所以原本就稀少的远足和游泳的机会缩减为近乎于无。而且，虽然他非常感激布莱希特和魏格尔，但那里的居所和氛围终究还是为他所不喜。气氛因为玛格丽特·施蒂芬的在场而变得压抑。布莱希特试着让他的情人远离其他人，所以他有时连着好几天不露面，但魏格尔和她的嫉妒紧张

1 Karl Kraus, "Warum die Fackel nicht erscheint" in *Die Fackel,* Heft Nr. 890–905 (July 1934), 224，转引自 GB, 4:469。

关系让这个群体中的其他人也难以自安。即便是宅邸中更轻快的日子也不总是适合本雅明；屋子里经常同时有十多个人，而他们并不都是令人愉快的伴侣。他在自己的农家小屋独处，如他向霍克海默所报告的那样，有利于工作，但他手头的工作却并不是他想做的工作——他想做的是拱廊街研究，而为此他需要待在巴黎。虽然他在第一次旅居丹麦期间没有提及侵扰着他的深度抑郁，但他告诉自己的亲密朋友，他的心理状态并不好；他提到了他现在“暴露出来的内在状况”（BS, 138）。

于是他渴望转移注意力，打破他的日常安排，而他难免要把在丹麦的情形拿出来和他对伊维萨岛的记忆相对比。“您看，”8 月 19 日他在给托艾特·布劳波特·腾·卡特的一信封的草稿中写道：

> 即便是我的夏天也和去年形成了显著的对比。那时，我总能早早起床——那通常是一种满足状态的表现。现在，不仅我睡得更久，而且我的梦在白天还继续困住我，不断重现。过去这几天，梦总是关于震撼而美丽的建筑作品：我看见布[莱希特]和魏格尔，他们成了两座高塔，或两座门形结构物，摇摇欲坠，穿过一座城市。睡眠的洪流猛烈拍打着白日——就像大海由于月球而掀起的波涛——动因就是您的形象所具有的威力。我想念您的存在，这超出了我的言语所能表达的——而且，更甚的是——也超出我的预料。（GB, 4:482）。

在这里，布劳波特·腾·卡特（对她，本雅明现在使用的是正式 463
的敬称“您”）的形象抑制住了关于伊维萨岛最后日子的贫穷、疾病和绝望的一切记忆，把它们都化入一曲田园牧歌，与之相比，他的丹麦旅居自然显得乏味且孤寂。

事实上，本雅明常常在感情关系——甚至那些从未发生的关系——的回忆中为自己的寂寞找到安慰。上面引用的书信草稿继续写道：“对于我，同样，时间和距离已经更清晰、更有力地展现出，是什么决定了我和您的纽带。我迫切地需要您在我身边；我对这一点的期待支配着我的日子、我的思想。没有您的一部分实际存在，您在身边的感觉就不可能产生。这在现在比一年前更为确定。”别忘了，安娜·玛利亚·布劳波特·腾·卡特此时已经嫁给了法国人路易·塞利耶；冬天本雅明在巴黎时曾和他们见过面。这还不是他重燃旧情的唯一努力。8月他又给英格·布赫霍尔茨写信，宣称“一年的时间对我毫无作用。另一方面，我把我们在一起的四年时光放在天平上，它们太轻了”（GB, 4:477）。我们确知，这封信到了收信人手上。英格·布赫霍尔茨回信说，她已经烧掉了本雅明所有的书信，而他手上任何她的地址都已经失效。[1] 直到9月份晚些时候，本雅明的求爱书信才有些许结果。

9月18日，本雅明临时离开斯科福斯堡海岸，去德拉厄和布莱希特一家会合，这是一座迷人的海边小城，离海伦娜·魏格尔带着孩子们前往的哥本哈根只有几英里的距离。本雅明得以在海边享受了一些快乐时光，而在哥本哈根，他得以畅享自己所渴望的大城市生活。在街上漫步数小时，还从一位“纹身艺术大师”那里买到一组透视画，他的活力得到了无可估量地提升。“我刚从哥本哈根回来，”他在两周后对阿尔弗雷德·科恩吹嘘道，“在那里，我得手了几幅非常漂亮的作品，扩充了我如今在无忧无虑的时刻所能继续的唯一收藏，那就是彩色透视画。我从一位纹身艺人那里买到了他所完成的若干画样——把它们从他的小隔间的墙

1　GB, 4:477n.

上取下来，那地方在哥本哈根运河边上的一家作坊的后院。”（GB, 4:508）这些透视画将成为本雅明流亡生涯中最珍爱的财产，在接下来的岁月中为他的许多旅馆房间的墙壁增添光彩。而有一天，在德拉厄，他在街上和柏林时代的一位朋友不期而遇，撞个正着，他就是维兰德·赫尔兹菲尔德（1896—1988），约翰·哈特菲尔德[1]的弟弟、马利克出版社（Malik Verlag）的出版人。和哈利·格拉夫·凯斯勒[2]、格奥尔格·格罗斯[3]以及埃尔泽·拉斯克-许勒尔一道，本雅明是这家成立于1917年的出版社的早期支持者。当时，马利克出版社是柏林达达主义期刊的重要发行机构；1920年后，转向书籍出版。其作者群中有库尔特·图霍尔斯基、厄普顿·辛克莱尔、约翰·多斯·帕索斯（John Dos Passos）、马克西姆·高尔基、弗拉基米尔·马雅可夫斯基、奥斯卡·玛利亚·格拉夫[4]等。由于其坚定的左翼政治立场，赫尔兹菲尔德险些没逃过盖世太保的魔掌，他于1933年春跑到布拉格，超过四万册库存只能留在身后，供纳粹付之一炬。如今见到老朋友，赫尔兹菲尔德惊叹道：“原来是本雅明啊。你大概也属于‘九二’一代吧？我们一定还会时不时见着。因为你知道，这一代是这么回事：其中那些气质更敏感纤细的，在1914年前就消失了；那些愚蠢的，在1914年到1918年之间消失了；剩下的呢，还会再坚持一阵子。”（C, 478）本雅明无疑不在意赫尔兹菲尔德兴高采烈的预言：它只说明赫尔兹菲尔德并不理解本雅明。 464

1 约翰·哈特菲尔德（John Heartfield，1891—1968），反纳粹艺术家、摄影蒙太奇的实践者。——译注

2 哈利·格拉夫·凯斯勒（Harry Graf Kessler），伯爵、外交家和艺术赞助人。——译注

3 格奥尔格·格罗斯（George Grosz），德国现代艺术家。——译注

4 奥斯卡·玛利亚·格拉夫（Oskar Maria Graf，1894—1967），德国作家。——译注

本雅明发觉，在德拉厄，布莱希特处于一种少见的犹疑不决状态。布莱希特自己把这不寻常的犹豫归因于他和大多数同样的流亡客相比所享受的优渥条件。正如本雅明在他的《斯文堡日记》（“Notes from Svendborg”）中所形容的，“由于整体上他很少承认流亡是计划和工作的基础，所以流亡看起来就更加和他没有什么关联”（SW, 2:788）。这份犹豫不决并没有妨碍布莱希特把本雅明拉到一项文学合作中。在他逗留的最初几周，他和布莱希特以及杰出的马克思主义哲学家卡尔·柯尔施（1886—1961）开始合作一部讽刺希特勒的作品，使用“文艺复兴史学的风格”，暂题为《加孔墨·务伊的历史》（“The History of Giacomo Ui,” SW, 2:788）。柯
465 尔施在 1918—1919 年的德国革命期间曾活跃于左派，同时从事前沿的法学研究。1923 年他被任命为耶拿大学法学教授，同年他的大作《马克思主义与哲学》出版。这一著作与格奥尔格·卢卡奇和安东尼奥·葛兰西的作品并列为 20 世纪对批判马克思主义的最重要的理论贡献。政治上，柯尔施也因为他对斯大林主义的反对而在 20 年代独树一帜，这导致他在 1926 年被开除共产党党籍。1933 年失去教职之后，他先是转入地下，然后流亡到丹麦、英国，最后于 1936 年到美国——那时他已经被他以前的党内同志称为“托派希特勒特务”。本雅明认识柯尔施标志着一个转折点：自己从未一心钻研过马克思原典，本雅明经由对柯尔施的阅读接触到前沿的马克思主义观。《马克思主义与哲学》是《拱廊街计划》最常引用的著作之一，在本雅明的整体政治立场中发挥了意义重大的作用，虽则我们也不应忘记，他在 1930 年初次读到这部著作时写给阿多诺的一句评语：“这踉踉跄跄的几步——在我看来是如此——朝着正确的方向。”（BA, 7）

还没等他和布莱希特及柯尔施的合作取得任何进展，本雅明

就因为肾炎发作病倒了。他不得不在一间小屋的角落中，缓慢而痛苦地恢复，连他自己——现在已经惯于忍受贫穷，也只能称此处为“不令人满意的”、“临时的”。他唯一的补偿是得以第一次阅读《罪与罚》，这事引来布莱希特的点评，说本雅明生病主要就是因为读这本小说。“陀思妥耶夫斯基当然是一位大师，”本雅明此时给维尔纳·克拉夫特写信说，“但居于他的主人公核心的混乱也为作者所共有……而这种混乱是无边无际的。”（GB, 4:506）生病导致他在德拉厄比预定多待了一个星期。到9月28日，他已经康复得差不多，足以旅行至位于法尔斯特岛的丹麦最南端小镇盖瑟（Gedser）——从罗斯托克坐短途轮渡即可到达。除了他是和格雷特尔·卡尔普鲁斯在一起之外，我们对这个盖瑟小镇上的周末一无所知。而且两人对这段旅程都讳莫如深，由此或许可以推测，这次约会是亲昵的，甚或涉及性行为。总之，10月2日，本雅明回到斯科福斯堡海岸——而且更加迫切地想要离开丹麦，不管将 466
来会发生什么。

10月初，他开始为回到巴黎做准备。他太想恢复自己的拱廊街研究工作了，但有一些障碍拦在路上，难以克服。首先，他需要让自己重新熟悉他已经为此收集的卷帙浩繁的材料；这需要时间和相对安宁的环境，而在他四处寻求援助的情况下，这两样东西都是他调动不来的。再者，这一研究只能在巴黎推进，更具体地说是只能在法国国家图书馆推进，而生活在巴黎的费用完全超出他此时能力所及（BS, 144）。他不确定的经济前景又遭到了另一次打击，消息传来，社会研究所——他唯一的机构性资助源——将迁往美国。“结果很可能是我和其领导者的关系瓦解，或至少疏远。那意味着什么，我就不说了。”（BS, 144）为了某种可能更稳定的经济境况，他给莱昂·皮埃尔-坎和马塞尔·布里翁寄信，宣布他随时准备接触法国文学界的任何方面。

本雅明于 10 月末离开丹麦，最终的目的地是意大利的里维埃拉，他的前妻在那里开了一家小旅馆，这就是位于圣雷莫的维尔德旅馆（Villa Verde）。布莱希特已经远赴伦敦，去和汉斯·艾斯勒（Hanns Eisler）合作一部新的音乐剧，他也将在那里协商即将排演《屠宰场的圣约翰娜》《圆头党和尖头党》的诸事宜。因此，没有什么理由把本雅明留在丹麦，就在他计划的出发日期前几天，他收到了《法兰克福报》支付给他的夏天作品的总稿酬，这更坚定了他的决心。不改旅行家本色，本雅明又在从未去过的安特卫普停留了一天，他觉得这座城市足以吸引“旧轮船乘客和海港散步者”的心（GB, 4:556）。

10 月 24 日或 25 日，他到达巴黎，住进了又一家廉价旅店，第六区的利特雷宾馆（Hotel Littré）。他只住了几天，但见到了克拉考尔，讨论了后者完成的小说《格奥尔格》（*Georg*），还见到了让·波朗，这位《新法兰西评论》的总监给出信号，他有可能刊发本雅明的巴霍芬论文。在他正要离开巴黎之际，本雅明收到了霍克海默的
467 一封信，绝对引发了他全身心的震动。霍克海默提出了这样的可能性，研究所或许能够再多带一名供稿人去美国——他强调，这事概率不大，但并非无可能——而且将为此人提供一笔津贴作为生活费。本雅明是否愿意接受这份会持续一年或两年的薪酬呢？[1] 本雅明的回应是毫不含糊的：“我将以无尽的感激，欢迎去美国工作的机会，不论是在您的研究所，还是在和您有联系的任一机构。真的，请允许我说，您在此拥有我的事先同意，可以在您认为适宜的情况下做任何安排。”（C, 460）非常不幸，这份津贴从未实现，

1 Horkheimer, *Briefwechsel 1913–1936*, 246.

但从此开始，美国隐隐成为本雅明心中遥远的地平线。

在去圣雷莫的途中，本雅明短暂经停马赛，以便和《南方手册》的编辑让·巴拉德见面，讨论发表他一篇文章的可能性。11月初，他已经身在圣雷莫。在“里维埃拉海岸这冬季最适宜的停靠站”，他感觉终于找到了安全港（GB, 4:531）。位于西利古里亚的地中海海岸的这座大城，从18世纪中期开始就是旅游胜地，最早的几座大旅馆就修建于那时。在1766年的《法兰西意大利旅行记》中，托比亚斯·斯摩莱特（Tobias Smollet）这样形容它：“圣雷莫是一座优美可观的海滨城镇，建在一座缓缓升高的山坡上，有一座可以停泊小型船只的港口，有不少船就在岸上建造；但任何载重船舶则必须在海湾中下锚，而这也绝非安全。……城区里没有多少平地；但山丘上长满橘子、柠檬、石榴、橄榄，由此产生了相当繁忙的交通，运输着精美水果和优质橄榄油。圣雷莫的女人远比普罗旺斯的女人更美艳，更好性情。”[1] 海滨阿尔卑斯山从这里一头扎入大海，小气候则难得地四季如春，这样的环境从19世纪晚期开始吸引来了大人物游客，包括俄国沙皇皇后、奥斯曼苏丹和波斯沙阿。朵拉·苏菲·本雅明正希望如此发达的旅游业可以在法西斯欧洲也存续下去。

在他们极不愉快的离婚诉讼结束以后的几年间，朵拉和瓦尔特的关系逐渐改善了。她还在柏林时，就曾积极为他争取发表机 468
会，如今，她要给前夫在意大利提供食宿，而这不会是最后一次。朵拉夏季搬到圣雷莫，在米拉马雷酒店（Hotel Miramare）的厨房找到一份临时工，为自己和斯特凡挣生活费。7月，她表示生活在意大利很快乐，“很多年来第一次感到健康愉快”。虽然斯特凡

1 Smollett, *Travels through France and Italy*, 188–189.

跟着母亲在夏天来到意大利，但他坚持回柏林上学，而不想去圣雷莫当地中学。秋天，她靠着从离婚判决中得到的钱买下了名叫维尔德旅馆的膳宿公寓，成为圣雷莫的旅馆业主。不难想象，本雅明深切意识到自己因为接受朵拉的善意而身处的暧昧处境。在一个充满困惑的自揭伤疤的时刻，他问道：

> 要是有人对我说，我多幸运，可以追求自己的思想，同时或散步或写作，不用担心日常生存，还住在风光最明媚的地方——圣雷莫真是美得无与伦比——我该怎样回话？而如果另一个人在我面前站起来，告诉我，这样是可怜的，是一种羞耻，仿佛寄居在自己过去的废墟之中，远离所有任务、朋友和生产手段——在他面前，我愈加有可能陷入尴尬的沉默。（C, 465）

在意大利乡间的相对安宁中，他找回了长途散步的习惯，还进行大量阅读和写作。12 月初的天气如同夏季，引他去往圣雷莫后面的高山；他走访了布萨那 · 韦其亚和塔吉亚，这两座山区小镇都拥有面朝地中海的壮丽风景。那时他还完全沉醉于周围环境，以至于试图吸引克拉考尔前来圣雷莫，10 月他在巴黎见到克拉考尔时，觉得对方意志消沉。虽然他不能保证温暖天气，但他希望某种舒适感足以吸引人："凉下来的时候，…… 人们可以借助壁炉，我尤其喜爱，而且你可能还记得，以壁炉为基础，我曾构建出一
469 篇完整的《小说理论》。"[1]（GB, 4:538）而物价则和巴黎有天壤之别；他向克拉考尔提出，朵拉也可以接待他，按镇上最便宜旅馆

1　他指的是 1933 年的评论文章《炉边》。见上文第 501 页注 1。

的价，20 里拉一天。

但冬天降临之后，他又染上了他旧有的绝望和抑郁。小旅馆本身很快就证明比他想象得条件更差：他刚一到，工人们就涌进来。泥瓦匠和水管工的噪音唤起了伊维萨岛上未完工房屋的记忆。“有时我问自己，”他在 11 月 25 日给格雷特尔·卡尔普鲁斯写信说，“是不是星盘已经注定，我就应该在建筑工地过日子。”（BG, 124）但在他的种种麻烦中，神经衰弱症算是最轻的一个了。每一天都被游客和温泉疗养客包围，他觉得这些人“愚钝”，“从他们身上我几乎不可能指望有什么收获”（BS, 149），他找不到任何人交流想法。这附近为数不多有智识倾向的德国人，碰巧是奥斯卡·戈尔德贝格及其随从。“我落入了真正的巫师犹太人的司令部。因为戈尔德贝格住过来了，他把他的弟子［阿道夫·］卡斯帕里（Adolf Caspary）派到咖啡馆，又把《犹太人的真实》（*Wirklichkeit der Hebräer*）［1925 年出版，戈尔德贝格的主要作品］摆上当地的报刊亭，而同时他自己——谁知道呢？——大概是把时间花在赌场里，进行他的数字命理学实验吧。”（BS, 148）本雅明对自己 20 年代初和戈尔德贝格相处的经历记忆犹新，他避免和这群人发生任何接触，刻意不和他们打招呼。甚至镇上的咖啡馆，本是他在这种情形下的惯常避难所，竟也陷他于困境，因为他发觉它们“比意大利最偏僻之地的咖啡馆还要差劲”（BA, 59）。在斯科福斯堡海岸，他缺乏基本的研究设施；现在在圣雷莫，思想上的孤立对他的工作能力施加了更为灾难性的影响。“最糟的是，”年底他告诉肖勒姆，“我越来越感到厌倦。而这与其说是我不稳定的生存状态的直接结果，不如说是孤立的直接结果，生活的变动不定常常置我于这种孤立之中。”（BS, 149）

结果就是，和往常一样，本雅明迫切渴望离开当前所在，去

往另一个地方。他还希望霍克海默可以把他招到美国去，但他知道可能性不大。于是，当肖勒姆——他已经放弃了把本雅明引向
470 犹太信仰的一切希望——在 11 月末提出，一次三至四周的巴勒斯坦短期访问可能得到资助，内容包括讲座及其他活动，这时候本雅明回应的热情恰和他对霍克海默关于访问美国一事的问询所表达出来的一模一样。相关计划在 1935 年初开始明确起来，肖勒姆让本雅明选择是春季还是冬季访问。本雅明接受了冬季的选项，强调他无法更早成行，因为他担心他和研究所的关系正处于紧要阶段。“如前所告，日内瓦的研究所——你知道，我那极度磨损的生死之绳正迷失于它的楼座之中[1]——正迁往美国。因为我必须竭尽全力保持和研究所领导层的个人联系，其最有影响力的一两位人物——主任们或至少是管理层成员——可能来欧洲进行访问，这是我绝对不能忽视的日程。”（BS, 153）肖勒姆把这封信读作本雅明对研究所保留态度的少有的直接表达；不管怎么说，对卡夫卡《审判》的指涉（楼座和绳子）说明了本雅明和霍克海默及其同事的心理距离，也说明对于本雅明而言，这一群体的行动和意图难以索解。[2]

正如他经常所做的那样，本雅明在梦境生活中找到避难所，逃离自己的不快乐。他告诉克拉考尔，在一场梦中，他的“护佑天使”领他去找巴尔扎克。“我们不得不在一片无路的葱翠草地上久久行走，穿过白蜡树或赤杨树；所有的树都指向我必须要前进的方向，最后，在一处绿叶掩映的凉亭，我见到了巴尔扎克，他坐在一张桌旁，抽着雪茄，正在写他的一部小说。他的小说当然是伟大的，而这一瞬间，当我注意到在这苍翠独处中环绕着他的

1 参见卡夫卡《审判》对法院大厅的描写。——译注

2 BS, 153n1.

不可形容的静定时，它们的成就一下子便对我显得更易理解了。”（GB, 5:27）20年代早期，当他还在积极谋求学术职位时，本雅明曾梦到在诗人的书房见到歌德（SW, 1:45–446）；现在，在圣雷莫他自己的苍翠独处之中，他见到了“巴尔扎克”（雪茄让人想到布莱希特）在这样的条件下工作，正如他自己曾在伊维萨岛那样多产。这一关于伟大作品出于静定的梦动人地道破了本雅明的种种抱负，虽则它们都无从施展，因为他没有能力住在一个“适宜于 471
我的工作和性情，甚至于赏心悦目”的地方（GB, 4:543）。

小旅馆本身并不像他最初想象的那样是避风港。为了逃离其他客人和夜晚的凉意，他被迫晚间9点就上床睡觉。于是，在做梦这桩乐事上面，他有大把的时间。阅读则是另一桩乐事。他恢复了狼吞虎咽地阅读侦探小说的习惯，选择了毛姆、无处不在的西默农、阿加莎·克里斯蒂（本雅明认为她的《蓝色列车之谜》被过誉了）、皮埃尔·韦里（Pierre Véry）等人的作品。也许最大的意外是他对罗伯特·路易斯·史蒂文森的《巴伦特雷少爷》（*Master of Ballantrae*）的热情喜爱，他把这部小说推荐给了此时的通信友人；他把这部作品列在“几乎所有伟大小说之前，紧随《帕尔马修道院》之后”（C, 464）。并非所有阅读都是纯粹的娱乐。他还想着为苏俄作家的作品写简评，所以他读了伊利亚·伊里夫和叶甫根尼·彼得罗夫的写作组所完成的讽刺小说《金牛犊》。霍克海默很喜爱本雅明对法国当代文学的概述，现在又约他写一系列更为随意的“巴黎来信”。虽然本雅明到1937年才写出了该系列的第一篇，但这个主意还是一个充分的诱因，让他追踪已经讨论过的作家的最新创作（他读了朱利安·格林的近作《幻视者》[*Visionnaire*]，非常失望），并发现新人新作：皮埃尔·德里欧·拉罗舍尔（Pierre Drieu la Rochelle）的《夏尔勒鲁阿的喜剧》（*Le comédie de Charleroi*)；亨利·德·蒙泰朗（Henry de Montherlant）的《单身男士》（*Les célibataires*）；还有让·盖埃诺自传性的《四十岁日记》（*Journal d'un homme de quarante ans*）。

有一本书给此时的本雅明留下了深刻的印象；更准确地说，它复活了关于一位亡友的记忆。流亡在外的德国历史学家和神学家卡尔·蒂梅（Karl Thieme，1902—1963）寄给本雅明一本他1934年的著作《旧的真实：西方的个人塑造史》（*Das alte Wahre: Eine Bildungsgeschichte des Abendlandes*），而本雅明仅仅关注其中对"新灵修"（devotio moderna）的批判，因为这让他强烈地回忆起克里斯蒂安·朗以及朗把他引入的那个特殊的"神学思想世界"。朗去世已经十年了，本雅明仍然切身感受到朗的教诲的紧要性，是后者体察到，"所有西方文化仍继续受到兼具犹太教和基督教教义
472 的启示及其历史的滋养"（C, 466–467）。本雅明向卡尔·林费特坦承，他无法对自己和蒂梅的视角差异视而不见，这些差异显示在蒂梅著作的每一页，但他仍认可蒂梅著作有"不容置疑的价值"（GB, 4:559）。

2月，他的孤立感因为斯特凡的到来而有所缓减，他已经近两年没见过儿子了。本雅明发现十六岁的儿子稳重、自信而独立。但他很遗憾，自己除了"严肃"话题之外，就没有什么可以同这位年轻人交流的——这大约是斯特凡对这位缺席太久的父亲日益不满所造成的后果。斯特凡计划回到柏林继续学业，至少要待到春天能在意大利注册学校为止。其他来自外部世界的访问依旧少之又少；埃贡·维辛2月底来过一趟，同时短期来访的还有弗里茨·拉德和妻子尤拉·科恩，但这些密友的离开更增加了本雅明的孤立感。他当时越来越感觉到，即便是在流亡时代，生活也总是在别处。伦敦正在成为许多朋友汇聚的中心；恩斯特·舍恩看

起来至少已经暂时性地在那里落脚；阿多诺在那里以及在牛津有关系网，而尤拉和弗里茨·拉德正考虑在那里安家。本雅明的思绪则频繁转向伊维萨岛，它的“轮廓已经深深地印刻在我心中”，也常常想起岛上的小群体。得知年轻的让·雅克·诺尔格拉特因为斑疹伤寒而突然死亡，他很伤心；阿尔弗雷德·科恩报告说，全岛人都为他的离世哀悼。本雅明告诉科恩，这一死亡对他的影响超出预料，尽管他们之间只有浅浅的交情，“他的生命之绳偶然与我自己的生命之绳交叉打了一个结”（C, 465）。他的“生命之绳”比喻的重现，说明本雅明面对自身生存进程时越来越有宿命感，虽然也可以说他始终就有一种关于自己的命运感。当然，在本雅明的圈子中，他不是唯一一个在受苦的。舍恩因为找不到固定工作而消沉；阿多诺报告称他的情况“悲惨”。而格雷特尔·卡尔普鲁斯的信，本来总能提升本雅明的心情，这时却反映出她和阿多诺的关系进入了一个麻烦重重的阶段。她生着病，情绪不佳，已要求阿多诺来柏林进行一次关于他们俩未来的坦率谈话。 473

尽管精神上的顿挫乃至紧张症瘫痪的威胁无处不在——他在给肖勒姆的信中说到“一种几乎永久性的抑郁发作所形成的翻腾烟雾”——但本雅明还在继续写作，甚至继续从法国出版界和德国流亡刊物接受稿约（BS, 154）。这些工作任务有许多是不得已而为之。多亏朵拉的慷慨，他在圣雷莫的生活费用可以忽略不计，但他知道他不可能永远待下去，哪怕他愿意。他在 1 月末从研究所得到了一张大方的支票，700 法郎，2 月份又收到了 500 法郎，这让他能够为圣雷莫旅居之后的几个月存下一份不大不小的“战时储备”。这两次支付他都看作对他语言社会学论文的稿酬。所以他继续写作短小文章，而不是进行他所希望回到的大型课题研究。他告知阿尔弗雷德·科恩（现在是巴塞罗那的商人），“我把自己的工作限定于一件一件地锻造，不是特别着急，像半个手工匠那样”（C, 476）。1 月，他完成了第一篇用法语写作的长文，让·波朗曾鼓励他把这篇关于巴霍芬的文章完成后投给《新法兰西评论》（现收入 SW, 3:11–24）。本雅明对自己的法语仍不是完全放心，他 2 月份去尼斯和马塞尔·布里翁一起把文章的倒数第二稿过了一遍。这篇论文的目的是让法国公众熟悉这位当时在法国鲜为人知的 19 世纪人物——这位学者关于远古墓葬中的象征主义的研究使他发现了史前的“母系时代”，那是一种酒神精神的女性统治，在其中，死亡是一切知识的关键，图像是“来自死者国度的信息”。本雅明对巴霍芬的兴趣很早就产生了；它开始于他的慕尼黑学生时代，那时，他最初接触到路德维希·克拉格斯的圈子。结果，这篇论文最终还是在春天被《新法兰西评论》拒绝了。虽然让·波朗又把它投给久负盛名的《法兰西信使》（*Mercure de France*），但它在本雅明生前从未发表，尽管后来于 1940 年又有
474 进一步的提议，本雅明的朋友、书商阿德里安娜·莫尼耶想把它发表在她的《书友报》（*Gazette des amis des livres*）上。类似的命运也降临在另一篇本雅明 1935 年初所完成的约稿上：关于布莱希特《三毛钱小说》的评论。本雅明对这部小说有着不寻常的喜爱，他给所有的朋友写信，劝他们读它，并把他们听说的关于这部小说接受情况的任何消息都反馈给他。事实上，他已经找好了这篇评论的发表渠道，结果却因为自己和克劳斯·曼的争端而搞砸了。当本雅明写信给曼，要求他给这篇发表在《收集》（阿姆斯特丹）上的文章提供 250 法郎的稿费，而非曼所提出的 150 法郎时，十二页的稿件被原封不动地退回，虽然已经排好了版。“早知结果如此，我定会对曼的无礼忍气吞声，”本雅明写信对布莱希特说，继而他化用布莱希特《三毛钱歌剧》中《人类的追求无济于事之

歌》的一句话补充说，“我看来不够狡猾，应付不了这个世界。”（C, 484）得知本雅明的这一纠葛后，维尔纳·克拉夫特觉得必须教给他一点流亡生活中的世故：“你可以从这件事中学会一点：将来，时时刻刻提前准备好接受较小的金额，因为哪怕是略多一点，也还是那么微不足道，以至于两者的差别几乎无关紧要，勉强活下去才是正事。”克拉夫特强调，他同样感到这些刊物把作者陷于奴隶状态，而且这样做“是出于一种正常的阶级本能”（转引自 GB, 5:92n）。这一时期，本雅明的第三个文学研究工作则是论安德烈·纪德的一篇文章，题为《巴黎来信》，受人民阵线（Popular Front）新创办的莫斯科机关报《词》（*Das Wort*）邀约而作，这一回确实刊发了，在 1936 年 11 月。这一作品的续篇，讨论绘画和摄影，也同样由该刊的编委会（布莱希特是其成员）约稿，却从未印出来。讽刺的是，正是在《词》上的这一发表后来成为 1939 年 2 月盖世太保正式下令流放本雅明的所谓依据。

在这些稿约之外，本雅明用心于重新思考和扩写卡夫卡论文，
该文的缩减版已经于 12 月发表在《犹太评论》上。他对这又一轮
的修改表现出非凡的热情，在肖肯出版一部卡夫卡专著的可能性
激励着他。其他因素也在这里起了作用。在他完成《弗朗茨·卡 475
夫卡》的定稿之后，卡夫卡全集第一卷面世了。他还从阿多诺那
里收到了对他的论文非常积极的长篇评论，阿多诺表达了读到此
文时“直接的、确确实实压倒性的感激之情”。“我们在哲学基本
命题上的一致性，”阿多诺接着说，“从未像这次一样如此完美地
印在我的脑海中。”（BA, 66）事实证明，阿多诺是该论文理想的
早期读者。他理解本雅明在卡夫卡寓言故事的解读中，试图引出
他自己所称的“‘反转的’神学”；他理解在现代性构造中神话和
古代的内在性；他也比其他人（肖勒姆、克拉夫特、布莱希特）

都更理解“文”（script）——书写、语言的图像再现、经文——在本雅明论文中的寓意性功能。1935年初，本雅明对论文的第二部分做了意义重大的改写和扩充，并计划对第四，也就是最后一部分进行甚至更大的改动。但和肖肯出版社的合同却从未真正签订，修改再也没有超出一系列精彩的旁注。[1]在维尔纳·克拉夫特的建议下，他把稿件全文寄给了法国批评家杜博，希望他或许能推荐法国的出版机会，但该努力也一无所成。

在圣雷莫的几个月中，他继续写作短小篇章。情有独钟之所在，仍是不断进行中的《1900年前后的柏林童年》。他写出了题为《色彩》一节的初稿，并完成了另一节《哈雷门》（“Halle Gate”），而这一节最终变成《冬日的早晨》。他还完成了他最令人愉悦的短篇作品中的两则。12月初，《精确到分钟》（“To the Minute”）发表在《法兰克福报》上。这篇半自传性的故事，描写了在演播室麦克风前对实时听众说话所造成的焦虑：说话人失去了时间感，惊慌于他可能超时的念头，长话短说……最后发现演播时间还剩几分钟，但他已经无话可说。而《在狂欢游行之上的谈话》（“Conversation above the Corso”）也于3月出现在《法兰克福报》上（和《精确到分钟》一样署了笔名），这一篇把本雅明的一系列经验虚构化，这些经验包括他在伊维萨岛生活的某些方面以及他1935年2月底对尼斯一年一度狂欢节的专程游览（他认为这一狂
476 欢节“比那些附庸风雅之徒所描述的要好太多”[GB, 5:57–58]）。故事浓缩了这些体验，把它们与文化反思交织在一起，这些反思涉及与狂欢节这样的“例外状态”有关的种种现象。尽管本雅明在书信中的评说颇为自谦（他把《谈话》比作“那类姿态生动的

1 本雅明对卡夫卡一文的修改笔记，收入GS, 2:1248–1264。

斗士的静止摄影作品”中的一张［BA，77］），但我们可以从这个故事中品鉴出他极其擅长将随性观察和深刻思索相结合，而这种结合正是本雅明短文的特质。[1]

阿多诺关于卡夫卡论文的信让本雅明想到他真正希望专注的工作：巴黎拱廊街的研究。在他们20年代后期于陶努斯山上的谈话之后，阿多诺已经把自己塑造成了专门向本雅明本人倡议本雅明研究工程的人。他曾在1934年11月6日写了一封引人注目的信，为自己声索本雅明已经划定的领域，要求二人共有，甚至于指出哪些研究进路是可行的，哪些需要避开：

> 关于结束随笔写作并终于恢复拱廊街工作，您所说的这一切，事实上是我过去好几年来从您这里听到的最棒消息。您很清楚，我真的把这一工作看作我们对“第一哲学”（prima philosophia）的注定要做出的贡献的一部分，而经过了所有这些漫长而痛苦的犹豫不定，您终于可以去完成这项工作，好对得起它的重大主题，与此相比，没有什么是我更渴望看到的了。如果我可以向这一工作贡献些许我自己的抱负，而非让您把它们当作自负的建议，那么，我想说的是：这一研究应该毫无疑虑地推进，去实现任何一部分神学内容及其最极端的主张的全部本义，实现原创性地包含于其中的一切（毫无疑虑，这里须考虑到来自那种布莱希特式无神论的所有反对意见，我们或许有一天应该把这种无神论作为“反转的神学”来拯救，但绝对不应该复制它！）；更进一步，为了您自己的研究路径，您应该严格自制，不要把您的思想和社会

1 《精确到分钟》见GS, 4:761–763；《在狂欢游行之上的谈话：回忆尼斯的狂欢节时光》见SW, 3:25–31。

理论以外在的方式联系在一起。因为，真的，在我看来，这里涉及最绝对的决定性和基础性问题，必须大声而清晰地表述，因而也必须揭示这一问题未经削弱的范畴深度，同时不
477 忽略神学；然后，在这一绝对性的层次，我相信我们就可以越来越轻易地利用马克思理论，这恰恰是因为我们并没有被迫以一种从属的方式外在性地使用它：于此，“美学”的维度将得以介入现实，其方式将比一种被当作“机械降神”（deus ex machina）的阶级理论能够做到的更无可比拟地深刻。因此，在我看来不可或缺的恰是，那些最不相干的主题——关于“永恒相同”的事物（the “ever-same”）和阴间事物（the infernal）——应该以未加削弱的力度表达出来，而“辩证意象”的概念应该用尽可能大的明晰度来解释。没人像我一样清楚，这里的每一个句子都装满了，也必须装满政治炸药；但这样的炸药埋得越深，引爆时它的爆破力就越大。我不敢在这些问题上给您“建议”——我所尝试做的仅仅是站在您面前，几乎就是您自己意图的代表，去对抗某种僭主暴政，就像您自己曾经对克劳斯做的那样，这种僭主暴政只需被道出它的名字来，就可以被放逐出去了。（BA, 53–54）

阿多诺这一强有力的介入——甚至未经询问就假定了共同所有者的身份——对本雅明表达了直接的鼓励。但是，在接下来的岁月中，阿多诺对拱廊街研究中什么可以说、什么不可以说表现出日益专断的态度，对这一工作及其接受都将产生负面作用——更不用说对本雅明心智状态的影响了。

1934年12月，读到卡夫卡论文的当下，阿多诺体察出，在这篇文章背后隐约闪烁的正是拱廊街计划的轮廓。他立即采纳

了本雅明在文中对“历史时代”（Zeitalter）概念和开创新纪元的“世界时代”（Weltalter）的区分，坚持认为本雅明应该在拱廊街计划中回到历史这一统领性的核心构想，回到“原历史和现代性”的关系。“对我们而言，历史时代这个概念压根就不存在，……而我们只能把开创新纪元的世界时代领会为从实实在在僵化了的现在（present）所得出的推论。”（BA, 68）在本雅明1935年回到拱廊街计划的过程中，阿多诺这里关于历史哲学的核心地位的提示对他的工作有深刻影响。计划的最初阶段，也就是1927年到1930年的阶段，以多样的笔记和速写为主，它们表现出超现实主义和我们或可称为“社会精神分析”的影响，着重强调“睡梦中的集体”（dreaming collective）的观念，而在1934年初，由于构思关于奥斯曼公爵巴黎大规模改造工程——这一改造以拆除许多老社区和许多拱廊街为前提——的长篇论文，他受到了激发，重新着手拱廊街研究，这时，他开始把整个计划转到一个更社会学、更历史学的方向上。阿多诺的书信强化了他的认识，即，19世纪巴黎的历史本身就是一个正在浮现的“历史对象物”（historical object），这一对象物受制于不断持续的意识形态建构——或者用阿多诺的说法，它是“实实在在僵化了的现在”的“推论”。本雅明所自命的任务，就是去恢复被常规史学所埋葬、所扭曲的“原历史”的各个方面；这一多角度的挖掘将让一部对抗性的历史得以浮现。而今，在圣雷莫，本雅明开始带着这一新的视角来整理计划第一阶段的笔记。等春天一回到巴黎，他就将启动对拱廊街研究的全面阐述。不过，他知道，关于拱廊街的大型著述只有在研究所的大力支持下才能进行。而且，研究所的刊物可以提供发表渠道。意大利旅居结束时，本雅明面临越来越大的压力，必须开始写作关于爱德华·福克斯的文 478

章，它是霍克海默已经“紧急要求”要为《杂志》完成的。这的的确确就是一篇命题作文，靠着“精巧的缓兵之计”，本雅明一直在逃避它。但是，正如他 2 月向肖勒姆承认的，这篇命题作文他再也躲不过了。

阿多诺并不是本雅明必须与之争夺思想掌控的唯一朋友。恩斯特·布洛赫刚出版了新作《这个时代的遗产》，而本雅明开始从各方听说，布洛赫是如何把他和他的作品作为 20 年代现代主义风景的一部分来征引。事实上，本雅明已经决意和布洛赫修好；离开柏林后，本雅明就没再见过他，而且觉得他这些年总是“偷窃”自己的观点。在他能够得到一册新书之前，他就给这位老朋友草拟了一封预防性的信（这是他给布洛赫的书信中仅存的两封
479 之一），要求见面并化解龃龉。“我确信，自我们上一次谈话以来，已经有足够多的血泪顺流而下，使得观点交流成为可能，这也许为我们彼此带来新问题。——而我要说的第二点是，有新东西要说并不等于我们可以放下老问题。”（GB, 4:554）信件的剩下部分用来解释——大约不仅是向布洛赫也是向自己——为何他对布洛赫使用自己的作品特别敏感。尽管这封信充满戒备，但究竟还是显示出本雅明做着恰当的努力，避免让两人关系陷入猜测和流言之中。

他终于在 1 月中旬读了这本书，他向克拉考尔分享自己看似充满鄙夷但实际上克制而细腻的评语，他要求克拉考尔就此事保密，因为“布洛赫可能已经人在巴黎了”（GB, 5:27）。本雅明把布洛赫的书比作“一闪而过的闪电似的讯息之后传来的滚滚雷声”，他说，这声响雷发出了自己的“真实回声”——从“空洞”之中传来的回声。他在此影射的是布洛赫作品的一个中心概念，即“闪着火星的空洞（Hohlraum）”，这被认为是当下“我们的处

境”，而且很可能在接下来的很长时间中都是如此。[1] 与这一环境相适应的文学形式被认为是蒙太奇，20 年代的所有艺术门类确已都采用蒙太奇手法。蒙太奇，或“哲学蒙太奇”，是全书的方法和主要议题。在关于“蒙太奇戏剧”的章节中，布洛赫写道，“没有任何其他存在了，除了裂缝、错位…… 废墟、交叉点和空洞”。“晚近资产阶级的蒙太奇正是前者的世界的空洞，闪动着一部‘表象历史’的火星和交叉点”。对这一不显眼的历史，连同其“历史面孔的重叠”的阐述把布洛赫引到了“19 世纪的象形文字”面前，而尤其是在这一点上，人们可以看到一整套的本雅明母题，包括流动贩卖、煤气灯、世界博览会、长毛绒、侦探小说、新艺术派，等等。布洛赫不仅对他在 1928 年《单行道》书评中所称的“哲学的评论形式”有精彩的使用，而且还知情地挪用了（当然也大方地说明出自本雅明）拱廊街计划的题材和星丛式方法，这些应该都是他从 20 年代后期与本雅明的柏林谈话中了解到的，而且也都已经在不同程度上回响于本雅明的小品文写作中，有心人自然听得出来。就他个人而言，本雅明觉得布洛赫对材料的呈现不够“集中”—— 而这也恰是他自己的《拱廊街计划》出版后将会遭遇的批评。 480

> 没能让处理的题材清晰浮现，我们反而又一次看到对每一个问题“采取立场”这样一种曾经流行的老套哲学操作。题材是足够明显了，在关于“非同时代性”（non-

1 布洛赫的《这个时代的遗产》第一版问世于 1934 年底；增订版问世于 1962 年；英文译本题为《我们时代的遗产》（*Heritage of Our Times*）。我们的引用来自第 8、221、207—208、339 及 346 页。关于阿多诺对布洛赫著作的批评（1935 年的一封信中提到，该信已佚），见 BG, 129–130, 134。

contemporaneity）的章节里偶尔也处理得非常精准。……这里所涉及的各种问题不容许被摆到正确的位置，在空白空间中（im leeren Raum）得到修正：它们需要一个讨论空间。我认为这本书最大的薄弱点就在于它对讨论空间的回避，因此也在于它对论辩证据的回避，这方面最显要的例子是被阉割的德国知识界的犯罪事实（corpus delicti）。如果这本书做到这一点的话，它本将成为过去三十年乃至过去百年来最重要的著作之一。（GB, 5:28）

2月6日，在给阿尔弗雷德·科恩写信形容这本书时，他失去了这里的分寸感——甚至带有更多讽意。除了不喜欢其刻意的万花筒风格之外，本雅明也不同意这本书“夸张的主张”：

它绝不是对它所诞生其中的环境的回应。相反，它是错位的，就像一位精致的绅士前来视察被一次地震夷为平地的地区，没什么要紧事可做，却立刻把他的奴仆带来的波斯地毯铺开，顺便一提，这波斯地毯已经有点虫蛀了；又放好金银器皿，其光泽也有点黯淡了；又给自己裹上织锦和大马士革花纹的长袍，它们也都有点褪色了。布洛赫显然有卓越的意图和有价值的见解。但他不知道如何深思熟虑地让它们发挥效用。……在这样一种情形中——在这样一个贫民窟中——除了把波斯地毯当作被褥，把织锦剪成外套，把精美的器皿熔掉之外，这位上流社会的绅士没有什么别的事情可做。（C, 478）

待在圣雷莫乏味无聊，本雅明就像他总能做到的那样，为自己去距离不远的尼斯旅行找出了理由。“并不是说［那座城市里］有很多我想见的人，但还是有一两个的。而且还有不错的咖啡馆、书店、满当当的报刊亭——总之，就是我在这里全然不可能得到的一切。在那边，我还可以补充我的侦探小说库存。我需要很多，因为我在这边的夜晚通常八点半左右就开始了。”（C, 477）他在尼斯可以见到的人中，有一位是他的朋友马塞尔·布里翁（1895—1984），和文学刊物《南方手册》联系在一起的法国小说家、批评家。布里翁曾在1928年本雅明关于德国悲悼剧的专著面世时写过书评，他还促成了本雅明《马赛的大麻》的法语译文发表在1935年1月号的《南方手册》上——他为这篇译文纠正了不少布劳波特·腾·卡特没吃准的法文。他进一步为本雅明出面安排《马赛》一文的翻译，却没有结果，但布里翁持续用各种方式推广本雅明的作品。 481

接近2月底，由于前岳母的意外到来，本雅明突然发觉自己必须离开“圣雷莫这一避难所”——他原本计划待到5月。事实证明，住在圣雷莫的月份并不比斯文堡的那几个月更轻松。离开前不久，他给格雷特尔·卡尔普鲁斯寄出了一份相当黯淡的总结：

> 我亲爱的Felizitas，/你从我这里收到这么多关于我物质上困窘的消息，那么，你假定我“除此之外”都还不错，就是可以理解，或许令人满意的了。让你保持这样的假定，这于我是一种基于友情的举动。/另一方面，有的时刻，沉默就是一种毒药——而至少在我的声音所及之处，沉默已经强加给我，你现在也将面对它，而且不会愿意从它那里抽身而去。/一个个小时，一天天，我正经历着最深的不幸，我有许多年没见识过这样的境况了。这情形不同于一个人在安定岁月中发现苦难，而是充满了苦涩，这种苦涩流入虚无，又从

> 琐事中燃起。/ 对我来说完全清晰的是，这一切的决定性原
> 因是我在这里的处境，我的无法想象的孤立。不仅和人隔绝，
> 而且和书籍隔绝，最终——在天气最糟时——甚至和自然隔
> 绝。每晚 9 点前就寝，每天走相同的路程，在路上从一开始
> 482 就知道自己不会遇到任何人，每天想一想未来，那些思绪也
> 都是相同的，不再新鲜：这些就是环境，哪怕有一颗非常强
> 劲的内心——我以前总认为自己的内心是这样的——最终也
> 必然导致严重危机。/ 奇怪的是，那些最该让我坚强起来的事
> 情——我是说我的工作——却仅仅加重了这一危机。现在我
> 已经完成了两项重要的研究，巴霍芬论文和对贝托尔特 [原
> 信中本雅明此处有拼写错误] 小说的评论，而我的内心负担
> 却丝毫没有减轻。/ 无计可施了；反正，我在这里的停留也将
> 不得不结束（我的前岳母要来），而我对这一结束甚至没有欣
> 喜之感。只有一件事能有帮助：我们见上一面。要是我真能
> 指望这件事该多好！（BG, 132）

在他的诸多病症中，最具隐患的无疑是这种忧虑：自己的工作或许也不再能帮助他支撑下去。2 月 22 日，本雅明给作为他的存档人的肖勒姆写信，感叹“如今的历史阶段和我的人生进程，使得为我无限散乱（verzettelten）的产出所进行的有限搜集，变得比以往任何时候看起来都更难预料，不用说，也更不可能”（BS, 153）。而他看不到前途；虽然他从没有低估希特勒的顽强，但他确实低估了希特勒的残暴。[1] 谈到罗姆事变之后德国令人瞩目的情势稳定，

1 注意大约作于 1934 年 8 月的断片，《希特勒萎缩的雄性气质》（“Hitler’s Diminished Masculinity,” SW, 2:792–793），这篇大约比卓别林的电影《大独裁者》早了六年，把希特勒的形象比作“小流浪汉的女相”。

他向阿尔弗雷德·科恩预测，某种类似布吕宁政权的东西可能会出现，也就是说，一种置国会于不顾、依靠紧急状态法案统治的政府（C, 476）。布吕宁 1930 年至 1932 年出任德国总理，他曾说自己的政权是“威权民主”。到 1935 年初还提起这一说法，绝对是低估了纳粹维持其统治的相应措施，实际上也无视了在德国正在发生的全面暴行。

第九章

巴黎拱廊街

巴黎、圣雷莫、斯科福斯堡海岸，1935—1937

483 流亡头两年给本雅明——也给几乎每个德国流亡者——的生活带来了无法缓解的混乱。不过，在1935年、1936年和1937年，一种微弱的稳定感出现了。这几年中，本雅明从社会研究所得到的薪资在慢慢增加，他自信可以从《社会研究杂志》那里持续获得稿约，其他临时性的报道工作可以作为补充；同时，他在巴黎知识界的位置稍有改善。这并不是说流亡生活变得容易些了，或他的长远预期有任何改观，而只是说刚过去那几年的种种恐怖让位给了一种更可预计的状态。在这样的条件下，本雅明能够以更持续的方式来考虑他最重要的作品。拱廊街计划有了一次重大跃进，因为本雅明第一次获得机会以集中的形式来呈现自己的发现：1935年间，他准备了一份他所谓的计划提纲（exposé），用来反映项目现状。为了起草这份计划书，本雅明评估了他过去七年积累起来的巨大的材料库存，然后以此为基础重新构思了这一计划的理论支架。结果就产生了名为《巴黎，19世纪的首都》的简洁文本。在对材料的综合性处理中，又一篇论文出现了，《可技术复制时代的艺术作品》是作为《拱廊街》的当代补充而被构思和写作的，他对电影文化的批评，补充了那个更大的计划里对 1850 年前后的视觉艺术的考察。1935 年至 1939 年之间，瓦尔特·本雅明构建了最有感召力和持续性的现代性理论之一，而这个过程肇始于 484 从 1935 年 5 月到 1936 年 2 月的九个月间。

不过，1935 年的最初日子，本雅明忙于在他的前岳母抵达圣雷莫之前逃离。本雅明急匆匆地退掉了朵拉的朴素旅馆，搬进更豪华的摩纳哥的马赛旅店（Hôtel de Marseille），他以前来过这里，如他所说，那是“我自己还是统治阶级一员”（GB, 5:68）的时候。本雅明这里没有挑明——在其他地方也没有，除了以最拐弯抹角的文学手法（如《拱廊街计划》中的 O 卷）以外——摩纳哥吸引他的原因：那里的赌场。他妹妹 1935 年 3 月的一封信，显然是对本雅明绝望的求助的回复，其中第一次公开提到这一长期折磨本雅明的苦恼——而且这一苦恼从这时开始将使得本雅明寄给那些最了解他的人的求助信通常没有回音。朵拉·本雅明声称，要不要帮助哥哥，她很迟疑，因为她确信哥哥又赌光了他自己原有的钱。而朵拉·索菲，他的前妻，5 月写信说，她已经听说他在摩纳哥的轮盘赌桌上输掉了“很大一笔”。[1] 肖勒姆也在他的回忆录中极简略地谈到，他因为同样的原因时常不愿帮助本雅明。因此，我们应以这一模糊的背景来阅读充斥于本雅明流亡时期众多书信的那些急迫的乞求；如果拿他对自己生活支出的描述和其他流亡者的相比较，我们就会得出结论，这些支出有时被夸大了，以便获得用于赌博和女人的钱。比如说，他写信给妹妹要钱时，能从社会研究所得到每月 500 法郎的收入（当时相当于研究所的 100

1 1935 年 3 月 28 日朵拉·本雅明致瓦尔特·本雅明（Walter Benjamin Archiv 015: Dora Benjamin 1935–1937, 1935 / 3），以及 1935 年 5 月 29 日朵拉·索菲·本雅明致瓦尔特·本雅明（Walter Benjamin Archiv 017: Dora Sophie Benjamin 1933–1936, 1935 / 5）。

瑞郎），还有他从柏林收来的房租，以及他从写作中得到的细如涓流的稿酬。而他的妹妹靠照管儿童每月赚 250 法郎，此外在她能转租自己的小公寓的一部分时，还有一点租金收入。我们对本雅明沉迷巴黎风月场而不可自拔的生活的了解，不足以抵消他流亡生活的真正惨状。如果能说明什么的话，那么也许他在这些方面的堕落恰是他的绝望状态的最佳征兆。为了从内部理解这种行为，
485 我们应留意他在《拱廊街计划》中如何描绘赌徒及其对时空的迷醉体验：

> 这种陶醉感依赖于游戏的一种特殊能力，它通过以下事实来激起意识的在场，那便是在快速的一连串赌局中，它将每一次都是完全独立的赌局带到前台，从赌徒那里唤起每一次都全新而原初的反应。……迷信的人会去寻找暗示；而赌徒则会在暗示被认出前就对其做出反应。（AP, O12a,2; O13,1）

我们也应记住，对本雅明来说，思考本身就是存在的赌注，这缘起于如下认识：真理是无根据、无目的的，而存在是“无根基的构造”。对他而言，赌桌作为世界游戏的意象具有本体论的意义。

当然，本雅明非常明白，他负担不起在摩纳哥逗留过久——“那里，世界上的最后四五十个金融富豪在他们的游艇上或劳斯莱斯轿车里见面，此地整个笼罩在暴风雨的黑云之中，这是我们和他们唯一共享的东西。”（BA, 78）——他马上开始思考下一步要搬到哪里。那些以前够他旅行的额外收入已经没有了，本雅明现在只能考虑搬到靠研究所的资助就能够生存的地方。目前最简便的办法是立即搬到巴黎，因为虽然巴黎生活成本高，但他无论如何 5 月必须在那里和一个来自研究所的代表团会面。但他有所犹

豫，首先因为他无法住在他承受范围内最希望居住的环境——他妹妹的公寓。朵拉·本雅明在罗贝特·兰代庄园路（Villa Robert Lindet）的“公寓”实际上就是一间大屋子，而她为了挣钱过活，每天早上得用这间屋子来照看邻居的五个孩子；根本就没有地方给本雅明。但他犹豫也是因为特别想在接下来的几周在法国南部见到格雷特尔·卡尔普鲁斯和阿多诺。临时性的解决方案可以是搬到巴塞罗那，在那里他有阿尔弗雷德·科恩做伴。本雅明向科恩询问是否可以靠每月 100 瑞郎在巴塞罗那生存，科恩的回复提供了有意味的披露，有助于我们了解流亡客被迫承受的那些条件 486
制约：

> 一般来说一个人可以靠 100 瑞郎过日子——不过在那种情况下，如果住公寓的话，付完吃住的花销就不剩什么了。当然也有膳宿公寓可租，西班牙式的，150 比塞塔（但空房极少见），要是住在房子内侧的房间——所谓的通风井房间。春天那仍是可以忍受的。我认为如果你索性就租一间 50 比塞塔的屋子，可能更实际，而且住得肯定不会不舒服。你可以“在吧台上”（au zinc）吃早餐[1]，找一间过得去的犹太餐馆花 2 比塞塔吃午饭，这应是最便宜且够量的。你可能自己花钱吃晚饭，这样的话，预算如下（100 瑞郎 = 238 比塞塔）：

房间	50 包括洗衣
早饭	18
中饭	60

1 “吧台上的早餐”在法语中是指穷学生和穷艺术家所能负担的传统早餐。——译注

晚饭　　60，按你自己的需要！

还有日间的水果，下午的一杯咖啡

188，还剩下 50 比塞塔用于其他开销（GB, 5:52n）

因犹豫不决而备受折磨，本雅明最终哪儿也没去。他在摩纳哥待了六周，没做什么工作，写了一些信，并频繁去四周的高山短途旅行。他很快有了埃贡·维辛作伴，后者因为自己的困境搬到摩纳哥来投奔表亲。“而且，”本雅明写信给格雷特尔·卡尔普鲁斯说，“听起来难以置信：两周多来，我靠着自己的微薄收入养活着我们两个人，固然这只有通过把生活标准降低到我以前从未体验过的水平才是可能的。是的，这对我们来说是难忘的一周（谁又知道接下来还有多少这样的日子）。”养活两个缺钱的流亡客意味着本雅明不再付得起旅馆房费。“天气很好。如果上午或下午走得足够远，到了某个地方，人会觉得待在这里终究还是很美好
487 的。但回去的路上，我常常缺乏勇气跨进自己欠了费的旅馆门槛，在那里，也会碰见甚至欠费更多、事实上根本就付不出钱的老顾客的面孔。”他请求格雷特尔重新尝试为他争取经济上的支持，即便这种尝试现在看来极为无望，“因为一个像我这样理所当然地遭遇过现实世相羞辱的人，只能把他的力量用于大胆地希望”（BG, 141–142）。

这一时期保留下来的书信中，有一封是写给他的拉脱维亚情人阿西娅·拉西斯的，他从 1929 年起就再未见过她，而她年初曾来信告知，她为本雅明在莫斯科谋职的漫长努力以无果告终。本雅明的回信，在他被迫离开圣雷莫后不久写成，听上去带有一种特别本雅明式的感激口吻：“考虑到我现在所处的悲惨境遇，在我

身上唤起廉价的希望，只会贻笑于人。于是人就变得对希望病态地敏感，正如风湿病人对炎症一样。知道有一个人在这种境况下不给我带来希望——即使这仅仅是因为她懒到没有写信，我**非常高兴**。这个人就是你——你因此占据了我的已被淹没的‘灵魂’所仅剩下的几小块高地之一。因此，你不写信，几乎和你的声音对我的意义一样，如果这么多年以后我可以再次听到它的话。”（GB, 5:54）信的最后，他随意地提到他已经不再和妻子住在一起——“长远来看这太困难了”——而且，在给了阿西娅可以给他写信的巴黎地址之后，他又加了一句，重提他访问苏联的回忆录《莫斯科日记》：“我真希望现在见到你，穿着驯鹿皮大衣，也希望陪着这件大衣穿行于莫斯科的街道。”（GB, 5:55）他还告诉阿西娅，维辛很快就会去莫斯科，他希望能在那里行医。对于本雅明，莫斯科也是最终逃离欧洲的三角形路线之一角，另两个是纽约和耶路撒冷。他因此可以告诉阿西娅，并不全是开玩笑，如果维辛六个月内没有为他在莫斯科找到工作，那么她就再也不会收到她的瓦尔特的信了。1935 年 6 月到达莫斯科并在那里挣扎了两三个月之后，维辛还真在 10 月份为自己找到了癌症治疗与研究中心（the Central Institute for Cancer Treatment and Research）的工作。不过到年底，他已经选择离开苏联。他给本雅明的信说明了那些 488
真的选择苏联的移居者的境遇，也提示了为什么像贝托尔特·布莱希特这样的人物不选择去苏联：“对我——以及所有医生——来说，苏联国籍早晚不可避免——据我听说，甚至早至 1936 年就要接受苏联国籍。你知道，那就意味着完全丧失个人自由，因为这里的人们从未得到过出国旅行的签证（有一个专门的指示，在俄罗斯以外有亲属关系的人无论在什么情况下都不能被给予签证）。”（GB, 5:56–57n）

尽管有逃离到更远处的诱惑，但巴黎最终代表了继续进行拱廊街计划的可能性，以及着手爱德华·福克斯论文的必要性。这么多个月之后再一次在图书馆工作，这一前景现在不仅对本雅明的清醒状态起作用，而且进入他的梦境。他提到，在图书馆做研究工作的那几年，“每周让如此成千上万的印刷符号从指间划过”，已然在他身上造成了“某些几乎生理性的需求”，这些需求已经很长时间没有得到满足了（GB, 5:70）。他做了一个令人不安的梦，梦中见到一个陌生人从他的桌前站起，拿走了本雅明**自己的**藏书中的一本。本雅明的心绪波动导致他重新考虑自己的现状，并促使他更强烈地心向巴黎。于是他在 4 月初离开了摩纳哥，但仍不清楚如何在法国的首都过活。

去巴黎的路上，本雅明经停尼斯，在小公园旅馆住了一夜，三年前，在同一个地方，他曾认真考虑过自杀。从尼斯出发，他在 4 月 10 日到达巴黎，入住位于丹费尔-罗什洛广场的佛罗里多尔旅馆，几乎整整一年前，他也在这里住过。在 1935 年 4 月，本雅明还不大可能知道，虽然过去一年他所创作的重要作品如此之少，但接下来的一年——在这一年中他终于能够全身心地投入围绕巴黎拱廊街的各种想法的综合体之中——将见证他写出许多直到今天仍是他最著名的作品。这几个月的高产实际上很像他写出悲悼剧专著和《单行道》初稿的那段时间；这一相似性本雅明自己也逐渐意识到了。

489 需要指出的是，他接下来一年里智识上的一系列非凡成就，与来自社会研究所的支持分不开。本雅明在尼斯已经写信给马克斯·霍克海默，再次申明他对研究所的全身心投入：“对我来说，没有什么比把自己的工作和研究所的工作尽可能密切和富有成效地联系在一起更紧要的了。”（C, 480）不论他内心深处有过怎样的保留意见，本雅明很清楚，研究所已经成为他的主要依靠。不仅研究所的《社会研究杂志》已经成为他发表自己作品的最重要阵地，而且研究所从 1934 年春开始提供的津贴是他 30 年代唯一的定期收入。1935 年 4 月，一系列情况把本雅明和研究所绑得比以往任何时候都更紧密，并为他的拱廊街研究提供了关键动力。他到达巴黎不久后，终于有了一次会面，从冬天到早春他在这一会面上寄托了太多的希望。这就是和研究所的一位主任弗里德里希·波洛克的会面，它带来两个重要结果。其一，它至少在短期内缓解了本雅明最严重的经济忧虑。波洛克让本雅明的月津贴（从 1935 年 4 月到 7 月）在四个月中翻倍，从 500 法郎涨到 1000 法郎，此外，还支付了 500 法郎现金，作为他在巴黎的安家费。而且波洛克还对拱廊街研究提出了一个很关键的建议：本雅明应写一篇此计划的提纲。到此时为止，本雅明只是以最为概括的方式对霍克海默及他的同事谈论过他计划中的著作：对那些材料——“关于它们，我零星地提示过，但从没有透露多少”——的一次系统性评估现在对他和他的支持者来说都是必要的了。

本雅明立即抓住这根递到他手里的智识生活的救生索，一头扎进写作提纲的工作之中。悖谬的是，此文的写作受益于法国国家图书馆的年度闭馆：本雅明没有机会再沿着那些材料的线索追踪新的路径，只得坐在他的房间里写作，手边只有他的拱廊街计划的海量笔记。这次的工作在接下来一个月中得以相对快速地完成，成果便是《巴黎，19 世纪的首都》（“Paris, die Hauptstadt des XIX. Jahrhunderts”），它也是关于拱廊街综合体的两篇浓缩性展示中的一篇（第二篇于 1939 年用法语写成）。提纲的完成恢复了本 490
雅明的自信乃至他活下去的意愿——不论是多么暂时：“在这一作品中，我看到了不要丧失为生存而斗争的勇气的首要原因，甚至是唯一的原因。”（BA, 90）本雅明给维尔纳·克拉夫特的信中谈到，他能够以惊人的速度给他汇集的各种不同的笔记和想法赋予秩序——一次“结晶”（BA, 88）：“这个计划如土星运行般缓慢，其最深层的原因在于大量的想法和意象都必须经历全面的大变动。它们来自非常遥远的时期，那时我还进行直接的形而上学，其实是神学方面的思考，而大变动是必要的，这样它们才能充分地滋养我现在的倾向。这一过程无声无息地发生着；连我自己都极少察觉，以至于当——作为一次外部刺激的结果——我最近在仅仅几天中就把研究计划写了下来，我也感到极为惊讶。”（C, 486）他向阿多诺更为详尽地解释了这一计划的源起：

> 最开始是阿拉贡——他的《巴黎农民》，每次夜里躺在床上阅读，绝不超过两三页，我的心就开始跳动得如此强烈，以至于我不得不把书放下……而为“拱廊街”而作的最初草稿也可以追溯到那时。——然后是柏林岁月，那期间，我和黑塞尔的友谊最珍贵的部分就是从关于拱廊街计划的无数交谈中生长起来的。正是那时，副标题“辩证童话（Feerie）”第一次浮现，而今天已不适用。这一副标题提示了在我当时的构想中这一作品的狂想曲特征。（BA, 88）

本雅明把拱廊街计划的早期工作定性为“狂想曲”式的，等于承认计划缘起于“一种幼稚地困于自然的哲学思考的古老形式”。而现在，正如他对阿多诺所说，这一计划则确然受惠于和布莱希特的相遇，而且他认定，这次相遇——也即历史唯物主义视角与原创性的超现实主义视角的对峙——所造成的“难点”都已经得到解决。

1935年提纲以一种高度浓缩、近乎速记式的风格写成，广泛地涉及一系列话题（从钢铁建筑和摄影技术到商品拜物教和辩证法停顿等理论），确立了历史人物形象（从夏尔·傅立叶和路易·菲利普到波德莱尔和奥斯曼男爵）以及19世纪的典型人物（从收藏家和漫游者到阴谋家、妓女和赌徒）。《拱廊街计划》的基础是一系列复杂的理论立场，本雅明在过去七年中将它们逐渐提炼出来，它们也表现为提纲中的统摄性范畴。而且，作为贯穿提纲的隐喻，拱廊街本身，那些微缩的大都会世界，也呈现出新意义：在一种结构性的含混状态中——既是室内空间，又是公共通道；既是商品展示的场所，又是城市休闲空间——它们提供了本雅明现在所说的“辩证意象”的最早范例。在1935年，辩证意象被构思为“愿望意象”或“梦境意象”，是一种集体意识的动态显影，在其中“新”被“旧”渗透，集体“既寻求克服但又试图美化社会产品的不成熟和社会生产组织的不充分”。在这一意义上，1935年提纲是从20年代后期开始就规定着这一计划的“社会心理学阶段”的最终产物。在提纲中，这些梦境意象证实了集体有能力预见一个更美好的未来：“在梦境中，每个世纪都怀抱着关于下个世纪的意象，后者似乎与原历史的元素——即无阶级社会的元素——联姻了。储存于集体无意识中的无阶级社会的经验，通过与新的意识相渗透，产生出在生活的千种样态——从坚固耐久的建筑到昙花一现的时尚——中留下痕迹的乌托邦。”[1] 在他1929年关于超现实主义的论文中，本雅明已经假定，在过时之物中潜藏着“革命的能量”。1914年的演讲《学生的生命》开头一段确实也说出了相同的意思。在这里清楚阐明的也许更复杂的模型里，我 491

1 参见张旭东等译《发达资本主义时代的抒情诗人》，第181页。——译注们可以从乌托邦的痕迹——产生自新与旧的交错或撞击——中读出当代社会未被讲述的侧面。《巴黎，19 世纪的首都》是作为对社会现象的这种占卜式阅读的某种路线图而创作的。巴黎的火车站、傅立叶的法郎吉、达盖尔的全景画，以及街垒本身——所有
492 这些都作为愿望意象在提纲中出现，这些愿望意象在自身之中保有一种具有革命潜力的知识。即便是那些被商品展示和交换所支配的结构与空间——世界博览会、资产阶级的室内布置、百货商店和拱廊街——也被表现为包含着社会变革的一种矛盾的可能性。

提纲还预告了更多：拱廊街计划本来还会包括一种深入的文类和媒介理论。报纸的民主潜能、政治上中立化的全景文学，以及摄影通过大规模复制对商品交换领域的拓展，这些都被处理为新的社会现代性的组成方面，它们和一种新的多视角观看方式一道，已经于 19 世纪中期之前在巴黎兴起。在提纲的总结部分，本雅明暗示了关于现代体验的综合理论，他的晚期作品主要专注于此。在他对波德莱尔这一人物的思考中，本雅明预示了后来成为经典的那种对现代文学的解读——他把波德莱尔的诗歌呈现为对“异化者”具有转化力的“凝视”的反映。他把波德莱尔描绘为一个典型的世纪中叶的漫游者，当他没有顺着都市人流漂浮时，就在市场的门槛处（threshold，Schewelle）徘徊不去——门槛理论（Schewellenkunde）是《拱廊街计划》的基础。人群是“面纱”，透过它，熟悉的城市如幻景般向漫游者招手；漫步者时不时地遇到来自过往时代和遥远地方的鬼魂，他们躁动不安地布满日常生活的现象之中。波德莱尔的忧郁凝视因此代表了漫游者的感知的寓意模式，在漫游者的感知中，一座祖先的象征之林不断闯入流转的城市风景，而历史的客体，和任何时尚的客体一样，同时征引过去和未来，就如同重写本和拼图。提纲罗列了——并没有分

析——那些对后来他的波德莱尔解读很重要的母题：诗人对突然出现在人群中的穿丧服女子的震撼印象；他对印在巴黎的现代面影上的，新的而永恒相同之物的体验；他对地下巴黎的勾画，带着关于神话过往的地府回响。最后的部分，论及奥斯曼大胆而无情的城市规划或“战略美化”，展示了本雅明理解阶级冲突的最直白的尝试之一。提纲收束于对辩证思维作为“历史觉醒的器官” 493
的强调性确认，因为“梦的元素”在醒来过程中的实现——实现既意指“认出”，又意指“利用”——是本真的历史思维的范式。

完成提纲之后，本雅明曾于 5 月 20 日致书肖勒姆：“我没有多想就答应写作这一提纲，通过它，[拱廊街] 计划进入了一个新阶段，它头一回显得更像是一本书了——虽然仍相距甚远……这本书将从法国的角度展现 19 世纪。”（ C, 481–482 ）而在一封给阿多诺的信中，他附上了提纲全文，并表示，他希望自己比以往任何时候都更接近于开始详尽阐述基于他这些材料的完整研究。没有什么比这一消息更受阿多诺欢迎的了：很久以来他一直都把拱廊街看作“不仅是您哲学的中心点，而且是——根据今天可以被哲学地谈论的一切——那个决定性之词，绝无仅有的大作”（ BA, 84 ）。阿多诺的回应确实迅速且毫不含糊：“经过了对材料的一次极度细致的阅读，”他 6 月 5 日写道，“我相信我现在可以说，我以前对研究所态度的保留意见已经全部打消了……我将立刻给霍克海默写信，敦促他完完全全接受这一研究，当然，也要依此提供合适的经济资助。”（ BA, 92–93 ）

在热心支持的同时，提纲的某些方面却也明显让阿多诺不安，他在同年 8 月的一封信中做出了尖锐的批判——这封信是如此彻底和精准，以至于它以寄出地点为人所知，即“霍恩贝格通信”（ Hornberg Letter ），本雅明形容它“伟大而令人难忘”（ BA, 116 ）。

阿多诺执着地聚焦在已经成为本雅明工程中心的社会心理学理论上，并对他所看到的这一变化的后果做出了犀利的评估。他把本雅明当时关于“辩证意象”的思考阶段定性为“非辩证的”，由此，阿多诺坚称，“如果您把意识中的辩证意象定位为‘梦’，那么，不仅这一概念因此失去魅力，变得平庸，而且它还会丧失掉它的客观权威性，而这种权威性本可能从一个唯物主义的视角合
494 法化这个概念。商品的拜物教性质不是一个关于意识的事实，它是辩证的，关键就在于它生产出意识”（SW, 3:54）。阿多诺认为，这种对辩证意象的表面心理化决定了它将屈从于“布尔乔亚心理学的魔法”。阿多诺指责最强的说法则是，本雅明对集体无意识的理解不能和荣格的理解清晰地区分开。“集体无意识之所以被发明出来，只是为了把注意力从真正的客观性以及与其相关联的异化的主体性上转移开。我们的任务是辩证地将这一‘意识’两极化并消解为社会和个人”。（SW, 3:55–56）至少同样尖锐的还有，阿多诺声称，这种心理化实际上以一种非辩证的方式重新设定了无阶级社会这一观念，退回到神话之中。在他的作品中，阿多诺细致地避免任何这样的暗示：把现代处境当作全面的“地狱幻景”来进行诺斯替式的扬弃。对他而言，很快也是对本雅明而言，任何这样直露的乌托邦构想都有被统治阶级吸纳、收编和再利用的危险，这会不断让乌托邦的意象走向自身反面，变为统治的工具。事实证明，在接下来的几年中，阿多诺并不总是本雅明作品的最宽容的读者（相反，他晚年所写的关于这位逝去友人的辉煌文章，又是最为宽容的），而本雅明则时常对他的批评动怒。不过，“霍恩贝格通信”有所不同，本雅明承认“所有您的反思——或几乎所有——触及富有成果的问题核心”（BA, 117）。他因此给人这样的印象，在关于辩证意象的心理化和对“无阶级社会”一语的随

意使用这两个要点上，他向阿多诺让步了。但在一个“具有决定性的”环节上，本雅明立场坚定：“我指出的某些要素在［辩证意象的］构成中显得不可或缺，即梦的喻象。”（BA, 119）他坚持认为，辩证意象不能和“历史觉醒”——也就是从“那个我们称之为过去的梦”(AP, K1,3) 中醒来，又醒来到那个梦中——的过程相分离。这样的历史梦境需要与个人意识的心理梦境相区分。换言之，本雅明的构想比阿多诺认为的要更辩证、更客观。不管怎样，阿多诺的信促使本雅明对拱廊街计划的理论支架进行重新表述。“霍恩贝格通信”和本雅明的积极回应标志着受超现实主义启发的社会心理学阶段的结束，也标志着一个更坚定的对各种对象物的社会学记述的开始。 495

不难想到，伴随《巴黎，19 世纪的首都》写作过程的那种非凡的巅峰状态，很快让位于又一次低落。虽然对噪音的惯常抱怨在本雅明的书信中消失了，但他的神经衰弱让他对巴黎春季的气温骤变非常敏感，时而寒风凛冽，时而烈日炙烤，他的“机体在燥热和失眠的冲击之间震荡”（GB, 5:102）。他对阿尔弗雷德·科恩坦言，他很多年没有感觉这么糟过了——并且抱怨说几乎没有任何东西能让他高兴起来。他回到的是一个比他离开时对德国流亡者更少善意的巴黎。他对法国的恐外症的日常体验，简直是逐月加深，还因为遭遇到一些更有针对性的反犹主义而愈加严重；即便是他试图从各类犹太人福利组织得到帮助的努力，也让他很不舒服。“如果犹太人仍然只是依赖于自己的同类和反犹分子，那兴许他们也剩不下几个了。”（GB, 5:103）不过，他还是觉察到，在他那个圈子里留在欧陆的几位之中，他还算是相对幸运的。“随着悲惨境遇和这个时代结成同盟，由此而起的堕落竟开始在我最亲密的那些人身上显出痕迹来。”（GB, 5:103）

他在这里所特别想到的，是他的表亲维辛，后者回到巴黎时再度开始使用吗啡。本雅明和格雷特尔·卡尔普鲁斯都怀疑他们的柏林熟人弗里茨·弗兰克尔应为维辛的故态复萌负责。弗兰克尔是一名专攻成瘾问题的神经科医生，在 1918—1919 年革命期间，曾代表柯尼斯堡工人士兵协会参加斯巴达克同盟（Spartakusbund）——德国共产党的前身——的成立。他在 20 年代德共改善工人卫生和医疗的努力中做出了贡献，由此认识了本雅明的弟弟格奥尔格，然后认识了他的妹妹朵拉，最终又通过他们认识了本雅明本人。本雅明 1930 年的文章《带花环的入口》（“Garlanded Entrance”）描述了一次展览会，弗兰克尔和朵拉都曾在其中工作。
496 随着他们交往的加深，弗兰克尔和他们的共同朋友神经科医生恩斯特·约埃尔，充当了本雅明所进行的毒品试验的“医学顾问”，有些时候有维辛和他的第一任妻子格特的陪同。弗兰克尔此时住在巴黎（一所位于东巴勒街 [Rue Dombasle] 的公寓楼中，本雅明自己也在 1938 年搬入其中）并和维辛时常见面。[1]

更麻烦的是潜入本雅明和格雷特尔·卡尔普鲁斯通信中的一股新的冷流，她在 6 月底的一封信中谈到这一情况，请求本雅明恢复“我曾相信是不可动摇的那份友谊”（BG, 147）。个中原因可能相当复杂，其中之一自然是二人对几封信的误读，但在那一节点上，他们的关系当然也因格雷特尔解决了她和阿多诺之间的问题而变得阴云密布。这一点在格雷特尔基本上腹语式地重复了阿多诺对拱廊街计划的看法时，就已经对本雅明挑明了。谈到本雅明用特定的方式来塑造这一研究以便使之能在《社会研究杂志》上发表这一可能性时，格雷特尔在 5 月 28 日已写道：“其实

---

1 见 Täubert, *“Unbekannt verzogen...”*。

我觉得那非常危险，因为那样的话你只有相对很小的篇幅，永远无法写出你真正的朋友们多年来所期待的东西，即，只为自身存在而不做任何妥协的伟大的哲学研究，它的重要性将会弥补过去这几年发生的很多事情。Detlef，这拯救的不仅是你，而且是这部著作。”（BG, 146）埃贡·维辛的存在则加重了这一关系中的纷扰。格雷特尔已经克服了她最初的反感并在维辛频繁逗留柏林期间和他走得很近，而此时，当维辛周旋于她和本雅明之间时，显然是没少在两人之间挑拨是非。对格雷特尔恢复往常的亲近关系的请求，本雅明的回复有些严厉但仍然友好，他提到了“生存的状况”、他的工作和他的“消耗一空”，试图以此缓和他的笔友的“不耐心”，但他表达了他自己对维辛的不耐烦：“我必须承认，在现在这种事态阴郁而令人不安的时期，有时我担心，我对自己关于友谊的老座右铭的一次违反，总有一天会让我丧失维［辛］和你这两个朋友。当我看到维刚来这里没多久就痼疾复发——而且我看到了这是如何发生的，我就更没有信心了。像你我这样已经 497
分别了好久的情况下，任何一个来往于咱们之间的人都不可避免地成为信使。而维现在不可能是一个合适的信使。只有想象一下我们同住在南方时的境况以及我为了他而做出的所有努力时，才能理解他的溃败对我意味着什么。而增加这些疑虑的是，我现在不知道你们二人之间的交往到了什么程度。”（BG, 148）本雅明所谓的“座右铭”当然就是他所长期遵守的保持每一个朋友彼此完全隔绝的实践；而他关于他的两个友人之间“交往程度”的问询暗示出一种带有妒意的怀疑，他以为维辛和格雷特尔也已经变得很亲近。到 7 月，过往的友好态度一部分又重新回到他们的交流之中，但是这一纷扰的插曲显然标志着两人之间任何超越友谊的可能性都已终结。

大约与此同时——而且很可能是在恩斯特·布洛赫的陪同下——本雅明遇到了恩斯特·康托洛维茨（Ernst Kantorowicz，1895—1963），一个德国犹太人，本雅明厌恶他是机会主义者。后来到 20 世纪 50 年代晚期，康托洛维茨工作于普林斯顿大学高等研究院期间，开始在英语知识分子圈中声名鹊起，这缘于他的《国王的两个身体》（*The King's Two Bodies*）的出版。此书是对“中世纪政治神学”的研究，区分了国王形象中的一个肉体人身和一个共同体象征化身。在流亡期间，康托洛维茨最为人们所知的，还是他关于神圣罗马帝国皇帝腓特烈二世的极为自由、严重神学化的传记——那本书为他在自由派和左翼知识分子中固定了无可救药的极端右派的声名。在“一战”后的几年中，康托洛维茨曾参加自由军团，协助以残忍的流血手段镇压“大波兰起义”和柏林的斯巴达克斯团造反。在海德堡做研究时，他开始进入格奥尔格和贡多尔夫的圈子——而正是这层联系塑造了他的那本传记著作，为他赢得了法兰克福大学的教席。不过，即便是这些关系也无法让他逃过纳粹的种族政策，在失去教席之后，他流亡国外，并开始了一场变形记，对此本雅明以严厉词句形容道：“只有那些臭名远扬的软木塞浮到了表面上，例如，那个说不出有多无聊、
498 多低贱的康托洛维茨，他把自己从国家执政党的理论家提升到了共产主义热心肠的位置。”（GB, 5:104）

那个夏天，这些困难得到了平抑，一定程度上是因为他和另外两位旧友重归于好：布洛赫及海伦·黑塞尔。布洛赫终于在 7 月中旬来到巴黎，他和本雅明作为哲学上长期的伙伴与竞争对手，很快就见面了。本雅明的任务有点微妙，需要小心从事：他迫切地想要一扫过去的气氛，恢复良好关系，但他同时也很坚持，要布洛赫理解他强烈地不赞同布洛赫在《这个时代的遗产》一书中

对他的拱廊街母题有取舍的吸收，不管这些化用是多么有眼力和想象力。让他惊讶同时也让他松了一口气的是，他发现布洛赫渴望和解：本雅明在这位老朋友身上遇到了一种“伟大的忠诚”。结果便是——正如本雅明向肖勒姆汇报的——双方保持着一种戒备的、防范的良好意愿：“[虽然]我们的关系永远不会发展到让双方完全满意的地步，但我绝对还是会接受保持联系的责任。我的弱点里可从不包括一厢情愿和多愁善感，我这样做恰是出于我对这份关系的局限性的纯粹洞见；而另一方面，朋友们的星散孤立了我们中的每一个人，我也不例外。”（BS, 170–171）接下来几周中，在布洛赫于 8 月底出发去蓝色海岸之前，他们俩时常见面，因此本雅明获得了一个讨论伙伴，而这是从斯科福斯堡海岸那几个月之后就再没有过的。不过，由于他对布洛赫截取他的观点的倾向始终抱有戒心，本雅明很小心地将谈话从他的拱廊街计划中引开（BS, 165）。本雅明也很高兴与海伦·黑塞尔重建亲近关系，他曾在柏林时和她一刀两断。现在他们一起去看时装展，而且本雅明读了她关于时尚产业的小书，《论时尚的本质》（*Vom Wesen der Mode*），他发觉此书关于社会与商业对时尚的决定作用有精彩而细致的描述——对此他在拱廊街笔记中曾大幅征引。

另一方面，本雅明在 7 月抱怨，从 1933 年的伊维萨岛之旅以来，他没有交到哪怕一个新朋友——没有“有见地的相识”；他在巴黎觉得和在斯科福斯堡海岸、圣雷莫一样孤独。他竭尽全力和他的法国友人们保持联系——南方的马塞尔·布里翁和让·波朗，以及巴黎的阿德里安娜·莫尼耶——但似乎没办法交到新朋 499
友。作为诗人、书店老板和出版商，莫尼耶从 20 世纪 20 年代早期开始就是巴黎现代主义的一个重要人物。她的书店书友之家坐落在第六区的奥德翁街上，既是卖书小店，又是借阅图书馆，还是会面地点和讲座厅。本雅明从1930年起就开始利用那里的图书，那时，他认识莫尼耶是通过德国文化专家费利克斯·贝尔托（Félix Bertaux）的引荐：

> 夫人，一位来自柏林的作家和散文家，瓦尔特·本雅明先生昨天对我说："一些六年前发表在N.R.F的诗作曾深深地打动我，您知道它们的作者吗？在我读过的所有法文作品中，它们给我留下最深的印象。"没有您的授意我是无权把您的名字告诉他的；不过，如果您并不坚决要保持针对本雅明先生（他在翻译普鲁斯特）的匿名状态，他将会很高兴如果您能给他捎话说他可以见您。……夫人，请原谅我冒失的进言，但我为这位陌生读者的执着所深深感动，所以我希望您至少也能体会我的用心，同时我也希望向您再一次致以我个人的热烈的敬意。[1]

到1936年，本雅明和莫尼耶的关系已经变成类似于一种"德国人意义上的友谊"（GB, 5:230），而她的书店成为本雅明的巴黎罗盘上日益重要的罗经点。

本雅明的孤独偶尔会被他和克拉考尔还有布洛赫的见面打破。他的这两位朋友在际遇和心理状态上迥然有别：克拉考尔总是意气消沉，仍然因为自己的小说《格奥尔格》无处出版而心情郁结，和本雅明一样，他对未来感到茫然不安；而布洛赫还是神气活现的老样子，这神气因为他持续不断的出版成功以及新近和第三任妻子卡罗拉（Karola）结婚而更甚。本雅明自己对卡罗拉的

1 *Adrienne Monnier et La Maison des amis des livres 1915–1951*, Maurice Imbert and Raphaël Sorin (Paris, 1991)，引用于BG, 170。

反感是一个使情况更趋复杂的额外因素：“这是个气氛问题：正如
有些女人懂得如何给丈夫的友情生活留出足够空间——没有谁比
埃尔泽·冯·斯特里茨基（Else von Stritzky）更符合这一点了——
同样也有另一些女人，只要她们在场，气氛就没了。琳达已经有 500
一半变成这样了，而卡罗拉似乎完完全全地属于这类女人。”（BA,
77）琳达·布洛赫当时也在巴黎，过得很惨，本雅明本性中的慷
慨——虽然时隐时现——在对待她的态度上显露无遗：他们缓和
了彼此的分歧，本雅明尽力帮助了琳达。

偶遇有时提振了本雅明的心情。晚春时节他碰到了他的朋友
维兰德·赫尔兹菲尔德和他的哥哥，曾经的达达主义者约翰·哈
特菲尔德（1891—1968）。哈特菲尔德独有的才华是摄影蒙太奇，
这使他在柏林成为人们竞相罗致的书籍、杂志和海报设计师，今
天他仍以他为《工人画报》（*Arbeiter-Illustrierte Zeitung*）所设计的
封面而为人铭记，这些封面包括希特勒讽刺画中最著名的一些作
品。这两兄弟在巴黎是出席4、5月间的哈特菲尔德摄影蒙太奇展 501
览。哈特菲尔德立刻就给本雅明留下了印象，本雅明在此期间见
过他不止一次。话题自然绕不开流亡生活的严酷；本雅明从哈特
菲尔德那里获知他在令人悲伤的境况下逃离德国的故事。哈特菲
尔德的政治合成照片使他在1933年成为新政权的一个明显打击对
象，事实上他是从受到希特勒黄衫军冲击的公寓中勉强逃出来的。
当然，这两位还有对摄影的共同爱好，关于这一点本雅明提到了
“一次特别好的谈话”（C, 494）。

初夏的日子，本雅明是在国家图书馆的不同部门之间度过的，
他在那里推进他的拱廊街工作。他申请进入图书馆臭名昭著的
“地狱”的权限，得到了批准——“地狱”是对法国的色情文学和 502
图画的国家收藏的官方称谓，这一收藏开始于19世纪30年代（部

分藏品第一次向公众展出则是在 2007 年的一次展览中)。显然,提纲的写作注入了对这一项目的重要性的新自信,同时也引导他的研究深入到这座伟大图书馆的越来越偏僻的角落。现在,他很确信,这一研究的“构想,起源虽是非常个人的,但却触及我们这一代人关键的历史旨趣”(BS, 165)。正是在这时,本雅明开始更全面地表述一个特定的过往时代——19 世纪的巴黎——和当下时刻的复杂关系。为了分辨出那些当下时刻的“关键的历史旨趣”的轮廓,本雅明相信,历史学家需要揭示并重建一个曾经被封闭起来的历史客体。他称之为:“尝试在最不显眼的存在构造中,可以说是在历史的瓦砾中,取得历史的意象。”(BS, 165)研究项目的笔记在这几个月间迅速增长,本雅明从越来越丰富的 19 世纪和 20 世纪材料中大量摘抄,并加上自己扼要的评注和思索。这一研究工程的材料现在已经数量巨大,因而不易移动,根据波洛克的建议,并在他的经济支持下,本雅明复印了当时已经积累的笔记和材料的全部手稿。[1] 同时他也开始“探究”马克思《资本论》的第一卷(BA, 101)。由于专注于推进拱廊街计划(受惠于他从研究所得到的临时有所增加的津贴),本雅明在 1935 年基本没有为发表而写作。7 月,他一生中在德国发表的最后一篇文章署了笔名出现在《法兰克福报》上。

当他在 1935 年余下的时间中进行拱廊街研究时,本雅明的思绪越来越多地转向视觉艺术。他参观了一个展出巴黎公社的图像和文件的重要展览,那是每年在圣丹尼郊区举行的纪念活动的一部分。另一个展出了五百件 15 世纪意大利早期文艺复兴艺术杰作的展览也给他留下了持久的印象。他和卡尔·蒂梅的通信显示出他对更早的

1 见 GS, 5:1262。

艺术品有非常敏锐和深入的观察，而他关于艺术的许多观点和洞察都记录在了拱廊街手稿中。虽然对文艺复兴时期绘画的直接讨论鲜 503
少出现于他的文章中，但在1936年的《可技术复制时代的艺术作品》中一个关于拉斐尔《西斯廷圣母》的脚注还是说明了那次展览的持续影响。不过，那篇文章更多是表明他在更深入地探索摄影与电影之间的关系，并对各种电影之前的艺术形式一并加以考量。

6月底，他参加了一次可能对他而言具有划时代意义的活动：保卫文化国际作家大会（International Congress of Writers for the Defense of Culture）。这一大型会议，有来自四十个国家的二百三十名作家代表出席，听众三千人，于6月21日至24日在圣-维克图瓦街（Rue Saint-Victoire）的互助宫（Palais de la Mutualité[1]）举办。[2]大会试图向公众展示，这是一场希望在法西斯主义威胁之下保存西方文化的作家们的聚会，其最初的倡议来自莫斯科的共产国际。最初的组织者包括贝歇尔，后来任德意志民主共和国文化部长，以及小说家亨利·巴比塞，共产党刊物《人类》的编辑；他们在1934年取代了先锋主义团体无产阶级作家协会（拉普）的苏联作家同盟的框架内展开工作，希望能让一大批西方作家和苏联的文化政策保持一致。在巴比塞因病退出后，安德烈·马尔罗和伊利亚·爱伦堡逐渐承担起了组织者的角色，他们拓宽了大会的构想，使之脱离了直接的党派控制。1935年3月，一份修改过的大会邀请信出现在《人类》上，落款签名为马尔罗、爱伦堡、贝

1　正式名称为 Maison de la Mutualité，系巴黎一处会展中心，建成于1930年，有大量左翼政治文化活动在此举办。——译注

2　这次大会的完整记录直到2005年才公开。见 Teroni and Klein, *Pour la défense de la culture*。对这次大会的一份权威评述来自 Rabinbach, “When Stalinism Was a Humanism: Writers Respond to Nazism, 1934–1936,” in *Staging Anti-Fascism*。

歇尔以及安德烈·纪德——纪德的名字给了大会很重要的认可；邀请信强调作家作为“人类文化遗产的保护者”的任务，而淡化了各种政治结论。[1] 在这一新导向之下，开幕式包括了四位重要作家的发言，他们是 E. M. 福斯特、朱利安·邦达、罗伯特·穆齐尔和让·卡苏（Jean Cassou）。他们都拒绝接受苏联代表团倡导的对“文化遗产”的单一化定义。不过，正如安森·拉宾巴赫（Anson Rabinbach）所指出的，当时将斯大林主义定性为一种人道主义，却鲜有异议，人们确实认为那是唯一能够成功抵抗法西斯主义在欧洲崛起的人道主义。对人道主义的此种构想势必导致一种双重
504 拒绝，既反对革命的先锋派的艺术实践（主要以超现实主义者为代表，在安德烈·布勒东和爱伦堡的公开争吵之后，他们被禁止出席大会），又反对以邦达、赫胥黎、福斯特和穆齐尔为代表的“资产阶级”作家。取而代之的则是一个定义模糊但明确亲苏联的进步主义议程，不妨可以说是在文化“遗产”（这是大会所用的概念）和“反对资本主义退化及法西斯野蛮的斗争”（用格奥尔基·季米特洛夫 [Georgi Dimitrov] 的话说）之间寻找中庸之道。[2] 小说家和批评家让·卡苏精确界定了这一话语的边界：“我们的艺术并不委身为革命服务，而革命也不会对我们的艺术发号施令。但我们的全部艺术在其最有活力的维度上，也即我们对文化和传统富有活力的构想上，将我们引领向革命。”[3] 说得更直露些，大会倡导了一种或可称为反法西斯主义的美学——既非革命的唯物主义，也不

1 Rabinbach, “When Stalinism Was a Humanism.”

2 Wolfgang Klein and Akademie der Wissenschaften der DDR, Zentralinstitut für Literaturgeschichte, *Paris 1935: Erster Internationaler Schriftstellerkongress zur Verteidigung der Kultur: Reden und Dokumente mitMaterialien der Londoner Schriftstellerkonferenz 1936* (Berlin: Akademie-Verlag, 1982), 60，转引自 Rabinbach, “When Stalinism Was a Humanism”。

3 Klein, *Paris 1935*, 56，转引自 Rabinbach, “When Stalinism Was a Humanism”。

是非政治的自由主义，而是一种文化的综合，它建立在这样的前提上，即俄国革命代表了如让·盖埃诺所说的“伟大、漫长而又迟缓的人道主义革命”的时刻，“这场革命从人类历史开启以来就不断在发生着”。[1] 法西斯主义是倒退，是返回到中世纪。共产主义则是未来。

本雅明和布莱希特在大会期间能常常见面，他俩都深感失望。布莱希特反对那些“豪言壮语”和“爱自由、爱尊严、爱正义的过时概念”，并指责对“阶级”和“财产关系”这类概念的压制。[2] 他当时正在写作一部关于欧洲知识分子的讽刺小说，即“知识贩子小说”（Tui-Roman）[3]，因此，如本雅明指出的，布莱希特“会费花得还算值”。另一方面，本雅明觉得有机会和布莱希特交谈是整个活动唯一令他满足的事。他能说出的最高褒奖，也不过是在致霍克海默信中对大会成果的一则评论，说会议期间成立的永久机构“也许在某些场合能起到作用”（GB, 5:126）。无疑，他觉得丧气的是，某些作家在拒斥前卫艺术方面表现出消极同谋的态度，等于屈从于安德烈·日丹诺夫在 1934 年莫斯科的作协大会上的讲话。在那次讲话中，共产党管家日丹诺夫宣告了“社会主义现实主义”的支配地位，并禁绝了前卫艺术。本雅明当时没有发表的 505
讲稿《作为生产者的作者》——其论点是，只有美学上进步的艺术形式才能同时是政治上进步的——现在读来，就如同对当时还未出现的普遍屈从于新苏联模式的预先批判。

7 月中旬，随着他在拱廊街计划的工作中几乎每天都有令人

---

1 Klein, *Paris 1935*, 61，转引自 Rabinbach, “When Stalinism Was a Humanism”。

2 Rabinbach, “When Stalinism Was a Humanism.”

3 Tui 是当时的一个新词，由布莱希特发明，用以讽刺贩卖知识的欧洲知识分子。布莱希特的小说最终没有完成。——译注

兴奋的新发现，他的生活条件也有所改善。在他妹妹出国期间，他得以搬进她在罗贝特·兰代花园路——那是一条位于十五区的不起眼的小街——的公寓。在他们俩共同流亡的过程中，本雅明和妹妹的关系改善不少，这无疑是由于他们共同的困境，也由于他们没有其他什么人可以联系。在巴黎流亡的最初两年间，朵拉在一户法国人家当佣人——这对当时很多被剥夺了职业机会的妇女来说是一条常见的出路。不过，到 1935 年初，她试着回到自己受过专业训练的社会工作领域，在她的公寓中开展护理流亡者子女的工作，并将公寓的一部分转租给她的邻居和朋友弗里茨·弗兰克尔以补贴家用。但正当她有了一个新开始的时候，脊髓的感染性疾病，强直性脊柱炎的早期症状开始出现，这种病最终于 1943 年在瑞士夺走了她的生命；与病症相随的是严重的抑郁。1935 年 2 月，瓦尔特在圣雷莫时期曾尝试提供救助，让前妻寄钱给妹妹渡过难关。朵拉 1935 年 3 月对她哥哥的求援信的回复则明确显示出，她自己的生存处境至少和哥哥的一样风雨飘摇：“但我认为你没有认识到生存的挣扎对我意味着什么，每天带着严重的疼痛工作意味着什么。如果我被夺去了偶尔休息一两周的机会的话，我的境况一定会让我想立刻轻生。而在此刻，我还不想自杀。”[1] 值得一提的是，她在这一绝望的描述之后又报告了这样的消息，她在信中附上她自己的 300 法郎以及朵拉·索菲·本雅明欠她的 300 法郎。到夏天，她挣够了出国旅行的钱——这也让她能够允许哥哥在她外出期间住进她的公寓。经过被迫辗转于不同旅
506 馆的两年，本雅明现在可以尽情享受“住在私人房间的感觉”。即使他只能住到 10 月份，但他仍试图把公寓当成自己的家，挂上了

1 1935 年 3 月 28 日朵拉·本雅明致瓦尔特·本雅明，Walter Benjamin Archiv 015: Dora Benjamin 1935–1937, 1935 / 3。

格雷特尔·卡尔普鲁斯在他们同在柏林期间送给他的画，旁边则挂着他从哥本哈根文身艺术家那里买到的透视画。

尽管有了更舒适的居住条件，8 月对本雅明来说却是一个艰难的月份。他从研究所得到的津贴降回 500 法郎的正常水平，并且由于他从春季以来几乎一心扑在拱廊街计划上而没有其他作品，他无法指望有任何稿费收入。于是他不再能应付基本的生活开销。而 8 月的巴黎是一座鬼城；艰难时世无法阻挡法国人成群地外出度假。本雅明注意到，即便是外国流亡客们也“打破存钱罐”，离开了这座城市去旅游——当然，这是指那些多多少少还“存了点儿钱”的流亡客。他孤独地留守巴黎，旅行的唯一可能来自他的幻梦。“我怀念巴塞罗那，”他在给阿尔弗雷德·科恩的信中写道，“因为你，也因为我并不习惯的夏日枯坐只有在那里才会终结。一场不疾不徐的雨正在下着，在其中，人们可以臆想出火车轮轴的韵律，更不用说去联想那编织在圣家堂或蒂比达博山的外表周围的氤氲帷幔。”（GB, 5:146）[1] 他的“枯坐”也给了他更多时间阅读；作为对拱廊街计划的每日法语阅读材料的补充，他在夜间漫步于侦探小说和哲学之中，包括阅读列奥·施特劳斯的新书《哲学与法》。这一时期，他的相当一部分阅读受到他对家人的关心的驱动：他的弟弟正囚禁在松嫩贝格集中营。他读了维利·布雷德尔（Willi Bredel）的《考验：关于一座集中营的小说》（*Die Prüfung: Der Roman aus Einem Konzentrationslager*），点评说“此书值得一读。为什么作者没能取得再现一座集中营的完全成功，这一问题将引出有益的思考”（GB, 5:130）。而且，虽然不知道他是否得手，但他曾要求友人寄来沃尔夫冈·朗霍夫（Wolfgang Langhoff）的《沼

1　圣家堂是安东尼奥·高迪（Antonio Gaudí）至今未完成的巴塞罗那教堂建筑；蒂比达博（Tibidabo）是科尔赛罗拉山脉（Serra de Coliserola）上的一座山峰，俯瞰巴塞罗那。

泽士兵》(*Die Moorsoldaten*)。朗霍夫和布雷德尔一样，曾被关在过伯格尔沼泽(Börgermoor)集中营，书名即截取此名与“士兵”一词拼合而成。

507 10月1日，朵拉·本雅明回到她的公寓，本雅明搬离。辗转于一系列廉价旅馆，他还是成功地找到了一处更稳定的居所。他搬入贝纳尔街(Rue Bénard)23号，同他合租一套公寓的也是一位德国流亡客，乌泽尔·布德(Ursel Bud)，她在巴黎做文书助理。和本雅明一样，布德是一名柏林犹太人，但她比他年轻二十岁，背景也不如他那般显赫，在一所女子技校接受过商业训练。也和本雅明一样，后来她曾被拘留在法国的囚禁营(不过时间要长得多，从1939年10月直到1941年1月)，1942年试图从马赛逃离法国。此后她的所有踪迹都消失了。[1]本雅明在贝纳尔街的公寓分租一间“非常小”但还算舒适的卧室，住满两年，直到1937年10月(GB, 5:198–199)。十四区中心的周边环境相当惨淡，不过到地铁很方便，而且最好的是，那里离本雅明最喜欢的咖啡馆只需沿着蒙帕纳斯林荫道向北步行二十分钟。靠着朋友阿诺德和米利·莱维-金斯贝格(Arnold and Milly Levy-Ginsberg)夫妻俩的帮助，本雅明拼凑了一点家具，并且运来了他的版画和透视画收藏，觉得自己有了一个家。他告诉布莱希特的合作者玛格丽特·施蒂芬说，搬家的常见困难因为“那些包围着我的事物的一场起义”而变得复杂，“我住在七层，起初是电梯罢工，然后是我所珍爱的物品的大迁徙，高潮则是我认为无可替代的一支非常漂亮的钢笔的失踪。这造成了严重的困扰”(C, 510–511)。但是到了月底，烦恼溜走了，“也许是被那些天天飕飕穿过我的孤巢的美

1 关于乌泽尔·布德，见 GB, 5:166–167n。

妙秋风一扫而空了”（C, 511）——这也是因为新居的舒适，他觉得非常愉快，因为这里有热水和电话，远远超出了他的期待，以至于工作的“重担”也显著地减轻了（GB, 5:198–199）。

虽然有了新公寓和他从拱廊街计划中所获得的新鲜刺激，但那个秋天他还是经历了抑郁和绝望的卷土重来。这当然是本雅明流亡生活的常态，但 1935 年的秋天把他带到一个新低点，他反复将之形容为“无望”。“我周围的事情都太黯淡、太不确定，”他写信给肖勒姆说，“我哪里还敢剥夺我极少有的内心平静的工作时间……我现在所能得到的必须的工作时间一个月至多也只有两个星期。”（C, 511–512, 514）给霍克海默的信中他则这样写道：“我的状态已经是在被迫举债前的经济状况所能达到的最艰困程度……我只想顺便一提，我需要更新我的身份证［没有此证本雅明无法看病，也无法向当局证明身份］，但连办证的 100 法郎都没有。”（C, 508–509）这一慨叹并没有石沉大海，因为霍克海默也算是按照他的一贯作风，于 10 月 31 日寄上了额外的 300 法郎，用来给本雅明办身份证和法国记者证。阿多诺则同意给埃尔泽·赫茨贝格尔施加“道德压力”，希望她能恢复那份早已中断的津贴（GB, 5:113n）。尽管有了这些支持的迹象，本雅明还是看到自己的处境已经糟糕到需要认真考虑搬到莫斯科去，当时维辛已在那边立足，工作单位是癌症研究和治疗中心。维辛一直是个热心人，对本雅明在苏联找到工作很有信心，并且已经为此动用了一些关系——包括拉西斯和赫尔瓦特·瓦尔登（Herwarth Walden）。作为画廊主人和出版家，瓦尔登在 20 世纪的头两个十年里曾是柏林现代主义的中心人物，此时他任教于莫斯科。格雷特尔·卡尔普鲁斯对这一动议提出了一些相当有道理的反对意见，她问本雅明是否真的愿意和阿西娅·拉西斯生活在同一城市，是 508

否真能适应生活环境如此巨大的变化，还有与此相伴的丧失研究所的资助。这一谋划很快也消散无踪了——而且是最后一次，再不会出现。赫尔瓦特·瓦尔登的命运在这一点上提供了一个警示性的注脚。虽然我们对瓦尔登的莫斯科岁月所知甚少，但显然他没能忍住不去参与辩论，反对那些把先锋艺术等同于法西斯主义的人——而这给他带来了致命的后果。1941 年他在位于萨拉托夫的苏联监狱中死去。很难想象本雅明会安分地默许一个对他来说和对瓦尔登一样危险的美学体制。

509 本雅明自身的惨境因为源源不断地来自友人和家人的坏消息而一再加重。虽然一开始看似顺利，但阿尔弗雷德·科恩试图在巴塞罗那活下去的努力变得艰难，他宣布他不得不再次迁居（这一决定他并没有付诸实现）。本雅明想到科恩可能会从“尚且为我而存在的那几个人的小圈子”中消失，内心很受震动。感觉到时代的道德危机因物质危机而日益恶化，他告诉科恩他已经开始准备一份“消失清单”，他说他不知道自己是否有一天也会出现在那上面（GB, 5:183）。他永远都在担心埃贡·维辛；有流言传到他这里，说维辛又开始依赖吗啡，这威胁到了维辛在莫斯科的职位。自从那次在里维埃拉收留了他，本雅明就觉得对这位走上歧路的表弟有父亲般的责任。格雷特尔让他放心，她没有听到任何消息证明维辛又垮掉了。

最糟糕的当属本雅明和肖勒姆关系的一次严重危机。肖勒姆不像来自他学生时代的朋友科恩和舍恩那般亲密，但却是本雅明最长久的思想交流伙伴。尽管他们的生活轨迹和思想取向——首要的是本雅明的另类左翼思想，只会增加他对犹太复国主义的反对——必然在二人之间产生隔阂，但本雅明还是严重地依赖他和肖勒姆在交流中的交换意见；他知道不论他说什么或寄上什么，他总能得到诚实到粗暴而又经常让人打开眼界的回复。然而，夏秋间，肖勒姆的来信已经少到如涓滴细流，到 12 月则全然停止。本雅明从这种无视中受到了极深的冒犯。他托基蒂·马克斯–施泰因施耐德去拜访肖勒姆，以一手经验直陈本雅明这位巴黎朋友的惨状，并询问为什么没有继续发出访问巴勒斯坦的邀请。“这些观点引起了肖勒姆的反应，”本雅明对格雷特尔写道，“他的令人遗憾的笨拙（我避免说是他的谬误）让我不仅对他的个性，还有那个国家的道德气氛留下了最可悲的印象，过去十年他一直在那里进行自我教育。所有这些都没有在我们的通信中挑明，因为自从我面临着败亡的可能以来，他的态度总是迟缓的，而过去却一度曾是执着的。在我看来，他的这种笨拙隐藏在他的自大和神秘 510
之中，他以此避免对我产生任何主动的同情，不过，你可以想象，我让他了解我的想法的欲望则几近于无。如果我说，他想在我的处境中看到上帝的报复之手，只因我的丹麦友谊激怒了上帝，那可算不上夸张。”（BG, 172–173）本雅明可以通过给格雷特尔写这样的信来宣泄怒火，而这连同本雅明书信里的其他一切内容一定曾让她觉得好玩，但他同时又暗下决心，要忍受他的友人兼存档人因意识形态而生的脆弱敏感。这一状况直到来年春天才得到解决。

整个秋天他在这种不利局面下继续工作。不仅是他在物质和个人生活上的困窘，而且还有他的著作的不确定命运，都日益沉重地压迫着他：“我时不时地梦见已经脱轨的著作计划——《柏林童年》和书信选集——然后，我惊讶于我竟然有能量又开始一个新的计划：当然，在这种条件下，它的命运比我的未来可能将成何种局面更难预见。但另一方面，这样一本书就像是避难所，当外面的天气太难以忍受时，我就藏到它的庇护下。”（BS, 171）他指的新著作首先包括一篇关于爱德华·福克斯的论文。他在推进为作此文的准备性阅读，而研究所也已开始催稿，迫使他在 8 月先把拱廊街研究放在一边。他曾在夏天见过福克斯几面，他很喜欢这个人，而福克斯也希望他赶快完成这篇文章。事实上，这一计划的材料准备工作又拖拉地进行了一年半，其间不断给别的计划让路，直到 1937 年 1 月和 2 月，文章草稿才以不曾预料到的令人满足的快意一气呵成。秋天他虽然看起来没有在《柏林童年》的任何一部分下功夫，但他的确写出了令人难忘的虚构作品。《拉斯特里的故事》（“Rastelli Erzählt”）是一则闪光的小故事，一个关于工具性的寓言，11 月发表在一家瑞士报纸《新苏黎世人报》（*Neue Zürcher Zeitung*）上，显然是那年秋天所作的“短篇小说小束”之一，“让我的工作量翻了一番或两番”（C, 513）。他还准
511 备好了一篇关于歌德的《亲合力》的讲稿，定于 2 月（他是这样告诉肖勒姆和其他人的）在索邦的德国研究所（Institut des Etudes Germaniques）发表——这一活动是否曾如期举行，我们不得而知。接下来还有为多尔夫·施特恩贝格尔（Dolf Sternberger）1934 年论海德格尔的《思考死亡》（*Der verstandene Tod*）写书评的可能。施特恩贝格尔（1907—1989）几年前曾在恩斯特·舍恩家中和本雅明见过面；他在 1930 年至 1933 年之间和阿多诺的关系也很密切，参加过后者的研讨班。1934 年他加入《法兰克福报》编委会。本雅明对施特恩贝格尔关于“海德格尔和语言”的说法很有兴趣，但他并未写成书评，估计是因为他对弗莱堡哲学家本身的反感，海德格尔的世界声望让他充满了忧郁和不祥之感（GB, 5:156; GB, 4:332−333）。

最主要的还是在美学领域的新作——正如他向几位通信友人所形容的，这是一部“纲领性”作品——它从 1931 年的《摄影

小史》出发，通过探讨复制技术对艺术作品的创作与接受的影响，直接形成了和拱廊街计划相统一的认识论和历史编纂原则，即试图以当下的视角去体认艺术在19世纪的“命运”。本雅明最早提到《可技术复制时代的艺术作品》这篇他现在最知名的论文，是在10月9日致格雷特尔·卡尔普鲁斯的信中：

> 最近几周我渐渐认识到了当今艺术——当今艺术的处境——潜在的结构性特征，而这使我们得以认识到在19世纪艺术的“命运”中什么是决定性的，但它才刚刚开始发挥效力。这方面，我在一个关键的例子中意识到了我的认识论理论——它结晶于“可辨认的此刻”这一玄奥概念（很可能我都还没有和你分享过这一概念）。我发现了19世纪艺术的一个面向，它只有在“现在”可以被辨认出来，在这之前不曾被辨认出来，在这之后也不会被辨认出来。（GB, 5:171）

一周后，他在给霍克海默的信中说得更具先兆性，形容这一论著是一大进展—— 512

> 在唯物主义的艺术理论的方向上。……如果[关于拱廊街]的专著是关于19世纪艺术的命运，那么这一命运对我们的意义就在于，它藏在一只闹钟的滴答声中，而整点报时的响声现在才传到我们的耳中。我这么说的意思是，艺术的命运时辰已经敲响，而我在一系列题为《可技术复制时代的艺术作品》的初步反思中捕捉到了它的标志。这些反思试图给艺术理论所提出的问题赋予真正的当代形态，而且当然是从内部这样做，这样就避免了任何**无中介**的对政治的指涉。（C, 509）

尤其是，这篇论文对作为当代艺术典型的电影的反思，对其充满震撼的接受效果的反思，认为这是在各方面都受到这一“机器”渗透的人的“统觉”的深刻变化之症候，揭示了艺术与技术之关系的巨大转变，而拱廊街计划也以此为关切。

明显是受这些快速喷涌的灵感的启发，本雅明搁置了他在法国国家图书馆的“历史研究”，转而听从“他房间的耳语”（GB, 5:199）。9 月以及 10 月的大部分时间，他闭门不出，写出了该文的第一稿。12 月他又回到这一稿，开始重写全文，并在和霍克海默（他 12 月中旬在巴黎）交谈之后，开始加一些脚注。德文第二稿还吸收了阿多诺关于政治–哲学论点的意见，在 1936 年 2 月完成。现存的各版本中，德文第二稿既是最全面的，同时在许多关键问题上又是最具体的；米利亚姆·布拉图·韩森称之为“源文本”（Urtext），这一命名固定了下来。不过，本雅明很快开始了进一步重写，一直持续到 1939 年的 3 月或 4 月。正是这第三稿也即最终稿——虽然本雅明一直视之为正在进行中的工作——构成了该文 1955 年德语版首次发表的基础，也成了随后其广泛传播的一个恰当起点。最早发表的则是法语译文，出现在 1936 年 5 月的《社会研究杂志》上。此文至今仍是本雅明引用率最高的作品。

513 《可技术复制时代的艺术作品》探究人类经验在现代资本主义环境下的可能性，而这一环境与现代技术紧密相连。[1] 它以这样的信念为出发点，这一信念或许在《经验与贫乏》一文中得到了最佳表述，即，资本主义的主要效应之一就是对那些构成一种充分的人类经验的条件的摧毁。论文沿着一种对技术（Technik）的看似矛盾的理解展开：技术是这种经验的贫乏的主因，同时也是

1 见 Hansen, *Cinema and Experience*。

一种可能的**补救**。正如本雅明在《爱德华·福克斯，收藏家和历史学家》中所说，人类经验已经被“人类对技术的失败接受”[1]去自然化了（SW, 3:266）。本雅明在《拱廊街计划》中追溯了这一方向错误的接受的源起，而在其后果中，现代技术发挥着麻木（anaesthetize）人的感觉官能的作用，同时又将本质上野蛮的生产环境和统治环境审美化（aestheticizing）了。但这同一种技术又具有把人类从物质束缚中解放出来的潜能。《艺术作品》一文通过出色地重新思考内在于电影中的新兴体验模式，分析这一潜能。在这一由分论题构建而成的多层次论述中——也就是说，在这一由各独立命题组成的蒙太奇中——本雅明将两大能力归于电影：第一，作为可复制的艺术作品，电影有能力动摇霸权阶级用来延续其统治所世代依赖的文化传统；第二，他认为电影有能力使人的感官产生深刻的变革。如果人类要对抗现存的巨大而有害的社会机器，那么新的统觉和条件反射就是必要的。

本雅明在文中最著名的创见，来自他对艺术作品的可复制性的关注。作品的可复制性使其在特定时空的存在贬值，从而削弱了它的独特性和本真性，改变了它存续文化传统的方式。“一件物品的本真性是一个基础，它构成了所有从它问世之刻起可以流传下去的东西——从它物理性的绵延到与它关联的历史的证明——的本质。既然历史的证明建立在物理性绵延的基础上，那么当物理性的绵延不再有什么意义时，这种历史证明也同样被复制逼入绝境。而当历史的证明受到影响时，真正被逼入绝境之中的正是这一物品的权威性，即它从传统中所获得的分量。”[2]（SW, 3:103） 514
本雅明将可流传性的问题聚焦在灵氛（aura）的概念上：灵氛是

1　参见王炳钧、杨劲译《经验与贫乏》，第 304 页。——译注

2　参见张旭东、王斑译《启迪》，第 235—236 页。——译注

“一种空间和时间的陌异组织：一种关于距离的独特现象，不管这距离是多么近。”[1]（SW, 3:104–105）如果一件艺术作品构成了一种并非基于它的品质、使用价值和价值，而是基于它和观赏者之间的比喻性距离的独特而本真的地位，那么它就可以说是具有“灵氛”的。这一距离并不主要指纪念碑和观众之间的平坦空间，而是对一种“陌异组织”心理上的不可靠近感，是一件作品以它在传统中的位置为基础激发出来的权威气氛。艺术作品的灵氛现象反映出认可，即那种得以列入历经时间考验的经典之中的特权。[2]本雅明的观点当然对许多人来说极不像话，是一次挑衅：一般认为文化的创作是神圣的，一个伟大天才的作品凭借其本质就改变了我们对于人类经验的理解，而他对此发起了正面攻击。这一攻击是必要的，否则艺术永远无法从它的文化传统的魔咒——根植于崇拜与仪式——下解放出来。对本雅明来说，“当代的危机和人类的更新”——必须记住，这一文本是在法西斯主义日益逼近的阴影之下完成的——只有通过“传统的分崩离析”[3]（SW, 3:104）才能完成，而这并不是对传统的简单抛弃。传统的认可意味着融入崇拜实践：“起先，一件作品内在于传统语境的一体性表现在崇拜上。我们知道最早的艺术作品起源于仪式——首先是巫术仪式，其次是宗教仪式。……换句话说，‘本真’作品的独特价值总是植根于仪式之中。”[4]（SW, 3:105）这里的问题是艺术作品的拜物

1　参见张旭东、王斑译《启迪》，第 237 页。——译注

2　本雅明在其他地方把“灵氛”（来自希腊文 aura，意为“呼吸”、“流动的空气”）理解为出现在一切事物中的东西，他还提到了梵高的绘画：“也许没有任何东西像梵高的晚期绘画一样清晰地表现出灵氛，在这些画作中，……灵氛仿佛和各种各样的画作对象一同画下来了。”（OH, 58, 163n2）

3　参见张旭东、王斑译《启迪》，第 236 页。——译注

4　参见同上书，第 238—239 页。——译注

教化，这并非产生于创作过程，而更多是产生于流传过程。如果艺术作品是一个崇拜物，一个有距离的并不断产生距离的对象物，施加着非理性的和不容置疑的权力，那么它就可以说在特定文化中达到了神圣不可侵犯的地位。它也只被掌握在极少数人手中。有灵氛的作品对权力的要求，对应于并强化着统治阶级对政治权力的要求，而这样的物品正是对于这个阶级最有意义。对有灵氛的作品的理论捍卫过去是、至今也仍是维持它们权力的中心任务。这不仅仅是说这样的艺术，连同它达到仪式标准的再现或构造策 515
略，对统治阶级不构成威胁，而是说这类得到认可的作品所投射的本真、权威和永恒的灵氛有助于落实统治者对权力的主张。

另一方面，大量复制的作品则允许接受者按自身的处境来完成接受；观赏者不再局限于在一个献给崇拜活动的空间——比如博物馆、音乐厅或教堂——中来接受作品。文章中本雅明的第一个强势主张是，这种复制的能力——尤其是电影——发动了“对文化遗传中传统的价值的一次清算”（SW, 3:104）。这里的前提是，文化遗产本身是统治阶级维持权力的工具。正如本雅明在《拱廊街计划》的一则片段中所说，“统治者的意识形态比被压迫者的观念更容易变化，因为它们不仅必须像后者一样，每一个时刻都要适应社会冲突的形势，它们还必须把这种形势颂扬为根本上是和谐的”(AP, J77,1)。文化遗产恰是对本质上血淋淋的冲突战场的美化，将之审美化为稳定而和谐的存在。然而，“一旦本真性标准不再适用于艺术生产，艺术的整个功能就被翻转过来。它不再建立在仪式的基础上，而是建立在另一种实践的基础上，这种实践便是：政治”[1]（SW, 3:106）。可复制性因而在终极意义上是艺术作品

1 参见张旭东、王斑译《启迪》，第 240 页。——译注

的一种政治能量；作品的可复制性颠覆了其灵氛，并在一种不同的观赏空间中造就新的接受模式。在影院中，对灵氛的荡涤带来了这样的可能性：通过对作品的“同时性的集体接受”来建构一个政治体。

本雅明勾画了电影在瓦解和打破传统方面的潜在社会-美学力量，由此揭示出隐藏着的问题所在，随后他立刻又转换到了论述的另一极：人类感官的历史变化。于此，他纲领性地确定下了他的现代媒介研究所处的领域。他集中讨论了两个相关问题：其一，艺术作品记录它自身的历史时代的信息（并以此对受众呈现他们自己的环境中本无法被捕捉到的方面）的能力，其二，媒介
516 对感知结构造成变化的能力。串联起本雅明的全部思考的是这样一个信念，即表面上看似最明显的事情——我们是谁，我们所处的现实环境的性质，我们的历史时刻的特征——本质上是对我们隐藏着的。对 30 年代的本雅明来说，我们所生活的世界具有某种视觉仪器的特征：那就是“幻景”（phantasmagoria）。它原本是 18 世纪的一种幻象设备，把移动的影像投射到墙壁或屏幕上，而本雅明重新定义了幻景，以适用于城市商品资本主义的世界——这一环境如此逼“真”，以至于我们认之为自然和当然，而事实上它是一种社会经济构造，用《艺术作品》一文的（布莱希特式）语言来说，它是一种“机器”（apparatus）。于是，“幻景”一词引出了幻象在这一环境中发挥的力量，这种力量不仅威胁着事物的整体可理解性，而且也威胁着人类形成习惯和做出抉择的意愿。

本雅明认为，如果我们要克服这种社会机器四处蔓延的物化力量，那么新的技术化的艺术形式，比如电影，就必须提供“多技术的训练”，“组织和规范”人们对生存环境的反应（SW, 3:114, 117）。本雅明对“训练”的强调绝非泛泛。根据这一解读，电影

训练“人类的统觉和条件反射，以便去适应一个庞大的机器，它的影响几乎每天都在扩张”（SW, 3:108），同时，电影做到这一点，恰恰是通过对一套技术装置（摄影机、剪辑室、影院投影设备）最精细的依赖。换言之，电影通过一系列内在于其形式本身的仪器和能力来实现这一训练。首先，电影胶片不仅是可以复制：作为蒙太奇作品，它们聚集了发生在镜头前的流程的复制品。这样的流程首先是电影演员的表演，在“一群专业人员——执行制片人、导演、摄影师、录音师、灯光师，等等——”面前展开，这些人能够而且也确实在干预演员的表演。虽然剪辑常常让一次表演看起来是连续和完整的，但每一次常规电影表演都是许多分镜头的集合，每个镜头都取决于一组专家的批准。这是一种试演（test performance）。“电影通过把表演能力变成一种试验，让试演得以被展示。”（SW, 3:111）在设备前表演的这种断断续续的、可试验的特性让某种本来隐藏着的东西变得可见了：现代性的自我 517
异化，技术化的主体，易受测量和控制的影响。因此，演员用机器来实现人性对机器的胜利。对试演的思考不仅仅瓦解了电影明星的崇拜“魔术”。因为表演是“可以和表演者相疏离的”，所以它就成为“可转移的”，并受制于另一种控制——也就是观众的控制，而观众总是在群体中面对表演的。

“人朝着摄影机展示自己”被电影的另一种功能所补充：“人借助于这种机器再现他自己的环境。”[1]（SW, 3:117）“在摄影棚里，机器如此之深地刺入现实，以至于现实的纯粹面貌反倒从那种装备的异己实质中解脱出来；这是一种特殊程序的结果，这种程序便是，由专门调整好的摄影机拍摄，再把个别的镜头与其他类似

1 参见张旭东、王斑译《启迪》，第 255 页。——译注

的镜头剪接在一起。”[1]（SW, 3:115）这一悖论性的表述——“现实的纯粹面貌”通过那种反而“摆脱了装备”的处理手段产生——指向了本雅明关于人和机器互相渗透的理论的核心。按本雅明的著名说法，通过摄影机，我们发现了“视觉无意识”。电影的基本修辞——特写与放大、慢动作、移镜头与摇镜头、叠印与淡出——给了我们新的洞察力，去理解“决定着我们生活”的时间和空间“必然性”，并以这种方式揭露了一片“广大而尚不为人所知的行动空间（Spielraum）”（SW, 3:117）。

与这一电影生产的分析相关的，是关于电影接受的微妙意旨。对本雅明来说，观看一部电影和凝视一件有灵氛的艺术作品不可能有相同的性质。“一个面对艺术作品全神贯注的人是被它吸引进去了；他进入这件作品的方式宛若传说中的中国画家凝视他刚刚完成的作品。相反，注意力分散的大众却把艺术作品吸收进来。他们的波涛从四面拍打着它；他们用潮水包围它。”[2]（SW, 3:119）[3]巨大的社会机器制造着和谐和完整的表面，遮蔽了现代生活粗粝的异质性，本雅明在此提出，这种机器只有通过这样一种方法才
518 能被看穿和处理，那就是一种更加去中心的接受、一种漫不经心的包围，避免因凝视而被吸入作品之中，成为和谐表象的同谋。这里所需要的是培养视角的电影可塑性。摆在现代观看者面前的史无前例的“任务”——巡游于凌乱分散的世界之中的任务——必须“通过习惯……逐渐掌握”。熟练地在注意力分散的情况下完成接受行为，这是典型现代的现象，它在电影中找到了“真正的训练场地”（SW, 3:120）。本雅明相信，这种前认知的训练有助于

1 参见张旭东、王斑译《启迪》，第 253 页。——译注

2 参见同上书，第 261 页。——译注

3 关于中国画家的传奇，对比《1900 年前后的柏林童年》（SW, 3:393）。

培养那种“统觉和条件反射”，仅靠它们就有可能掌控社会机器。

因此，整体上贯穿于《艺术作品》一文的可谓是一种不妥协的技术乌托邦主义——因为这种乌托邦主义，作者后来屡遭谴责。本雅明明确地承认，他从新媒介察觉到的这些特质是必要但不充分条件，因为它们总是需要通过特定的作品才能落实，同时又不断受到被大资本利益集团挪用的威胁。文章开篇和结论部分一以贯之的政治修辞试图将共产主义的艺术政治化和法西斯主义的政治审美化区分开，这需要放到战争一触即发的欧洲这一更大的历史语境中来看待。

本雅明用提出发表请求的方式来告诉霍克海默《艺术作品》这篇论文：“我完全可以想象，《杂志》将会是［这篇文章的］理想发表地点。”（C, 509）事实上，论文第一次出现在研究所刊物是 1936 年——以皮埃尔·克洛索夫斯基翻译的有大量删节的法译本的形式。是霍克海默安排此文以法译本形式出现——这一安排对本雅明有利，因为他现在住在法国。本雅明通过乔治·巴塔耶——他和巴塔耶交上朋友是在法国国家图书馆——认识了译者。多才多艺的克洛索夫斯基（1908—2001）和本雅明相识时，已经是一位活跃的哲学家和散文作家；他后来又涉足绘画，创作小说。他的父亲是一位艺术史家，母亲是曾经师从勃纳尔的画家；他和他的弟弟，画家巴尔蒂斯，在这样的家庭中一起长大，府上经常来访的不仅有艺术家，还有像纪德和里尔克这样的文学家。本雅明并非克洛索夫斯基所翻译的唯一一位德语作家：他还翻译 *519*
了维特根斯坦、海德格尔、荷尔德林、卡夫卡和尼采，都很知名。20 世纪 30 年代中期，克洛索夫斯基和乔治·巴塔耶（1897—1962）的友谊不断加深，后来证明这对他的思想发展有决定性影响。而巴塔耶又在瓦尔特·本雅明进入 30 年代后期的法国最先进知识分子的圈子方面起了不小的作用。

巴塔耶自1922年起在国家图书馆工作，1930年起任职于印本部，本雅明大概是在多次访问那里的过程中认识了他。两人有一些相似的趣味：巴塔耶也经常在赌场和妓院花光他的工资。[1]不过，直到就《艺术作品》一文的翻译与克洛索夫斯基进行频繁交流，本雅明才得以触及巴塔耶的思想世界的边缘地带。在某种意义上，巴塔耶试图通过反对超现实主义的范式来确定自己的思想志业。早在1924年，他就开始活动于那些广义上的超现实主义群体的外围，但始终抗拒安德烈·布勒东施展的魔力。1929年，他创办了《纪实》(*Documents*)一刊，针对超现实主义提出替代方案，在身边聚集起一群从布勒东阵营出走的异议分子。同年，布勒东发表了《超现实主义第二宣言》，号召返回最初的原则——在实践中这意味着排斥布勒东一些最长久的盟友，比如安托南·阿尔托（Antonin Artaud）、安德烈·马松（André Masson）、菲利普·苏波、罗歇·维特拉克（Roger Vitrac）、弗朗西斯·皮卡比亚和马塞尔·杜尚。但布勒东在否定巴塔耶和他的刊物方面用了比批驳那些更出名的对手更多的篇幅——足足一页半。和布勒东的决裂看来是无可挽回了。不过，1935年，巴塔耶却决定，成功——就获得智识界关注而言的成功——的代价只能是和布勒东结盟。1935年9月，在一次摄政咖啡馆（Regency café）的会面上，这两个人拟订了一场新运动和一份新刊物的计划，这份刊物将名为《反击》(*Contre-Attaque*)；这个团体的第一份宣言所署日期是10月7日，共有十三位签名者，包括布勒东、巴塔耶、保罗·艾吕雅（Paul Eluard）、皮埃尔·克洛索夫斯基、朵拉·玛尔（Dora Maar）和莫

1　Surya, *Georges Bataille,* 146.

里斯·埃纳（Maurice Heine）。这些创始人希望这场运动是革命的、反民族主义的、反资本主义的，不受布尔乔亚道德的制约。米歇尔·叙丽娅（Michel Surya）做了精彩的概括：“《反击》在其 520
纲领中杂乱地包含着：儿童从父母管教下的解放……，性冲动的自由表达……，激情的自由游戏，自由人作为一切应得快感的候选人，等等。”[1] 本雅明很有可能在 1936 年 1 月 21 日参加了这个团体的第二次会议，巴塔耶和布勒东都计划在会上发言。但布勒东没有出现在那次会议以及之后的任何一次会议上，到 4 月，他和巴塔耶又绝交了。直到 1936 年初，本雅明才成功建立了和法国文坛的一点微弱联系。不过借由巴塔耶和克洛索夫斯基，他开始找到通往激进思想世界的更直接也更有意义的路径。

通过本雅明和克洛索夫斯基的细致合作，《艺术作品》论文的法文版在 1936 年 2 月底完成。本雅明自己对克洛索夫斯基译文的评估有些耐人寻味——而且，考虑到当年春天研究所对该文漫长而困难的编辑过程，他有两个观点显得格外重要：“首先，这份翻译极其准确，大致上传达了原作的意思。其次，法文版经常有一种教条主义的味道，而在我看来，人们在德文原版中不大能找到这样的质地。”（GB, 5:243–244）社会学家雷蒙·阿隆（Raymond Aron）是巴黎高等师范学校的教授，当时也是研究所的法国代表，他以这重身份对克洛索夫斯基的译文进行了修改；本雅明转述道，阿隆感受到此文虽是翻译，但有原作者参与的印记——而这并不总是一件好事。阿隆的意见只是此文提交后所得到的众多修改中最早的，但也是最有帮助的。3 月初，霍克海默收到本雅明一封怒气冲冲的来信，指控研究所的巴黎办公室秘书长汉斯·克

1 Ibid., 221–222.

劳斯·布里尔（Hans Klaus Brill）背着作者对《艺术作品》一文进行了触及实质的修改。布里尔修改的要点非常明确：他淡化了论文中直露的政治性语言。布里尔一出手就改掉了论文开头部分，那部分原本主张一种有激进美学色彩的激进政治；他的进一步修改则更让人吃惊，甚至删去了“社会主义”一词。本雅明抗议说，如果论文想要对“法国知识分子中的先锋派有任何信息上的
521 价值”，那么它的“政治**基础架构**”就必须保留（GB, 5:252）。作者和出版者所预期的读者不同，没有什么比这一问题更显著的了。本雅明急于在激进美学左派那里扩展自己的滩头阵地，想要用具有论辩色彩和吸引力的语言；他对修改的批评反映出他已经在多大程度上偏离了哪些更传统的中间偏左的文学人士，诸如纪德和马尔罗，虽然最初他们很吸引他。而研究所方面，不难理解要考虑法国政府对一份激进倾向的刊物有多大的容忍度，更希望对准一批有文化的偏左的自由派受众。

霍克海默对本雅明抗议的回复同样很说明问题。我们现在从他的书信中得知，他从第一次阅读开始就对论文的一些方面心存疑虑。1 月 22 日致阿多诺的信中，他把这些问题归咎于“本雅明所处的物质困境。我愿想尽一切办法帮助他摆脱困境。本雅明属于那类为数不多的人，为了他们的思想力量，我们绝不能看着他们沉没”[1]。虽然霍克海默有所让步，但他明确地告诉本雅明，布里尔的修改工作是负责的——而且是在霍克海默的直接指导下进行的。“正如你自己强调的，你对我们的处境是了解的。我们必须竭尽所能，避免《杂志》这样一份学术刊物卷入出版界的政治讨论。”[2] 虽然此信在否决本雅明的要求时显得直截了当，但同时也用

1 Adorno and Horkheimer, *Briefwechsel*, 165.

2 1936 年 3 月 18 日霍克海默致本雅明信（转引自 GS, 1:997）。

利害关系来诱导：任何关于修改的进一步讨论都会造成发表的延迟。本雅明立刻表示默许：3月28日，他给霍克海默发电报："接受修改。"本雅明很快意识到，他试图按照自己可以接受的形态来发表此文的做法只会动摇他自己在研究所的地位——而这关系到他主要的支持来源和唯一可靠的稿费收入。于是3月30日他致信霍克海默，让这位所长放心，他愿意做"任何事情来恢复研究所原本对我的信任"（GB, 5:267）。

文章一经发表，本雅明就不知疲倦地努力为它寻求尽可能广泛的读者，因为他看到了此文潜在的普遍感召力。于1930年首次出版广受欢迎的《尤利西斯》评论的斯图尔特·吉尔伯特（Stuart Gilbert），他在伦敦找到一位英语译者；本雅明应该是通过阿德里 522
安娜·莫尼耶认识他的。莫尼耶还全力在巴黎知识分子中传播这篇论文的消息。她写了一封信，本想把本雅明和他的论文的抽印本介绍给她的顾客群和熟人圈，不过这个计划没有实行，因为研究所拒绝提供本雅明所需要的150份论文抽印本。他们的理由是由弗里德里希·波洛克传达的，透露了许多信息：

> 我起初愿意支持实现你关于扩大印行并提供尽可能多的抽印本的要求，因为我相信我们可以同时用你的作品来对刊物进行一次小型宣传。但在此期间，我逐渐被说服，我这样想是错的。你的研究过于大胆，而且在某些问题上太具争议性，不宜为了刊物宣传的目的而如此有计划地分发。（转引自GB, 5:292n）

我们可以想见本雅明看到"大胆"这一说法时的失落情绪，而研究所在他的"争议性"结论面前的退却一定是屈辱性的。本雅明也把论文寄给了莫斯科的伯恩哈德·赖希和阿西娅·拉西斯，希望能在那边找到出版机会——但赖希的回复近乎带有敌意；文章使他心中产生了“强烈的反感”。[1] 另外本雅明也请格雷特·施蒂芬把论文转交给伟大的苏联先锋派作者、布莱希特的译者谢尔盖·特列季亚科夫（Sergei Tretyakov）。

事实证明，这篇文章并不需要大事宣传。它不胫而走，很快产生了较大反响，在巴黎得到广泛讨论。本雅明报告说，在哲学家让·瓦尔（Jean Wahl）和皮埃尔·让·茹夫（Pierre Jean Jouve）的一次公开对谈中，这篇文章是主题（GB, 5:352）。6 月底，安德烈·马尔罗特别提到这篇著作——尤其是文章最后部分关于注意力分散的理论——那是一次伦敦会议上的讲话，会议的目的是开始编纂一部新的艺术百科全书；虽然他从英国回来后很快就在见面时告诉本雅明，他会在下一本书中更详细地探讨论文的中心思想，但这并没有实现。6 月 22 日，本雅明自己在梅菲斯特咖啡馆的晚间讨论会上发表了题为“可技术复制时代的艺术作品”的
523 演讲，活动是由境外德国作家保卫同盟（Schutzverband deutscher Autoren im Ausland）的巴黎分部组织的。在一周后的第二次会议上，他关于唯物主义艺术理论的观点在一大批流亡作家中引起辩论，而他的朋友汉斯·扎尔（Hans Sahl），一位小说家兼批评家，对本雅明的著作进行了详尽的介绍。7 月初致阿尔弗雷德·科恩的信中，他评论说，对他而言，那天晚上最有意思的事情是出席活动的共产党员们的沉默（C, 528–529）。

在对这篇文章的最初回应中，本雅明表现出对阿尔弗雷德·科恩的反馈感到尤其高兴，科恩对“这篇文章如何富于原创

1　1936 年 2 月 19 日伯恩哈德·赖希致本雅明，Walter Benjamin Archive 1502–1503。

性地从你的早期作品中发展而来”印象深刻（转引自 GB, 5:328）。本雅明在回复中承认了此文和“以往研究的连续性，虽然它有着常常令人惊讶的新倾向”，而且，在一个很关键的表述中，他指明了这种关切上的连续性的基础所在，“这些年来，我一直在努力完善关于艺术作品何以构成的观点，我希望这一观点越来越精确且坚定”（C, 528）。本雅明为基蒂·马克斯-施泰因施耐德写了一则小寓言，概括了他对自身现状以及《艺术作品》论文的读者反应的理解：

> 同时，春天来了；不过，生命的小树对季节并不留心，拒绝哪怕发出最小的芽，最多只是结出小果子。几位自然之友抬头看着最近的一粒果实，当然，它已经许给了你。大约一个月后，它将打包成法语文本的形式，来到你的房门口。至于自然之友，他们是一个小群体，机缘巧合凑在一起——一些流亡客，一两位法国业余爱好者，一位对局面大摇其头的俄国人，一些对小树而非对果实更好奇的出身与性别各异的人。（C, 524）

虽然《艺术作品》论文的第三稿还将继续占据他的心思，本雅明在 1936 年春有了更多时间去看望老友，结交新知。他和年轻的马克西米利安·吕贝尔（Maximilien Rubel）见面频繁。吕贝尔曾在维也纳学习哲学和社会学，那期间他产生了对卡尔·克劳斯作品的浓厚兴趣，30 年代初他来到巴黎，在索邦研习德语文学。本雅明大概是通过维尔纳·克拉夫特与他会面的，尽管克拉夫特一点也没有本雅明和吕贝尔那种玄秘的、激进的马克思主义倾向。到 1936 年也就是西班牙内战的第一年时，吕贝尔成了西班 524

牙无政府主义者的声援者，后来成为关于马克思和马克思主义的著名历史学家，是七星文库版马克思选集的主编。也是在这个春天，本雅明和富有的英国作家安妮·威妮弗雷德·埃勒曼（Annie Winifred Ellerman），笔名布里艾尔（Bryher），建立了良好关系。20 世纪 20 年代，布里艾尔进入了乔伊斯的圈子，也进入了美国侨居知识分子团体——包括海明威、格特鲁德·斯泰因、贝雷妮丝·阿博特（Berenice Abbott）和西尔维娅·比奇——并且总是和她的恋人，诗人 H. D.（Hilda Doolittle）出双入对。布里艾尔是一位慷慨的艺术资助者，也是比奇的书店，莎士比亚书店的主要出资人。布里艾尔和她的第二任丈夫，作家及电影人肯尼思·麦克福尔森（Kenneth Macpherson）一同编辑了一份电影刊物《特写》（*Close Up*），还曾创办一家独立电影公司，名叫泳池制片公司（POOL Productions）。知道她对电影介入颇深，本雅明向她呈上了自己的《艺术作品》论文，题赠是“给布里艾尔女士，以志她对作者之同情”[1]。不出意外，她对此文表现出强烈兴趣，积极地帮忙寻找英文译者。

春天还将许多朋友和思想伙伴带到了巴黎。4 月，本雅明和弗里德里希·波洛克有一次很重要的会面，当时波洛克宣布，霍克海默把本雅明的每月津贴提到 1300 法郎，5 月开始生效——这是一个明确无误的信号，说明本雅明重新赢得研究所的满意和认可。在这次会面上，他同意为《社会研究杂志》撰写一系列关于法国文坛的报道；他在接下来几年间完成了数篇，给霍克海默看过，但却从未在刊物上发表。本雅明还和波洛克讨论了他正着手为霍克海默的作品寻找法语发表机会。本雅明将会继续花大量时

1　题赠原文为法语：“à Mme Bryher en signe de s[es] sympathies dévoués homage de l’auteur.” ——译注

间去尝试安排霍克海默的法语选集的出版，要么通过《新法兰西评论》，要么在伽利玛出版社——但这些努力最后都化为泡影。5 525
月，卡尔·蒂梅正好在城里，本雅明得以继续他们关于艺术的讨论。他们的话题极有可能包括了伟大的法国蚀刻画家夏尔·梅里翁（Charles Meryon，1821—1868）的作品，本雅明初春在国家图书馆工作时通过波德莱尔的材料发现了这位大师。本雅明被梅里翁关于巴黎的蚀刻画深深地震撼了；梅里翁很快就在他的拱廊街研究中占据了显要位置。5月，新教神学家保罗·蒂利希（Paul Tillich）途经巴黎，本雅明得以和他交谈。作为宗教社会主义的一位显赫支持者，蒂利希在1933年被剥夺了法兰克福的神学教授职位，转而接受了赖因霍尔德·尼布尔（Reinhold Niebuhr）的邀请，去纽约协和神学院（Union Theological Seminary）任教。在法兰克福时他曾是阿多诺关于克尔凯郭尔的教授资格论文的指导教授，在过去几年中阿多诺和格雷特尔都和他保持着密切联系。

春天期间，本雅明改善了和肖勒姆的关系。本雅明的怒火在冬天已慢慢消减，而肖勒姆终于在4月19日来信，他解释说，他明显的不友好态度是因为自己正在经历感情创伤，因为他刚刚离婚，且承担着支撑两个家庭的重负。肖勒姆的妻子艾斯卡和他分手，选择同哲学家胡戈·贝格曼（Hugo Bergmann，1883—1975）结合，在离开布拉格去巴勒斯坦之前，贝格曼曾是弗朗茨·卡夫卡和马克斯·布罗德的朋友。经过这番解释，本雅明和肖勒姆的关系回到了可以继续来往的交情——虽则一开始仍难免有些僵硬。本雅明5月2日的回信，不乏机敏妙语，诉诸二人关系中受到威胁的高贵层面："尽管我们过去几个月的通信不比你自己的状态好多少，但至少你不能否认我一直在耐心等待。这没有白费，只要我们的关系重获它最初的品格。这就是为什么我们俩都必须

怀抱希望，希望我们的存在和工作的本原精灵——它们配得上我们的对话——不会被留在门槛外无尽期地等待。”（BS, 178）

他从肖勒姆和基蒂·马克斯-施泰因施耐德那里听到的关于
526 巴勒斯坦局势的一切都令人深感担忧。巴勒斯坦人和犹太人不断的武装冲突——英国的安全部队袖手旁观，不愿倒向任何一边——让即便是最乐观的犹太复国主义者都忧心忡忡。和以往一样，本雅明对巴勒斯坦的态度是矛盾的，立场则是特异的：“当然，提出问题就有不少困难。因为我总是对同一件事感兴趣：除了让一万或者十万犹太人可以卑微苟活之外，巴勒斯坦所燃起的希望究竟带来了什么呢？这一境况，虽然它是绝对必要的，但也很可能在发展的过程中不可避免地成为威胁犹太教的众多危险中又一个灾难性的新危险。”（C, 526）当然，他不需要转向巴勒斯坦去寻找扰乱心境的冲突新闻。4 月 14 日他写信给阿尔弗雷德·科恩，后者还在巴塞罗那，本雅明在信中打破了他不评论当下政治局面的惯例。在任何意义上，人民阵线的重要性在 1936 年都是一个急迫的问题：西班牙的人民阵线在这一年赢得了西班牙选举，于是共和政府建立，而后 1936 年 5 月的法国选举也带来了人民阵线的胜利，形成了以莱昂·布鲁姆为总理的政府。不过，即便是欧洲的糟糕处境也没能让本雅明缓解他对这种有妥协的社会主义的态度。他对法国人民阵线的选举宣传画的尖刻评论显示出一种轻蔑，不仅针对他们的政治，而且针对他们在媒体上的美学存在：“法国共产党的……选举宣传画上有一个女人形象，散发着母性幸福之光，有一个健康的年轻小伙，有一个男人——我几乎要说是一位先生——神情欢欣且坚定：这是家庭的伟大愿景，幸福的一家之主在着装上完全避免了任何工人形象的痕迹。”（GB, 5:271）不过最糟的消息是，他的弟弟格奥尔格又一次被捕了，希尔德·本雅明用尽一切办法，才说服一位律师做他的代理。

手头有了更多的时间，本雅明又可以耽迷于他的阅读嗜好了。他重新发现了“追求作为读者的单纯乐趣的自由，不受任何文学考量的干扰。而且由于个人品味对单纯的乐趣总是相当重要，推
荐这类阅读不会比推荐食物可靠多少”（C, 525）。三道这样的“菜 527
肴”是西默农的最新三本推理小说，他推荐给好几位朋友，认为是“阴郁时光”最好的解救。他说他同时在兴趣盎然地阅读保罗·瓦莱里的《文艺杂谈》和海因里希·海涅的作品。本雅明阅读海涅没什么值得注意的；值得注意的是，他经过这么久才发现对这位诗人的亲近感——何况他还早就知道自己和这位伟大的诗人是远亲。作为 19 世纪最重要的德语作家之一，海涅结合了激进的同情心与旧世界的优雅和怀疑主义。德语文学的语言从浪漫主义的神秘而高蹈的词汇转向一种更轻松、更文雅且更反讽的模式，这一转变很大程度上要归因于海涅。虽然在本雅明的时代，海涅还是诗名最盛，但本雅明却很有个人特色地注意到了他创作的另一面。海涅把新闻评论以及报道这种形式本身提升到艺术的高度。海涅本就因为犹太出身而备受怀疑，他在热心支持 1830 年革命后被驱逐出德国；1831 年他搬到巴黎，终其余生只回过德国两次。从 1832 年起，海涅担任《奥格斯堡大报》（*Ausgburger Allgemeine Zeitung*）驻巴黎通讯员，该报是德国当时读者数量最多的报纸。他所作的系列通讯把对法国七月王朝的评论和对祖国的政治压迫的辛辣批判冶于一炉；通讯在那一年结集成书，题为《法兰西现状》（*Französische Zustände*），在普鲁士和奥地利立刻遭禁。而正是这一作于几乎整整一百年前的精彩政论连载，让本雅明读得如痴如醉。

虽然久居法国思想生活的边缘处，但本雅明还是能够讨

论——以讲究策略的方式，但充满真知灼见，也不乏尖刻——他的德国友人和同行的作品。他详细地点评了阿多诺纪念阿尔班·贝尔格（Alban Berg）的文章，罗列其中和他自己作品的雷同之处——“吃人者的友善态度”一句就是从他论卡尔·克劳斯的文章中抄来的——不过同时也表扬他的朋友对这位伟大作曲家深
528 沉的致敬，而贝尔格也正是阿多诺的老师。6月底，他一阅读完阿多诺的《论爵士乐》一文的清样就充满热情地回了信。这篇文章是阿多诺作品中最富争议的作品之一，它对爵士乐展开了严厉的批判，认为这种美学形式把一种冲突局面和谐化，并使得各种统治结构长存。本雅明立刻辨认出，阿多诺对摇摆舞时代的爵士乐的解读，与《艺术作品》论文中的批判性方面具有相似性，尤其是爵士乐中的切分原则和电影中的震撼效果相似：“如果我告诉你，发现了我们思想之间的深切而自发的内在交流是多么让我快意，你不会感到惊讶吧？你也不必为了让我安心而告诉我，这种交流在你阅读我关于电影的文章之前就存在了。你处理问题的方式，具有那种只能从完全自由的创造性工作中产生的力量和原创性——这种自由在我们两人身上的具体实践只是证实了我们各自看待事物方式之间的深刻一致性。”（BA, 144）重要的是，本雅明对他自己的论文和阿多诺的论文在倾向性上的深刻差别略过不谈：本雅明在电影中看到了潜在的革命性能量，而阿多诺则排除了爵士乐中有任何救赎力量的可能性。

本雅明对即将发表在《社会研究杂志》上的莱奥·洛文塔尔论自然主义的文章也有回应，甚至更耐人寻味，因为它给我们提供了本雅明文学工作的内部景象。洛文塔尔的文章是投给《杂志》的，但遇到了评价不一的评审意见；在文章经过重大修改之后，本雅明也卷入了讨论。他和洛文塔尔的通信很快演变成一场

文学论争，在其中本雅明提出了一套与洛文塔尔关于自然主义运动的观点“相抗衡的理论”。正如他在拱廊街计划的“提纲”中所做的，本雅明强调，每个时代都内含着它的行为模式和生产结构及倾向，而这些都停留在无意识状态。批评家的任务不仅是去审问时代有意识地生产出来的关于自身的再现，而且还要揭开那些“或险恶或充满希望的关于未来的意象”，它们以无意识的形态存在于过去，像梦一样。在本雅明看来，洛文塔尔对自然主义的理解太过拘泥于字面，因此把自己限制在这样一种观念之中，即社会可以直接地显现在文学作品里。本雅明则这样理解自然主 529
义，他认为自然主义作品远远超出它们看似依据的那些理论。在他勾勒出的新文学史中，自然主义的第一波（对他来说包括福楼拜）与其说是意在对当代社会提出一种批判，不如说是力图暴露“处于活跃状态的‘永恒’破坏力”。在其巅峰，也就是易卜生那里，本雅明认为这场运动和同时期的艺术运动难解难分地绑在一起，那就是新艺术派运动。也正是在这里，本雅明看到了洛文塔尔的真正成就。虽然没有使用新艺术派之名，但洛文塔尔点出了它的一系列典型特征，包括认为生命包含自我更新的潜力的观念，也包括“在变形中得以美化”的自然空间的图景。自然主义和新艺术派一同“记录”了资产阶级内部的深刻历史冲突。这种冲突通过易卜生晚期剧作中的一系列人物得以再现，这些人物“冲上舞台（是破衣烂衫的、无产化的知识分子）”，而且会在一幕将近结尾时，“急切地用手指指向现代社会的沙漠中自由的海市蜃楼。这些沉到底下的人（Untergehende）当然不见得就是克服者（Übergehende，如尼采作品中可能出现的那种）。但是，在通向虚无的旅途上，他们有一系列经验，对于人性而言不应被丢掉。不管是看得多么模糊不清，他们都预见到了他们所来自的那个阶级的命运。……在自然主义的许多次潮流中，资产阶级公民的人性都在同种种必然性相斗争，而直到我们今天，它才向必然性低头”（GB, 5:298−299）。本雅明所特有的这种涉及广泛而意蕴深长的评估对洛文塔尔的论文没产生什么影响，后者在这一年稍晚时出现于《社会研究杂志》上，题为《个人主义社会中的个人：评易卜生》（“Das Individuum in der individualistischen Gesellschaft. Bemerkungen über Ibsen”）。

受到《艺术作品》论文所达成的理论进展的鼓舞，本雅明比任何时候都更急切地要回到拱廊街计划。然而他还是发现自己被迫要写些可以尽快发表的应时的约稿文章。但即便这种工作也有缓急之分。他又一次把讨论福克斯的文章往后推，反而转向了弗里茨·利布（Fritz Lieb）的杂志《东方与西方》（*Orient und Occident*）的一篇约稿，这篇文章是关于俄罗斯作家尼古拉·列斯
530 科夫（Nikolai Leskov）的。瑞士神学家利布（1892—1970）曾以弗朗茨·冯·巴德尔为题撰写博士论文，1933 年在巴塞尔被剥夺了教授职位。那一年他移居法国，30 年代他成为本雅明关于基督教神学的主要对话者——“到目前为止我在这里认识的最好的人之一”（C, 525）。利布和本雅明有“固定碰头日子”：每周四他们在凡尔赛咖啡馆（Café Versailles）见。后来产生的文章，即《讲故事的人》，至今仍是本雅明被引用最多的作品之一，虽然从所有表象上来看，他自己并没有给予它任何特殊的重要性。

《讲故事的人：论尼古拉·列斯科夫》从题目上来看，就是对一位和托尔斯泰及陀思妥耶夫斯基同代但却不那么知名的作家的阅读，却以一个整体性的命题来开篇，这和几个月前的《艺术作品》一文相类似，而这次的命题是：“经验已贬值。……因为经验从未像现在这样惨遭挫折：战略的经验为战术性的战役所取代，

经济经验为通货膨胀所代替，身体经验沦为机械性的冲突，道德经验被当权者操纵。乘坐马拉车上学的一代人现在伫立在荒郊野地，头顶上苍茫的天穹早已物换星移，唯独白云依旧。孑立于白云之下，身陷天摧地塌的暴力场中的，是那渺小、孱弱的人的躯体。”[1]（SW, 3:143–144）而当《艺术作品》论文充满信心地展望日益科技化的媒介景观时，《讲故事的人》却是以沉重的挽歌调子返身回首，望向故事讲述的衰落以及这所意味的一切。文章开头所引出的那种“经验”，如本雅明所声明，已无法再口口相传。“经验的可交流性正在减退。”如果传统的故事讲述人在社群中的作用是把“教诲”传递给他 / 她的听众，那么，这种作用正在和社群感一道凋谢，因为“我们对人对己都无所指教”[2]（SM, 3:145）。作为一种依赖于印刷术的发明的文学形式，小说就诞生于口头文学传统及其所服务的手艺人群体的解体过程之中；一部小说是由个人所作，并由其他个人在私人环境中阅读的，而且，和匿名流传的民间文学不同，它整体上关注的是个人在特定时间和地点的内在生活。

本雅明展示出，最典型的两种现代散文形式——小说和报纸——都以不同的方式破坏着讲故事的氛围，随后，他触及了一 531
个关键性的主题：死亡。当现代社会把死亡和死亡过程的现象放逐到了不仅是社会空间同时也是意识的边缘，讲故事的人也就失去了道德权威。“富于典型的是，一个人的知识和智慧，但首要的是他经历过的人生（gelebtes leben）…… 只有在临终时才首次获得可传承的形式。”[3]（SW, 3:151）这一洞见的深刻虚无感，见证了

1　参见张旭东、王斑译《启迪》，第 95—96 页。——译注

2　参见同上书，第 98 页。——译注

3　参见同上书，第 105 页。——译注

死亡压倒时间的力量，引出了和《艺术作品》一文的进一步对应关系：讲故事的退潮也导致一种特殊记忆方法的式微。与背负着**解释**重担的传统史学的“无色之光”不同，讲故事的技艺带着它突出的“萌发力量”，展示并**解读**“伟大的不可测知的世界进程”，如果没有故事，那么这个进程将留在“所有一般的历史范畴之外”（SW, 3:152–153）。不可测知的“世界进程”的嵌入在终极意义上也是悲悼剧一书所最早提出的“自然史”的又一面向。在他文章的最后几页中，他引用了布洛赫在《这个时代的遗产》中关于童话和传说的看法，由此本雅明回到他从 20 年代早期就开始处理的一个重大主题：造物性（creatureliness）之问题。最终，列斯科夫和卡夫卡一样成了这样一位作家，他可以把洞见转化为神话的、原初的造物世界，而我们不断面临着重新下沉至这一世界的威胁。即便在现代文学的伪装下，但是有着任何其他信息形式所不可匹敌的集中的丰沛，故事讲述仍传达基本的智慧，那是真正有用的洞见，关于“这个造物世界的等级……造物的贵贱高下以正直人为巅峰，等而下之渐次进入无机物的深渊”[1]（SW, 3:159）。讲述——也就是浓缩和提炼——“整个生命”的能力，即列斯科夫的天赋所在。

如果说在其后的岁月中《艺术作品》一文时常被批评为表现了一种没有根据的乐观主义，那么《讲故事的人》则产生了另一种关于本雅明的流行印象，仿佛他对过往的情形充满乡愁。这些看法都忽略了本雅明的异常能力，他几乎可以把任何约稿都拿来服务于他自己的目的。关于列斯科夫的文章成功地处理了一个表面上看和巴黎的城市商品资本主义的兴起相隔甚远的话题，并把话题带到一

1　参见张旭东、王斑译《启迪》，第 114 页。——译注

个典型的本雅明关切上：那就是媒介和文类形式同人类经验问题的关系。这篇文章也许会在当时就具有更广泛的影响，如果杂志《欧罗巴》（*Europe*）的编辑让·卡苏实现了他出版此文法译本的计划的话。本雅明亲自完成了翻译，但译文在他生前终未能面世。[1] 532

除了这篇文章之外，本雅明还产出了一批书评，发表在《社会研究杂志》，涉及一些他仍然感兴趣的题目：巴洛克、流行文学（哥特小说）、浪漫主义和长篇小说（司汤达、霍夫曼斯塔尔、普鲁斯特以及乔伊斯）。[2] 暮春和初夏时节又带来了更多的机会。5月上旬他收到来自朋友维兰德·赫尔兹菲尔德的邀请，请他为新刊物《词》开设一个关于法国文学的固定专栏，该杂志将在莫斯科发行。虽然不在编委（其中包括布莱希特、记者和小说家维利·布雷德尔和小说家里昂·孚希特万格）之列，但赫尔兹菲尔德很深地介入了该刊的创办。6月和玛利亚·奥斯滕（Maria Osten，本名 Maria Greßhöhner）——她在莫斯科负责协调刊物事宜——的会面中，本雅明正式确定了这一安排，并立刻请求维

---

1 本雅明自己对该文的法语翻译题为《讲述者》（“Le Narrateur”），完成于 1937 年夏，1952 年首次发表于《法兰西信使》，该译文见 GS, 2:1290–1309。

2 本雅明在 1937 年的一期《社会研究杂志》上评论了以下书籍：赫尔穆特·安东的《十七世纪末的社会理想和社会道德》（Helmut Anton, *Gesellschaftsideal und Gesellschaftsmoral im ausgehenden 17.Jahrhundert*, Breslau, 1935）；汉斯约尔格·伽尔特的《恐怖小说的艺术形式》（Hansjörg Garte, *Kunstform Schauerroman*, Leipzig, 1935）；奥斯卡·瓦尔策尔的《浪漫派：弗里德里希·施莱格尔的早期艺术表象（卷一）；亚当·米勒的美学（卷二）》（Oskar Walzel, *Romantisches. I. Frühe Kunstschau Friedrich Schlegels. II. Adam Müllers Ästhetik*, Bonn, 1934）；阿兰的《司汤达》（Alain, *Stendhal*, Paris, 1935）；胡戈·冯·霍夫曼斯塔尔的《1890—1901 年书信集》（*Briefe 1890–1901*, Berlin, 1935）；赫尔曼·布拉克尔的《普鲁斯特作品中艺术现实的建构》（Hermann Blacker, *Der Aufbau der Kunstwirklichkeit bei Marcel Proust*, Berlin, 1935）；赫尔曼·布洛赫的《乔伊斯与现在：纪念乔伊斯五十寿辰的讲话》（Hermann Broch, *James Joyce und die Gegenwart: Rede zu Joyces 50. Geburtstag*, Vienna, 1936）。该书评现收入 GS, 3:511–517。

利·布雷德尔预支稿费。他的确写成并提交了一篇法国文学通讯，但并未发表。6月一位来自柏林的熟人，哈拉尔德·兰德里（Harald Landry）请本雅明为新刊《批评之声》（*Vox Critica*）供稿。兰德里在柏林曾是《柏林报》（*Berliner Zeitung*）和《福斯报》的文学批评家，他已移居伦敦，为BBC工作。本雅明在巴黎的一位朋友，作家汉斯·阿尔诺·约阿希姆（Hans Arno Joachim），曾将《艺术作品》一文推荐给兰德里。本雅明当然还很希望这篇文章能以英文或德文的形式发表，但对于兰德里压缩篇幅的请求，他的回复却说此文不容删减。和那个时期的许多文学项目一样，这一个也是无果而终。这些新提议中，最令人兴奋的也许还是来自阿多诺。5月末，阿多诺向霍克海默建议说，一篇关于波德莱尔和新浪漫主义的社会理论的论文将非常符合《社会研究杂志》的旨趣。他提议由本雅明来写这篇文章——或者由他和本雅明合作。在他们关于拱廊街的讨论中，阿多诺慢慢辨认出波德莱尔在本雅明的整个构思中的中心地位；他所提议的论文也是部分地用来作
533 为整个大计划的推进器。阿多诺的书信标志着拱廊街工作的一个转折点。在本雅明充满热情地回复了这一建议之后，霍克海默和阿多诺所预期的已不仅是关于波德莱尔的一篇论文，而是一本专著，作为本雅明对19世纪巴黎的多年研究的部分成果。

他的主要作品——尤其是《柏林童年》——的发表渠道仍然遍觅不得。弗朗茨·格吕克是他的朋友古斯塔夫·格吕克的兄弟，一直在维也纳帮他寻找可能的出版社；本雅明写信表示感谢，但同时也强调了这部自传作品对他是多么重要，并说："不管通过写作来维持生计的任务对我来说可能是多么紧迫，但具体到这部书稿，任何物质上的考虑都是排在最末位的。"（GB, 5:227）

写作《艺术作品》论文期间，本雅明享受了一段身心健康都

相对稳定的日子。虽然2月份他曾惨遭风湿病的突袭，但从1935年10月到1936年5月，他的信件中没有了那些常见的怨言。随着夏天的来临，他发现自己又必须要对付他的心魔，而他的反应和过去十五年没有什么两样：他迫不及待地要出发旅行。这冲动比任何时候都强烈，尤其是因为他整个1935年基本上都在巴黎度过。“一旦那些我因为经济状况而长久承受的压力有所解除，”他这样向阿多诺写道，“我就经历了在这样的条件下并不少见的一种情况：在放松的状态，我的神经反而崩溃了。我的感觉就像积蓄的力量都耗尽了。我还感受到这种条件下在巴黎连续生活超过一年所带来的后果。我意识到我必须做点什么，修复我的精神健康。”（BA, 139）到6月底，他已决计出行，但还不清楚是该去巴塞罗那找科恩还是去斯科福斯堡海岸找布莱希特。和平时一样，在这一抉择中，经济和思想生活上的考量混杂在一起。通往巴塞罗那的路途可以允许他出席蓬蒂尼的会议，在那里他可以为霍克海默和研究所出力；但另一方面，通过布莱希特，丹麦之行可能可以巩固他和《词》的关系，现在这份刊物为他提供了非常重要的发表前景。位于勃艮第西北的蓬蒂尼拥有古老的修道院建筑，534
1909年被记者和教授保罗·德雅尔丹购得，用来作为举办知识分子年度聚会的地点，以“蓬蒂尼十日会”为总题；会议从1910年到1914年，以及从1922年到1939年每年举行。每天有一位作家、教授或科学家发表演讲，随后是讨论；参与者曾包括纪德、罗歇·马丁·杜·加尔（Roger Martin du Gard）、雅克·里维埃、亨利希·曼和托马斯·曼，以及T. S. 艾略特。从中看到进一步向霍克海默陈述法国知识界动态的机会，本雅明自告奋勇要作为研究所的代表参会并完成一份报告。

但他最终选择去丹麦和布莱希特一家重聚，希望自己能把在斯科福斯堡海岸的休养和晚些时候去蓬蒂尼的旅程结合起来。7月27日他离开巴黎。恰好和两年前一样，他在船上遇到了他的朋友、作家兼记者古斯塔夫·雷格勒。雷格勒从1928年起就是德国共产党党员，大部分时间住在苏联，他这次也是要赶往那里。他向本雅明报告了春天在伦敦举行的反法西斯作家大会，据他说情况相当令人沮丧。8月初本雅明到达斯科福斯堡海岸，很快就在围绕布莱希特的复杂环境里重新确定了自己的地位。他在附近的房子里租了一间屋，并征用了布莱希特花园的一角，作为自己的工作空间，到了下午晚些时候，他就会离开自己临时搭建的书桌，又开始他和布莱希特惯常的交谈和象棋游戏。象棋比赛（本雅明很少能赢）已成为一个象征性的场域，他们俩可以用友好的方式在其中演出他们思想上的竞争关系和差异性。“我有一套很漂亮的象棋，花了十克罗纳，”布莱希特向玛格丽特·施蒂芬洋洋得意地炫耀，“比本雅明的更好，而且一样大！”[1] 正如埃德穆特·维兹斯拉所指出的，布莱希特的纪念短诗《致本雅明，他在逃离希特勒的路上自杀》，也即他在获知好友迟来的死讯之后所写的四首献给本雅明的诗作之一，就以关于象棋比赛的回忆为线索：[2]

> 消耗战是你爱用的战法，
> 你坐在棋盘旁，在梨树的影下。

本雅明很快就找到门径，重新加入那些维系这个小群体的仪
535 式之中：交换书籍和小礼物，包括送给布莱希特家的儿子们的特种邮票。布莱希特档案馆就保存着这样一份礼物，巴尔塔萨·格

1 转引自 Wizisla, *Walter Benjamin and Bertolt Brecht*, 59。

2 同上。

拉西安（Balthasar Gracián）[1]的《处世的艺术》（1647）的1931年版本，本雅明在某次拜访中把它送给了他的好友。本雅明早就动心想写一篇文章，关于这位耶稣会士的作品，格拉西安作品的批判唯物主义和格言文采对他具有巨大的吸引力。他在礼物中给布莱希特写下赠言，引用了《三毛钱歌剧》中的《人类的追求无济于事之歌》："为了应付这样的生活，人狡猾得还不够到家。"[2]

就这样本雅明又一次在丹麦乡间安顿下来——虽然这里的田园美景和朋友的友善是在一种不祥的背景下展现的。"在这里生活非常有益，大家都如此友好，以至于人们不得不每天自问，这样的日子在这样的欧洲还能持续多久。"（GB, 5:362）这样的反思在相当程度是由西班牙战争的爆发所引起的。"这对我是一种奇怪的感觉，"他对阿尔弗雷德·科恩写道，"今天读报看到伊维萨岛遭轰炸。"（GB, 5:349）这里所说无疑是指共和国空军对佛朗哥阵营的一次袭击，因为当时叛军还没有自己的飞机。伊维萨岛上的情形预示了许多犹太移民在西班牙的命运：在佛朗哥党羽控制此岛期间，一些家庭被逮捕并遣送回德国。于是，在本雅明对家庭和弟弟的担心之上又加上了对巴塞罗那的科恩及其家人的忧虑。西班牙内战于7月25日爆发之后，科恩夫妇很快就把孩子们送到阿尔弗雷德的妹妹尤拉和她丈夫弗里茨·拉德那里暂住——他们住在靠近巴黎的塞纳河畔布洛涅（Boulogne sur Seine）。科恩夫妇俩则留在原地，希望能保住他们所剩不多的财产。而在8月，布莱希特全家都对发生在莫斯科的公开审判惊讶得无以复加——并感到惊恐。

在丹麦，本雅明不仅得以和好友重聚，也和自己那部分能够

1　西班牙巴洛克文学大家，耶稣会士。——译注

2　译文据张黎译《三毛钱歌剧》（上海译文出版社，2011）。——译注

从柏林运出来的藏书团圆了——这团圆，同样是他长久以来渴望并常常在巴黎梦想的。受到和布莱希特有时非常热烈的辩论的激励，他继续修改《艺术作品》论文，后来他估计，到离开丹麦时论文又增加了多达四分之一的内容。尽管观点与本雅明相左，布
536 莱希特还是认识到这篇文章的重要性，并大力向莫斯科的《词》的其他编委推荐。这一努力没有任何结果，但在 8 月上旬本雅明得到了令人振奋的消息：位于琉森的新生出版社（Vita Nova）有意发行本雅明所辑的 1783 年至 1883 年间重要德国人的书信选共二十六札，连同他的各篇导言。

卡尔·蒂梅在初春阅读这一选辑时，曾以真切的热情给予回复，称他认为这一文本“极为不凡”（转引自 GB, 5:330n）。蒂梅提出了一个聪明的建议：如果可以找到一家瑞士出版社，并署笔名，同时有一个足够温顺的书名，那么德国市场也很可能会接纳此书。蒂梅的努力很快就有了结果。新生社的出版人鲁道夫·勒斯勒尔（Rudolf Roessler）也是一位流亡中的德国人；他在许多不同的反法西斯主义圈子中活动，后来成为苏联情报部门的人员，当时已经出了卡尔·勒维特（Karl Löwith）、保罗·兰茨贝格（Paul Landsberg）、尼古拉·别尔嘉耶夫的书。部分所选书信和本雅明为选集所作序言的某一版已经以连载的方式出现在 1931 年至 1932 年的《法兰克福报》上。那之后不久本雅明就尝试寻找出版社，发行一部包含六十封书信的选集。新生社的版本——按出版人的建议，以《德意志人》（*Deutsche Menschen*）为题——11 月面世，在本雅明的所有出版经历中算最快的。书上出现的笔名是本雅明从 1933 年起就常用的：Detlef Holz。他赶忙通知维利·布雷德尔，在即将问世的一期《词》上删掉他的名字，那一期将发表一封戈特弗里德·佐伊梅（Gottfried Seume，1763—1810）的书信，附有

本雅明的导言，而这些内容都和《德意志人》中的完全重合：这样真名就会暴露，可能带来灾难性的后果。

虽然勒斯勒尔对那些书信本身比对所附评论更感兴趣，但本
雅明说服了他收入一篇新前言并完整保留所有的单篇导言，而勒
斯勒尔本来想把它们压缩到仅剩下生平信息。经过一番友好的讨
价还价，本雅明得到了令他高兴的结果，他的导言“特别干脆的
声吻”在他看来是这些书信整体上“阳刚而坚毅”的语言的必要 537
补充，可以和这些来自另一时代的散文并列于书中（GB, 5:345）。
此书应用了许多特殊手段来掩盖选集内容中的任何一点反抗政治
的影子；除了使用一个雅利安笔名和取一个听起来很爱国的标题
之外，封面还用了哥特字体。这本书正如本雅明所预料的，销量
不错。整体上它得到了正面的评价（其中一篇书评称之为“一册
文学珍宝”），1937 年又出了一版，直到接下来一年被一个审查官
发现并列入纳粹宣传部的禁书目录。

不论是《德意志人》本身还是在《法兰克福报》上的书信连载，都不是本雅明第一次编辑书信选本的尝试。早在 1925 年，他就受不来梅出版社之托，编过一部威廉·冯·洪堡选集，其中包含一批书信。1932 年他和威利·哈斯在《法兰克福报》上编发了一系列德国作家的散文作品选段，总题为《从世界公民到高级资产阶级》。虽然其中书信很少，但将雅克布·格林、约翰·戈特弗里德·赫尔德、奥托·冯·俾斯麦、路德维希·波恩（Ludwig Börne）和雅克布·布克哈特的篇什同康德、黑格尔、歌德和海涅的作品连缀成一个系列，这显然预示了《德意志人》的形式。而且，本雅明所编的书信选在结构上和《单行道》《柏林童年》一样，与蒙太奇的拼贴手法有关联。在前言中，本雅明声明，书中所选书信横跨一整个世纪，从 1783 年至 1883 年，并按“年份”

排序。但这两种说法都没有在实际内容中体现出来。虽然书信和本雅明的评点大体上符合他所说的时期并以时间为序，但最早的书信写于 1767 年，而书中所列第一封信则作于 1832 年；紧接着的下一封则来自 1783 年。这些不合顺序的书信因本雅明漏标写作时间而掩饰过去。可以说，掩饰无处不在：即便是全书明显的古典主义特征——书中收录了德国文化正典中的中心人物——也成
538 了一种转移注意力的策略，掩饰着对腐败和傲慢的隐含攻击。个别的掩饰术当然来自勒斯勒尔，他的政治和经济考虑使他寄希望于广泛销售。而本雅明自己的策略则一方面更微妙，另一方面又更具颠覆性。

这一系列书信体现出一以贯之的自传倾向，涉及私人生活、流亡、危机以及尼采所谓的“爱命运”（amor fati）等主题。阿多诺 11 月初一收到这本书，就一晚上从第一页读到了最后一页，他评点说自己被“从中散发出来的悲痛的表达”所击中（BA, 159）；哀悼的调性是如此统一，以至于人们可以把《德意志人》视作《德意志悲悼剧的起源》的续编。这两本书都表达了关于“现在之中的历史”的形而上学理论，而这一理论可以追溯至本雅明受尼采启发的早期作品，如《青年形而上学》和《学生的生活》。这一书信选集是在这样的时刻编成的，本雅明正在完善他的一个观点，即特定的一些历史时期由客观结构联系在一起——存在一个“历史索引”，通过它相隔久远的时代也许反而证明具有同时代性。当然，“真正的人性”这一主题在本雅明的作品中是一贯存在的，正如与之相呼应的推论——今天的德国力图用“反人”来取代“人性”——也无处不在。在 1936 年的柏林奥运会之后，《德意志人》召唤出另一个德国，在那里人与人的关系如果说不是植根于和平，至少也是植根于礼节、友善和共同哀悼的可能性之中。

但本雅明的颠覆性策略不止于提供一个与当下粗鄙现实针锋相对的更美好的传统。在他寄给肖勒姆的一册《德意志人》中，本雅明附上了这样的赠语：“愿你，格哈德，在这只方舟——我建造它，当法西斯的洪水开始上升——中找到一间小屋存放我们的青春记忆。”[1]“方舟”一词本雅明在这里用的是Arche：这个词不仅仅指浮在洪水之上的方舟，而且也是太初（希腊文的 arkhē）。对挽救的至深冲动——挽救是典型的本雅明词汇——与其说是来自这些书信所表达的理念——尽管它们充满深邃的人性，不如说是来自文本中与历史共振的语言。对本雅明来说，真理总是隐含在特定语境的特定语词的丰富层次之中，而他显然希望，和这些早已逝去的同胞的语言再次相遇，将为某些第三帝国的读者释放出认 539
清历史的火花，引燃抵抗。本雅明日后告诉弗朗茨·格吕克，《柏林童年》和《德意志人》就像是同一事物的主观和客观两面（GB, 5:423）。

在协商《德意志人》的编辑方式和稿酬条款的同时，本雅明也在努力完成《词》关于当代法国文学的报告的约稿。他所选择的题目是 1936 年春围绕安德烈·纪德日记第二卷而起的纷纭的辩论。虽然这些日记包含纪德从 1914 年至 1927 年的文学志趣的丰富材料，但因为其中描述了他如何走向共产主义（虽则纪德自己不久便会放弃这条道路）而变得极富争议。本雅明挑出了其中一种回应声音作为分析对象，即反共作家蒂埃里·莫尼耶（Thierry Maulnier）所写的《社会主义神话》（*Mythes socialistes*）。本雅明形容自己的文章是关于法西斯艺术的理论，但它其实读起来像是《艺术作品》论文的后记，只不过所有在前作中被清除掉的政治情

1 SF, 202.

绪都在这篇后记中得到了宣泄。它是本雅明最具倾向性的作品之一。和书信选集一样，这篇小文很快得到了发表，而这种速度已经是本雅明不再习见的：8 月中旬寄出，11 月即面世。[1] 稿费的支付却没有这么及时，本雅明不得不写了一系列越来越严厉的信件和电报给布雷德尔，催他支付。

本雅明在丹麦小住的最后时日被他和肖勒姆的又一次争执的阴云所笼罩，后者在 8 月份的信中对《艺术作品》一文反应冷淡："我觉得你的论文很有意思。这是我第一次在哲学语境中遇到关于电影和摄影的引人思考的讨论。但我实在太缺少专门知识，不能对你的预测发表看法。"（BS, 185）本雅明被刺痛了，在他看来这高高在上的不屑一顾针对的可是他最新思考的结晶，更不用说肖勒姆对电影和摄影的态度了：

> 我……很伤心，我最近的文章似乎因为它的密不透风而
> 540 冒犯了你的理解力（我并不是只在技术层面用这个词）。如果文中没有任何东西把你引回我们在国内时所分享的思想国度，那么我将暂时假定，原因不在于我没有为这一国度的一个省份勾画出新颖的地图，而更多地在于它是以法文形式出现的。我是否终将能让你看到德文本，正如你那时是否会有更包容的心态一样，这还是一个没有答案的问题。（BS, 186）

本雅明并没有让这一局面成为与老友疏远的契机，而是用最热烈的语言向肖勒姆建议，如果他们还想挽救这段友谊，那么双方都必须更努力地从对方的作品中汲取更多东西，来克服欧洲和巴勒

1 见 GS, 3:482–495。

斯坦之间的物理距离。

本雅明决定不向霍克海默提出由他代表研究所去参加蓬蒂尼的会议，因为那样的话他就得过早离开丹麦。直到 9 月 10 日他才离开斯科福斯堡海岸和布莱希特一家，在巴黎仅停留一天就又向圣雷莫进发，9 月底到达。他在热浪中到达，只能待在朵拉的小旅馆中。等温度一降下来，他就恢复了他每天在低山中的散步。这次旅行短暂，但有修复身心的作用，到 10 月初他又有了力量去面对在巴黎生存下去的挑战。回城恰逢一次可喜的机缘：霍克海默提供经费，供阿多诺去一趟巴黎。条件是这两位同事需要编选出一册霍克海默文选，以备法语翻译。尽管到那时为止有两方面的共同努力，霍克海默文选的出版计划看来行将搁浅。伽里玛出版社的格罗爱图伊森（Groethuysen）已经把这一计划打入冷宫，而本雅明所选定的译者安田朴（René Etiemble）[1] 似乎直接人间蒸发了。霍克海默不消说感到沮丧；阿多诺则火上浇油，暗示这问题背后可能有政治阴谋，但本雅明当然更了解情况和主因，认为这只是大家的好心没能实现。这一失败完全没有给本雅明和研究所的关系笼上阴云；相反，他的努力加深了霍克海默的信任。当他还在布莱希特家时，本雅明就向霍克海默提出，莫斯科的审判——在斯科福斯堡海岸这是一个反复出现的话题——使得研究所有必要对思想方向进行集体反思。霍克海默接受了本雅明的建议，开始计划一次会议，将召集研究所的所有主要供稿人参加，共同商定一个集体立场和研究路线。这一会议最终未能实现，并不是由于任何想法的改变或计划的不周，而必须算在时势艰难的账上。不过，本雅明确实回绝过研究所的一项要求：他拒绝为布 541

1 安田朴（René Etiemble，1909—2002），法国著名比较文学、世界文学学者，作家，左翼评论家，中国、亚洲和中东文学的推介人。——译注洛赫的《这个时代的遗产》写书评，因为这样一篇书评“既不符合他的也不符合我的利益”（GB, 5:397）。

本雅明和阿多诺并没有把他们在巴黎共处的时日都用在推进霍克海默的项目上。这次访问给了他们充足的时间来促进他们的共同志趣；用本雅明的话说，这“让早已种下的种子得以成熟结果”，因为他们重新发现了“各自最重要的理论意图中的共同性”，考虑到他们的长期分离，这种契合“有时几乎令人惊奇”（BA, 155; C, 533）。他们讨论了各自的最新作品，当然也谈到了拱廊街计划的现状和前景。以他对拱廊街计划在其直接历史语境中的理解，阿多诺提议本雅明写一篇针对荣格理论的论文；他感到，把荣格的远古意象（archaic image）理论和本雅明的辩证意象理论——这是本雅明的史学核心——区分开来的机会，将激活整个项目并澄清其认识论。在巴黎的短暂日子代表了他们私人情谊上的一次突破。30 年代早期，本雅明对阿多诺还怀有戒心，在他看来，阿多诺窃取了他的观点来发展学院中的前程，而这样的机会早已将本雅明拒之门外。在那之后的几年，两人整体上友好的思想交流又沾染了潜在竞争的色彩，彼此争夺格雷特尔·阿多诺的注意力。直到此刻，在 1936 年，两人生活境遇的相似才和他们长期存在的理论及政治志趣交会。经过这些巴黎日子之后，他们在信中开始彼此称呼“特迪”和“瓦尔特”——虽然他们从未打破德语中的正式称呼那道屏障，始终互相称您。

阿多诺来访所产生的乐观情绪并没有持续多久。同月晚些时
542 候，本雅明得知他的弟弟格奥尔格在 1936 年 10 月 14 日被判处六年徒刑，在勃兰登堡-格尔登监狱服刑。本雅明简短地告知肖勒姆，“据说他表现出了令人难忘的勇敢和坚定”，肖勒姆在回复中比较了格奥尔格和他自己的兄弟——也是德国的一名政治犯——

的处境。“自从［反战主义者卡尔·冯·］奥西茨基（Carl von Ossietzky）获得［1935 年的］诺贝尔和平奖之后，他们针对那些在监禁过程中还算健康的政治犯的报复又加重了一倍：我母亲写信告诉我这其中所涉及的许多新磨难。但最糟的还是，我们完全无法预料囚禁到底会持续多久。”（BS, 187, 189）这一新闻已经够让人揪心的了，而同时一场个人灾难又悄悄降临在本雅明的家庭之上。早在 1936 年初，朵拉·索菲就开始提及斯特凡出了问题。斯特凡要求她允许自己从本地高中退学，抱怨那里的教学方法正把他变成鹦鹉。朵拉·索菲却密告本雅明，她认为问题的根源在斯特凡自己身上：他在柏林时是尖子生，而现在成绩只能算中流，他因此有了逃避思想。一个替代方案是在瑞士找一所寄宿学校，但朵拉的经济状况负担不起私立学校。她正在尽力售卖柏林代尔布吕克街 543
上的那套宅子，她根据离婚协议得到了其所有权，但是她非常担心当时正在施行的“犹太法律”会让售房变得完全不可能。[1]

斯特凡陷入困境的消息无疑让本雅明吃了一惊。他和儿子的通信时断时续，但这些信件整体上是非常轻松快意的。他的儿子甚至戏谑地谈到了青年法西斯组织要吸收他加入的事，而加入这个组织是成为法西斯党党员之前的最后一步。所有圣雷莫的“先锋”团体的成员都会自动进入青年法西斯组织的名单，但斯特凡甚至不知道自己算是“先锋”分子。他告诉本地法西斯党部的官员——这个人问起了他的外语知识——他即将出国，这才躲过一劫（GB, 5:320n）。斯特凡暑假时的确出了国，返回维也纳准备奥地利高等预科的入学考试。不过在那方面他也受了阻，于是他给母亲写信说要去上旅馆业职校，这个点子对他那两个受过高等教

1　1936 年 4 月 19 日朵拉·索菲·本雅明致本雅明，Walter Benjamin Archive 015, Dora Sophie Benjamin 1935–1937, 1936 / 4。

28. 斯特凡·本雅明（*Theodor W. Adorno Archiv, Frankfurt am Main*）

育的父母来说简直是毒药。到了 1937 年 10 月，斯特凡完全没了踪影，既不回父母的信件和电报，也不接朵拉的妹妹打去的电话。朵拉·索菲求本雅明去一趟维也纳，找找他们的儿子，因为她自己由于害怕被捕不能前往。她离开德国时，没有付强加给移民者的重税，当局为此发出了逮捕通缉令（甚至出现在多种柏林报纸上）。[1] 本雅明于是为在 11 月 5 日离开巴黎做准备，他首先告诉弗朗茨·格吕克他的信件要转到维也纳。考虑到还在持续的不确定性——他们既不知道斯特凡到底在哪儿，又不知道他到底在干什么——本雅明直到 11 月底才最终动身，先去了圣雷莫，接着经由拉文纳到威尼斯，斯特凡终于同意在那里见他父亲——但不愿见母亲。父子之间的交谈结果是非常有建设性的，斯特凡同意和

1　1936 年 7 月 10 日、8 月 16 日、10 月 16 日朵拉·索菲·本雅明致本雅明，Walter Benjamin Archive 015, Dora Sophie Benjamin 1935–1937, 1936 / 8, 1936 / 10。

父亲一起回圣雷莫。

本雅明将他儿子的问题形容为一次“意志的动摇”（GB, 5:428）；但不管父母愿意怎么描述，斯特凡的确处于令人担忧的心理状态。本雅明立刻尝试为儿子找一位优秀的精神分析师，那 544
就是他青年运动时期的老友，西格弗里德·贝恩菲尔德。但在和这个年轻人多相处了一段时间之后，本雅明得出了一个更合情理的评估。他告诉霍克海默：“具体到我的儿子，现在他已经十八岁了，驱逐出境正发生在他进入青春期的时候；从那时起他就没有找到过平衡。”（GB, 5:431）进一步的熟悉使他对儿子的精神状态有了更深的认识。虽然证据还不清楚，但斯特凡似乎是怀揣报复心理一头扎进维也纳的花花世界之中，把能要到的钱全部要来，然后又尽数赌博输掉。朵拉·索菲这下没了任何办法。她觉得她必须让儿子远离维也纳，周边有太多赌场是一种危险，但却没办法把他带到圣雷莫。她对这一决定的解释表明了她自己对儿子的道德堕落的认识：把斯特凡带到圣雷莫将意味着“让他四处闲逛晃膀子，因为他不会认真干任何实事。我没法信任他去碰我的小旅馆账目，更不用说现金出纳机了；对这个地方的经营管理他一丁点儿都不懂，而他又懒到干不了体力活”[1]。他们帮助儿子的努力不见成效，她甚至担心他会走上犯罪道路。到了这一步，她开始考虑极端办法，让儿子的柏林保姆福里蒂·巴尔特收养他，这位保姆现在是瑞士公民，住在伯尔尼。我们只能凭想象猜测斯特凡的父亲对儿子这些金钱问题和赌博癖的反应。本雅明自己本就因为和儿子的关系疏远而深有负罪感，此刻一定陷入了真切的悔恨。

1　1937年1月26日朵拉·索菲·本雅明致瓦尔特·本雅明，Walter Benjamin Archive 015, Dora Sophie Benjamin 1935–1937。

斯特凡的情绪在1937年间开始有所改善。他通过了奥地利大学入学考试的自然史和地理两科，甚至成功地把自己的名字加到了维也纳法西斯主义同盟的名单上，希望能获得奥地利国籍或至少获得一本护照。精神分析的最初结果引来了母亲的忧虑；她责怪自己在逃离柏林之后的几年中没有给儿子足够的爱。知道这件事后，本雅明给他的熟识阿尼亚·门德尔松（Anja Mendelsohn）寄去了五十法郎，用来给他的儿子做笔迹学分析（包含分析结果
545 的本雅明信件现已佚）。最终，斯特凡接受了神经科医生威廉·霍费尔（Wilhelm Hoffer）的检查，他给出了令人放心的消息。“整体情况是不错的。从外形上看，斯特凡可以说是一个发育得很好的年轻人，已经表现出成年男子的体征。……最初，他显得害羞拘谨——在他这种年龄和处境，这也可以说是很正常的。”霍费尔告诉斯特凡的父母，他们的儿子交了坏朋友、行为失检，这些很有可能都是暂时的。[1]

毫不意外的是，斯特凡的危机又唤醒了本雅明和朵拉关系中的不信任；他觉得她在很多关键问题上自作主张，而作为回击，她再度谴责本雅明在儿子的生活中缺少参与。不过，正如以前多次发生过的，两个人在那年春天找到了解决分歧的办法，而本雅明在初夏回到圣雷莫的小旅馆。

本雅明和斯特凡在威尼斯的见面带来了一个意想不到的好处：途径拉文纳使他得以观赏那里著名的拜占庭马赛克镶嵌画。“我终于实现了藏在心中二十年的愿望：我现在见到了拉文纳的马赛克镶嵌画。与这些镶嵌画给我留下的印象几乎相当的，是那些肃穆的、碉堡一样的教堂，那些教堂早已丧失了它们在外表上曾断

1　1937年5月24日霍费尔致朵拉·索菲·本雅明，Walter Benjamin Archive 018, Dora Sophie Benjamin 1937–1939, 1937 / 5。

断续续有过的所有装饰。有些已经几乎塌陷到地下；你必须往下走几步才能进去；这增加了回到过去的感觉。”（BS, 188）虽然这些镶嵌画在他的写作中没有留下多少痕迹，但几周后在巴黎与绘画艺术的遭逢则产生了直接的后果。在那里他“异常高兴”（GB, 5:481）地出席了康斯坦丁·居伊（Constantin Guys）的大型画展，这位 19 世纪艺术家也是波德莱尔最有名的论文之一《现代生活的画家》的主题，而这篇论文在《拱廊街计划》中被广泛征引。

斯特凡出事的那段时间，本雅明往返于巴黎和圣雷莫之间，他和朵拉忙于应付局面。与此同时，乌泽尔·布德利用这个机会把本雅明的屋子转租了出去，以便挣点额外收入；于是 12 月的前几个星期，本雅明就在第十五区的拉威尔街（Rue de Lavel）185 号临时找了住处。1936 年圣诞节和 1937 年 1 月中旬之间，他都住在 546
圣雷莫。1 月初[1]本雅明回到巴黎和他在贝纳尔街的公寓，立即着手论爱德华·福克斯的文章。先前 8 月在丹麦访问时，本雅明就又一次开始为这篇《社会研究杂志》1933 年或 1934 年已经约稿的文章做准备功课；1935 年和 1936 年本雅明都断续地且热情不高地在进行这个项目，现在他觉得别无他法，必须将它完成。正如阿多诺所说，他终于能够“猎捕狐狸”（“福克斯”在德语中的意思就是狐狸）——也就是说，终于能坐下来把这篇拖延已久的论文写出来。1 月底他通知阿多诺和霍克海默，他已经开始草拟此文，大概还需三周完成。这篇文章的准备过程有多么冗长，此文的写作经历就有多么高强度和迅速。3 月 1 日他致信阿多诺说：“我相信你一定已经为我这几日的沉默找到唯一合理的解释了。一旦论福克斯文章的工作进度达到一个关键阶段，它就把白天和黑夜都

1 原文如此，疑有误。——译注

霸占了。”（BA, 186）本雅明能在这么短的时间内完成写作，是因为他大量使用了手头已有的材料：文章开头精彩的批判史学，还有关于19世纪艺术和政治的大篇幅讨论，都来自《拱廊街计划》，而关于福克斯和马克思主义及社会民主党的关系的考察则得益于对该党刊物《新时代》的研究，这一研究是在丹麦的两个夏天进行的。

文章无处不反映出本雅明对这一论题的矛盾态度。爱德华·福克斯（1870—1940）1886年加入社会民主党，1888年至1889年间，他因为政治活动而坐牢。他最有名的作品包括《插图本风俗史：从中世纪到现在》（*Illustrierte Sittengeschichte vom Mittelalter bis zur Gegenwart*），共三卷，出版于1909年至1912年间，以及《色情艺术史》（*Die Geschichte der erotischen Kunst*），共三卷，出版于1922年至
547 1926年间。本雅明在福克斯身上看到的是一个漫画、情色艺术、风俗画的先驱收藏家；本雅明强调他的写作对资产阶级艺术批评的信条提出的挑战，这类艺术批评总是将创造性神化，并过分倚重已经过时的古典主义对美的定义；而且本雅明还认识到，福克斯比较早就开始努力理解大众艺术和复制技术。但本雅明也坚持认为，由于福克斯信守社会民主党的自由主义原则，他和他的作品有一系列局限性——这些自由主义原则包括：坚信他们的教育工作针对的是“公众”而非一个阶级，深陷达尔文生物主义和决定论的泥淖，进步和无根据的乐观主义的可疑信条，以及他们深具德意志色彩的道德主义。

因此，这篇文章引人注意之处与其说在于他对爱德华·福克斯作品的处理，不如说在于本雅明一开篇就提出的文化史编纂理论。利用《拱廊街计划》的理论基础，福克斯论文同时也指向本雅明30年代后期将发展出来的革命的史学。文章始于对艺术作

品及其历史时刻之间的关系的理解，而这一理解从一开始就对本雅明的批评性写作是根本性的。在这一观点中，艺术作品不是自主的、孤立的创造物，它构成一种不断演变的历史现象，一个不停震荡的“力场”，由作品的前史和来世的不断交会与整合——即动态的星丛——所激发。“通过之后的历史，便可以把之前的历史也认识为处于持续的转变中。”[1]（SW, 3:261）在此，本雅明预见了——正如他在 1919 年论德国浪漫派的论文中所第一次做到的——20 世纪后半期的接受美学理论，这些理论重视作品的历史接受在作品本身的意义中的作用。他又一次使用了他最喜欢的引语来支撑这一论点，那就是歌德的格言：“一切已经产生过重大影响的事物，实际上都不再是可评判的。”[2]（SW, 3:262）

把作品理解为更大的历史进程中的一个碎片，这是本雅明的辩证意象观念的基础，而这一观念在论福克斯的文章中得到了全新的表述。早在 1931 年，在《文学史与文学研究》一文中，本 548
雅明就声明，“不是要把作品和它们的时代联系起来看，而是要在它们所产生的时代中看到正在认知它们的时代——也就是我们的时代”（SW, 2:464）。1931 年这还是一个关于通过再现一个已经过去但却有共时相似性的时代来再现我们自身时代的问题，而到了 1937 年，它变成一个更迫切的问题，即如何获得对当下的充分历史化的体验——事实上，这也是本雅明永恒的主题。作为“过去时代的碎片”，艺术作品与“这个现在”构成“批判性星丛”的一部分。“因为，正是一个不可复得的过去的意象，在任何一个没有认识到自身已暗含在那意象之中的现在，都有消逝的危险。”[3]

1　参见王炳钧、杨劲译《经验与贫乏》，第 295 页。——译注

2　参见同上书，第 296 页。——译注

3　同上。——译注

（SW, 3:262）如果现在内含于过去，那么过去时代的“脉搏”就在每一个现在跳动着。换言之，“历史性的理解是被理解的事物的来世”（SW, 3:262），而这一命题脱胎于《拱廊街计划》中的 N 卷 2，3 则。这一双刃的领会——可回溯到尼采在《历史对于人生的利弊》中的宣言，即过去只能通过现在的最高能量来得到理解，因为历史永远都是作为神谕在说话——这一历史理解的深刻悖论，既有建设性也有破坏性。“‘建设’以‘破坏’为前提，”《拱廊街计划》中写道，“因为历史表象的解体必须遵从与辩证意象的建构一致的轨迹。”[1] 在实践中，这意味着任何一个时代里表面上显得过时和反动的成分都必须被历史学家重新估量，以便实现“视角（而非标准！）的转换”，直至“整个过去都被带入现在，在历史的万有复兴之中”（AP, N1a,3）。本雅明在此使用了一个古代斯多葛学派、诺斯替主义和教父哲学的关键术语，apokatastasis（万有复兴），它是指一种宇宙论意义上的转换，一方面是通过火的洗礼对一个时代的抹除，一方面是之后可能的原状复现（restituito in integrum）。这一原本属于神秘主义和宇宙论的构想在本雅明这里变成了发生在历史内部的东西。

549 正是从这一角度出发，本雅明得以批评福克斯对历史的理解，认为这种理解没能包含破坏性的元素。说到底，这是一种意识上的失败，一种对“错误意识”的投降。如果历史的连续体没有被炸毁，那么文化史就会被“封存”或“冷冻”成沉思的对象；尤其关键的是，“要抛弃构成历史主义特征的这种沉思性”[2]（SW,

---

1 AP, 470 (N7,6); AP, 918（1935 年提纲的准备材料）。

2 参见王炳钧、杨劲译《经验与贫乏》，第 296 页。——译注

3:262）。[1] 这一思想被概括为这句现今常被引用，已经成为经典的劝诫："不论历史唯物主义者在文化和艺术中看到了什么，那都无一例外地是一个他不能不带着惊骇去进行观察的谱系。所有一切文化和科学的成就不仅归功于创造它的伟大天才们的努力，而且在不同程度上也归功于他们同时代人的匿名的劳役。根本没有一份文化的记载不同时也是一份野蛮的记录。"[2]（SW, 3:267）这些话将在三年后的《论历史概念》这一主题论文中占有显要位置。

值得注意的是，本雅明完成这篇文章的快意也并非不带着"某种轻蔑的感觉"，这种感觉随着他对福克斯的作品越来越了解而在他的心中生长，虽然他尽力不在文章中表露出来（BA, 169）。也许这在他的准备性笔记中表现得最明显："福克斯不仅缺乏对漫画的破坏力的感觉，而且缺乏对性爱，尤其是性高潮中的破坏力的理解。……福克斯不理解艺术预见未来的历史维度。对他来说，艺术家最多是历史现状的表达，而不是即将来临的事物的表达。"（GS, 2:1356）这种复杂的态度反映在寄出稿件时所附的给霍克海默的信中：

> 你最了解，自我们最初定下这篇文章的计划以来，世界大势和私人生活经历了多少变动。这些计划本身所包含的种种困难我们也曾谈过。……我一直尽可能做我认为对福克斯公正的评价——也就是说有时尽可能恰当地评价，有时尽可

1 本雅明对沉思问题的态度具有典型的矛盾特征，这可以从《拱廊街计划》的"最初草稿"中的一段话显示出来："在《拱廊街计划》中，沉思（Kontemplation）必须接受审判。但它应该为自己做精彩的辩护，自证清白。"（AP, 866 [Q°,6]）另见 H2,7，论及收藏家的"非功利的"沉思。

2 参见王炳钧、杨劲译《经验与贫乏》，第 305—306 页。——译注

> 能少一些不恰当。同时，我想让这篇作品有一点更广泛的意义。正因为有这层意图，我在批判性地讨论福克斯的方法论时，努力去得出关于历史唯物主义的正面论述。（GB, 5:463）

550 在终极意义上，本雅明与其说是关注福克斯，不如说更多是在意这个人物所提供的机会，来发挥自己的观点。比较福克斯论文和阿多诺对曼海姆的批判，本雅明显示出相当的自觉，两人都在“各自不同的个案研究中暗暗推进 [他们] 最深处的思想而不做任何让步”时表现出“灵活”（BA, 168）。霍克海默和他在纽约的同事对结果非常满意。霍克海默 3 月 16 日回信说，论文将为《社会研究杂志》做出特别有价值的贡献，因为它发展了刊物自身的理论目标；他还提出了一些细节修改的建议，大多数本雅明都接受了。此外，福克斯本人提出的一些改动——本雅明把文章也寄给了他——在 4 月被采纳。但是又一次在实际编辑过程中发生了摩擦。最令人不平的是，编辑们决定砍掉文章的第一段，而那一段把福克斯的著作安置在马克思主义艺术理论的语境中。正如莱奥·洛文塔尔 5 月替霍克海默所解释的那样，编辑们出于“策略上的”考虑，希望避免给人以他们正在发表“一篇政治文章”的印象。[1] 看起来，本雅明从未同意删去第一段，但这一段直到他的《全集》出版时才出现。10 月他才等到该文在《杂志》上发表，因为霍克海默不希望对正在进行的和德国当局关于福克斯文集出版的“没完没了”的谈判产生不利影响（GB, 5:550）。

研究所的担心事后证明是没有根据的；和《艺术作品》论文不同，《爱德华·福克斯》在当时的反响很小。要想获得一点评

---

1 霍克海默和洛文塔尔致本雅明书信（日期分别为 1937 年 3 月 16 日和 1937 年 5 月 8 日），见 GS, 2:1331–1337, 1344–1345。

论，本雅明又一次只能靠自己的路子。尽管两人的关系出现困难，肖勒姆仍是本雅明作品最值得信赖的读者，他又如期收到了福克斯论文的未删节版。他的反应是可以预料的：虽然承认“马克思主义思路——这种思路的问题性本质一次又一次地把瓦尔特·本雅明的读者引向黑暗的冥思，即便这并非作者本意——的成功对我这样一个不幸的崇拜者而言不甚明显，”不过肖勒姆还是感到不得不哀叹，这样“把你的细致洞见”陈列于“辩证法的猪猡”之 551
前，对本雅明的作品造成了伤害。

不管本雅明自己对他的“细致洞见”还有怎样的保留意见，福克斯论文提出了一个针对文化史的方法论问题的关注点，而这一关注点十分接近拱廊街研究的核心。在1月份一封征询什么是适合现代哲学的写作形式的信中，本雅明同样对霍克海默承认了在悲悼剧专著的导言中以如此强度处理的问题：

> 自然，消除哲学术语是不会成问题的。我完全同意您说的，“保留在特定范畴中的”历史倾向，“或许不该在风格中消失”。就您所言我还想进一步补充一点。……我指的是，使用哲学术语有时是伪装出本不存在的丰富性的一种手段。这是一种对技术词汇的毫无批判性的使用。而另一方面，对特定研究对象的具体辩证分析，包含着对用来在早先的现实和思想水平中理解这一对象的那些范畴的批判。……当然，一般的可理解性不能作为标准。但很可能，某种细节的透明性是内在于具体辩证分析之中的。关键是要正视您所描述的事实：长期来说，某些小群体将在科学和艺术的保存及传播中发挥显要作用。事实上，现在并不是把我们手头所有的东西摆到摊位上展示的时候，虽然这样做也并非没有道理；相反，

> 现在看起来更该考虑如何把这些东西储存起来，免于炸弹的危险。事物的辩证法也许正存乎此：为真理——它绝对是光滑地构建（glatt gefügt）起来的——提供一个安全的存放地，而这个地点也是光滑地构建起来的，像金属保险柜一样。（C, 537）

这封重要的信记录了本雅明作品中持续存在的张力，一边是对受过高等教育的文化精英（对他们而言，"一般的可理解性"不是标准）的考虑，一边则是避免技术性行话，并创造保留"细节的透明性"的"具体辩证分析"的责任。在给霍克海默的信中，本雅
552 明倒向前者；而如果是就同一话题写给布莱希特，那么这封信很可能大不相同。

不过，每天和方法论问题的对峙并没有让本雅明更接近对切身问题的回答，这一问题随着福克斯论文的完成而出现：接下来写什么呢？他几乎无法自己做决定，因为任何重大的方向转变都需要霍克海默的首肯。秋天和阿多诺的商讨让本雅明确信，拱廊街计划的认识论层面最好是通过正面处理"集体心理学的精神分析理论的功能"来展开，"因为这些理论已经一方面被应用于法西斯主义，而另一方面被应用于历史唯物论"。这一正面交锋将发生在对卡尔·古斯塔夫·荣格的"雅利安心理学"的"远古意象"概念的分析中（GB, 5:463–464）。进一步的反思又促使本雅明想要纳入路德维希·克拉格斯的著作——不是他的笔迹学研究而是他的《论生成宇宙的爱欲》（*On Cosmogenic Eros*）一书所宣扬的观点——而对此本雅明早有兴趣。于此他看到了一个机会，可以深入集体无意识这一观念以及由此产生的"意象幻想"的根源，这是一项人类学任务，和拱廊街计划的 1935 年提纲相一致（GB, 5:489）。霍克海默对聚焦荣格和克拉格斯颇有保留，正如本

雅明在就此发出的第二封信中所解释的，回到“这本书的构思的最初层次”——也就是它脱胎于超现实主义者受精神分析感染的写作——大有必要，这便于澄清他后来的研究和思考所走过的道路。同时，本雅明向霍克海默提议，作为荣格和克拉格斯研究的替代方案，他可以完成一篇对“资产阶级”史学和唯物主义史学的比较，作为全书的导论。耐人寻味的是，这样一篇比较文章的确在 1938 年完成了，但它不是作为拱廊街本身的导论，而是成为本雅明最终转向的波德莱尔专著的引子。早在 1937 年春，本雅明就提议扩展 1935 年提纲中的波德莱尔部分，作为写作重心的又一个替代方案。到了 4 月底，霍克海默用最强硬的措辞敦促他把工作集中于波德莱尔，放弃对集体心理学的研究。原来，本雅明的兴趣当时已开始侵入留给霍克海默在研究所最亲近的一些同事的 553
领域，他们就是埃里希·弗洛姆（Erich Fromm）和赫伯特·马尔库塞，所以他把他远方的同事引到波德莱尔的方向上。在回信中，本雅明同意重新审视 1935 年提纲，以便把波德莱尔部分扩充为一篇独立论文。就这样，他充满感恩地接受了霍克海默教父式的指导。自从《艺术作品》论文完成以来，两人思想上的相互尊重在通信中变得明显可感，虽然霍克海默方面总是有一些保留，而这一定与 1925 年本雅明的悲悼剧教授资格论文被否决时霍克海默发挥的不为人知的辅助性作用有关。从本雅明的角度来看，这种日益增长的尊重，连同福克斯论文的接受，标志着他自己在研究所有了更稳固的位置。

4 月 23 日，本雅明告知阿多诺自己在写作计划上的这一新发展，评说道：“当然您［关于荣格］的建议给我的印象是最可行的……尤其是考虑到［拱廊街］计划到目前为止的进展。而另一方面，……全书的诸多根本性母题是如此相关，以至于各种独立的主题无论如何也不能真的成为严格意义上的替代方案。”（BA, 178）尽管如此，阿多诺还是继续鼓励他对荣格做本雅明式的研究，而且直到9月中旬，他仍抱着希望说，“荣格论文终归可能成为您的下一篇作品”（BA, 178）。本雅明也没有立刻放弃这一计划；7月初他还告诉肖勒姆，他正沉浸于荣格30年代最新出版的文集。他为荣格提出的特别针对“雅利安灵魂”的疗法而着迷，想要了解“临床虚无主义在文学——贝恩、塞利纳、荣格——中的特殊显影”，而这些展示了他们为纳粹主义提供的某种“辅助性服务”（BS, 197）。他承认，他不知道他最终可能会在哪里发表这一研究，但他的坚持说明，阐明集体心理学的毒根对他的拱廊街计划的构想是多么重要。

知道自己不能只靠研究所的面包钱过日子，本雅明把那个春天用来实现其他项目和发表机会。《艺术作品》论文——最好是它的德文加长版——在其他语种的传播仍旧是一个重点。维
554 利·布雷德尔拒绝了德文版，称其长度不适合《词》。本雅明的希望又被霍克海默的一封信燃起，信中报告说纽约新近成立的现代艺术博物馆的助理策展人杰伊·利达（Jay Leyda，爱森斯坦的朋友和后来的译者）有意出版《可技术复制时代的艺术作品》的英译本。不过，霍克海默警告本雅明，不要把利达所索要的德文原版交出来：他担心任何德文原版都可能把《杂志》上发表的法文版砍掉的成分又介绍出来。和其他所有本雅明生前力图出版该文英文全译或摘译的尝试一样，这次也没有起步就告终了。[1]

得知该论文被布雷德尔拒稿，本雅明转而向《词》提出一个

1　本雅明于1937年5月17日给利达写了一封英文信，明显不顾霍克海默1936年12月30日信中的要求，说可以把《艺术作品》论文的德文原文给他作翻译之用。见GB, 5:530, 458–459n。

极具雄心的计划：对“西方国家的文学运动”的政治分析。通过考察几个国家的有代表性的出版机构和刊物，他希望展示文学反法西斯主义所采取的政治路向。而且他还提议进行一次对法国文学文化的考查，作为这一计划的样板研究。在更现实可行的规模上，他提议研究乔治·西默农的推理小说——这是他最喜爱的作家之一，以及研究法兰西学院。虽然本雅明的种种建议没有任何结果，这些和布雷德尔的交流却生产出了本雅明关于流亡中出版之难的最有说服力的书信体分析：

> 亲爱的维利·布雷德尔，当您提到您在“那边”的朋友们的困难处境时，您说得——对我而言——比您所可能知道得还要真实。对创作的兴趣是难分难解地和作者明显对自己作品的复制的兴趣纠缠在一起的。从手稿到铅字的路比以往任何时候都更漫长，因此工作过程和稿费支付之间的时间间隔也被拉长到要绷断的地步。对所有写作工作来说，都有一个最佳阶段——这还不说发生在编者和作者之间的合作——任何大规模的对这一最佳阶段的偏离都会严重地阻碍工作。当然，这一体验对您来说也并不新鲜。

这绝非是与己利益无关的长篇大论。本雅明接着向布雷德尔保证， 555
如果自己的作品可以更快地问世——如果稿费可以更迅速地寄到家门口——那么他就可以从他们的合作中得到更多的利益（GB, 5:516）。布雷德尔确实在 3 月底接受了第二封关于绘画与摄影的《巴黎来信》（第一封讨论安德烈·纪德，发表于 1936 年）。但是，这篇鞭辟入里的批判文章，报道了一部关于当代绘画危机的文集并提出这一危机主要来自摄影对绘画的“有用性”（SW, 3:236–

248）的篡夺，却从未发表——本雅明也没有得到报酬。

本雅明还收到两份重要流亡杂志的约稿：《准绳与价值》，一份由托马斯·曼和康拉德·法尔可（Konrad Falke）出版、由费迪南德·利翁（Ferdinand Lion）编辑的中间派刊物，以及《新世界舞台》（*Die neue Weltbühne*），一本关于"政治、艺术和经济"的左倾杂志。《新世界舞台》最初由库尔特·图霍尔斯基主编，后来改由英雄的卡尔·冯·奥西茨基编辑，是魏玛共和国最有影响力的周刊之一；它以富有人情味、宽容和自由左派的路线而著名。1933 年被纳粹封禁之后，此刊物一直在流亡中苦苦寻找出版方、财务稳定和站得住脚的路线。截止到 1937 年，这一路线基本上由经济记者赫尔曼·布奇斯拉夫斯基（Hermann Budzislawski）决定，他同时拥有刊物的部分产权。布洛赫曾在那里发表过几篇文章，他在这次约稿中起到牵线作用。虽然对这两个刊物都有保留意见，但本雅明抓住约稿的机会，接下来一年在两刊上发表了书评，并在《准绳与价值》上发表了截取自《柏林童年》的小品文。

新年伊始，本雅明回到巴黎，发现法国文坛正因为安德烈·纪德的新书而大起骚动。虽然纪德从未加入共产党，但他反复表现出对这一运动的同情。苏联作家同盟早先邀请他访问苏联，他接受了邀请，于 1936 年广泛游历苏联。他本想在那里看到新的被解放的人性，却只发现了极权主义。在《从苏联归来》一书中，他为自己放弃原来的政治态度辩护，措辞尖锐。本雅明对这一喧嚣的反应显然受到欧洲政治现状的影响。"对我来说，"他向玛格
556 丽特·施蒂芬写道，"我甚至不用读这本书就要否定它。甚至不用知道它所包含的内容是否准确——或者说它是否做出了决定性的贡献。……政治立场不可能任何时刻都在公众面前得到检验。非要这样声称的话那就太业余了。"（GB, 5:438–439）本雅明谈论纪

德这本书引发的争议时，口吻中含有怒火，这指向它所发生时的黑暗背景：1 月中旬，佛朗哥的民族主义军队对马德里进行了一次重要袭击，马德里于 2 月 8 日沦陷。对激进左翼的任何攻击，不管动机是什么，都不可避免地被看作对西班牙共和国军不利。而且，西班牙的情况不是人们视野中唯一一个爆炸性局势。巴勒斯坦大起义升级到了新的惨烈程度。本雅明 2 月 11 日写信给肖勒姆：“虽然我不是一个轻易放弃的人，但在某些时刻我真的无法确定我们是否还能再相见。像巴黎这样的环球大都市已经变成脆弱的存在，而如果我所听到的关于巴勒斯坦的一切都是真的，那么狂风已起，在风中，即便是耶路撒冷也将开始像芦苇一样反复摇摆。”（BS, 190）

按本雅明自己所说的，他在写作福克斯论文时远离了朋友故旧。春季，他慢慢恢复了与克拉考尔和布洛赫以及其他一些友人的联系。他和共产主义小说家、活动家安娜·西格斯（本名 Netty Reiling，1900—1983）见面多了起来，他俩估计是通过她的丈夫拉斯洛·劳德瓦尼（László Radványi）认识的，而劳德瓦尼是匈牙利社会学家和自由德意志大学的校长。西格斯因第一本书《圣巴巴拉渔民的叛乱》（*Revolt of the Fishermen of Santa Barbara*, 1928）成名。流亡巴黎期间，她是境外德国作家保卫同盟的成立者之一。西格斯在 30 年代后期的生活和本雅明的很相似：她的丈夫后来和本雅明关押在位于勒韦尔内（Le Vernet）的同一个集中营，西格斯营救出他之后，和丈夫及两个孩子一起逃到了马赛，在那里加入人数越来越多的想逃离法国维希政权的德国移民。此后他们的经历不再相似。西格斯及其家人成功地经由马提尼克和纽约逃离，最终在墨西哥城落脚。1947 年她回到德国，成为德意志民 557
主共和国最显赫的文化人物之一。这一时期本雅明的另一个重要友人是哲学家让·瓦尔，他在索邦大学任教。虽然他是作为亨利·柏格森的弟子开始自己的事业的，但到了 30 年代中期，他已经是法国黑格尔主义的领军人物。他的教学和写作对“社会学学院”（Collège de Sociologie），尤其是亚历山大·科耶夫有深远的影响。在那一年间，本雅明还认识了杜伯秋（Pierre Dubosc），一位中国艺术专家，他收藏的中国画那年春天正在巴黎展出。本雅明对展览的短篇报道《国家图书馆的中国画》（“Peintures chinoises à la Bibliothèque Nationale”）发表在 1938 年的《欧罗巴》杂志上。

本雅明尤其盼望斯特凡·拉克纳（Stephan Lackner，本名 Ernest Gustave Morgenroth，1910—2000）回到巴黎，不仅因为这个年轻人可以提供思想上的陪伴，而且还因为他和他的父亲西格蒙德已经成为本雅明非机构性的支持来源。而本雅明正在经历又一场小危机。他已经拖延多年没有换眼镜了，现在视力很差；他告诉拉克纳他甚至不敢走出家门。为眼镜求钱是又一次经济危机的表现。1937 年的法国经济还在从大萧条的余震中恢复，大萧条波及法国要比世界其他地方为晚。当时出现了大规模的失业，工业生产萎缩到了第一次世界大战之前的水平。结果法郎也变得日益不稳定，物价的快速上涨让本雅明的预算吃不消。3 月下旬致弗里德里希·波洛克的一封信为我们提供了他那时经济状况的图景：

常规支出

房租（含水电、电话和门房费用的分摊，见注解一）	480 法郎
食品	720 法郎
洗衣及衣物保养	120 法郎
杂项（卫生、咖啡馆、邮费等）	350 法郎

交通	90 法郎
合计	1760 法郎

额外支出（注解二） 558

套装（每年一套）	50 法郎
鞋（每年两双）	25 法郎
内衣	25 法郎
电影、展览、剧院	50 法郎
看病（注解三）	

注解一：我和一位德国移民一起住在一套有家具的公寓里。通过几次购置——毯子、垫子、床罩——我得以布置好我的房间，以便偶尔招待一位法国客人。

注解二：我没有储蓄来应对这些额外支出。另一方面，我也没有负债。我去年的收入除了你知道的那部分，就还有来自《德意志人》一书的 1200 法郎，给《词》写稿得到的 250 法郎，以及从《东方与西方》得到的 150 法郎稿费。

注解三：对这一项我给不出具体数字来。上个月配了两副新眼镜给我造成了困难。同时在几经推迟之后我不得不去看牙医，因为没法再拖了。（GB, 5:500–501）

当然，本雅明这里对收入的统计遗漏了他仍然时不时从朋友们那里得到的一些小钱，我们也没法知道截至 1937 年 3 月，他是否还继续从他的柏林房客那里收到房租。整体上说，账目确显拮据，说明本雅明又在最低生存线上挣扎。账目还显示出，本雅明的日常生活十分规律——在国家图书馆做研究，在咖啡馆写作——从他搬到这座首都以来就没有什么变化。他向格雷特尔·卡尔普鲁斯提到，他常常“把自己埋藏在藏书室阁楼最靠近那唯一的炉子的角落；太阳时不时从云层中透出来，眼中的这一团昏黄，温暖我的身体”（BG, 193）。他视力上的问题以及金钱上的惨况都没有阻碍他 1937 年初的阅读进程。他读完了詹姆斯·M. 凯恩（James M. Cain）的流行小说处女作，《邮差总按两遍铃》（*The Postman Always Rings Twice*）的法译本，觉得此作“既有洞察
559 力又惊悚”（GB, 5:479）。凯恩老道的情节剧只是他那几个月里读过的形形色色的书籍中的一种，其他的还有拉克洛（Choderlos de Laclos）的《危险的关系》（*Les liaisons dangereuses*），一本 19 世纪英国鬼故事的法译选集，还有——“一本非凡的著作”——切斯特顿（G. K. Chesterton）的《查尔斯·狄更斯》（也是法译本），最后一本书对《拱廊街计划》有相当的重要性。阅读弗拉迪米尔·魏德勒（Wladimir Weidlé）的《阿瑞斯泰俄斯的蜜蜂：论文学与艺术的当前命运》（*Les abeilles d'Aristée: Essai sur le destin actuel des lettres et des arts*）给他带来复杂的感受；他对卡尔·蒂梅评点道，他一点都不赞同作者的基本立场，但却觉得这本书对当代艺术的某些观察有助于进一步的反思。他对贝尔纳德·冯·布伦塔诺的新书《没有法官的审判》（*Prozeß ohne Richter*）也有同样复杂的阅读感受，正如他对这位作家的其他作品一样：书“写得很好，但又混乱”（GB, 5:513）。

本雅明原本在寻找一个可以短期内发表，**同时**又能让他回到拱廊街研究的方法论的话题，这一探寻在 3 月中旬被打断，因为他突然发现了一位不知名作者的一部不知名著作：卡尔·古斯塔夫·约赫曼的《论语言》（*Über die Sprache*），匿名出版于 1828 年。约赫曼是利沃尼亚德意志人，和本雅明一样客居巴黎；对本雅明而言，他是“德语最伟大的革命性作家之一”。约赫曼的书中有一

篇题为《诗歌的退化》(“Die Rückschritte der Poesie”）的论文，长达七十页，本雅明把它比作“从20世纪坠入19世纪的一颗流星”。本雅明的热情是被约赫曼文本中的一个重要关联所点燃的，这就是语言和政治的关联。就像他之前的斯塔尔夫人一样，约赫曼在德国人对文学优越性的坚持中发现了德意志诸国政治解放的一个基本阻碍。于是就有了约赫曼的“大胆得难以想象的命题”：“诗歌的退化是文化的进步。”（GB, 5:480）本雅明对这篇文章做了删减，并附上作者生平信息及约赫曼其他作品的节录，于3月28日寄给了霍克海默，并在长信中说，他自己阅读这篇论文时“心脏都快跳出来了”，此外，如果它可以刊发在《社会研究杂志》上，他会感到特别快慰（GB, 5:492）。霍克海默两周后回信，对这篇缩减版的文章表示了极大热情，并请本雅明为这篇文章在研究所刊 560
物上的发表写一份理论导言。导言在4月和7月初之间草成，又在霍克海默的催促下于次年经过修改。在这篇文章中，本雅明认为，约赫曼文章的特有美感在于“其对哲学张力的量取”——这是一种策略性的摆荡过程，通过这一过程，一篇不借重哲学术语，但在其深处具有哲学意义的散文得以生成。连同本雅明这篇涉及广泛的导论，重新编订的约赫曼论文原文将出现在1940年1月上旬的《社会研究杂志》的双期合刊上。

在寄出他向霍克海默宣布“发现”了约赫曼的信件的第二天，本雅明收到了维尔纳·克拉夫特的一封怒气冲冲的信。他们俩的关系一直时好时坏：1921年曾一度绝交，1933年这两位流亡作家又因为在国家图书馆的一次偶遇而和好。一年后克拉夫特移居耶路撒冷，从那时起他们有着友好而富于成果的通信，分享着对诸如卡夫卡、卡尔·克劳斯、布莱希特等当代作家的热爱。他们都很看重交流想法以及有时交换作品的机会。但3月29日，克拉夫特写信——这是他逗留巴黎三个月即将结束之时，其间曾见过本雅明——提出第二次，也是永久的绝交。本雅明对这一行为表示惊讶，他祝克拉夫特顺利，并归还对方借给他的部分书籍（GB, 5:504–505）。绝交的情形，复杂缠绕。克拉夫特后来指出，他终结二人的关系并没有其他具体的起因，“只是由于……我已经压抑了很久的对本雅明先生交朋友态度的厌烦——他的态度是不温不火的友善、明确的距离感、缺乏忠诚和直截了当的哄骗的结合”[1]。但这次分道扬镳的肇因当然也包括双方都宣称是自己“发现”了约赫曼。1937 年克拉夫特没有提到约赫曼；他只是断绝了交往。但在 1937 年 4 月克拉夫特返回耶路撒冷前，本雅明还给他的书籍中就有约赫曼的文集——这说明也许最初是克拉夫特向本雅明指出了这位作家和他的作品。1940 年本雅明论约赫曼的文章发表后，
561 克拉夫特不再沉默，发出有力声明。看过本雅明的文章后，他现在坚持认为，正是他在 1936 年最早让本雅明注意到了这位作家，尤其是《诗歌的退化》一文，而那篇文章是他在汉诺威图书馆发现的，他在那里担任图书馆馆员直至 1933 年。他进一步称，本雅明曾答应他，不会就那篇文章写任何东西。本雅明在 1940 年反驳道，他是独自发现约赫曼的，那是在 1936 年春的法国国家图书馆仔细阅读某一册书（他对这册书有所征引）时，并非通过克拉夫特，虽然他最初知道那篇文章的确是在克拉夫特借他书之后；他进而否决了克拉夫特对一篇已经发表过的文本——不管它是多么稀见——的优先解读权，认为这一要求太过夸张。至于是否曾承诺不就约赫曼那篇鲜为人知的文章写任何东西，本雅明说他只是曾向克拉夫特提到这样一项工作的困难。值得一提的是，在这一

1　出自克拉夫特 1940 年 4 月 30 日致霍克海默信，转引自 GS, 2:1402。其他关于本雅明与克拉夫特就重新发现约赫曼的争论的文献材料，见 GS, 2:1397–1403。

无解的争端的背景下，阿多诺 1963 年第一次重印本雅明的约赫曼导论时，加了一个脚注，提到是克拉夫特在 30 年代重新发现了这位被遗忘的作家——而阿多诺还说，这一重新发现对后来本雅明写作《诗歌的退化》的导论有所影响。

最早知道本雅明 1937 年春在编辑约赫曼文章的人中就有阿多诺；3 月中旬在巴黎访问时，他就听过本雅明读那篇文章，然后立刻给霍克海默写了一封热情洋溢的信。在巴黎期间，阿多诺还陪同本雅明去爱德华·福克斯的寓所拜访。自然还有其他更迫切的问题本雅明想和阿多诺讨论；正如他在这一时期的一封信中所说，“我们越多地了解对方，就越觉得我们的会面是如此重要”（BA, 173）。他们的议题包括一本规划中的论文集，由众多作者完成，题为《垄断资本主义之下的大众艺术》（*Massenkunst im Zeitalter des Monopolkapitalismus*），阿多诺正着手此事，论文集中将包括本雅明的《艺术作品》论文以及其他文章（可能是讨论侦探小说和电影的文章），但是由于研究所的经济问题，这一计划未能实现。他们还谈了阿多诺论社会学家卡尔·曼海姆的新论文。 562
这个月初，本雅明写完论福克斯的论文后立刻读了这篇文章，他深深地震惊于

> 我们的工作之间的相似性。……首先是那些像化学反应一般的分析，它们作用于……那一道道陈腐的观点菜肴，每个汤姆、迪克和哈利都吃了不知多少次了。从这个污秽的厨房里出来的所有东西都必须经过实验室分析。其次是我们在面对那个可疑的厨房主厨时所不得不培养出来的温文尔雅的表象，这方面你做得比较少，而不幸的是我做得很多。……而且我还可以看到，我们在各自不同的个案研究中暗暗推进最深处的

> 思想而不做任何让步时，表现出相同的灵活。（BA, 168）

他们的很多交谈都涉及他们的共同友人，阿尔弗雷德·佐恩-雷特尔。本雅明和阿多诺20年代末都曾在柏林见过佐恩-雷特尔，虽然从未重新达到他们1924年在那不勒斯最初交往时的那种强度。尽管佐恩-雷特尔有左翼倾向，他却成功地在希特勒德国为自己找到了生存的缝隙，1931年至1936年在德国重要公司和银行组成的协会，中欧经济理事会（Mitteleuropäischen Wirschaftstag）任研究员。直到1937年他才途经瑞士和巴黎移民英国。佐恩-雷特尔将自己一生的工作设想为建构一种唯物主义的知识理论，结合康德的批判认识论和马克思的政治经济学批判。他对阿多诺能说服研究所资助他的工作抱有希望，于是在1936年秋给阿多诺寄了一篇很长的研究计划提纲，题为“知识的社会学理论”。虽然阿多诺并没有完全被这份大纲说服，他还是请佐恩-雷特尔写一份更明晰的内容提要，以便提交给霍克海默。许久以后，佐恩-雷特尔提到，阿多诺曾向霍克海默建议，让本雅明为这一研究计划写评估意见。[1] 考虑到其极端抽象的文体，本雅明并不是一个理想的评审。阿多诺3月中旬访问巴黎期间，他和本雅明花了一
563 个漫长的夜晚，听佐恩-雷特尔讲解自己的观点。在这样的基础上，再加上进一步的交谈——但却是在阅读佐恩-雷特尔的作品之前——本雅明3月28日寄出了一份可以说是暂时性的赞成意见给霍克海默；他在结论中说，佐恩-雷特尔的观点中最有前景的部分，最好通过某种形式的工作小组来探讨，这样一个专注于认识论和商品交换的小组将由本雅明本人、佐恩-雷特尔和阿多

1 Sohn- Rethel, *Warenform und Denkform*, 87ff.

诺组成。4 月间，本雅明和佐恩-雷特尔在巴黎密切合作，进一步修改他的研究提纲，并按时提交给了霍克海默。这份所谓的巴黎提纲在 1989 年终于出版，题为《对先验论的批判性清算：一份唯物主义分析》（"On the Critical Liquidation of Apriorism: A Materialist Analysis"），并包含本雅明的批注。这一合作文本认为，人类思想日益抽象是商品化的结果：随着工人劳动的产品被卷入交换系统，工人的感官性人类劳动变得抽象了。由于阿多诺的最终推荐，佐恩-雷特尔靠这份提纲收到了一笔 1000 法郎的酬谢金，此后 5 月又收到另外 1000 法郎。不过，佐恩-雷特尔并没有和研究所建立起持久的关系；他搬去了英国，并成为温斯顿·丘吉尔周围小圈子的经济学顾问。反讽的是，佐恩-雷特尔的作品后来影响了德国学生运动中更倾向于理论的那些成员，而同一批学运分子对阿多诺的作品表现出超绝的轻蔑。

5 月份时还有另一个甚至更加麻烦的涉及阿多诺的三角关系。他们共同的老友克拉考尔出版了一本他已用功许久的著作，《俄耳甫斯在巴黎：奥芬巴赫与当时的巴黎》（*Orpheus in Paris: Offenbach and the Paris of His Time*）。克拉考尔的这本书以传记形式为视点，去观察第二帝国时期的巴黎的社会和文化史。考虑到克拉考尔和本雅明二人著作之间的亲缘关系，克拉考尔设想了某个文化时期的一种面相学研究并不让人惊讶：这本书将奥芬巴赫的小歌剧一方面诊断为拿破仑三世统治下的虚荣和浮华的症候，一方面又认为它们隐含着针对这一政权的乌托邦抵抗。阿多诺对这本书的评价不留情面。认为这本书"令人厌恶"，他申明"书中为数不多涉及音乐的地方都错得离谱"，"其中的社会观察并不比无稽之谈强多少"，而且克拉考尔只提供了一种眯着眼的"小资产阶级目光……投向'社会'和其实就是风月场上的那一切"。阿多诺甚 564

至把话说到这个份上：克拉考尔“也许已经把自己从需要被严肃对待的作家名单中抹去了”（BA, 184）。对本雅明、布洛赫和佐恩-雷特尔私下表达还不够，阿多诺首先将他自称对该书“极严谨也极坦率”的指责寄给了克拉考尔本人，然后年底又在《社会研究杂志》上发表了一篇严厉的书评。本雅明和克拉考尔的关系已经较为疏远，他无意进一步加深隔阂，只在和阿多诺的通信中说出了自己的意见。他对该书的评价虽然也是负面的，但更有分寸，即便更不具体。他把他所发现的这本书的缺陷归结为克拉考尔需要“想方设法地积极进入图书市场”。因此克拉考尔的书在本雅明看来就是一次通俗化的尝试，选择了一个“范例”，但却对奥芬巴赫的作品没有说出任何本质性的东西，尤其是在和音乐相关的方面。结果便是书中对小歌剧这种形式的轻率的“救赎”（BA, 185–186）。在两人对克拉考尔著作的反应中，他们明显都感到朋友侵犯了自己的研究领地。阿多诺看到了文化音乐学领域的一个竞争对手（恩斯特·克热内克 [Ernst Krenek] 称克拉考尔的书是一部“和音乐无关的音乐家传记”[1]），本雅明则看到这本书部分应用了他自己分析第二帝国的策略。考虑到本雅明对**任何**使用他的研究材料和方法的行为惯有的敏感，他的反应可以说是克制得令人惊讶。而且，他在《拱廊街计划》中还大量引用该书。另一方面，阿多诺则发动了事实上的敌对行为，这在当时必定看起来像是冷酷地背叛了自己的好友和曾经的导师。他在霍克海默面前用一系列贬低性的评论抹黑克拉考尔的声誉，因为他知道这样的评论只会强化霍克海默本就充满怀疑的态度。从后知之明的角度回望流亡时期，阿多诺 1950 年完成了他最重要的作品之一，《最低

---

1 克热内克语见 1937 年 5 月 18 日《维也纳报》（*Wiener Zeitung*），转引自 Müller-Doohm, *Adorno*, 342。

限度的道德》(*Minima Morolia*),而此书的副标题是《来自受损坏的生活的反思》。德国流亡群体中充满了紧张气氛和竞争关系。这不仅缘于对异域非常有限的资源——及认可——的争夺,也缘于这群背井离乡又饱受剥夺的人极易陷入的可怖的心理和生理上的极端状态。围绕克拉考尔论奥芬巴赫著作的争议,和本雅明、阿 565
多诺及克拉考尔三人友情中的其他极少数事件一样,揭示了流亡处境——思想上的无家可归感、经济上的窘迫、社会上的不稳定等——可以在何种程度上扭曲生命、摧毁友谊。

暮春时节带来一些消遣:4 月,本雅明出席了鲁道夫·科利施(Rudolf Kolisch)的音乐会,这位小提琴演奏家是阿多诺的朋友、勋伯格的弟子;5 月他又去听了安娜·西格斯纪念伟大的德国作家格奥尔格·毕希纳的讲座。他戏谑地向玛格丽特·施蒂芬提到,这次讲座再一次表明西格斯说得比写得要好很多(GB, 5: 521)。弗里德里希·波洛克 4 月也在城里为研究所出差,本雅明和他共度了一个愉快的夜晚;两人的友情越来越深,本雅明在给阿多诺的信中称呼他为"弗里德里希"。当然,这样一个夜晚也包括对更多经济支持的请求:法国货币继续震荡剧烈,本雅明没有信心能保住他刚刚实现的生活水准的些微改善。6 月初,阿多诺再次路过,给了他们机会加深个人关系和哲学上的团结。还有一重消遣简直就是为《拱廊街计划》的作者量身定做的:巴黎世界博览会。现代生活工艺与技术国际博览会(Exposition Internationale des Arts et Techniques dans la Vie Moderne)在 5 月 25 日开幕;历届世界博览会中,它是最具政治意味的。西班牙馆由共和国政府建造,里面展出了毕加索的《格尔尼卡》。而纪念碑般的德国馆和苏联馆——它们存在明显的竞争关系——成为各自严酷的极权主义建筑和雕塑的镜像。博览会给第十六区的城市景观带来了永久性的改变：联合国家大道（Avenue des Nations-Unies）横穿会场，而夏乐宫和东京宫沿塞纳河而建。拱廊街研究考察了工业博览会在19世纪资本主义都会的形成中所起的作用，但本雅明却在7月初告诉肖勒姆他还未曾踏足会场。

本雅明6月28日抵达圣雷莫，在朵拉的小旅馆待到8月底，
566 其间只离开过一次，是去参加7月28日到8月12日在巴黎召开的哲学会议。再度安居意大利休养胜地，他恢复了夏日生活的惯例，在周围的山丘散步，每天一次游泳，频繁去咖啡馆，在那里读书写作。他对许多朋友都提到，他正在“高强度地研究荣格，初见成果”（BA, 201）。他在7月9日致弗里茨·利布的信中这样描述这一情况：“我计划写一份对荣格心理学的批判，我早已期待着揭露它的法西斯主义铠甲。”（C, 542）但这两个月的产出却比较微小，在本雅明现存作品中留下的为数不多的痕迹就是几则零散的引语和《拱廊街计划》中的一则分析性评论，而这一评论取自前引7月2日致肖勒姆的那通信：

> 在荣格的作品中，有一种姗姗来迟而又特别强调的对一个元素的阐述思考，这个元素属于我们今天认识到最初由表现主义的爆炸性风格所揭示的那些元素之一。那就是一种特定的临床虚无主义，人们在贝恩的作品中遇到过它，又在塞利纳那里找到它的追随者。这种虚无主义脱胎于身体的内在性所传达给身体治疗者的震惊。荣格本人把这种对心灵生活的高度兴趣追溯到表现主义那里。他写道：“艺术有办法预见未来人类基本视野的改变，而表现主义艺术早在更大范围的改变发生之前就进行了这一主观转向。”见《寻求灵魂的现代人》（*Seelenprobleme der Gegenwart*，苏黎世、莱比锡和斯图加

特，1932 年），第 415 页。（AP, N8a,1）

在《拱廊街计划》手稿中，荣格最初被放在“K 卷：梦想城市、梦想屋、关于未来的梦、人类学虚无主义、荣格”。上面这段引文却来自“N 卷：关于知识理论、进步理论”，本雅明把他大部分明显的方法论反思放入这一卷中。到 1937 年夏天，以震惊为中介引发的“临床虚无主义”现象——被揭露的身体性所具有的爆炸力量——已被视作现代经验和进步观的一个意义重大的方面。

对本雅明来说，那并不是一个多产的夏天。他写信给弗里茨·利布说：“不论我们从哪扇窗户向外看，都会看到忧郁的景象。”向西南望去，他看到的是西班牙的战争和阿尔弗雷德·科恩 567
一家在巴塞罗那每一天都要面对的生存威胁。西北方向则是法国和“人民阵线”的政治活动，对此他以少有的公开方式表达了否定态度，宣称“‘左翼’主流所追求的政治，恰好让右翼可以借助它来煽动叛乱”。发生在东北方向的远方的一切，则常常萦绕于本雅明及其友人的头脑，那就是莫斯科正在进行的公开审判。“俄罗斯的一系列事件的毁灭性作用将不可避免地扩散，”他向利布写道，“而关于这一切，真正糟糕的并不是那些所谓‘思想自由’的坚定卫士们的表面义愤：在我看来更让人伤感，同时也更不可避免的是独立思考的个体们的沉默，这些个体，恰由于他们是独立思考的个人，将很难把自己当作了解实情的个人。这就是我的处境，也许也是你的处境吧。”（C, 542）

8 月 5 日，当时他的论文《歌德的亲合力》的一节翻译成法语刚刚发表在《南方手册》上，他写信给肖勒姆：“我即将启动一个新的研究课题，关于波德莱尔。”（BS, 203）这一普普通通的陈述，标志着即将占去本雅明接下来两年半时间的伟大计划的开端。

9月份他回到巴黎，一旦国家图书馆的资源触手可及，他便全力开启为波德莱尔论文所做的阅读。到他开始起草《波德莱尔笔下的第二帝国的巴黎》（“The Paris of the Second Empire in Baudelaire”）时——那是次年夏天高强度工作的三个月，这一论文已经被重新构思为计划中的波德莱尔专著的核心部分。本雅明绝不是放弃了他的拱廊街研究工作，1938年间他开始将那本题为《夏尔·波德莱尔：发达资本主义时代的抒情诗人》（*Charles Baudelaire: Ein Lyriker im Zeitalter des Hochkapitalismus*）的专著，以及该书的核心论文视作《拱廊街计划》的“微观模型”（C, 556）。

出于回应阿多诺的请求，本雅明7月底从圣雷莫折返巴黎，陪他参加“统合知识国际大会”（International Congress of Unified Knowledge）的第三次会议，此次会议在7月29日至31日举行，紧随其后的还有“国际哲学大会”的第九次会议；在这两次会议上，阿多诺都是研究所的官方代表。靠着本雅明的协助，他草拟
568 了一份报告，向霍克海默陈述会议进程，以及他和本雅明同其他与会者所进行的讨论。本雅明那方面，如他向肖勒姆提到的，他获得机会“近距离了解维也纳逻辑学派——卡尔纳普（Carnap）、纽拉特（Neurath）、赖欣巴哈等——所举行的一系列特别议程。不妨这么说：莫里哀什么都没见过（Molière n’a rien vu）。他笔下那些互相辩论的博士和哲学家们的“喜剧能量”（vis comica）和这些‘经验主义哲学家们’相比真是黯然失色”（BS, 202）。其他发言则不那么喜剧性。在哲学家们为纪念笛卡尔《谈谈方法》出版三百周年而举行的会议主要议程中，本雅明不仅听到了阿尔弗雷德·博伊姆勒（Alfred Bäumler）等纳粹同情者的发言，还听到了德国学院哲学的代表人物如唯心主义者阿图尔·利伯特（Arthur Liebert）——他也是《康德研究》的编辑——的发言：“他还没

说出第一句话，我就感觉被带回了二十五年前的过去，回到一种气氛，在那种气氛中，不消说，人们早就可以觉察到如今的全部衰朽。”（BS, 203）换言之，他被带回了德国学院的世界，带回了教室，他曾在那里聆听李凯尔特、雅斯贝尔斯、卡西尔等当代德国哲学的顶尖人物。

本雅明 8 月 12 日回到圣雷莫的维尔德旅馆，斯特凡正在那里休假。他儿子的身心健康似乎有所改善，虽然还不清楚他是否已经准备参加即将开始的学校考试。本雅明和朵拉与这个年轻人——同时也是关于这个年轻人——进行了一系列艰难的讨论，但毫无结果。在圣雷莫这个避难地，本雅明也开始考虑自己切近的未来。他知道未来一年的绝大部分时间他会待在巴黎，因为他要处理藏于国家图书馆的大量波德莱尔材料。在一个地方久居这个想法给本雅明带来了惯常的效果：他开始寻找逃离的机会。他和肖勒姆已经和好如初，肖勒姆又一次劝他考虑冬天时来一趟耶路撒冷。肖勒姆的邀请里还详细评估了皮尔委员会（Peel Commission）的报告，那份报告是 7 月 8 日公布的，并建议巴勒斯坦分治，建立犹太国家。正如肖勒姆所汇报的，很难再有比这更有意义的访问时机了，而本雅明也积极回复说，只有研究所的 569
领导访问巴黎可能会推迟他的旅程，而他目前还没听说会有这样的访问。

在圣雷莫没有图书馆资源，无法展开实质的波德莱尔研究，本雅明因此转而去读他的同事的作品。他充满热情地回复了阿多诺关于阿尔班·贝尔格的论文：“您澄清了我的怀疑，《伍采克》（*Wozzeck*）在柏林的那个夜晚给我留下的压倒性印象透露了我当时还没意识到的内在的沉迷，即便它可以具体到最小的细节。”（BA, 205）一封未公开的 1925 年致贝尔格的信中，阿多诺曾表达过他和本雅明对这部歌剧 1925 年 12 月 22 日的演出的反应——他们当时一同观看。专注于发生在旅馆的关键一幕及其“将无调性演唱作为结构性乐旨的应用”——他觉得这种效果“在形而上学的意义上十分深刻”——阿多诺对这一幕的定性使用了直接来自本雅明论歌德《亲合力》的论文：“这是一种荷尔德林意义上的顿挫，它由此使一种‘无表达’闯入音乐本身。”（BA, 120n）本雅明对霍克海默涉及广泛的纲领性论文《传统理论与批评理论》（“Traditional and Critical Theory”）——它刚刚发表在《社会研究杂志》上——的反应则更淡漠，虽然他对其基本观点表达了无条件的认同。

本雅明 9 月初回到巴黎，急于开始关于波德莱尔论文的正式研究。他这一次在巴黎的居留始于一系列和霍克海默的深入对话。他们的会面对巩固他们之间的友好关系起了极大作用：霍克海默回顾这次旅行时，明确表示“和本雅明共处的几个小时是最愉快的事情之一。在我们所有的朋友中，他与我们最近，而且是在正面的意义上。我将做我力所能及的一切去帮助他脱离经济惨境”[1]。霍克海默在他访问巴黎期间同意，要让本雅明住得起单人的公寓，同时他也预留了一笔研究经费，用于本雅明购置拱廊街计划和波德莱尔研究所需的材料。得到这样的保障，本雅明立刻一头栽进他旧有日程的强化模式，每天都在国家图书馆做研究，拱廊街手
570 稿中研究波德莱尔的 J 卷内容迅速增加。我们对接下来这几个月本雅明生活中“波德莱尔以外”的部分所知相对较少，所以占据一切的是工作。

本雅明得到霍克海默那边的好消息时，恰逢自己陷入一系列

1 Adorno and Horkheimer, *Briefwechsel*, 240.

现实窘境：9 月初到达巴黎时，本雅明发现他被锁在了公寓门外，过去两年他一直租住这座公寓的一间屋子（GB, 5:575–576）。乌泽尔·布德 8 月底写了一封措辞含糊且推诿的信，寄给还在圣雷莫的本雅明。信中声称一个叔叔需要那间房子用作“半办公性质”的事情，而她自己是否能得到雇佣证明还悬而未决。信的结论是，她将对本雅明在无法进入公寓期间所产生的花费提供较好的补偿。经过几番带有屈辱性的对话，终于同意提供 600 法郎（但实际上从未支付）的补偿，本雅明才知道自己是被一个“更可接受的房客”取代了，这位房客“……也收到了驱逐令，……特别急迫地要找到一处非正式的住所”。本雅明得出结论，贝纳尔街的舒适公寓已经是他生活中的既往篇章了。“这事发生在这时候实在是再糟糕不过了，”他这样告诉阿多诺，“现在巴黎旅馆的费用，即便在那些不怎么理想的街区居住的费用，都因为世界博览会而高了百分之五十甚至更多。”（BA, 215）在先贤祠旅馆（Hôtel du Panthéon）小住之后，他搬到了尼古罗旅馆（Villa Niccoló），一家坐落于第十六区尼古罗街 3 号的旅馆，他在那里住到 9 月底。住在那里时，他从阿多诺处得知了阿多诺和格雷特尔·卡尔普鲁斯结婚的消息，婚礼于 9 月 8 日在牛津举行，霍克海默和经济学家雷德弗斯·奥佩（Redvers Opie）是证婚人。这一消息显然让本雅明大感意外，过了一阵他才做出合适的回复——而这期间的沉默，阿多诺夫妇都解读为是一种责备。阿多诺试图缓解这一消息带来的冲击，他告诉本雅明说，出席者除了证婚人，就只有霍克海默的妻子迈东（Maidon）、阿多诺的双亲和格雷特尔的母亲。他声明，“其他人都不知情，我们不能让您知道其中细节，否则就会造成更多个人的不愉快，而实际情形不至于引起那样的不愉快。……我恳请您按照实情看待此事，不要感觉受到冒犯：因为

那样会对我们不公平。”阿多诺的道歉结束于一句奇怪而且奇怪地
571 含糊的话：“我们俩都属于您，而且我们也让马克斯对此事明白无疑；说真的，我觉得我现在可以把他也包括在这份感情中。”（BA, 208）这一结论说明，阿多诺相信自己是本雅明和霍克海默之间争夺好感的对象，本雅明未被包括在婚礼之中即是由于这重困难。虽然本雅明对这封信的最终回复已经遗失，他所感觉到的伤害更有可能和格雷特尔有关，而非和霍克海默有关。本雅明的爱欲纠缠是复杂的，但就我们所知，其中并不包含同性爱的想法。至于阿多诺，就不好说了。

正当本雅明觉得他已经不再能负担哪怕是最便宜的旅馆时，他得到了来自阿多诺的富裕朋友埃尔泽·赫茨贝格尔的解救，她允许本雅明免费住在她位于塞纳河畔布洛涅的城堡街（Rue de Château）1 号的公寓中的女佣房，因为恰好这期间夫人和女佣都在美国（大约三个月的时间）。到 9 月 25 日，本雅明被安置在这间小屋中，“如果我真的不那么心存感激，对别人的馈赠有所挑剔……，那么我可以看到自己一直坐着……，早上六点就完全醒了，远听巴黎交通洋流般的但无法理解的节律，从我床头的沥青孔隙中不断传进来……，因为床正好就在窗户那儿。如果我把百叶窗拉起来，街道就成了我的文字工作的见证，而如果我关上它，那我立刻就得忍受由（无法调控的）中央供暖系统所制造的可怕的极端气候”（BA, 222）。为了逃离这种处境，他每天早上都跑到国家图书馆去进行他的波德莱尔研究。

即便有免房租的住所，本雅明也无法完全免受物价大规模上涨和法郎贬值（发生在夏天早些时候）之苦；他的经济处境比这年年初时要脆弱得多。而且，“布鲁姆政府可疑的半吊子社会主义”（BA, 222）——这是指莱昂·布鲁姆 1936 年至 1937 年领导的

人民阵线政府——已经造成建筑业的持续停滞，因而住房短缺。但霍克海默是说话算话的。11 月 13 日本雅明收到弗里德里希·波洛克来信，信中说，即日起研究所每月付给他的津贴增加至 80 美 572
元——虽然比纽约的定期供稿人的所得数目要少得多，但毕竟使他不受法郎急剧震荡的影响。波洛克还告诉他，他可以期待收到一笔特殊拨款，计 1500 法郎，用于住宿。几个月来阿多诺一直在向霍克海默施压，让他改变研究所对它在巴黎最重要的供稿人的经费安排，本雅明向阿多诺寄去了“诚挚的谢忱”，并提到，新的津贴相当于“您最初想为我争取的大约四分之三”（BA, 222）。

10 月有几位朋友来访——弗里茨·利布、马塞尔·布里翁、布莱希特及其妻子海伦·魏格尔等，其中布莱希特夫妇是来巴黎指导《三毛钱话剧》的法语新演出，并彩排布莱希特的一部新独幕剧，《卡拉尔大娘的枪》（*Gewehre der Frau Carrar*），在这部新戏中海伦·魏格尔是主演。本雅明陪同布莱希特去剧院看了几场戏，比如让·科克托的《圆桌骑士》（*Chevaliers de la table ronde*）——“令人发指的神秘化手法，证明他的能力急剧下滑”（GB, 5:606）——以及让·阿努伊（Jean Anouilh）的《没有行囊的旅客》（*Voyageur sans bagage*）。布莱希特对先锋派有了明显的距离感，而现实主义在他的作品里越来越重要，这给本雅明留下深刻的印象。本雅明在这几次剧院之旅中看到——可以说有些短视——戏剧普遍衰落的证据，而这证明了他在《艺术作品》论文中的论断。在这些重逢之外，他还和敏感的克拉考尔有比较频繁的接触，他们前不久一度中断联系（他俩此前最近一次相遇还是 9 月霍克海默在场时的会面），同时他还和同在巴黎的友人们保持联系，包括阿德里安娜·莫尼耶、摄影家热尔梅娜·克鲁尔、安娜·西格斯等。“越来越经常地，”他 10 月份写道，“每件事都把我放逐到少数几个

朋友的狭窄圈子中，以及围绕我自己工作的或大或小的圈子中。”（C, 547）

虽然对波德莱尔论文的准备性研究仍是他的主要任务，但本雅明又一次同时在积极谋划多个发表机会。他继续为《社会研究杂志》撰写书评。夏天写出关于夏尔·傅立叶文集的书评——同时期还在将自己的《讲故事的人》译成法文——之后，现在他
573 又在为《19世纪法国摄影》（*La photographie en France au dix-neuvième siècle*）——这本书的作者是他的朋友吉赛勒·弗罗因德——和奥地利记者格雷特·德·弗朗西斯科（Grete de Francesco）的《江湖郎中的权力》（*Die Macht des Charlatans*）写作评论。这三篇书评或多或少都和拱廊街研究计划有直接关系。傅立叶是《拱廊街计划》中W卷单独一卷的主题，其中收集了大量关于早期社会主义的想象、教学和社会-工业背景的精彩材料；而对弗罗因德的研究（包括发表版本和手稿）在多个语境中有引用，这些语境涉及摄影术的工业应用，以及摄影术与19世纪风俗画发展和文化波西米亚主义发展之间的关系。他甚至为德·弗朗西斯科论江湖郎中书中的一段话，在拱廊街工程中找到一个位置，对于这则引语，本雅明持保留意见，虽然他个人对作者充满同情（BA, 206）。江湖郎中的形象是和19世纪早期法国的工业幻景联系在一起的，具体又是和傅立叶时代发展起来的商业广告策略密切相关；傅立叶本人，或许也可以说，有时涉足刻意的骗术。书评工作和拱廊街计划之间的这种相互滋养，与N卷一开头就宣明的非常不同于传统的方法论原则相一致：“一个人在特定时刻所思考的每一件事，都必须被不计一切代价地纳入那一时刻手边的工程之中。”（AP, N1,3）

9月，霍克海默曾把本雅明介绍给瑞士出版人埃米尔·奥普莱希特（Emil Oprecht），他不仅是《社会研究杂志》，还是《准

绳与价值》的发行负责人，而本雅明和《准绳与价值》的编辑已有联系。本雅明和奥普莱希特一起计划为这个新刊物写一篇关于社会研究所的介绍性文章。在和杂志的编辑费迪南德·利翁沟通后——利翁明确警告不能有任何对“共产主义”的指涉——本雅明12月开始撰写《德国的一所独立研究机构》(“Ein deutsches Institut feier Forschung”)；文章次年发表。11月初，他给霍克海默寄出了概述法国当代文学的系列长信的第一封。这第一封“论 574
文学的书信”，并非为发表而作，内容聚焦于科克托的《圆桌骑士》(他对此剧猛烈抨击)以及亨利·卡莱(Henri Calet)和德尼·德·鲁热蒙(Denis de Rougemont)的著作；书信还顺带提及卡尔·雅斯贝尔斯关于尼采的著作，该书引出本雅明这样的评点：“大体上讲，哲学批判一旦把历史研究的框架置之身后，……今天就至多只能通过采取一种论争形式来完成其任务”(GB, 5:600)。与这些计划同时，他在国家图书馆关于波德莱尔的研究正稳步推进，到11月中旬，他得以向阿多诺汇报说他已经“基本上看完了我所需要的全部波德莱尔文献”(BA, 227)。很快，在研读19世纪法国革命家路易-奥古斯特·布朗基(Louis-Auguste Blanqui)的政治作品的同时，他着手将拱廊街计划的第二批材料复印，寄给纽约的霍克海默。

11月15日，本雅明迈出了对他而言的重大一步。经过近五年的流亡生活，他签下租约，在第十五区的东巴勒街10号有了一套自己的公寓。虽然最后的结果是他得等到1月15日才能搬进去，但他还是宣布自己对这个安排非常满意。公寓整体上很狭小，但布局正中央的房间面积不错，还有一个大阳台，夏天本雅明可以在那里招待客人。这将成为他在巴黎的最后一处住所，直至1940年的逃亡。同时，埃尔泽·赫茨贝格尔12月底要从美国回来，本雅明不得不考虑，在空出她的女佣房之后、搬进自己的新巢穴之前，他可以住在哪里。正如通常的情况一样，一向忠诚的朵拉可以提供避难所，他计划年底前往圣雷莫。

巴黎的政治局势正在一步步变得灰暗，在这次短期离开之前，他参加了俄罗斯出生的哲学家亚历山大·科耶夫（原姓Kojevnikoff）在“社会学学院”谈黑格尔的讲座。[1]这一知识分子群体，以乔治·巴塔耶和罗歇·凯卢瓦（Roger Caillois）为领导者，于1937年3月在巴黎皇家宫殿的大韦富尔咖啡馆（Café Grand Véfour）成立；其诞生在巴塔耶的刊物《无头者》（*Acéphale*）上得到了宣告。所谓“学院”就是每两周一次在周六晚上举行系列讲座，地点选在一座名为书廊（Galeries du Livre）的书店的后室，本
575 雅明是一位虽不发言但常露面的旁听者。这一群体致力于一种“神圣社会学”，试图审视当代世界中神圣事物的存在，并力图从这种分析中提炼出新的共同体结构的元素。本雅明显然被这个群体所吸引（或者，按照他的习惯，被吸引到这一群体的边缘），这个群体关注一个表面上世俗化的世界中神圣事物的显形，关注人类共同体的新形式，关注美学和政治的联系。随着他对这一团体越来越熟悉，他开始辨认出三个主要人物，巴塔耶、凯卢瓦和米歇尔·莱里斯（Michel Leiris）在立场上的细微差别，并针对他们每个人所信奉的特定观点采取了更积极，却从不直接的立场。1937年11月，他向霍克海默形容，科耶夫的表述清晰而令人印象深刻——本雅明认识到，这位哲学家在巴黎，甚至在超现实主义者之间的影响已经开始显现——但他觉得科耶夫对辩证法的“唯心主义”构想有很多值得批评之处。

1　尤见 Falasca-Zamponi, *Rethinking the Political*。

12月初，本雅明收到消息，阿多诺不久将远赴美国，接受那边一个关于广播的研究计划——这一计划由普林斯顿大学资助——的音乐指导的职位，并将在社会研究所的纽约办公室和霍克海默展开密切合作。阿多诺承诺，他在研究所内部将一如既往地捍卫本雅明的利益，会做他力所能及的一切让本雅明也前往美国——“尽快”，因为“战争在相对不远的将来已经不可避免”（BA, 228）。阿多诺夫妇即将启程的消息对本雅明是一大打击。他唯一的安慰是，他很快就能见到他的这两位朋友，因为他们要在圣雷莫过圣诞节。于是在12月底，恰逢市政工人罢工，他南下意大利。在那里，斯特凡已经决定不回维也纳，开始在朵拉的小旅馆工作。在那里，他最后一次见到特奥多尔和格雷特尔·阿多诺。

第十章

波德莱尔与巴黎街道

巴黎、圣雷莫、斯科福斯堡海岸，1938—1939

576 1938 年 1 月的头几天，本雅明身在圣雷莫，享受着友人特奥多尔和格雷特尔·阿多诺的陪伴。那几天是在密集地讨论他们的工作及其纲领性原则中度过的。阿多诺向本雅明朗读了他的书稿《试论瓦格纳》（*Versuch über Wagner*）的一部分，这部著作的数章将以《瓦格纳断片》（“Fragment über Wagner”）为题发表在 1939 年的《社会研究杂志》上。三位朋友都提到一次谈话对这一瓦格纳课题的重要性，这次谈话发生在沿利古里亚海滨往西离圣雷莫只有几公里的小镇，奥斯佩达莱蒂（Ospedaletti）的咖啡馆露台上。尽管总体上本雅明对音乐理论缺乏了解，但他还是折服于阿多诺把瓦格纳音乐的“社会方面”变得“易于理解”的能力。交谈不可避免地转向传记和批评的问题。两个人都很遗憾，认为克拉考尔或多或少把奥芬巴赫生平的具体特征当作更大范围的社会趋势的标志，是一种幼稚的解读。本雅明赞扬了阿多诺对瓦格纳的面相学绘像，认为它扎根于这位作曲家的社会环境，而没有依凭心理学中介。

对于本雅明具有特别重要性的，则是关于已经进展深入的波

29. 夏尔 · 波德莱尔，1855 年。
纳达尔摄（*Musée d'Orsay, Paris*）

德莱尔课题的讨论。本雅明到新年时已经确信，他关于波德莱尔的研究，如果要全面利用他的拱廊街计划，就必须成为一本书，而不是一篇论文。当他开始组织他的新研究时，本雅明已经研读波德莱尔超过二十年了。他在第一次世界大战期间阅读了《恶之花》，并在 1921 年和 1922 年写下了自己论这位诗人的最初文字（即未发表的断片《波德莱尔之二》及《之三》）；他的波德莱尔诗作翻译集，以及为该译本所作的前言《译者的任务》，于 1923
年面世。1938 年的本雅明非常清楚开始对波德莱尔进行全面分析 577
所面对的困难。在他之前的研究侧重于早期波德莱尔——他和浪漫主义的联系、关于“感应”（correspondences）的斯威登堡式神秘主义、向幻梦和理想的逃遁。早在 1902 年，纪德就评论道，没有哪位 19 世纪作家比波德莱尔得到过更多愚蠢的讨论。1938 年细阅他所汇总的材料时，本雅明同样点到，大多数关于这位诗人的评论就“好像他从未写出过《恶之花》”。但如果本雅明要重新发明波德莱尔，第一次把他呈现为内核上是现代的——异化的、空间上错位的、阴郁的——他知道他就需要打破“资产阶级思想的局限”和某些“资产阶级的反动”。而对自己的思考受制于高级资
578 产阶级教养的种种情形，他也绝没有视而不见（GB, 6:10–11）。

和阿多诺夫妇关于波德莱尔计划的谈话范围广泛，涉及研究的焦点、重点以及批评方法等。本雅明无疑也和他们谈到了对该研究将有重大影响的一个发现。1937 年晚秋，他在国家图书馆做研究时，发现了路易–奥古斯特·布朗基的宇宙沉思录《星体永恒》（*L'Eternité par les astres*）。伟大的法国革命家布朗基在 19 世纪巴黎的三大起义中都扮演了角色：1830 年七月革命、1848 年革命和 1870 年巴黎公社。每次起义之后他都被捕入狱。《星体永恒》是他在巴黎公社时期最后一次监禁于托罗要塞（Fort de Taureau）中写成的。本雅明后来向霍克海默承认，这一文本初次阅读时显得平庸、乏味，但和这本书熟悉之后，他在其中不仅看到了布朗基对于击败他的社会秩序的“无条件屈服”，同时还看到对“这样一个社会的最可怖的指控，这个社会把宇宙的形象当作自己的投影反映在天宇之上”（C, 549）。本雅明体察到，布朗基这本书里既是机械论又具地狱感的生命观，和星辰隐喻在尼采及波德莱尔那里的重要作用之间，存在着应和关系——他希望在他的波德莱尔专著的第三部分中全面研究这类应和，然而这一部分从未完成。

1 月 20 日回到巴黎，他搬进了东巴勒街的一座小公寓，他在这座城市的剩余岁月，都将以这里为家。早至 2 月 7 日，他就能向霍克海默报告，他的房间已经布置得令人满意，而且他对露台表示出真心的喜爱，从那里可以看到楼群的屋顶。本雅明期待暂时寄存在丹麦布莱希特处的那批藏书早日到来，他坦言自己是多

么思念它们："直到现在，我才注意到我对它们的需求在我心中埋得多么深。"（GB, 6:38）接近3月底，他的书架又因一次意外的妙举而得到充实：一个朋友救下了本雅明遗留在柏林公寓中的"十本或二十本"书，寄到了巴黎来。青年艺术收藏家和作家恩斯特·莫根罗特（Ernst Morgenroth），流亡时期使用笔名斯特凡·拉克纳，他记得保罗·克利的水彩画《新天使》在本雅明公寓起居室中的荣耀位置。尽管反复抱怨从公寓旁边的电梯间传来的噪声，但本雅明发觉，重新拥有自己的居所的安全感令他如此快活，以至于他头几个月都不愿意离开新巢穴——当然这也有利于他的预算。 579

随着他渐渐离开东巴勒街出门游荡，他开始重新融入城市生活。艺术是最先把他引出来的事物之一。2月初，他去卡恩韦勒[1]的西蒙画廊（Galerie Simon）参观了保罗·克利的近作，评论说，比起油画，他还是更喜欢这位画家的透明水彩画。圣奥诺雷市郊街（Rue du Faubourg Saint-Honoré）的美术馆（Galerie des Beaux-Arts）有一次大型超现实主义作品展，这次展览对本雅明的工作有更直接的作用：

> 主厅的地板上铺着木屑，木屑上冒出星星点点的苔藓。天花板上悬挂着煤袋子。照明完全是人工的。人们感觉自己置身于绘画的灵堂（chapelle ardente）；而展示的画作就像金属奖牌，放在离世亲人的胸口。……纸塑人体模特的廊道构成展览的入口。这些人偶的性敏感（及其他）部位挂着锡纸包装、电灯泡、线团和其他神奇的器具。整个东西与梦境的距离就像戏服店之于莎士比亚。（GB, 6:41）

1 丹尼尔-亨利·卡恩韦勒（Daniel-Henry Kahnweiler，1884—1979），现代派画商、艺术赞助人、美术史家。——译注拉克纳记得本雅明在人生这一阶段的外形："他身上丝毫没有波西米亚风。那些日子里，他已经有微微隆起的小肚子。他经常穿一间旧的、略带运动感的粗花呢夹克，里面是布尔乔亚样式的深色或彩色衬衫，下身则穿着灰色法兰绒裤。我记忆中从未见过他不打领带。……有时，在圆镜片后面，他流露出猫头鹰般的深不可测的表情，需要花点时间才能吃得准他是不是对自己刚才大声说出的话暗含嘲讽。"[1] 这种嘲讽式幽默在他的个人交往中常常被
580 觉察到。有一天，他在街上碰到哲学家让·瓦尔，他听瓦尔说他刚拜访完他的第一位导师、现已年迈的亨利·柏格森。柏格森表达了他对中国入侵巴黎的忧虑（这可是日本正在大举侵略中国的时候），并把一切社会问题都归罪于铁路。本雅明一边听着，一边想："那么人们将来能从八十岁的让·瓦尔那里得到什么呢？"（BG, 219）

1938 年至 1939 年冬季，本雅明在巴黎的日子因为法国朋友和德国流亡朋友的频繁来访而生机洋溢。他时不时见到克拉考尔；20 年代那种给予彼此作品以决定性动力的思想交流已让位于相当尴尬的关系。他们聊到一部克拉考尔正在应约而作的关于电影的书——但这书从未完成。频繁会面的还有汉娜·阿伦特及其将来的丈夫海因里希·布吕歇尔（Heinrich Blücher）。他们还生活在柏林时，本雅明就认识了阿伦特和她的第一任丈夫君特·施特恩（Günther Stern）；本雅明和施特恩是远亲。阿伦特（1906—1975）成长于东普鲁士柯尼斯堡的一个已经归化的犹太中产家庭。她曾跟随德国魏玛时期最重要的几位知识分子求学：哲学上有马丁·海德格尔、卡尔·雅斯贝尔斯、埃德蒙德·胡塞尔，神学上

1 Lackner, " 'Von einer langen, schwierigen Irrfahrt,' " 54–56.

有鲁道夫·布尔特曼（Rudolf Bultmann）和保罗·蒂利希。她的博士学位论文关于奥古斯丁的爱的概念，由雅斯贝尔斯指导。虽然当时无人知晓，但在 20 年代中期，阿伦特曾是马丁·海德格尔的情人；直到 1929 年，她才在柏林遇到施特恩并与他结婚。在 1933 年一次警察审问之后，她逃离柏林，先去捷克斯洛伐克和瑞士，然后又到巴黎。在巴黎流亡期间，本雅明和阿伦特的关系逐渐密切。1936 年开始，德国流亡群体在他们两人周围形成了一个小圈子。本雅明的住处定期举行晚间讨论会，这一群体包括弗里茨·弗兰克尔、画家卡尔·海登赖希（Karl Heidenreich）、律师埃里希·科恩-本迪特（Erich Cohn-Bendit）、海因里希·布吕歇尔以及阿伦特在犹太人救助组织的同事汉南·科伦博尔特（Chanan Klenbort）。[1] 布吕歇尔曾作为青年工人参加柏林的斯巴达克斯团起义；他后来成为共产主义活动家。虽然他没受过多少正规教育，但却是一位投入的自学者。本雅明无疑在柏林见过布吕歇尔，不是通过自己的弟弟格奥尔格，就是在布吕歇尔给弗里茨·弗兰克尔神经科诊所当助理的时候。到 1938 年，阿伦特已经成为本雅明 581
在哲学和政治问题上的主要对话伙伴之一。阿伦特和本雅明两人都处于巴黎学院哲学的边缘，偶尔参加讲座，也不经意地和亚历山大·科耶夫、亚历山大·柯瓦雷（Alexandre Koyré）以及让·瓦尔这样的人物建立了友谊；阿伦特由于对黑格尔和海德格尔哲学的同情，无疑比本雅明更靠近这一松散的交往网络。

2 月 11 日，他迎来了肖勒姆访问巴黎——心情多少有些复杂。肖勒姆此番途经巴黎是要前往美国，他将在那里进行巡回讲座，还要借此机会研读卡巴拉抄本。肖勒姆在巴黎的数天中，有

1 Young-Bruehl, *Hannah Arendt*, 122.

两三次谈话涉及马丁·布伯的问题以及他和弗朗茨·罗森茨维格在20年代中期合译的希伯来圣经（出版于1925年至1937年间）。神学家卡尔·蒂梅反对这一翻译中的许多关键措辞，本雅明在给蒂梅的信中则表达了自己对这一工程整体的质疑——不是质疑这一工作本身是否恰当，而是它的**时间点**。在本雅明看来，"时间索引"迫使译者采用一系列德语措辞变化，而它们正是时代的症候。肖勒姆对1938年和本雅明在巴黎见面的记录——那是他们最后一次相聚——强调两人的讨论是在充满感情的气氛中进行的。[1] "我当时已经十一年没有见过本雅明了。他的外形多少有些改变。他变壮了，仪态更加随意，胡子愈加浓密。他的头发斑白。我们就他的著作和他的基本观念进行了充分讨论。……但我们讨论的焦点当然还是本雅明的马克思主义取向。"肖勒姆和斯特凡·拉克纳提供的人物小像揭示了流亡生活对本雅明的长期影响：虽然只有四十五岁，他已然在成为一个老年人。

关于《艺术作品》论文，肖勒姆认为其中的电影哲学是牵强的，也攻击了他对灵氛概念的使用，"他多年来都是在完全不同的意义上使用的"，对此，本雅明声明，他的马克思主义不是教条的，而是在本质上具有探索性和试验性的，并且绝不意味抛弃以前的关切点，相反，这对于他在两人友谊初期发展出来的形而
582 上学和神学视角，代表了一次适时的、富有成果的变体。把他的语言理论和一种马克思主义世界观相结合，这是他寄予最高希望的任务。肖勒姆又追问他和"马克思主义同路人"的关系。本雅明捍卫了布莱希特的成就，即一种"完全不具巫术性的语言，一种清除了一切巫术的语言"，并把这一成就和一位他同肖勒姆都

1 SF, 205-214.

钟爱的作家的成就相比拟，即保罗·希尔巴特。他还向肖勒姆谈到布莱希特为数众多的色情诗，其中一些他算入布莱希特的最佳作品。而关于社会研究所这一话题（肖勒姆即将与该所的核心成员会晤），本雅明强调他对其整体取向有“深刻的共鸣”，但也承认他有保留意见，他的口吻透出一丝“苦涩，绝对与他给霍克海默书信中的示好语调不符”。至于研究所对共产党的态度，本雅明“说得转弯抹角，无论如何不愿表态”，和他的一些朋友对莫斯科审判情绪激动的否定形成显著对比。有一次他们还讨论了卡夫卡，另一次则谈到了路易-费迪南·塞利纳。关于后者的最新著作《小试锋芒》（*Bagatelles pour un massacre*），本雅明评论说他自己的经验已经使他确认，隐含的反犹主义即便在法国左翼知识分子中也普遍存在，而只有个别非犹太人——他举出了阿德里安娜·莫尼耶和弗里茨·利布——在本质上完全不受影响。但肖勒姆注意到他的朋友对法兰西的热爱并无改变，而且更进一步，与此形成对照的是，本雅明身上有一种“对英国和美国明白无误的冷淡乃至反感”。

在巴黎生活了四年多，本雅明扩展个人交际网络的过程中已经陷入了法国的文学政治——即便是在其边缘处。流亡摄影家热尔梅娜·克鲁尔——本雅明和她相识于 1927 年——比他在巴黎住得更久，并在不同时期和法国知识分子共同生活，但她想发表一篇短篇小说时还是向本雅明求助，恳请他利用自己的关系帮忙安排。而这不是他唯一一次试着帮朋友发表；他和在巴黎的朋友谈到，也在与海外的朋友通信中提到他的熟人（以及赞助人）斯 583
特凡·拉克纳的小说《无家可归的扬》（*Jan Heimatlos*）。正是对法国文学政治的深度介入，巩固了本雅明和社会研究所以及霍克海默的关系。本雅明的供稿只是他按月收到薪酬的工作的一部分。寄给霍克海默的长信——“巴黎来信”——是对法国思想界主要潮流的名副其实的实时评论，涵盖整个政治光谱。3月，他和霍克海默就塞利纳的《小试锋芒》进行了广泛交流，这本书他刚和肖勒姆讨论过。塞利纳的谩骂之辞，把恶毒的反犹主义和看似不相称的和平主义交织于一体，把本雅明带回了他1937年夏在圣雷莫开始表述的观点，也就是现代特有的“临床虚无主义”的观点。在一封给霍克海默的信中，他在表现主义、荣格、塞利纳和小说家兼医生阿尔弗雷德·德布林之间，构建出一个一如既往让人意外的关联点：“我在想，到底有没有一种外科医生特有的虚无主义，从医生在解剖室、手术室面对打开的腹腔和颅骨的经验中，创造出它自己的凄凉诗篇。哲学对这些经验弃置不理已经超过一百五十年（早在启蒙运动时期，拉·梅特里［《人是机器》的作者］曾关心过这些经验）。”本雅明认为塞利纳的反犹谩骂的“症候价值”不容低估；他提及《新法兰西评论》上的一则书评，虽然也对书中的混淆和谎言有所指摘，但结论还是称之为“坚实”，并赞许其“广阔的视野”（GB, 6:24, 40–41）。由于法国政府在1939年4月出台了抵制反犹主义的法案，塞利纳的书被出版商下架了。6月，本雅明又对克洛岱尔发表在《费加罗报》上关于瓦格纳的文章做了尖刻点评，认为它“完美展示了这一可怖人物的恢弘事业和无可比拟的能力”（BA, 260）。

本雅明始终深知刊物在思想观点的建构中所起的作用，他不断把新的平台和显要刊物的重大变化通报给霍克海默。比如说，
584 他确保了霍克海默订阅《尺度》（*Mesures*），该刊和《新法兰西评论》有地下联系。《尺度》由美国移民亨利·丘奇（Henry Church）经营，但内容是由《新法兰西评论》的编辑让·波朗秘密约稿和编定的。这份新杂志呈现更前卫的作品，拥有与《新法兰西评论》显然有所重合，但不同的读者群：它吸引“社会学学院”的后超

现实主义者们、初生的存在主义运动和那些对神秘思想重新兴起感兴趣的人们。[1]本雅明当然也经常提到《南方手册》，他和这个刊物有最佳关系；他强烈推荐了发表在那上面的波朗关于修辞学的重生的文章。因此，本雅明不仅仅是研究所出版物的供稿人，而且是为研究所的这群知识分子服务的报道者，他占据的位置极佳，如果没有这位报道者，这群知识分子大体上就和欧洲思想潮流——也是他们的生命源泉——割断联系了。

本雅明清楚和法国机构产生直接联系所带来的危险，可以说，这些危险要大于他十五年前刚开始要成为一位自由批评家时在德国所遇到的那些。他向霍克海默承诺，“在我的工作中，只要可能，就进攻性地对待这个时代的毁灭性机关（Instanzen）；在我的生活中，只要可能，就防御性地面对它们”（GB, 6:30）。他和像波朗这样的法国领军知识分子的关系，他和像雷蒙·阿隆及皮埃尔·克洛索夫斯基这样更年轻的朋友的关系，都由这一准则所决定，正如他通常在出席文学和政治讨论活动时保持沉默一样。只有在写作中——比如他在《社会研究杂志》上发表对天主教民族主义者加斯东·费萨尔（Gaston Fessard）的西班牙内战演讲的评论时——他才允许自己拥有一定的批判距离。

本雅明在和社会研究所打交道时多大程度上也遵循了自己的准则，这至今仍是一个引起激辩的问题。30年代后期，当本雅明巩固了他和研究所的关系，他小心翼翼地以他想象中对方期待他成为的样子来塑造自己：一个左翼思想者，既不太教条，也不太激进，同时是错乱世界的一位启蒙批评者。肖勒姆关于自己的纽约之旅——在那里他第一次见到霍克海默和阿多诺——的

1 Paulhan, “Henry Church and the Literary Magazine ‘Mesures.’ ”

585 报告，说明这一刻意限制的自我呈现既没有效果，最终也并非必要。肖勒姆首次见到的人当中，还有保罗·蒂利希和汉娜·蒂利希（Hannah Tillich），蒂利希开始在纽约协和神学院任教，这对夫妇因此定居纽约。

> 我们在对话中聊到了你。T夫妇对你极尽赞誉之词（我也一样，真心实意地），结果，关于你和霍克海默的关系，一种与你在多次措辞晦涩的警告中所假定的情况有些不同的图景浮现了。我使了点招儿才让T说出来。他说，H对你抱有最高的尊重，但他完全清楚，一涉及你，人们就是在和一个神秘主义者打交道——而这却恰恰不是你想要呈现给他的，如果我对你的理解正确的话。不是我，而是蒂利希，使用了这样的表述。简言之，他是这么说的：人们并没有头脑简单到搞不懂你，也不会愚钝到因此而反感你。他们会为你做一切努力，而且正在考虑把你弄到这边来。所以，现在从T所描绘的你和研究所的关系来判断，在我看来你的外交行为就像是强行通过其实敞开着的门。……他们似乎早已察觉你认为是秘密的种种，而不愿意揭破，但即便如此，他们还是把希望寄托于你。（BS, 214–215）

肖勒姆显然相信这份报告会令本雅明吃惊，而本雅明的反应则耐人寻味：

> 你对你和蒂利希夫妇谈话的描述引起了我极大的兴趣，但我的惊讶远比你想象得要少。这里的关键恰恰在于，现在不管是在这边还是在那边（de part et d’autre）都处于阴影中的事情，如果使用人工照明，也许会被错误地看待。我说“现

在”是因为，当今时代让如此多的事情不再可能，却绝对没有排除这一点：在太阳的历史运行过程中，正确的光线会落在那些事情上[1]。我想进一步发展这个比喻，并这么说，我们的作品，它们可以成为测量工具，如果功能正常的话，它们能够测量出那一缓慢得难以想象的运行中最细小的片段。（BS, 216–217）

在此，本雅明试图把他的谨慎天性解释为依据历史索引的变化而变化：自我揭示必须有其时机，过早的曝光，即便是对同类人，也可能是毁灭性的。本雅明在一面幕布之后思考并行动，在这一情形中，这面幕布似乎并无必要，却也不见得有害；在其他状况下，当偶尔展现一下幕后本来兴许会为他赢得朋友和支持者时，他的戒备感乃至隐藏自己的倾向则对他并不有利。 586

当肖勒姆——这个人从不中庸——最终见到霍克海默，他立刻对他产生了厌恶，认定霍克海默“不是一个让人愉快的家伙”，而且实际上“如果他哪天变成恶棍，我一点也不会惊讶”。肖勒姆对霍克海默的印象染上了自己的判断色彩，他感到霍克海默对本雅明的钦佩最多只能说是脆弱易碎的。“威森格隆德坚称霍克海默始终佩服你的天才。读过他的一些作品之后，这一点倒的确变得显而易见，但我对此君的个人印象强化了我的观点，即，也许恰恰**因为**他感到他必须钦佩你，这样一个人必然只能和你有一种难以测知的关系，令人不快地承载着愤恨的苦味。”（C, 235–236）不得不说，肖勒姆对霍克海默与本雅明关系的解读大体不错——而且确实高度敏锐。与霍克海默对本雅明日益慷慨的支持相伴随

1　即会被正确地理解。——译注

的，是他始终对本雅明的作品持保留态度，以及明显不大情愿把本雅明带到纽约。

当然，肖勒姆没有把他对霍克海默的任何保留意见透露给其他研究所成员，尤其是阿多诺；和他，肖勒姆立刻建立起了坦诚友好的关系。肖勒姆确认了本雅明的感觉，阿多诺正在尽全力争取让霍克海默给本雅明提供一份体面的生活，并且他的努力因为莱奥·洛文塔尔和赫伯特·马尔库塞对本雅明的高度赏识而得到了支持。当然，阿多诺夫妇——尤其是格雷特尔——最终希望可以找到办法把本雅明带到美国，和大家在一起。为了吸引本雅明，格雷特尔反复描述他们的新家并精心措辞：

587 我不仅喜欢这里胜过伦敦，而且我相信你的感觉也会一样。最让我惊奇的是，这里绝不像人们所认为的那样新、那样先进；正相反：不管走到哪里，人们都可以观察到最摩登与最简陋事物之间的对比。在这里，不需要去寻找超现实，因为你每走一步都会被超现实绊一下。摩天大楼在向晚时分压迫过来，但再晚一点，当办公室都关了门，灯火稀疏，这些大楼反而让人想起照明不足的欧洲马车房。而且，想想吧，这里有星光，有水平线上的月亮，也有像盛夏时那样的灿烂日落。（BG, 211）

在最先进与最过时之物的联系上，这封信影射了本雅明的超现实主义论文，在现代建筑的照明模式的讨论上，则暗指拱廊街研究，这些必定起了刺激作用：本雅明很快就在墙上挂起了纽约地图，以便了解朋友们的行动轨迹。但格雷特尔比其他人（也许除了本雅明的前妻）都更了解他，知道无论她做多少努力，让本雅明离开他视为家园的欧罗巴文化会多么困难：“但我担心，你太爱你的拱廊街，以至于你无法和它们的辉煌建筑分开，而你一旦关上那扇门，可能就会对又一个新主题产生兴趣。”（BG, 211）

本雅明这一年前几个月的阅读转向了西班牙内战。对他的朋友马尔罗的新小说《希望》（*L'espoir*，英译本出版时题为《人的希望》[*Man's Hope*]）的政治指导意义，他表示怀疑，这部小说叙述了内战期间各革命派别之间的狂热辩论。但本雅明却为乔治·贝纳诺斯（Georges Bernanos）在《月下的大墓园》（*Les grandes cimetières sous la lune*，英译本题为《一部我们时代的日记》[*A Diary of My Times*]）中对佛朗哥的攻击所折服，尽管这部书坚持天主教立场。本雅明把最详尽的评论留给了自己的邻居亚瑟·克斯特勒的《西班牙证词》（*Spanish Testament*）。克斯特勒一开始为威利·闵岑伯格[1]工作，积极努力确保法国的知识分子生活中有苏联观点的存在，后来在内战期间他三次前往西班牙。他自称是英国报纸《新闻纪事》（*News Chronicle*）的记者，闯入长枪党[2]领地，被来自柏林 588
的一位前记者同事认出，并被指控为共产主义者。他遭到逮捕，即刻判了死刑。因为一场囚犯交换，克斯特勒幸运地免于一死：他被用来交换佛朗哥的一位战斗机飞行员的妻子。《西班牙证词》分两个部分：第一部由九篇战地报道组成，观点带有意识形态倾向性，而第二部《与死亡对谈》则记述了克斯特勒在狱中等死的体验。本雅明对两个部分同样着迷。

1　威利·闵岑伯格（Willi Münzenberg，1889—1940），德国共产主义活动家。——译注

2　西班牙长枪党（Falangist），内战中法西斯主义和民族主义一派，全名为西班牙国家工团主义进攻委员会方阵（Falange Española de las Juntas de Ofensiva Nacional Sindicalista），后佛朗哥任该党领袖。吸纳卡洛斯主义等党派后，长枪党在佛朗哥独裁时期成为西班牙执政党和唯一合法政党，直至 1977 年被取缔。——译注

书架上还有《本世纪的一个正规兵》(*Un régulier dans le siècle*),法国民族主义者朱利安·邦达自传的第二部;邦达的著作(以及他的基本主题,“知识分子的背叛”)激起了一系列对非叛国知识分子处境的反思。而他对社会学家诺贝特·埃利亚斯(Norbert Elias)的《文明的进程》的阅读促使他给作者写了一封充满敬意的信。因为本雅明为《社会研究杂志》——以及其他为数不多的几份他能发表作品的刊物——负责的领域之一是欧洲浪漫主义,所以他持续追踪德语和法语中的最新著作。他读了马塞尔·布里翁关于威廉·海因里希·瓦肯罗德(Wilhelm Heinrich Wackenroder)的文章,这位早期浪漫派人物就是重要的《一个热爱艺术的修士的内心倾诉》(1797)的作者;布里翁的文章出现在《南方手册》的德国浪漫派专号上,同一期还有本雅明的《歌德的亲合力》的节录。此外,在提到自己关于浪漫派艺术批评的博士论文时,本雅明对埃贡·维辛评论道,新近发现的奥古斯特·威廉·施莱格尔(August Wilhelm Schlegel)的未刊书信给理解弗里德里希·施莱格尔的皈依和反动历史哲学都带来了新洞见。

当他阅读社会研究所同事们的著作时,新近树立的对自己地位的信心使得他敢于提出更为坦率的批评。赫伯特·马尔库塞于1937年在《社会研究杂志》上发表了纲领性的《哲学与批评理论》(“Philosophie und kritische Theorie”),作为回应,本雅明向霍克海默提出了针对研究所纯粹理性主义的反向立场:

589 批评理论不能无视迷醉(Rausch)的某些力量是如何深深地和理性及其为解放而进行的斗争绑定在一起。我的意思是,人类通过使用致幻药物已经得到的一切和解也都可以**通过人性**得到:有些通过个人——通过男人或通过女人;有些

> 通过群体；还有一些，我们尚没有胆量去梦想，或许只是通过生命共同体。难道这些和解，由于从中所诞生的人类团结，最终不是真正政治性的吗？不管怎样，它们都给予了那些自由斗士以力量，他们如“内在的平静”一样不可战胜，但同时又准备着像火一样升起。我不相信批评理论会把这些力量当作“中性的”。的确，它们今天似乎落入了法西斯主义手中。这一幻象之所以出现，只是因为法西斯主义不仅歪曲和妨害了我们所熟悉的那些自然的生产力，而且歪曲和妨害了离我们更遥远的那些生产力。（GB, 6:23）

本雅明针对研究所的批评理论观念，私下里提出这一批判，其时机绝非偶然。

1938 年，本雅明强化了他晚期思想关系中最重要的——也是最少被理解的——部分，那就是他和“社会学学院”成员之间的关系（前一年，他在这个学院听了科耶夫的讲座），尤其是和乔治·巴塔耶、罗歇·凯卢瓦、米歇尔·莱里斯的关系。巴塔耶给这一松散的知识分子联盟所起的名字带有误导性：“学院”没有教学意图，其“神圣物的社会学”也不是一门学科，而是“类同于一种疾病，社会体的特异感染，一个倦怠的、消耗殆尽的、原子化了的社会的老年病”[1]。这三位创始人追求的不仅是对神圣物的批判，还有它在社会中的神话再生；最终目标是形成一种新的“特选共同体”（elective community）。我们从若干信息来源了解到，本雅明是学院的双周讲座的常客；汉斯·迈尔（Hans Mayer），另一位和这一群体有联系的德国侨民，记得和本雅明最后一次见面就

1　德尼·霍里埃尔（Denis Holier）语，引自 Surya, *Georges Bataille*, 261。

是在学院的某次活动上。我们还知道，他曾定于在1939—1940年度的系列活动中发表一次讲座，那是在战争爆发终止了学院的活动之前。
590 动之前。[1]由于背景信息稀少，一封1938年5月28日致霍克海默书信中的大篇幅讨论在后来对学院的评估中就有了或许不恰当的重要性。那封信表露了一种完全拒绝的立场——凯卢瓦的“病理性的残酷”被形容为“令人反感”，其无意识中接近的立场最好还是留给约瑟夫·戈培尔（Joseph Goebbels）。但若干因素表明，我们对此应抱些许怀疑。第一，这封信是写给霍克海默的，这位收
591 信人最不可能同情地看待学院及其对神圣物、暴力和迷醉的研究；第二，本雅明自己的作品与尤其是巴塔耶的作品之间，明显有相通之处——特别是两人对某种晚期超现实主义的共同拥护。本雅明当然和巴塔耶很熟（他1940年离开巴黎时，把拱廊街计划的一大部分笔记和材料托付给了巴塔耶）。他和凯卢瓦的关系虽然不那么清晰，但凯卢瓦发表在《新法兰西评论》和《尺度》上的文章在拱廊街计划涉及巴尔扎克、波德莱尔、奥斯曼时，以及其他有关“现代神话”的多种语境中，都得到了大量征引，这当然具有重大意义。总的来说，我们可以想象本雅明对学院的方向——通过重新发现神圣而使得一种新型共同体成为可能——颇感兴趣，也可以想象得到他的怀疑。巴塔耶坚持认为共同体的理念必须是“否定性的”——探索性的，甚至是不可企及的——这当然让本雅明有共鸣，但凯卢瓦对一种主动性的神圣共同体的倡导则可能让他反感。就这一群体的三位领军人物的思想立场而言，本雅明估计最同情米歇尔·莱里斯的立场，他在次年将会评论莱里斯的著作《成人之年》（*L'age de l'homme*）。

1　见 Bataille et al., *The College of Sociology, 1937–1939*。

世界政治当然从未远离本雅明和朋友们的脑海及交谈，尤其是因为德国的吞并政策正在加速。奥地利总理许士尼格 2 月 12 日在贝希特斯加登与希特勒会晤，达成表面上的妥协，似乎能让奥地利在德国的压力下保住主权：他同意任命奥地利纳粹分子阿图尔·赛斯-英夸特（Arthur Seyss-Inquart）为保安部长，完全控制奥地利全国的警察系统。意识到连这一让步都还是不够，许士尼格在 3 月 9 日发起关于奥地利统一于德意志的全民公投。投票举行之前，希特勒向许士尼格发出最后通牒：要么放弃政府权力，要么面临德国入侵。由于得不到英法支持，许士尼格 3 月 11 日辞去总理一职，德国军队在 12 日早上跨过了边境。德国人，以及他们的奥地利同情者，迅速行动镇压反抗，就像 1933 年一样。在“德奥合并”的数日内，超过七万名新政权的“反对者”——包 592
括奥地利政府中的显要人物、社会民主党人、共产主义者，当然还有犹太人——遭到逮捕，许多人惨遭杀害，更多的人被送进集中营。卡尔·蒂梅给本雅明写了一封情绪激动的信，对他们在奥地利的朋友和亲人充满忧思：“最后我对自己说，上帝一定为他的人民（他的肉身的人民，他的操德语的人民）准备了广大无边的赠礼，否则不可能眼睁睁地让他们受这样广大无边的苦难。”（转引自 GB, 6:51n）“至于我，粗暴地讲，”本雅明回信说，“我几乎已不再知道到哪儿去了解什么是**可理喻的**苦难和死亡。在我看来，奥地利的情形不亚于西班牙，可怖之处都在于，人们不是以个人信念的名义接受殉道的苦难，而是以可能的妥协的名义：不管是奥地利宝贵的民族文化被无信誉的工业和政府垄断的生意所妥协掉，还是西班牙的革命思想被俄国领导层的马基雅维里主义和本地领导层对玛门的崇拜所妥协掉。”（C, 533）本雅明的左翼友人继续带着不安和幻灭感看待俄国。热尔梅娜·克鲁尔在谈到最近公布的一些检讨书时说："这让我非常难受，我不能理解他们到底对这些人做了什么，逼迫他们写出这样荒唐的话来。"本雅明拒绝以白纸黑字的形式明确表明他究竟是怎么想的，这是他的典型做法；但由于所有加诸移民身上的压力，他一定曾偶尔宣泄过自己对于俄国事态的感受。

急速恶化的政治局势给德国流亡群体的状况带来直接威胁。阿尔弗雷德·科恩一家逃离巴塞罗那，而今住在巴黎，生活"极其悲惨"（GB, 6:86）。而作曲家恩斯特·克热内克已逃出奥地利，出发去美国。本雅明看不到自己能够接受的逃离路线，试图加入法国国籍。3 月 9 日，他提交了法国公民身份的正式申请，附有安德烈·纪德、保罗·瓦莱里和儒勒·罗曼（Jules Romains）的证明书。接下来几个月，他时不时就要忙着去完成入籍程序的种种重大要求，而几乎每个要求都足以成为看起来无法逾越的障碍。
593 他需要一份居住证明，以表明自己在巴黎已经住了多长时间，但由于他以前的转租人乌泽尔·布德在转租时并未征询房东，该房东拒绝在必要的证明上签字。"已经忘记了什么是惊讶，"他对斯特凡说（GB, 6:90）。退而求其次，他请求研究所开一份工作证明。他甚至考虑去美国做一次短期旅行，仅仅为了获得旅行身份，这样可能会加速入籍程序。最后，他觉得自己能保留难民证都已经是幸运了；到 1938 年晚春，连这些证件也不再发放了。本雅明对法国公民权的申请在不同的官僚部门之间流转，两年过后也没有得到受理，到那时，德国占领法国，让这一切没有了实际意义。从这一时期起，本雅明的书信流露出一种日益焦虑的声吻，他试图保持自己的法国居住许可有效，同时又要尽一切可能保护自己的信息免于德国当局的刺探。

虽然春天的大部分时间都放在了继续写作波德莱尔论文上，

但其他项目也要求他分出一些精力。自从完成福克斯论文以来，本雅明没有发表过任何有分量的东西。3月初，他终于完成了为《准绳与价值》而作，介绍社会研究所的文章。他——有时还有阿多诺——曾挣扎于如何写这样一篇文章，既忠实表述该所的研究方向，又让自由派资产阶级取向的这份刊物可以接受。霍克海默曾建议他如此回复来自编辑费迪南德·利翁的严厉警告，首先假装对把“共产主义色彩”归于研究所的说法表示惊讶，然后再让他放心，这“纯纯粹粹是一个学术问题”[1]。花在十一页稿子上的工夫是原先不可能预想到的：“这一工作的难度在于必须抵制利翁可能对它做出的破坏。”（GB, 6:37）最终，他得以产出一篇刊物可以接受，而且霍克海默也可以接受的文稿，即便他自己并不那么接受。

虽然他对利翁抱有怀疑和几乎不加掩饰的敌意，但他还是很高兴看到，这份刊物在1938年初发表了关于《德意志人》的简短讨论。这本书的版税仍是他最重要的收入来源之一，本雅明密切关注着新生出版社给他的稿酬。他甚至询问蒂梅，勒斯勒尔会不会瞒报图书销售总量，不过听到蒂梅对这位出版人的操守的肯定， 594
他也就放心了。他因为收到一位读者的反馈而感到尤其高兴，这位读者就是他的弟妹希尔德·本雅明，为了和她入狱的丈夫格奥尔格离得近一点，她和儿子迈克尔还一起留在柏林。从本雅明编选的书信集中，希尔德选出了德国流亡者格奥尔格·福斯特[2]书信中的一段话：“我不再有故土、祖国或朋友；所有亲近的人都已经离开我，有了其他牵挂。而如果说我想到过去还觉得自己和它绑

1　Adorno and Horkheimer, *Briefwechsel*, 340.

2　格奥尔格·福斯特（Georg Forster，1754—1794），德国博物学家、科学家、民族学家、游记作家和革命者。——译注

在一起，那只是我的选择和我的想法，并非由环境所强加。命运中的幸福可以赋予我许多；而其中的不幸却不能从我这里带走任何东西，除了写这些书信所带来的满足感，万一我付不起邮资的话。”[1] 希尔德·本雅明深受这封信感动；她的丈夫，其处境和福斯特不无相似之处，却在他自己的书信中决然拒绝与这位 18 世纪知识分子产生共鸣，格奥尔格·本雅明评点道，福斯特的“革命自由”依赖于“禁欲”。格奥尔格·本雅明对妻子写道：“[这些片段] 所散发的无望感太过巨大；由于我不了解他对当时的事变所采取的立场，我还不清楚福斯特的人格。”[2]

在阿多诺的建议下，本雅明还花时间给他在魏玛共和国末年所作的三部“教育广播剧模型”——原文稿已落入盖世太保之手——写了一份概要。本雅明从 1925 年起为多个广播电台工作，写作了一系列广播谈话节目和广播剧，并经常亲自在话筒前播音。1925 年开始（并且在法兰克福广播电台艺术总监恩斯特·舍恩的鼓动下），他计划了一系列定位为“教育广播剧模型”的节目：针对具体工作和生活场景的教育性展演，同时也为了培养听众们正确聆听的艺术。这一系列的题目和构思借鉴自布莱希特，他把自己的每一部戏剧都不仅当作独一无二的作品，而且当作某种介入剧场实践的样板；布莱希特式的教育剧不仅意在改造观众，而且要改造其他戏剧工作者乃至整个传统。本雅明的概要，和他晚年所作的许许多多作品一样，在生前未曾发表。

595 这些工作如此频繁地打断他的主业——夏尔·波德莱尔。晚春，本雅明梳理自己关于拱廊街的大量笔记，把它们组织为一部关于波德莱尔时代的巴黎的书稿方案。“我已经花了这么长时间，

1 Benjamin, *Georg Benjamin*, 255–256. 来自《德意志人》中福斯特书信的段落见 SW, 3:173。

2 Benjamin, *Georg Benjamin*, 256.

积累起一本本书、一段段摘录，”他在4月中旬写信说，“现在我已经准备好写成一系列思索，它们将支撑起一个全然透明的结构。在辩证的活力上，我希望这一篇可以和我讨论《亲合力》的作品相提并论。”（BA, 247）就波德莱尔专著的意图，他和肖勒姆分享了一个最佳比喻（他将在AP, J51a,5中对这里的表述加以修改）：“我想呈现的波德莱尔，是把他放入19世纪的样子；由此产生的形象必然看起来很新，给人一种很难定义的吸引力，就像一块石头埋在森林的土层中已经有几十年，当我们多少费了一点力气把它从所在的地方挖出来时，它给泥土留下的印痕在我们面前就展现得异常清晰和完整。”本雅明为这一工程设想的社会和历史跨度，部分已经在他就细节所请教的权威中得到了说明：经济学家兼律师奥托·莱希特尔（Otto Leichter，他是波洛克推荐给本雅明的）以及著名的艺术史家迈耶·夏皮罗（Meyer Shapiro，他在纽约和阿多诺成为思想伙伴）。

本雅明赋予波德莱尔研究的当下相关性，在他对肖勒姆所做的评点中有令人难忘的表达，这些评点的前文是他对自己的方法论的描述（我们在前文不同的语境中已经引述过）：“我们的作品，它们可以成为测量工具，如果功能正常的话，它们能够测量出那一缓慢得难以想象的运行中最细小的片段。”（C, 217）把自己的作品比作一种特别适于记录社会历史风景中细微变化的显影液，这一越来越频繁出现的比拟显然和这里测量工具的隐喻相关。正如4月中旬给霍克海默的一封信所明示，本雅明关于波德莱尔专著的意图已经具有确定的形态。他把这一设想中的著作形容为拱廊街计划的“微缩模型”，勾画出其结构，更大计划里的各个中心主题面向在此围绕波德莱尔这一人物重新组织。他的初步方案颇能说明问题：

596 这一著作将分为三部分。它们的预定标题是："观念与图像"；"古代性与现代性"；"新的与永恒相同的"（The New and Eversame）。第一部分将展示寓意（allegory）在《恶之花》中的至关重要性。它将呈现寓意式感知力在波德莱尔笔下的建构，同时透视他艺术观的根本性悖论——即自然感应理论与拒斥自然之间的矛盾……

第二部分探讨作为寓意式感知力的形式元素的"消融"（dissolve），通过这种"消融"，古代呈现于现代，现代呈现于古代。……人群以决定性的方式影响了巴黎的转变。人群如面纱垂落在漫游者面前：它是孤独个体的最新迷醉剂。——第二，人群抹去了一切个体的痕迹：它是流浪者的最新避难所。——最终，人群还是城市迷宫中最新、最深不可测的迷宫。通过它，以前未知的地府特征凸显在城市景观之上。——揭示巴黎的这些方面，是诗人明白无误的任务。……用波德莱尔的话说，在他自己的世纪中，没有什么比赋予现代性以形式更接近于古代英雄的任务了。

第三部分处理的是作为波德莱尔笔下寓意式感知力的完成状态的商品。诗人被忧郁（spleen）置于"永恒相同"的诅咒之下，"新"却爆破了"永恒相同"的表象，而事实证明，这个"新"不是别的，只是商品的光晕。……寓意表象的消解根植于这一完成之中。波德莱尔独一无二的重要性在于他是第一个，也是毫不动摇的一个，捕捉到（dingfestgemacht）自我异化之人的生产性能量的诗人——这里"捕捉到"有双重含意，承认它的存在，并通过系紧来强化它。[1]各部分所呈

1 这句话经过修改成为《拱廊街计划》中的J51a,6。我们对这封信已有的英译做了全面修订，使之更接近德文原文。

现的具体形式分析由此汇入一个统合的语境。（C, 556–557）

4 月和 5 月本雅明忙于波德莱尔专著的构思，与此同时，他也苦于慢性偏头痛。他最终去看了一位专家大夫，对方建议他治疗疟疾；但在为了配制他急需的新眼镜而接受一位眼科医生的检查之后，他发觉他的头痛消失了。在那几个礼拜里，波德莱尔研究工作几乎陷入停滞，他靠盼望即将启程的丹麦之行和对布莱希特的拜访来缓解病痛，这次旅程从 6 月底开始并将持续三个月。流亡生活依旧极不稳定——并不仅仅因为政治和经济。本雅明对朋友们的依赖超出金钱；他 1938 年春的书信写满请求和感谢，都与其著作的誊录有关。在整个这一时期，格雷特尔·阿多诺始终是坚定支持的源泉，但其他人们不那么容易想到的人物也花了很多时间来保存和传播这位缺少现实出版基地的贫困知识分子的作品。虽然他经常收到新的流亡出版物的稿约，但其中涉及的困难常常导致他的作品遭到删节乃至篡改。4 月，本雅明受旧相识约翰内斯·施密特（Johannes Schmidt）之邀，为新刊物《自由德意志研究》（*Freie deutsche Forschung*）供稿；他最初的热情最终只成就了一篇书评的发表。还有更恼人的事情，他收到多尔夫·施特恩贝格尔的第二部著作，《19 世纪的全景画》（*Panorama: Ansichten des 19. Jahrhunderts*）。本雅明读完这本书，确定施特恩贝格尔从他的拱廊街计划中，也从阿多诺和布洛赫的作品中，剽窃了关键母题。他怒火中烧，不仅因为这一显而易见的抄袭，而且因为施特恩贝格尔在纳粹出版许可之下对他们观点进行了犬儒的利用。在一封给施特恩贝格尔的书信草稿中——大约写于 1938 年 4 月，可能并没有寄出，本雅明这样下判决：“~~在您和阿道夫·希特勒所共享的理念新世界与您和我所共享的旧世界之间，您成功建构了一种综合。~~ 597

您把属于凯撒的给了凯撒，而从犹太流亡者身上拿去了您所需要的。”（GB, 6:70；删除线是原有的）1939 年，关于施特恩贝格尔的书，本雅明写了一篇多少克制些但仍然全面否定的评论。许多年之后——在其书 1974 年发行新版之时——施特恩贝格尔对这篇书评（在本雅明生前未曾发表）做出了回应：

> W. B. 在巴黎流亡期间所下的判断，最近才以手稿形式出
> 598 现，是令我心痛的。我亏欠他许多，不仅仅在于按构造推进工作的倾向，而且尤其在于我看历史细节中异质的和死寂的方面的眼光变得锐利这一点，但当时我当然还不知晓他自己相关工作的任何部分。他的评论以同情的口吻开始，以严厉和愤怒的语调收尾。他也认识到了[我书中]原创的批评动机，并对其进行了精准概括，但他没能看到那足以把相距甚远的事物归在一起的“概念”，也就是社会分析。他曾渴望在他自己关于巴黎拱廊街的伟大作品中实现这样的分析；我的著作，尽管论题相关，并不可能满足他。我当时不能，现在也不能赋予阶级概念和经济学范畴以拦截或阐明历史观念的能量。本雅明在当时却相信这一点，但不能相应地做到：即便在他的作品中，定义也被意象超越了。（转引自 BS, 241–242n）

即便把施特恩贝格尔 30 年代是否了解本雅明工作的要点这一问题放在一边，在他的反驳中，我们还是会注意到一个无法回避的事实：对于自己和纳粹主义的同谋关系，施特恩贝格尔只字未提。

这一发现引起的愤懑在一定程度上被一件喜事冲淡，本雅明的密友格雷特尔·卡尔普鲁斯·阿多诺的妹妹丽丝洛特·卡尔普鲁斯（Liselotte Karplus）即将和他的表亲埃贡·维辛完婚。婚礼原

定于5月30日举行，却几经推迟，直到1940年才办。本雅明的姨母、姨父，也就是维辛的父母，在参加婚礼并最终前往巴西开始新生活的路上访问巴黎，引起了本雅明的思绪，其中既饱含忧郁又充满尖刻的诙谐。“俗语‘让你皈依天主教就够了’来自中世纪；而幸运的是，我们似乎正重返那个时代。”（GB, 6:88）

在出发去丹麦并集中精力于波德莱尔课题之前，5月和6月本雅明花了大量时间精力，为争取两本书的出版而奔忙。随着流亡的岁月越来越长，他此时比以往任何时候都更为盼望见到《1900年前后的柏林童年》一书印行。这部稿子至少已经被三家出版社拒绝，它们显然都抱怨过其艰深难读。5、6月间，他对文稿进行了全面彻底的修订，增加了一个引言部分，对最初在魏玛共和国晚期发表于《法兰克福报》的一组简短、沉思性的文本进行了重新安排和缩写。他不仅让行文更明快、更紧凑、更集中于意象，而且毫不留情地删除了自传色彩更浓的九篇完整章节和剩下文稿的三分之一，其中有些段落具有罕见的美。[1] 在请求卡尔·蒂梅帮忙为此书寻找瑞士出版商之后不久，他又不惜冒着伤害他和费迪南德·利翁及《准绳与价值》已经相当脆弱的关系的风险，提议在那边出版。他给利翁的信使用了为《柏林童年》新写的引言文字： 599

> 文稿在我的流亡岁月中成熟起来；过去五年中的每一年，我都会为它花上一两个月的时间。……该作品的计划开始于

1 这次修改的手稿，所谓的“最终稿”（Fassung letzter Hand），有三十个章节和两个附加章节，特点是有作者对文本的安排，1981年由吉奥乔·阿甘本在巴黎发现，并于1989年出版于GS第七卷。所谓的阿多诺－雷克斯罗特（Adorno-Rexroth）版包含了1932年至1934年间的四十一篇，次序是编者确定的，1972年收入GS第四卷。《1900年前后的柏林童年》第一次成书出版时间是1950年，由阿多诺编定。

> 1932 年。那时在意大利，我已经开始明白，我即将不得不与自己出生的那座城市做长久甚至永远的告别。在我的内在生命中，我已经几次体验到疫苗接种的益处。在这次的境地中，我决定依旧遵循此法，有意在心中想起那些在流亡期间最能唤醒乡愁的图像：童年的图像。我的设想是，正如疫苗主宰不了健康的身体，思念之情也不会主宰我的精神。我试图通过领悟过去的不可逆转——不是偶然的传记意义上的不可逆转，而是必然的社会意义上的不可逆转——来克制思念之情的效力。[1]（GB, 6:79–80）

结果，《准绳与价值》在 7・8 月号上刊发了《柏林童年》中的七节。这是这部文稿——很多人认为这是本雅明的杰作——在本雅明生前最后一次得以发表的部分。但是，他为出版所做的有文献可寻的最后一次努力差点就成功了：他和侨居出版人海迪・海伊（Heidi Hey）达成协议，为此书出私人印制版。但 5 月，这个计划也在同海伊的一系列不愉快的会面和电话交谈之后搁浅，海伊声称自己受到了伤害并且感到困惑。本雅明坚持要对出版的每
600 一方面都保有全面的控制，包括字体、设计和纸张品质。我们所能看到的文献是海伊给本雅明的一封信，信中说她是善于共鸣的读者，也是心态务实的出版人，她已经拟定的计划是“现实的”而非“幻想的”：她答应给本雅明印行一种带编号的收藏版，印量有限，她将负责其中一半印数的发行销售，另一半则靠本雅明自己。本雅明宁愿放弃这一机会，而不想让出对该书印制流程的控制权——这一选择从头到尾都只关乎这本著作对他的重要性，而

1 参见王涌译《柏林童年》，第 91 页。——译注

和出版人不得不在流亡中工作所处的现实境地并没有半点关系。

尽管这几个月沉浸在波德莱尔的世界之中，本雅明却经常发现自己又回到了弗朗茨·卡夫卡；他关于法国诗人和捷克-犹太小说家的想法以奇妙的方式纠缠在一起。“我［对卡夫卡］的阅读是断断续续的，”他在 4 月 14 日对肖勒姆写道，“因为我的精力和实践几乎毫无分配地都投入了波德莱尔工程。”利用肖勒姆做中间人，本雅明希望吸引萨洛蒙·肖肯（Salomon Schocken）出一本关于卡夫卡的书。他在 6 月中旬给肖勒姆写了一封漂亮的信，阐明他对卡夫卡的新思考。这封信是作为提议书而作的，可以给肖肯或其他人看，它具有一篇已定稿随笔的所有精致打磨和警句的力道。阿多诺曾在 1934 年 12 月附和过本雅明自己的评语，也认为他那时刚发表的论文《弗朗茨·卡夫卡》具有“未完成的”性质。阿多诺当时考虑的尤其是该文和拱廊街计划的基本范畴的关系：“原历史和现代性的关系还有待概念化，而在最终意义上，一次卡夫卡阐释能否成功就取决于那一概念化。”（BA, 68）

1938 年论卡夫卡的书信，一开头就攻讦了马克斯·布罗德新近的作家传记，然后提出了一个绝对肯定的论断：卡夫卡的作品是“一个省略号；它间隔宽阔的众多焦点，一方面由神秘体验（首要的是对传统的体验）所确定，另一方面则由现代城市人的体验所确定”（SW, 3:325）。然后本雅明从物理学家亚瑟·爱丁顿（Arthur Eddington）的《物理世界的本质》（*The Nature of the Physical World*, 1928）引用了一大段话，这段话指明，穿过打开的门道这一 601
行为，复杂地受制于气压、重力、地球运动，以及物理世界的动态的和最终意义上“松散”的本质，这样一个物理世界“没有实体的坚固性”。这里有明显的类比：现代世界有一种类似于卡夫卡的短文《树》所描述的空间一致性，有类似于《一样每天都发生的事》之中的时间性，也有一种类似于《家父的忧虑》中所见的因果链。在 1934 年论文中，本雅明着重于卡夫卡特有的“研习”天赋，也就是对一个被遗忘的“原初世界”——原初神话的领地，其中神话的法则决定了日常生存的进程——的各个方面的间接关注。现如今，本雅明呈现出一个和现代世界的社会、经济决定因素协调的卡夫卡。“关于卡夫卡，真正在严格意义上**疯狂的**（toll）是，这一最新的体验世界是经由神秘传统来到他那里的。……我想说，这一现实现在已经超出了**个人的**体验能力之外，而卡夫卡的世界，总是肃穆而充溢着天使，正是他的时代的补充。”（SW, 3:325–326）换言之，卡夫卡的神秘能力使他连通到类似现代性和原历史之间关系的东西，而阿多诺正是认为 1934 年的文章缺少对这一关系的概念化；也使他连通到一种基础性的游戏空间（Spielraum），它埋藏在商品资本主义的各种幻景体制之下，并由于现代体验的碎片特征而变得愈发晦暗。

在另一封信的精彩闲话中，本雅明展现出他对卡夫卡的现代性的思考，是多么深地渗透到他对拱廊街和波德莱尔的反思之中。他在卡夫卡人物的特殊类别——其中“助手”的形象最为突出——上发现了一种和漫游者类似的功能。漫游者在巴黎林荫大道上游逛，让杂乱的、类似震惊的体验镌刻在自己的身体上，正如它们在他的记忆中共鸣，同样地，“助手”这一类型，在一种接近于秘教恍惚的迷醉状态之下，穿行于卡夫卡的宇宙。在这些人物轻快而没来由的透明性中，他们本身看起来就足以让人意识到历史境况的异化特征（BA, 310–311）。

不过，1938 年论卡夫卡书信所确立的卡夫卡和波德莱尔的
602 平行关系的首要点，完全不是传统意义上主题性的；在两者之中，对经验的分析都是辨别**形式**的前提条件。对本雅明而言，卡

夫卡的寓言故事形式是其作品中真正具有解放性的元素。“他放弃了真相（truth），以便可以抓住它的可传播性、它的“哈加达”（haggadic）元素不放。……但［卡夫卡的作品］并不是简单地拜倒在教义的脚下，像“哈加达”（Haggadah，故事）臣服于“哈拉卡”（Halakhah，律法）那样。虽然他的作品卧倒在地，却出人意料地用一只沉重的爪子轻拍教义。”（SW, 3:326）卡夫卡的作品见证了“传统的日益病态”；它们标记出智慧的传播在哪一个点上变得空洞，变成仅仅是一种传播。在这一点上，它们就像波德莱尔诗歌中的寓意元素。那些寓言故事自命具有完整性、有机性，最终自命拥有智慧，因而正与寓意（allegory）共享核心特征，而寓意作为一种批判性摹仿，瓦解了商品的拜物性表象，挣脱了扭曲我们对历史境况的把握的神话力量。“波德莱尔的寓意有暴力的痕迹，这种暴力对于破除那个包围着他的世界的和谐外表是必要的。”（AP, J55a,3）卡夫卡和波德莱尔一起代表了一种独特能力：他们的作品**在灵氛衰败的过程中**揭示出灵氛。1938 年给肖勒姆的信中，本雅明表明，卡夫卡作品中启示性甚至转化性的潜能只有在逆着文本的原意阅读时才会浮现，他如此说道：“在每一个真正的艺术作品之中，都有一个地方，对离开那里的人来说，那里吹着如同黎明即将降临时的凉风。由此可以推出，艺术虽然常被认为执拗着不和进步发生任何关系，但其实可以提供进步的真正定义。进步并不在流逝时间的连续性中，而是在其扰乱之中获得一席之地——在扰乱中，真正的新的事物，带着黎明的清醒，首次得到体验。”（AP, N9a,7）

本雅明曾希望通过给马克斯·布罗德的卡夫卡传记几句好评来进一步接近肖肯，但随手一翻阅就打消了这个念头。“不过，我在此讨论卡夫卡，”他对肖勒姆写道，“是因为这本传记交织着卡

夫卡式的无知和布罗德式的智慧，看起来揭示了精神世界的一个区域，在那里，白魔法[1]和假冒的巫术以最具启迪性的方式互相作
603 用。我还没能读多少，但我立刻就套用上了绝对律令的卡夫卡式表达：‘行动起来，以便天使有事可做。’”（BS, 216）拟议中的卡夫卡专著直到1939年间都还是肖勒姆和本雅明之间的话题，最终因肖肯的无动于衷而搁浅。这次失败大抵符合本雅明在信件结尾对具有“纯粹性”和“独特美感”的卡夫卡形象的描述：“这是一个失败者的形象。失败者的境况是多重的。也许人们会说，一旦他确知了终极的失败，那么朝向失败的路上发生的一切对他来说就都是成功，如在一场梦中。”（SW, 3:327）由此，卡夫卡的“失败”和他的希望与安详是不可分割的。

就在出发去丹麦前，本雅明给阿多诺寄了一封长信，用意明显是挑衅。他已经认真阅读了阿多诺的瓦格纳研究中的若干章节，为其中的具体观点感到兴奋。但他认为贯穿全书的历史哲学很成问题，尤其不满于阿多诺对“救赎”（Rettung）这一本雅明的核心范畴的运用。

> 在我看来，任何一种像这样从历史哲学的角度得来的救赎，都与聚焦于进步和倒退的批判角度所得到的救赎不相容。或者更准确地说——只在那些我们自己曾经偶尔私下（sub vocem）讨论“进步”这一问题时所处的哲学关联中才是相容的。像进步的、倒退的那样的概念，它们在您著作的中心章节的正当性我难以否认，但对它们的无条件使用让试图“救赎”瓦格纳的想法变得大有问题。……救赎是一种循环形式，

1　白魔法通常指对人有益的魔法，通过超自然的力量来改变世界。——译注

论争（polemic）才是一种进步形式。……因为，这样的救赎的决定性元素——我难道不对吗？——从不简单地是某种进步的东西；它可以类似于倒退，正如它类似于终极目的，而终极目的又是克劳斯所谓的起源。（BA, 258–259）

在本雅明后期对历史哲学的思考中，进步的与倒退的本来也很难说构成一种推进性的辩证关系，更不用说对社会语境中某些特定方面的积极“救赎”了。正如他在《拱廊街计划》中所指出的：

对文化–历史辩证法提一个方法论上的小小提议：根据确定的视角，在任何时代的繁多“领域”中，建构对立是非常容易的，比如，一面是某时代“有生产性的”、“向前看的”、“生动的”、“积极的”方面，另一面是流产的、退化的、过时的东西。积极因素的轮廓只有在和消极事物的对比中才会鲜明地表现出来。另一方面，每一种消极只是作为界定有生命力的积极事物的背景才有其价值。因此，极端重要的是，一种新的区分应被用于最初被排除的消极成分之上，以便通过一次视角（而非标准！）的转换，积极元素也同样在其中重新浮现——而这和前面指出的东西是不同的。就这样一次次，无休无止，直到整个过去都被带入现在，在历史的万有复兴之中。（AP, N1a, 3） 604

“万有复兴”——这一斯多葛派和教父神学的观念，认为大火灾（conflagration）先于任何可能的复兴——在本雅明越来越黯淡的历史思想中居于核心地位。关于进步的作用，他和阿多诺这场从未完结的论辩必须在非常特定的语境中来解读：在他向阿多诺发起挑战的同一封信中，他也一带而过地提到他的朋友计划和霍克海默写“一部辩证法研究”，这部研究最终将成为《启蒙辩证法》，题献给已故的本雅明，以志纪念。

本雅明6月21日离开巴黎，前往斯科福斯堡海岸拜访布莱希特一家，并打算久留。他不单单期待改变环境，有机会不被打断地在波德莱尔课题上用功；离开城市，他也感觉是大好事。德国越来越具侵犯性，法国国内的紧张气氛在加剧，他知道他的流亡客身份使他辛苦赢得的立足之地也日益难保。一到丹麦，他就搬进布莱希特隔壁的房子，房东是一名警察，他希望这一点在他因为战争不得不延长签证期时兴许会对自己有利。在斯科福斯堡海岸的最初日子带来了近乎理想的工作环境；他写信说（引用了波德莱尔），他期待生活在“对明日工作固执的冥想”（contemplation opiniâtre de l'oeuvre de demain[1]）之中。房子有一个大花园，他的
605 阁楼间的窗户在“宽敞、沉重”的书桌上方，从这里看出去，一面是海湾，一面是森林。“来往的小船是唯一能让我分心的事物——除了每天和布莱希特下棋的插曲之外。”（BS, 230）隔壁就是布莱希特夫妇和他们的两个孩子，斯特凡和芭芭拉，本雅明很喜欢他俩；隔壁还有收音机，那是他们关于疾速变动的世界局势的主要信息来源（“这里的报纸来得太晚，以至于你必须鼓起勇气才敢打开它们”），隔壁也还有他的晚餐（C, 568–569）。但他很快就意识到这里以前就总是让他烦恼的缺陷：“天气阴郁，没法吸引我出去散步；不过也好，反正本来就没有任何散步的路可以走。我的书桌倒是有一个气候上的优点：它放在一个斜面屋顶之下，稀少的日光偶尔散发的热量在那里比在其他地方要延续得更久一点点。”生活中的亮色则是他新近看了凯瑟琳·赫本的电影：“她出色

1　这句法语，出自波德莱尔《给青年文人的忠告》，也出现在《拱廊街计划》J4,2。（参见郭宏安译《浪漫派的艺术》，上海译文出版社，2009年，第20页。——译注）

极了。”（BG, 229–230）

他的日子过得相当单调：八九个小时关于波德莱尔的研究工作，然后一顿饭，朋友的一点陪伴，一两局和布莱希特的对弈——他告诉格雷特尔，他输多赢少，尽管有时走一步棋他就要花上半个钟头。[1] 虽然若干信件提及他有意在 7 月中旬回到巴黎，以便和肖勒姆见面（他从纽约返回巴勒斯坦，将在那时途经巴黎），但其他证据，以及肖勒姆自己对此的感受，都说明本雅明希望避免这次碰面。6 月 12 日关于卡夫卡的信件——提炼了他十多年来对这位他如此钟爱的作家的思索的精华——因此可以看作一种提前补偿，以替代那再也不会发生的直接交流。

当他深入波德莱尔材料之中，很快便发觉他在巴黎偏头痛发作后准备的方案必须推倒重来。随着他逐步梳理关于拱廊街和波德莱尔的材料并重新加以组织，他开始把波德莱尔课题看作他 20 年代工作的直接延续。这方面最早的表述是对肖勒姆说的话，他形容波德莱尔研究工作是“一条思索的长链（以《亲合力》论文为模范）”（BS, 231）。他告诉他妹妹，他“又一次——间隔十年之后——投入一本专书的写作”。1928 年，恩斯特·罗沃尔特曾 606
出版本雅明关于德国悲悼剧的专著，以及他的城市书《单行道》。而当他告诉弗里德里希·波洛克，他的波德莱尔一书将提供“对 19 世纪最深入的观看——以视角来安排”（GB, 6:133），不论他是多么无意识，这里影射的正是《单行道》——他 1926 年写信给肖勒姆形容《单行道》时所用的说法几乎一模一样。到 7 月底，很

1　布莱希特在 1936 年给本雅明写信说：“棋盘成了孤儿，每半个小时，回忆的震颤便穿透它；那是你走棋的时候。”转引自 Wizisla, *Walter Benjamin and Bertolt Brecht*, 59。“这个流亡小群体对棋类和牌类游戏别具热情。最常玩的是国际象棋，但大富翁这个 1936 年获得发明专利的游戏，以及台球、扑克和 66（一种牌类游戏）也是常玩的。”（第 58 页）

明显他无法在 9 月 15 日这一社会研究所给他的截止日期之前完成这部著作。还在巴黎时，他答应了这一日期交稿，以为彼时彼地完成的大纲可以加速写作进程。

1938 年的 7 月底、8 月和 9 月，本雅明全力以赴地专注于他的波德莱尔研究。新的方案设定了三个部分：首先是导论性的、高度理论化的部分，题为“波德莱尔作为寓意作家”（“Baudelaire als Allegoriker”），将把波德莱尔和本雅明关于巴洛克寓意的解读联系起来；核心部分题为“波德莱尔笔下的第二帝国的巴黎”（“Das Paris des Second Empire bei Baudelaire”），将为理论提供社会“数据”和“反题”；结论部分是“作为诗歌对象的商品”（“Die Ware als poetischer Gegenstand”），不仅分析商品拜物教，而且分析新艺术派和波德莱尔、布朗基、尼采的永恒轮回观念，以此来考察波德莱尔时代的后世历史。8 月初，他向霍克海默提议，第二部分或许最适合发表在《社会研究杂志》上。随着他对这一部分——最终成型为论文《波德莱尔笔下的第二帝国的巴黎》——的构思，本雅明开始整合起一系列把波德莱尔、路易·拿破仑和巴黎波希米亚人联系在一起的相似之处，同时他也把“大都市人群和现代文学的关系”以及波德莱尔诗作中古代和现代的复杂缠绕纳入同一个系统中（GB, 6:150）。正如他后来针对波德莱尔专著的整体构想所说的那样，“哲学的弓已经拉开到了极致”（BS, 252）。

与波德莱尔论文的工作相伴随的，是和布莱希特无所不包的讨论，这正是他们两人关系的特点。他们的谈话大部分关于文学：
607 维吉尔、但丁、歌德、安娜·西格斯，以及布莱希特自己的史诗剧和诗歌近作。[1] 在布莱希特 1938 年 8 月 13 日的日记中，他提到

1　见《1938 年日记》（“Diary Entries, 1938”），收入 SW, 3:335–343。

一次关于资产阶级性爱危机的谈话："本雅明坚称，弗洛伊德认为性爱总有一天会完全消亡。"[1] 但是，他们在一起的时间越来越多地用来谈论苏联的最新情况。在给霍克海默的一封信中，本雅明试图解释他和布莱希特的共同观点：

> 直到目前为止，我们都能把苏联看作一个不按照帝国主义利益来决定对外政策的强权——也就是一种反帝国主义的力量。我们还在继续这样做，至少此刻是如此，因为——尽管可能有各种最为严重的保留态度——我们仍然认为苏联在即将到来的大战中是代表我们利益的行动者，也是在代表我们的利益推迟这场战争；我以为这也符合您对局势的感知。这一行动者在可以想象的范围内是代价最高昂的，因为我们不得不付出种种牺牲，而这些牺牲减损了对于我们这样的生产者来说最为重要的利益，这一点，布莱希特是绝不会想反驳的。（BG, 229）

就连布莱希特也开始认为新的情势发展——公开审判、内部清洗、在希特勒面前退缩——"对我们过去二十年所奋斗的一切来说是灾难性的"（BG, 229）。例如，他们担忧布莱希特的朋友和译者、伟大的苏联作家谢尔盖·特列季亚科夫已经在被捕之后处决——这一担忧后来得到证实。他们对苏联政策的保留态度并不限于审判和处决：布莱希特和本雅明都感到撕扯，一方面他们希望苏联或许可以阻止又一场大战，另一方面，他们都反感苏联过

1　这则日记继续写道："我们的资产阶级认为自己就是全人类。当贵族的头颅一一砍落，至少他们的鸡巴还是硬竖着的。资产阶级呢，甚至图谋毁掉性爱。"转引自 Wizisla, *Walter Benjamin and Bertolt Brecht*, 36。本雅明在 AP, O11a,3 中提到这次对话。另见 GS, 7:737。

度的文学政治。德语马克思主义者在《词》等刊物上展开一系列大辩论，讨论一种真正社会主义的艺术的正确方向是什么，后人把它们统称为“表现主义论争”，而当时，论争正是由1934年格奥尔格·卢卡奇对表现主义沦为蒙昧主义的指控文章引起的；布莱希特在他坚定反对蒙昧主义的剧作中对某些表现主义技巧的利用形成了对卢卡奇的有效反驳。

本雅明既认同布莱希特，又和阿多诺、霍克海默同道，这
608 促使他想办法调和两个阵营。他力劝布莱希特阅读每一期《社会研究杂志》，花心思强调纽约和斯科福斯堡海岸之间的一致意见——比如都厌恶卢卡奇所拥护的教条的现实主义。“他和我们一样知道，《杂志》的理论立场一天比一天更有分量。”（GB, 6:134）然而，本雅明靠近布莱希特及其有活力又有直接参与的马克思主义，继续引起研究所同事们的担心，在那里占统治地位的对直接参与（engagement）的理解，是一种更为中介性的——有人会说是无限推延的——理解。本雅明对布莱希特的信奉还给他带来更多的个人损耗。比如，他告知格雷特尔·阿多诺，他在丹麦阅读比平时多得多的“党的路线”的文献。又如，他对基蒂·马克斯–施泰因施耐德提到，他的屋子变得像僧侣的修室——并不是因为陈设，而是因为思想上的孤立。“不管我和布莱希特的友谊多么深厚，我都需要在严格的隔绝状态中进行我的工作。我的工作中有一些非常特异的环节，是他所不能领会的。他和我做朋友已经足够久了，所以知道这一点，他也足够敏感，能够对此表示尊重。”（C, 569）

面对推进波德莱尔研究的压力，即便是警察家中的安宁生活也开始变味。8月末，本雅明向阿多诺夫妇坦言，房中儿童的嘈杂声也许会迫使他不得不离开。他考虑从一个有精神疾病的男人

那里租屋，虽然他厌恶这类疾病。他在布莱希特、研究所和自己尚未实现的波德莱尔计划之间反复拉扯，有时感觉被困住了。他写道，与肖勒姆的哲学讨论显然给老朋友留下这样的印象，他多少像是“一个在鳄鱼的上下颌之间安家的人，得用铁支架撑开它的嘴”（C, 569）。事实上，他和肖勒姆的关系已经跌到新低点。肖勒姆从纽约返回途中本可以和他见面，但他在那之前几个礼拜离开巴黎，如今他又告知朋友，两人秋天在巴黎见面的愿望也不会实现，因为他要待在丹麦完成波德莱尔课题。他们将无法讨论他们最近的工作，而且本雅明也会因此错过见到肖勒姆新婚妻子的机会。但他的反复回避所可能产生的任何尴尬很快就消散了。9月 30 日，他给肖勒姆寄了一封悲伤的信：“我很惊讶，你竟不再 609
给我写信。你的沉默已经让我忧虑了一阵子。”（BS, 231）肖勒姆有些蹩脚地陈情说，美国之旅让他有些精神倦怠，他已经快三个月没写信了——但是，他对本雅明三番两次回避见面所感到的不快肯定才是真正的原因。

本雅明这一时期集中精力——他形容自己三个月的波德莱尔论文工作“强度极大”——的一个表现是，他鲜少提及自己的阅读习惯。他有些惊惶地提到，他偶然读到莫斯科期刊《国际文学》（*Internationale Literatur*）上阿尔弗雷德·库雷拉的文字，库雷拉是他青年运动时就认识的，两人在 1930 年至 1931 年围绕拟办刊物《危机与批评》的编辑工作讨论中曾有过冲突，这一次，库雷拉形容他是海德格尔的追随者（库雷拉评论的是本雅明的《歌德的亲合力》发表在法国刊物《南方手册》上的法语摘译）。但除此之外，他的评点只提到阅读**计划**。不过本雅明愉快地同意发表他给霍克海默早先一封信的节选——这是又一封“巴黎来信”，关于法国写作界的最新情况。他只要求在发表前删去对乔治·巴塔耶高度批判的部分，他和巴塔耶关系融洽，也是通过他才接触到围绕“社会学学院”的知识分子群体。

9 月，正当本雅明为《波德莱尔笔下的第二帝国的巴黎》收尾而工作，他的信件显示出深深的焦虑，这和欧洲局势息息相关。德国坚持要吞并苏台德地区，欧洲的战争看来不可避免。本雅明告诉他的几位通信人，他宁愿在斯堪的纳维亚，而不是在法国等待战争爆发，他向霍克海默询问他有哪些斯堪的纳维亚友人，以备他签证过期的情况出现。正是考虑到这样的前景，本雅明结束了写作波德莱尔论文的三个月“强度极大的劳作”（BS, 231），到该月底，他离开斯科福斯堡海岸前往哥本哈根，以便打印并邮寄
610 《波德莱尔笔下的第二帝国的巴黎》终稿。[1]最后阶段的写作正好碰上他所谓的欧洲局势的“暂时收场”：9 月 29 日，希特勒、墨索里尼、内维尔·张伯伦和爱德华·达拉第签署慕尼黑协定，随后德国立刻入侵苏台德。结果本雅明只游览了他所“钟爱”的哥本哈根的一小部分，那就是从他的旅馆房间到放在旅馆公共空间的收音机之间的那一部分。

10 月 4 日，回到斯科福斯堡海岸没多久，本雅明就向阿多诺报告，论文的完成是“和战争赛跑；尽管焦虑仍令人窒息，但当我在世界末日之前把‘漫游者’——计划了快十五年——安全地带进屋檐下（可惜只是手稿的脆弱屋檐！），这一天我体会到了凯旋的感觉”（BA, 278）。在给霍克海默去信确认手稿寄出时，本雅明形容论文是一次标志性的努力：它阐发了“拱廊街计划的决定性哲学元素，我希望这是它们的最终形态”。而对阿多诺夫妇，他重申了这样一个信念，其中流露出对这篇文章在纽约的接受情况

1 《波德莱尔笔下的第二帝国的巴黎》见 SW, 4:3–92。（中译见张旭东等译《发达资本主义时代的抒情诗人》。——译注）

的某种焦虑：他相信，尚未写出——但已有方案——的第一和第三部分“将为整个研究提供支架：第一部分把波德莱尔笔下寓意的特征表现为一个问题，而第三部分展示这一问题的社会解决方案”（BA, 273）。他希望人们明白，“**整部**书的哲学基础”只有立足于第三部分“作为诗歌对象的商品”才是可理解的（C, 573）。

在《夏尔·波德莱尔：发达资本主义时代的抒情诗人》——他设想的书名——一书中，本雅明所尝试的不亚于一次全面的重新发明，他将这位伟大的法国诗人看作都市资本主义现代性的代表作家。对本雅明来说，波德莱尔的伟大正在于他的**代表性**，在于他的诗歌是如何——经常与表面意图相反——展露他的时代的结构和机制的。当然，本雅明并非同代人中唯一把波德莱尔当作第一位现代作家典范的人。在英国，波德莱尔是 T. S. 艾略特的试金石，他翻译过波德莱尔的诗作并在 1930 年写了一篇关于波德莱尔和现代性关系（他的生命观是“他的时代和我们时代的福音”）的雄文，更不用提《恶之花》对另一部城市诗《荒原》的决定性 611
影响。在德国，斯特凡·格奥尔格体现了波德莱尔和现代德语文学的最早关联；格奥尔格的《恶之花》译本（1889 年）至今仍在很多方面难以超越。但艾略特和格奥尔格在波德莱尔身上所看到的作家，与本雅明所发现的显著不同。对艾略特来说，就像对他之前的斯温伯恩（Swinburne）一样，波德莱尔是充分理解现代性精神的一把钥匙，是艾略特自己在现代荒原中寻找宗教性道路这一求索的必不可少的先驱；对格奥尔格来说，就像对他之前的尼采一样，波德莱尔的诗歌通往一片广袤的、完全美学化的风景，这片风景抵御了功利和市侩的社会的侮辱。在比较本雅明和他的同时代人时，问题的关节点不只在于一边的左翼立场，另一边的保守立场（在格奥尔格的个案中，也可以说是原始法西斯主义立场）。如果说艾略特的波德莱尔是现代性精神构成中的预言之音，而格奥尔格的波德莱尔是所有真正现代的审美生产的灯塔，那么，本雅明则让波德莱尔成了一个具有独特问题性的对象：一个整体上非政治性的作家，其作品却为造成现状的文化政治奠定了基础。本雅明断然拒绝把任何一个生产性社会或政治方面的见解归功于波德莱尔本人；本雅明的波德莱尔研究，其成就在于它把《恶之花》暴露为波德莱尔时代——以及我们时代——的独特、尖锐、可怖的**症候**。《波德莱尔笔下的第二帝国的巴黎》开篇颇不和谐（这种不和谐也正是全文的主基调），不是考察波德莱尔的诗作，甚至不是考察波德莱尔本人，而是以准历史编纂的形式再现某种“精神面相”——波西米亚人（bohème）那密谋家的面容。对本雅明来说，波西米亚人并不首先是阁楼间里挨饿的艺术家——比如普契尼歌剧《波西米亚人》中的鲁道夫和咪咪——而是成分混杂的业余和职业密谋者群体，他们幻想推翻自封皇帝的拿破仑三世的政权。在论文的开篇，本雅明不动声色地在这一社会阶层所使用的战术和统摄波德莱尔诗歌及批评的**美学**策略之间建立了接力关系。如果“惊人的布告、神秘事件的散布、突然包围和令人捉摸不透的反语是第二帝国的国家理性的一部分”[1]，那么，本雅明
612 写道，波德莱尔诗歌的特点也同样是“寓意的谜一般的种种”和“密谋家散布神秘事件”。这一解读诗人的社会面相学路径，提到的并不是直接向读者亮出这类恶毒面相的一首诗歌——人们会想到《献给撒旦的连祷》，其中的呼语（apostrophe）称撒旦为“流亡的王者，尽管遭到迫害、/ 遭到失败，却更强地挺起身来”[2]——而是《拾垃圾者的酒》，这首诗生动再现了密谋家们在其中活动

1 参见张旭东等译《发达资本主义时代的抒情诗人》，第 32 页。——译注

2 参见钱春绮译《恶之花 · 巴黎的忧郁》，第 297 页。——译注

的迷宫般的区域，那就是城门外的一批廉价酒铺。一种特定的精神面相在其所诞生的空间中展现出各种姿态，这些姿态的复合体，是本雅明在他的论波德莱尔作品中所运用的方法的基础。在拾垃圾者的形象中，我们发现了一个充满张力的人物组合：“每个属于波西米亚人的人，从文学家到职业密谋家，都可以在拾垃圾者的身上看到自己的影子。他们都或多或少地处在一种反抗社会的隐秘地位上，并或多或少地过着一种朝不保夕的生活。”[1]正如出自《波德莱尔笔下的第二帝国的巴黎》的这句话所表明的，拾垃圾者是一种可辨认的社会典型。而在波德莱尔那里，拾垃圾者还是诗人的形象，这样的诗人从社会的废品中拣选，在社会丢弃的东西中找到用处。同时，拾垃圾者又是本雅明自己的形象，是批评家和历史学家的形象，他以外科手术般的精确从材料中取出不大容易发现的元素，又把这些元素拼合成自己的批评蒙太奇。我们不仅在此，也在本雅明的全部波德莱尔研究之中，体察到他对这位诗人深切的认同感：社会孤立、商业失败、在写作中诉诸“秘密建筑学”，而认同感尤深的是浸染每一页的深不可测的忧郁。

本雅明通过对比波德莱尔和皮埃尔·杜邦（Pierre Dupont）来结束论文的第一部分，杜邦公开以社会诗人自命，其作品追求对当时的政治事件进行直接介入，这种介入其实就是简单而有倾向性的。通过把波德莱尔和杜邦加以对比，本雅明探明了波德莱尔诗歌核心处的一种“深刻的两面性”——他主张，这样的两面性与其说是支持被压迫者反抗事业的标志，不如说是对他们的虚幻想法的粗暴揭露。正如本雅明在这篇文章的一则注释中所写，“试

1 参见张旭东等译《发达资本主义时代的抒情诗人》，第 39 页。——译注

图把一个波德莱尔的立场融入为人类解放而奋斗的事业中最先进
613 的立场，这样做没什么意义。更有前景的工作，从一开始看来就是去考察他的种种诡计，那无疑令他感到自在的诡计：在敌人的阵营，……波德莱尔是一名潜伏特务——是他的阶级对自身统治的隐秘不满的代理人”（SW, 4:92n）。

到 1938 年末，本雅明已经确信，传统的历史编纂依赖类似讲故事的手段，这种故事讲述预设了同质的连续性和历史变革的必然过程，“意在遮蔽历史发生过程中的革命性瞬间。……传统崩裂的地方——也就是它的顶峰和悬崖，是要跨越它们的人的立足点——它都错过了”（AP, N9a,5）。相应地，本雅明这篇关于波德莱尔的巴黎的论文，则是由一系列从原有语境“剥离”出来的历史意象和母题——它们往往处于史料的边缘处，缠结在逸闻和秘史中——所构成，进而又按照蒙太奇的原则把这些意象和母题精心编织为一个文本。这一写作方法源自这样的信念，即，此类意象通常是更大的历史结构中看似不重要的细节的表达，它们遭到了忽略，因为统治阶级把真理价值赋予了它自己那一套由意识形态所激发的历史说法。为了揭示位于历史编纂的供奉仪式之下，本雅明所说的“本真的历史时间，真理的时间”，他提议“去提取、去引用那些仍被不起眼地埋没在地下的东西——它们对有权势者而言，不论过去还是现在，都没什么用处”（N3,1; J77,1）。但是，我们如何在这一革命唯物主义历史编纂学中把握意象之间的**关系**呢？本雅明的全部信心都放在他的意象星丛的“表达”（expressive）潜能之上。“社会得以存在的经济条件在上层建筑中得到表达——恰如同在睡眠者那里，过于饱足的胃不是在梦的内容中得到反映，而是得到表达，从因果关系的角度看，这个胃可以说是‘决定’了梦。”（K2,5）《拱廊街计划》中的这些段落——

《波德莱尔笔下的第二帝国的巴黎》深度利用了拱廊街研究的十年工作——都关涉一种文本空间，在这空间中，深思性的、直觉性的、分析性的种种都交汇为一体，在这空间中，意象及意象之间的接力可以这样来解读，即“过去一切”的**现在**意义“在一次闪电中会合”。历史在现在的那一结晶也就是本雅明所谓的辩证意 614
象。而《波德莱尔笔下的第二帝国的巴黎》或许是这样一种围绕辩证意象展开的批评实践的最生动也是完成得最充分的范例——本雅明 20 世纪 30 年代文学批评的加冕之作。

《波德莱尔笔下的第二帝国的巴黎》第二部分题为“漫游者”，审视特定艺术类型和社会形态之间的相互关系。在大都市的拥挤街道上，个人不仅被吸纳到人群中，个人存在的所有痕迹都被有效地抹去了。而文学和艺术的流行形式，比如生理学作品（关于城市类型的袖珍本）和全景画（展示“典型”的历史和地理风景）随之出现，本雅明认为，这恰恰是为了缓和这一境遇所特有的深层不适感。这类娱乐作品通过它们的“无害性”，提供了一种“完美的友善”，不包含任何对当时社会秩序的反抗，这一情况有利于维持“巴黎生活的幻景”。正如我们已经看到的，本雅明的“幻景”（phantasmagoria）一词强调现代城市环境的虚幻特质，这一特质对人做出理性决定并实际理解自己身处世界的能力有破坏作用。在这方面，生理学袖珍本和幻景有同谋关系，因为前者通过给予读者一种他们其实不一定有的专门知识来助长他们的傲慢。正如本雅明在《波德莱尔笔下的第二帝国的巴黎》所说，生理学作品“向人们保证，每个人都无需任何实际的了解就可以辨认出一个过路人的职业、性格、背景和生活方式”[1]。

1 参见张旭东等译《发达资本主义时代的抒情诗人》，第 58 页。——译注

生理学袖珍本所提供的“安慰性的小小药方”，只能暂时地抑制现代处境下生活的变动不定特征。本雅明指出另一种当时（19世纪 40 年代）发展起来的文类，它“涉及城市生活令人不安的和具有威胁性的方方面面”。这一文类就是侦探小说。如果说，在城市幻景梦一般的空间中，城市居民面临反复的震惊和与之相随的迷失感，那么，侦探小说，以其积极的，甚或经常怪异的推理，
615 提供了一种显著的滋补，“让理智突破感情浓厚的气氛”。本雅明相信，波德莱尔本人是写不出侦探小说的。“他的禀赋的结构”无法让诗人身上有这样理性主义的意图：“波德莱尔对萨德侯爵太偏爱了，以至于他不能和坡竞争。”[1]

如果波德莱尔的诗歌既没有迎合社会条件（像生理学作品那样），也没有构想一套套流程来处理这些条件（像侦探小说那样），那么，他的诗歌和巴黎现代性的关系究竟是什么？本雅明推崇波德莱尔，恰恰因为他的诗作允许自身带上现代都市生活的断裂和困顿的印记，从而揭示了现代体验的空洞。因此，居于本雅明解读中心的就是震惊理论，这一理论是通过对《给一位交臂而过的妇女》的解读发展出来的，而这一解读如今也已非常著名。这首诗的诉说者，穿行于“震耳欲聋的”街道，突然盯住了一位戴孝的女士朝他走来，她显出“严峻的哀愁”，“用一只美丽的手 / 摇摇地撩起她那饰着花边的裙裳”[2]。诉说者仿佛被镇住了；他浑身抽动，完全被这一时的偶遇所征服。仅仅一瞥，这一瞬间的美就动摇了他，又给了他新生命。不过，本雅明论述道，诗人全身上下的痉挛并不是由“每一根神经都被一个意象占据的男子的激动”所造成的；其缘由反而是强有力的、孤立的震惊，“在承受这种震

1 参见张旭东等译《发达资本主义时代的抒情诗人》，第 62 页。——译注

2 参见钱春绮译《恶之花 · 巴黎的忧郁》，第 215 页。——译注

惊的时候，一种急切的欲望便突然间征服了一个孤独的人”[1]。

诗歌能力由震惊驱动这一观点和当时占主导地位而且现在也依然流行的艺术创作观相去甚远。在这一另类视野中，诗人不再是奥林波斯诸神般的天才，“超越”自己的时代，为后世捕捉其本质。对本雅明来说，波德莱尔的伟大就在于他对现代生活的最严重毒瘤的绝对**接受**；这位大师级的作家具有一种异乎寻常的“敏感气质”，使得他能够通过冰冷而内省的共鸣记录下他的时代的特征。在本雅明的综合判断中，“时代的特征”是由四处扩散的商品化所决定的。波德莱尔并不单单是**意识到**商品化的过程催生了幻景；他自身就引人注目地是那些过程的**化身**。

当诗人把自己的作品带到市场上，不论多么不情愿，他都已 616
经把自己**当作一件商品**，服从于某种拆封（unsealing）和某种去自我化（unselving）的过程——总之，就是服从于“商品沉浸于顾客的潮涌之中的迷醉”。诗人作为精神商品的生产者和提供者的角色使他进一步容易“和非有机物产生共鸣”，这种共鸣既是亲密的又具有陌生化效果。这一点转而又成为“他的灵感源泉之一”。波德莱尔的诗歌因此被里里外外的张力撕裂——被包裹着现代性这一选定使命的末日预感所撕裂，被把历史视同“永久灾难”的万花筒图景所撕裂。在这一意义上，漫不经心的波德莱尔是他自身所属阶级内部的自我变卖的“秘密代理人”。

在“现代主义”部分，《波德莱尔笔下的第二帝国的巴黎》一文接近尾声处，本雅明论证了波德莱尔是现代生活的典型作家——事实上，是现代生活的英雄。“英雄是现代性的真正主题。换言之，需要有英雄素质才能在现代生活。”[2] 作为现代英雄的波德

1 参见张旭东等译《发达资本主义时代的抒情诗人》，第 64 页。——译注

2 参见张旭东等译《发达资本主义时代的抒情诗人》，第 92 页。——译注

莱尔，不只是一个带着回忆的专注漫步于巴黎街道的极度敏感的漫游者，不只是审美商品的模仿性提供者。[1] 他是灵魂不能再生的现代个人，一点一点地被剥去了资产阶级生活的所有权和安全感，被迫在街上寻找避难所。作为一位生活在从林荫大道延伸出来的偏僻小路中的忙碌城市人，波德莱尔对现代生活中的震惊尤其敏感。

因此，他的英雄主义就在于他时刻准备着让时代精神在他的存在上留下印记和疤痕。“现代性施于人的自然创造活力的阻力，较之个人的力量是大得不成比例的。如果有人因此消耗殆尽并干脆逃避到死亡之中，那是非常可以理解的事情。”[2] 于是，英雄主义就采取了一种哀悼的形式，哀悼一项总是即将到来的丧失——哀悼即警觉的一种形式——本雅明把这一波德莱尔式的观念置于他解读的中心。充溢论文这一部分的情绪源于对波德莱尔境遇的深切认同。波德莱尔生平的最突出特征——身无分文的诗人，不被认可，遭受着内心流亡的苦难，而且在他生命的尽头，主动选择
617 流亡到比利时——非常接近本雅明自己的境遇，本雅明是他那一代人中最杰出的作家之一，用他自己的话说，他被剥夺了在地球上挣到能养活自己的最低工资的一席之地。自杀带来解脱的诱惑——“现代性必须矗立于自杀的标记之下，自杀这一行动带有英雄意志的封印”[3]（SW, 4:45）——在流亡期间从未远离本雅明的思绪，而他把“消耗殆尽”归结到波德莱尔身上，这既是描述，其实也是一种投射。

不过，现代生活的地狱特征并没有被描绘为完全不可救赎。

1　关于作为“已经卸下妆容的哑剧演员”的波德莱尔，见 AP, J52,2 及其后，尤其是 J56,5 和 J62,6。

2　参见张旭东等译《发达资本主义时代的抒情诗人》，第 94 页。——译注

3　同上。——译注

通过对波德莱尔诗文的聚焦，《波德莱尔笔下的第二帝国的巴黎》画出一条抛物曲线，把那种看似不可改变的历史——“单行道”——理解为“一次征服的对象”。尽管现代英雄和生出他的时代“注定灭亡”，但回溯地看，还是存在一种完全隐蔽的希望，也许现代性藏有救赎自身的元素。波德莱尔的问题始终没有变，那就是：“[现代性] 本身是否有一天会成为古代性（antiquity）?”如果维克多·雨果在现代巴黎之中看到了许多古代世界的明显遗存，以至于他可以讨论“巴黎的古代性”（Parisian antiquity），那么，本雅明说，波德莱尔所构想的现代性是通过共同的**衰老**（decrepitude）、通过“对逝者的哀悼和对来者的无望”[1]而和过去联系在一起的。现代城市那些在资本主义之下被呈现为“全新”的方面很快就显露出过时。“主要是现代性本身改变了，而它本应包含的古代性越发显示出一幅过时的图景。”[2]在他 1929 年的超现实主义论文中，本雅明曾提示，有意义的社会变革可能由潜藏在过时之物中的“革命性能量”燃起。因为，资本主义进程的各种机制只在它们的废品生产中才暴露出来，因为那些事物不再服务于任何目的从而逃脱了渗透每个角落的意识形态控制。过时诸进程的启迪（illumination），以及经由这些进程而得到的关于资本主义压迫机器的启迪，把通向政治行动的道路展现为一种纠正。波德莱尔的忧郁（spleen）[3]——经过精密调控的愤怒和厌恶，与他的柔情和悲伤互为补充——道破了这一希冀。

1　参见张旭东等译《发达资本主义时代的抒情诗人》，第 102 页。——译注

2　参见同上书，第 109 页。——译注

3　本中译本依惯例把法语、英语共用的概念 spleen 译为“忧郁”，不过正如此处上下文所示，spleen 也和愤怒等心理状态有关，有时甚至接近于“躁郁”的意思，请读者注意。——译注

无疑,《波德莱尔笔下的第二帝国的巴黎》所提出的最具启示性的潜能关于诗人的语言本身。波德莱尔的“作诗法就像一幅
618 大城市的地图，人们能够在房屋、门径和庭院的掩护下不引人注意地四处走动。在这张地图上，词的位置被清清楚楚地标明，就像一场暴动开始前密谋者们定好位置一样”[1]。如此战术性放置的词语，何以现实地推进革命呢？本雅明对这一问题的回答涉及对1928年悲悼剧研究中的寓意（allegory）观念的重新构想。当年他认为，巴洛克“悲悼剧”因为明显严重的美学缺陷而长期受到忽略，实际上却在自身之中携带着它们时代的可靠历史索引。再现的寓意模式在悲悼剧中占支配地位，本雅明认为它在波德莱尔笔下又重新发挥作用；在这一模式中“任何人、任何物、任何关系都可以绝对地意指任何别的东西。这种可能性对尘世来说是具有毁灭性但却公正的判决：尘世会被刻画成如此一个世界，在其中细节不具有决定性作用”[2]。在其幽灵般的分解力量中，在其把一切空洞化并使一切透明的力量中，寓意作为一种审美形式，与历史是永久灾难的理念最相协调——因此，这一审美形式，也对“现在”负有最重的道德责任。把波德莱尔的作诗法比作一幅地图，这说明形成其革命潜能的不是词语本身而是它们在文本地图中的**定位**。诗歌语言的这一关系性特征，对诸如空间化和置换等策略的部署调用，“意象和诗人之间刻意的不和谐”，这些都把波德莱尔标记为一个寓意作家。在像这样打开并连接起来的诗歌空间中，本雅明看到，现代生存的绝对无根基性质可能发挥作用——换言之，幻景可能会被打破，暴露出其本然所是。正如他在同期写作的思想片段合集《中央公园》所道破的：“打断世界的进程——

1 参见张旭东等译《发达资本主义时代的抒情诗人》，第118页。——译注。

2 OGT, 175.（参见李双志、苏伟译《德意志悲苦剧的起源》，第209页。——译注）

那才是波德莱尔最深的意图。”（SW, 4:170）

1938 年的寓意理论中，独具新意的是他在 4 月中旬给霍克海默的信里——用电影和摄影的语言——所形容的寓意式感知力的“形式-元素”（form-element），也就是“叠化”或叠印（Überblendung），借此古代性显现于现代性中，现代性亦显现于古代性中。波德莱尔是这样一个诗人，对他来说——正如《天鹅》这首由历史叠化结构起来的诗所表达的那样——一切都成了寓意。他就像蚀刻画家梅里翁，波德莱尔在这位画家生前就对他推崇有加，其巴黎风景蚀刻系列作品揭示出一种从完整的现代性中突然迸发出来的古代性；他“没有放过”新的大都会巴黎的任何“一块铺路圆石”，却发掘出了“城市的古代面貌”。“因为，在梅里翁那里，”本雅明在论文中评论道，“古典主义与现代主义是相互渗透的，这种叠印——这种寓象——在他那里明白无误地显示出来。”[1] 由此，寓意理论与辩证意象理论联手，而在辩证意象中，一个特定的过去与现在互相透视。 619

在他准备离开丹麦时，本雅明——不无疑虑地——安排把自己的数百本藏书寄到巴黎。他确信，战争已经不可避免，慕尼黑协定所带来的绝不是“我们时代的和平”，法西斯同盟很快会把贪婪的目光转向新的索取。他强烈怀疑巴黎本身会成为他人身和财物的又一个“中转站”。“欧洲的空气还能让人呼吸多久——在身体的意义上——我不知道。精神上说，经过过去几周的事变，这空气已经不再可以呼吸。……凡此种种现在都已经是无可争辩地

---

1 SW, 4:53–54.（译者按：中译文参见张旭东等译《发达资本主义时代的抒情诗人》，第 106—107 页。）对比 AP, M1a,1, S2,1, M°,4（Superposition, Überdeckung）；另参考 SW, 2:94（surimpression）。还可以对照阿多诺 1955 年对本雅明的刻画：“他沉浸于现实之中就像沉浸于重写本之中。”（“Introduction to Benjamin’s *Schriften*,” 8）

清晰了：俄国允许了其欧洲一端的肢解。”（BA, 277）他多少舒心了些，因为他二十岁的儿子斯特凡已经在相对安全的英国安顿下来，他的前妻朵拉正在变卖意大利圣雷莫的地产，为了随后也去伦敦生活。相比之下，其他朋友的处境一定显得甚至没有真实感：就在欧洲滑向战争之时，他收到了阿多诺夫妇一封兴高采烈的信，他们俩正在缅因州的芒特迪瑟特岛（Mount Desert Island）度假。埃贡·维辛和格雷特尔的妹妹刚来看了他们，开着新买的福特牌敞篷车！

本雅明在 10 月 15 日左右离开丹麦。这一回和布莱希特共处的时光不同以往，他们并没有争吵——这本身就让人担心，因为他认为布莱希特新出现的倾听意愿是这位朋友日益孤立的一个标志。“我并不想完全排除这一局面更表面的解释——孤立减弱了他过去经常从更具挑衅性的对话招数中得到的快乐；但是，更真
620 实的解释则在于，他认识到不断增长的孤立是忠于我们之间的共同点的后果。”（C, 278）

回到巴黎，本雅明遭遇了一系列甚至超出他最深恐惧的变故。他三十七岁的妹妹朵拉，身体本来就一直不太健康，现在患上了动脉硬化，经常好几天卧床不起（一年半后，她熬过关押，在“二战”中活了下来，但在 1946 年死于一家瑞士诊所）。他的弟弟格奥尔格，1933 年因共产主义信念被纳粹逮捕，已经被转移到位
621 于勃兰登堡地区巴特维尔斯纳克的监狱，在那里他是修路的苦役犯。“我常听德国的人们说，在他那种处境里，最可怕的噩梦还不是在铁窗后面一天天苦熬，而是经过多年监禁后被送往集中营的威胁。”（BG, 247）确实，格奥尔格 1942 年殒命于萨克森豪森集中营。

本雅明现在还担心他留在柏林的私人文稿彻底丢失。他曾请求一位朋友——估计是海伦·黑塞尔——最后一次尝试从他的公

寓中取回藏书和稿件，但没有成功。他给格雷特尔·阿多诺写信感叹，这下失去了弗里茨·海因勒和沃尔夫·海因勒兄弟（两人生前是本雅明从青年运动开始的朋友）的文稿、自己关于弗里德里希·荷尔德林的未刊论文稿，以及来自青年运动中的左翼自由派的那批“无可取代”的材料档案，而他自己当年是属于这一派别的。更广泛地说，他担忧慕尼黑协定之后任何法德媾和的后果，尤其是这可能给巴黎城里的法国居民和德国居民之间的关系带来影响。别无出路，本雅明只得继续进行法国国籍的申请，“谨慎小心，但不带幻想。如果说成功的概率以前就可疑，那么现在，这样做是否有用也变得大成问题。欧洲司法秩序的崩坏给谎言穿上了各种合法外衣”（BG, 247）。

他很快和法国朋友的圈子恢复了联系。他先找到阿德里安娜·莫尼耶，了解她对当时局面的看法。11 月，他去阿尔萨希艾娜（L’Alsacienne）酒馆出席了《南方手册》供稿人的聚会，在那里见到了保罗·瓦莱里、莱昂–保罗·法尔格、于勒·苏佩维埃尔（Jules Supervielle）、让·瓦尔、罗兰·德·勒内维耶（Rolland de Renéville）、罗歇·凯卢瓦等。他还愉快地和青年学者皮埃尔·米萨克往来，二人于 1937 年通过巴塔耶相识，现在交往更加频密；他们有广泛的共同兴趣，包括电影和建筑。他们经常见面，有时在本雅明的公寓，有时在圣叙尔皮斯广场的拉·梅里咖啡馆（Café la Mairie）。在他所有的法国朋友中，正是米萨克日后最为致力于让法国记住本雅明，他发表翻译和论文，最后还出版了一本专著。[1] 但本雅明的法国关系网是脆弱的。比如，他请求霍克海默在发表他对凯卢瓦《干燥》（*Aridité*）的负面书评时使用笔名 Hans 622

1 Missac, *Walter Benjamin's Passages*.

Fellner，而不愿冒险引起凯卢瓦的朋友勒内维耶的不快，当时勒内维耶在自己的职位上引导本雅明申请国籍。最终评论使用的笔名是 J. E. Mabinn，Benjamin 字母的颠倒重排。

即便在灾难性的消息残酷无情地从德国传来之际，一些更积极的迹象正在出现。他的藏书从丹麦寄到了，本雅明也由此回应了霍克海默和波洛克对某种回报的要求，把他藏书中的一大珍宝，四卷本的德国书业史，捐献给了研究所的巴黎图书馆。他希望这一礼物能实现其意图：为“未来任何一部唯物主义的德国文学史”提供“最重要的工具”（GB, 6:178）。如今，他的德语朋友住在巴黎的更多了。弗朗茨·黑塞尔是最晚移民的。他“像船骨中的一只老鼠，呆坐柏林长达五年半”，但来到巴黎时“带着完美无瑕的证明文件，得到强大的保护”：让·季洛杜（Jean Giraudoux）当时是法国外交部的高阶官员，专门为他办理了签证（BG, 247）。11 月 9 日至 10 日发生的事变——名为“碎玻璃之夜”的屠杀——掐灭了任何一丝尚存的和平希望，导致本雅明重新忧虑那些留下来的人即将面对的可怖后果，这其中就有他的弟弟和阿多诺的父母。

11 月中旬，本雅明收到了或许是他一生事业中打击最大的拒稿——研究所决定不发表《波德莱尔笔下的第二帝国的巴黎》，这个消息是由阿多诺执笔的一篇批判长文来传达的（BA, 280–289）。本雅明的这篇论文所遇到的，并不完全是他多少预料到的茫然的不耐烦，而是彻彻底底的方法论和政治上的反对意见。阿多诺 11 月 10 日的信，也代表了霍克海默的意见，指责本雅明忽略了在一个辩证结构或辨证呈现中有效连接不同元素的中介。他承认，本雅明试图通过有意的碎片化呈现，来揭示大城市生活中的工业资本主义一般表象和波德莱尔作品的具体细节之间的“隐秘亲缘性”，但他判定，论文繁复堆砌的结构方法是一次失败。本雅明个人色彩鲜明的“唯物主义”路径，具有“一种特殊的具体性”，同时带着“行为主义的弦外之音”，这在方法论上没有可行性，因为，在其对阐释和理论发挥的苦行式弃绝中，这一路径寻求把“上层建筑领域的显著的单个特征”置于一种“与经济基础未经中介的，甚至是因果性的关系”之中。在阿多诺看来，“物质基础决定文化特征只有通过**总体社会过程**的中介才是可能的。……对理论的抑制”一方面赋予材料“一种欺骗性的史诗特色，另一方面剥夺了它们真正的哲学-历史分量，因为它们只是被主观地体验着”。在此，对理论表述的压制造成了“充满惊奇的呈现，但只呈现了事实性本身”，材料“消耗于自身的灵氛之中”，层层堆积得难以穿透。换言之，本雅明的研究必须被看作不够清醒，简直就是着了魔，处于“魔法和实证主义的交叉点上”。正如在 1935 年的霍恩贝格书信中所做的那样，阿多诺提醒本雅明回想 1929 年柯尼希施泰因的难忘谈话中他自己所说的——即拱廊街计划中的每一个观点都必须从疯狂的领域肉搏而出，因为，阿多诺指控说，本雅明新论文的互相孤立的各部分内容密谋推翻其自身阐释的可能性，这种情形中有一种近乎恶魔性的东西。 623

阿多诺的批判无疑因为猜疑而更趋强烈，他觉得布莱希特对这篇文章产生了恶劣影响。阿多诺指出经济基础的元素（拾垃圾者）和上层建筑的对应元素（波德莱尔的诗作）的明显无中介并置，隐隐间将整个论文描绘为庸俗马克思主义的一次操演，而那种庸俗马克思主义正是研究所认为布莱希特工作的特点。但这里还有更多的要害。总体上说，阿多诺的批判所表现的，与其说是对这篇论文的内在批评，不如说是他对充溢全文的独特的寓象唯物主义的反感的一种表达。本雅明有意通过在不断转换的星丛结构中把意象典型化，来形成一种历史封装术，而且他确信，这种

母题式方法所打开的知识，这种现在和过去互相启迪的知识，是再多的抽象理论化工作也无法重新激活的。而阿多诺，身处纽约
624 城这一安全的制高点，现在属于研究所的核心圈子，他自认为有理由拒绝的，不仅是一篇特定文章，而且是本雅明成熟期文学批评的最高表现。两人的地位彻底翻转了。不久以前，阿多诺还是本雅明的信徒，他写作一系列文章和关于克尔凯郭尔的专著，都深受本雅明作品影响；他在法兰克福的就职讲座也是一次致敬；他的第一门研讨班课程就是讲悲悼剧专著。而现在，意识到本雅明完全依赖研究所过活，他觉得自己不仅可以裁定研究主题的选择，而且可以控制本雅明作品的思想基调。阿多诺抗议说"这一研究并不代表您"，就这样，他冷静而坚决地向本雅明施压——"这是我个人的要求，不代表编委会的决定或拒稿"——这实际上是要求对方的写作向自己靠拢，阿多诺的写作通常与所处理材料的关系很微弱，其系统化的辩证建构是引人注目的，同时这种建构的抽象程度也引人注目。那些年里，阿多诺对本雅明在物质和精神上的支持是持续不断的，但他们的思想交流却再也没有从这次关于波德莱尔的意见不合中完全恢复过来。

本雅明花了将近一个月才回信，这并不十分令人惊异。阿多诺的信使他陷入无法行动的深度抑郁之中——他似乎好几周都没怎么起身离开公寓——而且直到 1939 年春他才真正恢复平和。正如他后来向肖勒姆解释说，近乎彻底的孤立使得他对自己作品的接受情况病态地敏感，而表面上的朋友和同盟者对他作品的全盘否定令他难以承受。12 月 9 日的信中，本雅明逐条回应了阿多诺的批评，但他的主要目标是挽救他现在设想的波德莱尔专著的整体结构，抵挡住阿多诺要求他回到拱廊街计划更早先的构想的压力。

> 如果……我以我自己的创作利益的名义，拒绝沿着一种玄奥的方向发展我的理念，也拒绝在探寻其他课题时不顾辩证唯物主义和研究所的利益，那不仅是出于我和研究所的团结一致，我对辩证唯物主义的忠诚，还出于对我们过去十五年所共享的历史经验的团结一致。这关系到我最深切的创作
> 利益；我不会否认，这些利益有时可能有损于我最初的利益。 625
> 它们之间的对立的确存在。克服这一对立构成这一作品的问题，而这是一个关于建构的问题。（BA, 291）

阿多诺在巴黎论文中看到的是对纯粹事实的一种突兀而生硬主观的展示，但本雅明高度浓缩的建构模式远非如此，而是追求在现在（the present）的视线中把历史对象物构成为一个“单子”。从全书结构的角度来看，为发表而提交的论文必须被看作“主要由语文学材料”组成，而计划中的第一部分和第三部分则将提供阿多诺所要求的理论。“这一建构的各条基线交会于我们自己的历史经验。通过这一方式，对象物把自己构成为一个单子。而在单子之中，每一样原本神秘地僵化在特定文本之中的东西都活转过来。”

本雅明以恳求来结束，“我以前任何文学工作的努力真的都无法和这一文本的创造性努力相比拟”，他希望无论如何能发表，至少可以让更多的读者参与讨论。虽然他对纽约的同行们的判断没有信心，但他的确有顽强的信念，相信历史会公正地衡量这一作品，只要它能够发表出来，见到天日。预感到他的争辩不会有多少效果，他做出了绝望的最终让步。他建议，把《波德莱尔笔下的第二帝国的巴黎》的中间部分“漫游者”修改为一篇独立文章。从这一做法中，最终出现了大胆的理论开端《论波德莱尔的几个母题》（“On Some Motifs in Baudelaire”），发表于《社会研究杂志》。

这一次，阿多诺知道如何得到他想要的。

1月5日，本雅明得知，他留在柏林家中的个别财物——一张带书架的大工作桌，一张地毯，以及最重要的，一个手稿文件箱和几个装满书的书架——将不得不转移，因为他的房客维尔内尔·冯·肖艾勒尔要搬出去了。本雅明的朋友克特·克劳斯（Käthe Krauß）办理了书桌和地毯的售卖，所得用来偿付他欠房东的债；她也同意看管藏书和手稿箱。不论是藏书还是手稿箱——
626 更不用说箱中到底是什么稿子——此后都没了消息。2月14日，继这一物质损失之后是一项更折磨人的剥夺。在发现本雅明用真名发表在莫斯科杂志《词》上的一篇文章——这是他的第一封“巴黎来信”——之后，盖世太保启动了取消本雅明德国国籍的程序。剥夺国籍的决定通过一封5月26日的信件传达到德国驻巴黎使馆。他从此成了无国度的人。

他能发表作品的地方继续缩减。肖勒姆报告说，德国政府已经最终决定查封肖肯出版社（他还传达了意料之外的消息，本雅明的博士论文《德国浪漫派的艺术批评概念》还有一些库存，可惜只有伯尔尼大学地窖的管理员可以看到）。尽管如此，本雅明还是抱有希望，肖勒姆也许可以让肖肯有兴趣出版一本卡夫卡研究的书；于是2月下旬他给肖勒姆写了一封相当急迫的信，询问他为什么还没有把前一年夏天关于卡夫卡的那封信给肖肯看——信中炮轰了马克斯·布罗德的卡夫卡传。肖勒姆回复说，他在这方面不曾有丝毫懈怠。可事实上，肖肯从未读过布罗德，也没有读他——或者出版本雅明著作——的打算，由此又一个出版的指望终结了。1月下旬，本雅明忠实的魏玛出版商恩斯特·罗沃尔特在仓促离开德国后途经巴黎。1933年，罗沃尔特所出的书中有四十六种被禁或被焚，但他还是尽可能长久地保留他的犹太员工。

事实上，弗朗茨·黑塞尔直到 1938 年还是两个主要编辑之一。在乌尔班·勒德尔（Urban Roedl，布鲁诺·阿德勒 [Bruno Adler] 的笔名）的《阿达尔贝尔特·施蒂弗特》（*Adalbert Stifter*）[1] 一书出版后，德国当局以使用化名出版犹太作者书籍为由，禁止罗沃尔特从事出版工作。罗沃尔特 1937 年加入纳粹党，但是即便这样做也没能如愿给他的家庭带来安全，他经过巴黎，是要去巴西安顿自己的妻儿。由于他对犹太作者的支持和对黑塞尔的信赖，本雅明宣称，罗沃尔特“不会辜负我的书”（BS, 242）。

罗沃尔特并不是唯一一个这么晚才逃离德国的熟人。奥地利作家和记者阿尔弗雷德·波尔加尔，本雅明从柏林时期起就认识，在 627
1938 年后期才到达巴黎；他 1933 年就已经从柏林回到维也纳，但经历“大合并”之后，他试图在巴黎安身。本雅明的老友威廉·施派尔也在逃亡中；他也是 1933 年移民到奥地利，后于 1938 年来到巴黎。而卡尔·蒂梅已经感到必须离开看似安全的瑞士。作为德国天主教反对派大声直言的一员，他于 1933 年移居，但现在担心德国在瑞士边境的大肆屯兵即将带来一场入侵。在境况稍好的日子里，这些逃难者本会受到欢迎，拓展本雅明在巴黎的熟人圈；可现在，他们却主要是更多悲惨消息的来源。1939 年 1 月和 2 月，本雅明似乎回避了哪怕是自己最亲近的朋友；没有证据显示他和海伦·黑塞尔、汉娜·阿伦特、热尔梅娜·克鲁尔、阿德里安娜·莫尼耶或克拉考尔见过面。而如果他还在阅读，哪怕只是推理小说，不论在书信中，还是在“从头到尾读完的著作”清单上，都没有留下记录。

尽管有持久的抑郁，本雅明还是挣扎着恢复了修改波德莱

1 阿达尔贝尔特·施蒂弗特，奥地利小说家。——译注

尔材料的工作，他对这一工程如今感到“疏离”（BS, 240）。但他不敢向他的纽约同事们表露这种疏离感。整个春天，他忍而不发，只是极偶尔地流露过含蓄的抨击。他给阿多诺的一封信开头就说，“一个人要么是语文学家，要么不是”，而他向霍克海默汇报进展时，提及自己有能力把研究所要求的“中介”整合到修改稿中——他给“中介”一词加上了引号。2 月，他把收入《中央公园》的笔记、随想和摘要全放在一边，那些都是前一年 4 月他与《波德莱尔笔下的第二帝国的巴黎》同时开始起草的；他转而认真地投入对波德莱尔论稿的全面修改中，这样一次大改动才能让纽约的审阅者们满意。他研读自由派经济学家和重农主义者安内–罗贝尔·杜尔哥（Anne-Robert Turgot）和 19 世纪莱布尼茨派哲学家赫尔曼·洛采（Hermann Lotze）（这两位在《拱廊街计划》中都有大量引用），因为他正在思考与认识论相关的进步概念。他决定，这一工作将是爱德华·福克斯论文中所阐释的历史编纂学
628 观点的延伸。“文化绵延这一观念的毁灭，作为论福克斯一文的先决条件，”他向霍克海默写道，“必须被说明具有认识论后果，在这些后果中，最重要的之一就是确定为进步概念在历史中的使用所设的种种限度。”（GB, 6:198）在考虑他的研究的唯物主义基础同时，他转向格奥尔格·西美尔的《货币哲学》（*Philosophie des Geldes*）。阿多诺曾严厉批评《波德莱尔笔下的第二帝国的巴黎》中对这位本雅明以前的老师的一句引用。本雅明现在起而为西美尔辩护，质问难道“还不到时候承认他为文化布尔什维克主义的先父之一”，并指出在他的货币哲学中有许多大有意味的东西，“只要我们忽略掉其背后的基本观点”（BA, 311）。

2 月 1 日，阿多诺寄出了一封信，这封信可以说是极具侵入性，他同意发表《波德莱尔笔下的第二帝国的巴黎》中经过修改

的中间部分，即“漫游者”一节。他写道：“如果针对您的文本的细节我提出一些进一步的点评，以展示我所设想的那种改动，或许会大有裨益。”（BA, 300）接下来他真的下达指令，列出一连串大小修改意见；尽管有哲学友谊的亲切语调，但这封信已经明白显露，阿多诺列出的可不是建议，而是本雅明如果想在《社会研究杂志》上看到自己的作品必须服从的**先决条件**。本雅明2月23日的回复，对这些“建议性”评点表达了感激，但在有些问题上向阿多诺提出不同意见，包括在一系列相类似的典型中呈现波德莱尔的问题、拜物教的问题、幻景的概念等。阿多诺坚持认为幻景具有客观特征，他继续指责本雅明把那样的客观特征给主观化了。本雅明在这一点上的回复颇具揭示性：

> 相同性（Gleichheit）是一个认知范畴；严格说来，它在清醒直接的感知中没有存身之地。在最严格的意义上直接的感知，没有任何预先判断的感知，只可能遭遇“相似”，即便在最极端的情况下。但是，那种预先判断——作为一条规律，它无害地伴随着我们的感知——可能在例外的情况下变得具有挑衅性。它可以公开地显露出感知者是一个其实并不那么清醒的人。举例说，这就是堂吉诃德脑子里充满骑士小说时的情形。不管他遇到的情境多么纷繁多样，他都始终在 629
> 所有这些情境中感知到相同的东西——即，正等待游侠骑士前来加入的冒险。（BA, 309）

本雅明并没有接受阿多诺的反对意见，而是从主观性问题转移到感知和经验的问题。一旦到了这个问题上，他就可以返回经济理论的安全地带。

> 相同性（equality）在坡那里有大为不同的表现，更不用说在波德莱尔那里了。但尽管《人群中的人》（“The Man of the Crowd”）闪现出一种喜剧性驱魔的可能性，波德莱尔那里是不存在这种东西的。他人为地营造平等的历史幻觉，这种幻觉与商品经济一同潜入。……商品经济把相同性幻景武装起来，这幻景同时把自己作为迷醉的属性之一展示为幻想的中心意象。……价格让商品平等于、同一于所有其他同价出售的商品。商品……不仅通过买家，而且首要地是通过自身的价格潜入。而恰恰是在这一方面，漫游者把自己变成了商品，他彻头彻尾地模仿它；而由于没有经济需求，从而也没有市场价格，对他而言，他让自己在可出售物的世界里彻底地安了家。（BA, 310）

但这一对策是个例外。整体上，本雅明不得不接受阿多诺的要求。不过，他对论文方法论和结构的问题默不作声。他仍然相信自己是在写作一本专著的中心章节，在给肖勒姆的一封信中他声称，波德莱尔课题的“关键立场”在这一中心章节没有体现，却并没有被来自纽约方面的干涉所触及，始终不变。

他也在进行其他课题的工作。这一年早些时候，他给《社会研究杂志》寄出了三本书的长篇书评（三本书的作者分别是多尔夫·施特恩贝格尔、理查德·赫尼希斯瓦尔德 [Richard Hönigswald] 和路易·迪米耶 [Louis Dimier]）。他还写作并提交了一份很有分
630 量的评论，关于《法国大百科全书》最新出版的两卷；这篇评论从未发表。和往常一样，他仍在阅读和思考卡夫卡。他给肖勒姆寄去了一系列简短但内容丰富的评点：对于 1939 年的本雅明，卡夫卡本质性的东西是幽默，但卡夫卡显然不是一个平常的幽默作家。“他其实是这样一个人，不管走到哪儿都一定会碰见以幽

默为职业的人们：小丑。《美国》尤其是一幕巨大的小丑剧。至于和布罗德的友谊，……卡夫卡作为劳莱感到有严重的义务去寻找他的哈台[1]——而那个哈台就是布罗德。”于是，“解开卡夫卡的钥匙”将会属于任何一个能“**从犹太教神学中提炼出其喜剧性一面**（komischen Seiten）”的人（BS, 243）。他还在一系列关于布莱希特的文稿上取得了进展。这其中包括《关于布莱希特的笔记》（“Note on Brecht”），它虽然简短，但还是形成了关于这位作家的一篇意义重大的论述，还有篇幅很长的《布莱希特诗歌评述》（“Commentary on Poems by Brecht”），他非常重视这一篇。他多次尝试为这篇文章寻找出版者，寻求在数个国家的友人相助，但此文在他生前未能发表——也将是他在 1940 年 6 月逃离巴黎时托付给乔治·巴塔耶保管的文稿之一。他对布莱希特的忠诚始终不可动摇，尽管他对苏联及其领导层的反对日益加深。

1 月 24 日，他把他的第二篇关于法国文坛的长报告寄给了霍克海默。尽管这些报告从未公开发表，但它们正是纽约方面——不仅包括研究所成员——热盼苦等的：霍克海默告诉本雅明，这些报告正在哥伦比亚大学教员之中传阅。这第二份报告异乎寻常地富有批评性。在提到阿波利奈尔和超现实主义的遗产时，他以这样的评语开头：“法国文学当下的解体进程甚至已经削弱了那些原本看来包含长期发展潜能的种子。”（GB, 6:201）他最广泛的讨论留给了社会主义日报《人道报》（*L'humanité*）的编辑保罗·尼赞的《阴谋》（*La Conspiration*）。这部广受好评的作品既是一部政治小说也是一部成长小说，它回顾了人民阵线的形成和发展，表达了尼赞对社会主义的幻灭。本雅明称此书为“1909 届毕业班的《情感教育》”

1 劳莱（Laurel）和哈台（Hardy），好莱坞早期电影中的著名喜剧二人组。——译注

（GB, 6:198）。他推荐雷蒙·格诺（Raymond Queneau）的《陶土的
631 孩子》（*Enfants du limon*），但热情是适度的；他怪罪格诺这位前超现实主义者在处理阿波利奈尔的遗产时有某种怯意。论及《新法兰西评论》上的“社会学学院”专号——包含巴塔耶、凯卢瓦、莱里斯的文章——时，他特别挑出凯卢瓦的《冬风》（“Le vent d’hiver”）来指责。令人吃惊的是，他对他的密友阿德里安娜·莫尼耶发表于《书友报》的讨论反犹主义的文章态度矛盾；他觉得她太谨慎，太愿意妥协，也许是顾及她的富人顾客群。“人类孱弱的道德意识需要的首先是营养——而不是医疗。”（GB, 6:203）他用来结尾的则是关于保罗·克洛岱尔最近作品的大段概括，其中不乏引用和讽刺性评述，这一新作是关于宝石的一个天主教寓言，精心制作为小册子发行，只在时尚珠宝首饰店发售。本雅明称之为“新的福词（Beatitude）”，其最内在的倾向或许是“建立社会和神学语域之间真正神秘主义的和谐”（GB, 6:208）。

3月上旬，本雅明正在消退的信心和决心又遭受了严重的打击。霍克海默充满歉意地写信，带来了关于社会研究所财务状况的黯淡消息；他告诉本雅明，研究所只能被迫在不久的将来取消他的津贴。本雅明3月13日回信，说他读到前信时“惊惧无状”。当然他对研究所的成员们怀着最良好的祝愿，但他暗示，霍克海默可能不明白，给纽约的同事们减薪和给身在巴黎的他停止津贴之间的差异：“我们都是孤立的个体。而对孤立的个体来说，您的信所展现的远景，连同其可怕的直白，盖过了一切其他计划。”（GB, 6:231）虽然看起来霍克海默可能是在准备切断研究所和本雅明的联系，但同时他发誓会加大力度为本雅明的拱廊街研究工作寻找赞助人。在霍克海默的请求下，本雅明寄出了1935年提纲的修改版，希望有助于霍克海默寻求赞助；一个可能的资助者曾出

现，那就是纽约银行家弗兰克·阿尔特舒尔（Frank Altschul）。在抛出许多实证材料之外，1939 年这份以法语写成的提纲彻底重新构造了波德莱尔的部分——反映出波德莱尔论文正在经历的重写的最新发展——以及傅立叶和路易-菲利普的部分，并添加了理论性的导言和结语。“整体而言，这一稿不同于您所知道的那一稿，因为外表（semblance）和现实（reality）的对质已经完全成为首要焦点。种种幻景的更迭最终导向布朗基笔下宇宙的大幻景。”（GB, 6:233）而且他开始想方设法寻求法国的资助——虽然知道这是徒劳。几天后，他向格雷特尔·阿多诺这样解释他的处境：“我在这边待的时间已经长到足以了解这一点，从移民开始起，和我自己的工作情况、所处条件相类似的人中，还没有一个人成功在法国谋得生计。”（BG, 251）就连那些他时常在紧急时刻求助的人们也在消失：莱维-布吕尔（Lévy-Bruhl）卧床病危，西格蒙德·莫根罗特（Sigmund Morgenroth）现在美国，而他给埃尔泽·赫茨贝格尔的信自从她返美之后就不再有回音。 632

一封给肖勒姆的信流露出他对纽约方面的情况所感到的沮丧——以及他对阿多诺和霍克海默的不信任：“正如他们的书信所说明的，这些人并不是靠着利息过活，虽然人们假设一个基金会应该如此，而是靠着本金过活。本金的大部分据说还存在着，但遭到冻结，而剩下的应该快要耗尽了。”（BS, 248）几周后，关于他和研究所的关系，他得出了一个更深思熟虑的评估，其悲观态度并没有减少：

> 同样，威胁我的欧洲处境的那些情况也只会让移居美国变得不可能。这样一次转移只有在得到邀请的基础上才可能成行，而邀请只可能在研究所的催办之下才会出现。……我

> 不大认为研究所此时会愿意安排对我的邀请，哪怕它有能力这样做。因为，没有理由假定，这样的一份邀请能解决我的生计问题，而我猜测，研究所会觉得与这些问题发生直接关联尤其恼人。（BS, 251）

但某种形式的移民美国，或者至少去一趟美国以寻求可能的长期
633 资助，如今似乎是他唯一真实的希望了。他向玛格丽特·施蒂芬承认，他的思绪正转向西边，但“至今，我走到的最远处也不过是几幅墨西哥小画片，在这里一次还不错的半超现实主义画展上看到的”（GB, 6:244）。他的阅读开始日益转向新大陆。他和杰出的翻译家皮埃尔·莱里斯（Pierre Leyris）——他们是通过克洛索夫斯基认识的——见过几面，讨论美国文学，尤其是梅尔维尔在小说《皮埃尔，或含混》（*Pierre, or the Ambiguities*）中对纽约面相的再现。到 4 月中旬，他又更直接地要求霍克海默协助他搬到纽约，而且他做出精心努力，让西格蒙德·莫根罗特在这方面支持他。他给莫根罗特提供了两份文件，一份是研究所自身历史和宗旨的简介，另一份则是对他现在和研究所负责人的关系的坦率估计。“在此之前我从未对去美国表现出过度的热心；如果研究所的负责人确切知道在这一方面已经发生了巨大的变化，那就好了。”（GB, 6:258–259）我们并不确切知道阿多诺在研究所对本雅明命运的权衡中起了什么作用。虽然他对给本雅明提供津贴的持续支持是不可质疑的，但可以想见，他对把他的哲学友人弄到美国来的努力却始终态度含糊。考虑到有许多迹象表明，他嫉妒地意识到妻子对本雅明的感情（推迟告诉本雅明他们的婚礼消息，即此一例），阿多诺是否会对他们三个人生活在同一座城市感到高兴，是完全不明朗的。这里发挥作用的也许是某种类似无意识背叛的东西。

即便在他寻求移居美国的机会时，本雅明又一次向肖勒姆试探移民巴勒斯坦的可能性，但是，正如肖勒姆立刻告知的，他犹豫太久了。他“在研究所那边的灾变”恰巧与“这边的另一场灾变”同时发生。局势极为不稳，已经有太多犹太人从奥地利和捷克斯洛伐克涌入；旅游签证不再签发，而且根本就没有可以想见的资助支持又一位作家和知识分子（BS, 250）。他曾告诉肖勒姆，如果他能每月收到和 2400 法郎等量的资助，他就可以把人的 634
生存条件降低一半，过活下去。“如果又一次掉到这个水平线之下，那对我长期来说将很难忍受。就这一点而言，我周围世界的光彩太过黯淡，而后世的回报太不确定。”（BS, 248-289）这真是本雅明式的时间节点：就在他要封上自己的信时，肖勒姆的又一封信到了；这封信带来了肖肯最终拒绝他书稿提案的消息。为了庆祝卡尔·克劳斯的剧作《人类的最后时日》（*Die letzten Tage der Menschenheit*）新版出版，肖肯曾安排肖勒姆及本雅明曾经的朋友维尔纳·克拉夫特举行公共朗诵和谈话讲座。肖勒姆把自己被分配到的时间用来朗读本雅明的文章《卡尔·克劳斯》，在座的人都大受感动——只有深感迷惑的肖肯除外。

汉娜·阿伦特也曾为她的朋友寻找帮助；她的热心出于对他最新观点的激赏。5 月下旬她给肖勒姆的信中写道：“我非常担心本吉（Benji）[1]。我试图为他争取点什么，但悲惨地失败了。然而，我比任何时候都更坚信保障他的生活让他继续工作的重要性。在我看来，他的创作完全改变了，甚至深入到风格细节之中。一切都表现得更具确定性，少了许多犹疑。我常感觉，他现在才抵达对他来说决定性的东西。如果他在这时受阻，那就太糟了。”[2]（值得注意的是，

1 本雅明的昵称。——译注

2 汉娜·阿伦特 1939 年 5 月 29 日致肖勒姆书信，转引自 SF, 220。亦参见 GB, 6:255。

这种看重是相互的：本雅明把阿伦特研究拉赫尔·瓦伦哈根 [Rahel Varnhagen] 的文稿寄给肖勒姆，做出特别推荐，说这部研究“游出了有力的划水动作，对抗着教训式的、辩护式的犹太研究的潮流”[BS, 244]。）深受友人支持的感动，本雅明给格雷特尔·阿多诺写信说：“欧罗巴是这样一座大陆，在它满载泪水的大气层中，安慰人心的信号弹只是偶然地升空宣告好运。”他干巴巴地提到，“即便是最穷的穷鬼”现在也在尽他们的一切所能去往新大陆（BG, 254）。如果不是去那里，就是去一个更安全的地方。他得知，布莱希特一家已经在 3 月初关上了他们在斯科福斯堡海岸的房子，搬到斯德哥尔摩。这一消息带来了“哀伤的沉思”，因为很显然，他的又一个避风港被夺走了：“花园中的象棋对弈已成往事。”（GB, 6:267）

635 到 2 月下旬，本雅明终于走出东巴勒街，带有某种试探感地外出。他出席了科利施四重奏团（Kolisch Quartet）的音乐会；因为阿多诺，他认识了鲁道夫·科利施，不过交情很浅。他重新开始和朋友们见面，在热尔梅娜·克鲁尔从英国回到法国时和她见了面，并同阿伦特、阿伦特的伴侣海因里希·布吕歇尔、他们的共同朋友弗里茨·弗兰克尔举行定期的夜间讨论会。尽管有这些交往，本雅明还是经常哀叹他在思想生活上的孤独。4 月初他写信对格雷特尔·阿多诺说，“对你说起这一切，或者对任何通晓事理的生灵说起这一切，都对我意味着太多太多。……我的孤立和现在的趋势太过和谐了，这个趋势反对我们所拥有的一切。在本质上，这并不纯粹是思想性的。”（BG, 254）朋友和熟人们继续拜访他，但他们的访问都是短暂的，而他们的目的地都在别处。两位来自布莱希特圈子的朋友正在巴黎，一位是电影工作者斯拉坦·杜多夫，另一位是小说家是贝尔纳德·冯·布伦塔诺；布伦塔诺在其小说《特奥多尔·辛德勒》（*Theodor Chindler*）法译本出版之际受到其法国出版商格拉赛（Grasset）的热情款待。本雅明从未对布伦塔诺感到亲近，而且事实上对他的某些作品持严厉的批评态度。和当时许多左翼知识分子一样——威利·闵岑伯格刚发表了一封公开信，宣布退出共产党——布伦塔诺因为他所看到的苏联对社会主义的背叛而深感痛苦。和伊尼亚奇奥·西洛内（Ignazio Silone）一道，布伦塔诺曾在苏黎世成立某种后达达主义的反苏联先锋派。"我感觉很难想象，布伦塔诺的那种政治恨意竟然能够成为一位像西洛内一样重要的作家的日常食物。布伦塔诺要我们相信，俄国比德国还要'糟上十倍'，这个观点就是那个苏黎世先锋派的总主题。"（BG, 255）

晚春，本雅明苦于久病不好的流感，卧床两三周。他反复患病的情况在1939年已经说明，流亡生活的艰难和困乏终于对他的身体造成了损伤。这个被流感打垮的本雅明已经不再是仅仅一年前还在圣雷莫山间享受徒步远足的人了。当他可以工作的时候，他就修改波德莱尔论文，不管这一工作已经变得多么令人不快。4月8日，他向肖勒姆坦白，"你一定可以明白，我此时对用功于迎合研究所取向的工程感到困难。如果再加上一点事实，即修改比新作无论如何要缺少吸引力，那么你就会明白重新结构漫游者一章的进展相当迟缓"（BS, 252）。尽管有内外阻力，但他还是开始在新的题目下重新思考波德莱尔和漫游者的关系，这个新题目就是懒散（idleness）。漫游者现在将出现的"语境，是对懒散在资产阶级时代所获得的具体特征的调查"——也即区别于封建时代的悠闲概念的懒散（BG, 254）。4月，他向霍克海默宣布，波德莱尔是"懒散的三位一体化身……：漫游者、赌徒、学生"（GB, 6:264）。大约就在此时，本雅明开始准备拱廊街材料中新的一卷，这个文件夹的标签正是"懒散"。其他事情也说明，在本雅明修改 636

波德莱尔论文时，拱廊街计划——其主题之一即艺术在 19 世纪的命运——仍在他的头脑中。4 月初他把《艺术作品》论文的德文第二稿寄给了格雷特尔·阿多诺，这样她就可以安排一份打字稿，以供翻印和传播；他告诉她，这一稿在一系列最近思考的基础上进行了增改。虽然存放《艺术作品》论文相关思考的文件夹 1981 年被发现于法国国家图书馆——大约是乔治·巴塔耶在本雅明 1940 年逃离巴黎之后藏在那里的材料的一部分——但 1939 年 4 月寄给格雷特尔·阿多诺的那一稿却没有留存下来。

4 月末，数月来第一次有一缕阳光穿破了本雅明个人生活的愁云。他得知他获得了科学研究基金会（Caisse des Recherches Scientifiques）的奖助，受邀去研究与休养国际之家（Foyer International d'Etude et Repos）生活数周，这一图书馆和研究中心坐落于蓬蒂尼修道院，靠近巴黎东南方的小城欧塞尔；这一中心由作家保罗·德雅尔丹及其妻子运作。本雅明希望利用这里有约一万五千种藏书的壮观图书馆来推进波德莱尔研究。可能可以与法国知识界建立新的联系，也是加分项。最后，这一访问所提供的经济上的帮助——
637 该邀请包食宿——意义也不小。5 月初他到达修道院，置身于“迷人的地点”和古代修道建筑的“恢弘布局”，他感到激动（GB, 6:276）。但事实证明，外表具有欺骗性。“虽然德雅尔丹行走不便，但他还是来火车站接我；从第一面起，他就给人以衰颓的印象。”德雅尔丹在朋友——一位年长的英国妇人——的帮助下管理这一建筑群，已经好几十年，同时和自己的夫人两地分居。他的夫人已于本雅明到达两年前归来，据他说，她已经如此彻底地改变了这里的思想格局，以至于“没有一块石头不曾被翻动”（GB, 6:280）。本雅明不讲情面地点评了他认为妻子在这位地主的衰败中所起的作用：“有些时候，这位丈夫在这类情况下的处境让我不可抑制地想起自己在圣雷莫的处境。”（BG, 259–260）表面上田园牧歌般的环境很快变为一种折磨。本雅明困扰于他对噪音的极度敏感：他希望工作和康复可以“合而为一”，但这完全落空了，因为一群吵闹的斯堪的纳维亚青年组成的参访团每天参加图书馆的学习活动，使得这里没法做研究工作。他在这里所发现的并不是一个思想社群，而是更进一步的孤立。他听了埃米莉·勒弗朗（Emilie Lefranc）——一位社会主义教育组织的官员——的讲座，评论说，他以前没有认识到庸俗马克思主义可以纯粹为反革命的目的服务到如此地步。（他自己的讲座则是关于波德莱尔研究，显然听众寥寥。）就连和法国作家建立新纽带的愿望也落空了；他无从向德雅尔丹谈及这一话题，因为刚说几句就证明和这位“精神领袖”对话是不可能的。

与失望和轻蔑的整体怨声相对，本雅明却也的确在蓬蒂尼找到了几件值得花时间的事情。他在图书馆的发现中有“最后一位伟大的法国道德作家”约瑟夫·茹贝尔（1754—1824）的《思想录》（*Pensées*）。对这一文本的摘录在《拱廊街计划》的若干部分扮演了关键角色，而本雅明更宣称，在风格问题上，坦率而又微妙的茹贝尔从此将在“我写的一切东西”中发挥明确的作用（BG, 260）。[1] 有时数小时无法使用图书馆，他就沉浸于休闲阅读之中。一本书引发了他的一条评语，“一个重大事实是，19 世纪是鬼故 638
事的经典时期”：这本书就是亨利·詹姆斯“可圈可点”的中篇小说《螺丝在拧紧》。吉赛勒·弗罗因德在蓬蒂尼探访了本雅明，拍

1 本雅明在 AP, N15a,3 中引用了茹贝尔的风格观：“关于我们应该追求的风格：‘风格是借助日常语言而侵入和浸染读者的。伟大的思想是通过日常语言传播开来并被接受为真实的…… 因为，一旦诉诸词语，没有什么像我们称之为熟悉的东西更清楚明白的了；清楚明白是真理的特征，以至于它常和真理混为一谈。’”（参见王炳钧等译《作为生产者的作者》，第 181 页。——译注）

下了她的朋友最为著名的照片之一：她捕捉到了他在池塘边沉思的样子。

5 月下旬，本雅明回到巴黎，这座城市充斥着关于战争和即将拘禁外国侨民的谣言。全国的情绪如此，以至于法国政府不得不在 4 月 21 日颁布法令，禁止一切反犹宣传。本雅明的情绪则可以从他书信的一系列片段中相当清晰地解读出来。他着了魔般地谈论作家约瑟夫·罗特和恩斯特·托勒[1]的死。托勒从 1934 年起在美国生活，自缢于纽约的五月花宾馆（May Flower Hotel）。罗特，在巴黎过着和本雅明相似的生活，长期挣扎于酗酒问题。他死于肺部感染，病情恶化无疑是因为一次突然戒断所产生的副作用。本雅明把一条病态的传闻转述给了他的许多通信友人："毕竟，卡尔·克劳斯死得太早了。听听这个吧：维也纳煤气局已经停止向犹太人供气。犹太人煤气消费的结果是，煤气公司亏了钱，因为那些最大用量的用户刚好都没有付账。犹太人偏爱用煤气自杀。"（C, 609）

本雅明的经济状况即便在做客蓬蒂尼之后也还是越来越糟。他给朋友们写信，讨要小额金钱（以及烟草），而且他迈出了痛苦的一步，请求斯特凡·拉克纳安排在美国出售他最钟爱的财产，保罗·克利的透明水彩画《新天使》。在这样的心境之下，他比过去更为努力地争取移居纽约。6 月初，他得知如果有正当的邀请信，他可以得到赴美的旅游签证。霍克海默对这一消息做出了积极回应，并开始讨论具体事宜："两三个"星期的食宿，还有一部分旅费，补足本雅明的自筹旅费——包括贩卖克利作品所得——和实际票价的差额。当年夏天，本雅明反复联系他的友人和支持者——拉克纳及其父亲、维辛、布里艾尔——努力为此行筹款。

1 这两位都是当时重要的德语作家。——译注本雅明阅读的广度和深度始终没有受到他身边的政治动乱的影响。他有些开心地告诉肖勒姆，他正从俄国作家列夫·舍斯托夫的遗孀那里获取读物，她住在旧居中，被丈夫全集的未拆封样书所包围；她这一边通过打发藏书来给自己腾出地方，本雅明那一边就得以为自己的藏书添砖加瓦。他同时也在阅读法国小说家季奥诺（Jean Giono）和德国小说家伊丽莎白·朗盖瑟（Elisabeth Langgässer）——这两位都得到了他尖刻辛辣的批评。更贴近他核心志趣的是两位友人兼同事的作品。卡尔·蒂梅刚出版了一部讨论基督教终末论的书，赢得了好评。本雅明着迷于蒂梅在处理末日概念时所表现出来的“优雅”，同时还在神学和政治旨趣之间保持平衡。他说这种优雅“或许正是勇气的另一面”，他形容蒂梅的终末论沉思为“真正的神学，是如今人们已经很少再遇到的东西”（C, 605–606）。对他来说更有收获的是对卡尔·柯尔施的《卡尔·马克思》的阅读。这部“引人入胜”的书在许多方面都是本雅明和马克思本人观点的一次规模最大的相遇；在《拱廊街计划》中，柯尔施比马克思本人的引用率更高。他的许多阅读只是继续在法国文学这片异域之海上漂浮：莱昂-保罗·法尔格的《巴黎步行人》（*Piétons de Paris*），莫里斯·萨克斯（Maurice Sachs）的《“屋顶上的牛”歌舞表演酒吧的记忆》（*Souvenirs du boeuf sur le toit*），西默农的《海港的玛丽》（*La Marie du port*），萨特的《墙》，瓦莱里的《文艺杂谈》。书籍之外，还有电影，虽然除了他经常去电影院这一事实外，我们所知不多。不过他的确提到了弗兰克·卡普拉 1938 年的奥斯卡获奖电影《浮生若梦》。他感觉这片子不仅俗艳，而且隐含反动性，引发他去修改列宁的论断：群众的鸦片并不是宗教，而是“某种无害性——某种致幻剂，‘心灵教育’和‘愚昧’是其中最重要的成分”（GB, 6:304–305）。他认 640

为这部电影是电影工业和法西斯主义共谋关系的证据，“即便在那边也是一样”（他是指美国）。

晚春和初夏，他从和友人的频繁会面中得到了宽慰，尤其是和弗朗茨·黑塞尔及其妻子海伦的会面，弗朗茨是他以前放荡生活的玩伴，而海伦则是本雅明生命的最后几年里最坚定的盟友。
641 她想尽一切方法，多方面地帮助他，确保不时邀请他共度周末或和她的朋友一起聚餐。他还定期和皮埃尔·米萨克见面，在另一处蒙帕纳斯的地点，凡尔赛咖啡馆。他和德国熟人，甚至包括曾经同他发生分歧的朋友们的相遇，在这愈发黯淡的时日中有了新的色调。作家阿尔弗雷德·德布林，其朦胧不清的左翼自由派观点曾一度是本雅明愤怒攻击的对象，现在也慢慢得到了更同情的看待。6 月 23 日，在“万国俱乐部”（Cercle des Nations）的一次讲话中，德布林讨论到许多资产阶级犹太人对希特勒“不可理喻的”归顺。本雅明唯一的保留意见涉及德布林对美国的态度：“仅仅在罗斯福书房逗留了几分钟，而且不会说英文，[德布林] 就把美国的未来描绘为玫瑰色背景下的自由之极致。欧洲现在应该以完全的信托指望它的这位大哥。”（GB, 6:305）《准绳与价值》的费迪南德·利翁也在城里；本雅明和他进行了几次愉快的会面，他们讨论了许多事情，包括让卡尔·蒂梅写一本关于布莱希特的书的可能性。

虽然更好的天气已经到来，精神状况也略有改善，但波德莱尔的材料在他的手中还只是勉强成型。他试图在阳台的一张书桌前工作，以便远离楼中电梯的叮当声，却发现对面阳台上一位“一无是处”的画家——“谁会料到这条街竟这么窄”——整日都在吹口哨。他尝试用“一整马车的”蜡、石蜡乃至水泥来堵住耳朵，都没有用（C, 608）。正如他在面对截稿日期时经常做的那样，他又转而着手一个表面上没什么关联的项目。作为对法国大革命一百五十周年的纪念，他用一些“1789 年的德意志人”的书信拼成一个蒙太奇，其中表达了他们对当时法国事变的反应。以他 1936 年编辑的《德意志人》为模板，《1789 年的德意志人》（“Allemands de quatre-vingt-neuf”）给他带来了相当多的快乐，而且还让他发现，德意志伟大诗人克洛卜施托克（Friedrich Klopstock）的颂歌第二卷包含了众多关于大革命的诗作，而这一事实却被德语文学史“系统性地遮蔽了”（C, 608）。在此文本写作过程中，他开始和一位新的译者合作，这就是马塞尔·斯托拉（Marcel Stora），本雅明对他多有赞誉。1939 年 7 月 15 日他四十七岁生日时，这篇作品以斯托拉的法译文形式发表于《欧罗巴》纪念大革命一百五十周年的特刊上。 642

直到 6 月 24 日，他才得以汇报波德莱尔论文的进展；他给霍克海默寄去了一份新论文的提要，即他的蓬蒂尼讲座笔记的整理。本雅明报告说，他的波德莱尔讲座使用了一种高度集中、近乎“潦草”的讲述风格，甚至成功“激起了老朽的德雅尔丹一时的兴趣”（GB, 6:303）。提要为我们预示了最终将完成的文章。从这一时期的只言片语可以清楚看到，他把波德莱尔论文新作当作重新进入社会研究所的签证。他迅速向他在纽约的同事和朋友们保证，他的修改基于以前已发表的论述，尤其是关于可技术复制的艺术作品的论文和关于讲故事的人的论文，而并不主要以《波德莱尔笔下的第二帝国的巴黎》为基础。只强调新论稿和他“被认可的”作品——包括拱廊街计划——之间的连续性，他策略性地告诉格雷特尔·阿多诺：“我从没有像现在这样，如此确定地知晓，我所有的思考——它们从极为不同的角度出发——交会在哪一个点上（而现在，在我看来，它们总是已经交会在一起）。”（BG, 262）在这样的最后阶段，他不可能冒险告诉格雷特尔他对这一命题作文的真实感受。

6月末，本雅明把自己锁在东巴勒街寓所中，闭门不出，不仅取消了和朋友们的会面，也停止了所有通信。他的决心因霍克海默7月11日的一封电报而变得更为坚定，电报称如果他能在月底前寄来论文，下一期的《社会研究杂志》将为此预留至多五十页的版面。在不到六周的时间里，本雅明完成了第二篇波德莱尔论文——新题为《论波德莱尔的几个母题》——并于8月1日邮寄给霍克海默。寄出一周后，对特迪和格雷特尔·阿多诺，他开玩笑地，又得意洋洋地勾画出一则小寓言，用来形容这篇论文："我正让我的基督教波德莱尔升向天堂，接引者不是别的，正是犹太天使。但是已经安排好了，在飞升的最后三分之一路程，马上就要到荣光的入口时，犹太天使们会把他抛下，让其坠落——就好像是一场意外事故。"（C, 612）

《论波德莱尔的几个母题》触及许多已经在《波德莱尔笔下
643 的第二帝国的巴黎》中显现出来的问题——以及解答——不过语境是不同的。[1] 早前那篇是对波德莱尔在其时代所处地位的整体考量，而后一篇则从20世纪接受情况的角度出发，检视波德莱尔的作品。"如果积极接受抒情诗的条件已经大不如前，那么有理由认为，抒情诗只能在很少的地方和读者的经验协调一致。这或许是由于他们经验结构的改变。"[2] 本雅明继而讨论这一改变的性质；他区分了——这一区分现在广为使用——绵长的经验（Erfahrung）和孤立的体验（Erlebnis）。绵长的经验被理解为知识的一种积累总体，一种经过时间考验的智慧，不仅可以留存于人的记忆之中，

1 《论波德莱尔的几个母题》收入 SW, 4:313–355。（此文中译见张旭东等译《发达资本主义时代的抒情诗人》。——译注）

2 参见张旭东等译《发达资本主义时代的抒情诗人》，第130页。——译注

而且可以从一代人传给另一代人；这一观念，最初表露于《讲故事的人》，其中带着乡愁意味假定了一种活的传统——这样的传统渗透于前资本主义的工匠社群——和通过故事而世代流传的“忠告”。另一方面，孤立的体验在《论波德莱尔的几个母题》中则呈现为一种直接经验的形态，和个人在都市人群中所遭遇的震惊紧密联系在一起；既不能留存也不可流传，孤立的体验通常遭到意识的闪避而在无意识之中留下痕迹。不过，本雅明尤其感兴趣的是，这一防御性机制失效或被搁置的情况——也就是当震惊并**没有**被意识所闪避，反而穿透了意识并使之变形的时候。本雅明认为，这类没有被转移的震惊产生了波德莱尔诗歌特有的意象。

《论波德莱尔的几个母题》的中间部分转向城市震惊体验（Chockerlebnis）最普遍存在的社会形式：人群。于此，本雅明发展了他早先对《给一位交臂而过的妇女》的分析，加上一个精彩的解读，把波德莱尔基础性的社会现实主义和爱伦·坡的小说《人群中的人》（波德莱尔曾把它翻译成法文）的“扭曲事物的想象力”相对比。利用《艺术作品》论文所提出的间离理论，他论争道，个人的孤立——资产阶级从城市大众退回家居生活的隐私和舒适——“把那些享受它的人引向机械化”。街道上无处不在的混乱，呼啸而过的车辆和摩肩接踵的行人，是通过像交通信号灯一样简单的 644
进步而得到技术调控的。技术不仅构成人类感官能力假肢般的延伸，带来一系列复杂的适应，而且还构成人类感官总体的名副其实的训练营，让感官总体能在“交通”的世界中发挥效用。[1]

本雅明勾勒出波德莱尔诗歌中的一种悖论性容量。其意象一方面是由波德莱尔对现代生活多变的震惊体验的创造性顺从所产

1 “我们生活在社会主义的时代，妇女运动的时代，交通的时代，个人主义的时代。”（EW, 26 [1911]）

生的——这一态度在波德莱尔那里，既有忧郁情绪又具英雄色彩。正如《恶之花》第一部分的标题（“忧郁和理想”）所显示的，诗歌的忧郁能量起起伏伏，和诗歌中发挥作用的理想形成紧张关系，而这一理想就是诗歌意图在语言中固定住“不以即时体验（Erlebnis）为标志的回忆（Eingedenken）之时光”。这一根本的张力正是赋予这组诗作以生命之清醒的节庆气息的源泉。波德莱尔难以磨损的敏感——对处于不和谐、不对称之中的“现代美”的敏感，对古代在新生事物之中的回响的敏感，对一切事物的寓意性透明（allegorical transparency）的敏感——对本雅明来说，在两首十四行诗中得到了绝佳的体现，这就是《感应》[1]和《前生》。这也是诗人的英雄主义的一部分：试图创造一种“以免于危机的形式得到确立的”经验。本雅明对一种丰腴生活的召唤——他引用了波德莱尔的名句，“豪华，宁静和肉体享乐”[2]——并不像有些解读者所主张的那样，是堂吉诃德式乡愁的残余物；相反，那主要是一种浓墨重彩（repoussoir），一种制造深远效果的透视技巧，使得波德莱尔以及追随他的本雅明可以“探测他作为一个现代人正在见证的崩溃的全部意义”。

要想接收波德莱尔的现代性的爆炸力量，本雅明的解读中对乡愁维度的排除是极为重要的。取而代之的是一种辩证的**保持**距离的接近。在《论波德莱尔的几个母题》的第一部分，本雅明提出，波德莱尔作为发达资本主义现代性的代表诗人的地位反映在他的作品的倾向上，这一倾向就是去承担“灵氛”艺术的瓦解。“灵氛”（aura，本义指风或呼吸）这一术语最先以特别的理论力度出现在本雅明1929年的《摄影小史》中，但其最显白的

1 又译为《应和》。——译注

2 出自《邀游》，见本书第248页注1。——译注

定义——本雅明的作品中从没有对这一术语的完整概念阐发——可以在《艺术作品》论文中找到。与波德莱尔专著，尤其是第三 645 部分“作为诗歌对象的商品”的构想方案相一致，本雅明赞许波德莱尔对灵氛远离现象的极致洞察，这种现象意味着一种悖论性的熟悉的凝视（regards familiers）。而波德莱尔的抒情诗之所以伟大，不仅在于这一洞察，还在于它“标记着灵氛的解体”。如果说，在其古典的丰腴中，灵氛艺术似乎回应了我们的凝视，以丧失灵氛为标志的艺术则是支离的、缄默的，其凝视是破碎的或内爆的。[1]“在19世纪公共汽车、有轨电车和无轨电车发展起来之前，人从来没有被放在这么一个处境之中，竟能几分钟甚至长达数小时地相互注视却彼此不发一言。”[2]这样的行人，这样的诗人，并不会“如同陷入白日梦般把自己交给距离和遥远的事物”。波德莱尔的诗歌是“震惊形象”在快速运转的现代性城市生活中的动态刻写，在这个过程中，它穿透了粗暴而富有魅惑力的“距离的魔法”，但又和这种魔法进行着深入的对话；这就像一个观看者“太靠近被描画的景象”，因此打破了幻觉——也就是被灵氛现象，以及通过灵氛现象被权力的传统体系所培育出来的幻觉。

1863年，波德莱尔发表了批评文章《现代生活的画家》，在《费加罗报》上分三期登载。与本雅明的波德莱尔解读相邂逅的读

1　见《论波德莱尔的几个母题》第十一节，其中，与这个理念相关，本雅明引用了诺瓦利斯（“感觉是一种专注”）、瓦莱里（“我［在梦中］所看见的东西就像我看着它们一样看着我”），（在一条注释中）引用了卡尔·克劳斯（“人越近地看一个词，词反过来注视的距离就越远”）。SW, 4:338–339, 354n77. 关于本雅明的“灵氛”概念中可能包含莱昂·都德（Léon Daudet）1928年《忧郁症》（*La melancholia*）一书的影响（都德称波德莱尔为“灵氛诗人”，称摄影和电影为“灵氛传递者”），见 Agamben, *Stanzas*, 44–45。（参见张旭东等译《发达资本主义时代的抒情诗人》，第168—169页。——译注）

2　参见张旭东等译《发达资本主义时代的抒情诗人》，第171—172页。——译注

者会发觉，本雅明把波德莱尔作为现代典范的再发明，并不是创造了一个新的波德莱尔，而是对诗人作品中以前被忽视、被误解的诸种特征的重新发现。当波德莱尔说，“现代性就是过渡、短暂、偶然，就是艺术的一半，另一半是永恒和不变”[1]，我们辨认出了本雅明笔下那个被忧郁和理想撕扯的诗人的面相。《现代生活的画家》事实上充满了后来在本雅明论述这位诗人的文章中所强调的一系列主题：世界观从永恒和坚固向转瞬即逝和碎片化的根本性转变；时尚在所有文化领域日益增长的影响力；现代艺术家的
646 落魄，“天才”退化为“康复”（convalescence）[2] 状态；看似边缘的“万花筒式”人物形象的登场，比如“纨绔子弟”和漫游者；个人在都市人群中的异化，这种异化潜在地富有成果，“旁观者是王子，无论在哪里他都在自己的隐姓埋名中获得快乐”；甚至还有幻景的隐伏丛生。事实上，《论波德莱尔的几个母题》的中心主题——诗歌意象从震惊体验中的创生——已在《现代生活的画家》中清晰表达了：“我敢断言，灵感与**充血**（la congestion）有某种联系，任何崇高的思想都伴随有一种或强或弱的神经性震惊，这种震惊回响于大脑的最核心处。”[3]

1　郭宏安译《美学珍玩》，上海译文出版社，2009 年，第 369 页。——译注

2　郭沫若曾用“恢复”来翻译这个词。——译注

3　Baudelaire, *The Painter of Modern Life*, 8.（参见郭宏安译《美学珍玩》，第 364 页。——译注）

第十一章

历史的天使

巴黎、讷韦尔、马赛、波尔特沃，1939—1940

完成《论波德莱尔的几个母题》之后，本雅明几乎连喘息的 647
机会都没有。希特勒-斯大林条约于 1939 年 8 月 23 日签署，而德国军队 9 月 1 日就入侵了波兰。本雅明一刻也没有耽搁地离开了巴黎。9月初，他逃至巴黎以东、莫城附近的肖科南（Chauconin），住到翻译家莫里斯·贝茨（Maurice Betz）的妻子那里。同样客居的还有海伦·黑塞尔，是她为好友本雅明获得了邀请。他当时最大的恐惧是征兵令，只有到五十二岁才能免于兵役。考虑到局势的严重性和他即将面临的紧迫的不确定性，他从肖科南给霍克海默写信，卑微地请求在接下来两个月中每月多汇 15—20 美元。

事实证明，征兵是他所有忧虑中最不需要担心的一个。尽管整体上的氛围是战争迫在眉睫，但法国当局显然并没有考虑征发自己国境内的成千上万的德国和奥地利难民；波兰遭到入侵让他们没有时间去确认流亡者的政治忠诚。9 月 3 日，公告在这一大区的各地贴出，命令德国和奥地利公民携带被褥，去巴黎东北郊的科隆布镇的伊夫-杜-马努瓦体育场（Stade Olympique Yves-du-Manoir）报到。9 月 9 日，或晚几天的时候，本雅明和其他好几千符合兵役年龄的德国人及奥地利人一道，受到了拘禁。诗人兼批评家汉斯·萨尔，一同受拘，留下了本雅明两个月监禁的充满细节的生动记录，虽然或许难免片面。在这一事后的叙述中，本雅明被描绘为思想精英不切实际的现身说法。“当他使用自己的智识和历史-政治理解力去让自己适应现实的时候，他就离这一现实越来越远。”萨尔的解读无疑受限于他自己的反共产主义立
648
场——他从 30 年代中期开始逐渐脱离了激进左翼——但本雅明在处理困难的现实局面时受阻于自己深刻的智识，这样的一个形象和我们对他流亡生活的了解是相吻合的。[1]不过，不切实际却不是萨尔记录的主调。他反复把本雅明刻画为一个深深沉浸于自己的世界的人，以至于他渐渐地被周围的人们看作一位先知。这也符合人们对这样一个人的一般印象：个人的内心深处封禁在他的礼仪所形成的循规蹈矩和深不可测的表象之后。

监禁者称呼这个地方为科隆布体育场，其看台有不完整的顶棚，只能给一小部分人遮风挡雨。他们的三餐一成不变，是廉价肝酱抹面包，而且他们被强制修建自己的临时厕所。萨尔记录道，即便对年轻的健康人来说，条件也是艰苦的；本雅明已经四十七岁，是最年长的监禁者之一，而且健康已经在衰退，这里的情况足以危及他的生命。他无疑得救于一位出手相助的年轻人，那就是马克斯·阿龙（Max Aron）。“在那边的第一天晚上，我就注意到一位年纪比较大的人，”阿龙后来回忆说，“他安静地坐在长凳上，一动不动。难道他真的还不到五十岁？……我第二天早上又注意到他，还坐在同一个地方（我感觉是这样），到这时我才开始担心。在他的沉默和姿态之中，有某种庄严的东西。他和那里的

1 Sahl, “Walter Benjamin in the Internment Camp,” 348.

周遭环境完全格格不入。”[1] 在萨尔看来，“这个年轻人对这位身体虚弱、在所有实际事务中都完全无助的人的照料，近乎灾乱之世里对圣灵如圣经中那般尊敬。”

经过十天监禁，被拘禁者分成几组，送至法国各地的关押营（名为“志愿劳动者营”[camps des travailleurs volontaires]）。本雅明和他的朋友——不仅包括阿龙和萨尔，而且还有剧作家赫尔曼·凯斯滕——相约，设法待在一起；他们被武装人员押送，先是乘汽车到奥斯特里茨火车站（Gare d'Austerlitz）[2]，然后乘火车去巴黎以南约一百五十英里、位于勃艮第西端的讷韦尔。到达已是下午很晚的时候，囚徒们被迫远足两小时，去往废弃的韦尔努什 649
城堡（Château de Vernuche）。这次步行对本雅明是一种折磨，他的心脏负载已经达到极限。后来他告诉阿德里安娜·莫尼耶，虽然有阿龙给他拿着他的不值钱的行李，但他在途中还是晕倒了。三百名监禁者发现城堡里空无一物，只能睡在地上，直到几天之后，干草才运来。这一系列打击让本雅明付出了沉重代价；他需要比大多数同行者花更多的时间来适应这些困难，包括饥饿、寒冷、污秽和“持续不断的嘈杂”。他的健康状况继续恶化，有些日子，他只能一直躺着，甚至不能阅读。在阿龙的帮助下，他把自己安顿在一座旋转楼梯下面的类似披屋的空间中；挂上粗麻布毯子，让他拥有了一点点隐私。

关押营的生活所提出的挑战当然并不限于物质匮乏。监禁者得不到任何关于当局意图的信息：他们眼巴巴地望着一片空白的未来。流言盛行，有时说他们很快就会得到释放，有时又说一切

---

1 马克斯·阿龙的回忆，1939 年部分，耶路撒冷犹太国家和大学博物馆；转引自 Ingrid Scheurmann and Konrad Scheurmann, eds., *Für Walter Benjamin*, 115。

2 巴黎城的火车站之一，位于第十三区。——译注

自由从此终结。而且，在这样一片被战争撕裂的大陆上，监禁者基本上和友人、亲人断绝了消息。本雅明至少知道朵拉和斯特凡在伦敦是安全的。但另一方面，他没有收到妹妹的只言片语，几周之后才从巴黎和瑞士的朋友那里得到些新消息。本雅明在欧洲的最后几个月时光的一个显著变化是，他和布莱希特的亲密伙伴、作家贝尔纳德·冯·布伦塔诺的友情得到了巩固；布伦塔诺是本雅明此时为数不多的写信对象之一，本雅明竭尽全力让他了解自己的行踪和情况。此外，他还担心战争的到来可能意味着津贴的长久中断，即便研究所还有能力支付；他了解到，监禁者的银行账户至少暂时都受到了控制。外国人最终如何从法国银行中取款也不得而知。于是，他给研究所在巴黎的办公人员朱利安娜·法韦（Juliane Favez）写信，请求她的帮助，确保津贴安全转账，他的房租按时支付。他还请她把他的情况告知霍克海默和波洛克："我鲜有直接给纽约写信所需要的宁静。"（GB, 6:339）实际发生的
650 是，他的妹妹和米利·莱维-金斯贝格（本雅明的朋友、艺术史家阿诺德·莱维-金斯贝格的妻子和埃尔泽·赫茨贝格尔的侄女）正在料理他的事务，照看他的寓所和财物。

和过去经常发生的一样，当下生活中的混乱引发他记录自己的梦境。其中一则围绕"解读"母题，令他难忘，以至于和纽约诸友分享：

> 昨夜，我躺在干草堆上做了一个梦，它如此美妙，我抗拒不住要和您分享的诱惑。……一个名叫[卡米耶·]多斯（Camille Dausse）的医生，在梦中陪着我，他是我的一个朋友，曾在我[1933 年秋]患疟疾时照顾我。多斯和我还同我已经记不起的几位朋友在一起。某一时刻，多斯和我离开了这

群人。在我们离开之后，我们发现自己身处坑中。我看见几
乎在这坑的底部，有几张奇怪的床。它们的形状和长度都像
棺材；而且它们看起来像是石头做的。但等我半蹲下来，我
发现可以柔软地陷入它们，就像床一样。它们盖满苔藓和常
春藤。我发现这些床是一对一对摆放的。正当我要平躺在其
中一张床上时——就在似乎是留给多斯的另一张床旁边——
我意识到这张床的床头已经被其他人占住了。于是我们继续
我们的旅程。这个地方像是森林；但树干和枝叶的分布却又
有人工的感觉，使得这一部分景致模模糊糊间相似于船舶构
造。沿着一些木头，走过森林中许多不同的小径，我们发现
自己到了一处类似小型降落台的地方，那是一座木板搭成的
小露台。正是在那里我们见到了和多斯生活在一起的女人们。
她们是三个或四个人，似乎非常漂亮。首先让我震惊的是，
多斯没有介绍我。这还不算什么，接下来，当我把帽子放在
一架大钢琴上时，我所发现的事情对我烦扰更甚。那是一顶
旧“巴拿马”草帽，我父亲传给我的。（它老早就没了。）摘
下它，我惊异地看到帽子顶上有一个大裂口。而且，裂口的
边缘显出红色的痕迹。——有人给我搬来一把椅子。但这并
没有阻止我自己另拿一把，我把它放在和大家围坐的桌子稍
微有点距离的地方。我没有坐下。同时，有一位女士已经自
顾自地沉浸于笔迹分析。我看见她手里有我写的东西，是多 651
斯给她的。我对这一审查略微感到不安，担心这将暴露我的
一些私密特征。我挪近了点。我看到的是一块布，上面都是
图像；唯一可以辨认出来的图像元素是字母 D 的上部，其有
尖头的线条表明对精神性的极端追求。字母的这一部分也被
一小块蓝边织物遮住了，这块织物在图像上鼓起来，就像被

> 微风吹着一样。那就是我唯一能够“解读”的东西——剩下的都看不清，一些模糊的母题和谜团。谈话一时间转向了这一书写。我不记得大家发表的意见；但我一字不差地记得，在某一点上我说出了这样的话：“这是一个把一首诗变为围巾的问题。”话音未落，神奇的事情就发生了。我看到，在这些女人中，特别漂亮的一位在床上躺下了。她一边听着我的解释，一边快如闪电地做出一个动作。她掀起了盖在她身上的毯子的小小一角。不到一秒钟，她就做完了这个动作。而这并不是为了给我展现她的身体，而是为了展现毯子上的图案样式，这一图像就类似于我多年前作为礼物“写”给多斯的图像。我很清楚是那位女士做了这件事。不过，是某种第二视觉的东西给了我这样的认识。因为，就我的肉眼而言，它们是看向别的地方的，而且我不可能辨认出毯子所呈现给我的一切，因为毯子一下子又盖回去了，对我来说真是稍纵即逝。（BG, 272–273；原文为法文）

不过，本雅明最大的担忧还是他的波德莱尔论文的命运。他担心，研究所没法联系到他，会未经他同意对论文做出修改并将之发表。当他 9 月末收到妹妹书信时，他多少放下了心，妹妹的信转来了纽约的电报文：“您关于波德莱尔的可贵研究已经寄到，如一缕阳光照亮了我们。我们挂念着您。”（BG, 271n）虽然他没法读到清样，但论文一字未改地出现在了《社会研究杂志》的下一期上。

尽管有这些忧虑，但本雅明和大多数拘留者一样，靠着一盘
652 象棋或弥漫城堡的“友爱欢欣之情”振作起来（BG, 270）。萨尔较为细致地描述了这份情谊：“一个社群很快就从无到有地产生，

并开始发挥作用；从混乱和无助中，一个社会出现了。”[1] 拘留者们很快组织起了集中营生活的方方面面，从用草杆扫帚和破布做清洁工作到用香烟、钉子和纽扣作为货币建立原始经济。集中营提供的思想活动的机会，异乎寻常地多样。萨尔朗诵他的诗歌（比如他的《1939 年哀歌》["Elegy for the Year 1939"]）；本雅明身体刚一好起来，就做了一系列讲座（其中一个关于罪的概念），并向“高阶学生”提供收费的哲学课程，费用通过集中营的硬通货支付。[2]

在关押期间，拘留者中的一伙“电影人”说服了指挥官给他们一天假（需要佩戴臂章），以便准备一部亲法国的纪录片；他们从讷韦尔回来后，讲述法国的好酒和美食，让集中营里的伙伴们羡慕不已。受此启发，也希望拿到外出臂章的本雅明人生中第三次——在 20 年代初的《新天使》和 30 年代初的《危机与批评》失败之后——着手创办刊物。作为计划中的《韦尔努什简报：第 54 团劳动者杂志》（*Bulletin de Vernuche: Journal des Travailleurs du 54e Régiment*）的编辑，他从集中营中选出了第一流的作家和编辑团队。创刊号的稿件现存于柏林艺术院（die Akademie der Künste），包括集中营生活的社会学研究，对集中营艺术（壁画、业余剧等）的批评，以及对囚徒们的阅读习惯的一份研究。萨尔自己提议要写的稿件是对这个“无中生有的社会”的分析，大约会采取类似笛福《鲁滨孙漂流记》的纪事形式。就像前两次一样，但出于更不言自明的现实原因，刊物从未出版。

萨尔对集中营的描述激烈地批评了法国当局，而本雅明则对法国抵抗“希特勒的杀戮狂热”的任何举动都充满敬意。9 月 21 日给阿德里安娜·莫尼耶写信时，他表态说他自己愿意竭尽全力

1 Sahl, "Walter Benjamin in the Internment Camp," 349.

2 Ibid., 349−350.

服务于“我们共同的目的”，虽然他的体力已经“毫无价值”（C, 613）。到 10 月中旬，拘禁已经超过五十天，本雅明可以向布伦塔
653 诺报告说，他已经恢复了阅读和写作的“士气”（GB, 6:347）。许多友人，尤其是莫尼耶、西尔维娅·比奇、海伦·黑塞尔，给他寄了巧克力糖果、香烟、刊物和书籍。他的读物主要就是大家寄给他的种种：卢梭的《忏悔录》（他是第一次读）和红衣主教莱兹（Cardinal de Retz）的《回忆录》（*Mémoires*）。如本雅明对臂章的执念所示，获得自由的想法从未远离他的脑海。他已经从保罗·瓦莱里和儒勒·罗曼那里获得了用于法国国籍申请的证明书；如今又有了让·巴拉尔和保罗·德雅尔丹的证明信，他希望这些能支持他的释放请求。阿德里安娜·莫尼耶竭尽心力为此争取，终于说服了国际笔会（PEN）为本雅明和赫尔曼·凯斯滕——他被关押在另一营地——出面与法国内政部交涉。到 11 月初，第一批拘禁者得到释放。在莫尼耶的一位外交官朋友亨利·奥普诺（Henri Hoppenot）干预之后，多部门委员会在 11 月 16 日宣布释放本雅明。

11 月 25 日，本雅明回到了巴黎。他的朋友们担心他的身体，安排了一辆车，让吉赛勒·弗罗因德去接他。他消瘦了不少，疲敝虚弱到经常“在街上走到一半”就不得不停下来，“因为我没力气接着走”（C, 618–619）。但一回来，他就给肖勒姆写信说（在拘禁期间，一周只限寄两封信，他没有给肖勒姆写信），他感觉相对好些了。他的思绪经常回到营地。作为最早被释放的拘留者之一，而且此刻开始进入冬季天气，他对自己的好运深深感念：他和几位最近结识的仍在讷韦尔的朋友通信，给他们寄东西。他的集中营生活的一个积极后果是，他和凯斯滕的友谊迅速生根发芽。和朋友的谈话也常常转向集中营这一话题，大家讨论拘留这么多希特勒的反对者的原因何在。他从吉赛勒·弗罗因德那里得知，

英国的局面大为不同。只有纳粹主义的同情者才被拘禁。剩下的德国人和奥地利人，大约有五万之众，被要求在审判庭接受讯问：那些可以证明他们是纳粹政权受害者的人，都得以保留自由（GB, 654
6:352n）。

重新回到东巴勒街寓所的书桌前，他转而思考新的课题。他给社会研究所寄去一个提案，打算写一篇关于卢梭《忏悔录》和纪德日记的论文，“类似于对‘真诚’的历史批判”。他还把《讲故事的人》的几份复印本寄给德国作家保罗·兰茨贝格，他在“社会学学院”的讲座上偶尔见过对方。本雅明希望兰茨贝格和“卢特西亚圈子”（Lutetia Circle）尚存的联系可能可以帮助他发表该文章的法译本。卢特西亚圈子由威利·闵岑伯格在1935年组织起来，专注于推翻希特勒政权，该圈子的活动持续到1937年末。该团体成员包括共产党人、社会民主党人以及资产阶级中间党派的人士；参与者有亨利希·曼和克劳斯·曼、里昂·孚希特万格、埃米尔·路德维希（Emil Ludwig）等。

本雅明仍然感到对巴黎的深深依恋，这座城市不仅是他七年来的家，而且是他一生主要工作的对象：先是在巴黎拱廊街的朦胧灯火中寻迹19世纪的原历史，而今是由此产生的波德莱尔研究。他知道，“于我，世界上任何东西都取代不了法国国家图书馆”（C, 621）。但他非常清楚，现在的自由只是一个插曲，他如果要离开这座城市，就要趁早。他的法国朋友（引人注意的例外是阿德里安娜·莫尼耶）都劝他走，他想起来，1933年时他是多么不情愿和自己的另外一个家园——德国——切断全部联系，最后是靠格雷特尔·阿多诺的力劝才克服。于是，他以最终离开法国为目标，主动着手一系列事务。其中之一，就是尝试学习英语。他告诉格雷特尔，他读她用英文写的信没有困难，他还用英文——估计找了朋友帮忙——写了一封感谢信给西西莉亚·拉佐夫斯基（Cecilia Razovsky），她是全国难民服务组织（National Refugee Service）巴黎办公室的社工。11 月 18 日，拉佐夫斯基曾为本雅明向巴黎的美国领事馆提交签证申请；这份申请包括田纳西州首府纳什维尔的富商和艺术赞助人弥尔顿·斯塔尔（Milton
655 Starr）的书面陈述。突然出现的援手激励了本雅明。部分出于对国际笔会为他出面的感激，当然也是为了求得新的盟友，本雅明参选该组织的德国流亡者支部。其候选资格由赫尔曼·凯斯滕和阿尔弗雷德·德布林的推荐信支持；1940 年 1 月初，他从支部主任、作家鲁道夫·奥尔登（Rudolf Olden）那里得到消息，他已经被接纳为会员。这使得他有权得到会员证——在这一时间，任何一个身份证件都很宝贵。他还给霍克海默写信，促请他帮忙寻找机会，让有望拿到的签证派上用场。霍克海默必定已经对仍留在法国的德国流亡者的将来命运心中有数，但他在敷衍，向本雅明说明，研究所的津贴在巴黎会继续发放，而在纽约则从无这种可能。尽管霍克海默释放的信号很含混，本雅明还是在 1940 年 2 月 12 日向美国领事馆提交了正式的签证申请。

新旧年交替之际，他见了前妻朵拉两次，她现在正往返于圣雷莫和伦敦之间，转移自己的生意。她已于 1938 年和南非商人哈利·莫尔瑟（Harry Morser）结婚，如今正在准备开办一家伦敦寄宿公寓。关于她何时与莫尔瑟相识，有不同的说法。有证据显示，她所出身的克尔纳家族在维也纳和海因里希·莫尔泽尔（Heinrich Mörzer）的家族有友好关系；但朵拉很可能是在他下榻圣雷莫的小旅馆时才认识他的。莫尔泽尔在该世纪初成为南非公民，改名为哈利·莫尔瑟。大多数说法——包括斯特凡·本雅明的两个女儿的说法——都认为朵拉是为了最终移民英国而开始这段权宜的婚姻的。不过，至少这些途经巴黎的旅行中有一次，莫尔瑟是陪着她的，并对本雅明印象颇佳。恩斯特·舍恩也从伦敦报告说，朵拉、斯特凡和“莫尔瑟先生”回避了所有他们以前的朋友，甚至严格到隐瞒自己的地址，这很可能说明他们作为一家人生活在一起。有意思的是，朵拉把莫尔瑟介绍给本雅明时却称之为“朋友”。而且她敦促本雅明跟他们一起去英国——但没能成功。这是本雅明与前妻的最后一次见面。朵拉活得久，在伦敦诺丁山经营过一系列寄宿公寓，于 1964 年去世，八年后她的儿子在五十三 656
岁上离世。[1] 斯特凡·本雅明战时曾在澳大利亚被拘禁，但他回到伦敦，成为一名珍本书商人。虽然他显然对自己的父亲抱有矛盾的感情，但至少有一件事情把他们紧紧联系在一起：两人都是收藏家。

新的一年开始时，本雅明还在忙于日常细节，经历过关押之后他不得不重建生活——这些细节包括重开银行账号、恢复国家图书馆的借阅权、试图保留日渐减少的发表机会。他的生活条件（供暖不足、充满噪音的公寓，1 月的最后两周完全没有暖气）和他颇多障碍的身体状况（心脏不好，不能再让他像往常一样长途

1　朵拉收到瓦尔特·本雅明的死讯悲痛欲绝。1941 年 7 月 15 日，她用英语给肖勒姆写信：“亲爱的、亲爱的格哈德，我见到你的亲笔信就哭了，七年了，我终于从你那儿收到了一封信。……亲爱的格哈德，瓦尔特的死留下了一个黑洞，一点点地但又确切地把我关于未来的一切希望和愿望吸干。我知道，我不会比他活得长多少。你会对此感到惊讶，因为我早已不再是他的生活的一部分，但他仍然是我生活的一部分。……我认为，也感受到，如果这个世界能够让一个有他这样的价值和敏感的人活下来，那么这个世界就毕竟不是一个那么坏的世界。看来我是错了。/ 现在是他的生日。我不需再向你说什么。……如果我和他在一起，他不会死的。他没有死在 1917 年。……我最后一次见到他，是 1940 年 1 月，再之前是 1939 年夏天，那时我恳求他来伦敦，他的房间都备好了。”转引自 Garber, “Zum Briefwechsel zwischen Dora Benjamin und Gershom Scholem nach Benjamins Tod,” 1843。另参见 Jay and Smith, “A Talk with Mona Jean Benjamin, Kim Yvon Benjamin, and Michael Benjamin”。

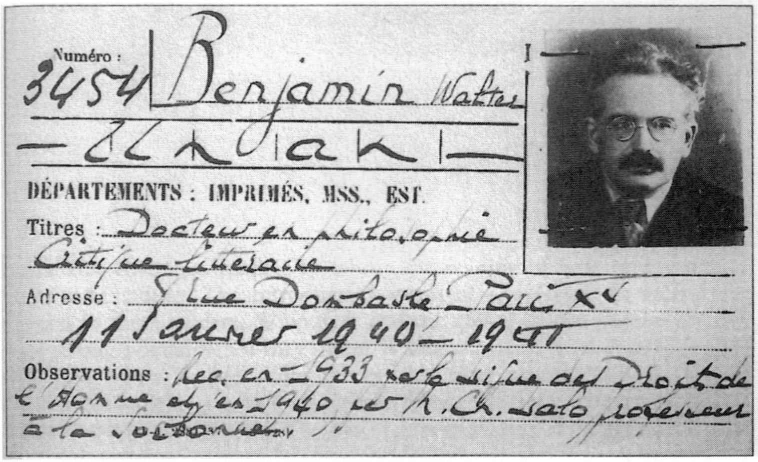

30. 本雅明的读者卡，国家图书馆，巴黎，1940 年（*Bibliothèque Nationale de France*）

散步）继续阻滞着他的工作。他告诉格雷特尔 · 阿多诺，他大多数时间都是躺着。但他为凶兆所驱赶着行动。和巴黎的其他居民一样，一开年他就购买了防毒面具；但和其他居民不同，他从面具在他的小世界的物质现身中，看到了反讽的寓象，把中世纪叠加在现代之上，把精神性叠加在技术性之上："是苦修的僧侣用来装饰修道室的那些头骨的令人不安的分身。"（BG, 279）1 月 11 日，他写信给肖勒姆："我们今天得以发表的每一行字——不管我们把它托付给的那个未来是多么不确定——都是与黑暗势力肉搏得来的胜利。"（BS, 262）可以说，上回有这样的大胜利，还是 1940 年初在《社会研究杂志》上发表《论波德莱尔的几个母题》和本雅明介绍约赫曼的文字。

657

但本雅明对波德莱尔论文修改版的发表几乎不置一词；对肖勒姆也只是一带而过地提起，询问他的意见，而对霍克海默，则是热情的致谢，感谢他接受论文以表支持，但没有任何可以同

1939 年 8 月 6 日致阿多诺书信相比拟的东西，在那封信中，本雅明讨论了他刚寄出的修改版里“更精确表述的理论框架”。真正的欢欣之情却是由阿多诺表达的，他的“负罪感”现在让位于“一种相当虚荣的自豪感”，因为自己催化了“您从悲悼剧研究和克劳斯论文以来所完成的最完美的东西”（BA, 319）。足以引起注意的是，这封长信详尽列出了在阿多诺看来本雅明的论文和自己的著作相呼应的各个方面。本雅明在回信中对阿多诺的论断——“您的遗忘理论和‘震惊’理论事实上与我的音乐著述关系很密切”——进行了一种相当典型的轻微偏移：

> 在您面前我没有理由隐瞒这一事实，我的“经验理论”的根基可以回溯到一种童年记忆。按常例，不管在哪里度夏，我的父母都会和我们散步。我们两个或三个子女总是在一起。但我这里想起的是我弟弟。不管在弗罗伊登施塔特[1]、文根[2]或施莱博尔豪[3]，当我们参观了这个或那个必去的名胜，我弟弟曾经总是说，“现在，我们可以说我们去过那儿了”。这句话难忘地印在了我的心上。（BA, 320, 326）

和阿多诺的交流很大程度上表现出了本雅明在 1940 年的精神状态。他对《论波德莱尔的几个母题》的沉默无语证明了他对《波德莱尔笔下的第二帝国的巴黎》遭到拒稿的愤怒仍挥之不去，也证明了他对第二篇论文的含混态度，毕竟后一篇不得已服从于 658

1 德国疗养胜地，位于黑森林附近。——译注

2 瑞士阿尔卑斯山区小镇。——译注

3 Schreiberhau，现在波兰西南境内，名为什克拉尔斯卡-波伦巴（Szklarska Poręba）。——译注

一种抽象的理论化。不过更引人注目的是，童年记忆的闪回成为新近的经验理论的源泉，阿多诺以至于研究所的地位，被格奥尔格·本雅明所取代。在 1938 年的《1900 年前后的柏林童年》重写版中，本雅明的弟弟、妹妹没有扮演任何角色；而两年之后，集中营还在身后，战争近在眼前，他的血缘之家已经基本上取代了研究所这一他在 30 年代中期选定的思想之家的位置。

他心中可能仍然残存的对《论波德莱尔的几个母题》的保留态度并没有影响他对波德莱尔专著的整体态度，这本专著的进展"远比任何其他工作都更靠近 [他的] 内心"(BG, 279)。经历了好长一段时间的虚弱和抑郁，4 月初他回到了 1938 年夏天在丹麦草拟的大纲，正是这份大纲后来产出了《波德莱尔笔下的第二帝国的巴黎》。他从没有彻底放弃这第一篇论文将来发表的希望——不管是单独发表还是作为其波德莱尔专著的一部分。他向斯特凡·拉克纳表达了这样的希望，"我的第一篇 [以波德莱尔为主题的] 著述有一天会交到你的手中"(GB, 6:441)。那年春天，正如他告诉阿多诺的，他选择先把拟议中的关于卢梭和纪德的文章放一放，尽管事实上这样一篇文章更合意于研究所，且更适合在《社会研究杂志》发表："[波德莱尔] 继续顽固地在我面前呈现为最迫切的课题；而我最紧要的任务就是正确地响应这一课题提出的种种要求。"(BA, 327) 但这一新的工作时期只产生了一系列笔记，涉及对已有材料的重新整理，也涉及这本书的某些具体方面，而没有连贯的篇章。

1940 年初，德军在东线的成功使得一场范围更广的战争看起来不可避免。不难想象，本雅明的思绪越来越多地转向政治时局。虽然思念他和肖勒姆从 1924 年起开始的政治辩论，但 1 月他告诉老友，这些辩论不再具有意义，大约是因为在希特勒-斯大林条约达成之后，他已经对苏联政治失去了一切同情。他与肖勒姆重新达成的一致无疑在某种程度上来源于他 1940 年初正在写作的新文本，由“一组关于历史概念的论题”组成，以一种原创的方式把政治、历史和神学母题熔于一炉。这些论题最终成为《论历史概念》[1]，也即本雅明的最后一篇主要著作。他告诉几位通信人，这些论题是由他这代人在走向希特勒战争的这几年中的经验所激发的。但同样重要的是他和阿伦特及布吕歇尔在 1939 年至 1940 年冬天关于肖勒姆《犹太教神秘主义主流》（*Major Trends in Jewish Mysticism*）的密集讨论，肖勒姆曾把该书手稿寄给本雅明。阿伦特回忆说，他们聚焦于肖勒姆对 17 世纪沙贝塔伊运动（Sabbatian movement）[2] 的分析。这样一种弥赛亚神秘主义传统和积极的政治纲领的结合自然就引发了本雅明在新作中的某些论述——尤其是那些从 20 年代早期开始就大体上隐含于他思想中的弥赛亚母题。这些论题本身部分来源于讨论爱德华·福克斯的论文，部分来自与波德莱尔专著的“理论框架”相关的反思；当然，这两个源头都在拱廊街文件夹中有其文本基础（GB, 6:440）。 659

《论历史概念》的开篇是本雅明所有作品中最令人难忘的精彩片段之一。他想象了一个对弈机器人——一个身着土耳其服装的木偶，坐在桌旁，而桌下藏着一个驼背侏儒——这个机器人能赢过任何棋手。这一机械装置的哲学对应物则让历史唯物主义这一木偶击败任何对手，只要它有那个小小的、干瘪枯萎的、隐藏

1 已有中译本多译为《历史哲学论纲》。此文最早的英译本也题为“Theses on Philosophy of History”。这里涉及的版本问题，可参见杨俊杰《本雅明历史哲学论纲考辨》。——译注

2 该运动是历史上一种弥赛亚潮流，沙贝塔伊－泽维（Sabbatai-Zevi，1626—1676）自称弥赛亚，在欧洲犹太人中有大量追随者。——译注

的家伙助他一臂之力，这就是驼背侏儒“神学”（SW, 4:389）。正如这由十八个小节构成的序列中紧接下来的一节所表明的，本雅明 1940 年对神学的理解集中在一种非常特定的救赎之上：每一代人都获准了“一种**弱**弥赛亚力量，这种力量的认领权属于过去”。[1]这些后期论纲的神学重要性不能以任何单一的宗教传统来定义。这里的救赎观念预设了“万有复兴”（apocatastasis）这一教父神学范畴（前面我们已经看到，《拱廊街计划》的 N 卷也援引了这
660 个范畴）。于是，这一术语的简易定义就是普遍拯救：没有一个灵魂会在救赎中被抛下。该词只出现在一则圣经段落中，即《使徒行传》3：21，讨论终末世代。[2]那里的 apocatastasis 是指人们认定的 restitutio in integrum，即一切事物在终末世代**之后**的复兴。但在本雅明所知晓的其他文献中——主要是亚历山大里亚的奥利金的《论首要原理》（*De Principiis*），但还有一系列斯多葛派和新柏拉图主义的著作——apocatastasis 具有始终一贯的**宇宙论**维度，关系到宇宙巅峰和宇宙复原之世代的严格交替。在斯多葛主义中，该术语指宇宙**收缩**回宙斯的头脑中，而宇宙也正是从宙斯的头脑中发散出，展开为逻各斯（Logos）；更具体地说，它是指一个过程，通过它，在包罗万物的大火灾（conflagration）中，宇宙被化约为其最原初的元素——火。至此，一切存在物的重生才会发生。

1　这些论题的一份早期未定题草稿包含了额外的两节，在后来的几个稿本中被舍弃。见 SW, 4:397。本雅明的“作者誊抄稿”（Handexemplar）见于 *Über den Begriff der Geschichte*, 30–43，共十九节，包括标为 XVIIa 的一节补遗，这一节开篇说：“在无阶级社会这一理念中，马克思把弥赛亚时间这一理念世俗化了。而那是一件好事。”（SW, 4:401–402）

2　该句的《圣经》现代和合本译文为：“天必留他，等到万物复兴的时候，就是神从创世以来借着圣先知的口所说的。”中文标准本译文为：“不过天必须留他，直到万有复兴的时候，就是神自古以来借着圣先知们的口所说的那时候。”——译注

在这一晚期作品的一处更细致入微的处理中，本雅明从宇宙世代交替的神话–神学观念转移到政治和历史编纂的层面：“只有被救赎的人类才能保有过去的完整性——也就是说，只有对于被救赎的人类，其过去才能让每一瞬间都成为可援引的。”[1]“可援引”是活的传统的必要条件。本雅明把唯物主义历史学家——和其他所有人一样，他/她也不具有对过去的完整把握——的任务定义为“当记忆在危险关头闪现出来时将其把握”[2]；那个（非意愿性的）记忆具有一种“意象”的特征，“意象在可辨认的瞬间一闪而过，一去不返”。因为，真正的意象如“过眼烟云”，只有一个辨认出其自身在那个意象中被意指着（gemeint）的此刻才能取回——也就是援引——那个意象。关于波德莱尔的研究——以及这一研究背后的构建19世纪法国历史的工程——恰恰就把自身理解为一种让这样的意象结晶的努力，一种展示历史作为“建构的主体”的努力。本雅明确信，真正的历史编纂充满风险，是刀锋上的探索，与此形成对照的是传统的兰克式历史主义，它通过智识上的共情，意图把握历史的“本来面目”。说到底，这只是对一种东西的共情：这就是胜利者。所有这些供奉——因而也就是物化——过去事件的努力所预设的正是空洞的、同质的延续体，散落在辩证意象及其向“久远过去的灌木丛”“虎跃”的单子式浓 661
缩的“此刻时间”（Jetztzeit）之中。“因为每一次，[历史唯物主义者]都不能不带着恐惧去沉思这些[文化]财富所共有的源头。这些财富的存在不仅归功于创造它们的伟大天才的努力，也归功于同时代人的无名的劳苦工作。没有一座文明的丰碑不同时也是

1 参见张旭东、王斑译《启迪》，第266页。——译注

2 参见同上书，第267页。——译注

一份野蛮暴力的实录。”[1] 本雅明提示，只有当传统从试图压倒它的墨守成规中挣脱出来，只有当传统向“弥赛亚时间”的瞬间停顿和突然出现的入口——这超出了现代科学历史主义的因果链和编年框架——敞开时，人们或许才能在过去历史中找到希望。在对“普遍的和整全的现实存在”[2] 的弥赛亚体验中，现在的回忆时刻就是救赎的“门户”，就是为被压迫（或被压制）的过去奋战的革命时机。由此，审判日并不会和其他日子相区别。“把握历史事件的永恒性，”我们在这些论纲的补遗中还读到，“就是真正地领会它们的短暂性所具有的永恒性。”（SW, 4:404–407）对永恒的短暂性的领会为“真正的历史存在”开辟了道路，在那里，节庆和哀悼是一回事。但任何一个想要确切知道这“被救赎的人类”大概什么样子、大概何时到来的人，都是“在提出没有答案的问题”。

在这篇文章的核心位置，也是接近自己生命尽头的时刻，本雅明召唤出了已经陪伴他将近二十年的图像：克利的《新天使》。克利的天使，双眼圆睁，张着嘴，双翼外展，在此成为历史的天使。

> 他的脸朝着过去。在**我们**面前展现为一连串事件的地方，**他**看到的却是一场单一的灾难，这场灾难不断堆积尸骸，并掷之于他脚下。天使想要停留，唤醒死者，把被击碎的一切修补完整。可是从天堂吹来了一阵风暴，猛烈吹击着天使的

1 参见张旭东、王斑译《启迪》，第 268—269 页。——译注

2 《〈论历史概念〉补遗》（“Paralipomena to ‘On the Concept of History’”）中的这一短语来自本雅明 1929 年的《超现实主义》论文，在那里，它是和“意象空间”这一概念相联系的（SW, 2:217）。关于“弥撒亚时间”，对照 1916 年的《悲悼剧与悲剧》一文（EW, 242）。

翅膀，以至于他再也无法把它们收拢。这风暴无可抗拒，把天使刮向他背对着的未来，而他面前的残垣断壁却越堆越高，直逼天际。**这场**风暴就是我们所称的进步。[1]（SW, 4:392）

到 4 月底或 5 月初，《论历史概念》初稿已成，他把一份打字稿寄给了纽约的格雷特尔·阿多诺。他非常清楚，这些论题中对历史唯物主义（包括关于社会民主党和阶级斗争的评语）和玄想神学的自由互动将会有爆炸性结果。虽然这些论题对他极为重要，但他明显无意发表它们，更别提用现在这样试验性的文体了：它们会为“热情的误解”打开大门（BG, 286–287）。那些论题对待现在的浓郁悲观态度，对任何绕开现在的进步观念的鄙视，都显示出俄国和西方对希特勒权力意志的屈服所烙下的印记。敌意所指，是背叛人类的种种：法西斯主义、苏联，最后还有那些把握不了当下的历史学家和政客。更整体地说，《论历史概念》是本雅明的历史思考的顶峰——这一思考不仅有拱廊街计划在前，而且可以一直追溯到第一次世界大战结束后不久的日子。正如他在给格雷特尔寄上这组“笔记”的信中所强调的，“战争和引发战争的星丛使得我记下了一些思考，可以说，这些思考我已经拥有，或者说实际上是逃避了将近二十年。……即便今天，我所交给你的与其说是一组论题，还不如说是一束耳语的野草，采摘自沉思的漫步”（BG, 286–287）。天使脚下残垣断壁的意象所唤起的不是别的，正是本雅明对巴洛克舞台的改造，舞台上是随意散落但具有主体能量的历史物体。对于瓦尔特·本雅明，历史自始至终都是一部悲悼剧。 662

1 参见张旭东、王斑译《启迪》，第 270 页。——译注

正如这一论文-随笔的调性所说明的，几乎没有任何东西可以减轻本雅明日益增长的孤立——以及如今无从远离的不祥之感。古斯塔夫·格吕克，本雅明的密友以及他 1931 年的文章《毁灭性人格》的灵感源泉，已随家人逃至布宜诺斯艾利斯。皮埃尔·克洛索夫斯基，他的朋友和译者，从巴黎去了波尔多，赴任一份市政工作。德国-捷克记者埃贡·埃尔温·基施在他流亡墨西哥的路上经过巴黎。一些新近结交的朋友，比如音乐家汉斯·布鲁克（Hans Bruck）还在拘留营，这样的拘留营星星点点
663 散布于法国乡间。其他朋友和熟人，包括蓬蒂尼中心的精神导师保罗·德雅尔丹，现已去世。年轻的插画家奥古斯都·汉布格尔（Augustus Hamburger），是本雅明在讷韦尔拘留营认识的，和自己的同伴卡罗拉·穆施勒（Carola Muschler）一起自杀了。为了早点离开已经让人无法忍受的拘留营，汉布格尔加入了外籍军团。因为入伍，他获准了五天假，和穆施勒在乔治五世酒店（Hotel Georges V）度过；第五天上，他们结束了自己的生命。[1] 本雅明曾向肖勒姆写信说："孤立本来已是我的天然处境，现在又因为当前形势而日益加深。看来，犹太人在经历了所有这些之后，甚至没有抓住他们仅剩的一点点心智。那些还能在这个世界上找到方位的人越来越少了。"（BS, 263）在另一些时刻，他的反讽感还会露头；同样的形势也让他推测，历史正在锻造一种"精妙的综合"——这个综合就是尼采的"好欧洲人"和"末人"的结合体。这一综合"就在最后一个欧洲人身上达成——而我们都在努力不成为这个人"（GB, 6:422）。[2]

1 Sahl, *Memoiren eines Moralisten*, 82–85.

2 关于"好欧洲人"，见尼采《人性，太人性的》，格言 475。关于"末人"，见尼采《查拉图斯特拉如是说》前言第五节。

春天到来，本雅明的健康状况进一步恶化。在拘禁期间显露出来的心脏问题并没有因为回到巴黎而得到改善；4 月上旬他向霍克海默报告说，他的“虚弱状态以令人不安的严重程度发展着”，所以他很少离开寓所。当不得不出门时，他经常发现自己“大汗淋漓，寸步难行”。他最终问诊于一位专家；医生皮埃尔·阿布拉米（Pierre Abrami）诊断出了心搏过速、高血压以及心脏肿大——这一诊断得到埃贡·维辛的确认，本雅明春天时把 X 光片寄给了他。医生让他去乡间休养一段时间显然是极为严肃的建议。就医的开销使本雅明本就难以为继的经济状况更加紧张，他又一次四处求救。社会研究所寄来了一笔慷慨的特殊经费，计一千法郎。整个境况的唯一积极面是，他被宣布不适合服兵役——这是他“一战”时反复试图装病以逃避兵役，且最终成功的诸多尝试的反讽回响。

早在德国军队 5 月 10 日入侵法国之前，去美国觅得安全避难 664
地的目标就已经支配着本雅明的思绪。早春，他同汉娜·阿伦特和海因里希·布吕歇尔——二人已于 1 月 16 日完婚——一起开始上英语课。他自豪地报告了他第一次阅读英文文本的尝试，这一文本就是培根的《正反论证举例》(Examples of the Antitheta，收入他的《学术的进展》[*Advancement of Learning*])，他用来搭配阅读的是一本和美国经验联系更密切的书，威廉·福克纳的小说《八月之光》，但读的是法译本。即便在布吕歇尔被关进拘留营之后，英语课也还是断断续续地持续着，但如本雅明所承认的，他的英语口语从来没超过磕磕巴巴的水平。他非常明白，他以前迟疑太久了：他曾放弃的移民机会——去巴勒斯坦、去英国、去斯堪的纳维亚——现在都反复萦绕于脑海，困扰着他。几个月后，已经在逃亡路上，他告诉格雷特尔·阿多诺：“你可以相信……我所保有的唯一心态，正适合于一个置身险境的人，他本应该预见这

些风险，他在知晓这些风险的起因（或者近乎知晓）的情况下把这些风险引到了自己身上。”（BG, 289）

3 月下旬，本雅明受到了一次不友善的攻击。其曾经的友人维尔纳·克拉夫特在《社会研究杂志》上读到约赫曼的文章以及本雅明的介绍，直接给纽约的霍克海默寄了一封长信，指控本雅明，不是说他剽窃，而是说他谎称是约赫曼的发现者，克拉夫特认为原本是自己把本雅明引向了这位 19 世纪作家。霍克海默对于研究所及其出版物在一个仍然对任何左翼迹象都有条件反射性敌意的国家的处境，本来就总是小心敏感，这一次更是焦虑；格雷特尔·阿多诺建议本雅明尽快且周详地回复，以免危及霍克海默对他的善意，此刻可是他最需要这种善意的时候。本雅明的回复，如我们在第九章所述，缕述了他自己在法国国家图书馆发现约赫曼以及随后与克拉夫特的交谈。克拉夫特无疑把约赫曼的个别作品介绍给了本雅明，但显而易见的是，并不是他把这位作家本身介绍给本雅明的。

由于困在住所之中，不能全身心投入波德莱尔研究工作，本
665 雅明展开了一系列多样的、有时显得很随意的阅读。他不仅在为仍然计划中的论文而研读卢梭和纪德，而且还读了民族志作家米歇尔·莱里斯的自传作品《成人之年》，并深深为之着迷，把这本书推荐给了几位友人。在“社会学学院”的朋友和熟人之中，莱里斯的作品是他感觉最为亲近的。在给格雷特尔的一封信中，他对阿多诺的《瓦格纳断片》书稿提出了一系列评语；阿多诺对还原（reduction）作为一种幻景现象的理论表述让他想到了自己早期对歌德的童话故事《新美露西娜》的点评。他告诉布伦塔诺，自己在“四十八小时内”读完了对方的新小说《永恒的感情》（*Die ewigen Gefühle*）。他还向卡尔·蒂梅推荐了亨利–伊雷内·马

鲁（Henri-Irénée Marrou）的《圣奥古斯丁和古典文化的终结》（*Saint Augustin et la fin de la culture antique*），特别提到该书对晚期罗马衰落的处理及其与里格尔著作的亲缘关系。

3月23日，本雅明给纽约的霍克海默寄去了一篇新的法国文坛概览。信的主要部分涉及三个文本：对本雅明第二故乡的描绘《巴黎：一个沃州人的笔记》（*Paris: Notes d'un Vaudois*），作者是瑞士作家夏尔-费迪南德·拉缪（Charles-Ferdinand Ramuz）；米歇尔·莱里斯的《成人之年》；以及加斯东·巴什拉（Gaston Bachelard）对超现实主义先驱作家洛特雷阿蒙（Lautréamont）的一系列评论，大约出自《火的精神分析》（*Psychanalyse du feu*）。本雅明对拉缪的巴黎研究表示敬意，该书和他自己的拱廊街计划在方法上差异大到足以引起发自内心的赞许。给霍克海默的信引人注目的一点是道明了本雅明对莱里斯的兴趣：本雅明二三十年代的许多作品是在探索超现实主义所打开的道路，同样地，莱里斯和"社会学学院"在30年代后期也追随打破传统的人类学研究路线，这些路线和本雅明的思路——隔着一定距离——相平行。对巴什拉作品的审视也是从一种来自本雅明最内在的关切的视角出发：他赞扬巴什拉对象征主义诗歌的隐含内容的阐释——它是一系列"拼图谜题"（Vexierbilder），携带着潜在的能量和意蕴。这封信还包含一些短评，涉及的作品有：让·盖埃诺的《一次"革命"的日记》（*Journal d'un "révolution"*）；乔治·萨勒（Georges Salles）的《凝视》（*Le regard*），本雅明还为它写了书评（其第二稿在阿德里安娜·莫尼耶的《书友报》上以书信形式发表）；凯卢瓦的《节日理论》（"Théorie de la fête"）。凯卢 666
瓦的另一篇关于希特勒的文章引起了本雅明的讽刺性点评，他说凯卢瓦将在阿根廷度过战争岁月，他曾关注阿根廷名人作家

维多利亚 · 奥坎波[1]。

5 月上旬，本雅明给阿多诺寄了一封长信，回应阿多诺一篇文章的草稿，这篇文章讨论斯特凡 · 格奥尔格和胡戈 · 冯 · 霍夫曼斯塔尔之间的呼应关系。这封信是本雅明对文学最后的正式表态；它把关于卡夫卡、普鲁斯特及波德莱尔的洞见，结合到对格奥尔格与霍夫曼斯塔尔的新浪漫主义的考量之中。虽然本雅明赞赏阿多诺的勇气，在格奥尔格被自由派斥为法西斯主义先驱的历史时刻试图“赎回”格奥尔格，但他公开批评了阿多诺对霍夫曼斯塔尔的处理，其实也相当于提供了一种替代性的解读：

> 根本上讲，有两个文本，如果把它们放在一起看，它们可以揭示出我所想说的。您自己提到了其中之一，即您所引用的霍夫曼斯塔尔 [1902 年的]《昌多斯爵爷的信》(*Lord Chandos Letter*)。我在此想到的是如下段落：“我说不清有多么经常，这位克拉苏[2]和他的海鳗浮现在我的心中，成为我自己的一个镜像，摇荡于历代世纪的深渊…… 克拉苏……，为他的海鳗洒泪。我感到迫切要去反思这一形象，在统治着全世界并权衡着最崇高事务的元老院氛围中，它的怪诞和可鄙触目惊心，而驱使我反思的是某种不可命名的东西，当我试图要用词语来表达它时，它就显得全然荒谬。”(同样的母题重现于《塔》[1925]：王子幼时被迫去看的屠宰后的猪的内脏。)剩下的我所说的第二个段落同样来自《塔》：这就是朱利安和医生之间的对话。朱利安什么都不缺，就缺一点意志力，就

1　奥坎波(Victoria Ocampo，1890—1979)，阿根廷著名女作家和知识分子。——译注

2　马库斯 · 李锡尼 · 克拉苏(Marcus Licinius Crassus，约公元前 115—前 53 年)，罗马共和国晚期重要政治家和罗马历史上最富有的人之一。他曾以海鳗为宠物。——译注

> 缺一个决意承担的时刻，就可以享受到所能想象的最高体验，
> 这正是霍夫曼斯塔尔的自画像。朱利安背叛了王子：霍夫曼
> 斯塔尔则背叛了自《昌多斯爵爷的信》诞生的任务。对此，
> 他的“失语”是某种惩罚。也许，逃脱了霍夫曼斯塔尔的语
> 言正是大约在同时交给卡夫卡的语言。因为卡夫卡承担起了
> 霍夫曼斯塔尔在道德上，从而也是在诗学上未能完成的任务。
> （您所提到的，高度可疑而缺少有力支撑的牺牲理论，带有 667
> 这一失败的所有印记。）/ 我相信，终其一生，霍夫曼斯塔尔
> 看待自己才华的方式，正是耶稣如果被迫在撒旦的帮助下建
> 立王国，他看待那个王国的方式。在我看来，他非凡的多才
> 多艺伴随着他对背叛了自己最伟大的潜能的清醒认识。（BA,
> 328–329）

对伟大奥地利作家的这一描绘是一次令人感动的致敬，这位独一无二的重要人物看到了并支持本雅明的才华，而没有试图出于自己的目的去塑造它、扭曲它。

随着德国军队在 5 月上旬首先进攻比利时和荷兰，随后进击法国，法国政府开始了新一轮的拘留。本雅明——还有克拉考尔、记者汉斯-埃里希·卡明斯基（Hanns-Erich Kaminski）、作家亚瑟·克斯特勒等——靠着莫尼耶的朋友亨利·奥普诺的再次出面疏通得以幸免。但面对纳粹军队，有超出二百万人正在逃亡。本雅明仓促地清空了他的公寓，处理了他一大部分文稿的保存。[1]最不重要的文稿直接丢弃在公寓，后来被盖世太保没收；这些文稿中的一部分在战时遗失，剩下的后来被红军没收，运到苏

1 关于本雅明《遗稿》（*Nachlaß*）的保存情况，见 Tiedemann, *Dialektik im Stillstand*, 151–155。

联，最终又到了东柏林。第二组文稿留给了一小部分友人。我们对这些文稿在战争期间的命运所知甚少，但 1946 年它们在苏黎世的本雅明妹妹朵拉处，她后来把它们寄给了纽约的阿多诺。本雅明最珍视的文稿——尤其是拱廊街计划的核心材料、1938 年修改版的《1900 年前后的柏林童年》、《可技术复制时代的艺术作品》第三稿、《论历史概念》的作者誊抄稿、他的十四行诗作品、《讲故事的人》和《布莱希特诗歌评述》的打字版、几封具有理论核心地位的阿多诺来信等——他交给了乔治·巴塔耶。[1] 巴塔耶把这一文档的大部分托付给了两位图书馆员，战时一直存放于巴黎的法国国家图书馆；战后，皮埃尔·米萨克找到了这一秘藏的材料，主要是拱廊街计划的各卷，从巴塔耶那里取回，安排专人最终转送给
668 阿多诺。剩下的文稿，包括部分已经完成的《夏尔·波德莱尔：发达资本主义时代的抒情诗人》最完善的草稿和笔记，在许多年间都被认为已经亡佚。1981 年，本雅明的意大利语版编者、哲学家吉奥尔乔·阿甘本在法国国家图书馆的巴塔耶档案库中和巴塔耶遗孀托付给他的文档中发现了一批出自本雅明之手的文稿；这些文稿原来就是 1940 年托付给巴塔耶的文稿中丢失的珍宝。我们至今不清楚，究竟是巴塔耶战后不小心错误地只取出了留给他的本雅明手稿集的一部分，还是这部分材料单独存放，然后遭到了遗忘。[2]

在法国朋友的帮助下，本雅明和几天前才从居尔的拘留营里放出来的妹妹朵拉，得以坐上火车于 6 月 14 日或这天前后离开巴

1　本雅明的十四行诗作现收入 GS, 7:27–67。这些诗大约作于 1913 年至 1922 年间，但具体写作日期不确定。

2　米萨克认为巴塔耶 1945 年就是忘掉了一部分文稿的存在，其中包括米萨克自己年轻时关于电影史的一篇未刊论文，本雅明把它保存在自己的工作文档之中。Missac, *Walter Benjamin's Passages*, 121–122.

黎——那是载着难民从这座城市驶出开向南方的最后火车班列之一。本雅明带了一些洗漱用品、防毒面具和一本书——莱兹主教的回忆录。他们在比利牛斯地区的卢尔德下车，找到了不太贵的住宿。本雅明对当地人赞誉有加：尽管小城挤满了逃难者——其中许多是比利时人——笼罩此地的是一种有序感和安定感。他立刻敦促其他还留在巴黎的朋友——尤其是吉赛勒·弗罗因德——也来这“美丽的乡间”和他会合。弗罗因德在巴黎等了太久，最后被迫骑自行车逃亡；她在多尔多涅地区的圣-索西（Saint-Sozy）找到了避难所，一直待到1941年才得以逃亡阿根廷。汉娜·阿伦特和海因里希·布吕歇尔被分开了；当布吕歇尔从拘留营释放，他逃到了未被占领的地区，而与此同时阿伦特藏匿在蒙托邦附近。他们俩最终都赶到了马赛，比他们先到一步的是克拉考尔夫妇。其他朋友或年纪太大或身体太弱，无法逃亡，就留在了后面。本雅明写下了一则动人的笔记，关于弗里茨·弗兰克尔的母亲“令人难忘的勇毅”，这位老人在巴黎就住得离他不远：“波德莱尔是对的——有时正是‘小老妇人’（petites vieilles）体现出最本真的英雄气概。”（GB, 6:471）

到达卢尔德三周之后，他给汉娜·阿伦特写信说，拉罗什富科（La Rochefoucauld）对莱兹主教的描述为本雅明本人提供了合适的 669
肖像：“他的慵懒在多年的光荣中，在不检点的幽居生活的默默无闻之中，支撑着他。”尽管有当地人的支持，但那几周的生活很快就到达了极度困难、朝不保夕的境地。朵拉患有强直性脊柱炎和严重的动脉硬化，几乎动弹不得。本雅明自己则发觉他的心脏问题不仅因为整体境况和日常生存的困难加重，还随着海拔升高而恶化。即便是日复一日的生活，由于缺钱和缺少亲近者的联系，也变成越来越令人却步的挑战。“过去仅仅几个月，”他写信对阿多诺说，

“我看到许多生命，不仅从资产阶级生活中跌落入水，而且几乎是一夜间就一头扎到底”（BA, 339）。他在卢尔德这几周中唯一的安慰似乎来自文学，尤其是重读司汤达的小说《红与黑》。

本雅明感觉到一种“冰川般的宁静”降临在自己周围。他给格雷特尔·阿多诺的最后一封信，写于7月中旬，说到她的信所给予他的安慰：“我真的要说：快乐，但我不知道我是否还有机会在不久的将来体验那种感觉。”（GB, 6:471; BG, 288）置身在这一切之中，本雅明力求保持某种品行和风度（Haltung），不久前他还在巴黎时，曾向阿多诺形容过：“我认为这样说也不为过，在一个个体的本质性孤独恰当地显露出来时，我们就遭逢了这个人的‘风度’。那种孤独，远非一个个体的丰富性所在，相反，大可以代表由历史所决定的个体的空虚性所在，个体的‘令人遗憾的命运’这一面具所在。”（BA, 311）

在卢尔德，本雅明最迫切的忧虑是重新遭到拘留的威胁，那会直接导致他被交给德国关押。“这种完全不知明天会怎样、下个小时会怎样的不确定性，”他告诉阿多诺，“已经支配我的生活好几个星期了。我受到诅咒，读每份报纸（在这里，它们都只有一版）就好像它是专门为我发布的召集令，在每次电台广播中收听命运消息的声音。”（BA, 339）他于是更加绝望地四处寻找逃跑的手段，获取一张签证成为“绝顶”重要之事（C, 635）。他的许
670 多朋友，包括凯斯滕和和阿伦特，正在赶往马赛，大量难民正在那里汇聚，都抱着穿过比利牛斯地区逃至西班牙的一线希望。关于正在拘押中的朋友们——包括阿伦特的丈夫海因里希·布吕歇尔——也有只言片语的消息流出。不过，本雅明和朵拉到达卢尔德之后不久，法国当局就禁止任何外籍人士在没有旅行许可的情况下出境，而只有提交有效签证才能获得旅行许可。7月10

日，法德两国政府的谈判结果是，法兰西第三共和国解体，投降主义者菲利普·贝当元帅领导下的维希政权建立。前此的停火协议，签署于6月22日，已经包含一个条款，实际上废除了外国人在法国的避难权。[1]本雅明这几周的信件流露出一种日益加深的恐慌："我的担心是，留给我们的时间远比我们设想的更为有限。……我希望到目前为止，我留给你的印象是，即便在艰苦时刻，我也保持了镇定。你不应该认为这有所变化。但我不能向自己掩盖处境的险恶。我担心只有少数人可以幸免。"[2]对抵达美国的可能性感到绝望，他甚至寻求移民瑞士，虽然那个内陆国家对一个德国犹太人算不上是最安全的地方。他给霍夫曼斯塔尔的朋友、瑞士外交官兼历史学家卡尔·雅各布·布克哈特（Carl Jacob Burckhardt）写信，请他干预这一"在非常短的时间内就会被称为无望的（ausweglos）"局面（GB, 6:473）。战后，布克哈特告诉本雅明的友人马克斯·里什纳，他尽其所能地通过西班牙的朋友来疏通本雅明从那个国家过境一事，但到了可以做出具体安排的时候，一切已经太晚了。

由于和卢尔德之外的世界的联系时断时续，本雅明对为他所做的这些努力知之甚少。来自社会研究所的书信和明信片在他离开后才寄到巴黎；有些遗失了，有些好几个礼拜之后才到他手上。本雅明直到7月才知道，霍克海默因为对快速拿到一张美国签证失去希望，曾设法给他在加勒比海地区寻找住处和工作，先是在圣多明戈，这个计划不成后，又想由研究所出资，为他在哈瓦那

---

1 Ingrid Scheurmann, "Als Deutscher in Frankreich: Walter Benjamins Exil, 1933–1940," in Scheurmann and Scheurmann, eds., *Für Walter Benjamin*, 96.

2 GB, 6:475–476（1940年8月2日致阿多诺信）。这段话的最后四句在BA, 339–340中被漏掉了。

大学谋求教职。

671 耗了两个月，本雅明才得以和他在马赛的朋友们会合。最终，在 8 月初，本雅明得知，研究所取得了一张非配额签证，足以让他入境美国，而马赛的美国领事馆已经如期知悉。由于这个先决条件得到满足，他获得了安全通行证，于 8 月中旬向马赛出发。他的妹妹留在了卢尔德；她在乡下的一处农场找到了藏身地，1941 年逃到瑞士。到达马赛后，本雅明发现这座城市挤满了难民，笼罩着骚乱不安的气氛。在领事馆，他不仅拿到了入境美国的签证，还有从西班牙和葡萄牙过境的签证。他所无法取得的是一张法国的出境签证。德国犹太人和政权反对者的清单现已张贴在港口和边境过境处；维希军事人员搜查了拘留营，释放了纳粹支持者，而把“国家敌人”移交给盖世太保。[1] 在他收到自己为之奋斗许久的签证将近一个月以后，本雅明向阿尔弗雷德·科恩提到，“直到现在，这并没有在任何有意义的方面帮到我。没有必要向你列出我所有失败了的或重新构想的计划”（GB, 6:481）。那些计划中，有一个可能是和弗里茨·弗兰克尔一道，尝试通过贿赂进入一艘货船，乔装为法国水手——那当然会是海洋贸易史上最老迈、最缺少历练的水手。[2] 他还把自己的名字列在了美国救助中心（Centre Américain de Secours）所开的难民名单上，这一组织由瓦里安·弗赖依（Varian Fry）创办，为反法西斯的流亡者提供

1 Fabian and Coulmas, *Die deutsche Emigration in Frankreich nach 1933*, 85ff.；转引自 Scheurmann, “Als Deutscher in Frankreich,” 97。

2 见 Fittko, “The Story of Old Benjamin,” 947。该文重印于 Lisa Fittko, *Escape through the Pyrenees*, trans. David Koblick (Evanston, IL: Northwestern University Press, 1991)。费特科关于本雅明 1940 年 9 月在比利牛斯山穿行的回忆是我们对本雅明最后时日的基本了解。对相关稀缺史实的新近补充是卡丽娜·伯曼本人穿越比利牛斯山区逃亡的回忆录，*The Narrow Foothold* (London: Hearing Eye, 2006)。

支持。尽管有这些努力，在马赛的“逗留”到9月中旬已经成为“对神经的可怕考验”；他被强大的抑郁压倒了（GB, 6:481–482）。但也有迹象表明，即便是这一紧急事态也没能熄灭他思想的火焰——或者说他的游戏心态。小说家索玛·莫根施特恩（Soma Morgenstern）讲述了这一时期和本雅明的一次午餐聚会，其间两位作家谈论了福楼拜。

> 我们还没研究好菜单并点餐呢，本雅明就好几次执意透过他的眼镜给我使眼色，好像他正从我这里期待着某些必要但迟迟不来的看法。……最终，他有点激动地问我：“你注意到什么没有？”“我们还没吃呢，”我说，“我该注意到什么呀？”他把菜单递给我，接着等。我又把菜名过了一遍，但没什么抓住我的眼球。那时，他已经失去了全部耐心。“你没有注意到这家餐馆的名字吗？”我瞥了一眼菜单，发现旅店主人的名字是阿尔努（Arnoux）。我把这个发现告诉了他。“那好，”他继续说，“这个名字对你来说意味着什么呢？”我觉得我已经不及格了；我配不上这次考试。“你记得阿尔努是谁吗？阿尔努［小姐］是《情感教育》中弗雷德里克[1]的心上人的名字！”直到上了汤以后，他才从我给他造成的失望中恢复过来，而我们那顿午饭的交谈话题自然就是福楼拜。[2] 672

9月下旬，本雅明——和两位来自马赛的朋友一道，他们是德国

1　弗雷德里克是福楼拜长篇小说杰作《情感教育》的男主人公的名字，在外省的故乡，他和阿尔努小姐有一段情愫，但两人终未走到一起。——译注

2　索玛·莫根施特恩1972年12月21日致肖勒姆信，转引自Puttnies and Smith, *Benjaminiana*, 203–205。

出生的亨尼·古尔兰（Henny Gurland）和她十几岁的儿子约瑟夫——乘火车从马赛去往靠近西班牙边境的乡间。合法从法国出境的前景看来不复存在，本雅明选择尝试非法进入西班牙；他希望从那里穿越西班牙国土，到达葡萄牙的一个离境口岸，再去往美国。在旺德尔港，他们一行人同丽萨·费特科（Lisa Fittko）会合，丽萨是一位三十一岁的政治活动家，曾生活在维也纳、柏林和布拉格，她的丈夫汉斯是本雅明在韦尔努什拘留营认识的。费特科并不是职业向导，但她已经认真彻底地探明了逃亡的可能路线。靠着她从旺德尔港附近的滨海巴纽尔斯的市长那里获得的描述，她已能找到路穿过比利牛斯山区的一道道陡坡，到达西班牙边境小城波尔特沃。从邻近的塞贝尔有去往波尔特沃的更直接路线，为很多难民提供了逃离法国的路径，但维希政权的机动队已经熟悉了这条路，正严密地把守着它。难民于是被迫向西，上山走"利斯特小道"——1939 年，这条狭径曾为西班牙共和国高级军官恩里克·利斯特（Enrique Lister）逃离西班牙法西斯主义者提供了生路，由此得名。里昂·孚希特万格、亨利希·曼和戈洛·曼（Golo Mann）、弗朗茨·魏菲尔、阿尔玛·马勒-魏菲尔（Alma Mahler-Werfel）都曾经由这一崎岖小径逃脱。费特科问本雅
673 明，他心脏脆弱，是否还愿意冒险一试。"留下不走才是真的冒险，"他回答说。[1]

从这里开始，本雅明最后时日的故事变得模糊不清。根据滨海巴纽尔斯的市长阿泽玛的建议，费特科带着这一小队人对山间小道的前一段进行了实地侦察。本雅明大概是在 9 月 25 日离开了

1 Fittko, "The Story of Old Benjamin," 947.

滨海巴纽尔斯。[1] 费特科注意到了本雅明精心设计的行进节奏——走十分钟，休息一分钟——也注意到他拒绝别人帮他拿他沉重的黑色公文包，他说，这包里的“一部新手稿比我自己更重要”[2]。关于这部手稿究竟是什么，后人猜测繁多。有人认为它可能就是拱廊街计划或波德莱尔专著的完成稿；考虑到本雅明的健康状况和他生命中最后一年只能断续工作的情况，这两者都极不可能。手稿可能是《论历史概念》的最终定稿，但只有在这一稿显著不同于他交给阿伦特、格雷特尔·阿多诺和巴塔耶保存的数稿的情况下，他才会赋予它如此的重要性。不过，这只是他最后时日的第一个谜团。

本雅明在穿过比利牛斯山区的步行中一定大受折磨，但他没有向丽萨·费特科抱怨，甚至还能够开玩笑，并且利用自己多年山间散步的经验，帮助大家解读小小的手绘地图，那是他们唯一的参考。[3] 当费特科、古尔兰母子和本雅明到达一小块开阔地，也就是他们当天的预定地点时，本雅明宣布他要自己在这里休息；他已经达到体力的极限，不愿意重复这一旅途的哪怕一小部分。他的同伴，已经摸清了这条山路的前三分之一，回到滨海巴纽尔斯一家小旅社休息，第二天早上来和本雅明会合，开始最后的也是最艰难的翻山越岭，向波尔特沃前进。费特科记得本雅明身上的矛盾，一面是“晶莹明澈的头脑”、“不屈的内在力量”，另一面是他的超脱尘世。只是在最陡峭的一处，他才有一次踉跄失足，

1 本雅明步行穿越比利牛斯山的日期、到达波尔特沃的日期和死亡日期都无法确定。关于这些日期，我们所拥有的证据——丽萨·费特科、亨尼·古尔兰、伯曼的回忆录，市政和教会档案，本雅明最后一封信——互相多有矛盾。费特科说他们一行人的出发日期是 9 月 26 日。

2 Fittko, “The Story of Old Benjamin,” 950, 948.

3 这里根据丽萨·费特科 2005 年于芝加哥去世之前与本书两位作者的一次电话沟通。

费特科和约瑟夫·古尔兰可以说是把他拖过一片葡萄园。即便在这样的境况下，本雅明的繁复礼节也没有丧失。当他们中途停下
674 喝水吃东西的时候，他请费特科递过来一个西红柿："蒙您善意的许可，我可否……" 9月26日下午，当波尔特沃已在他们视野之内，费特科离开了这一小队人——队伍略有扩充，他们在路上碰到了其他难民，包括卡丽娜·伯曼（Carina Birman）和三位同伴。[1] 伯曼第一眼看到的本雅明，已经显出在这个"酷热"的9月的一天，他处于心脏骤停的边缘——"我们跑向四周，给这位病人找口水喝"。她对他的举止风度和显然是知识分子印象深刻，以为他是一名教授。[2]

刚进入20年代时，波尔特沃仍然是一个安静的渔村。但它位于西班牙和法国之间的铁路线上，这一战略位置招来了西班牙内战期间的严重轰炸。本雅明和古尔兰母子，以及伯曼一队人一道，向西班牙海关报到，以便在自己的旅行文件上得到过境西班牙必要的盖章。出于一些也许永远不可能搞明白的原因，西班牙政府刚刚向来自法国方向的非法难民关闭了边境；本雅明和他的同行者被告知他们将被遣返法国国土，而在那里，他们几乎必然要遭到拘留，然后转往集中营。他们这批人全部被护送到一家小旅馆，名为方达·德·弗朗西亚（Fonda de Francia），在那里他们受到松散的监控。伯曼回忆说，她当时听到"隔壁屋子里有很大的撞击声"；她过去看是怎么回事，发现本雅明"处于极度阴郁的心理状

1 费特科后来又为其他几队逃亡人群充当向导，最后自己于1941年逃离。她在哈瓦那生活了八年，然后终于在芝加哥安顿下来，靠当翻译、秘书、办公室管理人员养活自己和丈夫。丽萨·费特科的外甥女 Catherine Stodolsky 为她写有简短传记，见 http://catherine.stodolsky.userweb.mwn.de。

2 Birman, *The Narrow Foothold*, 3.

态和完全耗尽的身体条件之中。他告诉我，他无论如何不愿回到边境，或离开这家旅店。当我说除了离开没有其他办法时，他宣称对他来说还有一个办法。他暗示他身上带着一些强效毒药。他半裸着躺在床上，他的那块极为漂亮的大金表是打开的，放在靠近他的一块台板上，他不停地看时间”[1]。他接受了两名本地医生中的一位的检查，放了血，在下午和晚间接受了注射。9 月 26 日夜间某刻，他给他的逃亡同伴古尔兰——以及阿多诺——写了张字条，其内容是靠亨尼·古尔兰的记忆恢复的，古尔兰当时觉得有必要把原件销毁：

> 在这样一个没有出路的境遇中，我没有其他选择，只能了断。这是比利牛斯地区的一个小镇，没人认识我，我的生命将完结（va s'achever）。 675
>
> 我请您把我的思念传达给我的朋友阿多诺，并向他解释我所置身其中的境遇。剩下的时间不够我写下所有我想写的信了。[2]

那一夜晚些时候，他服用了大剂量的吗啡；亚瑟·克斯特勒后来回忆说，他离开马赛时携带的吗啡足以“杀死一匹马”。

至此，本雅明最后时辰的记录，以及他的遗体的命运，变得几乎无从查考。亨尼·古尔兰后来回想说，她在 9 月 27 日凌晨收到来自本雅明的紧急消息。[3] 她到他的屋中找他，他请她把自己的

1 Birman, *The Narrow Foothold*, 5.

2 GB, 6:483. 英译见 AP, 946。

3 后来的一些细节可以在亨尼·古尔兰 1940 年 10 月所写的一封信中找到；见 GS, 5:1195–1196。Harry Zohn 对该信的英译收录于 SF, 224–226。

情况描述为疾病的结果，并把字条给了她；然后他失去了意识。古尔兰找来了医生，医生宣告医治无效。根据古尔兰的说法，本雅明死于 9 月 27 日某时。伯曼追忆说，本雅明的死讯在小镇引起了骚动；几封电讯发出，大约是给美国在巴塞罗那的领事馆，因为本雅明携带着入境美国的签证。当伯曼一行人 9 月 27 日在旅店坐下吃饭时，一位牧师带着大约二十名修士，举着烛火，在餐厅唱弥撒。“我们听说，他们来自邻近的一家修道院，在本雅明教授的棂旁念安魂曲，然后埋葬他。”[1] 市政死亡证明确认了古尔兰的记忆的一些方面——但另一方面则不然——而又和教会记录在关键点上大有出入。[2] 教会记录将逝者称为“本雅明 · 瓦尔特博士”，并把死因定为颅内出血。检查本雅明的西班牙医生也许成全了他希望隐瞒自杀的最后愿望——又或者，这位医生接受了其他难民的贿赂，难民们想要避免引起骚乱，因为这可能导致他们被遣返法国。但记录上的死亡日期是 9 月 26 日。

第二天，边境重开。

离开波尔特沃之前，亨尼 · 古尔兰根据本雅明的遗愿，毁掉
676 了一批书信——也可能无意间毁掉了他在比利牛斯山间一直带着的手稿。她还留下了足够的钱，用来给他在公共墓地租五年的墓穴。市政死亡证明上记录的埋葬日期是 9 月 27 日；但教会记录说是 9 月 28 日。大约因为死亡证明改换了他的名字，瓦尔特 · 本雅明被葬在了公墓的天主教区域，而不是留给其他信仰（更不用说自杀者）的那一片。至于所租用的墓穴的号码，市政和教会记录的信息又一次出现了矛盾——虽然一块小纪念牌已经贴在了几个

1 Birman, *The Narrow Foothold*, 9.

2 这一文件及其他相关文件的复印件，见 Scheurmann and Scheurmann, eds., *Für Walter Benjamin*, 101ff.。

可能的安息地点之一。本雅明的随身物品的清单，但并非物品本身，多年后在市政记录中被发现了，也是列在“本雅明·瓦尔特”名下。这一记录提到一个皮革公文包（但没提到手稿）、一块男表、一个烟斗、六张照片、一张 X 光片、一副眼镜、几封信和几份报纸以及其他文件，还有一点钱。

五年租期到期时，新的尸体放进了波尔特沃公墓的那个墓穴中。本雅明的遗骨极有可能被转移到一个群葬墓。现在，以色列艺术家丹尼·卡拉万（Dani Karavan）所作的纪念雕塑从公墓探出，通向波尔特沃的小海湾，并进而通向地中海。[1]

1　雕塑名为“Passages”，即“通道”，而在法语中，Passages 也有拱廊街之义，本雅明的《拱廊街计划》德语题目为“Das Passagen-Werk”，但他在波尔特沃没有得到“通道”。——译注

尾声

677 当1940年本雅明在西班牙边境结束自己的生命时，他的名字早已开始从欧洲的记忆中褪色——但这只是说，在纳粹政权强加于自由思考的德国知识界的遗忘里，他是其中的一份子。在战时，他的声名由一小群友人和崇拜者维持着，即使只是一簇微弱的火焰。有一些别具意义的表示，比如阿多诺和霍克海默1944年的《哲学断片》（*Philosophische Fragmente*）就题献给本雅明（该书第一版在三年后以《启蒙辩证法》为书名问世于阿姆斯特丹）——但它们只为少数人所知。在战后岁月中，两个新德国的分界线两侧的艺术家和知识分子们，都在争取与彻底被第三帝国熄灭了的20年代活跃文化建立连续性。特奥多尔·阿多诺1955年出版的两卷本本雅明文选开启了对他这位友人的作品的重新发现，搭建起一条返回魏玛时期文化的桥梁。虽然选集的出现没有引起广泛的公开讨论，但它们受到了一批作家和批评家的关注。例如，乌韦·约翰逊（Uwe Johnson）——他可以算是20世纪后半叶最重要的德国小说家——曾把阿多诺的这一选本偷运到德意志民主共和国，在那边，本雅明还被认为不够正统。

直到德意志联邦共和国的学生运动在60年代中期兴起，本雅明的作品——至少是这些作品中的某种理念——才开始激发辩论。1967年7月号的《水星》（*Merkur*）上，作家赫尔穆特·海森比特尔（Helmut Heissenbüttel）发表文章攻击阿多诺对本雅明遗产的把持，其谴责得到了其他人的响应。西柏林杂志《替代方案》（*Alternative*）和汉娜·阿伦特，尽管各自的政治出发点极为不同，但都扩大了海森比特尔的指责，认为阿多诺的编辑做法本质上延续了本雅明作品在30年代末所遭到的社会研究所的审查。一场始于文献学的辩论成为关乎马克思主义政治在西方世界的运用与滥用的文字大交锋。1968年之后，随着西德“恢复秩序”，这一未被解决也不可能解决的争论，虽然对现实政治鲜有作用，但很显然已经唤醒了对本雅明作品的阅读兴趣。在德国，对本雅明式“充满奇想的马赛克拼贴”的欣赏随着七卷本《全集》（*Gesammelte Schriften*）自1974年开始出版而成为可能，其编辑是阿多诺的学生兼指定编辑继任人罗尔夫·蒂德曼，以及赫尔曼·施维朋豪瑟尔（Hermann Schweppenhäuser）。在英语世界，最早的两个本雅明选集相隔十年，第一本是1969年的《启迪》（汉娜·阿伦特编），第二本是1978年的《沉思》（*Reflections*，彼得·德梅茨[Peter Demetz]编）。在这两部之间，伦敦的新左出版社（New Left Books）印行了本雅明关于巴洛克悲悼剧的专著和《夏尔·波德莱尔：发达资本主义时代的抒情诗人》的主要部分，以及他关于布莱希特的文章。从此，各种期刊开始为英语学者提供本雅明其他关键论文的译本。四卷本《文选》（*Selected Writings*）从1996年开始在哈佛大学出版社陆续问世，终于为本雅明的作品提供了一个全面但绝非完整的选集。 678

到20世纪80年代早期，关于本雅明的公共和学术讨论如稳定的溪水汇成一片洪流。他的生平故事被神话所掩盖，一种充满悲情的终极社会局外人和失意者的瓦尔特·本雅明形象越来越流行。随着阐释者捕捉到他思想的各种独特侧面，数不胜数的不同的本雅明也开始浮现。怒气冲冲的共产主义者本雅明和法兰克福学派新黑格尔主义者本雅明比肩而立，后者将政治行动无限延宕；弥赛亚犹太神秘主义者本雅明和世界公民、归化的犹太人本雅明别扭地对峙，后者甚至着迷于基督教神学；早于“文学解构主义者”一词出现的解构主义者本雅明和社会理论家本雅明并存，前者迷失在我们称之为语言的镜厅之中，后者憧憬现代媒介的改革
679 带来人类感官体的全盘更新。瓦尔特·本雅明的人生和著作为所有这些建构都提供了材料；贯穿所有这些建构的则是那份材料所独具的拒绝固化和物化的力量。“对伟大的作家而言，”本雅明在《单行道》中点评道，“完成的作品比那些他们倾其一生锤炼的断片要轻得多。因为，只有更虚弱和注意力更分散的人，才在结束中得到无与伦比的快意，他们感觉自己的生命通过这样的方式归还给了他们。”未来世代的读者们，在与他的终生工作，那“矛盾而流动的整体”相遇时，无疑将找到他们自己的本雅明。

缩略书名表

以下缩写用于正文与注释的引用之中。详情见“参考文献选”。

AP　Benjamin, *The Arcades Project*（《拱廊街计划》）

AW　Benjamin, *The Work of Art in the Age of Its Technological Reproducibility, and Other Writings on Media*（《可技术复制时代的艺术作品及其他媒介论文》）

BA　Benjamin and Theodor W. Adorno, *The Complete Correspondence*（《本雅明与阿多诺通信全集》）

BC　Benjamin, *Berlin Childhood around 1900*（《1900 年前后的柏林童年》）

BG　Benjamin and Gretel Adorno, *Correspondence*（《本雅明与格雷特尔·阿多诺通信集》）

BS　Benjamin and Scholem, *Correspondence*（《本雅明与肖勒姆通信集》）

C　Benjamin, *Correspondence*（《本雅明书信集》）

EW　Benjamin, *Early Writings*（《本雅明早期作品》）

GB　Benjamin, *Gesammelte Briefe*（《本雅明书信全集》）

GS　Benjamin, *Gesammelte Schriften*（《本雅明全集》）

LY　Scholem, *Lamentations of Youth*（《哀悼青春》）

MD Benjamin, *Moscow Diary*（《莫斯科日记》）

OGT Benjamin, *The Origin of German Tragic Drama*（《德意志悲悼剧的起源》）

OH Benjamin, *On Hashish*（《论大麻》）

SF Scholem, *Walter Benjamin: The Story of a Friendship*（《本雅明：友谊的故事》）

SW Benjamin, *Selected Writings*（《本雅明文选》）

参考文献选

本雅明作品

Das Adressbuch des Exils, 1933–1940, ed. Christine Fischer-Defoy (Leipzig: Koehler & Amelang, 2006).

The Arcades Project, trans. Howard Eiland and Kevin McLaughlin (Cambridge, MA: Harvard University Press, 1999).

Berlin Childhood around 1900, trans. Howard Eiland (Cambridge, MA: Harvard University Press, 2006).

Walter Benjamin and Theodor W. Adorno, *The Complete Correspondence, 1928–1940*, trans. Nicholas Walker (Cambridge, MA: Harvard University Press, 1999).

Walter Benjamin and Gretel Adorno, *Correspondence 1930–1940*, trans. Wieland Hoban (Cambridge: Polity Press, 2008).

The Correspondence of Walter Benjamin, trans. M. R. and E. M. Jacobson (Chicago: University of Chicago Press, 1994).

Walter Benjamin and Gershom Scholem, *The Correspondence of Walter Benjamin and Gershom Scholem, 1932–1940*, trans. Gary Smith and Andre Lefevere (New York: Schocken Books, 1989).

Early Writings, 1910–1917, ed. Howard Eiland (Cambridge, MA: Harvard University Press, 2011).

Gesammelte Briefe, 6 vols., ed. Christoph Gödde and Henri Lonitz (Frankfurt: Suhrkamp Verlag, 1995–2000).

Gesammelte Schriften, 7 vols., ed. Rolf Tiedemann and Hermann Schweppenhäuser (Frankfurt am Main: Suhrkamp Verlag, 1974–1989).

Moscow Diary, ed. Gary Smith (Cambridge, MA: Harvard University Press, 1986).

On Hashish, ed. Howard Eiland (Cambridge, MA: Harvard University Press, 2006).

The Origin of German Tragic Drama, trans. John Osborne (London: New Left Books, 1977).

Selected Writings, 4 vols., Michael W. Jennings, general ed. (Cambridge, MA: Harvard University Press, 1996–2003).

Volume 1: *1913–1926*, ed. Michael W. Jennings and Marcus Bullock.

Volume 2: *1927–1934*, ed. Michael W. Jennings, Howard Eiland, and Gary Smith.

Volume 3: *1935–1938*, ed. Michael W. Jennings and Howard Eiland.

Volume 4: *1938–1940*, ed. Michael W. Jennings and Howard Eiland.

Werke und Nachlaß: Kritische Gesamtausgabe, Christoph Gödde and Henri Lonitz, general eds. (Berlin: Suhrkamp Verlag, 2008–).

Volume 3: *Der Begriff der Kunstkritik in der deutschen Romantik*, ed. Uwe Steiner.

Volume 8: *Einbahnstraße*, ed. Detlev Schöttker.

Volume 10: *Deutsche Menschen*, ed. Momme Brodersen.

Volume 13: *Kritiken und Rezensionen,* ed. Heinrich Kaulen.
Volume 16: *Das Kunstwerk im Zeitalter seiner Technischen Reproduzierbarkeit,* ed. Burkhardt Lindner.
Volume 19: *Über den Begriff der Geschichte,* ed. Gérard Raulet.
"The Work of Art in the Age of Its Technological Reproducibility" (first version), trans. Michael W. Jennings, *Grey Room* 39 (Spring 2010).
The Work of Art in the Age of Its Technological Reproducibility, and Other Writings on Media, ed. Michael W. Jennings, Brigid Doherty, and Thomas Y. Levin (Cambridge, MA: Harvard University Press, 2008).
The Writer of Modern Life: Essays on Charles Baudelaire, ed. Michael W. Jennings (Cambridge, MA: Harvard University Press, 2006).

一手文献

Theodor W. Adorno, *Aesthetic Theory,* trans. Robert Hullot-Kentor (Minneapolis: University of Minnesota Press, 1997).
———, *In Search of Wagner,* trans. Rodney Livingstone (London: Verso, 1981).
———, *Kierkegaard: Construction of the Aesthetic,* trans. Robert Hullot-Kentor (Minneapolis: University of Minnesota Press, 1989).
———, *Minima Moralia,* trans. Edmund Jephcott (London: Verso, 1978).
———, *Night Music: Essays on Music 1928–1962,* trans. Wieland Hoban (London: Seagull, 2009).
———, *Notes to Literature,* 2 vols., trans. Shierry Weber Nicholsen (New York: Columbia University Press, 1991–1992).
———, *Prisms,* trans. Samuel and Shierry Weber (Cambridge, MA: MIT Press, 1981).
———, *Über Walter Benjamin,* rev. ed. (Frankfurt: Suhrkamp Verlag, 1990).
Theodor W. Adorno and Max Horkheimer, *Briefwechsel,* vol. 1, *1927–1937* (Frankfurt: Suhrkamp Verlag, 2003).
Guillaume Apollinaire, *Selected Writings,* trans. Roger Shattuck (New York: New Directions, 1972).
Louis Aragon, *Nightwalker (Le paysan de Paris),* trans. Frederick Brown (Englewood Cliffs, NJ: Prentice-Hall, 1970).
———, *Une vague de rêves* (Paris: Seghers, 1990).
Hannah Arendt, *Men in Dark Times* (New York: Harcourt, 1968).
Hannah Arendt and Martin Heidegger, *Briefe, 1925–1975* (Frankfurt: Klostermann, 1998).
Hugo Ball, *Die Flucht aus der Zeit* (Lucerne: Josef Stocker Verlag, 1946).
Georges Bataille et al., *The College of Sociology, 1937–1939,* ed. Denis Hollier, trans. Betsy Wing (Minneapolis: University of Minnesota Press, 1988).
Charles Baudelaire, *Artificial Paradises,* trans. Stacy Diamond (New York: Citadel, 1996).
———, *Intimate Journals,* trans. Christopher Isherwood, with an introduction by T. S. Eliot (1930; rpt. Westport, CT: Hyperion, 1978).
———, *Les fleurs du mal,* trans. Richard Howard (Boston: David Godine, 1983).
———, *Oeuvres complètes,* ed. Marcel A. Ruff (Paris: Seuil, 1968).
———, *The Painter of Modern Life and Other Essays,* trans. Jonathan Mayne (1964; rpt. New York: Da Capo, 1986).

———, *Selected Writings on Art and Literature,* trans. P. E. Charvet (London: Penguin, 1972).
Henri Bergson, *Creative Evolution,* trans. Arthur Mitchell (Mineola, NY: Dover, 1998).
———, *Matter and Memory,* trans. N. M. Paul and W. S. Palmer (New York: Zone, 1991).
Carina Birman, *The Narrow Foothold* (London: Hearing Eye, 2006).
Ernst Bloch, *Heritage of Our Times,* trans. Neville Plaice and Stephen Plaice (Berkeley: University of California Press, 1990).
———, "Italien und die Porosität," in *Werkausgabe,* vol. 9, *Literarische Aufsätze* (Frankfurt: Suhrkamp Verlag, 1965).
———, *The Spirit of Utopia,* trans. Anthony Nassar (Stanford, CA: Stanford University Press, 2000).
Bertolt Brecht, *Arbeitsjournal* (Frankfurt: Suhrkamp Verlag, 1973).
———, *Brecht on Theatre,* ed. and trans. John Willett (New York: Hill and Wang, 1964).
———, *Poems 1913–1956,* ed. John Willett and Ralph Manheim (New York: Methuen, 1979).
André Breton, "Manifesto of Surrealism," in *Manifestoes of Surrealism,* trans. Richard Seaver and Helen R. Lane (Ann Arbor: University of Michigan Press, 1969).
———, *Nadja,* trans. Richard Howard (New York: Grove, 1960).
Max Brod, *Franz Kafka: A Biography,* trans. G. Humphreys Roberts and Richard Winston (New York: Schocken Books, 1963).
Martin Buber, *On Judaism,* ed. Nahum Glatzer (New York: Schocken Books, 1967).
Hermann Cohen, *Kants Theorie der Erfahrung* (Berlin: Bruno Cassirer, 1918).
———, *Religion of Reason: Out of the Sources of Judaism,* trans. S. Kaplan (New York: Frederick Ungar, 1995).
Johann Gottlieb Fichte, *The Science of Knowledge,* trans. Peter Heath and John Lachs (1970; rpt. Cambridge: Cambridge University Press, 1982).
Lisa Fittko, "The Story of Old Benjamin," in Walter Benjamin, *The Arcades Project,* trans. Howard Eiland and Kevin McLaughlin (Cambridge, MA: Harvard University Press, 1999).
Stefan George, *Gesamt-Ausgabe der Werke,* 15 vols. (Berlin: Georg Bondi, 1927–1934).
André Gide, *Pretexts: Reflections on Literature and Morality,* trans. Justin O'Brien (New York: Meridian, 1959).
Johann Wolfgang von Goethe, *Conversations with Eckermann, 1823–1832,* trans. John Oxenford (San Francisco: North Point Press, 1984).
———, *Elective Affinities,* trans. R. J. Hollingdale (London: Penguin Classics, 1978).
———, *Italian Journey,* trans. W. H. Auden and Elizabeth Mayer (1962; rpt. London: Penguin, 1970).
Moritz Goldstein, "Deutsch-Jüdischer Parnaß," in *Der Kunstwart* 25, vol. 11 (March 1912).
Friedrich Gundolf, *Goethe* (Berlin: Georg Bondi, 1916).

Eric Gutkind, *The Body of God: First Steps toward an Anti-Theology*, ed. Lucie B. Gutkind and Henry Le Roy Finch (New York: Horizon Press, 1969).
Willy Haas, *Gestalten der Zeit* (Berlin: Kiepenhauer, 1930).
Adolf von Harnack, *Lehrbuch der Dogmengeschichte*, 3 vols. (Freiburg: J. C. B. Mohr, 1888–1890).
Martin Heidegger, *Being and Time*, trans. John Macquarrie and Edward Robinson (New York: Harper and Row, 1962).
———, *Poetry, Language, Thought*, trans. Albert Hofstadter (New York: Harper, 1971).
Franz Hessel, "Die schwierige Kunst spazieren zu gehen," in *Ermunterung zu Genuß, Sämtliche Werke*, vol. 2 (Hamburg: Igel Verlag, 1999).
Friedrich Hölderlin, *Essays and Letters on Theory*, trans. Thomas Pfau (Albany: State University of New York Press, 1988).
———, *Selected Poems*, trans. Christopher Middleton (Chicago: University of Chicago Press, 1972).
Max Horkheimer, *Briefwechsel, 1927–1969* (Frankfurt: Suhrkamp Verlag, 2005).
———, *Critical Theory: Selected Essays*, trans. Matthew J. O'Connell et al. (New York: Continuum, 1995).
Alexander von Humboldt, *Schriften zur Sprache*, Michael Böhler, "Nachwort" (Stuttgart: Reclam, 1973).
Franz Kafka, *The Blue Octavo Notebooks*, trans. Ernst Kaiser and Eithne Wilkins (1954; rpt. Cambridge: Exact Change, 1991).
———, *The Castle*, trans. Mark Harman (New York: Schocken Books, 1998).
———, *Complete Stories*, various translators (New York: Schocken Books, 1995).
Immanuel Kant, *Critique of Pure Reason*, trans. Norman Kemp Smith (1929; rpt. New York: St. Martin's Press, 1965).
Ludwig Klages, *Sämtliche Werke*, vol. 3 (Bonn: Bouvier, 1974).
Karl Korsch, *Marxism and Philosophy* (New York: Monthly Review Press, 1970).
Siegfried Kracauer, *Schriften*, 9 vols., ed. Inka Mülder-Bach et al. (Berlin: Suhrkamp Verlag, 2011).
———, "Travel and Dance," "Lad and Bull," "Photography," "Those Who Wait," and "On the Writings of Walter Benjamin," in *The Mass Ornament*, trans. Thomas Y. Levin (Cambridge, MA: Harvard University Press, 1995).
———, *Werke in neun Bänden*, vol. 7, *Romane und Erzählungen*, ed. Inka Mülder-Bach (Frankfurt: Suhrkamp, 2004).
Werner Kraft, *Spiegelung der Jugend* (Frankfurt: Fischer, 1996).
Asja Lacis, *Revolutionär im Beruf: Berichte über proletarisches Theater, über Meyerhold, Brecht, Benjamin und Piscator* (Munich: Rogner & Bernhard, 1971).
Georg Lukács, *History and Class Consciousness: Studies in Marxist Dialectics*, trans. Rodney Livingstone (Cambridge, MA: MIT Press, 1971).
———, "On Walter Benjamin," *New Left Review* 110 (July–August 1978).
———, *The Theory of the Novel*, trans. Anna Bostock (Cambridge, MA: MIT Press, 1974).
André Malraux, *Man's Fate*, trans. Haakon M. Chevalier (New York: Random House, 1969).

Thomas Mann, "Die Entstehung des *Doktor Faustus*" (1949), in *Doktor Faustus* (Frankfurt: S. Fischer, 1967).
Detlef Mertins and Michael W. Jennings, eds., *G: An Avant-Garde Journal of Art, Architecture, Design, and Film, 1923–1926* (Los Angeles: Getty Research Institute, 2010).
László Moholy-Nagy, *Painting—Photography—Film* (Cambridge, MA: MIT Press, 1969).
———, "Production/Reproduction," in *Photography in the Modern Era: European Documents and Critical Writings*, ed. Christopher Phillips (New York: Metropolitan Museum of Art, 1989).
Friedrich Nietzsche, *Beyond Good and Evil: Prelude to a Philosophy of the Future*, trans. Walter Kaufmann (New York: Vintage, 1966).
———, *On the Advantage and Disadvantage of History for Life*, trans. Peter Preuss (Indianapolis, IN: Hackett, 1980).
———, *Thus Spoke Zarathustra*, trans. R. J. Hollingdale (Baltimore: Penguin, 1961).
———, *The Will to Power*, trans. Walter Kaufmann and R. J. Hollingdale (New York: Vintage, 1968).
Novalis (Friedrich von Hardenberg), *Werke in Einem Band* (Berlin: Aufbau, 1983).
Marcel Proust, *Swann's Way*, trans. C. K. Scott Moncrieff and Terence Kilmartin, rev. D. J. Enright (New York: Modern Library, 2003).
———, *On Art and Literature*, trans. Sylvia Townsend Warner (1957; rpt. New York: Carroll and Graf, 1984).
Florens Christian Rang, *Deutsche Bauhütte: Ein Wort an uns Deutsche über mögliche Gerechtigkeit gegen Belgien und Frankreich und zur Philosophie der Politik* (Leipzig: E. Arnold, 1924).
———, *Historische Psychologie des Karnevals* [1927–1928] (Berlin: Brinkmann und Bose, 1983).
Gustav Regler, *The Owl of Minerva*, trans. Norman Denny (New York: Farrar, Straus and Cudahy, 1959).
Bernhard Reich, *Im Wettlauf mit der Zeit* (Berlin: Henschel Verlag, 1970).
Alois Riegl, *Late Roman Art Industry*, trans. Rolf Winkes (Rome: Giorgio Bretschneider, 1985).
Franz Rosenzweig, *The Star of Redemption*, trans. W. Hallo (New York: Holt, Rinehart and Winston, 1971).
Max Rychner, "Erinnerungen," in *Über Walter Benjamin*, ed. T. W. Adorno et al. (Frankfurt: Suhrkamp Verlag, 1968).
Hans Sahl, *Memoiren eines Moralisten: Das Exil im Exil* (Munich: Luchterhand, 2008).
———, "Walter Benjamin in the Internment Camp" (1966), trans. Deborah Johnson, in *On Walter Benjamin: Critical Essays and Recollections*, ed. Gary Smith (Cambridge, MA: MIT Press, 1988).
Paul Scheerbart, *Glass Architecture*, and Bruno Taut, *Alpine Architecture*, trans. James Palmes and Shirley Palmer (New York: Praeger, 1972).
———, *Lesabéndio: Ein asteroïden-Roman* (Munich: Müller, 1913).

Friedrich Schlegel, *Friedrich Schlegel: Kritische Ausgabe seiner Werke*, 35 vols., ed. Ernst Behler, Jean-Jacques Anstett, and Hans Eichner (Paderborn: Schöningh, 1958–2002).
———, *Lucinde and the Fragments*, trans. Peter Firchow (Minneapolis: University of Minnesota Press, 1971).
Carl Schmitt, *Hamlet or Hecuba*, trans. David Pan and Jennifer R. Rust (New York: Telos Press, 2009).
———, *Political Theology: Four Chapters on the Concept of Sovereignty*, trans. George Schwab (Chicago: University of Chicago Press, 2006).
Gershom Scholem, *From Berlin to Jerusalem: Memories of My Youth*, trans. Harry Zohn (New York: Schocken Books, 1980).
———, *Lamentations of Youth: The Diaries of Gershom Scholem, 1913–1919*, trans. Anthony David Skinner (Cambridge, MA: Harvard University Press, 2007).
———, *Major Trends in Jewish Mysticism* (New York: Schocken Books, 1941).
———, *Tagebücher 1913–1917* (Frankfurt: Jüdischer Verlag, 1995).
———, *Walter Benjamin: The Story of a Friendship*, trans. Harry Zohn (New York: Schocken Books, 1981).
———, "Walter Benjamin and His Angel" (1972), in *On Walter Benjamin: Critical Essays and Recollections*, ed. Gary Smith (Cambridge, MA: MIT Press, 1988).
———, "Walter Benjamin und Felix Noeggerath," *Merkur*, February 1981.
Detlev Schöttker and Erdmut Wizisla, *Arendt und Benjamin: Texte, Briefe, Dokumente* (Frankfurt: Suhrkamp Verlag, 2006).
Jean Selz, "Benjamin in Ibiza," in *On Walter Benjamin: Critical Essays and Recollections*, ed. Gary Smith (Cambridge, MA: MIT Press, 1988).
Tobias Smollett, *Travels through France and Italy* (London: John Lehmann, 1949).
Alfred Sohn-Rethel, *Warenform und Denkform* (Frankfurt: Suhrkamp Verlag, 1978).
Georges Sorel, *Reflections on Violence*, trans. T. E. Hulme (London: Collier-Macmillan, 1950).
Gabrielle Tergit, *Käsebier erobert den Kurfürstendamm* (Frankfurt: Krüger, 1977).
Sandra Teroni and Wolfgang Klein, *Pour la défense de la culture: Les textes du Congrès international des écrivains, Paris, Juin 1935* (Dijon: Editions Universitaires de Dijon, 2005).
Erich Unger, *Vom Expressionismus zum Mythos des Hebräertums: Schriften 1909 bis 1931*, ed. Manfred Voigts (Würzburg: Königshausen & Neumann, 1992).
Paul Valéry, *The Art of Poetry*, trans. Denise Folliot (Princeton, NJ: Princeton University Press, 1958).
———, *Leonardo, Poe, Mallarmé*, trans. Malcolm Cowley and James R. Lawler (Princeton, NJ: Princeton University Press, 1972).
Johann Jakob Volkmann, *Historisch-Kritische Nachrichten aus Italien, 1770–71*, cited in Gunter Grimm, "Bäume, Himmel, Wasser—ist das nicht alles wie gemalt? Italien, das Land deutscher Sehnsucht," *Stuttgarter Zeitung*, July 4, 1987.

Ernest Wichner and Herbert Wiesner, *Franz Hessel: Nur was uns anschaut, sehen wir* (Berlin: Literaturhaus Berlin, 1998).
Charlotte Wolff, *Hindsight* (London: Quartet Books, 1980).
Karl Wolfskehl, *Gesammelte Werke,* vol. 2 (Hamburg: Claassen, 1960).
Gustav Wyneken, *Schule und Jugendkultur,* 3rd ed. (Jena: Eugen Diederich, 1919).

二手文献

Theodor W. Adorno et al., ed., *Über Walter Benjamin* (Frankfurt: Suhrkamp Verlag, 1968).
Giorgio Agamben, *Homo Sacer: Sovereignty and Bare Life* (Stanford, CA: Stanford University Press, 1998).
———, *Infancy and History,* trans. Liz Heron (London: Verso, 1993).
———, *Potentialities,* ed. and trans. Daniel Heller-Roazen (Stanford, CA: Stanford University Press, 1999).
———, *The Signature of All Things: On Method,* trans. Luca D'Isanto with Kevin Attell (New York: Zone, 2009).
———, *Stanzas,* trans. Ronald L. Martinez (Minneapolis: University of Minnesota Press, 1993).
———, *The Time that Remains: A Commentary on the Letter to the Romans,* trans. Patricia Dailey (Stanford, CA: Stanford University Press, 2005).
Robert Alter, *Necessary Angels* (Cambridge, MA: Harvard University Press, 1991).
H. W. Belmore, "Some Recollections of Walter Benjamin," *German Life and Letters* 28, no. 2 (January 1975).
Andrew Benjamin, *Style and Time* (Evanston, IL: Northwestern University Press, 2006).
———, ed., *The Problems of Modernity: Adorno and Benjamin* (London: Routledge, 1989).
——— and Peter Osborne, eds., *Walter Benjamin's Philosophy: Destruction and Experience* (Manchester: Clinamen, 2000).
Hilde Benjamin, *Georg Benjamin,* 2nd ed. (Leipzig: S. Hirzel Verlag, 1982).
Russell A. Berman, *Modern Culture and Critical Theory* (Madison: University of Wisconsin Press, 1989).
Ernst Bloch, "Recollections of Walter Benjamin" (1966), trans. Michael W. Jennings, in *On Walter Benjamin: Critical Essays and Recollections,* ed. Gary Smith (Cambridge, MA: MIT Press, 1988).
Norbert Bolz and Bernd Witte, *Passagen: Walter Benjamins Urgeschichte des XIX Jahrhunderts* (Munich: Wilhelm Fink, 1994).
Momme Brodersen, *Walter Benjamin: A Biography,* trans. Malcolm R. Green and Ingrida Ligers (London: Verso, 1996).
Susan Buck-Morss, *The Dialectics of Seeing: Walter Benjamin and the Arcades Project* (Cambridge, MA: MIT Press, 1989).
———, *The Origin of Negative Dialectics: Theodor W. Adorno, Walter Benjamin, and the Frankfurt Institute* (New York: Free Press, 1977).
Eduardo Cadava, *Words of Light: Theses on the Photography of History* (Princeton, NJ: Princeton University Press, 1997).

Roberto Calasso, *The Ruin of Kasch,* trans. William Weaver and Stephen Sartarelli (Cambridge, MA: Harvard University Press, 1994).

Stanley Cavell, "Benjamin and Wittgenstein: Signals and Affinities," *Critical Inquiry* 25, no. 2 (Winter 1999).

Howard Caygill, "Benjamin, Heidegger and the Destruction of Tradition," in *Walter Benjamin's Philosophy: Destruction and Experience,* ed. Andrew Benjamin and Peter Osborne (Manchester: Clinamen, 2000).

———, *Walter Benjamin: The Colour of Experience* (New York: Routledge, 1998).

T. J. Clark, "Should Benjamin Have Read Marx?" *boundary 2* (Spring 2003).

Gordon Craig, *Germany, 1866–1945* (New York: Oxford University Press, 1980).

Paul DeMan, "Conclusions: Walter Benjamin's 'The Task of the Translator,'" in Paul DeMan, *Resistance to Theory,* 73–105 (Minneapolis: University of Minnesota Press, 1986).

Jacques Derrida, *Acts of Religion,* various translators (New York: Routledge, 2002).

———, "Des tours de Babel," in *Difference in Translation,* ed. and trans. Joseph F. Graham (Ithaca, NY: Cornell University Press, 1985).

Michel Despagne and Michael Werner, "Vom Passagen-Projekt zum Charles Baudelaire: Neue Handschriften zum Spätwerk Walter Benjamins," *Deutsche Vierteljahresschrift für Literaturwissenschaft und Geistesgeschichte* 58 (1984).

M. Dewey, "Walter Benjamins Interview mit der Zeitung *Vecherniaia Moskva,*" *Zeitschrift für Slawistik* 30, no. 5 (1985).

Terry Eagleton, *Walter Benjamin, or Towards a Revolutionary Criticism* (London: New Left Books [Verso], 1981).

Howard Eiland, "Reception in Distraction," in *Walter Benjamin and Art,* ed. Andrew Benjamin (London: Continuum, 2005).

———, "Superimposition in Walter Benjamin's *Arcades Project,*" *Telos* 138 (Spring 2007).

———, "Walter Benjamin's Jewishness," in *Walter Benjamin and Theology,* ed. Stéphane Symons and Colby Dickinson (forthcoming).

Richard Ellman, *James Joyce* (New York: Oxford University Press, 1959).

Richard Faber and Christine Holste, eds., *Der Potsdamer Forte-Kreis: Eine utopische Intellektuellenassoziation zur europäischen Friedenssicherung* (Würzburg: Königshausen & Neumann, 2001).

Ruth Fabian and Corinna Coulmas, *Die deutsche Emigration in Frankreich nach 1933* (Munich: K. G. Saur, 1978).

Simonetta Falasca-Zamponi, *Rethinking the Political: The Sacred, Aesthetic Politics, and the Collège de Sociologie* (Montreal: McGill–Queen's University Press, 2012).

Peter Fenves, *Arresting Language: From Leibniz to Benjamin* (Stanford, CA: Stanford University Press, 2002).

———, "Benjamin's Early Reception in the United States: A Report," *Benjamin-Studien* (forthcoming).

———, *The Messianic Reduction: Walter Benjamin and the Shape of Time* (Stanford, CA: Stanford University Press, 2011).

David S. Ferris, ed., *The Cambridge Companion to Walter Benjamin* (Cambridge: Cambridge University Press, 2004).
———, ed., *Walter Benjamin: Theoretical Questions* (Stanford, CA: Stanford University Press, 1996).
Bernd Finkeldey, "Hans Richter and the Constructivist International," in *Hans Richter: Activism, Modernism, and the Avant-Garde,* ed. Stephen C. Foster (Cambridge, MA: MIT Press, 1998).
Eli Friedlander, *Walter Benjamin: A Philosophical Portrait* (Cambridge, MA: Harvard University Press, 2012).
Paul Fry, *The Reach of Criticism* (New Haven, CT: Yale University Press, 1983).
Werner Fuld, *Walter Benjamin: Zwischen den Stühlen* (Frankfurt: Fischer, 1981).
Klaus Garber, "Zum Briefwechsel zwischen Dora Benjamin and Gershom Scholem nach Benjamins Tod," in *Global Benjamin: Internationaler Walter-Benjamin-Kongreß 1992,* ed. Klaus Garber and Ludger Rehm (Munich: Fink, 1999).
Kurt Gassen and Michael Landmann, eds., *Buch des Dankes an Georg Simmel: Briefe, Erinnerungen, Bibliographie* (Berlin, Dunckner und Humbolt, 1958).
J. F. Geist, *Arcades: The History of a Building Type,* trans. Jane Newman and John Smith (Cambridge, MA: MIT Press, 1983).
Wil van Gerwen, "Angela Nova: Biografische achtergronden bij Agesilaus Santander," *Benjamin Journal* 5 (Fall 1997).
———, "Walter Benjamin auf Ibiza: Biographische Hintergründe zu 'Agesilaus Santander,'" in *Global Benjamin: Internationaler Walter-Benjamin-Kongreß 1992,* ed. Klaus Garber and Ludger Rehm (Munich: Fink, 1999).
Nicola Gess, "'Schöpferische Innervation der Hand': Zur Gestensprache in Benjamins 'Probleme der Sprachsoziologie,'" in *Benjamin und die Anthropologie,* ed. Carolin Duttlinger, Ben Morgan, and Anthony Phelan (Freiburg: Rombach, 2011).
Davide Giuriato, *Mikrographien: Zu einer Poetologie des Schreibens in Walter Benjamins Kindheitserinnerungen, 1932–1939* (Munich: Wilhelm Fink, 2006).
Jürgen Habermas, "Walter Benjamin: Consciousness-Raising or Rescuing Critique (1972)," in Habermas, *Philosophical-Political Profiles,* trans. Frederick G. Lawrence (Cambridge, MA: MIT Press, 1983).
Werner Hamacher, "Afformative, Strike," trans. Dana Hollander, in *Walter Benjamin's Philosophy: Destruction and Experience,* ed. Andrew Benjamin and Peter Osborne (London: Routledge, 1994).
———, *Premises: Essays on Philosophy and Literature from Kant to Celan,* trans. Peter Fenves (Cambridge, MA: Harvard University Press, 1996).
Miriam Bratu Hansen, *Cinema and Experience* (Berkeley: University of California Press, 2012).
———, "Room for Play," *Canadian Journal of Film Studies* 13, no. 1 (Spring 2004).
Beatrice Hanssen, *Walter Benjamin's Other History: Of Stones, Animals, Human Beings, and Angels* (Berkeley: University of California Press, 1998).

Hiltrud Häntzschel, "Die Philologin Eva Fiesel, 1891–1937," in *Jahrbuch der Deutschen Schillergesellschaft*, 38. Jahrgang (Stuttgart: Kröner, 1994).
Geoffrey H. Hartman, *Criticism in the Wilderness* (New Haven, CT: Yale University Press, 1980).
Stéphane Hessel, *Tanz mit dem Jahrhundert: Eine Autobiographie* (Zurich: Arche Verlag, 1998).
Susan Ingram, "The Writings of Asja Lacis," *New German Critique*, no. 86 (Spring–Summer 2002).
Lorenz Jäger, *Messianische Kritik: Studien zu Leben und Werk von Florens Christian Rang* (Cologne: Böhlau Verlag, 1998).
Martin Jay, *The Dialectical Imagination: A History of the Frankfurt School and the Institute of Social Research, 1923–1950* (Boston: Little, Brown, 1973).
———, "Politics of Translation: Siegfried Kracauer and Walter Benjamin on the Buber-Rosenzweig Bible," *Publications of the Leo Baeck Institute*, Year Book 21, 1976 (London: Secker and Warburg).
Martin Jay and Gary Smith, "A Talk with Mona Jean Benjamin, Kim Yvon Benjamin and Michael Benjamin," in *Benjamin Studies / Studien 1* (Amsterdam: Rodopi, 2002).
Michael W. Jennings, *Dialectical Images: Walter Benjamin's Theory of Literary Criticism* (Ithaca, NY: Cornell University Press, 1987).
———, "Absolute Fragmentation: Walter Benjamin and Romantic Art Criticism," *Journal of Literary Criticism* 6, no. 1 (1993): 1–18.
———, "Benjamin as a Reader of Hölderlin: The Origin of Benjamin's Theory of Literary Criticism," *German Quarterly* 56, no. 4 (1983): 544–562.
———, "Eine gewaltige Erschütterung des Tradierten: Walter Benjamin's Political Recuperation of Franz Kafka," in *Fictions of Culture: Essays in Honor of Walter Sokel*, ed. Stephen Taubeneck (Las Vegas, NV: Peter Lang, 1991), 199–214.
———, "Towards Eschatology: The Development of Benjamin's Theological Politics in the Early 1920's," in *Walter Benjamins Anthropologisches Denken*, ed. Carolin Duttinger, Ben Morgan, and Anthony Phelan (Freiburg: Rombach Verlag, 2012), 41–58.
———, "Walter Benjamin and the European Avant-Garde," in *The Cambridge Companion to Walter Benjamin*, ed. David S. Ferris 18–34 (Cambridge: Cambridge University Press, 2004).
———, "Walter Benjamin and the Theory of Art History," in *Walter Benjamin, 1892–1940: Zum 100. Gerburtstag*, ed. Uwe Steiner, 77–102 (Bern: Peter Lang, 1992).
James Joyce, *Ulysses* (1922; rpt. New York: Modern Library, 1992).
Chryssoula Kambas, "Ball, Bloch und Benjamin," in *Dionysus DADA Areopagita: Hugo Ball und die Kritik der Moderne*, ed. Bernd Wacker (Paderborn: Ferdinand Schöningh, 1996).
———, *Walter Benjamin im Exil: Zum Verhältnis von Literaturpolitik und Ästhetik* (Tübingen: Niemeyer, 1983).
Robert Kaufman, "Aura, Still," *October* 99 (Winter 2002); rpt. in *Walter Benjamin and Art*, ed. Andrew Benjamin (London: Continuum, 2005).

Heinrich Kaulen, "Walter Benjamin und Asja Lacis: Eine biographische Konstellation und ihre Folgen," in *Deutsche Vierteljahrsschrift für Literaturwissenschaft und Geistesgeschichte,* 69. Jahrgang, 1995 (Heft 1 / März).

Frank Kermode, "Every Kind of Intelligence," *New York Times Book Review,* July 30, 1978.

———, "The Incomparable Benjamin," *New York Review of Books,* December 18, 1969.

Wolfgang Klein and Akademie der Wissenschaften der DDR, Zentralinstitut für Literaturgeschichte, *Paris 1935. Erster Internationaler Schriftstellerkongress zur Verteidigung der Kultur: Reden und Dokumente mit Materialien der Londoner Schriftstellerkonferenz 1936* (Berlin: Akademie-Verlag, 1982).

Paul Kluke, "Das Institut für Sozialforschung," in *Geschichte der Soziologie,* vol. 2, ed. Wolf Lepenies (Frankfurt: Suhrkamp Verlag, 1981).

Margarete Kohlenbach, "Religion, Experience, Politics: On Erich Unger and Walter Benjamin," in *The Early Frankfurt School and Religion,* ed. Raymond Geuss and Kohlenbach (Houndmills: Palgrave Macmillan, 2005).

Eckhardt Köhn, *Strassenrausch: Flânerie und kleine Form—Versuch zur Literaturgeschichte des Flâneurs bis 1933* (Berlin: Das Arsenal, 1989).

Werner Kraft, "Friedrich C. Heinle," *Akzente* 31 (1984).

———, "Über einen verschollenen Dichter," *Neue Rundschau* 78 (1967).

Stephan Lackner, "'Von einer langen, schwierigen Irrfahrt': Aus unveröffentlichten Briefen Walter Benjamins," *Neue Deutsche Hefte* 26, no. 1 (1979).

Walter Laqueur, *Young Germany: A History of the German Youth Movement,* introduction by R. H. S. Crossman (1962; rpt. New Brunswick, NJ: Transaction Books, 1984).

Esther Leslie, *Walter Benjamin: Overpowering Conformism* (London: Pluto Press, 2000).

———, ed., *Walter Benjamin's Archive* (London: Verso, 2007).

Burkhardt Lindner, ed., *Benjamin Handbuch: Leben-Werk-Wirkung* (Stuttgart: Metzler Verlag, 2006).

———, "Habilitationsakte Benjamin: Über ein 'akademisches Trauerspiel' und über ein Vorkapitel der 'Frankfurter Schule' (Horkheimer, Adorno)," *Zeitschrift für Literaturwissenscahft und Linguistik* 53/54 (1984).

———, ed., *Links hatte noch alles sich zu enträtseln . . .": Walter Benjamin im Kontext* (Frankfurt: Syndikat, 1978).

Geret Luhr, ed., *Was noch begraben lag: Zu Walter Benjamins Exil—Briefe und Dokumente* (Berlin: Bostelmann und Siebenhaar, 2000).

John McCole, *Walter Benjamin and the Antinomies of Tradition* (Ithaca, NY: Cornell University Press, 1993).

Kevin McLaughlin, "Benjamin Now: Afterthoughts on *The Arcades Project,*" *boundary 2* (Spring 2003).

Jeffrey Mehlman, *Walter Benjamin for Children: An Essay on His Radio Years* (Chicago: University of Chicago Press, 1993).

Winfried Menninghaus, *Walter Benjamins Theorie der Sprachmagie* (Frankfurt: Suhrkamp Verlag, 1980).

———, *Schwellenkunde: Walter Benjamins Passage des Mythos* (Frankfurt, Suhrkamp Verlag, 1986).

———, "Walter Benjamin's Theory of Myth," in *On Walter Benjamin: Critical Essays and Recollections*, ed. Gary Smith (Cambridge, MA: MIT Press, 1988).

Pierre Missac, *Walter Benjamin's Passages*, trans. Shierry Weber Nicholsen (Cambridge, MA: MIT Press, 1995).

Stefan Müller-Doohm, *Adorno* (Frankfurt: Suhrkamp Verlag, 2003).

Arno Münster, *Ernst Bloch: Eine politische Biografie* (Berlin: Philo & Philo Fine Arts, 2004).

Rainer Nägele, *Theater, Theory, Speculation: Walter Benjamin and the Scenes of Modernity* (Baltimore: Johns Hopkins University Press, 1991).

———, ed., *Benjamin's Ground* (Detroit: Wayne State University Press, 1988).

Magali Laure Nieradka, *Der Meister der leisen Töne: Biographie des Dichters Franz Hessel* (Oldenburg: Igel, 2003).

Jane O. Newman, *Benjamin's Library: Modernity, Nation, and the Baroque* (Ithaca, NY: Cornell University Press, 2011).

Robert E. Norton, *Secret Germany* (Ithaca, NY: Cornell University Press, 2002).

Blair Ogden, "Benjamin, Wittgenstein, and Philosophical Anthropology: A Reevaluation of the Mimetic Faculty," in Michael Jennings and Tobias Wilke, eds., *Grey Room* 39 (Spring 2010).

Michael Opitz and Erdmut Wizisla, eds., *Aber Ein Sturm Weht vom Paradies Her: Texte zu Walter Benjamin* (Leipzig: Reclam, 1992).

———, *Benjamins Begriffe*, 2 vols. (Frankfurt: Suhrkamp Verlag, 2000).

Peter Osborne, *Philosophy in Cultural Theory* (New York: Routledge, 2000).

———, *The Politics of Time: Modernity and Avant-Garde* (London: Verso, 1995).

Jean-Michel Palmier, *Walter Benjamin: Lumpensammler, Engel und bucklicht Männlein—Ästhetik und Politik bei Walter Benjamin*, trans. Horst Brühmann (Berlin: Suhrkamp Verlag, 2009).

———, *Weimar in Exile: The Antifascist Emigration in Europe and America*, trans. David Fernbach (New York: Verso, 2006).

Claire Paulhan, "Henry Church and the Literary Magazine *Mesures:* 'The American Resource,'" in *Artists, Intellectuals, and World War II: The Pontigny Encounters at Mount Holyoke College*, ed. Christopher Benfy and Karen Remmler (Amherst: University of Massachusetts Press, 2006).

Hans Puttnies and Gary Smith, *Benjaminiana* (Giessen: Anabas, 1991).

Anson Rabinbach, *The Crisis of Austrian Socialism: From Red Vienna to Civil War, 1927–1934* (Chicago: University of Chicago Press, 1983).

———, *In the Shadow of Catastrophe: German Intellectuals between Apocalypse and Enlightenment* (Berkeley: University of California Press, 2001).

———, *Staging Anti-Fascism in the Era of Hitler and Stalin*, forthcoming.

Willem van Reijen and Herman van Doorn, *Aufenthalte und Passagen: Leben und Werk Walter Benjamins* (Frankfurt: Suhrkamp Verlag, 2001).

Gerhard Richter, *Thought-Images: Frankfurt School Writers' Reflections from Damaged Life* (Stanford, CA: Stanford University Press, 2007).

———, *Walter Benjamin and the Corpus of Autobiography* (Detroit: Wayne State University Press, 2000).

Avital Ronell, "Street Talk," in Rainer Nägele, ed., *Benjamin's Ground* (Detroit: Wayne State University Press, 1988).

Charles Rosen, "The Ruins of Walter Benjamin," *New York Review of Books*, October 27, 1977.

Monad Rrenban, *Wild, Unforgettable Philosophy in Early Works of Walter Benjamin* (Lanham, MA: Lexington Books, 2005).

Ingrid Scheurmann, ed., *Neue Dokumente zum Tode Walter Benjamins* (Bonn: Arbeitskreis selbständiger Kultur-Institute und Gemeinde Port-Bou, 1992).

Ingrid Scheurmann and Konrad Scheurmann, eds., *Für Walter Benjamin* (Frankfurt: Suhrkamp Verlag, 1992).

Sabine Schiller-Lerg, "Ernst Schoen (1894–1960): Ein Freund überlebt—Erste biographische Einblicke in seinen Nachlaß," in *Global Benjamin: Internationaler Walter-Benjamin-Kongreß 1992*, ed. Klaus Garber and Ludger Rehm, 2:982–1013 (Munich: Fink, 1999).

———, *Walter Benjamin und der Rundfunk* (Munich: Saur Verlag, 1984).

Eva Schöck-Quinteros, "Dora Benjamin: '. . . denn ich hoffe nach dem Krieg in Amerika arbeiten zu können'—Stationen einer vertriebenen Wissenschaftslerin, 1901–1946," in *Barrieren und Karrieren: Die Anfänge des Frauenstudiums in Deutschland* (Berlin: Trafo, 2000).

Christian Schulte, *Ursprung ist das Ziel: Walter Benjamin über Karl Kraus* (Würzburg: Königshausen & Neumann, 2003).

Gary Smith, "Das jüdische versteht sich von selbst: Walter Benjamins frühe Auseinandersetzung mid dem Judentum," *Deutsche Vierteljahresschrift für Literaturwissenschaft und Geistesgeschichte* 65 (1981): 318–334.

———, ed., *On Walter Benjamin: Critical Essays and Recollections* (Cambridge, MA: MIT Press, 1988).

Susan Sontag, "Under the Sign of Saturn," in *Under the Sign of Saturn* (New York: Farrar, Straus and Giroux, 1980).

Uwe Steiner, *Die Geburt der Kritik aus dem Geiste der Kunst* (Würzburg: Königshausen und Neumann, 1989).

———, *Walter Benjamin: An Introduction to His Work and Thought*, trans. Michael Winkler (Chicago: University of Chicago Press, 2010).

———, "The True Politician: Walter Benjamin's Concept of the Political," *New German Critique* 83 (Spring-Summer 2000).

———, ed., *Walter Benjamin, 1892–1940: Zum 100. Geburtstag* (Bern: Peter Lang, 1992).

Michael Surya, *Georges Bataille: An Intellectual Biography*, trans. Krzysztof Fijalkowski and Michael Richardson (New York: Verso, 2002).

Peter Szondi, "Hoffnung im Vergangenen: Walter Benjamin und die Suche nach der verlorenen Zeit," in *Zeugnisse: Theodor W. Adorno zum sechzigsten Geburtstag*, ed. Max Horkheimer (Frankfurt: Europäische Verlagsanstalt, 1963); translated by Harvey Mendelsohn as "Hope in the Past: On Walter Benjamin," in Walter Benjamin, *Berlin Childhood around 1900* (Cambridge, MA: Harvard University Press, 2006).

Bruno Tackels, *Walter Benjamin: Une vie dans les textes* (Arles: Actes Sud, 2009).
Klaus Täubert, *"Unbekannt verzogen . . .": Der Lebensweg des Suchtmediziners, Psychologen und KPD-Gründungsmitgliedes Fritz Fränkel* (Berlin: Trafo, 2005).
Jacob Taubes, *The Political Theology of Paul* (1987), trans. Dana Hollander (Stanford, CA: Stanford University Press, 2004).
Rolf Tiedemann, *Dialektik im Stillstand* (Frankfurt: Suhrkamp Verlag, 1983).
Rolf Tiedemann, Christoph Gödde, and Henri Lonitz, "Walter Benjamin, 1892–1940: Eine Ausstellung des Theodor W. Adorno Archivs, Frankfurt am Main in Verbindung mit dem Deutschen Literaturarchiv Marbach am Neckar," *Marbacher Magazin* 55 (1990).
Siegfried Unseld, ed., *Zur Aktualität Walter Benjamins: Aus Anlaß des 80. Geburtstages von Walter Benjamin* (Frankfurt: Suhrkamp Verlag, 1972).
Vicente Valero, *Der Erzähler: Walter Benjamin auf Ibiza 1932 und 1933*, trans. Lisa Ackermann and Uwe Dehler (Berlin: Parthas, 2008).
Manfred Voigts, *Oskar Goldberg: Der mythische Experimentalwissenschaftler* (Berlin: Agora Verlag, 1992).
Samuel Weber, *Benjamin's -abilities* (Cambridge, MA: Harvard University Press, 2008).
———, "Genealogy of Modernity: History, Myth and Allegory in Benjamin's *Origin of the German Mourning Play*," *MLN* (April 1991).
———, "Taking Exception to Decision: Walter Benjamin and Carl Schmitt," *diacritics* (Fall–Winter 1992).
Daniel Weidner, *Gershom Scholem: Politisches, esoterisches und historiographisches Schreiben* (Munich: Wilhelm Fink, 2003).
Sigrid Weigel, *Entstellte Ähnlichkeiten: Walter Benjamins theoretische Schreibweise* (Frankfurt: Fischer Verlag, 1997).
———, *Body- and Image-Space: Re-reading Walter Benjamin*, trans. Georgina Paul, Rachel McNicholl, and Jeremy Gaines (New York: Routledge, 1996).
Rolf Wiggershaus, *The Frankfurt School: Its History, Theories, and Political Significance*, trans. Michael Robertson (Cambridge, MA: MIT Press, 1994).
Bernd Witte, *Walter Benjamin: An Intellectual Biography*, trans. J. Rolleston (Detroit: Wayne State University Press, 1991).
———, *Walter Benjamin: Der Intellektuelle als Kritiker—Untersuchungen zu seinem Frühwerk* (Stuttgart: Metzler, 1976).
Erdmut Wizisla, *Walter Benjamin and Bertolt Brecht: The Story of a Friendship*, trans. Christine Shuttleworth (New Haven, CT: Yale University Press, 2009).
Irving Wohlfarth, "Et cetera? Der Historiker als Lumpensammler," in *Passagen: Walter Benjamins Urgeschichte des XIX Jahrhunderts*, ed. Norbert Bolz and Bernd Witte, 70–95 (Munich: Wilhelm Fink, 1994).
———, "On the Messianic Structure of Walter Benjamin's Last Reflections," *Glyph* 3 (1978).
———, "The Politics of Youth: Walter Benjamin's Reading of *The Idiot*," *diacritics* (Fall–Winter 1992).

———, "Re-fusing Theology: Benjamin's Arcades Project," *New German Critique* 39 (Fall 1986).
Elisabeth Young-Bruehl, *Hannah Arendt: For the Love of the World,* 2nd ed. (New Haven, CT: Yale University Press, 2004).

致 谢

我们对林赛水（Lindsay Waters）抱有一份特别的感激，他是这本书的教父，更是一位先驱前辈，因为他，哈佛大学出版社内部普遍对本雅明的作品抱有坚定的信念。三十多年前，Erich Heller 和 Walter Sokel 为我们提供了最初的动力，钻研本雅明由此成为终身事业。埃德穆特·维兹斯拉和柏林艺术院的本雅明档案馆的工作人员在这项写作工程的各个阶段都助力甚多。最终定稿有赖哈佛大学出版社的 Shanshan Wang 和 Westchester 出版服务公司的专业团队的大力协助。过去多年中，有许多朋友、学者和同事慷慨地为本书出力，我们与他们讨论各种大小问题，用细枝末节打扰他们，还让他们来检验我们的观点。我们尤其感谢 Michael Arner、Alexander Bove、Eduardo Cadava、Matthew Charles、Bo-Mi Choi、Ingrid Christian、Norma Cole、Stanley Corngold、Brigid Doherty、Kurt Fendt、Peter Fenves、Devin Fore、Hal Foster、Michael Hamburger、Martin Harries、Robert Kaufman、Alexander Kluge、Tom Levin、Vivian Liska、James MacFarland、Daniel Magilow、Kevin McLaughlin、Winfried Menninghaus、Ben Morgan、Jane Newman、

Tony Phelan、Andy Rabinbach、Gerhard Richter、Eric Santner、Gary Smith、Uwe Steiner、Jeffrey Stuker、Jiro Tanaka、Stephen Tapscott、David Thorburn、Joseph Vogl、Arnd Wedemeyer、Daniel Weidner、Sigrid Weigel 和 Tobias Wilke。过去多年中，我们的课程和研讨班上的学生们——以及国际瓦尔特·本雅明学会双年会上的年轻学者们——不断挑战我们，促使我们细化对本雅明作品的理解。Julia Prewitt Brown 与 Susan Constant Jennings 给我们以不竭的激励和支持——当然还有耐心——这是大多数作者梦寐以求而未必可得的。

索 引

注：正体数字页码为原书页码，即本书边码。斜体页码表示照片，页码后有 n 或 nn 的表示注释，页码为本书页码。

Abbaye de Pontigny 蓬蒂尼修道院 332, 534, 636

Abrami, Dr. Pierre 皮埃尔·阿布拉米医生 663

Adorno, Gretel 格雷特尔·阿多诺，见 Karplus, Margarete "Gretel"

Adorno, Theodor Wiesengrund 特奥多尔·威森格隆德·阿多诺 33, 144, 189, *236*, 325, 427, 472, 586; 论本雅明 4, 8, 92n1;《启蒙辩证法》165, 604, 677; 本雅明的《拱廊街计划》280, 287, 290, 476–478, 493–494, 541, 552, 553, 348n1; 本雅明与他的"哲学友谊" 301; 在柯尼希施泰因的谈话 332–333; 受惠于本雅明 359–360;《克尔凯郭尔：审美对象的构建》359, 386, 525; 与本雅明的《1900 年前后的柏林童年》381, 385; 与本雅明的《德意志悲悼剧的起源》385–386; 与卡尔普鲁斯 414, 472–473, 570–571, 633; 音乐剧《印第安人乔的宝藏》与本雅明的意见 447–448; 评论本雅明的《弗朗茨·卡夫卡》475; 评论本雅明的《巴黎，19 世纪的首都》493–495; 论贝尔格文章 527, 569; 与本雅明的《夏尔·波德莱尔》532–533, 578; 与本雅明的《德意志人》538; 与约赫曼的《诗歌的退化》561; 与佐恩·雷特尔的"知识的社会学理论" 562–563; 与本雅明的文学工作 562–566, 569; 与克拉考尔的《俄耳甫斯在巴黎》563–564;《最低限度的道德》564; 在纽约 575, 586–587;《试论瓦格纳》576, 603; 本雅明调停他与布莱希特 607–608; 评论本雅明的《波德莱尔笔下的第二帝国的巴黎》623–625, 628–629, 657–658; 评论本雅明的《论波德莱尔的几个母题》657; 与本雅明对文学的最后表态 666–667; 在本雅明去世后发表他的作品 677–678

Afterlife of cultural antiquity 文化遗存的后世生命 295

Afterlife of works 作品的后世生命 59, 109, 112, 158, 289, 343

Agamben, Giorgio 吉奥乔·阿甘本 668, 53n3, 349n1, 721n1, 773n1

Agnon, Shmuel Yosef 什穆埃尔・优素福・阿格农 123;《伟大的犹太教堂》442
Ahad Ha'am 阿哈德・哈阿姆（Asher Ginsberg）83, 57n2
Die Aktion《行动》61, 63, 69n2
Albert Ludwig University 阿尔伯特・路德维希大学 32–45, 51–53, 55–61
Allegory 寓意 9, 18–19, 91, 198, 217, 289, 475, 492, 596, 602, 468n1;"寓意式感知力" 18; 在《德意志悲悼剧的起源》中 228–230; 本雅明论波德莱尔与 617–619
Alternative《替代方案》(杂志) 677
Altschul, Frank 弗兰克・阿尔特舒尔 631
Der Anfang《太初》(杂志) 28–29, 53, 60, 152; 本雅明学生时期在其上用笔名发表的文章 49–50, 61–62
Angelus Novus《新天使》(本雅明提议的杂志) 150–157, 173, 182–183; 本雅明计划的第一、二期 157, 160–161, 169, 442
Antifascist aesthetic, of International Congress of Writers 国际作家大会的反法西斯主义美学 504
Apokatastasis 诸灵最后复原 548, 604, 659–660
Aragon, Louis 路易・阿拉贡 236, 279, 281, 335, 394;《巴黎农民》285, 310, 490
The Arcades Project《拱廊街计划》(本雅明) 1–2, 160, 165–166, 254, 286, 304, *384*, 325, 429, 515; 本雅明与卖淫的意义 56; 与黑塞尔 256;"赌徒" 280–281; 与阿多诺 280, 287, 290, 476–478, 493–494, 541, 552, 553, 348n1; 相关想法与计划 285–287, 337, 348n1;"巴黎拱廊街 I"286;"巴黎拱廊街 II" 286–287; 其中的文学蒙太奇与辩证方法 287–293, 352n1–2, 353n1–2; 藏在法国国家图书馆的手稿 287, 349n1;《笔记与材料》287; 其结构 291, 293, 306, 337, 363, 388, 390, 429, 450, 484, 548, 566, 569, 573, 595, 659;《摄影》293; 与迷醉 296, 297, 298; 工作进程 305–306, 317, 501–502; 与赌博 333, 389–390, 484–485, 485; 与自杀 362; 与其他作品的相互滋养 386, 573;"瓦罐" 与多重的可阐释性 400;《中央公园》418, 618, 627; 与柯尔施 465, 640; 所采纳的社会学与历史学方向 478; 评价 480;《巴黎，19 世纪的首都》提纲 483–484, 489–495, 631–632; 以视觉艺术为焦点的发展 502–503; 与集体无意识 552; 与建设及破坏 548; 与荣格心理学 566; 与波德莱尔 567; 与茹贝尔 637, 765n1
Arendt, Hannah 汉娜・阿伦特 322, 580–581, 634–635, 659, 664, 678
Die Argonauten《阿尔戈水手》(杂志) 127, 137, 150
Aron, Max 马克斯・阿龙 648–649
Aron, Raymond 雷蒙・阿隆 520, 584
Arp, Hans 汉斯・阿尔普 106, 171
Atget, Eugène 欧仁・阿特热 363, 365
Auerbach, Erich 埃里希・奥尔巴赫 196;《摹仿论》196
Aura, WB's concept of 本雅明的灵氛概念 59, 146, 295, 298, 364–365, 514–515, 517, 623, 644–645, 624n2, 773n1; 语言理论与马克思主义的结合 581–582; 衰败的过程 602
Awakening, dialectics of 觉醒的辩证法 289–291, 298, 493–494
Awakening youth motif 唤醒青年的母题 24–25, 28, 39, 44, 53n1

Baader, Franz von 弗朗茨 · 冯 · 巴德尔 81–82, 449, 460, 530
Bachelard, Gaston 加斯东 · 巴什拉《火的精神分析》665
Bachofen, Johann Jakob 约翰 · 雅各布 · 巴霍芬 81, 436, 473–474
Bakunin, Mikhail 米哈伊尔 · 巴枯宁 106, 127
Ball, Hugo 胡戈 · 巴尔 105–106, 171
Ballard, Jean 让 · 巴拉德 265, 467
Barbizon, Georges (Georg Gretor) 乔治 · 巴尔比宗（格奥尔格 · 格雷托尔）28, 61
Barbusse, Henri 亨利 · 巴比塞 503
Barrès, Maurice 莫里斯 · 巴雷斯 404
Barth, Friedy 福里蒂 · 巴尔特 544
Barth, Karl 卡尔 · 巴特,《罗马书》129–130, 198, 243n1
Barthes, Roland, 罗兰 · 巴特,《神话学》258
Basseches, Nikolaus 尼古劳斯 · 巴塞西斯 268
Bassiano, Princess di 巴夏诺公主 261
Bataille, Georges 乔治 · 巴塔耶 518–519, 609; 本雅明托付给他的文稿 287, 591, 630, 636, 667–668, 800n2; 对抗超现实主义 519–520; 与"社会学学院" 574–575, 589
Baudelaire, Charles 夏尔 · 波德莱尔 *697*; 本雅明将其刻画为秘密代理人 6, 613, 616; 本雅明的翻译 76, 124, 137, 186–188, 193–194, 209, 95n2;《人造天堂》114, 296; 与忧郁 170, 596, 617, 644;"现代美"的构想 226; 对新闻业的憎恨 352; 格奥尔格的翻译 407, 611; 被描绘为漫游者 492;《现代生活的画家》545, 645–646; 对 T. S. 艾略特的影响 610–611。亦见 Charles Baudelaire: A Lyric Poet in the Age of High Capitalism (Benjamin)
Baumgardt, David 大卫 · 鲍姆加特 29
Beach, Sylvia 西尔维娅 · 比奇 336, 435, 653
Becher, Johannes R. 约翰内斯 · R. 贝歇尔 503;《莱维西特，或唯一正义的战争》267
Belmore, Herbert 赫伯特 · 贝尔摩尔 27, 30, 34, *41*, 39, 51, 55–56, 59, 84–85; 谈朵拉 · 波拉克 · 本雅明 68, 93; 本雅明与其绝交 71, 92–93
Benda, Julien 朱利安 · 邦达 404, 503, 504;《本世纪的一个正规兵》588
Benjamin, Dora 朵拉 · 本雅明（妹妹）19–20, *300*, 485, 505; 与本雅明的关系 126, 334, 446–447, 505; 教育与职业生涯 245–246, 15n1; 与本雅明的赌博 484; 与弗兰克尔 495–496; 健康状况 505, 620; 与本雅明的遭到拘留 649, 651; 与本雅明的文稿 667; 战争开始时逃离法国 668, 669, 670, 15n1, 491n2; 与《拱廊街计划》349n1
Benjamin, Dora Sophie Kellner Pollak 朵拉 · 索菲 · 克尔纳 · 波拉克 · 本雅明（妻子）64, 67–68, *84*, 99–101, 113–116, 121, 180, 191, 216, 243, 279, 280, *369*, 401, 434, 447; 与波拉克结婚 67, 84–85; 与肖勒姆 83, 84, 131n1; 与本雅明结婚 91–92; 与本雅明的健康 91–92; 生下儿子 100; 作为书籍与艺术品收藏家 100, 124, 135, 218; 工作生活 100, 121–122, 191, 235, 301, 360, 395; 与本雅明的婚姻 103–105, 141–147, 155–156, 131n1, 178n1; 健康状况 114, 153–154, 155, 174, 180; 戏剧抱负 135; 与舍恩 143–147, 315; 与本雅明的友谊 155, 157; 与本雅明离婚

Dürer, Albrecht 丢勒，《忧郁》60, 295
Dwelling 居住，作为本雅明“最喜欢的话题”358, 383, 469n1

Eddington, Arthur 亚瑟·爱丁顿《物理世界的本质》600–601
Ehrenburg, Ilya 伊利亚·爱伦堡 503, 504
Ehrenreich, Elizabeth“Lili”伊丽莎白·“莉莉”·埃伦赖希 264
Eisler, Hanns 汉斯·艾斯勒 466
Elias, Norbert 诺贝特·埃利亚斯，《文明的进程》588
Eliot, T. S. T.S. 艾略特 534, 610–611
Ellerman, Annie Winifred 安妮·威妮弗雷德·埃勒曼（布里艾尔）524
Encyclopedia française《法国大百科全书》，本雅明的评论 629–630
Engländer, Sigmund 西格蒙德·恩伦德尔 450
Etiemble, René 安田朴 540
Experience 经验，其理论 7–8, 10, 49, 88, 96–97, 102, 103, 108, 133–134, 280–281, 289–290, 298–299, 311–312, 382–383, 388–389, 399–400, 412–414, 492, 513–514, 530–531, 600–602, 642–646, 657–658, 140n1
Expressionism 表现主义 28–29, 45, 46, 52, 56–57, 61, 68, 105–106, 122, 134
“Expressionism debate”“表现主义论争”607

Falke, Konrad 康拉德·法尔可 555
Fargue, Léon-Paul 莱昂–保罗·法尔格 335–336, 621
Favez, Juliane 朱利安娜·法韦 649
Febvre, Lucien 吕西安·费弗尔，《马丁·路德 的时运》409
Fessard, Gaston 加斯东·费萨尔 584
Feuchtwanger, Lion 里昂·孚希特万格 430, 532, 654, 672
Feuilleton pages 小品文栏，报纸上的 202, 235–236, 257–259
Fichte, Johann Gottlieb 约翰·戈特利布·费希特 65, 108, 109–110;《对德意志民族的讲话》65
Fiesel, Eva 埃娃·菲泽尔 68n1;《德国浪漫派的语言哲学》304–305, 371nn1–2
Film 电影：本雅明在莫斯科发展出来的电影思想 274–277, 311–312, 337n1;《艺术作品》论文中的处理 513–518; 本雅明论卡普拉 640
First Student Pedagogic Conference 第一次学生教学法大会 62
Fischer, S. 费舍尔（出版社）124, 438
Fittko, Lisa 丽萨·费特科 672–674, 804n2, 807n1, 808n1
Flâneur 漫游者，弗朗茨·黑塞尔 256; 黑塞尔的《柏林漫步》285–286; 与《拱廊街计划》288, 292, 296, 297, 298, 329; 漫游者的哲学与本雅明的文学批评 329–330;《夏尔·波德莱尔》与懒散 636
Flattau, Dov 多夫·福拉陶 198–199
Flaubert, Gustave 福楼拜 93, 374, 529, 671–672;《情感教育》293–294
Forster, E. M., E. M. 福斯特 503, 504
Forster, Georg 格奥尔格·福斯特 594
Forte circle 要塞圈子 122–123, 184
Fourier, Charles 傅立叶 9, 292, 321, 450, 491, 572–573, 632
Francesco, Grete de 格雷特·德·弗朗西斯

科 573
Franco, Francisco 弗朗西斯科・佛朗哥 400
Fränkel, Fritz 弗里茨・弗兰克尔 296, 391–392, 451, 505, 580, 635, 671; 与维辛的毒品使用 495–496
Frankfurt Circle 法兰克福圈子 184–185
Frankfurter Zeitung《法兰克福报》235–236, 377–378; 本雅明在该报的发表 81, 212–213, 236, 237, 278–279, 302, 304, 328, 350–351, 362, 367–370, 381, 386–387, 407, 408, 422, 426, 439, 458, 475, 502, 536–537, 599; 与克拉考尔 189, 256, 264, 410, 433; 本雅明的书评 194, 209, 279, 299; 与海伦・黑塞尔 254–255; 与罗特 261; 与沃尔夫斯科 295; 与科恩 307; 与莱宁 307; 与布莱希特 346; 与施特恩贝格尔 511
Frankfurt School 法兰克福学派 333, 427
Frankfurt University 法兰克福大学 177–178; 本雅明尝试在该校通过教授资格论文 183–184, 188–191, 222–223
Free German Youth 自由德意志青年 36, 62–65
Free School Community 自由学校共同体，位于维克村 24, 27, 29, 36, 62–63
Freie deutsche Forschung《自由德意志研究》（杂志）597
Freies Jüdisches Lehrhaus 自由犹太学问之家 178, 188
Freund, Gisèle 吉塞勒・弗罗因德 260, 573, 638, 653, 668
Friedrich Wilhelm University 弗里德里希・威廉大学，位于柏林 48–51, 61–67, 77–78
Fromm, Erich 埃里希・弗洛姆 427
Fry, Varian 瓦里安・弗赖依 671
Fuchs, Eduard 爱德华・福克斯 406, 428, 510, 546–547, 549–550, 561
Fuld, Werner 维尔纳・福尔德 194, 274n1

G《G》（杂志）151, 172, 293
Galerie des Beaux-Arts exhibition 圣奥诺雷市郊街的美术馆展览 579
Gallimard publishers 伽利玛出版社 248–249, 525, 540
Gauguin, Paul 保罗・高更 398
Geheeb, Paul 保罗・格希布 24
Geiger, Moritz 莫里茨・盖格尔 79
Genesis, book of《创世记》89–90
George, Stefan 斯特凡・格奥尔格 3, 71, 80, 102–103, 147–148, 194, 309; 与思想图像 182; 本雅明的评论 407–408; 对波德莱尔的翻译 611; 与本雅明对文学最后的表态 666–667; 反对民族社会主义 499n1
German Communist Party 德国共产党 120, 271, 354, 465, 495, 534; 与格奥尔格・本雅明 240, 246, 295, 400; 与本雅明 260, 273–274, 582
German Romanticism 德国浪漫派，与本雅明 93–96, 98–100, 107–113
G Group G 团体 171–172, 205, 263, 324
Giacometti, Augusto 奥古斯托・贾科梅蒂 410
Gide, André 安德烈・纪德 299–300, 521, 577, 365n2, 365n3;《窄门》114; 本雅明论纪德 404, 405–406, 474;《梵蒂冈地窖》405–406; 与保卫文化国际作家大会 503;《从苏联归来》555
Giedion, Sigfried 西格弗里德・吉迪恩 347;《法国建筑》317
Gilbert, Stuart 斯图尔特・吉尔伯特 521–

522
Giraudoux, Jean 让・季洛杜 622
Glück, Franz 弗朗茨・格吕克 533
Glück, Gustav 古斯塔夫・格吕克 307, 350, 351, 379, 662, 428n1
Goethe, Johann Wolfgang von 歌德 102–103, 547; 与"内容的理想" 112–113;《新美露西娜》137, 665;《意大利游记》199; 本雅明与对歌德的马克思主义视角 249–250; 本雅明为《苏联大百科全书》写作的歌德词条 249–250, 304; 其格言 272; 逝世一百周年纪念 369;《格言和感想集》435
Goldberg, Oskar 奥斯卡・戈尔德贝格 133, 134, 156, 294, 324, 469
Goldschmidt-Rothschild, Baroness 戈尔德施密特–罗特席尔德男爵夫人 423
Goldstein, Moritz 莫里茨・戈尔德施泰因 46–47
Gonzague de Reynold, Frédéric 弗雷德里克・贡查各・德・雷诺 98
Grab, Hermann 赫尔曼・格拉布 360–361
Graeff, Werner 维尔纳・格雷夫 171, 172
Gramsci, Antonio 安东尼奥・葛兰西 106
Great Soviet Encyclopedia《苏联大百科全书》, 本雅明为其所作歌德词条 249–250, 304
Green, Julien 朱利安・格林 303, 325, 334, 335, 342, 374, 404–405, 471
Groethuysen, Bernhard 伯恩哈德・格罗爱图伊森 540
Grossman, Maria 玛利亚・格罗斯曼 357
Großman, Rudolf 鲁道夫・格罗斯曼 279
Großmann, Stefan 斯特凡・格罗斯曼 302
Grosz, George 格奥尔格・格罗斯 464
Grünberg, Carl 卡尔・格林贝格 426
Gryphius, Andreas 安德列亚斯・格吕菲乌斯 183, 224
Guéhenno, Jean 让・盖埃诺 504;《一次"革命"的日记》665
Gumpert, Martin 马丁・贡佩尔特 156;《天堂中的地狱:一名外科医生的自传》50, 92n1
Gundolf, Friedrich 弗里德里希・贡多尔夫 147–148, 201, 347, 497
Gurland, Henny 亨尼・古尔兰 672–676
Gurland, Joseph 约瑟夫・古尔兰 672–674
Gutkind, Erich 埃里希・古特金德 81, 121–123, 124, 152, 173, 174, 178, 183, 196, 198–199, 323–324;《恒星的诞生》122
Gutkind, Lucie 露西・古特金德 81, 178, 183, 198–199
Guttmann, Simon 西蒙・古特曼 61, 431
Guys, Constantin 康斯坦丁・居伊 545

Haas, Willy 威利・哈斯 236–237, 299, 323, 368, 387, 425, 437, 537
Häberlin, Paul 保罗・黑贝尔林 98
Haecker, Theodor 特奥多尔・黑克尔 367
Hallmann, Johann Christian 约翰・克里斯蒂安・哈尔曼 224
Halm, August 奥古斯特・哈尔姆 67
Hamann, J. G. 哈曼 87
Hamburger, Augustus 奥古斯都・汉布格尔 663
Hansen, Miriam Bratu 米利亚姆・布拉图・韩森 8, 312, 512
Harnack, Adolf von 阿道夫・冯・哈纳克 198
Hasenclever, Walter 瓦尔特・哈森克勒费尔 46
Hauptmann, Elisabeth 伊丽莎白・豪普特曼

357, 379, 430, 432
Hauptmann, Gerhart 格哈特·豪普特曼 27, 62, 205
Hausmann, Raoul 拉乌尔·豪斯曼 171, 172, 399
Haussmann, Baron 奥斯曼男爵 429, 492–493
Heartfield, John 约翰·哈特菲尔德 500–501
Hebrew University 希伯来大学 284, 338, 449, 460
Hegner Verlag 黑格内尔出版社 302–303
Heidegger, Martin 马丁·海德格尔 32, 33–34, 57, 346, 580, 42n1, 137n1;《历史时间问题》91;《邓·司各脱的范畴学说与意谓理论》118;《存在与时间》346, 137n1
Heidelberg University 海德堡大学 115–120, 123–124, 139–141, 147–150, 175–176
Heidenreich, Karl 卡尔·海登赖希 580
Heine, Heinrich 海因里希·海涅 527
Heinle, Christoph Friedrich (Fritz) 克里斯托夫·弗里德里希（弗里茨）·海因勒 *66,* 215, 621; 本雅明与他的友谊 53, 59–61, 431, 74n1; 与《太初》61; 自杀 70–71, 74, 361, 85n1, 441n1; 本雅明为他的诗集所作引言 160, 169
Heinle, Wolf 沃尔夫·海因勒 60, 105, 157, 175, 181, 621
Heissenbüttel, Helmut 赫尔穆特·海森比特尔 677–678
Hellingrath, Norbert von 诺贝特·冯·黑林拉特 71, 87n1
Hennings, Emmy 埃米·亨宁斯 105–106
Hepburn, Katharine 凯瑟琳·赫本 605
Herbertz, Richard 理查德·赫贝茨 99, 100, 115, 117
Hergesheimer, Joseph 约瑟夫·海格舍默 335, 360
Herzberger, Alfons 阿尔封斯·赫茨贝格尔 460
Herzberger, Else (Elfriede) 埃尔泽（埃尔弗里德）·赫茨贝格尔 446, 460, 571, 574, 632
Herzfelde, Wieland 维兰德·赫尔兹菲尔德 68, 464, 500, 532
Herzl, Theodor 特奥多尔·赫茨尔 146n1
Hesse, Hermann 赫尔曼·黑塞 299, 437–438
Hesse-Burri, Emil 埃米尔·黑塞–布里 357
Hessel, Alfred 阿尔弗雷德·黑塞尔 254
Hessel, Franz 弗朗茨·黑塞尔 251–253, *310,* 255–256, 283, 323, 332, 337, 622, 626, 640; 生活背景 201–202, 253–257; 与本雅明一起翻译普鲁斯特 248–249, 251, 254, 279, 309, 349; 婚姻 252, 254; 作为漫游者 255–256;《柏林漫步》, 本雅明的书评 285–286, 330;《秘密柏林》293; 对本雅明作品的书评 299; 与本雅明 1932 年的自杀计划 378, 462n1
Hessel, Helen Grund 海伦·格伦德·黑塞尔 *311,* 283, 323, 647; 婚姻 252, 254; 与本雅明 254–255, 498, 640–641;《论时尚的本质》498; 与本雅明的拘留 653
Hessel, Johanna 约翰娜·黑塞尔 254
Hessel, Stéphane 斯特凡纳·黑塞尔 254
Hey, Heidi 海迪·海伊 599–600
Heym, Georg 格奥尔格·海姆 29, 54, 340
Hilberseimer, Ludwig 路德维希·希尔贝赛默 171
Hiller, Kurt 库尔特·希勒尔 29, 77, 128
Hindenburg, Paul von 保罗·冯·兴登堡 391
Hirschfeld, Gustav 古斯塔夫·希施费尔德

20
History, theory of 历史理论 43, 129–130, 225–229, 288–292, 325, 344–345, 477–478, 491–492, 547–549, 603–604, 613–614, 617–618, 659–662, 379n1
Hobrecker, Karl 卡尔·霍布雷克尔 218
Höch, Hannah 汉娜·赫希 171
Hoffer, Wilhelm 威廉·霍费尔 545
Hoffmanswaldau, Christoph Hoffmann von 克里斯托夫·霍夫曼·冯·霍夫曼斯瓦尔道 224
Hofmannsthal, Hugo von 胡戈·冯·霍夫曼斯塔尔 45, 187–188, 196–197, 237, 238, 295–296, 300–301, 74n1;《友人书》181;《塔》250, 301; 死亡 329; 与本雅明对文学的最后表态 666–667
Hölderlin, Friedrich 弗里德里希·荷尔德林 27, 57, 76, 159, 159–160, 621
Hönigswald, Richard 理查德·赫尼希斯瓦尔德 629
Hoppenot, Henri 亨利·奥普诺 653, 667
Horkheimer, Maidon 迈东·霍克海默 570
Horkheimer, Max 马克斯·霍克海默 387;《启蒙辩证法》165, 604, 677; 与柯尼希施泰因谈话 333; 与本雅明的福克斯论文 388, 549–550; 个人背景, 426–427; 与社会研究所 426, 427, 446, 454, 466–467; 教授资格论文 427; 与本雅明的《可技术复制时代的艺术作品》518; 本雅明与克洛索夫斯基的翻译 521; 本雅明的波德莱尔论文 532, 552–553; 与本雅明的约赫曼论文 559–561; 本雅明调和布莱希特与霍克海默 607–608; 设法帮助本雅明逃离法国 670–671; 与本雅明的论文 284n2
Huelsenbeck, Richard 理查德·胡埃尔森贝克 106
Humboldt, Wilhelm von 威廉·冯·洪堡 73, 177, 238–239, 284, 537
Husserl, Edmund 埃德蒙德·胡塞尔 32, 33, 79;《理念：论一种纯粹的现象学》79
Huxley, Aldous 赫胥黎 504

Ibsen, Henrik 易卜生 27, 529
Ideal 理想，与波德莱尔 170
“Ideal of content”“内容的理想”，歌德的 112–113
Ideas 理念，其理论 230–231
Ihering, Herbert 赫伯特·伊赫林 346
“Image space”“意象空间”（*Bildraum*）10, 310, 312
Independent Students’ Association 自由学生会 36, 45, 51, 52, 61, 63–64, 67
Innervation 神经支配 310–312
Insel Verlag 岛屿出版社 238, 361
Institute for the Study of Fascism 法西斯主义研究院 439
Institute of Social Research 社会研究所 147, 387–388, 426–427, 575, 678; 本雅明获得的津贴 446, 454, 470, 483, 484, 487, 506, 524, 571–572, 583, 631–632, 647, 649, 663; 与本雅明的藏书 449, 622; 迁至美国 466–467; 本雅明与法国文学政治 582–589; 拒绝发表《夏尔·波德莱尔》622–625; 与本雅明移居纽约的可能 633; 设法帮助本雅明逃离法国 670–671
International Congress of Philosophy 国际哲学大会 567–568
International Congress of Writers for the Defense of Culture 保卫文化国际作家大会

503–505
Internationale Revue i10《i10 国际评论》237–238, 278, 307, 324–325
Intertwined time 交缠的时间（verschränkte Zeit）291, 327, 327–328, 383

James, Henry 亨利·詹姆斯，《螺丝在拧紧》638
Janko, Marcel 马塞尔·扬科 106
Jaspers, Karl 卡尔·雅斯贝尔斯 148, 580
Jazz music 爵士乐，与本雅明及阿多诺 528
Jentzsch, Robert 罗伯特·延奇 29, 68
"Jewish fascism""犹太法西斯主义" 455, 557n1
Jewish identity and Zionism 犹太人身份与犹太复国主义 45–48, 134; 与肖勒姆 83–86; 与本雅明 83–86, 337–338; 与朵拉·波拉克·本雅明的家族 115–116, 146n1; 本雅明学习希伯来语 124–125, 126, 284–285, 307–308, 328; 与改宗 179–180; 日益强烈的反犹情绪 195;《柏林童年》与肖勒姆 438–439; 与阿哈德·哈阿姆 57n2
Joachim, Hans Arno 汉斯·阿尔诺·约阿希姆 532
Jochmann, Carl Gustav 卡尔·古斯塔夫·约赫曼 136, 664;《论语言》559–561
Joël, Ernst 恩斯特·约埃尔 51, 76, 175, 296, 496
Johnson, Uwe 乌韦·约翰逊 677
Jokisch 约基什（伊维萨岛上的陌生人）373
Joseephi, Friederike 弗里德里克·约希（姑母），其自杀 29, 36n1
Joubert, Joseph 约瑟夫·茹贝尔，《思想录》637, 765n1
Jouhandeau, Marcel 马塞尔·儒昂多 279, 336, 348
Journalism 新闻业，本雅明论其对批评的影响 342, 352, 417n1
Jouve, Pierre Jean 皮埃尔·让·茹夫 522
Die Jugend《青年》（杂志）407
Jugendstil 新艺术派 73, 289, 291, 317, 342, 407–408, 479, 529
Jules and Jim《朱尔与吉姆》（电影）252, 254
Jung, Carl Gustav 卡尔·古斯塔夫·荣格 81, 541, 552, 553, 566
Jünger, Ernst 恩斯特·云格尔 339

Kafka, Franz 弗朗茨·卡夫卡 236, 240, 294;《在流放地》91;《审判》294, 443, 455, 470; 本雅明关于他的想法 358–359, 438n1; 本雅明的《弗朗茨·卡夫卡》439, 442–446, 454–457, 474–475;《城堡》443, 444;《判决》443;《家父的忧虑》444, 601; 与"阐释垄断"458; 本雅明论卡夫卡与波德莱尔的平行关系 600–603;《一样每天都发生的事》601;《树》601;《美国》(《失踪的人》) 630
Kaiser Friedrich School 腓特烈皇帝学校 16, 21–22, 27–29, 33n2
Kállai, Ernø 艾尔诺·卡拉伊 172
Kaminski, Hanns-Erich 汉斯–埃里希·卡明斯基 667
Kampfbund für deutsche Kultur 德意志文化战斗联盟 347
Kandinsky, Wassily 瓦西里·康定斯基 80, 122, 123;《论艺术中的精神》123

Kant, Immanuel 康德 7, 33, 41, 60, 79, 85, 87, 88, 94, 102, 134, 231, 367, 562;《道德形而上学奠基》53;《判断力批判》55; 与知识 knowledge and, 96–98, 123n1; 与经验 108–109, 140n1;《纯粹理性批判》352n1
Kantorowicz, Ernst 恩斯特·康托洛维茨 497–498;《国王的两个身体》497
Kapp, Wolfgang 沃尔夫冈·卡普 130
Karavan, Dani 丹尼·卡拉万 676
Karplus, Liselotte 莉泽洛特·卡尔普鲁斯 598
Karplus, Margarete "Gretel" 玛格丽特·"格雷特尔"·卡尔普鲁斯 *367*, 307, 434, 481–482, 576; 与本雅明的关系 301, 348, 414–415, 418, 496–497, 541; 与柯尼希施泰因谈话 333; 与本雅明 1932 年的自杀计划 379; 与本雅明的工作 381, 430–431, 597, 664; 与本雅明在伊维萨 395, 397, 399–400, 402, 422; 与本雅明的经济状况 424–425, 460, 486–487; 维辛与本雅明的藏书 447; 与阿多诺 472–473, 570–571, 633; 在纽约 586–587
Kästner, Erich 埃里希·凯斯特纳 340–341
Klenbort, Chanan 汉南·科伦博尔特 580
Keller, Gottfried 戈特弗里德·凯勒 282
Keller, Philipp 菲利普·凯勒 45, 46, 52
Kellner, Leon 莱昂·克尔纳 100, 173, 146n3
Kellner, Viktor 维克托·克尔纳 395, 146n3
Kemény, Alfréd 阿尔弗雷德·凯梅尼 172
Kessler, Harry Graf 哈利·格拉夫·凯斯勒 464
Kesten, Hermann 赫尔曼·凯斯滕 430, 648, 653, 655, 669
Key, Ellen 爱伦·凯 24
Kierkegaard, Søren 克尔凯郭尔 53, 359, 386;《非此即彼》53
Kirchner, Ernst Ludwig 恩斯特·路德维希·基希纳 54
Kisch, Egon Erwin 埃贡·埃尔温·基施 267, 662
Kitsch 媚俗 310, 317
Kläber, Kurt 库尔特·克雷贝尔 432
Klages, Ludwig 路德维希·克拉格斯 62, 63, 80, 81, 169, 253;《心智作为灵魂的对手》348;《论生成宇宙的爱欲》552
Klee, Paul 保罗·克利 579;《奇迹的显现》124;《新天使》138–139, *175*, 349, 416, 579, 638, 661, 172n1
Klemperer, Otto 奥托·克伦佩勒 325
Klopstock, Friedrich 克洛卜施托克 641
Klossowski, Pierre 皮埃尔·克洛索夫斯基 260, 518–519, 520, 584, 662
Kluckhohn, Paul 保罗·克卢克霍恩 187
Knoche, Herr 克诺赫先生（家庭教师）21
Koestler, Arthur 阿图尔·克斯特勒 439, 667, 675;《西班牙证词》587–588
Kohlenbach, Margarete 玛格丽特·科赫伦巴赫 133
Kojève, Alexandre 亚历山大·科耶夫 574–575
Kolisch, Rudolf 鲁道夫·科利施 565, 635
Kolmar, Gertrud 格特鲁德·科尔马 20
Kolzow, Michail 米哈伊尔·科尔佐夫 432
Kommerell, Max 马克斯·科默雷尔 439;《德意志古典主义的领袖诗人》329, 339
Korff, Hermann August 赫尔曼·奥古斯特·考尔夫 190–191;《歌德的时代精神》190
Korsch, Karl 卡尔·柯尔施 106, 323, 464–

465;《马克思主义与哲学》465;《卡尔·马克思》640
Kracauer, Siegfried 西格弗里德·克拉考尔 1, 185–186, *234*, 205–206, 209, 210, 242, 275, 304, 323, 430, 433, 572, 580, 667;《金斯特尔》177; 与本雅明结识 181, 189;《旅游与跳舞》256–257;《作为革命神学家的托马斯·闵采尔》264; 与本雅明在法国 264, 265–266;《两层》266;《摄影》293; 评本雅明作品的书评 299;《白领工人》340–341; 逃离德国 391;《格奥尔格》499;《俄耳甫斯在巴黎:奥芬巴赫与当时的巴黎》563–564, 576
Kraft, Werner 维尔纳·克拉夫特 105, 123, 124, 136, 169, 442, 458, 474, 475, 524, 634, 664, 74n1, 96n2; 与本雅明的绝交 135–136, 560–561
Kraus, Karl 卡尔·克劳斯 103, 137, 180, 303, 306, 342, 461, 524; 本雅明的《卡尔·克劳斯》350–354, 390, 634;《人类的最后时日》634
Krauß, Käthe 克特·克劳斯 625
Die Kreatur《造物》(杂志)272
Krenek, Ernst 恩斯特·克热内克 564, 592
Krisis und Kritik《危机与批评》(杂志)346, 354–355, 394, 609; 本雅明的计划 347–348, 354–355, 423n5, 424n1
Krull, Germaine 热尔梅娜·克鲁尔 363, 572, 582, 592, 635
Kubin, Alfred 阿尔弗雷德·库宾 80
Kurella, Alfred 阿尔弗雷德·库雷拉 62, 175, 354, 394, 403, 429, 609

Lacis, Asja 阿西娅·拉西斯 4, *249*, 216, 220–221, 240, 487, 522; 在卡普里与本雅明相遇 203–204; 引领本雅明通往苏联文化 204–206; 与《那不勒斯》210–212, 259n2; 向布莱希特引荐本雅明 221, 321, 390n1; 本雅明前往拉脱维亚 242–243; 本雅明前往疗养院 267–269, 273; 崩溃 267, 332; 与本雅明的离婚 314–317; 与本雅明的左翼政治 320–322; 拘禁 321; 与柯尼希施泰因对话 333; 本雅明对她的爱情 357, 418; 与本雅明 1932 年的自杀计划 379; 在莫斯科 508
Lackner, Stephan (Ernest Gustave Morgenroth) 斯特凡·拉克纳(恩斯特·古斯塔夫·莫根罗特)557, 579, 581, 638;《无家可归的扬》583
Landauer, Gustav 古斯塔夫·兰道尔 122
Landerziehungsheim Haubinda 豪宾达乡村学校 22–24, 27
Landry, Harald 哈拉尔德·兰德里 532
Landsberg, Paul 保罗·兰茨贝格 654
Lange, Hilde 希尔德·朗格,见 Benjamin, Hilde Lange (sister-in-law)
Langen, Albert 阿尔贝特·朗根 438
Language 语言:男性与女性模式 57–58; 沉默的语言与词语的语言 57; 本雅明的语言理论 85–91, 219–220, 581–582, 111n2, 112n1, 113n1; 本雅明的语言理论与"语言精神"87–90; 本雅明使用斯特凡的童言童语 100–101, 135, 145–146, 218, 243–245; 与《德意志悲悼剧的起源》231; 与相似性及摹仿 388–390; 其"面相学"428; 与综合技术教育及训练 440–442; 与约赫曼的政治学 559–561; "词的象声理论"475n2
Lasker-Schüler, Else 埃尔泽·拉斯克-许勒尔 68, 464

Laurencin, Marie 玛丽・洛朗森 252
League for Free School Communities 自由学校团体联盟 51
Lechter, Melchior 梅尔希奥・莱希特 80, 201
Lederer, Emil 埃米尔・莱德雷尔 133, 175
Lefranc, Emilie 埃米莉・勒弗朗 637
Lehmann, Siegfried 西格弗里德・莱曼 53
Lehmann, Walter 瓦尔特・莱曼 80
Lehning, Arthur 阿图尔・莱宁 237, 307, 324–325
Leichter, Otto 奥托・莱希特尔 595
Leiris, Michel 米歇尔・莱里斯 575, 589, 631; 《成人之年》591, 665
Lenya, Lotte 洛特・莱尼亚 357, 430
Leonhard, Rudolf 鲁道夫・莱昂哈德 475n2
Leskov, Nikolai 尼古拉・列斯科夫 529–532
Lévi, Israel 以色列・列维 422
Levy, Erwin 埃尔温・莱维 127
Lévy, Sylvain 西尔万・莱维 446
Levy-Ginsberg, Arnold and Milly 阿诺德和米利・莱维–金斯贝格 507, 649
Lewy, Ernst 恩斯特・莱维 73, 123, 154
Leyda, Jay 杰伊・利达 554, 670n1
Leyris, Pierre 皮埃尔・莱里斯 633
Lichtenberg, Georg Christoph 格奥尔格・克里斯托夫・利希滕贝格 212, 366, 388, 474n1
Lichtenstein, Alfred 阿尔弗雷德・利希滕施泰因 340
Lieb, Fritz 弗里茨・利布 529, 530, 572, 582
Liebert, Arthur 阿图尔・利伯特 568
Lietz, Hermann 赫尔曼・利茨 24
Lindner, Burkhardt 布克哈特・林德纳 223, 232, 274n1, 284n2
Linfert, Carl 卡尔・林费特 393–394, 403
Lion, Ferdinand 费迪南德・利翁 555, 573, 593, 599
Lissitzky, El 艾尔・利西茨基 171, 172, 205
Lister, Enrique 恩里克・利斯特 672
Die literarische Welt《文学世界》: 本雅明的发表 52, 236–237, 252, 271, 275, 277, 279, 282, 293, 295, 300, 302, 308–310, 326, 328–330, 335, 341, 344, 362–363, 367–368; 朵拉・波拉克・本雅明的发表 100, 301; 本雅明著作的书评 299; 科恩的发表 307
Litthauer Verlag 利特豪尔出版社 220, 235
"Little form," in newspapers 报纸上的"小品形式", 见 Feuilleton pages, in newspapers
Lohenstein, Daniel Casper von 丹尼尔・卡斯珀・冯・洛恩施泰因 183, 224
Loos, Adolf 阿道夫・路斯 350
Lotze, Hermann 赫尔曼・洛采 627–628
Löwenthal, Leo 莱奥・洛文塔尔 147, 427, 528–529, 550
Ludwig, Emil 埃米尔・路德维希 654
Ludwig Maximilian University 路德维希・马克西米利安大学, 慕尼黑 78–91
Lukács, Georg 格奥尔格・卢卡奇 10, 49, 106, 127, 607, 608;《历史与阶级意识》157, 206–207;《小说理论》206–207;《心灵与形式》206
Luserke, Martin 马丁・卢泽尔克 62
Lutetia Circle 卢特西亚圈子 654
Lüttwitz, Walther von 瓦尔特・冯・吕特维茨 130
Luxemburg, Rosa 罗莎・卢森堡 127
Lyck, Hugo 胡戈・李克 156, 194n1

Macke, August 奥古斯特・马克 138

Macpherson, Kenneth 肯尼思・麦克福尔森 524
Magnes, Judah L. 犹大・马格内斯 284–285, 307–308, 338
Mahler-Werfel, Alma 阿尔玛・马勒–魏菲尔 672
La Maison des Amis des Livres 书友之家（书店）336, 499
Malik Verlag 马利克出版社 464
Malraux, André 安德烈・马尔罗 449, 503, 521, 522;《人的境遇》406;《希望》587
Mann, Golo 戈洛・曼 672
Mann, Heinrich 亨利希・曼 79, 429, 436, 441, 654, 672
Mann, Klaus 克劳斯・曼 430, 437, 458, 474, 654
Mann, Thomas 托马斯・曼 80, 381, 555;《浮士德博士》134;《魔山》239–240, 348
Mannheim, Karl 卡尔・曼海姆 176, 561–562
Marc, Franz 弗朗茨・马克 80
Marcuse, Herbert 赫伯特・马尔库塞 427;《哲学与批评理论》588–589
Marcuse, Ludwig 路德维希・马尔库塞 49
Marinetti, Filippo Tommaso 菲利波・托马索・马里内蒂 213, 339–340
Marx, Karl 卡尔・马克思 9–10, 90, 106–107, 149, 272, 289–291, 337, 353, 465, 524, 562, 640, 352n2, 790n1;《资本论》502
Marxism 马克思主义：与布洛赫 106; 与本雅明 127, 168, 182, 204–205, 320–322, 323; 与文学理论 225; 与社会研究所 426; 与布莱希特 431; 与柯尔施 465; 与吕贝尔 524; 与艺术理论 550–551。亦见 Communism; Materialism
Marx-Steinschneider, Kitty 基蒂・马克斯–施泰因施耐德 393, 409, 410, 423, 424, 509, 523
Maß und Wert《准绳与价值》（杂志）555, 573, 593, 599
Materialism 唯物主义：与解读理论 386; 本雅明晚期作品中的历史唯物主义 659–662
Mayer, Dr. Max 马克斯・迈尔博士 285
Mayer, Hans 汉斯・迈尔 589
Maync, Harry 哈里・梅因克 98
Meinecke, Friedrich 弗里德里希・迈内克 33
Meins, Hans 汉斯・迈因斯 439
Melville, Herman 赫尔曼・梅尔维尔，《皮埃尔，或含混》633
Memory 记忆 327–328, 382–383, 444, 643–644, 660–661; 重写本性质 288, 382–383, 492, 468n1
Mendelsohn, Anja 阿尼亚・门德尔松 544
Merkur《水星》（杂志）677
Meryon, Charles 夏尔・梅里翁 525, 619
Messianism and Messianic realm 弥赛亚主义与弥赛亚领域 9, 82, 102, 108, 129–130, 168, 659–662, 102n1, 379n1
Mesures《尺度》（杂志）583–584
Meyerhold, Vsevolod 梅耶荷德 269, 274
Michel, Ernst 恩斯特・米歇尔 185
Michelet, Jules 儒勒・米什莱 290
Mies van der Rohe Ludwig 路德维希・密斯・凡德罗 171, 172
Milch, Werner 维尔纳・米尔希 299, 364n1
Mimesis and mimetic mode of perception 摹仿与感知的摹仿模式 18, 101, 103, 312, 374, 384, 388–390, 428, 475n2
Missac, Pierre 皮埃尔・米萨克 4, 621, 641,

667–668, 800n2
Moholy-Nagy, László 拉斯洛·莫霍伊-纳吉 1, 171–172, 205, 238, 363, 215n1;《生产-再生产》171; 与莱宁的杂志 324–325
"Monad" "单子" 73, 291, 660–661; 作为单子的《夏尔·波德莱尔》625
Monadology 单子论 291, 382, 420n1
Monnier, Adrienne 阿德里安娜·莫尼耶 279, 336, 474, 499, 522, 572, 582, 631, 653;《寓言故事》375;《书友报》665–666
Montage 蒙太奇：机制 276; 与辨证方法 287–293, 352nn1–2, 353nn1–2;《单行道》中的运用 288; 本雅明论布洛赫对蒙太奇的运用 479;《夏尔·波德莱尔》中的运用 613–614
Morgenroth, Sigmund 西格蒙德·莫根罗特 632, 633
Morgenstern, Soma 索玛·莫根施特恩 671–672
Morser, Harry 哈利·莫尔瑟 655
Müller, Adam 亚当·缪勒 130, 163n1
Müller, Anton 安东·缪勒 60
Maulnier, Thierry 蒂埃里·莫尼耶,《社会主义神话》539
Münchhausen, Thankmar von 坦克马尔·冯·闵希豪森 238, 252–253, 261, 394, 395
Münter, Gabriele 加布里埃莱·明特尔 80, 122
Münzenberg, Willi 威利·闵岑伯格 635, 654
Münzer, Thomas 托马斯·闵采尔 156
Muschler, Carola 卡罗拉·穆施勒 663
Musil, Robert 穆齐尔 503, 504;《没有个性的人》393, 482n1
Myth 神话：本雅明作品中的处理 73–74, 152, 162–167, 443–444, 492–494, 601–602, 107n1, 202n1; 神话暴力 132–133; 批评与从神话中区分真理 166–167

Natorp, Paul 保罗·纳托尔普 62
Naturalist movement 自然主义运动，本雅明论洛文塔尔与自然主义运动 528–529
Neher, Carola 卡萝拉·内海尔 357, 453
Neher, Caspar 卡斯珀·内尔 201
Neo-Kantianism 新康德主义 33, 49, 96, 102
Neopathetisches Cabaret 新激情歌舞表演 28, 134
Neoromanticism 新浪漫主义 532
Nettlau, Max 马克斯·内特劳 131
Neue Club "新俱乐部" 28–29, 134
Neue Deutsche Beiträge《新德意志文稿》（杂志）197
Neue Sachlichkeit 新客观主义 267, 313, 413n1
Die Neue Weltbühne《新世界舞台》（杂志）555
Niebuhr, Reinhold 赖因霍尔德·尼布尔 525
Nietzsche, Friedrich 尼采 8, 43, 65, 102, 143, 212, 289, 179n3;《历史对于人生的利弊》25–26, 548; 与政治 41–42; 本雅明对尼采"智识上的市侩"的批评 47–48;《论我们的教育机构的未来》65; 与创造性迷醉 297, 361n2
Nihilism 虚无主义 9, 130, 132, 207, 227, 311, 326, 340, 404, 444; 与革命弥赛亚主义 168; 临床虚无主义 553, 566, 583
Nizan, Paul 保罗·尼赞,《阴谋》630
Noeggerath, Felix 菲利克斯·诺艾格拉特 80–81, 369–375, 394, 419, 420
Noeggerath, Hans Jakob 汉斯·雅克布·诺

艾格拉特（让·雅克）371, 374, 472
Noeggerath, Marietta 玛丽埃塔·诺艾格拉特 371
Nouvelle Revue Française《新法兰西评论》436, 466, 473, 583–584, 591, 631
Novalis 诺瓦利斯 43, 108, 109, 110, 111
"Now of recognizability" "可辨认的此刻" 44, 225, 289, 327, 511

Ocampo, Victoria 维多利亚·奥坎波 665–666
One-Way Street《单行道》（本雅明）2, 172, 181–182, 205, 239, 606, 679; 与自杀 70, 361; 与对自然的惧怕 163–164, 203n3;《手套》163–164;《中国货》204;《全景幻灯》208;《旗帜》215–216;《降半旗》215–216; 与朗 215–216;《到天文馆去》227; "不是为了销售" 241–242; 其中描述的 "机械小展房" 241;《武器与弹药》242; "立体视镜" 243; 与文艺专栏的形式 257–259; 作为本雅明新批评方法的 "用户指南" 257–259;《加油站》259; 蒙太奇封面 263;《摆有豪华家具的十居室住宅》270; 发表出版于评价 279, 294, 299, 364nn1–2; 与蒙太奇 288, 293; 行文与调式 333; 与同时代文学及政治 338; 与语言 440; 布洛赫的书评 479
Opie, Redvers 雷德弗斯·奥佩 570
Oprecht, Emil 埃米尔·奥普莱希特 573
Origin of German Trauerspiel《德意志悲悼剧的起源》（本雅明）117, 119, 168, 239, 276n1; 写作过程 183–184, 191–192, 197–198, 201, 207, 209, 213–214; 确定形式 217, 222; 作为本雅明事业的支柱 224–231; 作为教授资格论文被拒绝 231–234, 284n2; 前言 233; 出版与评价 239, 266–267, 279, 294, 299, 606, 364nn1–2; 题赠给霍夫曼斯塔尔 300; 与阿多诺 359–360; 学术界对该书的使用 385; 与《拱廊街计划》的联系 386; 身后的出版 678
Ossietzky, Carl von 卡尔·冯·奥西茨基 542, 555
Osten, Maria 玛利亚·奥斯滕（Maria Greßhöhner）532
Overbeck, Franz 弗朗茨·奥弗贝克 98, 102, 129n2

Palmier, Jean-Michel 让–米歇尔·帕尔米耶 392, 425
Panofksy, Erwin 埃尔文·潘诺夫斯基 295–296
Papen, Franz von 弗朗茨·冯·巴本 377, 460
Paquet, Alfons 阿尔封斯·帕凯 185
Parem, Olga 奥尔加·帕蕾姆 375–376, 378, 395, 459n1
Pariser Passagen《巴黎拱廊街》, 手稿页 *384–385*
Patmos circle 帕特摩斯圈子 180, 184
Paul, Eliot 埃利奥特·保罗 373
Paulhan, Jean 让·波朗 261, 436, 473, 584
Péguy, Charles 夏尔·佩吉 114, 124, 283, 404
PEN 国际笔会 653, 655
Penzoldt, Ernst 恩斯特·潘佐尔德 258
Perse, Saint-John 圣–琼·佩斯（阿里克西·莱热）238
Persitz, Shoshana 肖莎娜·佩尔西茨 428
Pfemfert, Franz 弗朗茨·费姆菲尔特 61, 63
Phantasmagoria 幻景 296, 341, 与 "第二自然" 10; 与《德意志悲悼剧的起源》

225–226; 与漫游者 492; 作为 18 世纪的幻象设备 516; 运用于《夏尔·波德莱尔》614–615, 628–629, 632
"The Philosophical Group" "哲学小组" 324
Photography, WB on 本雅明论摄影 293, 363–368
Picabia, Francis and Gabrielle 弗朗西斯与加布丽埃勒·皮卡比亚 260
Piper Verlag 皮珀出版社 249, 309, 349
Plato 柏拉图 25, 29, 40–42, 85, 96, 231, 327, 107n1
Plekhanov, Georgi 格奥尔基·普列汉诺夫 354
Polgar, Alfred 阿尔弗雷德·波尔加尔 325, 626–627
Pollak, Dora Sophie Kellner 朵拉·索菲·克尔纳·波拉克，见 Benjamin, Dora Sophie Kellner Pollak (wife)
Pollak, Max 马克斯·波拉克 67, 84, 85
Pollock, Friedrich 弗里德里希·波洛克 426, 449, 489, 522, 524, 565, 571–572, 606
Positivism 实证主义 33, 623
Prampolini, Enrico 恩里科·普兰波利尼 213
Primal history 原历史（*Urgeschichte*）主题 288, 325, 477, 478, 491, 600–601, 654, 350n1
Prostitution 卖淫，贝尔摩尔与其文化意义 55–56
Proust, Marcel 马塞尔·普鲁斯特，本雅明对其的翻译 238, 248–249, 251, 254, 265, 266, 279, 309, 349; 本雅明与哲学式的观看方式 326–328; 本雅明与"阿尔巴先生" 336; 本雅明论普鲁斯特 404–405
Pufahl, Helene 海伦娜·普法勒 21
Pulver, Max 马克斯·普尔弗 81
Puni, Ivan 伊万·普尼 171

Queneau, Raymond 雷蒙·格诺《陶土的孩子》630–631
Quint, Léon-Pierre 莱昂–皮埃尔·坎 335, 424, 466

Rabinbach, Anson 安森·拉宾巴赫 503
Radio 广播：本雅明对广播的政治化与商业化的不满 330–331; 本雅明的"教育广播剧模型" 594–595。亦见 Benjamin, Walter, radio broadcasts of
Radt, Fritz 弗里茨·拉德 142, 221, 242, 263, 266, 309, 348, 472, 535
Radt, Grete 格雷特·拉德，见 Cohn, Grete Radt
Radt-Cohn, Jula 尤拉·拉德–科恩 79, 137, *180,* 148, 266, 309, 348, 458, 472; 与本雅明 67, 141–143, 145, 147, 148, 153, 242–243, 269, 315, 357, 418, 83n1; 在巴黎 251, 252, 253, 262–263; 与本雅明 1932 年的自杀计划 378; 与西班牙内战 535
Raiffeisen Society 雷飞森协会 155
Ramuz, Charles-Ferdinand 夏尔–费迪南德·拉缪,《巴黎：一个沃州人的笔记》665
Rang, Emma 爱玛·朗 198, 208, 215
Rang, Florens Christian 佛罗伦斯·克里斯蒂安·朗 127, 154–155, *192,* 175, 196, 198– 199, 208; 与"要塞圈子" 122–123, 152; 与德国政治 180; 与法兰克福圈子 184–185; 与本雅明的工作 184–185, 188, 192–193, 196–198; 死亡 214–216; 其"神学思考" 471–472
Rathenau, Walter 瓦尔特·拉特瑙 123

Razovsky, Cecilia 西西莉亚·拉佐夫斯基 654
Redemption 救赎 9, 42, 108, 160, 168, 170, 290–291, 446, 603–604, 659–661
Reflection 反思，本雅明论批评与反思 109–112, 139n1
Regler, Gustav 古斯塔夫·雷格勒 147–148, 534
Rehbein, Grete 格雷特·雷拜因 243, 244
Reich, Bernhard 伯恩哈德·赖希 201, 203, 216, 220, 249, 268–269, 273, 278, 314, 321, 522
Reich, Daga 达佳·赖希 203–204, 210, 220
Reiss, Erich 埃里希·莱斯 438
Renéville, Rolland de 罗兰·德·勒内维耶 621, 622
Renger-Patzsch, Albert 阿尔伯特·伦格尔–帕奇 441
Reproducibility of art 艺术的可复制性，《艺术作品》所讨论的 513–515
Reventlow, Fanny zu 芬妮·祖·雷文特洛 80, 253, 254
Richter, Hans 汉斯·李希特 134, 171, 172
Richter-Gabo, Elisabeth 伊丽莎白·李希特–嘉宝 134, 171
Rickert, Heinrich 海因里希·李凯尔特 33, 40, 55, 106, 148, 67n1
Riegl, Alois 阿洛伊斯·里格尔 226, 267, 386
Rilke, Rainer Maria 莱纳·玛利亚·里尔克 79–80, 123, 143, 238, 394, 518
Roché, Henri-Pierre 亨利–皮埃尔·罗谢 254, 255
Roedl, Urban 乌尔班·勒德尔（布鲁诺·阿德勒），《阿达尔贝尔特·施蒂弗特》626
Roessler, Rudolf 鲁道夫·勒斯勒尔 536, 593–594
Röhm, Ernst 恩斯特·罗姆 460
Rolland, Romain 罗曼·罗兰 123
Romantic anticapitalism 浪漫式的反资本主义 127–128, 149, 206
Rosenberg, Alfred 阿尔弗雷德·罗森贝格 347
Rosenstock-Huessy, Eugen 欧根·罗森施托克–许西 179–180
Rosenzweig, Franz 弗朗茨·罗森茨维格 178–180, 336–337, 581;《救赎之星》179
Rothacker, Erich 埃里希·罗塔凯尔 187
Roth, Joseph 约瑟夫·罗特 261, 430, 638
Rothschild, Baron Edmond de 埃德蒙·德·罗特席尔德男爵 422
Rowohlt, Ernst 恩斯特·罗沃尔特 346, 606, 626
Rowohlt Verlag 罗沃尔特出版社 202, 236, 239, 254, 266, 279, 293, 294, 299, 302–303, 307; 倒闭破产 342, 355, 363
Rubel, Maximilien 马克西米利安·吕贝尔 523–524
Rychner, Max 马克斯·里什纳 326, 355–356, 367, 403, 670

Sachs, Franz 弗朗茨·萨克斯 45, 67–68
Sahl, Hans 汉斯·扎尔 523, 647–648, 652
Salles, Georges 乔治·萨勒，《凝视》665
Salomon-Delatour, Gottfried 戈特弗里德·萨罗门–德拉图尔 178, 189, 202, 222, 224, 232–233, 263
Sander, August 奥古斯特·桑德尔 363, 365
Saxl, Fritz 弗里茨·萨克斯尔 295–296
Scheerbart, Paul 保罗·希尔巴特 91–92, 205, 413–414, 582, 333n1;《列萨本迪欧》128,

474n1
Schey, Philipp 菲利普・沙伊 459n1
Schickele, René 勒内・席克勒 133
Schiller-Lerg, Sabine 萨宾娜・席勒-莱尔格 143–144
Schlegel, August Wilhelm 奥古斯特・威廉・施莱格尔 588
Schlegel, Friedrich 弗里德里希・施莱格尔 95, 108, 119, 588; 与寓意 18; 与反思 110–111; 与批评 112;《阿拉尔科斯》137
Schleicher, Kurt von 库尔特・施莱谢尔 391
Schleiermacher, Friedrich 弗里德里希・施莱尔马赫 177
Schmidt, Johannes 约翰内斯・施密特 597
Die Schmiede 施米艾德 248–249
Schmitt, Carl 卡尔・施米特 184;《政治神学》198, 350;《哈姆雷特或赫库芭》350, 427n1
Schocken, Salomon 萨洛蒙・肖肯 600, 602–603, 626, 634
Schocken Verlag 肖肯出版社 437, 458, 474–475, 626
Schoen, Ernst 恩斯特・舍恩 22, 63–64, 70–71, 99, 107, 114, 119, 123, *180,* 220, 221, 244, 263, 325, 433, 472, 655; 与朵拉・波拉克・本雅明的婚外恋 143–147, 315; 与 G 团体 172; 与本雅明及广播 220, 330–332; 与本雅明 1932 年的自杀计划 379; 被捕以及最终逃离纳粹 391
Schoenflies, Arthur Moritz 阿图尔・莫里茨・舍恩弗利斯（叔公）20, 178, 308
Scholem, Erich 埃里希・肖勒姆 306
Scholem, Escha 艾斯卡・肖勒姆 525
Scholem, Gershom 格肖姆・肖勒姆 45, 68, *96,* 94–95, 101, 121, 188, 280, 283–284, 581, 127n3; 对腓特烈皇帝学校的评价 22; 与本雅明和朵拉・波拉克・本雅明的婚姻 68, 103–105, 188, 131n1; 与本雅明结识 77–78; 论本雅明 79–80, 82–83; 对本雅明人格的失望 83–84; 与语言理论 86–87; 论古特金德 122; 和本雅明学习希伯来语的关系 124–145, 126; 诗歌《来自天使的问候》138–139; 论朗 175; 移民巴勒斯坦 182, 195; 与法兰克福圈子 188;《穆里大学哲学系官方教诲诗》306; 论本雅明与马克思主义 320; 与本雅明的犹太教 338; 与本雅明致里什纳信 355, 356; 与本雅明《柏林童年》的出版 438–439; 与本雅明的政治取向 448–449; 与本雅明的卡夫卡计划 455–457; 提议本雅明前往巴勒斯坦游览 469–470; 作为本雅明的存档人 482; 与本雅明的关系 509–510, 539–540, 608–609; 皮尔委员会与犹太国家问题 568–569; 陈述纽约之旅 584–587; 论霍克海默与本雅明 586;《犹太教神秘主义主流》659
Scholem, Reinhold 赖因霍尔德・肖勒姆 123
Scholem, Werner 维尔纳・肖勒姆 401
School Reform Units 学校改革小组，大学里的 35–37; 弗莱堡的 37–38, 45, 52; 柏林的 51
Schottlaender, Rudolf 鲁道夫・朔特兰德 248
Schuler, Alfred 阿尔弗雷德・舒勒 80, 81
Schultz, Franz 弗朗茨・舒尔茨 178, 183, 187, 189, 191, 222–224, 232, 274n1
Schuschnigg, Kurt 许士尼格 591
Schutzverband deutscher Schriftsteller im Aus-

land 境外德国作家保卫同盟 556
"Schwabinger Bohème""施瓦宾格波西米亚" 80
Schweppenhäuser, Hermann 赫尔曼·施维朋豪瑟尔 678
Schwitters, Kurt 库尔特·施维特斯 171, 172
"Second nature""第二自然" 10
Seghers, Anna 安娜·西格斯(Netty Reiling)556–557, 565, 572;《圣巴巴拉渔民的叛乱》556
Seligson, Carla 卡拉·塞里格森 39–40, 52, 53, 64, 84, 92
Seligson, Gertrud 格特鲁德·塞里格森(特劳德)85n1
Seligson, Rika 丽卡·塞里格森 70
Sellier, Louis 路易·塞利耶 418, 463
Selz, Dorothée 多萝特·塞尔兹 376
Selz, Guy 居伊·塞尔兹 399
Selz, Guyet 居耶·塞尔兹 376, 399, 419, 420
Selz, Jean 让·塞尔兹 373, 376, 394, 419–421, 447;《瓦尔特·本雅明的一次体验》399
Seume, Johann Gottfried 戈特弗里德·佐伊梅 536
Seyss-Inquart, Arthur 阿图尔·赛斯–英夸特 591
Shapiro, Meyer 迈耶·夏皮罗 595
Shestov, Lev 列夫·舍斯托夫 640
Shock 震惊,本雅明的理论 277, 512, 615, 643–646, 657
"Shrinkage""收缩"(*Schrumpfung*)282, 344, 418n1
Silone, Ignazio 伊尼亚奇奥·西洛内 635
Similarity 相似性 374, 388–390, 475n2
Simmel, Georg 格奥尔格·西美尔 49, 106, 178, 206;《货币哲学》628
Sinclair, Upton 厄普顿·辛克莱尔 123
Smollet, Tobias 托比亚斯·斯摩莱特 467
Socialist Realism 社会主义现实主义 441–442
Sohn-Rethel, Alfred 阿尔弗雷德·佐恩–雷特尔 202, 212–213, 242; "知识的社会学理论" 562–563
Sorel, Georges 乔治·索雷尔 114;《论暴力》131–132, 144n2, 165n2
Soupault, Philippe 菲利普·苏波 323
Sovereign violence 主权性的暴力 132–133, 165n2
Sperber, Manès 马内·斯佩贝尔 433, 439
Speyer, Wilhelm 威廉·施派尔 316, 323, 328–329, 357, 387, 423, 433; 本雅明与他的合作 376, 379–380, 437, 460n1; 与本雅明 1932 年的自杀计划 379; 移民 391, 627
Spitteler, Carl 卡尔·施皮特勒 53
Spitzer, Moritz 莫里茨·施皮策 437, 458
Spleen 忧郁,与波德莱尔 170, 596, 617, 644
Stalinism 斯大林主义,定性为人道主义 503–504
Stalin, Josef 斯大林 441–442
Starr, Milton 弥尔顿·斯塔尔 654
Steffin, Margarete 玛格丽特·施蒂芬 430–432, 462, 522;《三毛钱小说》430, 474
Steiner, Rudolf 鲁道夫·施泰纳 81
Steinschneider, Karl 卡尔·施泰因施耐德 393
Stern, Günther 君特·施特恩 580
Stern, Hilde 希尔德·施特恩 20
Stern, William 威廉·施特恩 20
Sternberger, Dolf 多尔夫·施特恩贝格尔 511, 629;《19 世纪的全景画》597–598
Stoessl, Otto 奥托·施托艾斯尔 299

Stone, Sasha 萨沙・斯通 263, 293, 363
Stora, Marcel 马塞尔・斯托拉 641–642
Straßer, Georg 格奥尔格・施特拉塞尔 347
Strauss, Leo 列奥・施特劳斯 325
Strauß, Ludwig 路德维希・施特劳斯 40–41, 46–48, 123, 125
Stritzky, Else von 埃尔泽・冯・斯特里茨基 106, 135
Suicide 自杀：本雅明的自杀念头 5, 357–358, 361–362; 与本雅明的家庭 29, 127, 36n1; 海因勒的自杀 70–71, 74, 361, 85n1, 441n1; 本雅明 1932 年的自杀计划与当时写下的遗嘱 , 377–379, 462n1; 本雅明论现代性与自杀 617; 汉布格尔与穆施勒的自杀 663; 本雅明的自杀 674–676
Supervielle, Jules 于勒・苏佩维埃尔 621
Surrealism 超现实主义 76, 172, 236, 290, 450, 478, 591, 630, 665; 巴塔耶的对抗 519–520。亦见 Benjamin, Walter, works of 词条下
Surya, Michel 米歇尔・叙丽娅 519–520
Symbolisme 象征主义 279

Täuber, Sophie 索菲・托伊伯 106
Taut, Bruno 布鲁诺・陶特 121
Teachings, concept of 教导的概念（Lehre）94–96。亦见 Knowledge
Tergit, Gabriele 加布里埃尔・泰尔吉特，《克泽比尔征服选帝侯大街》259
Thieme, Karl 卡尔・蒂梅 502, 525, 536, 592, 627, 640;《旧的真实：西方的个人成长史》471–472
Tiedemann, Rolf 罗尔夫・蒂德曼 287, 288, 678, 348n1, 349n2
Tillich, Hannah 汉娜・蒂利希 585
Tillich, Paul 保罗・蒂利希 525, 585
Time 时间：时间问题与语言 42–44, 90–91; 不朽的与发展的 58–59; 弥赛亚的 661, 53n1, 790n1, 792n2。亦见 Intertwined time (*verschränkte Zeit*); “Now of recognizability”
Toller, Ernst 恩斯特・托勒 638
Tolstoy, Leo 列夫・托尔斯泰 30, 48, 64, 128, 53n1, 79n1
Tonnelat, Ernest 厄内斯特・托内拉 436
Trakl, Georg 格奥尔格・特拉克尔 57
Tretyakov, Sergei 谢尔盖・特列季亚科夫 522, 607
Truth and Truth Content 真理与真理内容 40, 58, 72–73, 112–113, 119, 150–151, 158–160, 164–168, 230–231, 343–344, 48n3
Tschesno-Hell, Mischa 米沙・切士诺－赫尔 432
Tuchler, Kurt 库尔特・图赫勒 45, 52, 53–54
Tucholsky, Kurt 库尔特・图霍尔斯基 555
Tumarkin, Anna 安娜・图马金 98
Turgot, Anne-Robert 安内－罗贝尔・杜尔哥 627–628
Tzara, Tristan 特里斯坦・查拉 106, 171

Unger, Erich 埃里希・恩格尔 156, 221, 294, 324;《政治与形而上学》133–134, 260

Valero, Vicente 文森特・瓦雷罗 371, 402, 416, 419
Valéry, Paul 保罗・瓦莱里 261, 279, 284, 363, 404–405, 621
Van Doesburg, Theo 提奥・范・杜斯堡 171, 172
Van Eeden, Frederick 弗里德里克・范・伊

登 122
Van Hoddis, Jakob 雅各布 · 范 · 霍迪思（汉斯 · 达维德松）29, 122
Varèse, Edgard 埃德加 · 瓦雷兹 145
Varō, Tomás 托马斯 · 瓦罗 375
Vasari, Ruggero 鲁杰罗 · 瓦萨里 213
Verspohl, Maximilian 马克西米利安 · 维尔斯波尔 419–420
Vitalism 生命主义 33
Vita Nova press 新生出版社 536, 593–594
Von Schoeller, Werner 维尔纳 · 冯 · 舍勒 394–395, 449, 625
Vossische Zeitung《福斯报》237, 299, 381, 386, 387, 532, 290n2

Wackenroder, Wilhelm Heinrich 威廉 · 海因里希 · 瓦肯罗德 588
Wagner, Richard 瓦格纳 576, 583, 603
Wahl, Jean 让 · 瓦尔 522, 557, 579–580, 621
Walden, Herwarth 赫尔瓦特 · 瓦尔登 508
Wandervögel 候鸟 36, 37
Warburg, Aby 阿比 · 瓦尔堡 267, 284, 295–296
Weber, Alfred 阿尔弗雷德 · 韦伯 149, 176
Weber, Marianne 玛丽安娜 · 韦伯 149, 175
Weber, Max 马克斯 · 韦伯 106, 133, 149
Wedekind, Frank 弗兰克 · 韦德金德 27, 80
Weidlé, Wladimir 弗拉迪米尔 · 魏德勒《阿瑞斯泰俄斯的蜜蜂：论文学与艺术的当前命运》559
Weigel, Helene 海伦娜 · 魏格尔 451–452, 462, 463, 572
Weil, Felix 费利克斯 · 魏尔 426
Weil, Hermann 赫尔曼 · 魏尔 426
Weill, Kurt 库尔特 · 魏尔 357, 430
Weissbach, Richard 理查德 · 维斯巴赫 127, 137, 150, 161, 169, 170, 173, 194, 201
Die Weltbühne《世界舞台》（杂志）212, 555
Werfel, Franz 弗兰茨 · 韦尔弗 236, 672
Wiegand, Willy 威利 · 维甘德 238
Wieland, Christoph Martin 克里斯托夫 · 马丁 · 维兰德 408
Wigand, Karl von 卡尔 · 冯 · 维甘德 191
"Will to art" "艺术意志"（*Kunstwollen*）226
Winckelmann, Johann Joachim 约翰 · 约阿希姆 · 温克尔曼，《古典艺术史》199
Wish image 愿望意象 491–492
Wissing, Egon 埃贡 · 维辛 349, 357, 359, 447, 472, 486, 663; 与本雅明 1932 年的自杀计划 378–379; 妻子的死亡 424, 433; 成瘾药物使用 433–434, 495–496, 509; 与本雅明的关系 496–497; 在莫斯科 508, 509; 婚姻 598
Wissing, Gert 格特 · 维辛 349, 357, 598; 与本雅明 1932 年的自杀计划 378–379; 死亡 424, 433
Witte, Bernd 贝恩德 · 维特 231
Wizisla, Erdmut 埃德穆特 · 维兹斯拉 534, 390n1
Wolff, Charlotte 夏洛特 · 沃尔夫 137, 138, 141–142, 143, 153, 201, 694n24
Wolff, Kurt 库尔特 · 沃尔夫 124
Wölfflin, Heinrich 海因里希 · 沃尔夫林 79, 304;《古典艺术》79
Wolfskehl, Karl 卡尔 · 沃尔夫斯科尔 80–81, 253, 294–295, 391
Work of art, theory of 艺术作品的理论 71–73, 108–113, 119, 164–165, 192–193, 513–515, 547–548, 142n1
"The Work of Art in the Age of Its Technological Reproducibility"《可技术复制时代

的艺术作品》（本雅明）2, 172, 325, 339, 483, 503, 511–523, 667; 与电影及摄影 275–277, 363, 365–366; 与布莱希特 535–536; 发表问题 553–554; 与波德莱尔计划 643, 644–645
World events and politics 时事与政治：第一次世界大战 69–70, 75–76, 91–92; 奥匈帝国的崩溃 105, 133n1; 德意志帝国的崩溃 105, 133n1; 俄国革命 105, 133n1; 卡普政变 120, 130, 131; 鲁尔起义 120, 131; 魏玛共和国的政治危机与经济危机 120, 130–131, 141, 174, 180–182, 191, 194–195; 移民巴勒斯坦 135, 428, 429, 633–634; 希特勒掌权 195, 377, 391, 460–461; 魏玛共和国禁止出境 200; 意大利的法西斯主义 208; 纳粹党夺权以及将犹太人从德国生活中驱逐 333, 391–395; 纳粹党权力增加 347, 366, 375, 377–378; 帝国文学理事会成立 432; 长刀之夜 460–462; 七月暴动 461; 西班牙的人民阵线 474, 526, 567, 571, 630; 巴勒斯坦的冲突 525–526, 556, 568–569; 莫斯科的公开审判 535, 540–541, 567, 582, 607; 西班牙内战 535, 556, 584, 587–588; 德奥合并与逮捕纳粹党的反对者 591–592; 30 年代犹太人的生存日益受到威胁 591–593; 慕尼黑协定与入侵苏台德 609–610; 碎玻璃之夜 622; 希特勒-斯大林条约 647, 658; 比利时、荷兰与法国的陷落 667–668
Das Wort《词》（杂志）474, 532, 533, 536, 539, 554, 607, 626
Wyneken, Gustav 古斯塔夫·维内肯 46, 51, 52, 62–63; 教育项目 24–28, 27–28; 对本雅明的影响 25–26, 29, 39, 44, 45, 48;《学校与青年文化》25, 30n2; 倡议成立学校改革小组 35–39; 对男女同校的看法 55, 75; 本雅明与其决裂 75–76, 93n1, 94n1

Youth movement, cultural transformation, and critique of academia 青年运动、文化转型和对学院的批评 32–74; 在弗莱堡的活动 32–45, 51–53, 55–61; 学校改革运动 32–45; 与政治 40–41, 48–51; 与犹太人身份及犹太复国主义 45–48, 36n2; 在柏林的活动 48–51, 55–67; 本雅明对青年运动的形而上理解 56–59; 本雅明呼吁学院生活的转型 65–68; 本雅明成为一名大都会知识分子 68–74

Zeitschrift für Sozialforschung《社会研究杂志》406, 427, 428, 429, 437, 439, 483, 489, 546, 564, 573, 606, 629, 657, 664
Zhdanov, Andrei 安德烈·日丹诺夫 504–505
Zionism 犹太复国主义，见 Jewish identity and Zionism
Zurich Dadists 苏黎世达达主义者 105–106, 171
Zweig, Stefan 斯蒂凡·茨威格 209–210

译后记

评传的可能性

“矛盾而流动的整体”

“…… 我多元的信念所代表的那个矛盾而流动的整体”——20世纪犹太裔德国批评家、理论家和文人瓦尔特·本雅明（1892—1940）曾如此形容自己的思想生活。他的多样作品、不幸经历以及迟来的声名，不论在英语世界还是中文世界，都仍然散发出近乎奥义般的吸引力。2014年夏天，最初接到翻译 *Walter Benjamin: A Critical Life* 的邀请时，我一口答应，几乎不假思索。这部传记，“英语中第一部完整的”本雅明传，出自霍华德·艾兰和迈克尔·W. 詹宁斯的“四手联弹”。我上大学在图书馆乱翻瓦尔特·本雅明著作英译本时，已经注意到这两位本雅明专家的名字。艾兰曾长期担任麻省理工学院的文学讲师；詹宁斯则是普林斯顿大学的德语系教授。从20世纪90年代起，在编辑林赛水（Lindsay Waters）的强力推动下，哈佛大学出版社成为本雅明著作英语译介的重镇，这两位学者的努力和配合贯穿于哈佛社版四卷本《瓦尔特·本雅明文选》（*Walter Benjamin: Selected Writings*）的编译工作。从 1996 年至 2003 年，这套选集终于出齐，时至今日仍是英语世界对本雅明作品的一份相对完备的呈现。同时，艾兰也是本雅明遗稿《拱廊街计划》（*The Arcades Project*）和专题选集《现代生活的作家——波德莱尔论文》（*The Writer of Modern Life: Essays on Charles Baudelaire*）的英译者之一。而詹宁斯不仅编辑了《现代生活的作家》，还是《可技术复制时代的艺术作品及其他媒介论文》（*The Work of Art in the Age of Its Technological Reproducibility, and Other Writings on Media*）的编者之一。这些译本也都由哈佛大学出版社在本世纪第一个十年陆续推出。可以说，2014 年哈佛社版《本雅明传》是这一长期全面介绍本雅明遗产的项目的收官之作，甚至有集大成的意味。

说回自己，高中时第一次见到《发达资本主义时代的抒情诗人》（张旭东、魏文生译）这一书名，我真有触电之感。但即便我和其他文艺青年、文科同学一道早早在脑海中印下了本雅明的形象，每次翻开这个并不厚的译本，我还是只能在震惊和眩晕的不断折返中，跌倒在历史意象的界碑之间（倒是《可技术复制时代的艺术作品》等文化批判，似乎更容易进入）。真正读完《发》，我已是硕士生（自己最早发表的评论之一，却也是以它为题）。在北京大学图书馆的阅览室中，我沉浸于本雅明文选《启迪》（张旭东、王斑译，当时只有香港牛津版行世），一抬头，秋光正缓慢地透过金黄的银杏叶照进来——当时无论如何也想不到，自己会有幸成为本雅明中译者张旭东老师的学生。在纽约大学求学期间，我和同学们在张旭东老师指导下，从事《拱廊街计划》的合译。2008 年秋冬，我到巴黎游学，穿过拱廊街，坐进了法国国家图书馆老馆，本雅明曾“隐藏”（借用他自己的词 geborgen）于此，为深描 19 世纪商品资本主义“幻景”而搜集各种边角材料，使得

《拱》的引文笔记蔓生为浩瀚宇宙，而辩证意象如星丛般闪现其中——作为从中国经由“新大陆”来到“老欧洲”的学子，我的确感觉，主阅览厅拱顶上镌刻的各大都会之名仍辉煌如恒星。我一面翻阅本雅明所引用的法语材料，一面通过张旭东老师修订的《发》新版，重新校正我自己在德国犹太人本雅明和“布尔乔亚世纪”之间的位置。我由此发愿，将本雅明著作纳入我的博士大考题目，并请理查德·希伯斯教授（Richard Sieburth，《莫斯科日记》的英译者）在这方面给我指导。2012 年，我毕业后去布兰代斯大学（Brandeis University）任教，这所美国大学的特殊之处正在于它的犹太精神传统，甚至可以说，作为美国最年轻的研究型大学，它在“二战”后的成立，也回应着犹太人所经历的现代苦难——这也让我再再想到本雅明在逃亡赴美途中的死难。恰在这时，有机会把一部英文的本雅明评传译介到中文世界，我自然心动，还没有拿到样书就接受了这一任务，甚至感觉自己和本雅明遗产实在有缘。

但是，这“缘分”很快就显出“魔咒”般的力量。正如本雅明的一生仿佛无法摆脱“厄运”及“险情”，这本传记的翻译也一再拖延，伴随着“小我”和“大我”的跌宕。它不仅因为我个人学术升职过程的焦灼和煎熬而屡屡遭到耽搁，而且，在生活的溃散之中，它还见证着我们所身处的历史现场的地壳运动。2019 年，我终于完成了草译稿，本想在访学法国期间全力校改，谁料全球新冠疫情降临。等我重新拾起校译工作时，我已经分别在法国、美国和中国受过了防疫的考验。这一回回的延宕，大抵也是因为我“拙”于规划，和“驼背小人”别具“亲合力”，而在时代氛围的变化中，翻译也几乎成为一场“悲悼”戏演——我们的处境或远比本雅明幸运，但四处也浮起灾变的寓象。我甚至不由得想起本雅明那么多次创办刊物的失败、那么多搁浅的出版计划、那么多走不通的出路和逃路，几乎感觉宿命袭来：这次的翻译该不会也终于无法完成吧？到了校改阶段，我得知艾兰已经从麻省理工学院退休，而林赛水也不再担任哈佛大学出版社的总编辑。疫情中，每次林赛水打来电话，我都不好意思汇报进展，反倒是这位资深大编辑宽慰起我来，说这样的大部头传记，译到中文必然费时费力。的确，当我需要为拖延近八年开脱时，我总会首先提到这部书的厚度。厚实，或许是这本书给人的最直接印象，它厚到让人无法捧着读（英文原版近八百页，其德语译本和西班牙语译本均超过一千页）。而在译作终成之际，我还想强调，这一基本特征也联系着这本传记的意义——我愿称之为"评传的可能性"。

正如比较文学学者大卫·费里斯（David Ferris）在书评中所暗示的，这本书沉甸甸的"分量"恰恰是传记意义所在。在他看来，艾兰和詹宁斯因为他们过去三十年在本雅明译介、研究方面的贡献而成为本书作者的最佳人选，同时，他们还面对传记写作的特殊"任务"：在二十世纪思想史、批评史的种种难题中，一部本雅明传如何可能？本书的厚实来自传记的翔实。它不仅是英语世界中，而且是迄今为止世界范围内最翔实、最完整、最全面的本雅明传。这也就是为什么当它被翻译为德语（也即本雅明的母语）时，它甚至一度登上德国（也即本雅明的祖国）非虚构类读物的畅销排行榜。德译本的出版方正是出版《本雅明全集》的苏尔坎普（Suhrkamp），德语书界宣传此书为一座由"细节"砌成的"纪念碑"。

在此之前，我们心中当然早已有一系列本雅明的思想肖像：通灵气质的左翼同路人、艺术的救赎论者、资本主义总危机中的逆飞天使、语言乱世的海底采珠人、欧洲犹太传统的异类、物化世界的漫步者、布尔乔亚梦境的收藏家和回忆者、灵氛消失后的文体试验家、密宗般的政治神学家、边角史料中的拾荒人、法兰克福学派的编外成员、经验世界的哀悼者和技术身体的倡导者，等等，不一而足。两位传记作者在本书《尾声》也提到，在本雅明的身后名中，“他的生平故事被神话所掩盖……随着阐释者捕捉到他思想的各种独特侧面，数不胜数的不同的本雅明也开始浮现。”以往的评论者惯于从某个母题出发，得出关于本雅明思想历程的叙事，这些叙事虽有时互相抵触，却都能自圆其说，因为从现有本雅明文献中选取出一个线索，并非难事：“瓦尔特·本雅明的人生和著作为所有这些建构都提供了材料”。两位作者在书中开宗明义：

> 过去对这位作家的研究，不论是传记性的还是评论性的，都倾向于有选择地处理问题，给本雅明的作品强加某种主题性的秩序，这往往会消解掉其作品的整体面貌。结果常常是给出一个局部的，更糟的时候甚至是神话化了的扭曲肖像。本传记追求一种更全面的处理方式：严格按编年顺序展开，聚焦于本雅明的写作诞生于其中的日常现实，并提供关于他主要作品的思想史语境。这一取向使我们可以关注到他生命中每个阶段的历史性，并由此关注到他各种作品的历史性——它们植根在具体的历史时刻和本雅明自己的思想关切之中——同时我们也要为这样一条显著可感的思想发展轨迹赋予充分的可信度。

因此，这部传记并没有提出，更不去强化，任何一种单向度的本雅明面貌。如果非要为本书加上一条“主线”，我们就必须回到作者对本雅明自况之语的再三征引："我从来都按照自己的信念写作……但我从没有试图去表达我多元的信念所代表的那个矛盾而流动的整体。"在本雅明生命的历史"赌局"中，我们看不到"底牌"。那么"整体"的"可信度"来自哪里？这一可信度不仅在于作者力图囊括本雅明的全部作品，包括所谓"次要"作品以及大量书信等，而且更在于他们不倦地汇集着和本雅明有关的一切细节。这样的细节几乎无所不包，正如费里斯的书评所说，"既有私人的，也有思想的，既有历史也有逸事"。而我们尤其需要记得，本雅明的相关资料多有散佚，有的收藏在德国、美国和以色列，有的曾遗落于苏联和东德档案、法国国家图书馆的隐秘角落，这样的散佚本身也是本雅明生命的一个征象。凭借近乎穷尽式的搜寻工作，两位作者用细节编织"矛盾而流动的整体"，使得这部传记成为资料大全，成为一部本雅明研究的"基准之作"。本书编辑林赛水也曾向我表达，在他心目中这正是该传记不可替代的价值之一。

细节"纺织"和评传的可能性

然而，身陷浩繁的细节之中，作为译者，我也曾心怀疑虑。我真的有必要知道这么多吗？我真的需要了解，儿童本雅明最初的性幻想来自一个穿水手服的妓女吗？我感动于这本书对本雅明妻子朵拉·波拉克这一重要女性的再现。她对本雅明才华的极度爱慕，她在离婚后对前夫的大力支持，读来都令人唏嘘。可我一定要看她的那些最为私密的信吗？朵拉曾说丈夫"没有肉身"，又在离婚诉讼期间认为本雅明和拉脱维亚苏联人阿西娅·拉西斯在一起时脑子里"只有性"（而传记作者总结道，本雅明的"无肉身的灵气”之下，又流涌着“暴烈的感官能量”、“性爱的冒险主义”）……本雅明和后来成为阿多诺妻子的格雷特尔·卡尔普鲁斯的关系到底亲密到何种程度，我们一定要去考证吗？还有他和肖勒姆私下编纂的那些大学笑话，我也必须享用吗？我们有必要知道同代德国学者在争取研究经费和职位时是多么充满算计吗？这些细节对于理解本雅明写作的独特风格和思想的辩证律动，有哪些帮助？费里斯在书评中认为，本传记并没有提出关于本雅明的颠覆性观点，而只是“平静地、沉着地、富有说服力地”构造出一种“细致而精准的综合”。这也代表了英语学界对这本书的大体评价。传记的厚实来自细节的翔实，而细节又汇入叙述之平实。德译本的书评人甚至专门举出本雅明《单行道》中的散文“三台阶”论——“音乐的”、“建筑的”、“纺织的”——用以衡量这部传记。我们或许可以说，平实是传记的音乐调性，厚实即其建筑感，而翔实，便是它的纺织术。

我曾担心，传记散文的细节纺织，虽抵御了单一化主题，但其编年长流难免会淹没本雅明的辩证机锋、他的“思想图像”的灵光闪动、他的哲思的华彩、他的概念与情绪之间的色调。这长流，如一部沉缓的悲悼剧，终不同于本雅明文字的“感官体验”和“智识体验”的交互（我的恩师希伯斯教授似乎就抱有这样的保留意见，嫌此书冗滞）。有评论者表示，这部传记让我们了解到“大量”的信息（比如他对某些“纸张文具”的挑剔和偏爱，他对岛屿旅行的热情，他的“赌瘾和药物滥用”），但给人“生平细节优先于思想成就及其内涵”之感。还有一些评论者更为严厉，认为该书以“无关紧要的细节”见长，传记的叙述偏于本雅明的日常经验，有“自闭”的特征，没能把生活的“小节”和政治、历史的“大势”及思想上“更广泛的论争”有效连结起来。这类批评着实不公，但我们的确需要思考：细节如何“纺织”出本雅明生命作品的“整体”，传记的“任务”如何可能？

也正是在翻译时间的不断延长中，我开始体会到细节所渐渐释放出来的能量。我慢慢亲近着本雅明作品中的残篇、断片和小品（vignette），这些并非批评理论“名篇”的“小”作品，有时既不见于英译本，也不见于中译本，却成就了传记的纹理。在传记中，它们萦绕于日常，作为细节和局部带我进入一个生活世界，而只有在生活世界的具体轮廓中，本雅明的思想工作才作为经验浮现出来。比如，本传记认定 1929 年为本雅明生命中各种要素会合的一个临界点，对这一年的叙述尤其呈现出多调性，而这些调性间的过渡细节，深深吸引了我。这不仅是本雅明的离婚之年，也是他的马克思主义转向之年。同一年，他和布莱希特奠定了友谊，还完成了普鲁斯特评论。而在离婚诉讼的“残酷性”体现出来之前，他又曾不止一次旅行（终其一生，他都是“一名漫游中的学生，不断寻找新的开始”）。于是传记让我们跟随本雅明来到意大利。在游历圣吉米尼亚诺后，他写道：

> 要为我们眼前的一切找到词语，是多么难啊。而当词语终于到来，它们用袖珍的锤头击打着真实，直到它们从真实之中凿出意象，就像从一张铜板中凿出一样。“傍晚，妇女们就在城门前的喷泉处，用大瓶取水。”直到我找到这些词语，这一意象——凹陷的、带着深深阴影的——才从过于令人晕眩的体验中升起。

他接着谈到亚平宁的太阳如闪光石：“早先的世代一定拥有一门技艺，知道如何把这块石头当作护身符来保存，从而把时辰变为恩惠。”这些文字结晶为旅行小品文《圣吉米尼亚诺》，发表于《法兰克福报》。它并没有完整的英译，我看到传记中的摘译，已经感到全身心的震动。托斯卡纳风景之美，德意志文字之美，不可想象（而我的拙劣译笔，不能抵其万一）。本雅明以此文题献给当时刚刚去世的霍夫曼斯塔尔，其忌日却偏巧为本雅明生日。

两位传记作者概括出三条贯穿本雅明精神活动的主题：生命经验、历史记忆以及作为二者的绝对媒介的艺术。在这样的诗意小品中，我们看到了三者统合的一个极为细微而又明确无误的可能性。生命经验在历史的日照下和时间的捶打中成为艺术。同样，本雅明的人生也在这部传记中得到了历史化的媒介和必要时间。只有在尽可能多的细节的“袖珍锤头”的击打之下，本雅明的真实存在才能作为历史记忆的意象现于“铜板”之上。一如本雅明笔下的每个“词语”，每个细节也都可以是“矛盾而流动的整体”的一个中心，既发散开去，又具回心之力。传记让细节在“时辰”中做功。

细节的“时辰”既指本雅明的生命时间，又是两位作者经数十年之功，面对“传记的任务”的时间，甚至也是属于译者和读者的时间。在翻译的岁月流变中，传记中的细节——有些经过细心的搜罗和严格的考辨，有些是二位作者信手拈来——发挥着意想不到的作用。本雅明一直记录儿子的“意见和思想”，观察儿童的语言习得和色彩认知等，而这些私人文字也包含了家庭生活的创伤。我不仅由此了解到本雅明的摹仿理论和他作为父亲的生活经验的关系，甚至转而研究起自己的孩子。是的，这本传记的翻译也正好重合于我的孩子的成长。困居法国的那些春夜，我想起了本雅明对比利时侦探小说家乔治·西默农的如痴阅读。本雅明关于通俗文学、大众文化的许多论述，我们早已不陌生，但在翻译此书之前，我并不了解这位推理小说圣手在他生活中的地位：三十年代的艰难时世和“阴郁时光”中，西默农的法语小说是“最好的解救”，陪伴他度过了许多孤寂的夜晚。在伊维萨岛，他和上百只苍蝇共处，就着一豆烛光读西默农的小说。我是否也可以尝试着和本雅明“最喜爱的作家之一”相遇？也是在疫情期间的校改过程中，我回到了初译时并未特别留意的一处“小节”：1918 年，当“西班牙流感”肆虐欧洲时，本雅明夫妇都曾感染，不过症状轻微，而那之前不久，他们刚刚搬到瑞士伯尔尼，“搬进一套四室的公寓，聘请了一名居家女佣”。到了他的人生晚期，本雅明修订完成《1900 年前后的柏林童年》“最终稿”时，又在记忆问题上发展出了疫苗接种的隐喻。他这样形容“接种的益处”：

> 那时在意大利，我已经开始明白，我即将不得不与自己出生的那座城市做长久甚至永远的告别。在我的内在生命中，我已经几次体验到疫苗接种的益处。在这次的境地中，我决意依旧遵循此法，有意在心中想起那些在流亡期间最能唤醒乡愁的图像：童年的图像。我的设想是，正如疫苗主宰不了健康的身体，思念之情也不会主宰我的精神。我试图通过领悟过去的不可逆转——不是偶然的传记意义上的不可逆转，而是必然的社会意义上的不可逆转——来克制思念之情的效力。

这近乎“普鲁斯特 + 唯物史观”。在即将到来的战争阴影下，在越来越漫长的流亡生活中，童年记忆就是一种疫苗接种，以最能唤醒乡愁的图像来阻止乡愁对精神的主宰。1938 年的这段话也无形中提出一种传记的可能性，它不是人生履历的偶成，而来自历史记忆的不可逆转。与此相关的另一个隐喻细节，则把历史时间比作太阳运行，它同样来自本雅明的晚期书信。他告诉肖勒姆，“在太阳的历史运行过程中”，他的存在也终将得到理解，而他的作品，将成为测量工具，让“最缓慢的”运行中最细小的段落也转化为“历史索引”。细节的纺织“缓慢”地形成细密的历史感。

而最终要得到测量的，是流亡的时间，是散佚的时间。顺着传记的编年之流，我惦念的不仅是人的流散，而且还有物的转徙——本雅明是收藏家，他的书籍、儿童画册、玩具、艺术品，在欧罗巴“满载泪水的大气层”中，又经过哪些转运和转卖？他的文稿曾沿着从未能执行的逃亡“三角形路线”向巴勒斯坦、苏联和美国“转移”，而留在柏林的那部分，将出现在盖世太保的档案中。他一生的收藏最后变为翻山越岭前往法西边界时随身携带的“黑色公文包”——那其中的“新手稿”究竟是什么，是传记也解不开的“谜团”。在时间“太阳”的运行中，在“进步”的强风中，与本雅明有关的一切细碎文字和大小物件，都带有一种“不可逆”的流逝，朝向不可能的救赎或“万有复兴”的空位，朝向自然史的死亡潮涌，也朝向我们。我共情于“矛盾而流动的整体”中的人、物、风景、事件和关系，不仅是因为翻译所产生的“代入感”，而更多是出于历史时间的“叠印”。翻译的境遇、传记的叙事和本雅明的生命过程发生着“叠印”，仿佛一种微弱而必要的“可辨认性”，因为我们的存在也是历史流逝的一部分。

在翻译中，我无法再忽略那些似乎“无关紧要”的“小节”。我甚至难以忘记本雅明在巴黎贝纳尔路公寓的合租人。她名叫乌泽尔·布德，同为流亡的德国犹太人，但她和本雅明完全不同，并非来自上层布尔乔亚家庭，并未受过高等教育，是一位年轻的文书职员，后来甚至在转租问题上和本雅明小有矛盾。显然，她和本雅明并没有思想上的交流和精神性的联系，但传记却从本雅明的生活细节中发散而出，顺带偏移到这样一位“普通”犹太女青年的命运上。两位作者告知，布德战时也曾被拘留在法国囚禁营。1942 年，她试图从马赛逃亡。“此后她的所有踪迹都消失了。”发散、偏移和旁逸斜出：我们仅仅得到了“细枝末节”吗？翻译日久，我的心却愈发牵系着乌泽尔·布德和其他“小事”，因为这种种也都是具体历史情境的一部分，本雅明的思想、生活、工作和身心溃败在其中发生。我也愈发体认到，所有这些线索，芜杂如灌木丛，都不是外部，而内在于“矛盾而流动的整体”。细节所释放出的潜能，正是这样一部评传的意义。由此，本雅明作为一个“整体”既包含各种拱廊通道、思想线索、生活道路所形成的隐秘交会网络，发散向各个意想不到的隐秘角落，又是一个密不透风的单子，施展历史真理的回心力，玄奥而具体，甚至具有毁灭性。

细节的能量指向评传的可能性。原书的副标题为“A Critical Life”，正可直译为“评传”。但考虑到 critical 在英语中的多义性和 Kritik 这一德语思想关键词的内涵，考虑到“批评”概念在本雅明思想中的核心地位，也考虑到本雅明曾有志成为德语世界最重要的“批评家”，我以为这个副标题还有其他意指，或可引申译为：“批评 / 批判之生命”、“批评的一生”、“紧要的人生”……我的想法也得到了证实，艾兰在通信中告知，多重意指的确是作者们的初衷（值得一提的是，詹宁斯第一本学术专著即以本雅明的文学“批评”理论为课题）。一部评传，也即一部具有批评性的传记，更需要呈现出一个不断释放出批评潜能的生命。换言之，评传的真正对象应是生命的“可批评性”。而“可批评性”正是本雅明的理念。2008 年秋，我曾参与塞缪尔·韦伯（Samuel Weber）

教授在巴黎的每周研讨班。当时，他关注本雅明的一系列“可能性”概念：可批评性、可传达性、可翻译性、可引用性、可复制性、可辨认性。在本雅明的理论中，作品的可批评性、可传达性和可翻译性都涉及艺术的“后世生命”。或许可以说，一部评传也是传主的“后世生命”，生命的“整体”由此在后来的历史时间中成为可批评的、可传达的、可翻译的，乃至可引用的。这是评传之为“评”的可能性。两位作者尽力把每个细节都呈现为线索和通路，发散向历史，同时又把每个细节都当作“整体”的潜在中心。他们特别指出，本雅明的写作总是在细节的“力场”中获得“整体感”。这部评传也由此获得可能性，它通过让内蕴丰富的细节在“后世”时间中释放潜能并产出“生命”，为历史的太阳“照亮”本雅明的“整体”提供了条件，为经验和记忆的进一步“测量”奠定了丰实的基础。在我们自身历史存在的相关性中，我的翻译，作为“后世生命”之一种，也成为评传的可能性的一部分，成为本雅明的生命的“可批评性”和“可翻译性”的一部分。

“欧洲现代性的见证”和“多重”自我

在评传第一页上，两位作者称本雅明为“欧洲现代性”的“重要见证”，以此为“细节”纺织的机杼，提供出“批评之生命”的基本历史索引。这是怎样的欧罗巴啊——两次世界大战酝酿于此，并最终降下“铁”雨（借用布莱希特的著名比喻）。本雅明小时候亲历了柏林崛起为现代都会，沐浴在德意志第二帝国的余晖之中。他父亲不断置业，他们全家最终搬进新区的豪宅，这也可以当作德国资本主义大发展的一页史料。出身于犹太富人之家，不满于传统教育模式，学生本雅明在“一战”前参与“青年运动”，试图以新一代人的精神强度来改造死气沉沉的德国社会。而和许多同代中欧知识人一样，他在“一战”中经历了友人的自戕，一生都无法从中走出。本雅明的成年生活主要是在两次世界大战之间度过的，他被欧洲学院体制拒之门外，却又活跃于“魏玛文化”之中。他是异类知识分子，也是欧洲先锋派运动的一员。他在绝大多数照片上都穿着正装，但又大胆尝试新媒介和新的生活样式，还是电台广播作者。他不仅热爱浪游，而且访问过莫斯科，那里有试图克服资本主义的“组织生活”。然而法西斯主义化为笼罩全欧的黑云，他曾在意大利的岛屿上见识过墨索里尼的巡游，纳粹控制德国之后，他以巴黎为中心，度过了流亡岁月。他的死因是——他没有逃离欧罗巴的“通道”（法文中“通道”和“拱廊街”为同一词）。本雅明在书信中说，在逼近“二战”的日子里，欧洲的“大气层”饱含泪水，“希望”就像稀有的“信号弹”，偶尔才升起。本雅明“见证”的，是欧洲现代性的所有灯光在幻景般闪烁后又一盏盏熄灭，是整个布尔乔亚文明在20世纪的多重转变、全面危机和总体内爆。

作为布尔乔亚文明之子，本雅明有时类似于他笔下的“普鲁斯特的形象”，而汉娜·阿伦特认为那甚至可以当作他的“自画像”。当历史的灾变袭来，当“困境就要碾碎他”时，本雅明也一样经常表现得好像没有能力改变境遇，“不会生火，也不知怎样打开窗户”。本雅明并不“笨拙”，他有着极为精致的一面，但的确在生活实务中缺少常人所谓的自理和自立能力。而由于超绝的智性，他在真诚之外，也会给人留下缺少共情能力的印象。如传记所载，朵拉·波拉克和其他知心朋友们很早就注意到这一点：“对身边的人相对缺乏同感，是本雅明全部存在的底色。”人们都倾倒于他的思想才华和文字魅力，但也无法否认，他“通过智性来看待生活和行动”，在现实中便只能是“愚蠢的本雅明先生”。到了德国 20 年代初的超级通货膨胀时期，他还误以为父亲的财政状况良好，坐拥重金。他自己已经做了爸爸，却一直住在公馆中，甚至还开口向父母索要大额生活费，而老父亲却反过来要求他经济独立。父子关系的最终破局，不啻为欧洲犹太布尔乔亚家庭的一种典型。

与此同时，本雅明的弟弟格奥尔格·本雅明已经在事业和人格上自立，开始在工人社区行医。瓦尔特·本雅明关注着弟弟走上共产党人的道路。这恰恰指向本雅明作为布尔乔亚之子的另一面：他也深深地怀有对自身阶级的不适、不满、恨意和批判。如何从资本主义中解放出来，是本雅明成熟期的关键命题。同为中欧犹太布尔乔亚之子但比本雅明年长的格奥尔格·卢卡奇，在“一战”期间就已展开弥赛亚式的反资本主义思考——“谁能把我们从西方文明中拯救出去”。本雅明“否决晚期 19 世纪高等布尔乔亚的舒适惬意”，拥抱先锋派的颠覆和创新，但他并没有走向直接的革命政治行动。并非偶然地，本雅明这样的矛盾状态又和 19 世纪诗人波德莱尔发生了重影（耐人寻味的是，他翻译过普鲁斯特的作品和波德莱尔的诗篇）。而在生命最后阶段，波德莱尔和 19 世纪巴黎的研究构成了他最重要的工作。传记两次引用他评论波德莱尔的一句话，认为是本雅明的另一种“自我写照”：“夏尔·波德莱尔是一名潜伏特务——是他的阶级对自身统治的隐秘不满的代理人。”在布尔乔亚逆子本雅明的形象和实相中，“欧洲现代性”呈现为“危机与批评”——这是本雅明筹办失败的刊物的拟定名。本雅明的欧罗巴正是布尔乔亚生活方式的动荡和崩塌，本雅明的现代性正是 19 世纪和 20 世纪的“叠印”：19 世纪在 20 世纪震惊醒来，而 20 世纪表现为紧急状态、大灾变和自我克服。

正如本雅明要展示出波德莱尔是如何嵌入19世纪即“布尔乔亚世纪”的社会土壤，我们也需要追问，本雅明之为“见证”在20世纪具有怎样的代表性。在这方面，本雅明的社会存在又显得如此难以捉摸。在20世纪以来的多种文化、思想、政治变革中，本雅明都留下了身影，却又给人若即若离的感觉。如评传所总结，青年运动之后，本雅明再没有试图在任何运动或组织中获得领导地位。他对史无前例的时代条件不断做出诊断，期待“尘世启迪”和创生的狂喜，但又游荡在社会政治的边缘。哪怕在无法逃过的历史劫数中，他也面容模糊，行迹不定。他的交游不可谓不广，但他从早年就奉行“孤独和社群的辩证法”。在友谊上，他有一套保护自我、隐私和独立性的特殊法则。在情人拉西斯眼中，他总像是刚“从另一颗行星赶来”。这样一位高度私密但又渴望共同体的欧洲“外星”人，有着独特的绅士步态（挚友肖勒姆与他同行时必须放慢脚步），永远彬彬有礼，哪怕写一封便笺也“字斟句酌”。1933年，在伊维萨岛上落魄绝望的日子里，他曾有过一次大醉，朋友让·塞尔兹扶他到自家休息。第二天，本雅明一大早就留下道歉字条离开，“他无法原谅自己曾留下那样的表现”。传记作者们写道：“羞耻无疑在此发挥了作用。但比起他精心维护的礼节这一保护墙的坍塌，更严重的或许是，这暴露出某种类似内在绝望的情绪，不管多么短暂，这样的流露都是他不能原谅的。”绝望变得越来越难以掩饰，因为它就是欧洲的现实。1940年，在向波尔特沃的徒步逃亡中，本雅明的身体已经困难到了极限：“即便在这样的境况下，本雅明的繁复礼节也没有丧失。当他们中途停下喝水吃东西的时候，他请费特科递过来一个西红柿：‘蒙您善意的许可，我可否……’”

塞尔兹曾回忆说本雅明想要在法语中发明一门新学科，名叫“窗帘学”（rideaulogie），窗帘是“风的语言”的“多重可阐释性”，是隐藏和透视的辩证飘动。本雅明在“欧洲现代性”中的存在并非一种鲜明的代表性，反而是传记所概括的“多重性”，恰如一层层飘逸不定而又优雅动人的窗帘。我们如何透过“窗帘”来“见证”20世纪欧洲？

“欧洲现代性的见证”和“折射”路线

评传的方法则是“折射”。两位作者认为，本雅明的世界有着“多重性”和“一致性”的辩证关系，用阿多诺的话说是“非凡的‘离心’统一体”，“这一意识世界通过分散为多样而构成其自身”。正如费里斯在书评中概括的，传记追寻着“本雅明对生命和经验不断展开的文化、批评和政治折射”，以此来完成“传记的使命”。甚至可以说，要把本雅明由“窗帘”还原为“棱镜”，这“折射”的路线既是本雅明早年的“时间之光束”的历史化，又有点像他在普鲁斯特论文中的实验设计，用“成千上万的反射镜”对时间进行“凸镜和凹镜反射”。通过本雅明及其他相关人物的书信等材料，评传尽可能丰富地折射出思想史、文化史、艺术史和社会史的“光束”。其中的具体线索不胜枚举，更有许多是我们以前了解不足或重视不够的。比如，在本雅明和德国青年运动的关系等方面，该传记的深入梳理让人大开眼界。又如，在他的大学生涯中，本雅明曾和大诗人里尔克坐在同一间教室，课业上与青年海德格尔重合。书中对本雅明和克里斯蒂安·朗的忘年交的记述，也令人动容，在本雅明心中，朗是真正的“欧洲人”。还有，本雅明曾给德国法学家、后来的纳粹党支持者卡尔·施米特写信，这一点在后来阿多诺对本雅明遗产的初步编订中被略去了，但在本雅明所赠的《德意志悲悼剧的起源》上，施米特曾留下密密麻麻的批注。同样与《起源》一书有关，本雅明曾试图和瓦尔堡学派建立联系，这也证实了很多学者关于二者思想亲合力的猜想。

在魏玛共和国时期和流亡岁月，本雅明和各式各样的欧洲知识人、文艺家、活动人士有过交集。他和文艺先锋派的过从，是艾兰在其研究中所特别强调的，这本传记也体现了这一点。又如，本雅明曾参加参加海德堡的“社会学晚间讨论会”。只因为马克斯·韦伯（当时已去世）的弟弟阿尔弗莱德·韦伯为他的演讲叫了好，本雅明竟觉得自己能在此间谋得教职（最终求得职位的其实是卡尔·曼海姆）。我以前并不知道，本雅明很早就结识了埃里希·奥尔巴赫。两人同龄，奥尔巴赫后来成为20世纪影响巨大的文学学者，当我在美国攻读比较文学时，我也了解到他对这个学科在北美发展的“祖师级”功绩。“虽然他们从没有成为亲密朋友，但他们之间有着明显的思想纽带，本雅明和奥尔巴赫即便在30年代最黑暗的日子里也保持通信。”同样，本雅明也见过列奥·施特劳斯，并觉得“意气相投”，而这位政治哲学家后来成为美国思想界重要人物。至于另一位会在美国大有发展的政治哲学家恩斯特·康托洛维茨，本雅明在流亡法国时也曾有一面之缘。如今，康托洛维茨的《国王的两个身体》即便在中文学术界也享有盛名，但在本雅明眼中，他只是一个彻头彻尾的投机者：“只有那些臭名远扬的软木塞浮到了表面上，例如，那个说不出有多无聊、多低贱的康托洛维茨。”我们熟悉本雅明论讽刺作家卡尔·克劳斯的文章，但未必了解，文章发表后，克劳斯对它也一样有揶揄，而本雅明私下发誓绝不会再写任何关于克劳斯的文字。评传还显示出，社会研究所增加对本雅明的资助，不仅有阿多诺的大力推动，赫伯特·马尔库塞对本雅明的赏识也小有作用。而当马尔库塞发表了《哲学与批评理论》一文，本雅明在给霍克海默的信中提出不同意见。关于本雅明的马克思主义功力，我以前也并没有注意到柯尔施（他和卢卡奇、葛兰西一道被认为是西方马克思主义的开创人）的影响："对他来说更有收获的是对卡尔·柯尔施的《卡尔·马克思》的阅读。这部'引人入胜'的书在许多方面都是本雅明和马克思本人观点的一次规模最大的相遇；在《拱廊街计划》中，柯尔施比马克思本人的引用率更高。"（值得一提的是，和马尔库塞一样，柯尔施后来也到了美国。马尔库塞曾任教于我所在的布兰代斯大学，而柯尔施则在旁边不远的一座小镇终老。）传记利用西班牙语文献对伊维萨岛上日常场景的复现，也令人惊艳，表面上看，其中种种似乎无关宏旨，但却形成了两次世界大战之间欧洲生活的一幅特殊画卷。风雨如晦的欧洲，也有意料之外的声援，德语大作家赫尔曼·黑塞给出版社写信，赞扬本雅明的实验文本《单行道》，后来又曾为《柏林童年》物色出版商。虽然他的努力最终无果，但在本雅明心中，黑塞是否也是"欧洲人"的典范？

本雅明和一些德国左翼文化人的交往，则让人不禁联想到"二战"后"两个德国"的分立。西班牙内战期间，他在巴黎和共产主义小说家安娜·西格斯见面多了起来。在布莱希特圈子中，本雅明也讨论过遭到纳粹禁绝的约翰内斯·贝歇尔的小说，了解到布莱希特和作曲家汉斯·艾斯勒的合作。后来，艾斯勒和贝歇尔分别是民主德国国歌的曲、词作者，西格斯是民主德国最显要的女作家，而传记也顺带提及了布莱希特 1947 年受到美国国会"非美活动调查委员会"提问时的卓绝表现。

同样引起兴味的是，1937 年，本雅明注意到法国大作家安德烈·纪德《从苏联归来》所引起的"骚动"，在西班牙内战和反法西斯主义的大格局中，本雅明无法接受纪德对苏联的批评，“我甚至不用读这本书就要否定它”。他也的确曾试图进入法国知识分子群落。虽说本雅明和乔治·巴塔耶及“社会学学院”这一小群体的联系已经为人们所熟知，但我通过传记才知晓，本雅明曾出席亚历山大·科耶夫在“社会学学院”的黑格尔讲座。科耶夫对黑格尔的解读，刺激了法国思想的发展，而他也在战后成为欧洲统一理念背后的政治哲人。和本雅明熟悉起来的另一位哲学家是柏格森的弟子、法国黑格尔主义的领军人物让·瓦尔。1938—1939年间，有一回让·瓦尔在街上碰见本雅明，给他说起一件趣事：欧战在即，年迈的大哲柏格森竟在担心“中国入侵巴黎”，并认为一切社会问题都罪在铁路！既然说到中国，我们都记得本雅明写过《国家图书馆的中国画》，这是一篇直接用法语完成的评论，在它的背后，是他和一位法国的中国艺术专家杜伯秋的相识。像这样 20 世纪欧洲文化的浮光掠影，在这本传记中可谓俯拾皆是，虽一笔带过，但也有耐人寻味的现场感。

当然，更重要的“折射”缘于本雅明身上的那些最核心的关系和活动，涉及思想对话者、文化合作者、团体、对手、竞争者、生活伴侣、好友、情人、至亲、体制，等等。这部评传让我意识到，本雅明的“多元信念”和多种工作也只有在这样的具体网络中才能真切感知为欧洲现代性的启迪星丛。传记作者把本雅明成熟期的思想发展概括为四条主线的交织：其一，“激进的左翼政治”；其二，“自由取材于犹太教和基督教教理的多宗混同的神学关切”；其三，“在德国哲学传统方面的深湛知识”，其四，“足以处理疾速变化的现代环境中研究对象的多样性的文化理论”。“这四者的结合”塑造了他 1929 年以后的工作。具体而言，本雅明的向左转，出于许多因素的命运般的化学反应。1924 年，他在卡普里岛上陷入了对拉脱维亚革命者拉西斯的热恋，而爱欲之外，在思想层面，同年他和卢卡奇的《历史与阶级意识》的相遇也不可不提。传记大段征引了本雅明对这部20世纪极为重要的马克思主义著作的反应，其中个别字句极为缠绕难解，使我不得不和传记作者通过电邮交换意见。可以肯定的是，本雅明发现，他的悲悼剧研究中的概念和卢卡奇著作的中心观点即物化理论之间存在着显著的共鸣。或许不算题外话：卢卡奇在“二战”后留在“东方阵营”，对《德意志悲悼剧的起源》评价很高，他晚年接受采访说自己在柏林时没有见过本雅明，他认为如果本雅明活了下来，其思想在“二战”后会有怎样的发展也很难料想。的确，传记关于本雅明的左翼倾向方面的概述，相当到位：“不论早期还是晚期，他与其说是一位强硬的意识形态理论家，不如说是一个富于幻想的起义者。”作者进一步指出，在这位“左翼局外人”身上，“政治的问题可归结为一组体现在个人和社会层面的矛盾。政治和神学之间、虚无主义和弥赛亚主义之间的各种相互冲突的主张，都无法在自身中得到调和。”

更广泛地说，本雅明的四大思想主题的“结合”无人能够理解：“他的命运将是，他的友人和思想伙伴，更不用说他的对手，没有一位会完整地理解，甚至没有一位会承认这一‘矛盾而流动的整体’。”传记一开始便强调：“他的存在——总是在十字路口，如他曾说过的——始终横跨这些不可通约的事物，不断押下赌注。”而作者也把种种“不可通约”之处还原为有时令人不堪的真实情境。深受伤害的妻子曾在离婚之际把他的“多元信念”全都披露为机会主义“盟约”：

> 从那时起他就一直在订立盟约：和布尔什维克主义，他

> 不愿否弃，以便保留最后的借口（因为一旦他叛变，他就不得不承认并不是这位女士的崇高信念，而仅仅是性方面的那点事儿，把他绑定在她身上）；和犹太复国主义，部分是为了您，部分（别生气，这是他的原话）“是因为，家就是任何一个能让人有钱花的地方”；和哲学（他关于神权政治和上帝之城、关于暴力的理念，如何与这种沙龙式的布尔什维克主义相一致？）；和文学生活（而非文学），因为，对黑塞尔以及黑塞尔在他同阿西娅的情事暂停间歇带给他的小女人们，他自然耻于承认这些犹太复国主义的奇思妙想。

而传记作者立刻补充道：

> 在面对任何一种确立的信条和信仰体系时，他的立场倒是一贯的，那就是接近到刚好能够利用这一体系中的某些元素的程度，但不会再深入。这不仅仅是一种拼贴自创的癖性。和他极端的礼貌以及让自己的朋友彼此不接触的努力一样，这也是一种用来保持思想独立的策略。

虽然妻子朵拉在离婚官司期间称黑塞尔曾“把一拨又一拨操守不佳的年轻女性提供给本雅明”，或许有激愤、积怨的成分，但本雅明对最重要的朋友肖勒姆的犹太事业显得缺少信义，却也算不争的事实。他每次学习希伯来文都三心二意，也反复拖延去巴勒斯坦访问。另一方面，肖勒姆警惕这位友人越来越浓厚的马克思主义腔调。有一次，本雅明故意将犹太经典的阐释问题和共产主义思想搅在一起，并把这个“轻微挑战”抄送给肖勒姆：

> 我从未能够在神学以外的任何意义（Sinn）上从事研究并思考，神学意义是指，要遵循塔木德关于《妥拉》中每段话都有四十九重意义（Sinnstufen）的教诲。而在我的经验中，哪怕是最平庸的共产主义说教也比当代资产阶级的深刻要拥有更多的意义层级。

而犹太思想史家肖勒姆以"诛心"之论作答："你这种浮夸的努力意味着你产出的东西都是冒险主义的、暧昧的，甚至有时偷偷摸摸的。"传记提醒我们，本雅明从不认为"暧昧"代表混乱，他给肖勒姆回信进行安抚，其实是在暗示：他那时终究还是住在柏林富人区的布尔乔亚，但他不会成为一名犹太复国主义者。

同样在神学精神和左翼政治的结合中进行思想"冒险"的，当然还有恩斯特·布洛赫，本雅明和他之间难以脱去竞争关系的苦涩。本雅明曾讥讽道，他的原创观点通过布洛赫的作品得以传世。更为刻薄的是，在布洛赫妻子过世后，本雅明传闲话说，布洛赫正在"满德国"寻求佳配，暗示朋友看重女方财产。本雅明和布洛赫最终化解龃龉，不过，通过这部传记，我们还是得以窥见，当年德国和欧洲知识人为了有限的资源和机会进行着有时相当残酷的竞争。本雅明曾是其中的失意者。众所周知，本雅明未能获得学术体制内的职业道路。他的教授资格论文《德意志悲悼剧的起源》遭到拒绝，已经在思想史上成为一件著名"惨案"。在传记作者看来，其中关键还在于他没有师承关系可倚仗，而当时的德国大学体系仍等级森严。本雅明执意出版《德意志悲悼剧的起源》，并写了一则寓意式"前言"。他把教授资格论文比作睡美人，在订婚一吻中，她是会咬人的，只有响彻学术殿堂的一记耳光，可以唤醒她。"可怜的真理"，"曾在老式纺锤上戳破了手，当时它以被禁止的方式，想着在小小密室中为自己织就一袭教授袍”。这则短文以前似乎并无英译，我在翻译本书时才第一次读到，作为学院中人也即幸存者，我不可能不心有戚戚，也不可能不在反思中惭愧。

当时审读本雅明教授资格论文的学者包括美学和艺术理论教授汉斯·科尔内利乌斯，他给出的评语是“不合格”，而他的一个助理也汇报说“无法理解”本雅明的研究，这个助理的名字是马克斯·霍克海默。本雅明和法兰克福学派的错综关系正可由此说起。霍克海默后来成为法兰克福大学社会研究所的领导，主持了社会研究所从欧洲到美国的迁移，30 年代也一直资助本雅明的工作。传记作者这样形容霍克海默对本雅明的复杂态度：“与霍克海默对本雅明日益慷慨的支持相伴随的，是他始终对本雅明的作品持保留态度，以及明显不大情愿把本雅明带到纽约。”

本雅明和法兰克福学派哲学家阿多诺的交流则成就了 20 世纪欧洲思想史上的一段重要友谊。但这一交流中也充满了微妙的地位转化和不平等关系。也是通过这部传记我才注意到，本雅明和阿多诺的通信中，自始至终都用“您”来互相称呼。最开始，阿多诺更像是本雅明思想的追随者（“我唯一的门徒”——本雅明如是说），他也是最早在大学中讲述本雅明作品的学者。但这是一个侵入的过程。当阿多诺第二次在研讨课程中讲授未能给本雅明赢得教职的《德意志悲悼剧的起源》时，本雅明告诉肖勒姆那是“客串小戏”。早在 1930 年，本雅明就把《拱廊街计划》定义为“我所有的奋斗和我所有的理念上演的剧场”，而到了流亡时期，他的主要工作最终汇入其中：“如今，在命运和我的竞争中，拱廊街计划坐收渔利。”当《拱廊街计划》脱去早期的超现实主义色彩，而越来越处于社会研究所的“庇护”之下，阿多诺也开始日益明显地“争夺本雅明思想的掌控权”。他不再像追随者，而更像一个研究计划的共同制订者。到波德莱尔论文那里，他已足以代表《社会研究杂志》把自己的意见强加于本雅明的工作之上。

格雷特尔·卡尔普鲁斯，后来和阿多诺成婚，也长期而热烈地支持着本雅明，在本雅明后期工作以及和法兰克福学派的联系中都扮演了不容忽视的角色。评传作者猜测，阿多诺未必乐见他们三人都生活在纽约。这里又出现了一种三角关系。本雅明和卡尔普鲁斯的关系究竟是什么性质，我们姑且不论，但值得注意的是，从他的婚姻开始，本雅明不断重复着三角关系。“婚姻存续”期间，本雅明追求雕塑家尤拉·科恩，朵拉热恋着音乐人恩斯特·舍恩。夫妻俩都在——公开地——憧憬第二段婚姻的生活。尤拉·科恩是本雅明好友之妹，舍恩则是本雅明中学时代起的密友，后又成为广播事业上的合作伙伴。而朵拉大概也知道，尤拉·科恩同时又迷恋着舍恩。这一连串“三角恋”，正好对应歌德小说《亲合力》中的四人行。现实终归不是小说，有时又胜过小说。友谊和爱情的这一系列轮舞中，所有人分享着类似的背景：要么是柏林西区的布尔乔亚子女，要么是同化了的德、奥中产阶级犹太人后代，要么是两者的交集。而到了和拉西斯的恋情，本雅明又同拉西斯的爱人、共产党人赖希一起跳三人舞。至于本雅明和卡尔普鲁斯、阿多诺的关系，传记告诉我们，阿多诺却另有误解，制造了又一种完全基于多虑的“三角”：“阿多诺相信自己是本雅明和霍克海默之间争夺好感的对象……本雅明的爱欲纠缠是复杂的，但就我们所知，其中并不包含同性爱的想法。至于阿多诺，就不好说了。”

传记也令人信服地表明，本雅明和布莱希特的亲密交流和心智碰撞是德语文学史、文化史上的一个不可思议的决定性事件：

> 两人友谊萌发时，本雅明马上三十七岁，布莱希特三十一岁。即便是本雅明的朋友们——他们通常对布莱希特的影响不那么肯定——也承认这段关系的重要性。肖勒姆发现，布莱希特“给［本雅明的］生活”带来“一种全新的元素，一种最真实意义上的基本力量”。汉娜·阿伦特后来评点道，和布莱希特的友谊对本雅明来说是一次异乎寻常的好运。今天回望，这是当时德国最重要的诗人和最重要的文学评论家的一次结盟。

本雅明会介意布洛赫、阿多诺对他观点的借鉴，布莱希特却并不介意本雅明对自己的挪用。但对于本雅明和这位左翼文豪、党员作家的接近，不仅肖勒姆大为警觉，而且法兰克福学派诸君也表示反感。法兰克福学派的马克思主义，正如传记所说，对“直接的政治参与”采取“无限延宕”的态度。本雅明的《作为生产者的作者》不仅论及布莱希特的文化实践，而且通篇带有布莱希特印迹，传记作者详细记录了本雅明1934年在布莱希特病房中围绕这篇文章的谈话，称之为《作为生产者的作者》的“重要补遗”，这次谈话的内容“将几乎一字不差地进入本雅明论波德莱尔的专著”。而本雅明找了借口，没把这同一篇文章寄送肖勒姆。另一边，当阿多诺等社会研究所人士对波德莱尔论文展开内部批评时，他们又将他们眼中本雅明的思路缺点视为布莱希特的“坏影响”所致。本雅明对布莱希特的认同，的确可能带来“个人损耗”，但不论肖勒姆，还是社会研究所中人，似乎都无法明白，在30年代的黯淡岁月，本雅明和布莱希特的交流是多么“密集”，他们的友谊是多么“深刻”。在布莱希特的丹麦流亡地度假，对于本雅明犹如必需的氧气和阳光。传记引用了布莱希特圈子中人的观察：“每当本雅明和布莱希特在丹麦相聚，一种信任感就在两人之间产生。布莱希特对本雅明有无边的喜爱……我认为，他们两人不发一言就互相理解。他们无言地下着象棋，而当他们起身时，已经完成了一次交谈。”

欧洲已成危地，本雅明所保持的相互独立的交往线索，也构成了他自救和托付的不同路线。他把文稿在巴勒斯坦的肖勒姆处备份存档；将藏书寄放在布莱希特处（可惜后来布莱希特又必须踏上更远的流亡路）；“肃反”之前始终和苏联友人联系；虽然对霍克海默不抱希望，但全权委托其做出任何能够让他跨越大西洋的计划；离开巴黎时，大量笔记交给巴塔耶（其中一部分 1981 年被阿甘本在巴塔耶档案及遗物中重新发现）；自杀遗嘱上则把一切身后文字都托付给阿多诺。正如布莱希特在《致后代》中恳请我们不要苛责他们那一代人，我想读完这部传记的人们也不忍心责备本雅明没有及早离开欧陆。只能说，他的确始终无法做出决断。

他没有像弟弟格奥尔格或情人拉西斯那样，加入共产党或投身共产主义事业，虽然本雅明自称一度非常接近“入党问题”，阻碍他的似乎只剩下“外部考量”。在莫斯科，通过观察自己的“情敌”、阿西娅·拉西斯的伴侣赖希，瓦尔特·本雅明也认识到，组织生活对人大有益处，给人以耐心，提供必要的纪律。而评传所引用的他对苏俄的论述更涉及关键的“决断”问题：

> 在已经由“苏维埃俄国”所表明，乃至所构成的历史事件的转折点上，产生分歧问题不是哪种现实更好，或哪种现实更具潜力。问题是且仅是：哪种现实内在地交会于真理？哪种真理又内在地准备着交会于现实？只有清楚地回答这些

问题的人，才是“客观的”。不是面向他的同代人……而是面向事件。……只有通过决断和世界达成辩证的和平关系的人，才能把握具体之物。而希望在“事实的基础上”做出决断的人，则不会在事实中找到任何基础。

但他终归不可能紧随布莱希特，或走卢卡奇的道路（这后两位虽互为论敌，但在反法西斯主义的大义之下，有确信，有党派，同时保持文化实践的批判性）。他也无法像肖勒姆那样，决绝地投身于犹太复国主义的历史进程。他又未能像法兰克福学派人士一样，在学院体制内觅得位置，然后展开批评理论。在“现实”意义上，他不在任何营垒中。

评传进而展现出本雅明如何在他难以割舍的欧洲一步步成为“无国度的人”。纳粹上台后，他在境外更换德国护照时已有担忧。流亡法国期间，他曾申请成为法国公民，“谨慎小心，但不带幻想”，也的确始终难有进展。格雷特尔·卡尔普鲁斯尤其想让本雅明也能来美国，她针对他的趣味，把纽约描述为“最摩登与最简陋事物”的反差共存：“在这里，不需要去寻找超现实，因为你每走一步都会被超现实绊一下。摩天大楼在向晚时分压迫过来，但再晚一点，当办公室都关了门，灯火稀疏，这些大楼反而让人想起照明不足的欧洲马车房。”评传向我们提示，本雅明曾把纽约地图挂在公寓墙上，他的波德莱尔笔记有一个“代号”——《中央公园》。但是卡尔普鲁斯也深知，“让本雅明离开他视为家园的欧罗巴文化会多么困难：‘但我担心，你太爱你的拱廊街，以至于你无法和它们的辉煌建筑分开’”。是的，本雅明太爱拱廊街了，而且他对美国一贯“冷淡”、“反感”，觉得自己到了美国也只能是一个格格不入的“欧洲人”标本。

传记作者的确把本雅明呈现为20世纪欧洲生活史的一个富于启迪而又别具创伤的记忆标本。这部书通过本雅明所“折射”出来的欧洲人中，最让我难以释怀的，却是格奥尔格·本雅明。瓦尔特·本雅明的左倾和这位德国共产党员弟弟也大有关联。弟弟入党后，两人的关系亲近了。格奥尔格·本雅明和希尔德·朗格结婚时，瓦尔特·本雅明还开玩笑说希尔德的基督教父母遭到了双重损失——女儿不仅嫁人了，还嫁了个党员。其实，希尔德作为当时少有的追求法律事业的德国女性，有自己通向左翼的道路。耐心，纪律，持续的工作，坚韧的战斗，这在格奥尔格·本雅明夫妻身上体现尤深。格奥尔格持续在柏林工人区做医生，进行公共卫生科普，为工人阶级子女体检；而希尔德一直努力为底层民众做法律援助。他们的二人世界成为柏林进步知识分子的沙龙，瓦尔特·本雅明自己的马克思主义歌德论，就在那里萌芽。纳粹上台，格奥尔格被捕，瓦尔特在巴黎得到消息，如遭一闷棍。格奥尔格出狱后，却毅然决定继续留在德国。在从事党的地下工作时，他再次被捕。1940年瓦尔特·本雅明自杀之时，弟弟格奥尔格已做尽苦役。两年后，弟弟最终被纳粹迫害致死。他的妻子希尔德·本雅明“二战”后成为民主德国的法官和司法部长，却得到了“血腥希尔德”乃至“断头台希尔德”的绰号。这部本雅明传对她晚年所作的回忆录，多有引用。

1938年，弟弟格奥尔格关入集中营的坏消息传来时，瓦尔特·本雅明正在巴黎困苦挣扎。“慕尼黑骗局”已定，本雅明忙着转运自己的图书，但他自己却无处可逃。我们的确已经很难想象那是怎样的欧罗巴。评传作者发现了本雅明书信中这样一段记述：“维也纳煤气局已经停止向犹太人供气。……犹太人偏爱用煤气自杀。”而传记特别提到，这时，本雅明收到阿多诺夫妇从美国寄来的书信，得知他们正在缅因州度假，而且有朋友刚买了福特敞篷车！

评传详细叙述了本雅明所错过的一次次移民机会。逃往美国，的确是他最后的指望。战争爆发，欧洲顷刻陆沉，像一次由内而外的坍塌，传记的叙事也仿佛向着死亡加速。1940年，本雅明在最后逃亡之前，他的波德莱尔论文修改版在《社会研究杂志》上发表，但他已无话可说，并未显出欢欣之情。在此前的修改过程中，他和阿多诺的关系完全翻转，阿多诺知道如何“得到他想要的”，而发表后，阿多诺的信也强调论文中的重要理论和自己的著作关系“密切”。就是在对这封信的回复中，走向自己生命尽头的本雅明却从理论问题转向了关于弟弟的回忆：

> 在您面前我没有理由隐瞒这一事实，我的“经验理论”的根基可以回溯到一种童年记忆。按常例，不管在哪里度夏，我的父母都会和我们散步。我们两个或三个子女总是在一起。但我这里想起的是我弟弟。……当我们参观了这个或那个必去的名胜，我弟弟曾经总是说，“现在，我们可以说我们去过那儿了”。这句话难忘地印在了我心上。

这个令人心碎的片段，引我们回到本雅明的两大主题：经验和记忆。在欧洲陷入最黑暗的时刻之际，在逃亡之路受阻而自杀之前，本雅明想起了正关在集中营服苦役的共产党员弟弟，并把自己的“经验理论”归于和弟弟有关的童年记忆。由此，这部传记留给我们一个现代欧洲命运的投影。

历史的“单子”和翻译的“任务”

“现在，我们可以说我们去过那儿了。”当我最初读到《发达资本主义时代的抒情诗人》时，我真的感觉自己的意识和语言根本够不到本雅明所代表的经验世界的边沿，但如今，我们甚至可以说，“欧洲现代性”已经大体化入中国生活的“经验与贫乏”（借用本雅明的说法）的内部。在《启迪》中译本中，张旭东已经提出，如果说本雅明工作的一个主要面向是从“布尔乔亚世纪”的“自然史”中“苏醒”，那么中文世界而今也需要直面这一境遇。在《发》的2006年再版序言中，张旭东更明确地说，本雅明所处理的“母题”，“也只有到今天，才变成中国人必须在自己日常经验里予以处理的‘创伤’和‘震惊’。……这要求我们以前所未有的严格和严肃去重读那些构成我们自身意识史的文本。”

从20世纪80年代至今，对本雅明的译解、研讨已经成为中国思想文化的一条时隐时现的线索，我对这部传记的迻译也是这一努力的继续。所有这些把本雅明著作及其研究引入中文世界的工作，伴随着当代历史的进程，也使得我们反过来意识到，中国经验、意识、语言其实已经编织在本雅明所代表的“单子”之内。这个历史的单子，不是别的，正是现代性的构造，它的“真理内容”就像一条“无窗”的“通道街”。本雅明在《拱廊街计划》Q卷中所谓的“无窗的真理”，又将如何构成我们切身存在的认识论前提？

内化“西方”是中国现代性的一个根本逻辑和“成长”过程。我国现代思想文化的展开，也是一部翻译史，一个活的译介传统。每个当代译者都必须在这一不断丰厚的翻译史中工作。对前代译介之功的利用和尊重、对汉语世界已有“西学”知识积累的批判性借重，在相关问题领域的细心拓展，是译者的必要自觉。我的翻译工作当然也是建立在前人的基础上。同时，这部传记的英文原作本身也是跨语际实践的产物。传记作者始终在多种语言之中工作。他们不仅不断从德文、法文向英文跳转，而且还涉及西班牙文、拉丁文、古希腊文等。关于拙译的处理方法，有以下几点说明：

一、这部传记在大量引用本雅明作品之外，也涉及本雅明所解读的众多文本（比如波德莱尔的诗文）和许多西方思想文化作品。充分使用已有中译本，不仅是对前辈成果的致敬，也是文化发展的必要路径。正如原作者在引用本雅明作品及其他相关作品的英译本时经常依据原文改动，我一方面尽量参考各类中译本（有时我会同时参看一部作品的多个中译本），另一方面又根据原文、英译和本书的上下文，对所用中译本时有修改。凡此种种，均简要注明，不再详加解释。

二、至于本雅明中译本的具体文献信息，我们编列在附录之中，希望这份列表，可以方便大家查阅和比照。如果说该传记在英语世界中足以充当本雅明研究的全景图，拙译力图展现本雅明作品进入中文语境中的路线。但必须说明的是，近年来，本雅明作品的汉译日益丰富，我的征引仍有限，而在本书翻译的过程中，更多相关翻译和研究也不断涌现，却来不及应用于此，这也是我引为遗憾的。孤悬海外，孤陋寡闻，我所编列的中译目录更远非完备，只能请有心的读者，不仅按图索骥，而且顺藤摸瓜，去展开跨语际的星丛。

三、本书涉及本雅明著作以及相关西方思想文化中一系列重要概念、术语和意象，我尽量标明原文，标记时根据原书情况和语境，兼顾英、德、法及其他语种。它们之中，有一些素称难译，虽已有多种译法行世，但相关学者也莫衷一是，并无统一见地（Allegorie和Aura即其中二例）。遇到这类情况，拙译尽量照顾原著的语境和中文学界的惯例，偶尔也提出自己的方案，必要时加译注，来解释译法的选择。

四、本书的其他译注，大多意在补充信息、背景和材料等。这样一部头绪万千的详尽传记，原作也难免偶有笔误和小错讹，我一般都直接订正，不再加注。

五、本书原版在征引本雅明基本文献时，使用了一些书名简称并随文标注。详情请参看缩略书名表。

六、在本书原版中，本雅明等人的大量著作题目，有时标出的是德、法语原名，有时则列为英译名。我的译本在相关著作题目的中文名后加括号标注原题时，也一仍原例。

七、在本书的大量引文中，两位作者要标出个别词句的德、法语原文时，使用了方括号，中译本改为圆括号。只有引文中引者的补充和解释，我保留了方括号，以示区别。如前述，拙译也在许多地方特别补明外语原文，但不论是在正文还是在引文中，都一律用圆括号，以避免繁琐。

八、本书原版标注出德、法语种原文时，有时用斜体，有时不用，译本不再区分这些情况，所加西文原文，除非为书名，一律不用斜体。

九、本书原版中以斜体表强调，译本通过加粗来表示。

本雅明的《译者的任务》一文是翻译理论中大放异彩的名篇，而“任务”一词的德文原词Aufgabe，却又有“放弃”、“投降”之意。该文留下一系列玄妙的隐喻，又在诗歌语言的高度上赞许了荷尔德林式的直译。幸好，《译者的任务》并不真的在技术层面指导翻译实践（它是本雅明翻译波德莱尔诗作的前言，早有论者指出，本雅明的波德莱尔德译本，并没有奉行直译主义）。像这样材料繁杂的大部头传记，是否适合直译，是否可以像本雅明设想的那样在翻译中完全不考虑传播效果和读者接受，还真是一大问题。我自己并没有方法上的准备和实践上的训练，对本传记的翻译既够不上直译，也非意译，而或许只能算是鲁迅所说的“硬译”。虽然在后来的修改中，为了照顾中文表达，我在编辑和师友们的帮助下做出了一系列处理，但限于能力，译文整体上还嫌“生硬”。令我略感安慰的是，本雅明在后期作品中，其实有另一则翻译“格言”，强调在绝对的“认真”之外，翻译还要有必须的“粗暴”。翻译一直是现代中文精神生活的一个基本任务，译者“弃身”于“任务”，正意味着结合“认真”与“粗暴”，服务于语言、思想、文化的历史辩证运动。而对译文的充分批评，也是这一任务的必要延续。这部中译仍有许多不足之处，错误料亦不少，我期待着专家和读者的指教。

致谢——为了评传的“后世生命”

2014 年暑假，我在北京接到翻译邀约，电话的那一头便是上海文艺出版社的编辑肖海鸥。她当时或许也没有想到这个工程会耗时如此之久，见证我们各自生活的巨变，乃至周遭世界的沉浮。我们在长期合作中结下友谊。一开始，她对整个项目的信念和信心，就让我感动，而在过去近八年中，她对我这个心不在焉的译者更表现出难以想象的信任、耐心和宽容，当然也给予我及时的鼓励和必要的鞭策。在翻译、校改、出版的全过程，每一步都离不开她的规划、引导和细心安排。从 2021 年起，余静双接手了部分编辑工作并承担起校译的职责。她修改极为严谨，有时还查阅许多额外的资料。在具体字句上，她和我经常反复交换意见，一再斟酌。我从这一过程中收获甚丰。这部译稿超过六十万字，字里行间都是大家的共同努力，也无不包含我对肖海鸥、余静双和上海文艺出版社的深深感激。在余静双翻译索引和核对文意的过程中，苑芳周多有协助，我在此一并致意。

本书的原作者艾兰和詹宁斯在译稿完成的关键时期，拨冗解答了我的一系列疑问。艾兰的答复尤其详尽，往往引出新的更深入的思想对话，让我受益良多。已经退休的哈佛大学出版社总编辑林赛水每隔一段时间就会来电话，闲谈中他对我鼓励有加。在不能面晤的日子里，他们对这项翻译的支持增强着我"最后冲刺"的决心。

许多师友在漫长的翻译岁月中给我有形或无形的帮助。一开始，我并不愿把我的翻译任务告诉我在纽约大学的两位恩师，张旭东教授和希伯斯教授，因为译事往往占用极多精力，却经常不算作"成果"，如果他们知道我承担这样的大部头，难免会担心这影响我自己的"独创性"学术研究。但说回来，我走进本雅明的世界并从事翻译，都是缘于他们对我的言传身教。我时时记起那些周末的大清早，在小会议室里，张旭东带领我们这些学生，为《拱廊街计划》的试译进行初步的统稿，桌上堆满打印稿和咖啡杯；更无法忘记，在酒吧吧台上，有点微醺的希伯斯给我讲解本雅明研究波德莱尔的具体笔记，一字一词地抠，从词源抠到诗意，从诗意抠到文化史，"这才是译者的活儿"，他如是说。两位恩师也一直关心着我的每一点进步，这是我身为后学的幸福。虽然我们的译稿至今没有完成，但此刻我特别想念当年一起翻译《拱廊街计划》而如今星散于四方的同学友人：孙怡、何翔、刘卓、朱康、崔问津、卓悦、平磊、黄芷敏、朱羽等。传记译稿初成之后，同门师弟王钦和谢俊对其中重要章节进行了校改，助益甚大。胡桑、汪尧翀、杨俊杰、王凡柯、卓悦、李双志、赵千帆等杰出学人先后审阅译稿，提出了大量宝贵修改意见。其中，汪尧翀更热心组织了试读本的线上讨论会，邀请我和杨俊杰、王凡柯对谈。我对各位前辈、同侪和专家们深怀谢意，大家的真知灼见不仅使得译文不断得到改进，而且也为进一步的讨论铺开了道路。至于一切遗留的错译和缺点，自当由我负全责。

还有不少朋友在翻译过程中表达过关心。“回首一伤神”，我尤其想起突然离开了我们的胡续冬。冷霜、朱康、周舒、何翔等曾“隔空”给我以鼓励。我在布兰代斯大学的同事们对这项翻译工作也多有支持。在豆瓣这一社交平台上，我多次“自曝”翻译进度，随手贴出遇到的问题，“豆友”们（其中大多数尚未曾谋一面）纷纷做出回应，有的点赞转发，有的出谋划策，有的留言催问（幸好不是“催更”），有的开严肃的玩笑，有的提不同意见。这些都大大拓展了我的思路（及“脑洞”），坚定了我的信心。我无法一一列出我要谢谢的“友邻”。

我的妻子李沁云及两个孩子王柔然和王契丹见证了也忍受了这本译作的从无到有。我对他们的爱包含着时间的痛点以及中年的惭愧，但他们对我的爱中有“创生的狂喜”。到了翻译的最后阶段，我的父亲王幸生和母亲张秀平也会在越洋视频中问起来。他们对我的事业的默默支持和一贯尊重，我总视之当然，其实是我生命中一份珍贵至极的馈赠。

现在，这部传记终于迎来它在中文世界的“后世”：我无比期盼读者、方家的批评，译本从中展开“生命”。

王璞

2022 年初春于炼狱溪畔

本雅明著作中译目录

张旭东、魏文生译，张旭东校订，《发达资本主义时代的抒情诗人》（修订译本），北京：三联书店，2007 年（初版 1989 年）。

陈永国、马海良编，《本雅明文选》，北京：中国社会科学出版社，1999 年。

王炳钧、杨劲译，《经验与贫乏》，天津：百花文艺出版社，1999 年。

潘小松译，《莫斯科日记 · 柏林纪事》，北京：东方出版社，2001 年。

许绮玲、林志明译，《迎向灵光消逝的年代：本雅明论艺术》，桂林：广西师范大学出版社，2008 年。

张旭东、王斑译，《启迪：本雅明文选》，北京：生活 · 读书 · 新知三联书店，2008 年。

王涌译，《柏林童年》，南京：南京大学出版社，2010 年。

王涌译，《单行道》，南京：译林出版社，2012 年。

李双志、苏伟译，《德意志悲苦剧的起源》，北京：北京师范大学出版社，2013 年。

刘北成译，《巴黎，19世纪的首都》，北京：商务印书馆，2013年。

范丁梁译，《德意志人》，北京：北京师范大学出版社，2014年。

王炳钧、陈永国、郭军、蒋洪生译，《作为生产者的作者》，开封：河南大学出版社，2014年。

王炳钧、杨劲译，《德国浪漫派的艺术批评概念》，北京：北京师范大学出版社，2014年。

陶林译，《单向街》，南京：江苏凤凰文艺出版社，2015年。

陈敏译，《无法扼杀的愉悦：文学与美学漫笔》，北京：北京师范大学出版社，2016年。

王炳钧、刘晓译，《评歌德的〈亲合力〉》，北京：北京师范大学出版社，2016年。

王凡柯译，《十四行诗》，北京：人民文学出版社，2021年。

图书在版编目（CIP）数据

本雅明传 / (美) 霍华德 · 艾兰, (美) 迈克尔 · 詹宁斯著 ; 王璞译.
-- 上海 : 上海文艺出版社, 2022（2022.10重印）
（艺文志. 人物）
ISBN 978-7-5321-8292-3
Ⅰ. ①本… Ⅱ. ①霍… ②迈… ③王… Ⅲ. ①本亚明(Benjamin, Walter 1892-1940)－传记
Ⅳ. ①B516.59
中国版本图书馆CIP数据核字(2022)第025219号

WALTER BENJAMIN: A Critical Life by Howard Eiland and Michael W. Jennings

著作权合同登记图字：09-2019-1092

发 行 人：毕　胜
策划编辑：肖海鸥
责任编辑：余静双　肖海鸥
营销编辑：高远致
封面设计：周安迪
内文制作：常　亭

书　　名：本雅明传
作　　者：[美]霍华德 · 艾兰　[美]迈克尔 · 詹宁斯
译　　者：王　璞
出　　版：上海世纪出版集团　　上海文艺出版社
地　　址：上海市闵行区号景路159弄A座2楼　201101
发　　行：上海文艺出版社发行中心
上海市闵行区号景路159弄A座2楼206室　201101　www.ewen.co
印　　刷：苏州市越洋印刷有限公司
开　　本：1240×890　1/32
印　　张：28.375
插　　页：4
字　　数：656,000
印　　次：2022年7月第1版　2022年10月第2次印刷
I S B N：978-7-5321-8292-3/K.452
定　　价：145.00元（共二册）
告 读 者：如发现本书有质量问题请与印刷厂质量科联系　T: 0512-68180628